**Inhalt auf einen Blick**

**1** **Alles über Reisen in Jordanien**
Reiseziele und -routen
Reisevorbereitung
Hinkommen

**2** **In Jordanien zurechtkommen**
Ankunft und Abreise
Unterwegs in Jordanien
Essen & Trinken, Übernachten

**3** **Land und Leute**
Geschichte
Natur
Religion

**4** **Amman und Umgebung**
10 000 Jahre alt
Kennenlernen
Umgebung

**5** **Amman - Praktische Informationen**
Wichtige Adressen
Verkehrsverbindungen
Essen & Trinken, Übernachten

**6** **Der Norden**
Jerash, Ajlun, Umm el Jimal
Jordantal, Umm Qays, Abila
Wüstenschlösser

**7** **Wege nach Süden**
King's Road
Amman - Totes Meer - Aqaba
Desert Highway

**8** **Die Nabatäerstadt Petra**
Ein erstaunliches Volk
Siq und Khazne
Ed Deir und mehr

**9** **Der „tiefe Süden"**
Wadi Rum
Aqaba
Baden, Tauchen, Relaxen

**10** **Anhang**
Glossar, Mini-Sprachführer
Index
Atlas

**Aktualisierung** von Übernachtungs- und Businformationen siehe Kap. 11 ab Seite 433

**Reise Know-How im Internet**
www. reise-know-how.de

**Tondok-Reiseführer auch unter**
www.tondok-verlag.de

Wil Tondok

**JORDANIEN**

Reisen zwischen Jordan, Wüste und Rotem Meer

Salzinseln im Toten Meer

## IMPRESSUM

Wil Tondok
JORDANIEN
erschienen im
Reise Know-How Verlag Tondok, München

© Alle Rechte vorbehalten
Wil Tondok
Nadistraße 18
D-80809 München
jord@tondok-verlag.de
www.tondok-verlag.de

ISBN 978-3-89662-489-5
9. neu bearbeitete und aktualisierte Auflage 2020/21

### Gestaltung
Umschlagkonzept: Günther Pawlak, Peter Rump, Bielefeld
Realisierung: Carsten Blind
Inhaltskonzept: Sebastian Epe
Inhalt: Wil Tondok
Lektorat: Edeltraut Erl, Christa Epe
Karten: Helmut Jarvers, Wil Tondok
Druck und Bindung: Media-Print Informationstechnologie GmbH, Paderborn

Fotonachweis

Alle Fotos von Christa Epe, außer:
AFP/gettyimages S. 97, Jordan Tourism Board S. 39, 69, 95, Tomas Micek: S.2, 3, 301, Tanja Mayerhofer: S. 346, Sigrid Tondok: S. 107, 113, 292, Wil Tondok: S. 15, 26, 28, 33, 40, 57, 61, 83, 88, 95, 98, 99, 104, 111, 120, 122, 124, 125, 129, 134, 137, 138, 139, 146, 148, 149, 150, 151, 153, 154, 158, 159, 161, 163, 176, 183, 186, 188, 192, 209, 211, 213, 218, 225, 227, 238, 253, 259, 267, 269, 273, 297, 299, 300, 303, 305, 307, 308, 310, 311, 323, 328, 331, 333, 339, 343, 350, 351, 352, 354, 355, 363
**Titelfoto** Wil Tondok: älteste bekannte menschliche Statuen aus Ain Ghazal, s. S. 83, 136, 138

Dieses Buch ist in jeder Buchhandlung der BRD, Österreichs, der Niederlande und der Schweiz erhältlich. Auslieferung für den Buchhandel: Prolit Verlagsauslieferung GmbH, 35463 Fernwald sowie alle Barsortimente (BRD), AVA-buch 2000, CH-8910 Afoltern (Schweiz), Mohr Morawa GmbH, A-1230 Wien (Österreich), Willems Adventure, Postbus 403, NL-3140 AK Maassluis (Niederlande).
Alle Informationen in diesem Buch sind mit großer Sorgfalt gesammelt und vom Lektorat gewissenhaft überprüft worden. Da inhaltliche und sachliche Fehler trotzdem nicht ausgeschlossen werden können, erklärt der Verlag, dass alle Angaben im Sinne der Produkthaftung ohne Garantie erfolgen und dass Verlag wie Autor keine Verantwortung für inhaltliche sowie sachliche Fehler übernehmen.

## Zu diesem Buch

1996 brachten wir unter dem Titel *Israel, Jordanien und Ostsinai* die erste Auflage, also quasi die Vorgänger-Ausgabe dieses Buchtitels heraus – damals in der Euphorie, dass im Nahen Osten mit den sogenannten Oslo-Verträgen zumindest Verständigung einkehren würde und eine neue Reiseregion zu beschreiben sei. Doch seit eine dauerhafte Lösung des Nahostproblems in sehr weite Ferne gerückt ist, sehen wir die Chancen für ein ungehindertes Miteinander und Reisen zwischen den Ländern dieser Region vorläufig als nicht gegeben. Daher beschlossen wir 1999, den ursprünglichen Doppelband in zwei einzelne Bücher zu trennen. Eines davon halten Sie in Händen.

Wir sind bemüht, Jordanien von allen touristisch wichtigen Seiten zu beleuchten, und dies so gründlich wie für einen Reiseführer angebracht. Sie finden, wie kaum sonst im deutschsprachigen Buchmarkt über Jordanien, sehr umfassende Angaben zu allen praktischen Reisefragen, zu Hotels, Restaurants oder zu öffentlichen Verkehrsmitteln. Und genauso wollen wir Sie über historische Hintergründe informieren sowie Ihnen bei der Besichtigung der Sehenswürdigkeiten so detailliert wie möglich Wege und Einzelheiten vor Ort aufzeigen.

Wir beschränken uns ganz bewusst nur auf das Land Jordanien in seinen heutigen Grenzen. Die von Israel besetzten palästinensischen und ehedem jordanischen Gebiete der sogenannten Westbank sind nur dort erwähnt, wo es notwendig erscheint, aber nicht beschrieben.

Die 9. Auflage dieses Führers wurde wiederum gründlich überarbeitet, aktualisiert und erweitert. Wir kennen Jordanien seit Mitte der 1980er-Jahre und haben das Land bereits bei unserem ersten Besuch schätzen gelernt. Seit wir uns aber nicht nur als Besucher, sondern als Autoren mit „Transjordanien" beschäftigen, lernten wir es auch lieben, nicht zuletzt wegen der freundlichen und hilfsbereiten Menschen, die sich nicht aufdrängen oder gar im Souk in ihren Shop ziehen. Selbstverständlich gehören auch die großartigen landschaftlichen und historischen, zum Teil einzigartigen Attraktionen zum Erlebnis Jordanien.

Wir hoffen, dass auch Sie, liebe Leserin und lieber Leser, sich wohlfühlen und Jordanien mit ähnlich positiven Eindrücken verlassen werden.

### Noch ein paar Worte in eigener Sache

2002 verstarb Sigrid, meine Frau und Reisegefährtin auf fast 40 Jahren Lebens- und Reiseweg. Uns hatte gerade das Unterwegssein zu einer Partnerschaft zusammengeschweißt, die von der Reise-Droge nicht lassen konnte. Unsere Lebensinhalte und -ziele richteten sich daran aus. Die glücklichsten Stunden erlebten wir unterwegs.

In den 1970er-Jahren gaben wir unsere beruflichen Karrieren auf, verkauften Hab und Gut und reisten in einem VW-Camper innerhalb von drei Jahren um den Globus. Daraus entstand unser erstes Buch "Im VW-Bus um die Erde". Bald danach gingen wir für die UNO nach Pakistan, später bereisten wir Nord- und Westafrika. Dann banden uns berufliche Verpflichtungen an Deutschland, in der freien Zeit konzentrierten wir uns auf Ägypten, über das wir seit 1983 Reiseführer publizierten – Jordanien lag nicht weit entfernt.

Ganz besonders danken möchte ich Christa Epe, die mich bei der Herstellung mit ganzer Kraft unterstützt hat.
Wil Tondok

## Zum Aufbau des Reiseführers

### Abkürzungen

**Allgemein**

| | |
|---|---|
| Jh | – Jahrhundert |
| JD | – Jordanischer Dinar |
| JoPa | – JordanPass |
| $ | – US Dollar |
| St | – Straße, Street |
| vC | – vor Christi Geburt |
| nC | – nach Christi Geburt |
| tgl | – täglich |
| U | – Uhr(zeitangabe) |
| WiFi | – WLAN, Internetzugang |

**Bei Übernachten**

| | |
|---|---|
| AC | – Aircondition |
| B | – Bad |
| D | – Doppelzimmer mit Bad |
| D**k**B | – Doppelzimmer, **kein** Bad |
| Dorm | – Dormitory (Mehrbettzimmer) |
| E | – Einzelzimmer mit Bad |
| E**k**B | – Einzelzimmer, **kein** Bad |
| empf | – empfohlen |
| F | – Frühstück |
| HP | – Halbpension |
| mF | – mit Frühstück |
| Kschr | – Kühlschrank |
| pP | – pro Person |
| SatTV | – Satelliten-Fernsehen |
| tlws | – teilweise |
| VP | – Vollpension |

### Schreibweise arabischer Begriffe

Die Transkription, d.h. die Umschreibung arabischer Wörter und Namen folgt bedauerlicherweise keinen festen Regeln; man findet die unterschiedlichsten Schreibweisen. Wir bemühen uns hier um einen Mittelweg, der sich an der gebräuchlichsten Form orientiert, d.h. meist an englischsprachiger Schreibweise. Aber auch diese Form(en) variieren nicht unbeträchtlich.

### Klassifizierung von Sehenswürdigkeiten

Wenn Sie Entscheidungshilfe brauchen, was mehr oder weniger interessant ist, dann finden Sie unter *Sehenswertes* vor jeder Route eine bewertete Übersicht. Die Sehenswürdigkeiten wurden von uns (subjektiv natürlich) klassifiziert. Wir meinen, dass man an
**** auf keinen Fall vorbeigehen sollte, dass
*** wertvolle Bereicherungen darstellen und
** ebenfalls den Besuch lohnen.
Aber auch die Sehenswürdigkeiten, die nur mit einem * bewertet sind, sollte man nicht unbedingt auslassen.

### Die Kilometerangaben

sind nicht nur für Autofahrer interessant, sondern auch für Reisende in öffentlichen Verkehrsmitteln. So lässt sich z.B. der Zeitbedarf von A nach B leichter abschätzen. Die Angaben gehen allerdings z.T. noch auf Zeiten ohne GPS zurück...

| | |
|---|---|
| 1 ▪ | Hotel |
| A ● | Restaurant |
| ☆ | Sehenswürdigkeit |
| ⊡ | Historische Stätte |
| M̱ | Museum |
| ⊓ | Moschee |
| ⓘ | Touristen Information, Visitor Center |
| ● | Stelle von Interesse oder Wichtigkeit |
| 🅿 | Parkplatz |
| ✈ | Flughafen |
| 🚕 | Taxi |
| 🚌 | Bus |
| ➤ | Polizei |
| ✚ | Hospital |
| ✆ | Telefon |
| ✉ | Post |
| ⊗ | Restaurant / Cafeteria |

Zeichenerklärung von Plänen und Karten

## Buchkonzeption

Das Buch ist so aufgebaut, wie man im Normalfall eine Reise angeht: Sich über Land und Leute grundsätzlich informieren, dann planen, d.h. Reisezeit, Anreiseweg und sonstige Details festlegen. Das alles finden Sie in **Kapitel 1**.

Schließlich kommt man in Jordanien an. Jetzt soll Sie **Kapitel 2** bei allen Fragen und Problemen des täglichen Lebens unterstützen: zunächst bei den Formalitäten für die Einreise, dann beim Vorwärtskommen, Übernachten, Essen und Trinken etc.

Wenn Sie vor oder während der Anreise Zeit haben, bietet Ihnen **Kapitel 3** jede Menge Hintergrundinformationen, angefangen bei der langen Historie, über die Menschen bis hin zur Religion. Hier können Sie natürlich auch unterwegs lesen, wenn Sie Zusammenhänge vertiefen möchten.

Wir gehen davon aus, dass die meisten Besucher in Amman ankommen – Aqaba liegt an zweiter Stelle –, daher beginnen wir mit der Beschreibung der Hauptstadt, die Sie in **Kapitel 4** finden.

Alle Praktischen Informationen zu Amman und Umgebung sind in **Kapitel 5** zusammengefasst.

**Kapitel 6** beschäftigt sich mit dem gesamten Norden, von West bis Ost. Höhepunkte sind Jerash, Umm Qays und die Wüstenschlösser.

**Kapitel 7** wendet sich nach Süden, behandelt aber hauptsächlich das mittlere Drittel des Landes. Hier finden Sie die vielen Sehenswürdigkeiten an der Königsstraße, mit Madaba als Spitzenreiter, aber auch das Tote Meer, und andere Straßen in den Süden.

Petra, der unschlagbar größten Attraktion Jordaniens, ist das komplette **Kapitel 8** gewidmet.

Der "tiefe Süden" – ein Ausdruck, der sowohl von der Höhenlage als auch der Geografie zutrifft – füllt **Kapitel 9**. Es geht hauptsächlich um das faszinierende Wüstenwadi Rum und die Badestadt Aqaba.

Der **Anhang** enthält so nützliche Unterkapitel wie ein Glossar, einen Mini-Sprachführer, den Index und einen Atlas mit acht Einzelkarten. Damit decken wir die gesamten Reisegebiete Jordaniens ab.

Dieser Reiseführer erschließt also Jordanien im "Fullservice," von der täglichen Reisepraxis, über detaillierte Informationen zu den Sehenswürdigkeiten, bis hin zum notwendigen Kartenmaterial.

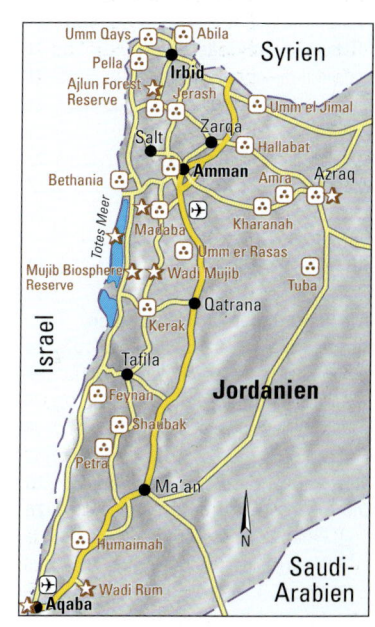

# Inhalt

## 1 Alles über Reisen in Jordanien

**Verstehen und Verständnis** .........15
**Jordaniens Highlights** ..............17
    Historisches............................... 17
    Großartige Landschaftserlebnisse .......... 17
    Modernes Leben........................... 17
    Gesundheit, Erholungsmöglichkeiten........ 17
**Reisevorbereitung.**..................18
    Literatur.................................. 18
    Trekking - und Canyoningführer............. 19
    Verständigung ............................ 19
    Internetlinks .............................. 20
    Sicherheitshinweise der Außenministerien ... 20
    Allgemeine Daten ......................... 20
    Gute Nachschlagewerke .................... 20
    Königshaus................................ 20
    Staatliche und halbstaatliche Organisationen . 20
**Touristische Informationen** .........21
    Ausländische Institute und archäologische
    Informationen............................. 21
    Jordanische Botschaften ................... 21
    Touristische Informationen ................. 21
    Zeitungen, Zeitschriften ................... 21
    Sonstiges................................. 21
    Königlich-Jordanische Botschaften .......... 22
**Papierkram (Pass, Visum etc.)** .......22
    Visabestimmungen ........................ 22
**Der JORDANPASS,
ein MUST HAVE** ....................23
    Impfungen ............................... 23
**Wie kommt man nach Jordanien,
wie weiter** .........................24
    Anreise per Bahn, Bus oder Auto ............ 24
    Weiterreise nach Ägypten .................. 25
    Ein- oder Ausreise Israel ................... 25
    Weitere Ziele.............................. 25
**Reiseziele und -routen in Jordanien**...26
**Die Top-Ten-Ziele.**..................26
    1 Petra .................................. 26
    2 Jerash (Gerasa) ........................ 26
    3 Amman................................ 26
    4 Totes Meer, Festung Kerak ............... 26
    5 Wadi Rum ............................. 27
    6 Aqaba ................................ 27
    7 Wüstenschlösser ....................... 27
    9 Madaba, Mount Nebo, Umm er Rasas ..... 28
    10 Mujib Bio Reserve, Wadi Wasa u.a......... 28
    Der „Rest" ................................ 28
**Biblische Orte besuchen** ............28
    Umm Qays (Gadara)....................... 29
    Khirbet al Wahadna, Tel Mar Elias ........... 29
    Amman .................................. 29
    Abstecher nach Jerusalem.................. 29
    Mount Nebo, Bethania..................... 30
    Machärus (Mukawir) ...................... 30
    Kerak ................................... 31
    Ain Abata (Lot's Höhle) .................... 31
**Reisevorschläge** ....................31
    14 Tage-Rundreise für Eilige ................ 31
    Gesund werden........................... 32
**Klima und Reisezeit** .................32
    Reisezeit ................................. 33
    Zeitverschiebung .......................... 34
**Ausrüstung** ........................34
    Schlaf-Hygiene ............................ 36
    Schnorchel- und Taucherausrüstung ......... 36
    Sonstiges................................. 36
    Ausrüstung für Camper .................... 36
    Fotografieren ............................. 37
**Alleinreisende Frauen** ..............37
**Reisen mit Kindern, Behinderten,
Tieren** .............................38
    Mit Kindern unterwegs .................... 38
    Behinderte ............................... 39
    Tiere..................................... 40

## 2 In Jordanien zurechtkommen

**Ankunft/Abreise** ....................41
    Ankunft .................................. 41
    Vom Airport nach Amman .................. 42
    Ausreise.................................. 43
**Ein- und Ausreise mit
anderen Verkehrsmitteln** ............43
    Einreise im Bus/Service-Taxi ............... 43

Ein- und Ausreise mit privatem Auto . . . . . . . . . 43
**Ein- und Ausreise von/nach Israel . . . 44**
   King Hussein Bridge (bei As Shouna South) . . . 44
   Araba, Sheikh Hussein Bridge . . . . . . . . . . . . . . 45
   Fähre nach Ägypten . . . . . . . . . . . . . . . . . . . . . 46
   Einreise Irak und Saudi Arabien . . . . . . . . . . . . 46
**Touristische Informationen . . . . . . . . 46**
   Sich angepasst verhalten . . . . . . . . . . . . . . . . . 47
   Homosexuelle . . . . . . . . . . . . . . . . . . . . . . . . . . 49
**Unterwegs in Jordanien . . . . . . . . . . . 50**
   Öffentliche Verkehrsmittel . . . . . . . . . . . . . . . . 50
   Unterwegs mit Chauffeur . . . . . . . . . . . . . . . . . 53
   Hitchhiking . . . . . . . . . . . . . . . . . . . . . . . . . . . . 53
   Autofahren in Jordanien . . . . . . . . . . . . . . . . . 54
   Mit dem Fahrrad unterwegs . . . . . . . . . . . . . . 56
**Persönliches . . . . . . . . . . . . . . . . . . . . . 58**
   Persönliche Sicherheit . . . . . . . . . . . . . . . . . . . 58
   Email- und Internetsicherheit . . . . . . . . . . . . . . 60
   Medizinische Hilfe . . . . . . . . . . . . . . . . . . . . . . 60
**Übernachten . . . . . . . . . . . . . . . . . . . . . 61**
**Essen & Trinken . . . . . . . . . . . . . . . . . . 64**
   Dessert . . . . . . . . . . . . . . . . . . . . . . . . . . . . . . . 68
**Wie man gesund bleibt . . . . . . . . . . . . 68**
   Sport/Aktivurlaub . . . . . . . . . . . . . . . . . . . . . . 70
   Jordan Trails . . . . . . . . . . . . . . . . . . . . . . . . . . . 72
   Wandern, Radfahren . . . . . . . . . . . . . . . . . . . 73
**Post, Telefon, Strom . . . . . . . . . . . . . . 73**
   Post, Telefon . . . . . . . . . . . . . . . . . . . . . . . . . . 73
   Elektrischer Strom . . . . . . . . . . . . . . . . . . . . . . 74
**Geld, Währung, Preise . . . . . . . . . . . . 74**
   Geld . . . . . . . . . . . . . . . . . . . . . . . . . . . . . . . . . 74
   Preise . . . . . . . . . . . . . . . . . . . . . . . . . . . . . . . . 75
   Einige Preisbeispiele . . . . . . . . . . . . . . . . . . . . 76
   Trinkgeld . . . . . . . . . . . . . . . . . . . . . . . . . . . . . 76
**Shopping, Öffnungszeiten . . . . . . . . . 77**
   Shopping . . . . . . . . . . . . . . . . . . . . . . . . . . . . . 77
   Öffnungszeiten . . . . . . . . . . . . . . . . . . . . . . . . 77
**Rundfunk, Fernsehen . . . . . . . . . . . . . 78**
**Nachrichten . . . . . . . . . . . . . . . . . . . . . 78**

## 3 Land und Leute

**Im Eilgang durch die Geschichte . . 79**
**Kurzfassung . . . . . . . . . . . . . . . . . . . . . 79**
**Die Geschichte Jordaniens,
Langfassung . . . . . . . . . . . . . . . . . . . . . 82**
   Von der Steinzeit bis zur Eisenzeit . . . . . . . . . . 84
   Die Nabatäer . . . . . . . . . . . . . . . . . . . . . . . . . . 86
   Die Römer und Byzantiner . . . . . . . . . . . . . . . 88
   Die Muslime . . . . . . . . . . . . . . . . . . . . . . . . . . 89
   Die Kreuzfahrer . . . . . . . . . . . . . . . . . . . . . . . . 89
   Die Muslime . . . . . . . . . . . . . . . . . . . . . . . . . . 89
   Die Mamluken und Osmanen . . . . . . . . . . . . . 90
   Die Engländer . . . . . . . . . . . . . . . . . . . . . . . . . 91
   Unabhängiges Königreich . . . . . . . . . . . . . . . 93
**Jordanien heute . . . . . . . . . . . . . . . . . . 97**
**Der Staat . . . . . . . . . . . . . . . . . . . . . . . . 97**
**Die Menschen . . . . . . . . . . . . . . . . . . . . 98**
   Die Palästinenser . . . . . . . . . . . . . . . . . . . . . 101
   Die Beduinen . . . . . . . . . . . . . . . . . . . . . . . . 103
   Frau und Ehe . . . . . . . . . . . . . . . . . . . . . . . . 104
**Wirtschaft . . . . . . . . . . . . . . . . . . . . . . 107**
**Natur . . . . . . . . . . . . . . . . . . . . . . . . . . 109**
   Die Landschaft Jordaniens . . . . . . . . . . . . . . 109
   Wasserhaushalt . . . . . . . . . . . . . . . . . . . . . . 111
   Flora und Fauna . . . . . . . . . . . . . . . . . . . . . . 113
   Die Umwelt . . . . . . . . . . . . . . . . . . . . . . . . . . 114
**Religion . . . . . . . . . . . . . . . . . . . . . . . . 115**
**Der Islam,
die staatstragende Religion . . . . . . . 115**
**Christen in Jordanien . . . . . . . . . . . . 120**
**Kunst und Kultur . . . . . . . . . . . . . . . . 121**
   Kunsthandwerk . . . . . . . . . . . . . . . . . . . . . . 121

## 4 Amman und Umgebung

**Amman –
Stadt auf neunzehn Hügeln . . . . . . . 125**
   Amman – seit 10 Jahrtausenden nachweisbar . 127
   Sehenswertes in Amman und Umgebung . . . 127
   Topografie der Stadt . . . . . . . . . . . . . . . . . . 129
**Amman kennenlernen . . . . . . . . . . . 130**
   ****Die Zitadelle . . . . . . . . . . . . . . . . . . . . . . . 130
   ****Das ehemalige Römische Zentrum . . . . . 135
   ***Downtown . . . . . . . . . . . . . . . . . . . . . . . . 139
   **Jebel Amman . . . . . . . . . . . . . . . . . . . . . . . 141
   Abdali, Jebel Weibdeh . . . . . . . . . . . . . . . . . 143
   Shmeisani . . . . . . . . . . . . . . . . . . . . . . . . . . . 145
   Der Norden . . . . . . . . . . . . . . . . . . . . . . . . . 145
   Der Westen . . . . . . . . . . . . . . . . . . . . . . . . . 147
   Im Süden: Wihdat Palästinenser Camp . . . . . 150
**Umgebung von Amman . . . . . . . . . 152**

*Kan Zaman Village ... 152
Asi Cave ... 153
*Höhle der Siebenschläfer ... 154
***Wadi es Sir, Qasr el Abd,
Iraq el Amir ... 155
**Fuheis ... 158**
**Salt und Zai Nationalpark ... 160**

## 5 In Amman zurechtkommen

**Praktische Informationen ... 165**
**Touristische Informationen ... 165**
**Verkehrsverbindungen ... 166**
**Öffentliche Verkehrsmittel ... 166**
  Innerstädtische Busverbindungen ... 166
  Serviestaxis ... 166
  Taxis ... 167
**Bus-Stationen**
**für außerstädtische Ziele ... 168**
  Außerstädtische Komfort-Busverbindungen . 169
  Eisenbahn ... 169
  Schiffsverbindungen ... 170
  Sich im Straßennetz von Amman
  zurechtfinden ... 170
**Nützliche Adressen von A bis Z ... 170**
  Allgemeines; Notfall ... 170
  Andere staatliche Stellen ... 170
  Banken ... 171
  Botschaften ... 171
  Institute und Institutionen ... 172
  Internet-Cafés ... 173
**Medizinische Hilfe ... 173**
  Mietwagen ... 174
  Reisebüros ... 175
  Reiseführer (Tour Guides) ... 175
  Trips per Taxi oder Minibus ... 176
**Shopping, Souvenirs ... 176**
  Buchhandlungen ... 178
  Bibliothek ... 179
  (Westliche) Lebensmittel ... 179
  Kunstgalerien ... 179
**Veranstaltungen, Nightlife, Sport . 180**
  Kulturelle Veranstaltungen ... 180
  Kino ... 180
  Vergnügungsparks ... 180
  Türkische Bäder ... 181
  Nightlife ... 181
  Sport ... 182
**Essen & Trinken ... 182**
**Übernachten ... 185**

## 6 Der Norden

Überblick ... 193
**Jerash – Ajlun – Irbid – Umm el**
**Jimal ... 193**
  ****Jerash (Gerasa) ... 194
  Übernachten ... 205
  Anjara ... 205
**Ajlun ... 206**
  Übernachten ... 207
  Abstecher nach Mar Elias ... 208
**Ajlun Forest Reserve ... 209**
  Übernachten ... 211
**Irbid ... 211**
  Yarmuk Universität ... 212
  Übernachten ... 214
**Mafraq ... 215**
**Umm el Jimal ... 216**
  Umm es Surab ... 210
**Durchs Jordantal**
**über Pella nach Norden ... 221**
  As Shouna South ... 221
  Deir Allah ... 223
  Tell el Ammta ... 223
**Pella ... 224**
**Jordan EcoPark ... 227**
  Übernachten ... 228
**As Shouna (North) ... 228**
  El Hamma (auch El Himmeh) ... 229
**Umm Qays** *(Gadara)* **... 229**
  Übernachten ... 235
**Abila ... 235**
  Schlacht am Yarmuk am 12. August 636 ... 238
**Die Wüstenschlösser ... 239**
  Hammam es Sarah ... 241
  *Qasr el Hallabat ... 241
**Oase Azraq ... 243**
  Shaumari Wild Life Reserve, ... 245
  Übernachten ... 246
**Qasr el Kharanah ... 249**
  Muwaqqa ... 250

**Qasr el Mushatta** .............. 250
**Ausflüge von Azraq aus** ......... 252
    Ausflug nach Süden ..................... 252
    *Qasr el Tuba ......................... 252
    Abstecher nach Norden ................. 253

## 7 Wege nach Süden

**Auf der King's Road**
**von Amman nach Petra** ......... 255
    *Hisban .............................. 255
**\*\*\*\*Madaba** ..................... 256
    Abstecher zum ***Mount Nebo
    und nach Khirbet el Mekhayat ............ 267
    Abstecher nach *Hammamat Ma'in ......... 270
    Übernachten ........................... 271
    Libb .................................. 271
    Abstecher nach Mukawir
    und zur **Festung Machärus ............ 271
    Wadi Wala (auch *Hidan*) ............... 273
**Dhiban** ........................ 273
    Abstecher nach *** Umm er Rasas,
    Khirbet Arair und Lahun ................. 274
    ***Umm er Rasas ....................... 276
    ***Wadi Mujib ......................... 277
    Qasr .................................. 278
    Rabba ................................. 279
    Abstecher zum Wadi Ibn Hammad .......... 280
**\*\*\*Kerak (auch *Al Karak*)** ............ 280
    Abstecher zum Toten Meer ............... 284
    El Mazar .............................. 285
    Abstecher nach *Dhat Rass .............. 285
**Talsohle des Wadi Hasa** ........... 285
    Abstecher nach
    *Hammamat Borbatah und Afra ........... 286
    *Khirbet ed Dharih ..................... 287
**Tafila** ......................... 287
    Abstecher nach **Es Sela ................ 288
    Abstecher zum Rummana Camp ........... 289
    Jebel Atata ............................ 289
**Abstecher nach \*\*\*\*Dana** ............... 290
    Trekking im Reservat ................... 292
**\*\*Shaubak (auch *Shobeq*)** ........ 294
**Amman – Totes Meer – Aqaba** .... 297
    Abstecher zum Taufplatz
    von Jesus, ***Bethania ................. 299

    Amman Tourism Beach Resort ............. 306
    OBeach ............................... 307
    Ain Zarqa ............................. 307
    Übernachten .......................... 308
**\*\*\*Mujib Biosphere Reserve** ...... 309
    Halbinsel Lisan ........................ 313
    ***Wadi Nimrim (auch *Numeira*) ........ 313
    *Lot's Höhle *(Deir Ain Abata)* .......... 314
    ***Abstecher zum Wadi Feynan ........... 316
**\*\*\*Wadi Feynan (auch *Finan*)** ....... *316*
**Amman – Aqaba**
**auf dem Desert Highway** ......... 318
**\*Qasr Bushir** .................... 319
**Lejjun (auch *Lajun*)** ............... 320
**Ma'an** ......................... 321
**Azraq – Ma'an: ein dritter,**
**seltener Weg in den Süden** ....... 322

## 8 Petra,
## Hauptstadt der Nabatäer

    Gut zu wissen ......................... 323
**Die Nabatäer –**
**ein erstaunliches Volk** ........... 324
**Petra kennenlernen** ............. 330
    Eintrittspreise etc. ..................... 330
    Was den Besucher erwartet .............. 331
    Vorbereitung .......................... 332
    Verkehrsmittel ......................... 332
**A) Standardbesichtigung** ........ 334
    ****Der Siq ........................... 334
    Von Khazne Faraun bis Qasr el Bint ....... 338
    Vom Museum zur Königswand ........... 340
**B) \*\*\*Großer Opferplatz**
**und östliche Farasa-Schlucht** ..... 344
**C) \*El Habis und Wadi Syagh** ..... 347
**D) \*\*\*\*Ed Deir** .................. 347
**E) Durchs Wadi Muthim**
**zur Königswand** ................ 349
**F) \*\*El Khubtha** .................. 350
**G) Entferntere Abstecher:**
**Umm el Biyara, \*Jebel Haroun** .... 351
**H) Außerhalb Petras:**
**El Wueira, \*El Barid und El Beidha** . 353
**\*\*Petra bei Nacht** ................ 355
    Praktische Informationen ................ 356

Essen & Trinken .......................... 358
Übernachten ............................ 359

## 9 Der "tiefe Süden"

Petra – Wadi Rum ........................ 365
New Humaimah ......................... 366
Quwayra ................................ 367
**Wadi Rum........................ 367**
Diseh (auch *Deiseh* oder *Disi*) ........... 368
Wadi Rum Visitor Center ................. 370
**Aktivitäten...................... 374**
Interessantes im Wadi Rum................ 375
**Rum (Ram) Village................ 378**
**Aqaba ........................... 382**
**Aqaba kennenlernen ............. 384**
Zentraler Bereich ....................... 384
Historisches Aqaba...................... 387
Am Strand entlang....................... 388
Von der Festung bis zur Saudi-Grenze
auf der South Costal Road ................ 389
Baden, Schnorcheln, Tauchen
und andere Aktivitäten ................... 391
Was man sonst noch unternehmen kann .... 395
Wichtige Adressen von A bis Z ............ 396

## 10 Anhang

**Glossar ......................... 407**
Islamische und arabische Begriffe ......... 407
**Mini-Sprachführer................ 408**
**Index ........................... 412**
**Reise Know-How Verlag Tondok... 420**
Nachwort................................ 420
**Lesen lassen .................... 421**
**Atlas............................ 424**

# Verzeichnis der Karten und Pläne

## Alphabetisch sortiert

Abila..................................... 235
Ajlun, Burg Qala'at ar Rabad............... 206
Amman, Downtown...................... 140
Amman, Historisches Amman ............ 135
Amman, Jebel Amman ................... 141
Amman, Jebel Weibdeh................... 143
Amman, King Hussein Park............... 149
Amman, Straßennetz .................... 171
Amman, Sweifiyeh....................... 147
Amman, Übersicht....................... 131
Amman, Umgebung ..................... 152
Amman, Wild Jordan Lageplan ........... 177
Aqaba.................................. 385
Aqaba Hotels........................... 403
Aqaba Süd.............................. 390
Atlas ............................ 424-432
Bethania ............................... 304
Dana Biosphere Reserve ................. 291
Gerasa ................................. 197
Gerasa, Geländequerschnitt ............. 195
Historischer Überblick .................... 79
Irbid, Bereich Yarmuk Universität.......... 210
Irbid, zentraler Bereich ................... 210
Jordan Trail .............................. 72
Kerak ............................ 31, 280
Kerak, Festung ......................... 282
Kreuzzüge .............................. 89
Kallirhoe ............................... 308
Machärus Palast ........................ 272
Madaba ................................ 258
Madaba Zentrum ....................... 260
Nabatäische Handelsstraßen ............ 327
Oase Azraq ............................ 242
Pella .................................. 224
Petra gesamt........................... 329
Petra, Übernachten ..................... 360
Qasr Bushir ............................ 319
Route King's Road ...................... 255
Route Petra – Wadi Rum – Aqaba.......... 365
Route Wüstenschlösser .................. 239

## Verzeichnis der Karten und Pläne

| | |
|---|---|
| Salt, Übersicht | 160 |
| Salt Zentrum | 161 |
| Sehenswürdigkeiten | 27 |
| Shaubak | 296 |
| Umm el Jimmal | 216 |
| Umm Qays/Gadara | 230 |
| Wadi Mujib Reserve | 309 |
| wadi rum | 368 |
| Wüstenschloss Amra | 247 |
| Wüstenschloss Kharanah | 249 |
| Wüstenschloss Mushatta | 251 |

### Numerisch sortiert

| | |
|---|---|
| Sehenswürdigkeiten | 27 |
| Jordan Trail | 72 |
| Historischer Überblick | 79 |
| Kreuzzüge | 89 |
| Querschnitt durch Jordantal | 110 |
| Amman, Übersicht | 131 |
| Amman, Historisches Amman | 135 |
| Amman, Downtown | 140 |
| Amman, Jebel Amman | 141 |
| Amman, Jebel Weibdeh | 143 |
| Amman, Sweifiyeh | 147 |
| Amman, King Hussein Park | 149 |
| Amman, Umgebung | 152 |
| Salt, Übersicht | 160 |
| Salt Zentrum | 161 |
| Amman, Straßennetz | 171 |
| Amman, Wild Jordan Lageplan | 177 |
| Route Jerash – Ajlun –Irbid – Umm el Jimmal | 194 |
| Gerasa, Geländequerschnitt | 195 |
| Gerasa | 197 |
| Ajlun, Burg Qala'at ar Rabad | 206 |
| Irbid, Bereich Yarmuk Universität | 210 |
| Irbid, zentraler Bereich | 210 |
| Pella | 224 |
| Umm Qays/Gadara | 230 |
| Abila | 235 |
| Route Wüstenschlösser | 239 |
| Oase Azraq | 242 |
| Wüstenschloss Amra | 247 |
| Wüstenschloss Kharanah | 249 |
| Wüstenschloss Mushatta | 251 |
| Route King's Road | 255 |
| Madaba | 258 |
| Madaba Zentrum | 260 |
| Machärus Palast | 272 |
| Kerak | 280 |
| Kerak, Festung | 282 |
| Dana Biosphere Reserve | 291 |
| Shaubak | 296 |
| Route Amman- Totes Meer - Aqaba | 298 |
| Bethania | 304 |
| Kallirhoe | 308 |
| Wadi Mujib Reserve | 309 |
| Qasr Bushir | 318 |
| Route Desert Hgw Amman - Aqaba | 318 |
| Qasr Bushir | 320 |
| Nabatäische Handelsstraßen | 327 |
| Petra gesamt | 329 |
| Petra, Übernachten | 360 |
| Route Petra – Wadi Rum – Aqaba | 365 |
| Wadi Rum | 368 |
| Aqaba | 385 |
| Aqaba Süd | 390 |
| Aqaba Hotels | 403 |
| Atlas | 424-432 |

*Jordanien, das ist größtenteils Wüste. Zu deren Höhepunkten zählt das faszinierende* **Wadi Rum**, *das Wüstenkenner zur Weltspitze gehörend einordnen.*

# Alles über Reisen in Jordanien 1

## Verstehen und Verständnis

Jordanien tritt meist nur dann mit Schlagzeilen in der Weltpresse ins Rampenlicht, wenn es mal wieder zwischen alle Macht- und Interessensblöcke gerät; oder im Zusammenhang mit Tragödien der Nachbarländer, in denen Amman vielen Medienmenschen sowie Geschäftsleuten als Stützpunkt dient. Nach dem Irakkrieg ist heute der Syrien-Bürgerkrieg mit seinen Flüchtlingsströmen das Hauptthema. Doch abseits dieser Publicity sprechen nur Wenige über die so freundlichen und angenehmen Bewohner oder die zum Teil sensationellen Landschaften wie auch historischen Relikte von Weltgeltung.

Als Besucher freut man sich natürlich, manche der sehenswerten Stätten fast für sich allein zu haben oder mit nicht allzu vielen Gleichgesinnten teilen zu müssen. Mit etwas Glück kann man allein zwischen ein paar übrig gebliebenen Säulen eines römischen Tempels – z.B. Abila – im warmen Wind sitzen, mit unbeschränktem Blick die Augen über die Bergformationen schweifen

*Jordanien, das ist nicht nur Petra, es ist auch viel abwechslungsreiche Natur wie hier bei Ajlun*

lassen, die sich fernab in der Wüste verlieren.

Nicht nur alte Stätten, auch Betplätze (u.a. christliche) besucht man hier, die aus ganz bestimmten Gründen an eben dieser Stelle angelegt wurden, nicht zuletzt sogar wegen der Sicht in die Ferne. Eigentlich besucht man sich selbst, kann meditieren, träumen oder nur die Fantasie spielen lassen: Was passierte alles an dieser Stelle, wie viele Menschen schilderten ihre Sorgen und Nöte den Göttern oder brachten ihnen Dankesopfer dar, weil einer ihrer sehnlichsten Wünsche in Erfüllung gegangen war?

Kein Mensch kommt in Jordanien auf die Idee, alles stehen und liegen zu lassen, zu dem Fremden im Tempel zu rennen und ihn um ein Bakschisch anzugehen, wie das in der Nachbarschaft Jordaniens leider häufig der Fall ist. Die Jordanier wissen die Privatsphäre zu respektieren. So wird fast niemand für kleine Gefälligkeiten sofort und unübersehbar die Hand aufhalten.

Andrerseits können sich die Leute die Beine ausreißen, um dem Besucher weiterzuhelfen, und zwar selbstlos, ohne den Blick auf die pralle Geldbörse des Fremden. Selbstverständlich kann man auch hier, wie überall auf der Welt, an Schlitzohren geraten, aber das ist die Ausnahme.

Die Landschaft bietet enorm viel Abwechslung, z.B. Extreme wie die tiefst gelegenen Gebiete der Erde am Toten Meer oder die zerklüfteten westlichen Gebirgsketten, die hinunter in den *Großen Afrikanischen Grabenbruch (Great Rift Valley)* stürzen. Diese urgewaltige Felslandschaft wussten die Nabatäer zu nutzen und versteckten ihre Hauptstadt Petra hinter einer engen Schlucht. Sie höhlten die Felsen aus und hinterließen steinerne Kunstwerke, die heute zum Weltkulturerbe zählen. Auch die Römer, zu deren östlichem Grenzbezirk das heutige Jordanien zählte, blieben nicht untätig und legten Städte und Tempel an, wie Jerash, die neben Petra am besten erhaltene, ebenfalls großartige Ruinenstätte im Norden des Landes. Sie fesselt den Besucher, weil hier eine ganze alte Stadt in der Fantasie lebendig wird, angeregt durch immer noch beeindruckende Tempel-, Theater- und profane Gebäude-Ruinen.

Der Jordangraben mit dem Toten Meer ist eine landschaftliche Sensation. Am tiefsten Punkt der Erdoberfläche schuf der Jordanfluss einen See, der keinen Abfluss hat. Nur durch Verdunstung regelt sich die Wassertiefe und sammelt unermüdlich Mineralien. Von hier aus steigt der Ostafrikanische Grabenbruch (im Wadi Araba) bis auf Meereshöhe an, um dann bald südlich von Aqaba im Roten Meer wieder in tiefste Tiefen abzustürzen und sich bis nach Mosambik fortzusetzen, insgesamt 6000 km lang.

Die wüstenhaften Gebirge auf der Ostseite des Toten Meeres, also die jordanischen, ragen steil, aber nicht unnahbar in den Himmel. Auch sie waren seit Menschengedenken dort besiedelt, wo sich Landwirtschaft betreiben ließ oder noch lässt. Heute ist Jordanien – übertrieben formuliert – ein blühendes Wüstenland. Wo immer es möglich ist, findet man fleißige Menschen bei der Feldarbeit. Erst ein ganzes Stück östlich des beim Grabenbruch aufgehäuften Gebirgsriegels beginnt die Wüste; sie breitet sich verhältnismäßig eben und ohne besondere landschaftliche Höhepunkte aus – sieht man vom südöstlichen Süden mit dem Wadi Rum ab, das wiederum eine Sensation ist.

Lassen Sie sich von diesem faszinierenden Landstrich auf der Ostseite des Jordans begeistern. Er steckt so voller Überraschungen aller Art, dass man sich nur schwer zur Abreise von ihm trennen kann. Noch dazu erschließt er sich relativ leicht und preiswert.

## Jordaniens Highlights

### Historisches

- **Petra**
Ungewöhnliche Felsenhauptstadt der Nabatäer, bekannteste Sehenswürdigkeit, Weltkulturerbe, 2007 als eines der **Neuen Sieben Weltwunder** gewählt
- **Jerash (Gerasa)**
Eine der besterhaltenen römischen Städte östlich des Mittelmeers
- **Umm Qays**
Kleinere römische Stadt in herrlicher Lage
- **Amman**
Zitadelle mit Herkules Tempel auf dem Jebel Qala, Römisches Amphitheater, **Jordan Museum**: neues, im Stadtzentrum errichtetes Gebäude mit sehr sehenswerten Ausstellungen zur langen Landesgeschichte
- **Pella**
Römisch-byzantinische Ruinen
- **Wüstenschlösser**
Kleine Lustschlösser in der Wüste; eins davon, **Qasr Amra,** ist Weltkulturerbe

### Großartige Landschaftserlebnisse

- **Wadi Rum**
Faszinierende Landschaft, Wüstentrips, Eldorado für Kletterer
- **Totes Meer**
Relaxen und/oder Kuren im salzigsten Wasser am tiefsten Punkt der Erde
- **Wadi Mujib**
Trekking/Canyoning in tief eingeschnittener, enger Schlucht, im Oberlauf "Grand Canyon" Jordaniens
- **Wandern/Trekking/Canyoing**
in **Wilden Wadis** durch stellenweise schulterbreite Schluchten, tiefe Wasserbecken oder auf dem
- **Jordan Trail** von Nord nach Süd durchs ganze Land wandern oder per Fahrrad auf dem
- **Jordan Bike Trail** unterwegs, der ebenfalls durchs ganze Land führt

### Modernes Leben

- **Amman**
Hauptstadt-Trubel, Downtown-Souks, Goldbazar, Cafés, Souvenir-Shopping, **Darat al Funum** Kunstzentrum mit Galerien und Ausstellungen
- **Jerash**
Im Nahen Osten bekanntes Sommer-Festival (Juli/August)
- **Aqaba**
Baden, Schnorcheln, Tauchen, günstiges Souvenir-Shopping

### Gesundheit, Erholungmöglichkeiten

2008 stand Jordanien laut World Bank an fünfter Stelle im weltweiten Gesundheitstourismus – warum nicht nutzen
- **Amman**
Internationale Hospitäler, Heilbäder (vor allem Hautkrankheiten) am Toten Meer
- **Hammamat Ma'in**
Heiße Quellen (Baden und Kuren)
- **Aqaba**
Erholung am und im Roten Meer

---

Noch ein Zitat aus dem Leserbrief der Familie B. & S. S., die mit zwei Kindern Jordanien auf selbstgesteckter Route bereiste: „Natürlich hält Jordanien, was man sich darunter vorstellt – kulturelle und historische Highlights, traumhaft schöne Landschaft, Land der Gegensätze etc. etc. Was uns aber am meisten beeindruckt hat, war die Gastfreundlichkeit, Höflichkeit und der Respekt, der uns als Touristen entgegengebracht wurde – sei es beim Teetrinken mit Beduinen, beim Plaudern und Tanzen mit Einheimischen, die im Wadi Rum mit der ganzen Familie eine Geburtstagsfeier ver-

*anstalteten, beim Polizei-Check-Point, wo uns sofort Hilfe angeboten wurde, falls wir den Weg nicht wissen …. Die Liste ließe sich noch unendlich lange fortsetzen!"*

## Reisevorbereitung

Deutsche, die sich – auch nur vorübergehend – in Jordanien aufhalten, können sich online auf der Krisenvorsorgeliste der deutschen Botschaft in Amman registrieren (https://elefand.diplo.de/elefandextern/home/login!form.action). Vor und während der Reise wird geraten, sich über aktuelle Entwicklungen zu informieren zu lassen sowie die Internetseiten der Botschaft zu konsultieren.

### Literatur

Eine konzentrierte, preiswerte und vorzügliche Einführung in das jeweilige Land oder das entsprechende Gebiet sind die **Sympathie-Magazine** des Studienkreises für Tourismus: *Jordanien verstehen*, Heft Nr. 33, und *Islam verstehen*, Heft Nr. 26. Am besten bestellen beim:

- **Studienkreis für Tourismus und Entwicklung e.V.**, Bahnhofstr. 8, 82229 Seefeld-Hechendorf, Tel 08152 999010, Fax 08152 999 0166, info@studienkreis.org, www.studienkreis.org.
- Viel **historische Information** zum Thema Jordanien lässt sich drei Ausstellungsbegleitbänden entnehmen:
- *Der Königsweg, 9000 Jahre Kunst und Kultur in Jordanien und Palästina*, Rautenstrauch-Joest-Museum Köln, 1987, P. von Zabern Verlag.
- *Die Nabatäer, Spuren einer arabischen Kultur der Antike*, Veröffentlichung der Deutsch-Jordanischen Gesellschaft, Hannover 1976 (zu einer sehr umfangreichen Ausstellung über die Nabatäer).
- *Gesichter des Orients, 10 000 Jahre Kunst und Kultur aus Jordanien*, Vorderasiatisches Museum, Staatliche Museen zu Berlin, 2004, P. von Zabern Verlag; hervorragender Band, sehr informativ vor allem über die Frühgeschichte Jordaniens.
- Kopp, H. (Hrsg.): *Jordanien und Deutschland - Über die Vielfalt kultureller Brücken,* im Auftrag der Deutsch-Jordanischen Gesellschaft e.V., Reichert Verlag Wiesbaden (2013). Dieses Kompendium stellt Jordanien in fast allen Aspekten so umfassend dar wie kein anderes deutschsprachiges Werk – für den am Land Interessierten ein Muss!
- Kalifa, S.: *Der Feigenkaktus, Die Sonnenblume* und *Memoiren einer unrealistischen Frau,* alle Unionsverlag Zürich; Kernthema der in Nablus geborenen Palästinenserin, die heute in Amman lebt, ist das Leben der Palästinenser – vor allem der Frauen – in der Westbank und im Exil.
- Riley-Smith, J.: *Die Kreuzzüge, Kriege im Namen Gottes,* Herder Verlag, Freiburg. Wer in Jordanien reist, stößt immer wieder auf Kreuzfahrer-Relikte, über deren geschichtlichen und menschlichen Hintergrund man in diesem Buch sehr gut informiert wird.
- Lawrence, T.-E.: *Lawrence von Arabien; Die sieben Säulen der Weisheit,* List Taschenbuch. Der etwas eigenwillige Engländer beschreibt seinen – englandfreundlichen – Einsatz für die arabische Sache in dem Buch, das ihn berühmt werden ließ.
- Köndgen, O.: *Jordanien*, C.-H.-Beck, München. Eine kompetente Einführung in alle Bereiche des Landes, doch bereits 1999 erschienen, bisher nicht aktualisiert.
- Van Geldermalsen, M.: *Im Herzen Beduinin*, RM-Buch-und-Medien-Vertrieb. Die Romanfigur findet in Petra ihre große Liebe, heiratet und hat mit den Problemen der fremden Kultur zu kämpfen, be-

reut ihren Entschluss jedoch nicht.
- Thiel, Susanne: *KulturSchock Islam*, Reise Know-How Verlag, Bielefeld. Der Kulturführer bietet sehr viel Hintergrundwissen und gibt auch Ratschläge für Konfliktsituationen.
- *Kauderwelsch Band 75, Palästinensisch-Syrisch-Arabisch*, ein sehr nützlicher Sprachführer aus dem Reise Know-How Verlag Peter Rump, Bielefeld

## Trekking - und Canyoningführer

Die folgenden Bücher sind z.T. nur in Amman, Aqaba oder im Wadi Rum erhältlich:
- Tony Howard, *Treks and Climbs in the Wadi Rum*, Cicerone Press (1997) und Tony Howard, Diana Taylor, *Walks and Scrambles in Wadi Rum*.
- In Petra kauft man: Rami G. Khouri, *Petra – a Guide to the Capital of the Nabataeans*.
- Itai Haviv, *Trekking and Canyoning in the Jordanian Dead Sea Rift*, Desert Breeze Press (2000).
- Di Taylor, *Walking in Jordan – Walks, Treks, Caves, Climbs & Canyons*, Cicerone Press (beschreibt u.a. auch Treks im Nordwesten Jordaniens; 2002).

## Karten und Pläne

Auch wir können in unseren *Atlas* (im Anhang) nur solche Straßen einzeichnen, deren Verlauf wir kennen. Diverse Straßen, die wir zwar kennen, aber in keiner Unterlage finden oder nicht mithilfe von GPS aufzeichneten, können wir kartografisch leider nicht aufbereiten. Dennoch sollte diese Kartensammlung für übliche Ansprüche ausreichen. Englischsprachige **Stadtpläne** von Amman – die in den letzten Jahren erheblich besser, aber noch nicht perfekt wurden – und Aqaba kauft man am besten vor Ort. Über das Gebiet von Petra gibt es vor Ort recht gute Karten.

## Verständigung

Landessprache ist Arabisch, das sich in der Aussprache vom ägyptischen Arabisch unterscheidet. Aus der englischen Kolonialzeit ist zumindest der Brauch erhalten, dass an allen Schulen Englisch als zweite Sprache gelehrt wird. Wir gewannen sehr subjektiv den Eindruck, dass sich aufgrund des guten Ausbildungsniveaus viele Jor-

*Typische Landschaft im Wadi Rum*

## Internetlinks

Zu Jordanien gibt es viel im Internet zu lesen. Hier eine Auswahl:

### Sicherheitshinweise der Außenministerien

* **Auswärtiges Amt**: www.auswaertiges-amt.de/DE/Laenderinformationen/LaenderReiseinformationen_node.html
* **Österreichisches Außenministerium**: www.bmeia.gv.at/reise-aufenthalt/reisewarnungen
* Sicherheitshinweise der **schweizerischen EDA**: www.eda.admin.ch/eda/de/home/vertretungen-und-reisehinweise/jordanien/reisehinweise-fuerjordanien.html

### Allgemeine Daten

* **Offizielle jordanische Regierungs- und Ministerien Site** (English EN ganz oben rechtsanklicken): www.jordan.gov.jo. Informationen kann man anfordern unter https://jordan.gov.jo/wps/portal/Home/Connect/AskGov#/askGov?cantLogin=true
* **Department of Statistics** (DOS): http://web.dos.gov.jo/?lang=en
* **BMZ, Bundesministerium für wirtschaftliche Zusammenarbeit**, www.bmz.de/de/laender_regionen/naher_osten_nordafrika/jordanien/profil.html
* **CIA Factbook**, Allgemein-Daten über Jordanien (zählen zu den zuverlässigsten): https://www.cia.gov/library/publications/resources/the-world-factbook/geos/jo.html
* **US State Department**, zuverlässige ökonomische und politische Angaben, ähnlich wie CIA: www.state.gov/p/nea/ci/jo/(wurde kürzlich „redesigned")

### Gute Nachschlagewerke

* https://de.**wikipedia**.org/wiki/Jordanien, www.indexmundi.com/jordan
* **United Nations Development Program UNDP**, interessante Aussagen zur Tätigkeit im Land und zum Land, auch aktuelle statistische Angaben, Einblicke in Land & Leute: www.jo.undp.org/
* **Länderinformationen des Auswärtigen Amtes**: www.auswaertiges-amt.de/DE/Aussenpolitik/Laender/Laenderinfos/01-Laender/Jordanien.html

### Königshaus

* **König Abdullah II**: www.kingabdullah.jo
* **Königin Rania**: www.queenrania.jo
* Der verstorbene **König Hussein**: www.kinghussein.gov.jo; diese Website gibt auch einen guten Überblick über das Land, seine Menschen, seine Wirtschaft und touristisch interessante Plätze.

### Staatliche und halbstaatliche Organisationen

* **University of Jordan**, für Studenten und auch andere interessant: www.ju.edu.jo
* **The Royal Society for the Conservation of Nature**; DIE führende und vorbildliche Organisation zum Erhalt von Jordaniens Natur: www.rscn.org.jo

### Ausländische Institute und archäologische Informationen

* **Goethe-Institut** in Amman: www.goethe.de/ins/jo/de/amm.html?wt_sc=jordanien
* **Deutsches Evangelisches Institut** (auch Berichte über jordanische archäologische Projekte): www.deiahl.de/institut-amman.html
* **American Center of Oriental Research** (ACOR; größtes archäologisches Institut in Jordanien): www.acorjordan.org/

### Jordanische Botschaften

* **in Berlin**: www.jordanembassy.de
* **in Wien**: www.jordanembassy.at
* **in Bern**: www.jordanembassy.ch (Ende 2019 "en construction")

### Touristische Informationen

* **Jordan Tourism Board**: www.visitjordan.com
* **Ministry of Tourism and Antiquities**: www.tourism.jo, arabischer Aufstand; http://arabrevolt.jo/en
* **Auflistung der Sehenswürdigkeiten**: www.kinghussein.gov.jo/tourism.html
* **Ruth's Jordan,** eine Site voller Informationen, viele davon auch für Individualtouristen, aber auch über Land und Leute: www.jordanjubilee.com, veraltet (letzter News-Eintrag 2017)
* **Autovermieter, Preisvergleich:** www.carrentals.com
* **Royal Jordanian Airlines** (u.a. auch zu touristischen Informationen): www.rj.com
* **Wechselkurse:** www.xe.com/ucc/full/

### Einzelne Städte/Gebiete/Organisationen

* **Aqaba-Information**: www.aqaba.jo
* **Madaba-Informationen:** www.madaba.freeservers.com/index.html
* **Petra**: https://de.wikipedia.org/wiki/Petra_(Jordanien)
* **Wadi Feynan:** www.wissenschaft-online.de/artikel/595030
* **Wandern, Trekking, Abenteuer:** www.terhaal.com

### Zeitungen, Zeitschriften

* **Jordan Times**, englischsprachige Tageszeitung: www.jordantimes.com

### Sonstiges

* **Deutsch-Jordanische Gesellschaft** www.d-j-g.de („Wir bauen Brücken")

danier englisch verständigen können. Ratsam für den Individual-Traveller ist in jedem Fall, ein Verständigungsminimum an Englisch oder Arabisch zu beherrschen (s. S. 408, "Mini-Sprachführer"). Darüber hinaus können wir die einschlägigen Büchlein aus der Reise-Know-How Reihe *Kauderwelsch* sehr empfehlen.

### Touristische Informationen

■ **Jordan Tourism Board**
Die Vertretung für den deutschsprachigen Raum wurde 2017 geschlossen.

## 1 – Alles über Reisen in Jordanien

**Königlich-Jordanische Botschaften**
- **D-13595 Berlin,** Heerstraße 201
Tel 030 3699 600, Fax 030 3699 6011, jordan@jordanembassy.de, www.jordanembassy.de
- **A-1030, Wien,** Rennweg 17/4
Tel 01 405 1025, Fax 01 405 1031, info@jordanembassy.at, www.jordanembassy.at
- **CH-3074 Muri bei Bern,** Thorackerstr. 3, Tel 031 384 04 04, Fax 031 384 04 05, abarafi@jordanembassy.ch, www.jordanembassy.ch (Site under construction)

## Papierkram (Pass, Visum etc.)

### Visabestimmungen

Zur Einreise benötigt man einen Pass mit einer Gültigkeit von noch mindestens 6 Monaten und 2 freien Seiten. Falls Kinder nicht im Familienpass eingetragen sind, benötigen sie einen Kinderausweis mit Foto. Das *Visum* erwirbt man am bequemsten und billigsten (derzeit JD 40) bei der Einreise am Flughafen Amman oder im Aqaba-Hafen, auch an den Grenzübergängen von Israel, außer an der King Hussein Bridge, die von Israel *Allenby Bridge* genannt wird. Wichtig: Das Visum ist zunächst für eine Aufenthaltsdauer von 28 Tagen gut. Danach kann es von der Polizeistation des jeweiligen Aufenthaltsortes bis zu sechs Monate verlängert werden, siehe weiter unten.

Natürlich lässt sich das Visum auch zuvor bei den hiesigen Konsulaten bestellen, in Deutschland und Österreich kostet es € 56. Bei der Beantragung müssen Sie ein ausgefülltes offizielles Formular einschicken zusammen mit dem Reisepass, einem Passfoto und einem Bankbeleg, dass die Gebühren auf das Konto Jordan Embassy, IBAN DE57 1208 0000 4051 9649 04, Commerzbank AG Berlin (siehe auch www.jordanembassy.de/visa_requirements.htm) eingezahlt wurden. Rufen Sie vorsichtshalber zuvor bei Ihrem Konsulat an, ob diese Angaben noch gültig sind. Das Visum ist ab dem Ausstellungstag sechs Monate für eine Aufenthaltsdauer von vier Wochen gültig. Ein Double Entry Visum gibt es nur beim Konsulat (Prozedere wie bei Einzelvisum). Es ist nur zwei Monate gültig.

Wenn Sie länger als vier Wochen in Jordanien bleiben wollen, müssen Sie Ihr Visum, d.h. die damit verbundene Aufenthaltserlaubnis verlängern lassen; das können Sie theoretisch in jeder Stadt machen. Praktisch aber sollte man sich nicht auf Experimente einlassen und diesen Akt in Amman (s. S. 172) oder Aqaba, Wadi Musa (Petra) oder Madaba vollziehen, also an Orten mit Touristenaufkommen. Für einen Aufenthalt von mehr als drei Monaten muss man sich auf AIDS untersuchen lassen.

Jeder Tag, den man länger bleibt als erlaubt, kostet offiziell JD 1,50 Strafgebühr. Das wäre noch nicht so schlimm. Aber man muss bei einer Polizeistation zunächst die Verlängerung beantragen, dann bei der Distriktstation die angefallenen Gebühren bezahlen und zur ersten Polizeistation zurückkehren, um nun die Verlängerung eingestempelt zu bekommen. Das kann zeitaufwändig sein! Risikofreudige können zum Flughafen marschieren und ganz unschuldig ihr Glück bei der Passkontrolle versuchen…

Eine Sonderregelung gilt für die **Freihandelszone von Aqaba** *(Aqaba Special Economic Zone Authority ASEZA)*. Wer in Aqaba einreist, ist von der Visa-Gebühr befreit, muss allerdings innerhalb eines

## Der JORDANPASS, ein MUST HAVE

Der JORDAN PASS ist ein Promotion Tool des Tourismusministeriums. Wer diesen Pass **vor der Einreise** kauft und für mindestens drei Übernachtungen im Land bleibt, hat schon bei der Ankunft einen erheblichen Vorteil, denn damit entfallen die Visagebühren von JD 40 und als Nebeneffekt muss man nicht zum schlechten Kurs in der Ankunftshalle Geld tauschen, was meist auch mit Wartezeiten verbunden ist. Im Land entfallen bei 40 Sehenswürdigkeiten die Eintrittsgebühren, selbst im teuren Petra. Wer alle Vorteile nutzt, spart laut Ministerium über 150 US$.

Auf http://jordanpass.jo sind sowohl die Vorteile nachzulesen als auch die Geschäftsbedingungen. Angeboten werden drei Versionen zu JD 70, 75 und 80 (zusätzlich Bearbeitungsgebühr von JD 2,26). Die Unterschiede liegen in der Aufenthaltsdauer in Petra. Bei der JD 80 Version hat man drei Tage freien Eintritt. Zusätzlich kann man sich, unabhängig vom gewählten Passpreis, Broschüren über die Sehenswürdigkeiten und eine recht übersichtliche Karte (http://jordanpass.jo/Documents/JordanMap.pdf) herunterladen. Grundbedingung ist, dass man mindestens für vier Tage in Jordanien bleibt.

Man kann den Pass auch auf dem Smartphone vorzeigen, das genügt.

Monats wieder (irgendwo) ausreisen. Wer außerhalb Aqabas ankommt und einen Besuch dort plant, kann ebenfalls ein sog. ASEZA Visum beantragen, muss es allerdings innerhalb von 48 Stunden im ASEZA-Büro in Aqaba registrieren lassen (Taxifahrern ist das Büro eher unter „Akliem" bekannt). Jeder Tag ohne Registrierung kostet JD 1,50. Man sollte sich also überlegen, ob der Aufwand die eingesparte Visagebühr wert ist.

Nehmen Sie vorsichtshalber Kopien von allen wichtigen Dokumenten mit und bewahren Sie diese separat von den Originalen auf, damit Sie im Verlustfall die Bürokratie vereinfachen können.

**Studenten** mit Internationalem Studentenausweis erhalten eventuell in Jordanien Ermäßigungen bei den Eintrittspreisen. Das scheint von der Tageslaune oder dunklen Mächten abhängig zu sein. Am ehesten geht es bei Objekten der *Royal Society for the Conversation of Nature* (RSCN), selten bis gar nicht bei staatlich verwalteten Sehenswürdigkeiten wie z.B. Petra. Trotzdem immer den Ausweis vorzeigen.

### Impfungen

Der Nachweis spezieller Impfungen wird nicht verlangt, es sei denn, man reist direkt aus einem Gebiet mit Gelbfieber ein, dann muss man die Gelbfieberimpfung nachweisen. Allerdings empfiehlt sich der auch bei uns übliche Impfschutz wie Tetanus, Polio etc. bzw. dessen Auffrischung. Achtung: Tollwut ist bei jordanischen Hunden verbreitet (auch gegen Tollwut kann man sich immunisieren lassen). Sollten Sie gebissen werden, müssen Sie in jedem Fall einen Arzt konsultieren.

### Autopapiere

Für den derzeit eher unwahrscheinlichen Fall, dass Sie mit dem eigenen Fahrzeug einreisen: Offiziell sind der Internationale Führerschein und die Internationale Zulassung vorgeschrieben, werden allerdings bei der Auto-Einreise sehr selten kontrolliert oder bei der Mietwagenbuchung verlangt. Sollte der Autovermieter darauf bestehen, gehen Sie zum nächsten Anbieter.

Die europäische **Haftpflichtversicherung** gilt nicht, man muss an der Grenze eine temporäre Haftpflichtversicherung abschließen. Weiterhin wird offiziell ein **Carnet de Passages** verlangt, das bei Pkw und Wohnmobilen an der Grenze meist auch nicht abgefragt wird. Aber es gibt offenbar keine verlässliche Regel. Ein Carnet de Passages erhält man – gegen Gebühren um € 150 und Sicherheitsleistung – beim heimischen Automobilclub (ADAC, ÖAMTC in Österreich bzw. ACS in der Schweiz).

Immer wieder wird über Schwierigkeiten bei der Einreise mit Dieselfahrzeugen berichtet, deren Einfuhr offiziell nicht gestattet ist, häufig genug jedoch geduldet wird. Auch Motorradfahrer schrieben uns über z.T. erhebliche Probleme wegen ihres Zwei- und nicht Vierrades, die sie beim Grenzübergang erlebten. Wir sind – wie viele andere auch – 2008 unbehelligt mit einem Diesel-Wohnmobil eingereist. Sollten Sie also wirklich in Schwierigkeiten bei der Einreise geraten, dann versuchen Sie, das **Tourism Board** in Amman unter Tel 065678 444 zu kontakten (volle Anschrift s. S. 165) und um Hilfe zu bitten. Dort versicherte man uns, dass keine Restriktionen zu erwarten seien.

## Wie kommt man nach Jordanien, wie weiter

### Anreise per Flugzeug

Nach Jordanien fliegt Royal Jordanian Airlines von Frankfurt, Berlin, München, Wien und Zürich aus. Seit 2018/19 ist ein Boom von billigen Flügen etablierter und Billigfliegern ausgebrochen, der die einst hohen Preise in den Keller verwies. Ticketpreise unter 50 EUR beweisen dies.

### Anreise per Bahn, Bus oder Auto

**Vor dem Syrienkonflikt** konnte man mit öffentlichen Verkehrsmitteln auf dem Landweg nach Jordanien reisen. Für den Fall, dass sich (wider Erwarten) der Konflikt bald nach Erscheinen dieser Auflage legt und sich die Grenzen öffnen, hier eine Zusammenfassung der Möglichkeiten von damals.

**Eisenbahnfreaks** konnten von München mit dem Istanbul-Express in die Stadt am Bosporus und weiter über Ankara und Adana nach Damaskus reisen. Von dort dampfte die alte Hejaz-Bahn nach Amman.

Weniger nostalgisch, dafür etwas bequemer verlief eine Reise per Bus: Man nahm einen Direktbus nach Istanbul (Abfahrten von diversen Großstädten).

Von Istanbul verkehrten Transitbusse entweder direkt nach Amman oder nach Damaskus und von dort nach Amman. Eine derartige Anreise dauert mindestens vier oder fünf relativ anstrengende Tage; sie kam deutlich teurer als ein Billigflug.

Für **Autofahrer** gab es drei Möglichkeiten, Jordanien zu erreichen. Wer die lange, aber interessante Anreise über den Balkan, die Türkei und Syrien auf

## Wie kommt man nach Jordanien, wie weiter

sich nahm, landete nach knapp 4000 km Wegstrecke an der nördlichen jordanischen Grenze. Der Bürgerkrieg in Syrien schiebt dem einen Riegel vor.

Man könnte nach Israel verschiffen, wenn es noch eine Autofähre gäbe. Es bleibt aber ein (teures) Frachtschiff mit teurer (Wohnmobil über 1000 €) und bürokratisch aufwändiger Abfertigung.

Immer noch steht die Anfahrt von Ägypten per Fähre von Nuveiba nach Aqaba offen. Allerdings muss man zunächst mit dem Auto nach Ägypten gelangen, was zur Zeit auch fast unmöglich ist. Denn die Anreise durch Tunesien ist vor allem wegen der immer noch sehr unsicheren Verhältnisse in Libyen nicht zu empfehlen. So festgefahren wie sich dieser Konflikt zumindest in den Medien darstellt, kann es noch Jahre dauern, bis ein sicherer Transit möglich sein wird. Eine 2010 aufgenommene Fährverbindung (Visemar Line) nach Alexandria geistert immer noch durchs Internet; will man jedoch buchen, steht man vor weißen Zeilen.

### Weiterreise nach Ägypten

Von Aqaba verkehrt täglich mindestens eine Fähre nach Nuveiba. Einzelheiten s. S. 398. Es gibt auch den Landweg über Israel/Elat nach Tabah. Damit verbaut man sich zusätzlich die Möglichkeit, in andere arabische Länder einreisen zu können. Auch wenn die Israelis die Durchreise durch ein Blatt oder eine Karte im Pass zu verschleiern suchen, so geht schließlich z.B. aus dem ägyptischen Eintrag „Tabah" hervor, dass man aus Israel kam.

Visa für Ägypten können Sie bei der ägyptischen Botschaft in Amman bzw. im Konsulat in Aqaba beantragen.

### Ein- oder Ausreise Israel

Für Israelbesucher, die aus Jordanien „mal schnell rüberfahren", gibt es ein Schlupfloch, die King Hussein Bridge (Allenby Bridge). Normalerweise wird an diesem Grenzübergang (und nur hier!) bei der Ausreise aus Jordanien nicht gestempelt (weil das Westjordanland immer noch als umstritten gilt). Die Israelis geben eine Art Eintrittsticket mit am Schalter erstellten Foto aus, der Pass bleibt außen vor. So sollte theoretisch niemand merken, dass man nach Israel fuhr und wieder zurückkam. Leser, die dieses Experiment eingingen, litten unter der Arroganz der israelischen Grenzbeamten und zusätzlich unter den ziemlich langen Abfertigungszeiten und ziemlich hohen Grenzgebühren.

### Weitere Ziele

Von Amman gibt es Busverbindungen zu allen Hauptstädten ringsum bis in die Emirate am Golf; die Preise liegen niedrig im Vergleich zum Flugticket. Aller-

*Hedjaz-Lokomotive, Führerhaus (s. S. 51)*

dings benötigt man entsprechende Visa, die man oft nur schwierig oder mit hohem Zeitaufwand und eventuell nur zu Hause bekommt. Man muss eine solche Reise also gut und möglichst lange im Voraus planen.

## Reiseziele und -routen in Jordanien

### Die Top-Ten-Ziele

### 1 Petra

*Khazne Faraun*

Zu den ungewöhnlichsten antiken Siedlungen dieser Welt zählt Petra, das zu Recht in der Weltkulturerbe-Liste steht und 2007 zu den Neuen Sieben Weltwundern im Internet gewählt wurde. Die Nabatäer versteckten ihre Hauptstadt in einer pittoresken Felslandschaft, die sich nach einer engen Schlucht plötzlich auftut und den Besucher auf Schritt und Tritt fasziniert. Planen Sie mindestens einen Tag fürs erste Kennenlernen.

### 2 Jerash (Gerasa)

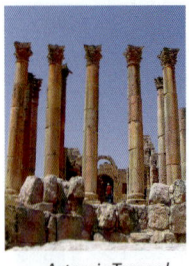

*Artemis Tempel*

Knapp zwei Autostunden nördlich von Amman hinterließen die Römer eine komplette Stadt, deren Ruinen so gut erhalten sind, dass sie das Leben vor 2000 Jahren in der Fantasie leicht wieder lebendig werden lassen. Man wandert über original römische Straßen, besucht imposante Tempelruinen, Theater oder byzantinische Kirchen. Jerash kann vom Eindruck her als gleichrangig mit Baalbek im Libanon und dem ehemaligen Palmyra in Syrien betrachtet werden.

### 3 Amman

*Herkules Tempel*

Amman, die Hauptstadt Jordaniens, bietet außer ihrem Römischen Theater, dem Zitadellenhügel und dem neuen, sehr sehenswerten *Jordan Museum* nicht allzu viel Historisches. Neben einigen anderen Sehenswürdigkeiten sollte man das tägliche Leben in der quirligen Metropole miterleben und sich treiben lassen. Amman ist eine Stadt, in der man sich bald wohlfühlt und sich schnell integriert. Zwei Tage ist Amman allemal wert.

### 4 Totes Meer, Festung Kerak

*Totes Meer, Sonnenuntergang*

Jordanien und Israel teilen sich den tiefst gelegenen See der Erde, in dem eine hochkonzentrierte Salzbrühe nahezu jegliches Leben im Keim erstickt. Die steil in den See abfallenden Berge auf der jordanischen Seite sind für so manche Überraschung gut, wenn man auf der Uferstraße am toten See entlangfährt. Etwa am Südende windet sich eine Straße steil ins Hochland hinauf nach **Kerak**, wo eine mächtige und relativ gut erhaltene Kreuzfahrer-Festung die an der Kings Road liegende Stadt bewacht. Für eine Rundreise Amman – Totes Meer – Kerak – Amman ist ein Tag ausreichend.

## Die Top-Ten-Ziele 27

### 5 Wadi Rum

*Fernblick*

Durch T. E. Lawrence *(Lawrence of Arabia)* zu Recht bekannt geworden, fasziniert diese sowohl spektakuläre als auch sehr ungewöhnliche Wüstenlandschaft mit den senkrecht gut 1000 m hoch aus der Sandebene herausragenden Felsenbergen jeden Besucher. Erleben Sie wenigstens einen Tag lang dieses Naturschauspiel (möglichst mit Übernachtung in einem Beduinencamp innerhalb des Reservats).

### 6 Aqaba

*Strand vor dem Ansturm*

Die gemütliche Hafenstadt am Roten Meer (Golf von Aqaba) ist gleichzeitig die einzige Badestadt Jordaniens. Herrliche Korallenbänke locken Schnorchler und Taucher an, Sandstrände bieten Gelegenheit zum Relaxen. Wer dies nutzen will, sollte sich für wenigstens zwei Tage in Aqaba einbuchen.

### 7 Wüstenschlösser

*Wüstenschloss Amra*

Nordöstlich von Amman blieben einige kleine Wüstenschlösschen aus den Anfangszeiten des Islam erhalten, davon ist das Schloss **Amra** Weltkulturerbe. Dieses und die Naturreservate bei der Oase Azraq lassen sich auf einer Tages-Rundtour von Amman aus besichtigen.

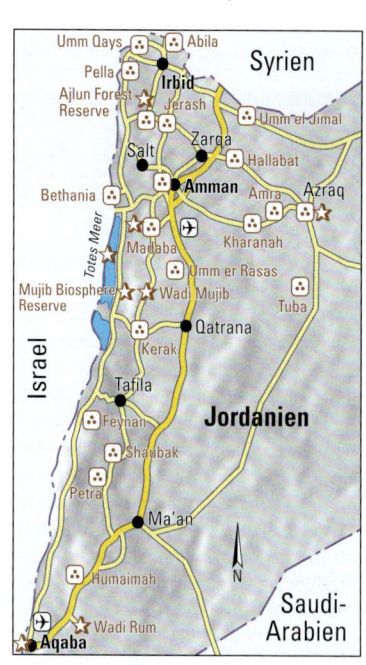

### 8 Ajlun, Pella, Umm Qays

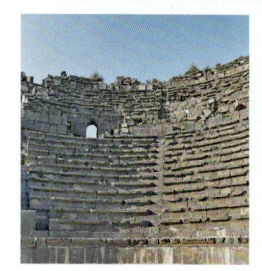

*Umm Qays, Römisches Theater*

Hoch auf einem Bergsporn beherrscht die mächtige arabische Festung Qala'at ar Rabad das Städtchen Ajlun und die Umgebung. Fast zu ihren Füßen im Jordantal liegt die römisch-byzantinische Ruinenstadt Pella. Nicht allzu weit entfernt erhebt sich oberhalb der Yarmuk-Schlucht das große Areal von Umm Qays mit imposanten Ruinen aus der römischen Vergangenheit (damals **Gadara**) und fantastischer Aussicht bis zum See Genezareth, auf die Golan-Höhen sowie nach Syrien (1-2 Tage).

## 9 Madaba, Mount Nebo, Umm er Rasas

*Madaba, Hipolytos-Mosaiks*

Nach etwa einer halben Autostunde erreicht man südlich von Amman an der Königstraße die Mosaikstadt Madaba. Hier wurden hervorragende Mosaike aus byzantinischer Zeit freigelegt, die auch historisch von großer Bedeutung sind. Auf dem nahe gelegenen Mount Nebo zeigte Gott dem Moses das Gelobte Land (schöne Mosaike). Im etwas weiter entfernten Umm er Rasas, einer kürzlich in die Liste des Welterbes aufgenommenen byzantinischen Stadt, wurden ebenfalls herrliche Mosaike gefunden. 1-2 Tage Besuchszeit.

## 10 Mujib Bio Reserve, Wadi Wasa u.a.

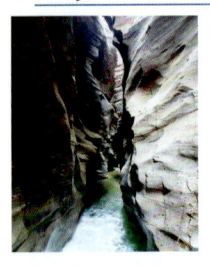

*Wadi Mujib Canyon*

Wadi Mujib, der "Grand Canyon" Jordaniens, ist im Oberlauf schon spektakulär, im Durchbruch durch das Gebirge zur Mündung ins Tote Meer verengt es sich stellenweise atemberaubend auf Schulterbreite. Er zählt zu den Höhepunkten der diversen ähnlichen Canyons – z.B. den Wadis Nimrim, Hammad, Hidan, Zarqa Ma'in, Manshala – deren Wasser einen Weg zum Toten Meer oder, wie das Wadi Hasa, ins Wadi Araba finden.

### Der „Rest"

Die Top-Ten stellen nur die herausragenden Sehenswürdigkeiten dar. Auf dem Weg von einem zum anderen Platz findet man weitere historische oder landschaftliche Leckerbissen, an denen der Eilige meist vorbeifahren muss, die aber dem Genießer sehr viel tiefe und erlebnisreiche Einblicke in das Land bescheren.

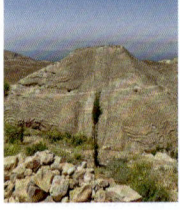

*Herodes-Burg Mukawir*

Besonders zu erwähnen wären die etwas abseits liegenden Ruinenstätten **Umm el Jimal** im Norden und **Abila** im Nordwesten. Auch die Reste der Herodes-Burg **Mukawir**, in der Johannes der Täufer sein Haupt verlor, sind einen Abstecher wert sowie die Kreuzfahrerfeste **Shaubak**. Schließlich kann man in den heißen Schwefelquellen von **Hammamat Ma'in** zusätzliches Schwitzen üben.

## Biblische Orte besuchen

Besonders das Alte Testament berichtet über viele Begebenheiten im heutigen Jordanien, aber auch das Christentum findet hier einige Wurzeln. Die Pilgerreise von Papst Johannes Paul II., Anfang 2000, unterstreicht die Bedeutung, die dem Land östlich des Jordans in der christlichen Lehre zukommt. Es würde zu weit führen, in diesem Handbuch den jeweiligen biblischen Hintergrund der Orte zu erläutern, die entweder anhand von Bibeltexten identifiziert wurden oder in alt- bzw. neutestamentlichen Zusammenhängen vermutet werden. Von Nord nach Süd geht es im Wesentlichen um die folgenden Stätten:

## Ramtha

Die Stadt wird mit *Ramot-Gilead* gleichgesetzt, bei der König Ahab von Israel in der Schlacht umkam.

## Umm Qays (Gadara)

Hier bzw. bei **El Hamma** soll Jesus einen Besessenen von einem Dämon befreit haben, der dann in eine Schweineherde fuhr, die sich in den ziemlich weit entfernten See Genezareth stürzte; allerdings gibt es direkt am Seeufer in Israel den für die Schweineflucht besser geeigneten Ort **Kursi**, der auch mit dieser Geschichte identifiziert wird.

## Khirbet al Wahadna, Tel Mar Elias

In der Nähe von Ajlun, beim Ort *Khirbet al Wahadna*, erhebt sich ein 900 m hoher Berg namens *Tel Mar Elias*, der seit alters mit dem Propheten Elija in Zusammenhang gebracht wird, was historische Grundmauern und Mosaike zu bestätigen scheinen.

## Anjara

In dem Ort zwischen Jerash und Ajlun soll Maria mit Jesus auf ihrem Weg von Galiläa nach Jerusalem in einer Höhle Station gemacht haben. Eine lebensgroße Statue von Maria mit Jesus in einer Grotte neben der katholischen Kirche erinnert daran.

## Amman

*Rabbat-Ammon,* die Hauptstadt der Ammoniter, wird in der Bibel mehrfach erwähnt, gemeint ist meist der Zitadellenhügel der jordanischen Hauptstadt.

## Abstecher nach Jerusalem

Theoretisch kann man an einem Tag einen Ausflug gefahrlos nach Jerusalem bewerkstelligen, das heißt, am frühen Morgen über die Grenzstelle Hussein Bridge nach Israel/Jerusalem einreisen und am späten Nachmittag oder nachts nach Jordanien zurückkehren. In der Praxis empfiehlt sich jedoch, in Je-

*Neu erbaute griechisch-orthodoxe Kirche am Taufplatz Bethania*

*Bethania: Als noch genug Regen fiel, war der Jordan hier – begünstigt durch das ziemlich unberührte ehemalige militärische Sperrgebiet – von dichtem Buschwerk umsäumt*

rusalem zu übernachten, um den Ausflug nicht in Hetze zu absolvieren. Der Übergang an der Hussein Bridge ist etwas zeitaufwändig und mit Bürokratie verbunden, ebenso auf der israelischen Seite. Wichtig ist, dass man ein Multiple Entry Visum für Jordanien besitzt, um bei der Rückkehr wieder einreisen zu dürfen.

### Bethania

Jesus wurde "jenseits des Jordans" von Johannes dem Täufer getauft. In den 90er-Jahren wurde – unter anderem aufgrund der Mosaiklandkarte von Madaba – nach dem Taufplatz im Wadi el Kharrar gegraben. Dabei kamen Zisternen, die ebenso als Taufbecken dienen konnten, auf und bei einem Hügel zum Vorschein, der mit der Fahrt des Propheten Elija auf einem Feuerwagen zum Himmel in Verbindung gebracht wird. Ein modernes Taufbecken wurde abseits des Jordans eingerichtet sowie ein Weg zum Jordanufer mit Zugang zum Wasser.

### Madaba

Madaba war Schauplatz diverser Kämpfe der Israeliten gegen die Moabiter. Daher wird der Ort im Alten Testament mehrfach als *Medeba* erwähnt. In christlicher Zeit war Madaba ein wichtiges Zentrum, wovon noch heute die Reste von 14 Kirchen und die berühmte Mosaiklandkarte in der St. Georgskirche zeugen.

### Mount Nebo

Es ist der Berg in der Nähe Madabas, von dem Moses das Gelobte Land sehen, es aber nicht mehr betreten durfte; er starb zuvor in dieser Gegend. Am Hang entspringt eine Quelle, die *Ain Musa* heißt – Mosesquelle –, dort soll Moses an den Fels geschlagen haben, damit er Wasser freigebe. Dasselbe wird von *Ain Musa* am Oberlauf des Wadi Musa bei Petra gesagt.

### Machärus (Mukawir)

Herodes der Große unterhielt hier in grandioser Landschaft einen Palast, der unter anderem dadurch bekannt wurde, dass Johannes der Täufer auf Wunsch der Salome geköpft und sein Kopf auf einem Teller präsentiert wurde.

### Kerak

Kerak wird im Alten Testament in Zusammenhang mit einer Strafexpedition der Könige von Israel und Judäa erwähnt. Jeremia beklagt die Menschen, die bei der Eroberung der Stadt durch die Assyrer umkamen.

### Ain Abata (Lot`s Höhle)

Lot, Abrahams Neffe, musste aus der sündigen Stadt Sodom fliehen, seine sich umdrehende Frau erstarrte zur Salzsäule. Im 7. Jh nC erbauten Christen ein Kloster an der Stelle, an der Lot nach dem Unglück gelebt haben soll. Aus biblischer Sicht spielten im "Land jenseits des Jordans" viel mehr Begebenheiten als hier aufgeführt eine Rolle. Doch die anderen Stätten erscheinen bedeutungsloser.

Offizielle **Pilgerziele** der katholischen Kirche sind die Orte Mar Elias, Anjara, Amman, Bethania, Madaba, Mt. Nebo und Machärus.

## Reisevorschläge

### 14 Tage-Rundreise für Eilige

Bei der folgenden Rundreise bleibt zunächst Amman Stützpunkt, dann ist auf dem Weg nach Süden Bettenwechsel unvermeidlich. Dieser Vorschlag erschließt weitgehend das gesamte Land; einige weniger wichtige Sehenswürdigkeiten muss man, je nach Tagesform, vor allem auf dem Weg nach Süden auslassen. Es sind jedoch keine Badetage in Aqaba oder sonstige Ruhetage eingeplant.

- 2 Tage Amman
- 1 Tag Amman – Jerash – Amman
- 1 Tag Amman – Bethania – Totes Meer – Amman
- 1 (langer) Tag Amman – Pella – Umm Qays – Irbid
- 1 Tag Irbid – Umm Jimal (nahe der syrischen Grenze gelegen) – Wüstenschlösser – Amman
- 1 Tag Amman – Madaba (Abstecher Mount Nebo, Ma'in) – Amman
- 1 Tag Amman – Umm er Rasas – Wadi Mujib – Kerak
- 1 Tag Kerak – Dana – Petra
- 2 Tage Petra
- 1 Tag Petra – Wadi Rum – Aqaba
- 1 Tag Aqaba
- 1 Tag Aqaba – Wadi Araba – Kupferminen Feynan – Amman

### Teilorganisierte Reisen

Wer sich die Mühen vor Ort mit Hotelbuchungen, Bustickets oder sonstigem Organisieren ersparen will, kann sich z.B. an ein örtliches Reisebüro wenden. Hier gibt es unterschiedlichste Qualitäten, über die wir nur vom Hörensagen berichten können, denn wir finden es viel spannender, die Dinge selbst in die Hand zu nehmen. Die Adressen einiger jordanischer Reisebüros finden Sie im Kapitel *In Amman zurechtkommen* (s. S. 175 und *Petra* (s. S. 357)

Allein in Deutschland bieten etwa 100 Veranstalter u.a. auch Jordanientouren an. Wir wollen nicht ins Detail gehen, sondern hier nur ein paar Adressen von Spezialisten eher willkürlich herausgreifen:

- **BEDU** Expeditionen Peter Franzisky, Johann-Karg-Str. 4d
85540 Haar-Salmdorf, www.bedu.de, Tel. 089 6243 9791, Fax 089 6243 9885, mail@bedu.de; Reisen in kleinen Gruppen per Auto, Kamel oder zu Fuß; auch individuell buchbar

- **NOMAD**, Reisen zu den Menschen, Weißhausstr. 25, 50939 Köln, Tel 0221 272 2091, www.nomad-reisen.de, info@nomad-reisen.de; bietet ziemlich ungewöhnliche Trekking- und Geländewagentrips auch in Jordanien, bei denen Begegnungen mit Einheimischen einen Schwerpunkt bilden.

### Gesund werden

Das Tote Meer besitzt – ganz im Gegensatz zu seinem Namen – mit seinem extrem salzhaltigen Wasser besondere Heilwirkungen bei Hauterkrankungen, aber auch Schönheitspflege wird groß geschrieben. Die Hotels am Toten Meer bieten entsprechende Kuren an (s. S. 306). Aber nicht weit entfernt, hinter hohen Felsklippen verborgen, offeriert auch Hammamat Ma'in mit seinen heißen Quellen Kuren und Erholung (s. S. 270). Von Deutschland aus können Sie nicht gerade billige Gesundheitsreisen ans Tote Meer buchen, z.B. bei
- **Freimuth-Reisen GmbH**, Kampstraße 28, 32423 Minden, Tel 0571 20507, info@freimuth-reisen.de, www.freimuth-reisen.de

## Klima und Reisezeit

### Klima

In Jordanien herrscht überwiegend Mittelmeerklima, obwohl die klimatischen Unterschiede zwischen den einzelnen Landesteilen während den Jahreszeiten beträchtlich sind. Der jordanische Sommer (Mai bis Oktober) ist sonnig, heiß und trocken ( bis 40 Grad). In den Wüstengebieten, im Jordantal und in Aqaba kann es oft unerträglich heiß werden. Nachts kühlt es im Hochland auf angenehme Temperaturen ab. Der Winter (Dezember bis März) ist regenreich bei Tagestemperaturen zwischen 0 und 15 Grad, an sonnigen Tagen können auch 25 Grad erreicht werden. Im Jordantal und in Aqaba ist das Klima etwas milder. Bei Wüstentouren ist zu beachten, dass es auch im Sommer nachts stark abkühlt.

Jordaniens Temperaturen werden weitgehend durch sein trockenes Wüstenklima bestimmt. Allerdings regnen sich in der kühleren Jahreszeit gern die Wolken an dem Gebirgsriegel östlich des Jordangrabens ab, die über den ähnlichen Riegel auf der israelischen Seite aus Westen herüberkommen. Im Winter kann es sogar schneien; kurzfristige, bis zu 20 cm hohe Schneedecken kommen auch in Amman nicht selten vor. Im tief liegenden Jordantal und dessen geografischer Verlängerung nach Süden, im Wadi Araba, hat man es im Winter mit milden, angenehmen Temperaturen zu tun, im Sommer kann

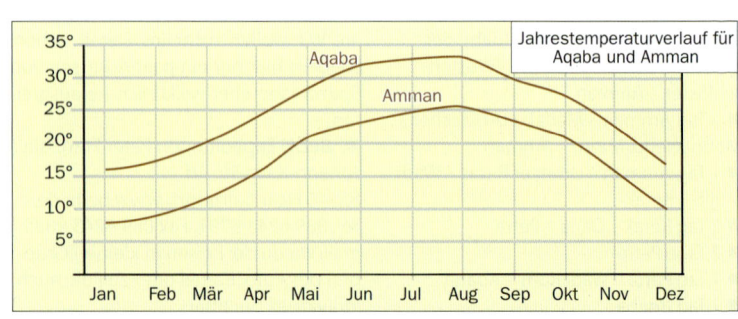

Jahrestemperaturverlauf für Aqaba und Amman

es richtig heiß werden. 40 Grad und mehr sind dann nichts Ungewöhnliches.

## Reisezeit

Jordanien liegt in einer klimatischen Übergangszone zwischen dem Mittelmeerraum mit feuchten Wintermonaten und einem Wüstenklima mit kontinentaler Ausprägung. Generell weist die Region am Roten Meer (Aqaba) heiße, trockene Sommermonate auf und eine weiterhin sonnige, milde Winterzeit.

Das mediterrane Klima im nordwestlichen Jordanien bringt ebenfalls warme, trockene Sommermonate mit sich, jedoch sehr feuchte Wintermonate. Die hügelige Region kühlt im Winter stark ab, der meiste Regen fällt zwischen November und März. In Höhenlagen kann es sogar schneien.

Im Süden und Osten Jordaniens herrscht typisches Wüstenklima, vor allem im Hochsommer kann es zu extremer Hitze kommen. Grundsätzlich lässt sich sagen, dass der Regen von Ost nach West und von Süd nach Nord deutlich zunimmt. Die östliche Wüste verzeichnet folglich den wenigsten Regen, die Bergregionen im Westen und Nordwesten den meisten.

Wann ist nun die beste Reisezeit? Der fürs Auge schönste Zeitabschnitt beginnt gegen Ende Februar, wenn vor allem in den vegetationsstarken Gebieten der Frühling ausbricht und Blütenknospen, etwas verschämt vielleicht, aus den Grünflächen spitzen, sich bald auch über weite Areale ausbreiten. Nachteil dieser Zeit ist die noch unsichere Wetterlage, die Regen und auch noch Kälteeinbrüche bescheren kann; wir litten z.B. bei einer Reise in der zweiten Aprilhälfte unter einem Kälteeinbruch mit Schneeschauern in der Gegend um Amman! Ein anderes Mal überraschte uns im November ein fast 24-stündiger Wolkenbruch, der Kanaldeckel in Amman abhob und die Trockenwadis selbst in der Azraq-Gegend in reißende Flüsse verwandelte. Im Winter, sogar im frühen Frühjahr, ist häufig genug **warme Kleidung** (Pullover, Schal) besonders dann angesagt, wenn ungebrochener Wind über das Land fegt.

Das spätere Frühjahr, der Frühsommer – also Mitte/Ende März bis Ende Mai/

*Wadis – jahrzehntelang trocken – können sich bei Regen in kürzester Zeit in reißende Flüsse verwandeln, weil der Wüstenboden Wasser nicht aufsaugen kann (Gegend von Azraq im November)*

Anfang Juni – wie auch der Frühherbst (September, Oktober bis Anfang/Mitte November) sind vom Wetter her vorzuziehen. Dann herrscht allerdings auch Hauptsaison, die Preise steigen. Im eigentlichen Hochsommer (Juni bis August gilt als Nebensaison) kann es tagsüber zwar arg heiß werden, aber nachts kühlt es fast immer ab. Hinzu kommt, dass man die Hitze im ariden Klima weniger spürt und weit besser verträgt als in feuchtschwülen Gegenden dieser Erde. So wird man in Amman und Jerash wegen der Höhenlage kaum Probleme haben, während es in südlichen Orten, wie Wadi Rum oder Aqaba, schon strapaziöser werden kann. Im Jordantal und am Toten Meer ist es dann nur schwer auszuhalten. Wer den frühen Morgen und den Abend nutzt, kommt besser zurecht. Außerdem ist es die preiswertere Saison mit relativ wenigen Touristen – doch gerade recht für die europäische Ferienzeit!

Vielleicht sollte man auch die Fastenzeit Ramadan vermeiden, weil dann tagsüber die Versorgung eingeschränkt sein kann; vor allem sind die so praktischen Garküchen oder viele Restaurants, Bäckereien etc. häufig tagsüber geschlossen. Andererseits herrscht gerade dann reges Nachtleben, weil nach Anbruch der Dunkelheit gefeiert und geschlemmt wird.

### Was man schon im Handgepäck mitnehmen sollte bzw. muss

- Reisepass oder/und Personalausweis
- JordanPass
- Internationalen Studentenausweis
- EURO-Bargeld, um vor Ort tauschen zu können
- Kredit- und/oder EC-Karte als Ergänzung
- Geldgürtel o.ä. als Geld- und Pass-"Tresor"
- Eventuell Internationalen Führerschein
- Kopien der wichtigsten Papiere

### Zeitverschiebung

Während der Sommerzeit findet keine Zeitverschiebung gegenüber Mitteleuropa statt, im Winter müssen Besucher die Uhr um eine Stunde zurückstellen. Die Winterzeit gilt als Normalzeit. Im März wird die Sommerzeit gemäß der untenstehenden Tabelle durrch Vorstellen um eine Stunde erreicht und im Oktober durch Zurückkstellen verlassen:

2020     27. März   30. Oktober
2021     26. März   29. Oktober
2022     25. März   28. Oktober

## Ausrüstung

### Kleidung

Obwohl Jordanien ein islamisch geprägtes Land ist, kleiden sich die Jordanier in der Regel westlich, auch viele Frauen passen sich der westlichen Mode an, tragen allerdings meist ein Kopftuch. Tief verschleierte Frauen wird man eher selten treffen – die Jordanier sind weltoffener und auch toleranter anderen Sitten gegenüber als so manches Land in nächster Nachbarschaft. Das heißt andererseits nicht, dass Besucherinnen in kürzesten Miniröcken und engsten Oberteilen herumlaufen sollten. Dies wird als Provokation betrachtet, unter der schließlich frau selbst zu leiden hat.

Auch **Männer** in kurzen Hosen oder gar mit nacktem Oberkörper passen nicht ins Straßenbild; für den Einheimischen wirken sie lächerlich, da Shorts als Unterhosen interpretiert werden – wer würde zu

Hause in der Unterhose einkaufen gehen? Respektieren Sie die Landessitten und passen Sie sich als **Frau** in Ihrer Kleidung dem Umfeld an, indem Sie körperbetonte Kleidung, wie T-Shirts und enge Hosen, zu Hause lassen. Arme und Beine bedeckende, weite Kleidung ist weniger provokativ und in der Hitze auch angenehmer zu tragen. Ziehen Sie Schultern und Arme bedeckende Blusen oder Ähnliches, mindestens knielange Röcke oder, besser, Hosen an. Wenn Sie baden, ist ein Badeanzug einem Bikini vorzuziehen, obwohl dieser an den Stränden Aqabas oder an den Pools der Ausländerhotels durchaus toleriert wird.

*Eine Leserin schrieb eher empört, dass diese Tipps überholt seien – sie war vermutlich dann nur in besseren Vierteln Ammans und in Ausländerhotels unterwegs, wo viele Frauen westlich gekleidet sind. Auf dem Land und in vielen kleineren oder Mittelstädten tragen die Frauen Kopftuch und lange Kleider, die Männer nahezu ausschließlich lange Hosen bzw. tradtionelle Kleidung.*

*Eine andere Leserin: „Am besten ist helle, weite Baumwollkleidung, möglichst langärmelig und langbeinig. Breiter Sonnenhut, ggf. ein Tuch für den Nacken, Sonnencreme und literweise Wasser nicht vergessen. Ich kann die Praktikabilität der Beduinenkleidung nur bestätigen. Bei der Hitze bekommt auch das Kopftuch eine andere, rein funktionale Bedeutung.°*

Für den etwas frischen **Sommerabend** (Berge, Wüste) sollte man einen leichten Anorak oder Pullover/Jacke einpacken. In der **Übergangszeit** kann es kühl, im **Winter** unangenehm kalt werden, vor allem in höheren Regionen, in denen auch Amman liegt. Für diese Gegenden benötigt man dann wärmere Kleidung.

Nehmen Sie unbedingt eine **Kopfbedeckung** gegen die unbarmherzige Sonne mit, natürlich auch Sonnenschutzcreme und Sonnenbrille.

Die **Schuhe** richten sich nach dem,

*Mit Wohnmobil im Wadi Rum*

was man unternimmt. Wer wandert, braucht Trekkingschuhe, wer badet, sollte eventuell Flossen und Schnorchelausrüstung einpacken, für die Salzbrühe im Toten Meer alte Turnschuhe, die man anschließend entsorgt. Für die Besichtigungswege eignet sich leichtes, bequemes Schuhwerk, das man auch zu Hause im Hochsommer bei ähnlichen Wanderstrecken anziehen würde. Auch Nicht-Wanderer werden in Petra viel zu Fuß unterwegs sein müssen, daher am besten Wanderschuhe o.ä. einpacken, die gegen Rutschen auf Felsen gefeit sind.

### Schlaf-Hygiene

Ein **Hüttenschlafsack** kann angenehm sein, falls man in Wüstencamps übernachten und Abstand zu den Decken halten will, die vermutlich nicht häufig gewaschen werden (können). Auch in Billigstunterkünften kann ein solcher Schlafsack aus demselben Grund nützlich sein.

### Schnorchel- und Taucherausrüstung

Es macht Sinn, über **Schnorchel**- oder gar **Taucherausrüstung**, eventuell auch Kamera-Unterwassergehäuse für das Rote Meer nachzudenken. Wenn es das Reisegepäck erlaubt, am besten das eigene Gerät mitnehmen. Andererseits kann man in Aqaba Ausrüstung für wenig Geld leihen.

Für **Brillenträger** ist wichtig zu wissen, dass Gläser mit der passenden Dioptrie für Taucherbrillen nur schwer oder gar nicht zu bekommen sind. In Deutschland bieten Tauchsportgeschäfte Maskenkörper und Gläser der Stärke 1 bis 6,5 der Firmen Spirotechnique und Seemann Sub an.

### Sonstiges

Ein Leser empfiehlt, ein paar **Kabelbinder** (gibt es in Elektrogeschäften oder Baumärkten) mitzunehmen, um damit in einfacheren Unterkünften nicht intakte/defekte Dinge (z.B. Duschvorhänge) zu reparieren.

Die Firma FEEL FREE schrieb uns an, um **P-MATE** bekannt zu machen: ein in jede Handtasche passendes Hilfsmittel, mit dem Frauen im „Stehen urinieren können" – was unterwegs hilfreich sein kann (www.pmate.com).

### Ausrüstung für Camper

Zelten ist nicht gerade üblich in Jordanien; man sollte diese Übernachtungsmöglichkeit eigentlich nicht einplanen, da es bis auf wenige Ausnahmen keine Campingplätze gibt. Theoretisch würde man auf die persönlichen Komfortwünsche abgestimmte Unterlage (Isoliermatte) genügen. Ein leichtes Zelt ist dann zu empfehlen, wenn man abseits der bewohnten Gebiete unterwegs sein will (z.B. Trekking) und sich gegen unerwünschte Zuschauer, aber auch gegen Wind, Schlangen, Skorpione oder gar einen der hoffentlich seltenen Regenfälle schützen will.

Aus einer Leserzuschrift: *„Wir waren mit Zelt, Schlafsäcken und Matten unterwegs, für Kurzreisende eigentlich ein Luxus, da in manchen Camps (z.B. Rummana Camp) das eigene Zelt nicht aufgebaut werden darf oder in anderen Camps alles vorhanden ist und häufig ein Hotel die bessere Alternative ist".*

### Ausrüstung für Wohnmobile

Vorläufig wird man nicht oder nur äußerst schwierig mit dem Wohnmobil von Europa nach Jordanien reisen können, obwohl das Land für diese Reiseform sehr attraktiv ist. Überlegungen zur Ausrüstung, wie in vorigen Auflagen, sind daher nicht relevant.

### Ausrüstung für Radfahrer

Touristen auf Fahrrädern gehören sicher nicht zum alltäglichen Straßenbild Jordaniens. Wer aber das Land durchradeln will, wird auf ein paar erstaunte Blicke, jedoch auch auf viel Hilfe und Fürsorge stoßen; siehe auch S. 72.

Normale Basis ist ein stabiles Tourenrad mit entsprechenden Gepäckträgern; wer Pisten fahren will, sollte dies auf möglichst breiten Reifen tun. Da häufig lange oder steile Steigungen zu überwinden sind, wird 21-Gangschaltung empfohlen. Lassen Sie sich von Ihrer Werkstatt über Werkzeug und Ersatzteile beraten. Zusätzlich zu deren Empfehlungen: Kabelbinder, eine LED-Taschen- und/oder Kopflampe und Flaschenhalter für 1,5-Liter-Flaschen, die es in Jordanien überall gibt (Tageswasserbedarf ca. 5 l). Wichtig zu wissen: Europäische Reifengrößen und Fahrradzubehör für Mountainbikes oder bessere Straßenfahrräder sind fast nicht erhältlich.

Als Sonnenschutz sind eine Schirmmütze/ Golfkappe und z.B. Sonnenschutzcreme mit Faktor 20 oder mehr sehr empfohlen, eine Sonnen-/Gletscherbrille auch als Staubschutz, und für die Sicherheit natürlich ein Helm. Müsli ist bei vielen Radlern eine wichtige Ernährungsgrundlage, Mikropur o.ä. für Wasserentkeimung nicht vergessen. In kühlen Nächten schützt ein Leichtschlafsack und eventuell ein Leichtzelt.

### Fotografieren

Fotografieren darf man alles **außer militärischen Anlagen,** vor allem im Grenzbereich zu Israel. In religiösen Institutionen sollte man unbedingt die Vorstellungen und Gefühle der einheimischen Besucher respektieren. Viele Menschen möchten nicht abgelichtet werden, u.a. weil der Islam es (nicht ausdrücklich) verbietet. Bevor es zu Schwierigkeiten kommt, sollte man um Erlaubnis bitten. In Petra oder anderen Touristenzentren bieten sich Leute als Fotomodell an, die aber dafür auch bezahlt werden wollen.

## Alleinreisende Frauen

Auch wenn Jordanien sich noch so modern gibt, bleibt es ein durch moslemisch-arabische Traditionen geprägtes Land. Es gehört zur Tradition einer Araberin, nur in Begleitung einer Frau/ Freundin oder eines männlichen Familienangehörigen das Haus zu verlassen. *„Jüngere Frauen sind selten allein auf der Straße zu sehen. Innerhalb von 6 Wochen habe ich diese Aussage aufgrund bewusster Beobachtung an keinem Tag weder in Amman noch in Kleinstädten oder Dörfern zwischen Gerasa und Petra bestätigt gefunden,"* schreibt eine Leserin.

Jordanien ist dennoch ein Paradies für alleinreisende Frauen, vergleicht man die Situation mit islamischen Nachbarländern – hier hilft man ihnen höflich weiter und belästigt sie selten. Bisher beschwerte sich uns gegenüber fast keine alleinreisende Frau über das Verhalten jordanischer Männer, noch haben wir davon gehört oder gelesen. Und wenn, wie es eine Frau auf dem Weg zum Toten Meer erlebte, ein Taxifahrer über die Penislänge eines Esels schwadroniert, dann kann frau mangels anderer Taxis zwar nicht einfach aussteigen, aber sie war vorgewarnt, der Mann wurde nicht handgreiflich. Eine Leserin, die mit ihrer Freundin unterwegs war, schrieb: *„Unsere anfänglichen Ängste vor aufdringlichen Männern erwiesen sich als unbegründet. Im Gegenteil, unsere Privatsphäre wurde höflich toleriert, im Minibus setzte sich ein junger Mann extra auf einen total unbequemen provisorischen Sitz, um den Abstand zu wahren, während unseres Kameltrips achteten die Männer sogar bei* *der Übergabe des heißen Teeglases darauf, uns nicht zu berühren. Wir genossen fast überall freundliche und zurückhaltende Behandlung. Sehr angenehm war uns die Tatsache, dass auf Alkohol verzichtet wird. Es schien von Interesse, ob wir ein Paar sind. Unsere Angabe, wir seien Cousinen, stieß auf wohlwollendes Verständnis und erleichterte die Zimmervergabe im Hotel, weil ein Doppelbett nicht erforderlich war."*

Oder: *„Wir waren vier Frauen und ich muss sagen, Jordanien ist ein sehr angenehmes Reiseland, was das betrifft. Die Menschen sind wirklich sehr freundlich, die Männer eher zurückhaltend. Wir wurden eigentlich nie gefragt, ob wir verheiratet sind, Kinder haben etc., wie das oft in anderen Ländern der Fall ist. Auch angenehm ist, dass so gut wie nie gebettelt wird. Und selten hat man das Gefühl, betrogen worden zu sein bzw. zu viel bezahlt zu haben."*

Frauen, die noch nie im Orient unterwegs waren, dürfen diese Zeilen nicht missverstehen. Filme und das unsensible Verhalten westlicher Touristinnen gaukeln den Männern vor, dass eine westliche Frau, besonders wenn sie allein unterwegs ist, geradezu sexuellen Kontakt suchen könnte. Alleinreisende Frauen sollten sich deutlich vorsichtiger verhalten als zu Hause, um kein falsches oder missverständliches Signal zu geben. Daher ein paar grundsätzliche Tipps:

- Tragen Sie als Frau eher bedeckende als betonende Kleidung.
- Wenn es geht, sollte frau sich einer Gruppe anschließen oder mit einer/einem anderen Reisenden zusammen durch die Stadt bummeln.
- Es kann vorteilhaft sein, einen imaginären Ehemann per Foto vorweisen zu können und möglichst nicht zu erzählen, dass frau allein unterwegs ist.
- Starrer Blick und zügiger Schritt sind vor allem dann angebracht, wenn ein aufdringlicher Mann abgeschüttelt werden muss.
- Als einfachste Vorsichtsmaßnahmen im Taxi: Setzen Sie sich nie auf den Beifahrersitz, halten Sie Ihr Handy immer sichtbar griffbereit.
- Anmache sollte total ignoriert werden, bei Handgreiflichkeiten sollte frau sich laut und energisch wehren und Hilfe eher bei älteren Männern oder bei Frauen suchen.
- Diese Hinweise basieren eigentlich auf Vorkommnissen in Nachbarländern. Sie sollen keine Frau davon abhalten, allein nach Jordanien zu reisen. Es geht hier nur darum, Sie auf grundsätzliche Probleme aufmerksam zu machen.

## Reisen mit Kindern, Behinderten, Tieren

### Mit Kindern unterwegs

Reisen mit Kindern in Jordanien ist auf der einen Seite eine große Freude, zum anderen stellen sich ein paar praktische Probleme. Eltern sollten den Zeitpunkt der Reise so wählen, dass die Nachkommen nicht unnötig durch zu hohe Temperaturen gestresst werden. Bei Speisen gilt entsprechende Vorsicht. Mit Kinderwagen in Amman unterwegs zu sein, benötigt ein Stück Extrakraft, denn die Bordsteine sind hoch und erleichtern das Hochkommen nur selten durch Auffahrrampen.

Ein Leser schreibt dazu: *"Wir können nur das Beste berichten. Solch ein kinderfreundliches Volk haben wir bisher noch nicht auf diesem Planeten getroffen! In Amman z.B. kamen wir selten weiter als zehn Meter, ohne dass nicht jemand die Kinder streichelte oder küsste, anfänglich ein etwas be-*

## Mit Kindern unterwegs

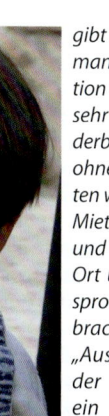

fremdendes Gefühl für die Eltern, an das man sich schnell gewöhnte. Und das trifft nicht nur für Männer und Jünglinge, sondern auch für die seltener anzutreffenden Frauen zu. Sie werden in München auf dieser Strecke mehr Grantler antreffen als Personen, die in Amman Streicheleinheiten verteilen. Sogar die Ober im Restaurant spielen mit Freuden Babysitter – noch nie hatten wir soviel Muße zum Essen außerhalb der Selbstversorgung."

Weitere Erfahrungen: „Wir sind noch nie in einem islamischen Land von so vielen Menschen angesprochen worden und vor allem die jungen Mädchen haben fast ohne Ausnahmen Sylvie hochgenommen, geküsst und gestreichelt. Auch von den erwachsenen Männern hat sie ständig Geschenke erhalten, selbst in Petra bekam sie von den sicher armen Beduinen Geschenke, die wir auch auf nachdrückliches Nachfragen nicht bezahlen durften. Sonst ist das Reisen mit kleinen Kindern einfach.

Windeln gab es fast überall, ich habe extra auch in kleinen Läden geschaut. Selbst Pampers bekommt man in allen Varianten und für alle Babygrößen. Trockenmilch gibt es auch. In Restaurants kann man meist eine kleine Kinderportion bestellen und bezahlt meist sehr wenig oder auch nichts. Kinderbetten gab es in allen Hotels ohne Aufschlag. Ein Problem hatten wir nur mit dem Kindersitz im Mietauto. Trotz Vorausbuchung und mehrmaliger Nachfrage vor Ort bei Europcar wurde der versprochene Sitz nicht vorbeigebracht."

„Aus unserer Sicht ist Aqaba der einzige Ort, an dem sich ein Kinderwagen oder Buggy lohnt, da die Straßenverhältnisse sonst dafür nicht geeignet sind. Wir hatten einen Babycarrier dabei, was perfekt geklappt hat, sowohl beim Wandern als auch in den Städten."

In Amman gibt es ein Kindermuseum und Vergnügungsparks, in denen auch die Kleinen reichlich Abwechslung finden, s. S. 180.

### Behinderte

Wie in vielen anderen Ländern nimmt das tägliche Leben wenig oder keine Rücksicht auf Behinderte. Zwar ist die Verwaltung seit einiger Zeit per Gesetz verpflichtet, rollstuhlgerechte Eingänge für öffentliche Gebäude zu schaffen, aber das erfolgt nur langsam.

Amman besitzt – im Gegensatz zu Kairo z.B. – relativ gut ausgebaute und ziemlich gepflegte Bürgersteige. Doch ihr Niveau liegt in der Regel so hoch über dem der Straße, dass kein Autofahrer auf die Idee kommt, dort oben zu parken. Entsprechend schwierig bis fast unmöglich gestaltet sich das Fortbewegen auf den Bürgersteigen im Rollstuhl oder schon bei Hüftgelenks- oder ähnlichen Beschwerden. Ein Trost: Die hilfsbereiten Jordanier werden keinen Behinderten im Stich lassen, der nicht

mehr vorankommt.
Auch die meisten Sehenswürdigkeiten laden Rollstuhlfahrer nicht gerade ein. In Petra kann man vom Rollstuhl in eine Pferdekutsche umsteigen, aber die darf im Normalfall nicht weiter als bis zur Khazne Faraun fahren. Bis hierher könnten sich Rollstuhlfahrer auch (mühselig zwar) selbst bewegen, danach folgt dann bald nur noch Geröll oder Sand als Unterlage, irgendwann dürften die Kräfte erschöpft sein.
Dann bliebe als einziges zugelassenes Transportmittel ein Kamel. Es gibt aber für Ausnahmefälle die Möglichkeit, den Kutschentransport auch über die Khazne Faraun hinaus zu beantragen. Jerash, als andere große historische Attraktion, ist etwas einfacher von Rollstuhlfahrern zu erobern, weil es insgesamt kompakter ist als Petra. Dennoch dürfen auch hier die Wege nicht unterschätzt werden, sowohl von ihrer Beschaffenheit als auch von der Entfernung her. Ähnliches gilt für die anderen interessanten Orte.

### Tiere

Wenn Sie Ihren Hund oder Ihre Katze mit auf die Reise nehmen wollen, dann steht dem von Seiten der Jordanier nichts im Weg. Sie sollten sich vorsichtshalber vor der Abreise ein dem internationalen Standard entsprechendes amtstierärztliches Gesundheitszeugnis ausstellen lassen.
Bedenken Sie aber grundsätzlich, dass Araber/Muslims sich Tieren gegenüber deutlich anders verhalten als wir. Hunde z.B. gelten als unrein; ein strenggläubiger Muslim wird sich der Begegnung bzw. Berührung mit einem Hund erwehren, notfalls mit Steinwürfen oder anderen Waffen.
Aus eigener Erfahrung können wir allerdings über keine negativen Erlebnisse berichten, obschon wir bei den üblichen Hundespaziergängen – zumindest in der etwas abgelegenen Provinz – manchmal eher mitleidig angesehen wurden.

*Blickfang mit Stausee – diesen riesigen Felsblock verliert man bei der Querung des Wadi Hassa kaum aus den Augen*

# Jordanien zurechtkommen 2

## Ankunft/Abreise

### Ankunft

**Der Queen Alia Airport** ist der wichtigste internationale Flughafen des Landes, in dem der gesamte Verkehr abgewickelt wird; einige Billigfluglinien fliegen Aqaba an. Der architektonisch gelungene, supermoderne Terminal erklärt sich sowohl bei der Ankunft als auch beim Abflug weitestgehend von selbst. Die Abfertigungsprozedur verläuft in der Regel recht zügig, die Beamten sind freundlich und hilfsbereit. Der alte Flughafen – Marka – liegt im Osten der Stadt. Er dient hauptsächlich privaten Fliegern und Verbindungen z.B. nach Tel Aviv.

Wer zu Hause bereits den JORDAN PASS (s. S. 23) gekauft hat, kann direkt zur Passabfertigung gehen. Wer noch kein Visum besitzt, kann es im Flughafen für JD 40 kaufen. Es muss bar in JD bezahlt werden. Gegenüber den Abfertigungsschaltern kann man Geld – zu einem miserablen Kurs – tauschen und geht dann zu einem Abfertigungsschalter, der mit „Visa" ausgeschildert ist. Um Wartezeiten zu verkürzen, sollte sich einer der Gruppe beim Geldwechsler und der/die andere in die Schlange an einem der Visa/Immigrationsschalter anstellen. Mit einem zu Hause gekauften Visum geht es kaum schneller. Wer

*Ankunft in Amman: auf der Zahran St (Jebel Amman) Richtung Zentrum unterwegs*

zusätzlich Geld sparen will, vergleicht die Angebote der Banken im Flughafen, die sich um viele Prozente unterscheiden können oder sucht nach einem ATM.

Sollten Sie bereits zu Hause tauschen wollen, dann prüfen Sie den aktuellen Kurs z.B. auf www.xe.com/ucc/ und nehmen Sie nur einen kleinen Betrag für Visum und Transport in die Stadt.

Die **Zollabfertigung** verläuft großzügig; man geht durch den grünen Bereich und wird als Europäer selten nach Zollware gefragt. Offiziell sind Gegenstände des persönlichen Bedarfs wie Fotoapparate und Filmkameras von Restriktionen ausgenommen, Videokameras müssen/sollen deklariert werden, d.h. sie werden im Pass eingetragen und müssen bei der Ausreise vorgewiesen werden. Wenn man selbstsicher durch den grünen Bereich marschiert, wird in der Regel nicht nachgefragt.

Es können 200 Zigaretten oder 50 Zigarren oder 200 g Tabak sowie 2 Flaschen Wein oder 1 Flasche harte Drinks zollfrei eingeführt werden. Weiterhin können Sie sowohl jordanische als auch ausländische Währungen unbeschränkt ein- und ausführen. Totales Einfuhrverbot besteht u.a. für Drogen, Waffen, giftige Chemikalien, pornografisches Material etc.

### Vom Airport nach Amman

Der Airport-Bus nach Amman (JD 3,50) wartet ganz in der Nähe des Hauptausgangs. Er fährt von 7–23 Uhr alle halbe Stunde, danach etwa zweistündlich. Diese Busse enden an der Tabarbor Busstation, halten aber unterwegs z.B. am 5. Circle oder auch auf Wunsch an. Vom 5. Circle oder Tabarbor kostet ein Taxi nach Downtown ca. 2,50 JD.

Vom Flughafen bezahlt man für ein Taxi in die Stadt ca. JD 25; man bucht kurz vor dem endgültigen Ausgang und bezahlt den dort angegebenen Preis bei der Ankunft, auch wenn der Fahrer plötzlich mehr haben will. Versuchen Sie, sich mit anderen Reisenden ein Taxi zu teilen. Vorsicht bei Privatautos, die sich als Taxi anbieten: Zumindest von Neulingen werden stark überhöhte Preise verlangt; dies gilt auch ganz generell für Amman.

Wenn Sie bereits am Flughafen einen Mietwagen nehmen und nach Amman fahren wollen, dann müssen Sie vom Airport aus die nach Norden führende Autobahn nehmen. Die Ausschilderung *Amman* taucht zwar hin und wieder auf, sie ist aber nicht unbedingt eindeutig.

Achtung: Wer **länger als vier 4 Wochen** in Jordanien bleiben will, muss sich bei der Polizei melden. Dort erhält man eine Aufenthaltsgenehmigung für drei Monate. Andernfalls ist pro Tag eine Strafe von JD 1,50 fällig, selbst wenn man nur wenige Stunden überzieht (z.B. Ankunft kurz vor Mitternacht, Abflug zwei Wochen später um 6 Uhr morgens). Die Verlängerung ist kostenlos und geht schnell. Theoretisch sollte jede Polizeistation diesen bürokratischen Akt durchführen können.

Es empfiehlt sich jedoch, allen Beteiligten auf dem Land die ungeübte Prozedur zu ersparen und die Verlängerung möglichst in Amman, Aqaba, Madaba oder Wadi Musa (Petra) zu beantragen. Manchmal wird der Pass einen Tag einbehalten, daher diesen Akt nicht erst kurz vor der Abreise aus Amman durchführen. Man benötigt dazu je 1 Kopie der persönlichen Daten im Pass und der Seite mit dem Einreisestempel, die man zuvor machen lassen sollte (z.B. im Hotel). Manchmal wird in Wadi Musa ein Bluttest auf HIV verlangt, von anderen Städten ist uns das nicht bekannt.

Etwas hartnäckig hält sich das Gerücht, die Einfuhr von Ferngläsern sei verboten. Wir fanden bisher keine Anhaltspunkte dafür. Ledig eine Leserin schrieb uns, dass ihr Fernglas bei der Ausreise vom Zoll argwöhnisch betrachtet wurde, aber die Blicke blieben folgenlos.

## Ausreise

Vergessen Sie nicht, vorsichtshalber 2-3 Tage vor Abflug Ihr Ticket bestätigen (to confirm) zu lassen; auch wenn diese Vorschrift seit Jahren nicht mehr praktiziert wird – sicher ist sicher. Rufen Sie, bevor Sie sich in Richtung Flughafen in Bewegung setzen, vorsichtshalber dort an, Tel 445 3200, und erkundigen Sie sich, ob Ihr Flieger überhaupt angekommen/vorhanden ist und wann er voraussichtlich abfliegt; Verspätungen gehören auch hier zum Alltag. Oder checken Sie diess z.B. über www.amman-airport.com/departures.php

Wenn Sie mit Royal Jordanian fliegen, können Sie im sogenannten **City Terminal einchecken**, ganz in der Nähe des 7. Circle und des dortigen Safeway Supermarkts. Auch das Gepäck kann dort bis zu 24 Stunden vor dem Abflug eingecheckt werden. Der Transfer zum Flughafen kostet vom Terminal aus nur JD 3 pP und JD 1,50 per Gepäckstück. Das Einchecken geht auch am Tag des Abflugs, allerdings sollte man vorher telefonisch nachfragen, wie lange man vor dem jeweiligen Start im City Terminal eintreffen muss, Tel 510 0000.

Der Airportbus fährt von der Tabarbor Busstation über den 3. bis 7. Circle (siehe auch S. 168) alle halbe Stunde von 6–23.30 Uhr für JD 3,50 pP zum Flughafen. Rechnen Sie aber nicht damit, dass z.B. die Abfahrt pünktlich startet, Verspätungen im Viertelstundenbereich und darüber hinaus sollten einkalkuliert werden, auch wenn der Fahrer unterwegs das Letzte aus Motor und Fahrgestell herausholt.

Für eine Taxifahrt vom Stadtzentrum zum Queen Alia Flughafen muss man je nach Verhandlungsgeschick mit JD 25-35 rechnen.

Wer über Land oder See (Aqaba) ausreist, muss eine **Ausreisesteuer** von 10 JD zahlen, bei Fluggästen ist die Steuer im Ticketpreis enthalten. Die Ausreiseprozedur am Flughafen verläuft einigermaßen unkompliziert. Sie sollten mindestens eineinhalb bis zwei Stunden vor Abflug einchecken. Im Flughafen können Sie restliches jordanisches Geld unkompliziert, aber zu schlechtem Kurs in die Heimatwährung zurücktauschen oder es an der Kaffeebar verprassen, sowohl vor als auch nach dem Einchecken. Neben den üblichen Duty Free Shops gibt es Cafés, die jordanische Dinar und auch z.B. Dollar akzeptieren.

## Ein- und Ausreise mit anderen Verkehrsmitteln

### Einreise im Bus/Service-Taxi

Wie lange sich der Bürgerkrieg in Syrien noch hinzieht, war bei Redaktionsschluss nicht abzusehen. Touristisch sind die folgenden Angaben nur für die Nachkriegszeit von Bedeutung.

Für die Einreise von Syrien waren zwei Grenzübergänge geöffnet: vom syrischen Dera nach Ramtha oder auf der Autobahn zum jordanischen Grenzübergang bei Jabir. Die bequemste Lösung war der JETT-Bus; täglich morgens Damaskus – Amman, Dauer 3–7 Stunden, was sehr von der Situation an der Grenze abhing. Auch Service-Taxis bedienten die Strecke bei einer Fahrzeit von etwa 3 Stunden einschließlich Wartezeit an der Grenze.

### Ein- und Ausreise mit privatem Auto

Die Einreise auf dem Land/Seeweg (Aqaba) ist relativ unkompliziert, aber nicht so effektiv wie auf dem Flughafen geregelt. Uns liegen keine aktuellen Preise vor. Die folgenden Angaben gehen auf unsere letzte Einreise kurz vor dem Syrienkrieg zurück; sie sollen nur der groben Orientierung dienen, zumal derzeit wohl nur sehr wenige Autofahrer an der Grenze ankommen. Man muss eine jordanische Haftpflichtversicherung abschließen, die je nach Fahrzeug JD 50-100 für 4 Wochen kostet, der Zoll verlangt für seine Bemühungen noch einmal JD 15. Falls man ein Carnet de Passages zur Bearbeitung vorlegt, zahlt man JD 7 an Gebühren. Die Ausreise kostet JD 20 pP und JD 10 pro Fahrzeug. Alle Gebühren können nur in JD beglichen werden, Wechselstuben sind vorhanden.

## Ein- und Ausreise von/nach Israel

Drei Personen-Grenzübergänge gibt es derzeit nach Israel, die allerdings für Touristen mit ungleichen Bestimmungen aufwarten.

### King Hussein Bridge (bei As Shouna South)

(Israelisch *Allenby Bridge*) Übergang bei South Shouna, Jordanien, Jericho, Palästina (So-Do 8-2, Fr/Sa 8-13; Achtung, Zeiten können sich ändern).
Der Übergang ist für **alle Fahrzeuge gesperrt**. Da diese Grenzstelle im besetzten Gebiet liegt, erkennen die Jordanier den Übergang nicht als eigentliche Grenzpassage an. Daher werden hier **keine Visa ausgestellt**, für die Ersteinreise muss das Jordanien-Visum bereits im Pass stehen. Normalerweise wird hier bei der Ausreise aus Jordanien nicht gestempelt (weil das Westjordanland immer noch als umstritten gilt).
Von Amman zur King Hussein Brücke nimmt man einen Minibus (ab 6 Uhr), der ca. JD 6 kostet und etwa 1 Stunde unterwegs ist. Oder JETT, Abfahrt von Abdali um 6.30, JD 11. Ein Taxi kostet ca. JD 25. Von der Grenzstation über die Brücke fährt man nach der Abfertigung mit einem Shuttlebus (Stundentakt, Fahrzeit ca. 15 Minuten, Fahrpreis JD 7) zu einem auf der anderen Seite wartenden Bus; Leser beklagen sich über lange Wartezeiten, u.a. auch auf den Bus.
Auf der palästinensischen/israelischen Seite der King Hussein Bridge geht es per Minibus weiter nach Jerusalem, Damaskustor. Oder man fährt preiswert nach Jericho zur Yariha-Busstation und von dort per Bus nach Ramallah oder per Service-Taxi nach Ostjerusalem.
Ein Leser schreibt: *„Der Übergang Allenby-Bridge ist abenteuerlich: Auf jordanischer Seite zuerst ins Ausreisebüro, den Pass abgeben und **10 JD Ausreisesteuer** bezahlen. Dann Busticket zu 7 JD für den Weg zum Übergang kaufen. Zu einem der Schalter durchdrängeln und angeben, wie viele Gepäckstücke man hat (Handgepäck nicht eingerechnet). Dann die Schlaufen (wie beim Fliegen) am Gepäck befestigen und auf eines der Förderbänder bei den Schaltern legen oder quetschen. Ab durch die Grenze und schließlich das Gepäck wieder aufnehmen, das da schon rumliegt. Alles zusammen dauerte es an einem Freitag Vormittag knapp 2 Stunden und der Pass war 7mal zu zeigen. Es empfiehlt sich, bei der Einreise nach Israel Jerusalem als Ziel anzugeben und ggf. eine Unterkunft."* (Diese Beschreibung ist schon etwas älter, Preise und das Prozedere können sich geändert haben, aber das Grundsätzliche dürfte noch stimmen; wer hat aktuellere Erfahrungen?)
Will man – auf jordanischer Seite – von der Hussein Bridge billig weiterkommen, verlässt man zu Fuß das Areal der Grenzstation durch das Tor Richtung Amman, geht an der Mauer rechts, dann noch einmal rechts (insgesamt etwa 150 m) und sieht einen Eingang zu einem Hof, in dem Service-Taxis und Mi-

## Ein- und Ausreise von/nach Israel   45

nibusse (JD 5) nach Amman starten; das ist der Platz, von dem die jordanischen Grenzgänger weiterfahren. Andernfalls kostet ein Bustrip direkt aus der Grenzstation nach Amman ca. JD 25.

Gegenüber der Grenzstation sind viele Autovermieter vertreten, auch internationale. Leser zahlten hier übliche Preise. Wer also ohnehin vorhat, per Mietwagen durch Jordanien zu reisen, sollte gleich hier starten, dann spart man schon Kosten, nach Amman zu kommen. Die Ausschilderung Richtung Amman ist gut. Alternativ kann man im Jordangraben gleich nach Norden oder nach Süden z.B. zum Toten Meer abbiegen und die Hauptstadt erst später besuchen.

### Araba

(Israelisch *Yitzhak Rabin Border Crossing*; früher: *Arava*), Übergang bei **Aqaba**/Elat (So-Do 8-22; Fr, Sa 8-20; Achtung, Zeiten können sich ändern). Dies ist der für Touristen unkomplizierteste Grenzübergang, der wie eine beliebige Grenzstelle agiert. Das jordanische Visum wird unbürokratisch ausgestellt. Busreisende aus Israel müssen in einen jordanischen Bus umsteigen und ihr Gepäck ca. 200 m weit schleppen. Von dort bis zur nächsten Hauptstraße mit normalem Taxiverkehr läuft man gut

> **Erfahrung**
>
> Leser fuhren per Bus von Jerusalem nach Elat, stiegen vorher an der Haltestelle Yitzhak Rabin Border Crossing aus, gingen ca. 1 km zu Fuß zur Grenze, zahlten für 2 Personen 205 NIS israelische Ausreisegebühr, tauschten auf der jordanischen Seite 50 € in 35 JD (sehr schlechter Kurs), ließen sich ein gebührenfreies jordanisches Visum ausstellen und nahmen ein Taxi für 10 JD zum Hotel in Aqaba.

1 km. Taxis an der Grenze sind teuer, z.B. nach Aqaba um 10 JD, nach South Beach JD 25-30.

Man kann per Auto (allerdings keine israelischen Leihwagen) beliebig ein- und ausreisen, für die jordanische Kfz-Versicherung sind JD 30-40 (für 4 Wochen) und für die Carnetbearbeitung JD 7 zu zahlen. In umgekehrter Richtung, von Aqaba zur Grenze, fahren keine regulären Busse. Ein (weißes) Sammeltaxi kostet etwa JD 6. Die Ausreisesteuer beträgt JD 10.

### Sheikh Hussein Bridge

Dieser ebenfalls "normale" Übergang (israelisch *Jordan River Crossing*) liegt bei Tall al Arba, auf israelischer Seite bei Bet Shean (ständig geöffnet, kann sich aber ändern), übliche Gebühren.

Die Sheikh Hussein Bridge ist von Amman aus etwas umständlich per Bus zu erreichen: zunächst nach Irbid (etwa JD 1) fahren, dort per Service-Taxi zur West-Busstation und weiter per Minibus zur Sheikh Hussein Bridge (etwa 1 Stunde Fahrzeit zu ca. JD 0,50); es kann sehr lange dauern, bis der Minibus voll ist. Es gibt aber weiße Sammeltaxis, die nur 4 Passagiere zu je etwa JD 5 zur Grenze bringen, d.h. man wartet nicht so lange. Noch schneller geht es, wenn man das Taxi allein mietet und bei hartnäckigem Verhandeln um JD 15 zahlt. Ein Taxi von Amman zu dieser Grenzstation kostet etwa JD 50.

Bei der Ausreise aus Israel fährt man von Bet Shean mit einem Bus (mehrmals täglich) zur Grenze, im Niemandsland verkehrt ein Shuttlebus. Für die Weiterfahrt sind (teure) Taxis erlaubt, Fußmarsch bis zur Hauptstraße ist wegen Aufenthalts im Grenzbereich verboten.

An allen drei Übergängen können Sie Geld tauschen, um z.B. die Grenzgebühren zu bezahlen.

Daneben existiert noch ein Übergang namens *Adam Bridge* am Ende der israelischen Straße 57, die von Nablus herunterkommt. Hier ist kein Personen-, sondern nur Warenverkehr zugelassen.

### Fähre nach Ägypten

Von Ägypten nach Aqaba kommt man derzeit (auch hier ist die Zukunft offen) am bequemsten auf dem Landweg über Elat. Wer aber den israelischen Stempel bzw. den ägyptischen Stempel in Tabah im Pass vermeiden will, nimmt das Fährschiff von Aqaba nach Nuveiba. Weitere Details im Aqaba-Kapitel, s. S. 398.

Prinzipiell einfacher für Autofahrer ist der Landweg nach Ägypten über Elat nach Tabah – falls Sie kein anderes arabisches Land mehr besuchen wollen. Denn die Auto- oder Motorrad-Abfertigung im Hafen von Nuveiba ist extrem umständlich und dauert nervtötend lange. Übrigens verlangt der ägyptische Staat neben dem Carnet de Passages zusätzlich eine Art Einreisegebühr für Fahrzeuge (angeblich als Kompensation der niedrigen Spritpreise), die je nach Fahrzeugart bis zu 150 € ausmachen kann.

Die kurze Reise durch den Golf von Aqaba mit steilen Wüstenbergen an beiden Küstenseiten und dem tiefblauen Meer ist sehr beeindruckend.

Einreise nach Ägypten: Offiziell erhalten einreisende EU-Bürger das ägyptische Visum an der Grenze. Wer jedoch kein Risiko eingehen will, kann sich beim ägyptischen Konsulat im Neubaugebiet von Aqaba ein Visum besorgen. Kurzzeitvisa für den Ostsinai werden direkt und kostenlos auf den Schiffen ausgestellt. Die Ausreisegebühr aus Jordanien beträgt JD 10.

### Einreise Irak und Saudi Arabien

Ein Visum für Saudi Arabien zu bekommen, ist extrem schwierig. Es gibt Grenzübergänge bei Aqaba, Nähe Wadi Rum und in der Nähe der Oase Azraq. Für den Irak ist die Visabeschaffung leichter, aber das Reisen im Land immer noch ein nicht ungefährliches Abenteuer.

## Touristische Informationen

Die Tourismusbranche Jordaniens tut sich, trotz aller gegenteiligen Beteuerungen von offizieller Seite, immer noch schwer mit der Betreuung von Individualtouristen. So kann man sich in Amman nur Informationsmaterial, aber keine individuelle Beratung, und nur beim *Jordan Tourism Board* (JTB) oder im Tourismusministerium holen.

**Jordan Tourism Board,** 1. Block nördlich zwischen 4. und 5. Circle, Nebengebäude des Century Park Hotel (Adresse s. S. 165), Tel 06 567 8444, jtb@nets.com.jo, www.visitjordan.com.

**Ministry of Tourism and Antiquities**, Jebel Amman, Al Mutanabbi St, Nähe 3. Circle hinter Hotel Le Royal, Tel 06 460 3360, contacts@tourism.jo, www.tourism.jo.

**Infostand** beim Römischen Theater (gegenüber JORDAN TOWER Hotel, Hashemi St) mit wenig Material und ziemlich unwissendem Personal der Tourist Police.

Informationsstellen (mit z.T. dürftigen Auskünften) gibt es auch in Jerash, Madaba, Petra und Wadi Rum. Dagegen hilft in Aqaba die derzeit landesweit einzige professionell auftretende Touristeninformation den Fragestellern weiter.

Das Ministry of Tourism and Antiquities betreibt eine kostenlose Hilfenummer unter 0800 22 228 (nicht vom Handy erreichbar), die man bei Problemen täglich von 8-22 Uhr anrufen kann.

Unter www.visitjordan.com/earthcam

**Bitte schreiben Sie uns,** wenn Sie Neues oder Änderungen gegenüber dieser Ausgabe entdecken.

bieten fünf Web-Cams Live-Impressionen vom Zitadellenhügel und von Downtown Amman, aus Petra, vom Toten Meer und aus Aqaba.

## Sich angepasst verhalten

Ein mit den Sitten und Bräuchen nicht vertrauter westlicher Besucher kann sich besonders in einem muslimischen Land unwissentlich ungeschickt benehmen, daher ein paar Informationen zu diesem Thema.

### Begrüßung
Es gibt eine ganze Reihe von **Begrüßungsformeln**. Am besten benutzt der Besucher *as salam alaikum* oder einfach *salam*, worauf sein Gegenüber *wa alaikum as salam* antwortet. Weitere Formeln des nicht gerade einfachen Begrüßungszeremoniells finden Sie im Mini-Sprachführer, s. S. 408.

Man begrüßt sich grundsätzlich per Handschlag. Dennoch sollte der Besucher etwas zurückhaltend abwarten, ob der Partner die Hand reicht, dann natürlich den Handschlag erwidern. Von Geschäftsleuten oder von Leuten auf der Straße wird man sehr gern per Handschlag willkommen geheißen, auch wenn man selbst keine Anstalten dazu macht.

Noch eine Bemerkung zur täglichen Praxis. Wenn man als Tourist z.B. in eine Familie eingeladen ist, soll/darf man die weiblichen Anwesenden nicht per Handschlag begrüßen. Denn Frau muss nach einer körperlichen Berührung von einem Nichtmuslim (der religiös gesehen „unrein" ist) „alle vor dem Gebet vorgeschriebenen Waschungen wiederholen."

Generell steht man zur Begrüßung auf, auch als Frau. Umarmungen und Küsse zur Begrüßung zwischen Mann und Frau sind auf die engste Familie beschränkt.

### Adäquat gekleidet sein
Die freizügigen weiblichen Bekleidungssitten treiben in Europa fast niemanden mehr auf die Barrikaden, doch die Orientalen können ihren Moralkodex durch unangemessene Kleidung verletzt fühlen.

Man muss als westliche Frau nicht gerade in Sack und Asche gehen. Wie schon auf S. 29 ausgeführt, entsprechen Schultern und Arme bedeckende, weite Kleider den Landessitten, schützen die Trägerin meist vor aufdringlichen Belästigungen und sind zusätzlich auch klimatisch besser geeignet. Bedeckende Kleidung ist Pflicht für den Besuch von Moscheen. Als Anmerkung noch: Auch

*Soo weit muss man als Touristin wirklich nicht gehen...*

Rauchen in der Öffentlichkeit gilt für Frauen als anstößig.

An touristisch geprägten Orten wie Aqaba wird dies auch nicht mehr so eng gesehen, dort kann frau schon eher anziehen, was sie für angemessen hält.

Männer mit nacktem Oberkörper und Badehose oder Shorts werden außerhalb von Badestränden oder Hotelpools belächelt.

## Einladungen

Die Höflichkeit verpflichtet auch den Ärmsten, Einladungen auszusprechen. Wenn der Eingeladene eine Einladung mindestens dreimal hartnäckig ablehnt und sie vom potentiellen Gastgeber ein viertes Mal wiederholt wird, so ist sie wirklich ernst gemeint (das gilt natürlich genauso bei Einladungen, die Sie aussprechen: mindestens dreimal wiederholen). Selbstverständlich trifft man auf westlich orientierte Jordanier, die unsere Traditionen kennen und eine Einladung gleich beim ersten Mal ernst meinen.

Zu aller Komplikation gibt es noch rein formale Einladungen (z.B. vom Busnachbarn zur Übernachtung in seinem Haus), die nur aus Höflichkeit ausgesprochen werden, aber gar nicht so gemeint sind. Daher gilt es auch hier, mindestens dreimal bestimmt abzulehnen, andernfalls könnten Sie Ihr Gegenüber in arge Verlegenheit bringen.

**Während des Essens** lädt der Gastgeber Ihren Teller randvoll; Sie müssen alles probieren, einerlei wie es aussieht und schmeckt. Leeren Sie Ihren Teller nur dann, wenn Sie noch Hunger haben; denn ein leerer Teller wird sofort wieder gefüllt. Lassen Sie mindestens einen Rest zurück, um Ihre Sättigung anzuzeigen. Wenn mit den Fingern gegessen wird, legen Sie am besten die linke Hand (sie gilt als unrein) in den Schoß.

Wenn Ihnen eine Tasse arabischen Kaffees angeboten wird, sollten Sie diese als Anerkennung für Gastfreundschaft möglichst annehmen. Zum Nachschenken halten Sie die Tasse einfach der ausschenkenden Person hin. Wenn Sie am Ende Ihrer Kapazität angekommen sind, schwenken Sie die Tasse als "Endsignal" hin und her.

Akzeptieren Sie die Gewohnheit, dass man sich beim Gespräch häufig sehr nahe steht, im Gegensatz zu unserem Distanzhalten zum Partner.

## Aufgeschlossen sein

Begegnen Sie den Menschen offen, ohne Besserwisserei, Dünkel und Arroganz. Wenn man – auch in schwierigeren Situationen – mit einem Lächeln Freundlichkeit anbietet, wird man umso mehr mit Herzlichkeit empfangen werden.

## Religiöses Verhalten respektieren

Tolerieren Sie religiöse Bräuche und akzeptieren Sie diese ohne Diskussion, wo Sie mit ihnen konfrontiert werden. Dazu gehört, dass Moscheen in angemessener Kleidung zu betreten sind, Frauen bedecken Kopf und Schultern. Viele Moscheen können oder sollten während der Gebetszeit nicht besichtigt werden; fragen Sie stets, ob der Besuch gestattet ist. Gehen Sie niemals zwischen einem Betenden und dem *Mihrab* entlang, denn Sie unterbrechen die imaginäre Sichtverbindung nach Mekka.

## Schuhe ausziehen

Moscheen betritt man keinesfalls mit Schuhen, sondern lässt sie am Eingang stehen oder trägt sie – Sohle an Sohle geklappt – in der Hand. Auch in Privathäuser geht man nicht mit Schuhen, es sei denn, der Gastgeber erlaubt es ausdrücklich.

## Fastenzeit Ramadan tolerieren

Provozieren Sie die Leute während dieser Zeit nicht durch Essen, Trinken oder Rauchen in der Öffentlichkeit. Gehen Sie tagsüber in die (wenigen) geöffneten Restaurants, die sich häufig auch auf Fremde eingestellt haben. Abends, nach Sonnenuntergang, gibt es zum *Fitar* (Fastenbrechen) die köstlichsten Speisen.

### Kein Alkohol in der Öffentlichkeit
Die Jordanier sind dem Alkoholgenuss gegenüber toleranter als andere muslemische Länder. Doch von Trinkkumpanen wird sich der strenge Muslem abwenden. Wer es denn unbedingt braucht, sollte im Hotel, aber nicht in der Öffentlichkeit Alkohol trinken, schon gar nicht betrunken herumlaufen.

### Keine Drogen
Drogen aller Art sind in Jordanien streng verboten. Wer sich dennoch auf Rauschgiftsuche macht, handelt völlig verantwortungslos und missbraucht das Gastrecht. Drogenvergehen fallen unter Schwerverbrechen.

### Trennung der Geschlechter
Gesellschaftlich sind Männer und Frauen voneinander getrennt, bei privaten Veranstaltungen wie auch in der Öffentlichkeit. Bei Einladungen sitzen häufig Frauen und Männer in getrennten Räumen. Setzen Sie sich als alleinreisender Mann im Bus oder bei anderen Gelegenheiten nicht neben eine alleinsitzende Jordanierin, es sei denn, es gibt keinen anderen Platz.

### Taktvoll fotografieren und filmen
Besonders Frauen scheu(t)en – aus traditionellen und religiösen Gründen – den Fotografen. Fragen Sie grundsätzlich um Erlaubnis, wenn Sie Menschen aus der Nähe fotografieren wollen. Respektieren Sie Proteste gegen Ihre Kamera. Das Fotografieren und Filmen in allen antiken Stätten ist im Gegensatz zu anderen Ländern kostenlos erlaubt. Strikt verboten ist das Fotografieren militärischer Einrichtungen aller Art.
Tipp: Nehmen Sie ein paar Fotos zum Herzeigen aus Ihrem privaten Bereich (Familie, Haus, Beruf) mit. Ihre Gastgeber werden sich sehr dafür interessieren.

### Fußsohlen nicht zeigen
Wenn man sich lässig mit den Füßen auf dem Tisch oder sonstwo hinlümmelt, beleidigt man seinen jordanischen Partner sehr grob. Wie auch in asiatischen Kulturen zeigt man auf keinen Fall seine Schuh- bzw. Fußsohlen.

### Gastgeschenke
Wenn bei Einladungen die Aufwendungen des Gastgebers nicht durch Gastgeschenke kompensiert werden können, sollte man dies durch äquivalente Geldgeschenke tun, die für die Kinder des Gastgebers bestimmt sind; damit verliert keiner der Beteiligten sein Gesicht.

### Sich nicht übers Ohr hauen lassen
Die Jordanier gehören zu den ehrlichsten Menschen im Nahen Osten. Bei unseren Reisen erlebten wir nie Unannehmlichkeiten oder direkte Betrügereien. Es kommt aber vor, dass Taxifahrer, Kellner oder andere Leute im Touristengeschäft gern die Preise für den nichts ahnenden Ausländer erhöhen. Über einen geringen Aufschlag sollte man sich bei der sozialen Situation Jordaniens nicht aufregen. Wenn aber z.B. ein Taxler durch Manipulation den Fahrpreis auf der Strecke verdoppelt, für die man zuvor beim ehrlichen Fahrer entsprechend weniger zahlte, dann sollte man sich wehren und auf dem reellen Preis bestehen.

## Homosexuelle

Gleichgeschlechtliche Beziehungen erwachsener Personen sind zwar gesetzlich erlaubt – jedoch keine Ehen –, werden aber praktisch nicht toleriert, obwohl Homosexualität mindestens im selben Maße wie überall auf der Welt verbreitet ist. Aber sie wird nicht gezeigt, sondern blüht im Verborgenen; lesbische Beziehungen sind noch versteckter. Gleichgeschlechtlichen Paaren kann daher nur geraten werden, ihre Beziehung tunlichst zu verbergen, um unangenehmen Situationen, bis hin zu Verhaftungen, aus dem Weg zu gehen.

## Unterwegs in Jordanien

Jordanien bietet sich dem Besucher manchmal ziemlich extrem dar: Von der brütenden Hitze in Aqaba oder am Toten Meer fährt man nur eine halbe Stunde ins Hochland hinauf – und muss in der kühleren Luft u.U. einen Pullover überziehen. Die Straßen zwischen Hochland und Jordan, aber auch im Hochland selbst gleichen häufig Achterbahnen: steil hinauf, ebenso steil hinunter, um gleich wieder senkrecht in den Himmel zu führen.

Jordanien ist ein ziemlich baumloses Land. So sucht man denn auch schattige Rastplätze meist vergebens. Hat man schließlich einen idyllischen Platz gefunden, scheint man – zumindest nach Feiertagen – auf einer Art Müllhalde gelandet zu sein. Denn viel zu viele Jordanier lassen jeglichen Picknick- und sonstigen Abfall dort liegen, wo er hinfällt – einer der wenigen äußerlichen Makel, den man diesem aufstrebenden und sympathischen Land ankreiden muss. Andererseits sind Toiletten oder sonstige öffentliche Einrichtungen in der Regel ähnlich sauber wie in Europa.

Die Jordanier lassen den Reisenden in Ruhe. Man schwimmt im Strom der Menschen mit, ohne dass einen bettelnde Kinder oder sonstige Belästiger anmachen. Die freundlichen Menschen sind eher etwas zurückhaltend als zu aufdringlich, das gilt selbst für die Souks oder andere touristische Gegenden. Interessant ist das Beispiel Petra, wo noch vor wenigen Jahren zahllose Pferdetreiber auf die Touristen einstürmten, um sie aufs Pferd zu setzen. Heute geht das geregelt vor sich, man kann sich in Ruhe entscheiden, ob man zu Fuß bis zur Schlucht geht oder lieber reitet.

Erstaunlich ist, dass man auf wenige Analphabeten und viele Englisch sprechende Menschen trifft. Insgesamt ist das Bildungsniveau der Jordanier höher als das arabischer Nachbarländer.

### Öffentliche Verkehrsmittel

Die einzige inländische **Flugverbindung** von Bedeutung, Amman – Aqaba, bedient inzwischen die Staatslinie *Royal Jordanian*. Den etwa 4 km südlich des Römischen Theaters Richtung Zarqa liegenden alten Flughafen **Marka** fliegen kleinere Privat- und Charterflugzeuge an., neuerdings auch Billigflieger. Schlechter sieht es aus, wenn man aus **Israel** kommt und auf dem lokalen Flugplatz von *Amman Marka* landet. Bei der Weiterreise in verschiedene arabische Länder erkennen das die spitzfindigen Grenzer und sperren die Einreise.

Der Vollständigkeit halber soll noch die **Hedjaz-Bahn** erwähnt werden, die wegen Elektrifizierung und Überholung vorläufig (vermutlich Jahre) außer Betrieb ist. Der Trip nach Damaskus kostete JD 3,50 – was ein äußerst günstiger Stundenpreis ist, denn der Zug konnte bis zu 11 Stunden unterwegs sein. Auf dem restlichen Eisenbahnnetz wurden nur Güter transportiert; doch der Güterverkehr findet nicht mehr statt. Im Güterschuppen in Amman ist ein kleines Museum untergebracht.

Fahrpreise von Bussen oder Taxis sind angeblich gesetzlich vorgeschrieben, eine mutwillige Änderung wird ziemlich empfindlich bestraft.

Das Busunternehmen *Jordan Express Tourist Transport* **JETT** (Auskünfte Tel 06 566 4146, siehe auch S. 169), bedient die Verbindungen zwischen Amman und Aqaba, Petra, Hammamat Ma'in sowie King Hussein Bridge (Allenby Bridge). Die Busse sind einigermaßen pünktlich. Auf Langstrecken wie Amman – Aqaba gehen sogenannte Luxusbusse auf die Reise, in denen die Fahrgäste mit lauten Videos bombardiert werden. Während der Fahrt werden Snacks angeboten, die erst bei der

## Die Hedjaz(Hedschas)-Bahn

Vordergründig wollten die Osmanen den Zehntausenden von Pilgern helfen, die sich alljährlich von Damaskus aus auf den beschwerlichen und nicht ungefährlichen Weg nach Mekka begaben; tatsächlich bestimmten militärische Aspekte den Bau einer Eisenbahnlinie, die Damaskus mit Medina und Mekka verbinden und die Rotmeer-Küste zugänglich machen sollte. Der osmanische Sultan Abdul Hamid II. initiierte große religiöse Sammelaktionen, um den Bau der Strecke zu finanzieren. Von Damaskus bis Ma'an baute der Leipziger Eisenbahningenieur Heinrich August Meißner - zusammen mit weiteren deutschen und europäischen Ingenieuren - die Bahnlinie mit deutscher Technik, wie noch heute auf einigen Lokomotiven nachzulesen ist.

Schlimm dran waren allerdings 5000 türkische Soldaten, die unter widrigen Umständen und gegen geringsten Sold 1900 mit dem Bau in Damaskus begannen, 1903 Amman erreichten, 1906 Ma'an und, nach 1303 km, schließlich 1910 Medina, obwohl der Sultan 1908 gestürzt worden war. Das Endziel Mekka wurde nicht mehr in Angriff genommen.

Der Bahn war kein langes Leben beschieden. Im Großen Arabischen Aufstand 1916 war die Nachschublinie der Türken und ihrer deutschen Verbündeten eines der Angriffsziele, das recht gefahrlos außer Betrieb gesetzt werden

*Amman: Hedjaz-Lokomotive im Bahnhof*

konnte. Der Brite Thomas E. Lawrence – bekannt als *Lawrence of Arabia* – spielte eine Hauptrolle bei der Einstellung des Bahnbetriebs. Innerhalb von vier Monaten zerstörte er 80 Brücken und 17 Lokomotiven. Trotz wiederholter Reparaturen musste daraufhin die Linie militärisch und ab Ma'an auch betrieblich aufgegeben werden. Ganz im Süden wurde 1975 eine Bahnstrecke für den Phosphattransport nach Aqaba gebaut, die auch (irgendwann) für nostalgische Touristenreisen genutzt werden soll. Ein kleines Museum im Bahnhof mag vorerst entschädigen.

In letzter Zeit dampften bzw. dieselten die alten Züge nur auf der schon erwähnten Strecke von Amman nach Damaskus, oder es wurde speziell für Touristen angeheizt. Doch zur Zeit finden wegen Überholung der Bahn und der syrischen Situation nur wenige Sonderfahrten statt.

---

Ankunft zu bezahlen sind. Achtung: Die Klimaanlage ist meist auf „Dauerfrost" eingestellt. Vorausbuchungen von mindestens einem Tag sind sehr zu empfehlen; die Tickets müssen 15 Minuten vor Abfahrt im Büro abgestempelt werden. Die sogenannten VIP-Busse kosten JD 18 pP auf der Aqaba-Strecke, bieten etwas Luxus in Form von mehr Platz, größerer Essensauswahl, individuellem TV und verfügen über eine Kamera in der Frontseite des Busses, sodass während der Fahrt mitverfolgt werden kann, was voraus auf der Straße passiert.

Das Busunternehmen **Hijazi** (Tel 463 8110) verbindet hauptsächlich Amman mit Jerash und Irbid.

Daneben gibt es jede Menge **Minibusse**, die zwischen einzelnen Orten pendeln oder auch Routen innerhalb von größeren Städten bedienen. Vor allem erschließen sie Ortschaften, die JETT oder Hijazi nicht anfahren. Die meisten Minibusse kennen keinen Fahrplan, sondern starten erst dann, wenn genügend Fahrgäste zugestiegen sind. Man kann sie auf der Route an jedem Platz stoppen, um zu- oder auszusteigen.

An Freitagen sollten Sie daran denken, dass verschiedene Buslinien überhaupt nicht oder eingeschränkt verkehren, das gesamte Netz also sehr ausgedünnt ist. Achtung: Häufig behaupten Taxifahrer, der (Mini)Bus sei schon weg. In Wirklichkeit ist er stark verspätet, weil vor Abfahrt erst die Plätze verkauft sein müssen.

In Amman und einigen anderen Städten verkehren **Gemeinschaftstaxis**, die *Servies* genannt werden (Betonung auf der zweiten Silbe, mit langem **i**: *Serviiies*"); die Fahrer sprechen seltener Englisch als Taxifahrer. Auf den Türen ist meist die Fahrtroute angegeben, allerdings in Arabisch. Die Servies starten hauptsächlich an den zentralen Busstationen der Städte.

Schließlich gibt es zahllose *Yellow Cabs*, private **Taxis**, die durch ihre gelbe Farbe, ein Schild *TAXI* auf dem Dach und mehr oder weniger verwegene Fahrweise auffallen. Die Fahrer versuchen gern, Neulingen im Land kräftig in die Tasche zu greifen. Bestehen Sie darauf, dass der Taxameter sowohl zurückgesetzt als auch eingeschaltet wird und Sie korrektes Wechselgeld erhalten – dann haben Sie vor allem in Amman ein immer noch preiswertes Verkehrsmittel, zumindest verglichen mit Europa. Im Zentrum der Hauptstadt lassen sich viele Stellen mit Fahrpreisen von wenigen Dinar erreichen.

Nachts ab 23 Uhr gilt ein höherer Tarif, für längere Strecken sollte man vorab einen Preis vereinbaren, weil dann meist der Taxameter ausgeschaltet wird. Trinkgeld ist nicht üblich, man rundet aber den Fahr-

### Ein paar Ratschläge

Entnehmen Sie z. B. der *Jordan Times* Autovermieter-Adressen in Amman (in Aqaba suchen Sie am besten zu Fuß direkt im Stadtzentrum). Rufen Sie auch kleinere Firmen an und lassen Sie sich die folgenden Angaben nur dann machen, wenn die Leute am anderen Ende der Leitung gut verständlich Englisch sprechen:

- Was kostet Modell X einschließlich Nebenkosten und zwar für das aktuelle Auto-Baujahr oder ein Jahr älter?
- Wie hoch ist die Haftpflicht-Deckung?
- Was ist versichert?
- Wie hoch ist die Selbstbeteiligung bei Haftpflicht und bei Kasko?
- Wie viele Autos besitzt das Unternehmen (falls der gemietete Wagen ersetzt werden muss)?
- Gibt es 24-Stunden-Service? Wie lange dauert voraussichtlich der Ersatz im Fall eines Breakdowns?
- Ist ein Navi an Bord?

Und wenn Sie schließlich ein Auto gemietet haben, so achten Sie bei der Übernahme auf die folgenden Punkte:

- Alle Vorschäden müssen genau registriert werden, sonst wird man Sie für die Beulen der Vorgänger haftbar machen und von Ihnen nicht nur (überhöhte) Reparaturkosten, sondern auch Mietausfall verlangen.
- Machen Sie eine kurze Probefahrt, ob alles Wichtige wirklich funktioniert (Licht, Blinker, Hand- und Fußbremse, Tankanzeige, Hupe etc.).
- Prüfen Sie Ölstand und Kühlwasserstand, im Winter auch Scheibenwaschwasser.
- Prüfen Sie, ob ein Ersatzrad an Bord ist und ob es mit Luft gefüllt ist.
- Sind die Reifen in gutem Zustand? Ist das Bordwerkzeug vorhanden?

*Manche Straßen scheinen förmlich in die Tiefe zu stürzen, wie hier von Petra hinunter nach Feynan*

preis nach oben auf.
Taxis aller Art und Busse stoppt man übrigens mit ausgestrecktem Arm, lässiges Daumenzeigen erzielt weniger Erfolg.

### Unterwegs mit Chauffeur

Wer die Kosten nicht scheut, kann sich quer durchs ganze Land chauffieren lassen, muss jedoch mit erheblichen Beträgen rechnen, die für Auto und Englisch sprechenden Fahrer mindestens bei JD 80 – 120 pro Tag zusätzlich Hotelübernachtung des Fahrers (nicht unter 3* Kategorie) liegen. Fragen Sie in einem der großen internationalen Hotels, dort wird man Ihnen mit Freuden weiterhelfen. Deutlich preiswerter kommt man mit normalen Taxifahrern durch Jordanien. Darüber sollte man bei beliebigen Taxifahrten, sobald ein englischsprachiger Fahrer am Steuer sitzt, verhandeln und schließlich eine Vereinbarung treffen. Außerdem geben wir z.B. in Amman Telefonnummern von Taxifahrern an, die sich mehr oder weniger auf Touristen spezialisiert haben, s. S. 176.

### Hitchhiking

Selbstverständlich kommt man auch in Jordanien per Hitchhiking von der Stelle. Es gilt aber zu bedenken, dass man prinzipiell den Platz einem Einheimischen wegnehmen könnte, der sich vielleicht eine andere Fortkommensart gar nicht leisten kann. Zum anderen sollte man immer beim Einsteigen abchecken, ob der Fahrer nicht eine Gebühr verlangt, und die kann bei Ausländern relativ hoch sein. In jedem Fall soll man dem Fahrer beim Aussteigen einen kleinen Betrag anbieten, das macht auch jeder Einheimische. Im Grunde lohnt sich Hitchhiking nur in Ausnahmefällen, wenn man anders nicht weiterkommt. Vielleicht hält auch jemand, weil er an dem Bakschisch interessiert ist.

Alleinreisenden Frauen **muss dringend vom Trampen** abgeraten werden.

### Mietwagen

Ein Leser schreibt: *„Nach der Lektüre Ihres Führers fühlten wir uns doch ermuntert,* *entgegen unseren Gewohnheiten, möglichst alles mit öffentlichen Verkehrsmitteln zu machen, nun dieses Mal ein Auto zu leihen, was sehr gut geklappt hat. Die Möglichkeiten waren dadurch sehr viel besser, an entlegenere Stellen zu gelangen und viele Kontakte zu knüpfen."*

Eine sehr gute Alternative zu allen öffentlichen Verkehrsmitteln sind Mietwagen (grüne Nummernschilder). Die Preise liegen so, dass man zumindest zu dritt oder viert fast ebenso günstig reist wie mit öffentlichen Verkehrsmitteln. Man ist aber **sehr viel unabhängiger** und kommt vor allem auch dorthin, wo öffentliche Verkehrsmittel nicht hinfahren. Für diese Alternative spricht auch und besonders, dass Jordaniens Straßen – abgesehen von Amman – kaum verstopft sind und das Selbstfahren problemlos ist: Man setzt sich wie zu Hause ans Steuer und fährt – wie in einer unbekannten heimischen Gegend – einfach los.

Vor allem bei längerer Mietdauer lassen sich die Preise gut herunterhandeln, z.B. kommt ein einfacher Wagen für zwei Wochen auf JD 35-45 pro Tag bei unbeschränkter Kilometerzahl. Die meisten internationalen und auch lokalen Anbieter findet man in Amman und Aqaba. Wer bereits von Europa aus bucht, zahlt bei internationalen Verleihern kaum mehr, kann aber bei Problemen auch nach der Reise zu Hause noch nachverhandeln.

Es gibt Navis zu mieten, was besonders für ein Land empfohlen werden kann, in dem (derzeit noch) viele kleinere Straßen nicht oder nur arabisch beschildert sind. Während zumindest größere Vermieter bei Vorbestellung den Wagen am Flughafen bereithalten, muss der sparsame Mieter zunächst in die Stadt fahren, ein Hotel suchen und danach erst einmal die möglichen Anbieter abklappern; das kostet Zeit und ist unbequem. Einen guten Preisüberblick findet man z.B. unter www.billiger-mietwagen.de.

Der Mieter sollte offiziell möglichst den Internationalen Führerschein besitzen (fast immer genügt auch der nationale), nicht jünger als 21 und nicht älter als 70 Jahre sein. Diverse Firmen setzen das Mindestalter auf 25 Jahre. Als Kaution wird meist ein Abdruck einer gültigen Kreditkarte hinterlegt. Falls keine Karte vorhanden ist, muss man bis zu JD 300 in bar im Geldschrank des Vermieters hinterlegen. Fragen Sie gezielt nach den Bedingungen und lassen Sie sich Eckdaten (Versicherungssumme, Selbstbeteiligung etc.) möglichst in Englisch auf den Vertrag schreiben oder, besser, einen englischsprachigen Vertrag aushändigen. Schließen Sie in jedem Fall eine Vollkaskoversicherung ab.

### Autofahren in Jordanien

Aus einem Leserbrief: *„Wir haben über 5 Tage ein Mietauto zur Fahrt von Amman nach Süden bis Petra+Wadi Rum genutzt und dabei die Erfahrung gemacht, dass das Fahren auf dem Desert Highway für einen an deutsche Autobahnen gewöhnten Fahrer in Jordanien ungeheuer einfach und auch ungefährlich ist. Es gab nur ganz seltene Raser und wenige Lkw-Rennen, die aufgrund des reichlichen Platzes auf dem Highway aber nie ein Problem wurden. Ebenfalls sahen wir keinen einzigen Unfall und auch keinen Lkw-Schrott. Teilweise wurden Lkw bei steilen Steigungen auf sogenannte "compulsory"-Routen weg von der eigentlichen Hauptstrecke umgeleitet. Die Ermutigung der Leser zum Selbstfahren kann nur unterstrichen werden!"*

In Jordanien herrscht Rechtsverkehr. Das Fahren ist schon wegen der niedrigen Geschwindigkeiten kein Problem, denn die einheimischen Fahrer verhalten sich in der Regel sehr diszipliniert; Rowdies gibt es zwar auch, aber selten. Die Verkehrsdichte ist deutlich geringer als auf vielen unserer Landstraßen, der Straßenzustand durchwegs in Ordnung. Gemessen an der ökonomischen Situation des Landes kann man überhaupt nicht klagen. Auf Landstraßen ist die Höchstgeschwindigkeit auf 80, manchmal auf (extreme) 100 km/h beschränkt, innerhalb von Ortschaften auf 50 oder auch 40 km/h. Vorsicht: Die Polizei besitzt Radarfallen und setzt sie immer häufiger ein, weil die Regierung wegen vieler Unfälle hart durchgreifen will.

Obwohl in anderen Reiseführern vor dem Selbstfahren gewarnt wird, möchten wir Sie als Besucher wirklich zum Selbstfahren ermuntern. Denn erst der fahrbare Untersatz macht unabhängig von den nicht immer berauschenden Verkehrsverbindungen, sieht man von den wenigen Hauptrouten ab. Und das Fahren selbst macht, nach vielleicht kurzer Eingewöhnungsphase, viel mehr Spaß als auf unseren verstopften Straßen.

Etwas unangenehm sind die häufigen Querrillen oder auch Löcher im Asphalt, die meist durch schlampige Ausbesserungsarbeiten oder Rohrverlegungen entstanden; daher freut sich die Wirbelsäule über ein gut gefedertes Auto. Auf den Nebenstrecken fehlen häufig Seitenplanken, auch wenn es senkrecht den Hang hinuntergeht; an Markierungen sowie Mittelstreifen oder Katzenaugen wird ebenfalls extrem gespart. In Kurven sollte man vielleicht etwas mehr vom Gaspedal gehen als zu Hause, denn manchmal sind sie bretteben oder in die eher falsche Richtung geneigt.

Eine "Unsitte" greift auch in Jordanien zunehmend um sich: Speedbraker – Schwellen auf der Straße, um die Autofahrer zum langsam Fahren zu zwingen – werden immer häufiger auf den Asphalt gepappt. Meist sind sie durch ein entsprechendes Zeichen am Wegesrand oder durch gelbe Streifen auf der Fahrbahn markiert. Eine untrügliche Warnung vor der heimtückischen Schwelle sind ortskundige Vorausfahrer, die auf Schritttempo herunterbremsen.

Angeblich gehört Jordanien zu den sehr unfallträchtigen Ländern im Orient (Verkehrsunfälle kosteten bereits 2009 knapp 1000 Menschen das Leben). Das ist für mich, der ich viele tausend Kilometer im Land zurückgelegt habe, nicht nachvollziehbar. Sicherlich sieht man auch in Jordanien Verkehrsunfälle wie in Europa. Sie scheinen aber bei den üblicherweise niedrigen Geschwindigkeiten nicht allzu dramatisch zu sein. Allerdings gehört das Anlegen von Sicherheitsgurten nicht gerade zur ständigen Übung, und das kann beim Unfall fatale Folgen haben.

Umgekehrt ausgedrückt: Wer beim Autofahren an seine eigene Sicherheit denkt und die Augen aufhält, lebt in Jordanien vermutlich deutlich sicherer als zu Hause. Der jordanische "Bußgeldkatalog" wurde 2008 drastisch verschärft, insbesondere in Hinblick auf Geschwindigkeitsübertretungen, Rotlichtmissachtung und „archaisches Fahrverhalten".

Es gilt, wie in vielen anderen orientalischen Ländern, dass man selbst fast alles im Verkehr tun kann und einen Rückspiegel kaum braucht, aber stets gefasst sein muss, dass der Vordermann ebenso alles tun und lassen kann. Das System funktioniert eigentlich hervorragend, es erzieht zu wachen Augen und ständiger Aufmerksamkeit.

Unangenehm sind sehr hohe Bürgersteige, die zwar das Parken darauf verhindern, aber man stößt beim Einparken leicht mit der Karosserie an. Fußgänger müssen geübt im Rauf- und Runterspringen sein. Auch die Mittelstreifen sind über weite Strecken sehr hoch gemauert; hat man eine Kreuzung verfehlt, muss man innerstädtisch meist kilometerweit fahren, um umdrehen zu können. Ein bisschen aufpassen muss man auf die Lkws auf den typischen Trucker-Routen

– dem Desert Highway und den Straßen zum Irak bzw. nach Saudi Arabien –, denn diese Fahrzeuge befördern offiziell mehr Lasten als in Europa zugelassen, tatsächlich dürften die meisten massiv überladen sein. Damit sind die Bremswege lang, und die Manövrierfähigkeit der Ungetüme ist ebenfalls eingeschränkt. Und man wird unbeladene Lkws treffen, die mit 120 km/h und mehr unterwegs sind.

Tunlichst vermeiden sollte man **Nachtfahrten,** da die Beleuchtung jordanischer Autos u.U. mangelhaft ist, sich Tiere, unbeleuchtete Eselskarren, Autos ohne Rücklichter oder mit Standlicht herumtreiben. Bei **Regenfällen** steigt die Unfallhäufigkeit wegen abgefahrener Reifen oder (zumindest anfangs) Dreck auf den Fahrbahnen.

Die allermeisten breiteren Straßen sind arabisch und englisch ausgeschildert, sodass man von der Verkehrsführung her recht gut informiert vorankommt. Schwierig wird es dann, wenn man eine etwas abgelegenere Straße in einer Stadt sucht, weil es dort kaum Straßenschilder gibt, in Englisch natürlich noch weniger als in Arabisch. Dann hilft nur, immer wieder fragen, besser zweimal als nur einmal. Die Passanten bemühen sich in der Regel nach Kräften, dem Fremden weiterzuhelfen. Aber es kann sein, dass man sich falsch verstanden hat und die Richtung dann nicht stimmt. Daher zur Kontrolle lieber noch eine weitere Person fragen, bevor man herumirrt.

An verschiedenen Stellen – hauptsächlich im Jordantal und Wadi Araba – sind ständige **Straßenkontrollposten** eingerichtet, von denen jedoch die meisten freundlich weiterwinken, wenn sie den Touristen im Wagen erkennen. Manchmal muss man den Pass vorzeigen; diesen also möglichst griffbereit halten.

Das Tankstellennetz ist gut, natürlich in den Wüstengebieten und auf Nebenstrecken dünner ausgebaut. Zumindest dort empfiehlt es sich, bereits ab halbleerem Tank nachzufüllen. Dieselfahrer sollten eventuell noch vorsichtiger sein, da dieser Treibstoff nicht immer angeboten wird.

Das größte Ärgernis, auch Gefahr, sind die vielen Taxis und Minibusse, die plötzlich von der äußersten linken Spur nach ganz rechts wechseln, um Fahrgäste ein- oder aussteigen zu lassen. Auch Normalfahrer scheinen sich häufig erst im allerletzten Augenblick zu entscheiden, rechts oder links abzubiegen und dann ohne große Vorwarnung auf die entsprechende Seite zu wechseln.

Sollten Sie als Mietwagenfahrer in einen **Unfall** verwickelt werden, so holen Sie in jedem Fall die Polizei, andernfalls können Sie den Versicherungsschutz verlieren. Wenn Ihnen das mit Ihrem eigenen Fahrzeug passiert, kann es durchaus sinnvoll sein, sich mit dem Unfallgegner ohne Polizei zu einigen, es sei denn, dass auch Personen verletzt wurden. Denn die herbeieilende Polizei bemächtigt sich zunächst Ihrer Papiere, die Sie in der Regel erst nach Abschluss eines Gerichtsprozesses vor einem lokalen Gericht zurückerhalten; und das kann eine Weile dauern. In dieser Zeit dürfen Sie wahrscheinlich nicht fahren und können keinen Pass vorweisen. Auch wenn Sie völlig unschuldig an dem Malheur sind, Zeitverlust und zusätzliche Kosten lassen sich häufig durch einen gewonnenen Prozess nicht kompensieren.

Ein Leser schreibt: *„Ich war nach einem Unfall in Nordjordanien so genervt von all der Abwicklung, dass… ich die Reise schon abbrechen wollte…"*

## Mit dem Fahrrad unterwegs

Mehr und mehr Fahrradfahrer bereisen Jordanien (siehe auch Jordan Bike Trail S. 72). Die beliebteste und gerade für Radler interessanteste Strecke ist die King's

Road mit ihrer landschaftlichen Abwechslung. Sie lässt sich auch im Sommer noch relativ gut fahren, in einer Zeit, während der man alle tiefer gelegenen Strecken wie Wadi Araba, Jordantal oder Totes Meer meiden sollte.

Die Jordanier verhalten sich Radfahrern gegenüber sehr freundlich und hilfsbereit. So wurde uns berichtet, dass z.B. im Wadi Mujib endlose Schleifen hinaufschiebende Radler mit Wasser versorgt, ermuntert und sogar förmlich auf Pick-ups gedrängt wurden. Allerdings kommt es immer wieder mal vor, dass sich Kinder ein Vergnügen daraus machen, radelnde Touristen mit Steinen zu bewerfen. Deshalb Helm mitnehmen. Es kann passieren, dass die

*Besonders auf der Westseite der zum Toten Meer hin steil abfallenden Gebirgsstöcke scheinen die Straßen entweder direkt in den Himmel oder, umgekehrt, direkt in die Tiefe zu führen*

## ➜ Tipps für Pechvögel

Unterwegs können allerhand Missgeschicke passieren, deren Folgen dann zu meistern sind:

Wer den Pass zu Hause vergisst, kann sich vom Bundesgrenzschutz am Flughafen ein Ersatzdokument ausstellen lassen. Dies wird allerdings nicht in den USA, Kanada und allen Ländern, die Einreise-Visa verlangen, akzeptiert. Wenn der Pass in Jordanien verloren geht, muss man die Botschaft persönlich aufsuchen und dort einen Ersatzpass beantragen. Danach muss man die jordanische Polizei vom Verlust überzeugen und um neue Visa bitten. In all diesen Fällen sind entweder eine Passkopie oder der Personalausweis sehr hilfreich.

Im Zeitalter elektronischer Flugbuchung kann man kein Ticket mehr verlieren. Sollte es beim Einchecken dennoch Probleme geben (Computerausfall o.ä.) hilft der Airline Code auf Ihrem Buchungsbeleg weiter, den man sich notieren kann oder auf dem Smartphone hat.

Wer in der Charter- oder Touristenklasse den Flieger verpasst, kann nur auf die Kulanz der Airline hoffen, ein Anspruch auf Beförderung besteht in der Regel nicht mehr.

Bei Verlust von Bargeld hilft niemand, bei Reiseschecks erhält man Ersatz; sie sind aber nicht mehr üblich. Eine abhanden gekommene Kredit- oder EC-Karte muss man möglichst schnell sperren lassen, nur dann übernimmt die ausstellende Bank die Kosten bei Missbrauch; deshalb: Hotlines der betreffenden Banken und Kartennummern notieren.

Wenn der Koffer nicht ankommt, geht man mit dem Ticket zunächst zum Schalter Lost & Found, dort wird der Weg des Koffers verfolgt. Wird er unterwegs ausfindig gemacht, kommt er auf die nächste Maschine. Dauert dies länger, stellt die Airline ein Notset zur Verfügung. Geht er endgültig verloren, bekommt man (bescheidenen) Ersatz. Vorsichtige Menschen nehmen mit, unvorsichtige sollten es erst recht:

- **Kopien** der beiden ersten **Pass-Seiten**
- **Hotline-Sperrnummer** für

EC-Karten: 01805 021021 oder 116 116. Die meisten Master- oder Visa-Karten können auch über diese Nummern gesperrt werden (abhängig von der ausstellenden Bank), falls nicht, für MasterCard: 0800 819 1040, für Visa 0800 811 8440 anrufen.

---

Polizei Radfahrer aus „Sicherheitsgründen" begleitet, was eher nervig ist, wie ein Leser schreibt, weil man dem vorausfahrenden Polizeifahrzeug hinterherchelt.

Wer ein Zelt mitschleppt und es nachts neben der Straße aufbaut, kann die Polizei dazu verleiten, die Schläfer aus Sicherheitsgründen mitten in der Nacht in den Hof der nächsten Polizeistation zu bitten. Man sollte daher die Tagesstrecken so planen, dass abends ein Ort mit Hotels winkt, was nicht immer leicht zu realisieren ist, oder sich gleich mit der örtlichen Polizei in Verbindung setzen.

## Persönliches

### Persönliche Sicherheit

Ein Leser schreibt: *„Wie immer, wenn man die grundlegenden Regeln einhält, haben wir uns sehr sicher und gut aufgehoben gefühlt. Es gab kein einziges Mal einen Anlass, sich nicht sicher zu fühlen."*

Jordanien ist ein **sicheres Reiseland** in einer – gelinde gesagt – unsicheren Umgebung, sei es der syrische oder der irakische Nachbar, seien es die Probleme auf der westlichen Seite des Landes. Attacken auf Touristen waren bis zum Dezember 2016 unbekannt. Damals überfiel eine Terrorgruppe die Festung Kerak. Beim Schusswechsel mit der sofort einrückenden Polizei kamen eine kanadische Touristin und mehrere Polizisten ums Leben.

Nach jüngsten Erhebungen ist Jordanien als Reiseland neben den Emiraten und Oman eines der sichersten Länder im Nahen Osten.

Den Jordaniern bedeutet Gastrecht sehr viel, daher sind sie generell um ihre Gäste besorgt, sowohl als Einzelne als auch als Staat. Ihre Sicherheitskräfte gehen auch nur geringem Verdacht nach. Als weitere Beruhigung: An allen touristisch wichtigen Plätzen patrouilliert unauffällig die Tourist Police, in der Regel englischsprechende und hilfsbereite Polizisten, die auch bei allgemeinen Problemen weiterhelfen.

Dennoch sollte man sich immer wieder umhören, wie die Lage ist. Das beste ist eine **Handy-Verbindung zur heimischen Botschaft**, die im Ernstfall Benachrichtigungen durchgibt, wie man sich verhalten soll (Adressen s. S. 171). Grundsätzlich gilt:

- Im engeren **Grenzgebiet zum Irak und zu Syrien** kann es zu Zwischenfällen kommen.
- **Vermeiden Sie Menschenansammlungen**, besonders im Umfeld von Moscheen am Freitag nach der Gebetszeit oder Demonstrationen aller Art, Streitereien oder Schlägereien (hoffentlich nur als Zuschauer).

Jordanien liegt am Afrikanischen Grabenbruch, der prinzipiell erdbebengefährdet ist. Bei/nach **Erdbeben** Botschaft und Heimat kontaktieren. Das Deutsche GeoForschungsZentrum in Potsdam informiert mit z.B. einem Merkblatt unter

> **Notruf**
> **Polizei** 911, 191
> **Erste Hilfe, Ambulanz** 911
> **Feuerwehr** 911
> **Verkehrsunfall** 911

http://media.gfz-potsdam.de/gfz/wv/doc/infothek/leaflets/Erdbeben_dt.pdf.
Es gibt einige Gesetzesbestimmungen, die wir in Europa nicht kennen, die aber unter Umständen unangenehm werden können. Dazu gehören:

- **Majestätsbeleidigung**, zum Beispiel die Beschädigung von Fotos des Königs
- **gleichgeschlechtliche** oder **außereheliche sexuelle Beziehungen**
- **Fotografieren von militärischen Installationen** oder **Regierungsgebäuden**
- **Alkohol am Steuer: strikte 0-Promille-Grenze.**
- Noch härter greift der Staat bei **Drogenvergehen** durch. Schon geringste Mengen an Betäubungsmitteln können und werden mit langjährigen Gefängnisstrafen geahndet, oder auch mit Zwangsarbeit. Für schwere Verbrechen wie Mord oder Terroranschläge kann die Todesstrafe verhängt werden.

Generell gilt wie auch anderswo: Zeigen Sie nicht durch Schmuck oder sonstige Angeberei, wie reich Sie sind; Juwelen und anderes Teures, das zum Fortkommen nicht nötig ist, lässt man am besten zu Hause. Auch sollte man nicht zu viel Geld herumtragen. Verstecken Sie Ihr Bares am besten in einer Tasche direkt auf dem Bauch – da merkt man sofort, wenn jemand hingreift, um sich zu bedienen. Den beliebten Brustbeutel schneidet sich schon ein Trickdieblehrling ab und zieht ihn unbemerkt aus dem Hemd.

Schließen Sie Hotelzimmer und Auto immer sorgfältig ab und nutzen Sie Hotelsafes. Wer einen Koffer mitnimmt, sollte sich angewöhnen, auch diesen niemals unverschlossen zu lassen, vor allem Zahlenschlösser immer zu verstellen. Sonst kennt der Zimmerboy die Zahlenkombination, wenn man etwas Wertvolleres verschließen will oder muss.

Die Arbeitsbedingungen für Taschendiebe bessern sich, je enger Menschen sich drängen. Passen Sie also ein bisschen mehr auf Ihre um den Hals baumelnde Kamera oder den prall gefüllten Geldbeutel in der Gesäßtasche auf, er könnte z.B. blitzschnell verschwinden. Amman **Downtown** gehört zu den etwas gefährdeten Gebieten; nach Empfehlungen des US State Department sollte man sich dort nur in Gruppen aufhalten – worüber ich selbst, der ich häufig genug viele Tage in dieser Gegend mit viel Freude herumgelaufen bin, eigentlich nur lachen kann. Legt man denselben Maßstab auf amerikanische Großstädte an, müsste man dort im gepanzerten Wagen herumfahren.

Auch sollte man darauf verzichten, laute, **proisraelische Bekundungen** von sich zu geben. In einem Land, dessen Bewohner zur Mehrzahl brutal aus Palästina vertrieben wurden, könnte dies trotz Friedensvertrag unerwünschte Reaktionen auslösen.

Wenn Ihnen Ihr Pass gestohlen wird oder Sie ihn verlieren, müssen Sie dies sowohl der nächsten Polizeidienststelle als auch Ihrer Botschaft melden.

Ein weiterer Hinweis für Ihre Sicherheit: **Militärische Anlagen** können bis zum Umkreis von 3 km vermint sein. Zwar ist in der Regel ein Zaun mit Totenkopfschildern um ein derartiges Gelände gezogen, aber der Zahn der Zeit kann Zaun und Markierung bis hin zur Unscheinbarkeit zugesetzt haben. Wenn auch die Gefahr gering ist, so sollten Sie bei "eingezäunter Wüste" oder ähnlichen Anlagen vorsichtig sein.

### Email- und Internetsicherheit

Wer unterwegs mal schnell in einem Internetcafé seine Emailbox checkt oder seinen Kontostand zu Hause prüft, kann durch Spyware aller Art böse Überraschungen erleben – im schlimmsten Fall ein leeres Konto. Man sollte daher nur im wirklichen Notfall von öffentlich zugänglichen PCs z.B. Flüge per Kreditkarte buchen, Rechnungen überweisen oder einen ebay-Account nutzen.

Muss es dennoch sein, dann löschen Sie so bald wie möglich alle temporären Dateien des Browsers. Wenn man sich auf Internetseiten als User einloggte, unbedingt auch wieder ausloggen.

Um **Missbrauch des Emailkontos** zu vermeiden, kann man sich schon zu Hause eine temporäre Mailbox z.B. bei web.de zulegen und darüber die Freunde mit ausführlicheren Nachrichten als mit dem Smartphone beglücken. Wer trotzdem in seine Standard-Mailbox schaute, sollte gleich nach der Rückkehr das Zugangspasswort ändern. Für **Reisende mit Notebook** oder **Smartphone** gilt Vorsicht bei ungesicherten WiFis. Datendiebe können dann Ihre Daten Bit für Bit mithören und z.B. Passwörter bis zum Exzess nutzen. Am sichersten wäre eine möglichst schnelle Mobilfunk-Verbindung über Ihr Smartphone, aber die kostet Geld, es sei denn, sie kaufen eine lokale Prepaid-SIM-Karte. Man sollte außerdem alle persönlichen Daten gut verschlüsseln, um sich bei Diebstahl der Geräte wenigstens keine Sorgen über Datenmissbrauch machen zu müssen.

### Medizinische Hilfe

Fragen Sie im Fall **ernsthafter Krankheit** entweder bei Ihrer Botschaft nach einem verlässlichen Arzt oder suchen Sie ein Krankenhaus auf. Wenn es irgend geht, kehren Sie nach Amman zurück, dort wird Ihnen bestimmt die beste Betreuung zuteil. Grundsätzlich sind Kranke in Jordanien besser aufgehoben als in manchen Nachbarländern, was sich daran zeigt, dass viele Patienten aus der Golfregion jordanische Krankenhäuser aufsuchen.

Adressen sind ab Kapitel 4 (Amman) und bei einigen Stadtbeschreibungen angegeben. Achtung, viele Krankenhäuser – auch Ärzte – verlangen einen Vorschuss, bevor sie mit der Behandlung beginnen.

## Schlafen, Essen & Trinken

### Übernachten

Jordanien besitzt keine so ausgedehnte Übernachtungsinfrastruktur wie z.B. Ägypten. Die Hotels sind dünner gesät, Billigstunterkünfte seltener zu finden.

Zu den Basispreisen der Hotels kommen meist weitere 10 Prozent Service Charge und häufig auch 16 Prozent Steuern (Tax), was bei der Buchung sehr gern und höflich verschwiegen wird, also **stets nach dem Endpreis fragen**.

Die bis zu fünf Sterne der Hotels vergibt das Tourismusministerium und überprüft sie jährlich. Dabei werden Punkte aus einer langen Prüfliste ermittelt, die unter http://www.tourism.jo/Contents/Hotel_Classification_Standards.aspx im Internet veröffentlicht ist. Obwohl viele subjektive Eindrücke einfließen, so dürfte aus der Menge der abzuarbeitenden Punkte ein relativ zuverlässiges Ergebnis zustande kommen. Wir betrachten die Sterne als eine gute Grundlage zur Beurteilung der Unterkünfte.

Die von uns angegebenen Preise beinhalten fast immer die Service- und

*Grüne Oase in toter Umgebung: Hotellandschaft am Toten Meer*

Steuer-Zuschläge, es sei denn, der Hotelier hat sie bei unserem Besuch nicht genannt (was trotz ausdrücklicher Frage nach dem Endpreis leider immer mal wieder vorkommt). Billighotels verlangen manchmal noch Sonderpreise für die warme Dusche. Vergessen Sie nicht, um den **Zimmerpreis zu handeln,** besonders günstig stehen die Chancen bei geringer Auslastung; das gilt übrigens für alle Kategorien.

Im Grunde können alle Unterkünfte in Jordanien – außer einigen Billighotels – als sauber bezeichnet werden, zumindest wenn man sie in Relation zu denen anderer Länder der Region betrachtet. Wir geben daher nur noch **Hinweise zum Stand der Sauberkeit,** wenn uns bei der Recherche Mängel oder das Gegenteil auffielen.

Es gibt nur ganz wenige Herbergen, die so heruntergekommen sind, dass sie als zu schmutzig abzuqualifizieren sind. Häufig mangelt es an Sorgfalt und Wartung; in den einfachen Kategorien tropfen nahezu immer Wasserhähne, Klospülungen funktionieren nur nach mehrfachem Versuch und gutem Zureden, Duschen bleiben kalt oder gar trocken. Teppiche wie auch Fliesen sind miserabel verlegt, mit breiten Spalten oder unschönem Wandabschluss. Manchmal, allerdings ziemlich selten, huscht auch eine Kakerlake durchs Zimmer.

Wir haben alle Orte erfasst, in denen Hotels angeboten werden, ausgenommen die touristisch eher bedeutungslosen wie Ma'an und Tafila. Es mag in dem einen oder anderen kleineren Ort Unterkünfte für die lokale Bevölkerung geben, die aber weder vom Standard noch von den Verständigungsmöglichkeiten her zu empfehlen sind (das war z.B. in Tafila unsere Erfahrung).

Viele Hotels nutzen Video-Technik zur Überwachung ihrer öffentlichen Räume wie Lobby, Flure etc.

> **Abkürzungen bei Hotelinformationen**
>
> Bei jeder Stadtbeschreibung, bei der Hotels aufgelistet sind, bemühen wir uns, weitgehend alle oder zumindest so viele Übernachtungsmöglichkeiten zu erfassen, dass mit ziemlicher Sicherheit für jeden Geschmack und Geldbeutel eine Unterkunft zu finden ist. Die Reihenfolge der Auflistungen ordneten wir in Amman, Wadi Musa (Petra) und Aqaba nach geografischen Gesichtspunkten, um das Auffinden zu erleichtern, sonst alphabetisch. Die Abkürzungen bedeuten:
>
> | | |
> |---|---|
> | **AC** | – Aircondition |
> | **B** | – Bad |
> | **Dorm** | – Dormitory (Mehrbettzi.) |
> | **D** | – Doppelzimmer mit Bad |
> | **E** | – Einzelzimmer mit Bad |
> | **EkB, DkB** | – Zimmer ohne (**k**ein) **B**ad |
> | **HP** | – Halbpension |
> | **Kschr** | – Kühlschrank/Minibar |
> | **mF** | – mit Frühstück |
> | **pP** | – pro Person |
> | **tlws** | – teilweise |
> | **VP** | – Vollpension |
> | **WiFi** | –WLAN, drahtloser Internetzugang |

**Alle** in diesem Buch genannten Hotels wurden während unserer Recherche gegen Ende 2019 besucht, meistens jeweils zwei Zimmer geprüft und Preise möglichst beim Manager erfragt. Dabei sprachen diese manchmal Konflikte an, in die sie durch **Bindung an Hotelportale** wie z.B. Booking.com, Hotel.com, HRS und andere geraten können, wenn sie Preise bekannt geben.

Die Hotel-Buchungsportale muss man aus zwei Perspektiven sehen: In den Anfangsjahren sorgten sie für mehr Transparenz, was häufig zu deutlichen Preisstürzen führte. Inzwischen ist als Folge der großen Nachfrage die Macht der Portale so gestiegen, dass sie Provisionen um 10-15% des Zimmerpreises durchsetzen können. Daher findet man nur selten bei Adressangaben der Hotels im Internet Infos über deren Websites oder Preise und häufig auch keine Telefonnummern.

Wenn Sie also in einem Vertragshotel (und es gibt kaum noch freie Herbergen) einchecken wollen, können Sie sich möglicherweise mit dem Hotel den Aufschlag für das Portal teilen, weil Sie ja nicht darüber buchen, aber in diesem Führer die fehlenden Angaben finden, um eventuell auch schon vorausbuchen zu können. Während der **High Seasons** muss man mit z.T. **beachtlichen Zuschlägen** der Hotelbranche rechnen. Die Hochsaison-Zeiten sind festgelegt auf:

1. September bis 15. November
15. Dezember bis 15. Januar
15. Februar bis 1. Juni.

Früher gaben wir zu jedem Hotel *Zimmer mit Bad* oder ohne an. Inzwischen gehören Bäder bis auf wenige Ausnahmen zum Standard, diese benennen wir mit *EkB* (**E**inzel **k**ein **B**ad) oder *DkB* (**D**oppel **k**ein **B**ad). Ebenso verzichten wir auf die frühere Angabe *Satellitenfernsehen*. Es ist heute weitestgehend im Zimmer, zumindest in der Lobby vorhanden.

Die jordanischen Hotels weisen einige Besonderheiten auf, die man wissen sollte. Erstaunlich ist, dass manche Hotelbesitzer nicht einmal den Namen der Straße kennen, an der ihr Haus steht; in nahezu allen Verzeichnissen werden keine Straßen mit Hausnummern angegeben. Zum Standort vieler Hotels kann man sich entweder nur durchfragen oder ein Taxi nehmen oder anrufen und sich den Weg beschreiben lassen.

Auch die englische Schreibweise der Hotelnamen variiert vom Schild zur Visitenkarte bis zum Prospekt.

**Airconditioner** (AC) gehören sicher zu den erfreulichen zivilisatorischen Errungenschaften, aber schlecht gewartet entwickeln sie sich zu Radaumaschinen ersten Ranges. Schaltet man sie über Nacht aus, wird es zu warm und, schlimmer noch, die Moskitos kriechen durch die Ritzen, die sehr oft zwischen Wand und AC klaffen. Bucht man in einem Hotel ohne AC ein, was in höheren Lagen und während der Übergangszeiten durchaus ok. ist, so sollte man auf einen funktionierenden, oszillierenden Ventilator oder, viel besser, einen Deckenventilator achten und darauf, dass der Maschendraht vor den Fenstern auch wirklich moskitodicht ist – ein einziges dieser Luder kann einem eine ganze Nacht verderben.

In der **kühlen/kalten** Jahreszeit gibt eine Zentralheizung angenehme Wärme ab. Viele Hotels benutzen aber den Zimmer-AC als Heizgerät, der sich u.U. mit ziemlichem Getöse ständig ein- und ausschaltet sowie die Luft zusätzlich austrocknet. Daher geben wir (soweit uns bekannt und/oder aufgefallen) *Zentralheizung* als Komfortmerkmal bei den Hoteldaten an.

Das Frühstück, das in der Regel im Zimmerpreis eingeschlossen ist, kann von der 1*- bis zur 3*-Klasse eher als mäßig bezeichnet werden. Es besteht in den meisten Fällen aus ein paar Scheiben Fladenbrot (selten auch Toast), Butter, Marmelade und ein bisschen Käse mit Tee oder Nescafé zur Auswahl. Bei ganz großzügigen Hoteliers kommt vielleicht noch ein Ei oder Omelett hinzu. Das Fladenbrot schmeckt gut und ist bekömmlicher als das Toastbrot. Erst ab 3* kann man mit – häufig eher bescheidenen – Frühstücksbuffets rechnen.

Viele Hotels unterhalten auch ein **Restaurant** fürs Abendessen. Da der Umsatz dieser Küchen häufig nicht dem der "freien" Konkurrenz an der nächsten Ecke entspricht, kann es durchaus passieren, dass ältliches Fleisch oder das Aufgewärmte von gestern vorgesetzt werden. Andererseits gibt es auch bekannte und gute Hotelrestaurants in den unteren Klassen.

Über den **Service** kann man sich selten beklagen. Eigentlich findet sich immer jemand, der die Wünsche der Gäste erfüllt. Es kann zwar sein, dass man auf Verständigungsschwierigkeiten stößt, aber die häufig genug selbstlosen Bemühungen um den Gast gehören einfach zur Gastfreundschaft der Jordanier.

Wenn man längere Zeit in einem der kleineren Hotels zubringt und beobachtet, dass der Besitzer kaum seine angestammte Spielwiese zwischen Rezeption und Fernseher verlässt, dann wundert es nicht, dass der Zimmerservice eher oberflächlich seiner Arbeit nachgeht, dass Moskitogitter durchlässig sind oder die Dusche ständig tropft.

Viele Hoteliers sind mit **Handtüchern** geizig. Manchmal findet der Gast nur ein einziges, eher winziges Tüchlein vor. Toilettenpapier gibt es praktisch überall, außer in den ganz wenigen Hotels mit ausschließlich arabischen Toiletten.

**Telefonieren** vom Hotelzimmer aus kann sehr teuer werden, billiger ist das eigene Handy mit jordanischer Prepaid-Karte (s. S. 73).

Die **Sicherheit** in den jordanischen Hotels ist groß. Zwar wird man beim Anblick der Zimmerschlüssel nicht immer darauf vertrauen, dass er nicht auch in andere Schlösser (und umgekehrt) passt, aber die Menschen sind ehrlich und tragen einem eher vergessene (Wert)Sachen hinterher, als sie klammheimlich einzustecken.

**Billighotels** verlangen bei Kreditkartenzahlern einen Aufschlag von bis zu 5 Prozent. Nehmen Sie für diese Fälle entsprechendes Bargeld mit oder klären Sie die Frage beim Einchecken ab.

## Camping

Camping ist insofern ein bisschen problematisch, als es in Jordanien nur ein paar offizielle "Campingplätze" gibt. Im Grunde ist das nicht so tragisch, denn zumindest Wohnmobilisten können an beliebigen Plätzen übernachten. Außerhalb von Ortschaften kann allerdings nachts die Polizei anklopfen und einigermaßen bestimmt darum bitten, in bewohnte Gebiete umzusiedeln, weil es allein zu gefährlich sei. Das ist tatsächlich fürsorglich gemeint und hat in der Regel nichts mit Kontrolle zu tun. Insofern sucht man sich besser gleich einen ruhig gelegenen Parkplatz in einer Stadt oder eine sichtgeschützte Stelle in der freien Natur.

Folgende mehr oder weniger offizielle Campingplätze kann man anfahren: Schneller-Schule in Amman, Olive Branch Hotel in der Nähe von Jerash, Ajlun Nature Reserve, Dana Nature Reserve (Rummana Camp), Petra/Wadi Musa, Wadi Rum und Aqaba.

Häufig lassen Hotels das Übernachten auf dem hauseigenen Parkplatz gegen eine Gebühr zu. Allerdings gibt es praktisch nirgends (außer Olive Branch) Stromanschluss; Toilettenbehälter kann man nur in die jeweiligen örtlichen Toiletten entleeren; daher möglichst chemikalienfreie Systeme benutzen.

Für echte Zeltler ist die Situation ziemlich unbefriedigend; ein Zelt mitzuschleppen, lohnt eigentlich nur dann, wenn man in die Wüste gehen will oder in regenreichen Jahreszeiten.

## Essen & Trinken

Menschen, die ohne Schweinebraten einen Urlaub nicht überleben können, müssen Jordanien wie die meisten islamischen Länder meiden. Statt Schwein kommt Lamm in allen erdenklichen Zubereitungen auf den Tisch.

Wie überall, gibt es auch in Jordanien gute und schlechte Lokale. Aber man muss nicht unbedingt unter 5 Sternen dinieren, auch die einfachen „Wirtschaften" bieten häufig sehr Schmackhaftes an, und das viel billiger. Fehlt es an Messer und Gabel – die lokale Bevölkerung isst meist aus gemeinsamen Gefäßen und mit den Fingern –, dann wird das notwendige Werkzeug schnell herangeschafft.

Das Essen beginnt häufig mit **Mezzeh**, einem köstlichen orientalischen "Vorspeisenteller", der neben wohlschmeckenden Brotfladen mindestens das Folgende enthält:

- **Houmus**, pikant gewürztes Kichererbsen-Püree mit Knoblauch und Zitronensaft
- **Tahina**, dicksämige Sauce aus Sesamöl und feingemahlenen Hülsenfrüchten; viel Knoblauch, Zitrone, Salz und Pfeffer geben die nötige Würze
- **Baba Ghanush**, ein leicht rauchig schmeckendes kaltes Auberginenpüree
- **Foul,** lange gekochte braune Bohnen, mit Olivenöl, Knoblauch und Zitrone
- **Arais**, gegrilltes Fladenbrot gefüllt mit pikanter Mischung von Lamm-Hackfleisch, sehr gut
- **Kibbe Maqliya,** gebratene scharfe Fleischbällchen mit Weizenpaste, Zwiebeln und Gewürzen
- **Fattaer** und **Sambusak**, mit Käse und scharf gewürztem Hackfleisch oder Spinat gefülltem Blätterteig
- **Tabouleh**, Salat aus Tomaten, Zwiebeln, klein gehackter Petersilie und frischer Minze

Diese Auflistung nennt eher das Minimum der in kleinen Schälchen servierten Gerichte, hinzu kommen noch Oliven, eingelegte Gurken, Käse, Nüsse oder in Weinblätter eingepacktes, gedünstetes Hackfleisch (Dolma), mit geriebenem Schafskäse überdeckte Salatblätter etc. Es kann passieren, dass der Kellner bis zu 60 (!) kleine Schüsseln auf

*Amman, (touristischer) Restaurant-Tempel Kan Zaman*

### Bei einer jordanischen Familie zu Gast

Wer das Glück hat, zu einem traditionellen Gastmahl in eine jordanische Familie eingeladen zu werden, stößt auf etwas andere Gewohnheiten als zu Hause. Noch vor dem Essen wird der Gastgeber in manchmal blumenreichen Worten seine Freude und seinen Stolz über den Besuch zum Ausdruck bringen. Sozusagen als Gegenleistung erkundigt man sich höflich nach dem Befinden der Familie, aber möglichst nur nach den Söhnen oder so allgemein gefasst, dass man keinen Fauxpas begeht. Der Gastgeber bewundert das mitgebrachte Geschenk; handelt es sich um Süßigkeiten, so werden sie gleich herumgereicht.

Dann begibt man sich in das eigentliche Esszimmer, in dem man – wenn traditionell – (für unsereinen eher unbequem) auf Kissen direkt auf dem Boden sitzt. Vor Beginn des Essens macht eine Wasserschüssel mit Seife und Handtuch die Runde, damit man sich die Hände waschen kann. Auf einem schönen Tuch im Zentrum des Geschehens stehen Platten und Schüsseln mit den angerichteten Speisen. Traditionell werden nun dem Gast die Speisen angeboten, die dieser zunächst der Etikette gemäß ziemlich hartnäckig ablehnt, schließlich jedoch annimmt (dieser Teil des Rollenspiels kann bei Europäern kurz ausfallen oder übergangen werden). Man nimmt sich Stücke entweder direkt mit der (reinen) rechten Hand (Linkshänder aufgepasst!) oder mit der aus Fladenbrot gefalteten Schaufel bei flüssigeren Speisen.

Am Ende des Mahls geht wieder eine Schüssel zum Händewaschen herum. Danach wird zum Abschluss der traditionelle Kaffee serviert, wobei der Gastgeber meist sehr schwungvoll das dampfende und duftende Getränk aus einer Schnabelkanne in die Mokkatässchen gießt.

---

den Tisch stellt.

Zumindest in den größeren Städten folgt bei der **Hauptspeise** die Qual der Wahl, weiterhin bei orientalischen Gerichten zu bleiben oder aber auf die internationale Speisekarte auszuweichen. Regionale Leckerbissen:

- **Mansaf**, das jordanische National- und Hauptgericht kommt aus beduinischer Küche: Ein ganzes Lamm oder Stücke davon werden geschmort und mit Joghurtsauce auf köstlichem, mit Rosinen, Nüssen und Pinienkernen vermengten Reis serviert. Wenn das Mansaf möglichst original sein soll, muss es in den meisten Restaurants vorbestellt werden.
- **Maglouba** wäre eine Alternative; als gedämpftes Fleisch, Fisch oder Gemüse auf Reis serviert
- **Fattet al Badinjan**, mit Hackfleisch, Pinienkernen, Kräutern und Gewürzen gefüllte Auberginen, die auf einem Bett aus Tomaten butterweich gedünstet und anschließend mit einer Joghurtsauce auf Brotfladen serviert werden
- **Mousakhan** ist ein Huhn, das mit Zwiebeln, Gewürzen und Pinienkernen in Olivenöl angebraten und in einem Brotfladen im Ofen fertiggebacken wird
- **Farouj**, auch dies kommt aus dem Hühnerstall: ein gegrilltes Hähnchen, das mit Brot und Salat serviert wird
- Sehr verbreitet ist das auch bei uns bekannte **Shish Kebab**, marinierte Lammfleischstücke, die mit Tomaten und Zwiebeln auf einem Spieß auf offenem Holzkohlenfeuer gegrillt werden; wird stattdessen Huhn verwendet, so heißt das Gericht **Shish Taok**
- **Kebab Halabi**, gehacktes und gegrilltes Lammfleisch mit ziemlich scharfem Tomatenpüree gut überdeckt, sehr schmackhaft

- **Shauwarma**, das überall brutzelnde Schnellgericht besteht aus Lammstreifen, die auf einem senkrechten Spieß gebraten und mit Salat oder Pfefferminze in Brottaschen serviert werden; bei uns als Döner Kebab oder Gyros bekannt
- **Felafel**, Gemüsefrikadellen auf der Basis von Kichererbsen, mit Kräutern angereichert und gut gewürzt, werden häufig mit Tahina und Salat in Brottaschen serviert.

Traditionell "isst man das Essbesteck mit", um es übertrieben zu formulieren: Man benutzt Brotfladenstücke als Schaufel, mit der man entsprechende Portionen entweder von der Platte schaufelt oder sich greift. Wird gemeinsam in einer Gruppe bestellt, so kommen die Gerichte auf großen Platten, von denen sich jeder mit seinen „Brotwerkzeugen" bedient. Häufig genug überwiegen allerdings die westlichen Sitten, und jeder bekommt fein säuberlich sein eigenes Besteck und Teller.

Eine Leserin schreibt: *„Ich bin als* **Vegetarierin** *prima durchgekommen mit Falafel, Salaten, Mezzeh, Käse, Brot, Obst. Die Kennzeichnung der Gerichte ist jedoch oft fehlgeleitet – das westliche Verständnis von vegetarisch/vegan scheint in Jordanien noch nicht relevant zu sein."*

Übrigens gibt es im ganzen Land (fast) keine Cafés. Auch Konditoreien bieten meist keine Sitzgelegenheiten.

### Trinken

In jedem lizensierten Restaurant (und das sind viele) sind **Spirituosen**, d.h. traditioneller Arrak (Anisschnaps, mit Wasser und Eis gemixt), Wein und/oder Bier erhältlich. Viele Alkoholika sind importiert, recht gut schmeckendes Bier der Marke Amstel wird im Land gebraut und auch in diversen lizensierten Shops verkauft. In einigen Städten gibt es Alkohol in sogenannten „Liquor Shops" zu kaufen, z.B. in Amman, Aqaba, Fuheis und Madaba. Ein Hinweis in diesem Zusammenhang: Bis zu 14 Tage nach der Einreise darf man 6 Dosen Bier, 1 Flasche Alkohol und 1 Stange Zigaretten zollfrei in entsprechenden Shops einkaufen; in Amman in der Mall beim Rotana Hotel gibt es den einzigen **Duty Free Shop,** s. S. 179.

Aber es muss in einem muslimischen Land ja nicht unbedingt Alkohol sein. Hervorragend mundet der arabische (auch türkisch genannte) **Kaffee** *(Kahwa)*, der mit duftenden Gewürzen versetzt ist, in kleinen Bechern serviert wird und die Verdauung nach einem schweren Essen anregt. Man bestellt ihn als *hulva* (süß), *masbut* (weniger süß) oder *murra* (ohne Zucker). Als Standardgetränk gilt stark gesüßter schwarzer Tee *(Chai)*, der in Büros und bei guten Geschäften gereicht wird, meist mit einem Blatt Minze nicht nur optisch verschönt. *Limun wa Nahnah* ist sehr erfrischender Zitronensaft mit Minze, der auch als Nationalgetränk apostrophiert wird.

Diverse Fruchtsäfte, vom frisch gepressten Orangen- bis hin zu Eukalyptussaft, sind nahezu überall erhältlich.

In vielen Restaurants werden auch **Wasserpfeifen** *(Nargila* oder *Hubbly Bubbly* genannt) angeboten, die mit ihrem Geblubber und dem meist aromatisier-

> **Alkohol**
> gilt vielen Mitmenschen als probates Mittel zur Verhinderung oder Linderung von Durchfällen. Ein Mediziner meint, dass z.B. Schnaps zwar keinen Durchfall verhindert, aber er kurbelt die Magensäureproduktion an, die wiederum angriffslustige Bakterien verdauen hilft und sie damit unschädlich macht. Der Drink vor dem Essen ist also nützlicher als der hinterher.

ten Rauch die orientalische Atmosphäre noch unterstreichen.

### Dessert

Ein richtig orientalisches Essen schließt mit einem **Dessert** aus wirklichen **Süßigkeiten** ab, orientalischen natürlich. Sie alle schmecken so köstlich, sind so verführerisch und machen so dick, dass man von keiner sagen könnte, sie sei schlecht, bestenfalls weniger gut als Differenzierungsmerkmal; und außerdem sind sie sehr preiswert. Basis dieser zähneberstend süßen Verführer ist Zuckersirup und Honig, häufig angereichert mit Nüssen und Pinienkernen. Sie heißen z.B.:

- **Baklawa**, mit Nüssen, Mandeln und/oder Pistazien gefüllte, in Honigsirup getränkte Blätterteigtaschen; das Beste vom Besten.
- **Karufa**, mit Sirup und Nüssen gefüllte Teigfladen, in mundgerechte Stücke zerteilt.
- **Halva**, Zucker, Sesam, Honig, Nüsse, Schokolade und weitere Zutaten werden gepresst (ähnlich auch in Griechenland bekannt).

Orientalische Konditoreien sind Tempel der Köstlichkeiten und Verführung. Hinter blitzblanken Glastheken sind Pyramiden oder andere süße Kunstwerke aufgebaut, zwischen denen sich der Kunde entscheiden muss. Der Verkäufer löst dann behutsam und ganz steril in Plastikhandschuhen (!) die ausgesuchten Stücke aus ihrer verlockenden Umgebung, schließlich wird die Kalorienbombe gewogen, fein säuberlich eingepackt und mehrfach verschnürt.

Jordanische Restaurants sind nicht gerade billig, sieht man von den Garküchen am Straßenrand ab. Denken Sie daran, dass jeweils ca. 10 Prozent Service und 10 Prozent Tax auf den Rechnungsbetrag kommen. In Amman und den anderen Großstädten trifft man auf viele *Cafés*, die aber nur den Kaffeeausschank mit unseren Cafés gemeinsam haben. Kuchen gibt es nur in Bäckereien/Konditoreien.

## Wie man gesund bleibt

(Impfungen vor der Reise s. S. 23)
Jordanien ist – sieht man von dem Abfall auf den Straßen ab – ein vergleichsweise sauberes Land mit guten hygienischen Standards, d.h. man kann ziemlich sorglos alles essen, was das Land zu bieten hat (z.B. war ich bei keiner meiner Jordanien-Reisen trotz längerer Aufenthalte krank). Allerdings können den Europäern die vielen Bakterien zu schaffen machen, die besonders durch die Kopfdüngung von Gemüse übertragen werden, aber auch durch unsaubere Hände von Verkäufern oder Köchen. Die Erreger lösen manchmal in Windeseile Durchfälle aus, die in der Regel harmlos sind. Wenn Fieber hinzukommt, sollte man einen Arzt konsultieren.

Obwohl die Situation von Jahr zu Jahr besser wird, sollte man mit Gemüse und dem Obst, das die Natur "unverpackt" liefert, vorsichtig umgehen. Dies gilt insbesondere für alles Ungekochte wie grünen Salat und verwandte Gemüsesorten, auf die man gänzlich verzichtet, wenn man kein Risiko eingehen will. Die Engländer haben diese Erkenntnis sehr griffig formuliert: *Cook it, boil it, peel it or forget it!* Wenn Sie diese Regel praktizieren, haben Sie schon mal die Gefahren für eine ganze Reihe möglicher Erkrankungen auf ein Minimum reduziert, und mit ein bisschen Glück werden Sie gesund über die Runden kommen.

Vorsicht sollte man auch bei Speiseeis walten lassen, das auf der Straße oder in eher einfacher/unsaubererer Umgebung verkauft wird. Denn man weiß nie, ob die Kühlkette nicht unterbrochen wurde. Verzichten Sie ganz auf Eis, wenn Sie vorher im Hotel im Dunkeln standen, d.h. wenn Ihnen dadurch Stromausfälle bekannt wurden; dann hat vermutlich auch die Kühlung der Eistruhe ausgesetzt.

Vermeiden Sie auch Meeresfrüchte wie Muscheln, Krabben etc., deren Filtersystem nicht gegen Krankheitskeime wie z.B. Hepatitis ausgelegt ist. Auch "gehacktes Fleisch" (minced meat) kann eine gefährliche Krankheitsquelle sein, wenn es ungekühlt herumlag und/oder nicht wirklich durchgebraten ist.

Essen Sie immer dort, wo auch viele andere essen, d.h. der Warenumschlag groß ist. Saubere Restaurants oder Garküchen mit sauberen Köchen/Bedienungen bürgen eher für eine hygienisch einwandfreie Speise als schmuddelige Buden.

Es empfiehlt sich, zumindest für eine Eingewöhnungszeit von einigen Tagen in besseren Restaurants zu essen, in denen die Gewähr für Hygiene höher ist. Man akklimatisiert sich und stellt seine Innereien nicht schockartig auf neue Gegebenheiten um.

Auch Wasser ist ein beliebtes Transportmittel für Bakterien, was häufig auf undichte Wasserleitungen, in die Abwasser eindringen kann, zurückzuführen ist. Man sollte es vorsichtshalber nicht aus der Leitung trinken, bekömmlicher ist das in Plastikflaschen abgefüllte Mineralwasser.

Generell gilt, dass man sich unbedingt vor der Gluthitze durch Sonnenhut und leichte Kleidung bzw. Sonnenöl schützen muss; mit einem Sonnenstich ist nicht zu spaßen. Wer unter Hitze leidet, sollte mit seinem Arzt sprechen und sich medizinisch entsprechend ausrüsten. Auch Eis kann in einem empfindlichen Magen einen Temperatursturz auslösen, der die Verdauung durcheinanderbringt; das gilt übrigens auch für eiskalte Getränke.

Trinken Sie möglichst viel. Denn besonders im trockenen Wüstenklima verdunstet der Körper sehr viel Feuchtigkeit durch fast unbemerktes Schwitzen, die ersetzt werden muss. Spätestens dann, wenn der Urin sehr gelb bzw. dunkel wird, sollte man dies als Alarmzeichen werten, dass der Körper akut unter Wassermangel leidet.

Man sollte eine den individuellen Bedürfnissen angepasste Reiseapotheke mitnehmen, in der zunächst alle Medikamente, die man zu Hause regelmäßig einnimmt, in ausreichender Menge vorhanden sein müssen. Packen Sie nur das ein, was aus Ihrer persönlichen Sicht während der Reisedauer notwendig sein könnte; im Zweifel sprechen Sie mit Ihrem Hausarzt. Kopieren Sie für alle Fälle die Rezepte Ihrer Medikamente, damit Sie einer Apotheke klarmachen können, was im Fall von Verlust benötigt wird.

Als pauschale Empfehlung: Medikamente gegen Erkrankungen des Magen-Darm-Traktes, gegen Insektenstiche, Erkältungskrankheiten (relativ häufig wegen der Temperaturwechsel); fiebersenkende Mittel, Antibiotika, Schmerzmittel, Verbandszeug, Fieberthermometer und Desinfektionsmittel mitnehmen. Empfehlenswert ist der Abschluss einer Auslandskranken- und einer Rückholversicherung, denn unser Krankenversicherungssystem gilt nicht in Jordanien. Ärzte verlangen vom Ausländer meist Vorauskasse. Ambulante Notfallbehandlungen sind allerdings kostenfrei.

Viele der jordanischen Ärzte haben in den USA oder Europa studiert, sodass der medizinische Standard, auch die Ausstattung der Krankenhäuser, zu den besten im Nahen Osten zählen. In Notfällen fragen Sie nach dem Krankenhaus *(mustaschfa),* in jedem größeren Ort gibt es ein Hospital; allerdings muss

man in kleineren Orten Abstriche sowohl bei der Qualifikation des Personals als auch bei der Qualität der Geräte machen.
Die Experten der World Bank stuften Jordanien weltweit auf Platz fünf und in der arabischen Welt auf Platz eins für den Gesundheitstourismus ein. Jordanien ist das einzige Land im Nahen Osten, das mehr Einnahmen durch Medizin-Tourismus als Ausgaben im Gesundheitswesen verzeichnet.

### Sport/Aktivurlaub

Sport gilt als eine der beliebtesten Freizeitbeschäftigungen in Jordanien, auch wenn er nur passiv vor dem Fernseher betrieben wird. An der Spitze aller Sportarten steht Fußball. Bolzplätze sieht man überall, die Spiele der "Liga" gehören zumindest zu den Fernsehterminen, die man nicht versäumen darf.
Auch für den Aktivurlauber wird inzwischen einiges an sportlichen Betätigungen geboten. Mit am längsten gehört **Tauchen** zu den attraktiven Sportarten. Leider ist es auf ein nur kurzes Strandstück bei Aqaba – zwischen Hafen und der Grenze zu Saudi-Arabien – beschränkt.
Auf reinrassigen **Araberpferden zu reiten**, wird manchen begeistern. Neben verschiedenen Wüstentouren zu Pferd kann man auch in Amman Reitställe kontaktieren und eventuell längere Ausritte in die Umgebung unternehmen:
- **ARABIAN HORSE CLUB** (Di-So 8.30-20.30
Airport Highway / Al-Yadoudeh
Tel 06 429 1386 Fax 06 429 1378,
www.arabianhorseclub.50megs.com
- **ANNAB STABLES** (Sa-Do 9-18)
Airport Highway, Nähe Madaba Abfahrt
Tel 06 591444, annablou@index.com.jo
**Fallschirmspringen** oder **Paragliding** lassen sich arrangieren über
- **THE ROYAL JORDANIAN PARACHUTE/PARAGLIDING CLUB,**
P.O. Box 302, Amman, Tel 06 487 3261,
rparaclb@go.com.jo.
Der Doppelclub hat sich am (alten) Flugplatz in Marka (Ost-Amman) niedergelassen.
Für **Bergsteiger** bzw. Kletterer bietet das Wadi Rum die meisten Herausforderungen.
Jordanien gehört übrigens auch in den Club der **Auto-Rallye** Veranstalter. Rallyes sind beliebt und finden jährlich statt. Mit seinen Wüsten bietet das Land – das zu den Austragungsländern der Mittlerer-Osten-Meisterschaft gehört – eine hervorragende "Grundlage" für diesen Sport. Veranstalter ist der
- **ROYAL AUTOMOBILE CLUB OF JORDAN**, P.O. Box 920, Wadi es Sir, Tel 06 585 0626 racj@go.com.jo.
Ein etwas ungewöhnlicher Aktivurlaub kann das **Mithelfen bei einer archäologischen Grabung** sein. Im Nachbarland Israel ist das richtig organisiert, in Jordanien muss man sich selbst umsehen. Am einfachsten dürfte das Anheuern bei einem der ausländischen Institute sein:
- **DEUTSCHES EVANGELISCHES INSTITUT für Altertumswissenschaft des Heiligen Landes**, Amman 11118,
32, Al Habab Bin Al Munthur St,
www.deiahl.de/anfahrt-kontakt-32.html,
Tel 06 534 2924, Fax 534 2924
- **AMERICAN CENTER FOR ORIENTAL RESEARCH** (ACOR), PO Box 2470,
Jebal Amman, Amman 11181
Tel 06 5534 6117, Fax 584 4181
- **BRITISH INSTITUTE AT AMMAN FOR ARCHAEOLOGY & HISTORY**, PO Box 519,
Al-Jubeiha, Amman 11941
Tel 06 534 1317, Fax 533 7197

**Birdwatching** (Vogelbeobachtung) ist der gebräuchliche Begriff in der Region für eine eher stille Aktivität, nämlich das Beobachten von Vögeln. Da Jordanien ein

*Aktivitäten: z.B. Ballonfahren im Wadi Rum*

nicht unwichtiger Rastplatz auf der Vogelroute in den Süden ist, gibt es verschiedene, jahreszeitabhängige Möglichkeiten für den noch jungen "Sport" im Land. Kompetente Auskunft erhält man von der
- **ROYAL SOCIETY FOR THE CONSERVATION OF NATURE (RSCN)**,
Tel 06 533 7931/2, adminrscn@rscn.org.jo, www.rscn.org.jo

### Trekking, Wandern

Wandern ist für Jordanier ein eher neuer und noch etwas seltener Zeitvertreib. Doch seit 2017 gibt es den Jordan Trail, siehe Kasten nächste Seite. Nur wenige Wege sind markiert. Neben diesem, immerhin 650 km langen Wanderweg gibt es ein paar lokale Wander- und Trekkingmöglichkeiten (die meisten allerdings nur mit Guide):

- Die bekanntesten Trecks werden im Wadi Rum angeboten, entweder im Wadi selbst oder aber von dort in knapp einer Woche nach Petra. Auch in der Umgebung von Petra gibt es genug Wander- oder Trekkingwege.
- Auch und besonders das Naturreservat Dana bietet sich mit sehr interessanten Wanderungen an, z.B. führt ein Mehrtages-Treck von Dana hinunter ins Wadi Araba und dann hinauf nach Petra.
- In der wildromantischen Mujib Biosphere Reserve bietet die RSCN mehrere Trecks an.
- Im Prinzip ist es immer wieder möglich, von der King's Road einen Wanderabstecher zu machen, wenn das Gelände dazu einlädt.
- Wandersleute finden auch im Norden viel Auslauf, z.B. in der Ajlun Nature Reserve oder im Dibbin National Park.
- Von Hammamat Ma'in oder anderen Ausgangspunkten durch eine der zum Toten Meer oder zum Wadi Araba abfallenden Schluchten trekken.

## Jordan Trails

Der **Jordan Trail** ist der **Wander-**Weg von Um Qays im Norden bis Aqaba am Roten Meer im Süden. Quasi parallel dazu gibt es den **Jordan Bike Trail** für die Radler. Beide Trails schlängeln sich durchs ganze Land. Von Nord nach Süd legen die Wanderer etwa 650 km, mit Abstechern rund 700 km zurück; die Radler sind 700-720 km unterwegs.

**Der Wanderweg** ist in 8 Etappen von 62 bis zu 113 km unterteilt, die man jeweils in 4 bis 6 Tagen zurücklegen kann. Die Wanderung erschließt nahezu alle, zumindest aber die charakteristischen Landschaften Jordaniens, seine lange Historie mit den Hinterlassenschaften unterschiedlicher Kulturen und natürlich Welterbe-Highlights wie Petra oder Wadi Rum ein.

Der Trail ist durch private Initiativen, durch NGOs, lokale Institutionen und schließlich durch Förderung von USAID und die Gründung der Jordan Trail Association (JTA) in 2015 entstanden. 2017 konnte der erste „thruhike" auf der gesamten Strecke durchgeführt werden. Seither findet jährlich eine solche 40-Tage-Wanderung statt. Für 2020 ist sie vom 6. März bis 20 April zu Kosten von JD 4200 für Singles und JD 3700 pP für Paare angekündigt. Im Preis sind alle Kosten enthalten, die von der Trinkwasserbesorgung, Übernachtung bis zum Begleitfahrzeug für Gepäck anfallen. Theoretisch und auch praktisch können individuelle Wanderungen an jedem Etappenbeginn oder auch unterwegs losgehen. Aber es macht Sinn, an den festgelegten Orten zu starten, denn dort gibt es die nötige Infrastruktur. Es macht ebenso Sinn, als „Einzelgänger" einen Guide anzuheuern, weil der Trail noch nicht voll gekennzeichnet ist und außerdem der Guide den Kontakt zur lokalen Bevölkerung herstellt, Unterkunft bei Familien besorgt etc.

Die Website https://jordantrail.org ist sehr informativ gestaltet (nur englisch), sie schildert aufschlussreich die einzelnen Etappen, gibt Hintergrundinformationen oder Empfehlungen für die notwendige Ausrüstung. *"The Jordan Trail Association (JTA) was selected as the number-one tourist enterprise in the Middle East"* hat die United Nations World Tourism Organisation ermittelt.

Für den **Jordan Bike Trail** (https://jordanbiketrail.com) gilt Ähnliches wie für die Wanderer, vor allem vom landschaftlichen und kulturellen/historischen Erlebnis her. Doch er ist nicht nur für die Beinmuskulatur eine Herausforderung – 15 Tage über Stock und Stein, auch Asphalt, Höhendifferenzen von 2000 m –, sondern auch für den Untersatz. Das Bike muss alle Untergründe meistern, und zwar von Umm Quays bis Aqaba, denn unterwegs gibt es (noch) keine Werkstätten. Der Biketrail ist privat, Träger/Veranstalter sind u.a. TERHAAL, s. S. 172, und EXPERIENCE JORDAN, Amman, Tel 06582 4159, www.experiencejordan.com. Sehr gute Infos unter www.bike-magazin.de/touren/europa_sonstige/mtb-durchquerungen-touren-abseits-der-alpen/a38468.html.

## Canyoning

Als eine der höchsten Herausforderungen im Umgang mit wilder Natur gilt *Canyoning*. Dieser englische Begriff ist von *Canyon (Schlucht)* abgeleitet und bedeutet nichts anderes, als einem Wasserlauf durch eine Schlucht durch z.B. Wandern/Trekken, Schwimmen, Rutschen, Abseilen, Springen oder Tauchen zu folgen oder sich vielmehr vorwärts zu kämpfen. Jordanien bietet eine Reihe von ziemlich extremen Schluchten für Menschen, die ein halbwegs ultimatives Abenteuer suchen. Das sollte/kann man allerdings nicht allein angehen.
Einer der Spezialisten ist

- **TERHAAL TRAVEL AND TOURISM,** Amman-Sweifiyeh, Tel 06 581 3061, Fax 06 581 2048, rakan@terhaal.com, www.terhaal.com/jordan-canyoning.

Auf der Website sind verschiedene „Trips" mit vielen Bildern aufgeführt, sodass man sich gut informieren kann, auf was man sich einlässt.

## Radfahren

Als Radler kann man z.B. der King's Road folgen oder sich auf ein Mountainbike schwingen und sich mehr oder weniger querfeldein durchschlagen. Ausgefallene Touren bietet u.a. die oben genannte Firma TERHAL an oder:

- **CYCLING-JORDAN**, P.O.Box. 7406, Amman 11118, Tel 0777 5 888 74, info@cyclingjordan.com, www.cycling-jordan.com

hat sich auf Radtouren spezialisiert, ein typischer Trip kostet ca. JD 15-20 pP/Tag.

## Post, Telefon, Strom

### Post

**Postämter** sind Sa-Do von 8-18 Uhr geöffnet, das Hauptpostamt in Amman (Prinz Mohammed St) auch freitags. Eine Postkarte nach Europa kostet 800 Fils und ist manchmal bis zu fünf Wochen unterwegs, ein Brief zwei Wochen. Außerhalb Ammans sind die Öffnungszeiten der Postämter deutlich kürzer, das Porto kann teurer sein.

Diese Preise zahlt man im Postamt, Geschäfte schlagen in der Regel 50 Fils auf. Das Central Post Office, Amir Mohammed St, in Amman und in Aqaba nimmt postlagernde Sendungen an; Postämter in anderen Städten wissen mit „postlagernd" wenig anzufangen. Schreiben Sie deutlich „POSTE RESTANTE" und möglichst nur den Nachnamen des Empfängers auf den Brief, weil er sonst auch unter dem Vornamen in einer Schachtel einsortiert wird, aus der man ihn selbst zwischen 8 und 18 Uhr herausfischen kann.

Auch American Express Büros nehmen übrigens „postlagernde" Briefe an, die als „CLIENTS MAIL" gekennzeichnet werden müssen und auf denen es weiter heißen sollte: Mr. Hans Meier, c/o American Express.

### Telefon

Mobiltelefone sind so weit verbreitet, dass öffentliche Telefone nur schwer zu finden sind. Sehr häufig ist zwar noch das Telefon selbst montiert, der Hörer jedoch abgezwickt. Die staatliche Telefongesellschaft wurde privatisiert. Leider sind damit unterschiedliche öffentliche Telefone mit unterschiedlichen Telefonkarten eingezogen. Wegen der fehlenden Telefonzellen lohnt es aber kaum noch, Telefonkarten zu kaufen. Gewarnt wird vor Kreditkarten-Telefonen; da sind Abbuchungen in beliebiger Höhe möglich, ohne dass man irgendeine Kontrolle hätte.

Jordanien nutzt den GSM-Standard, d.h. Ihr heimisches **Handy** ist sofort nach Ankunft betriebsbereit, aber gegen erhebliche Roaminggebühren. Daher sollte man anstelle von Telefonkarten eine lokale **Prepaid-SIM-Karte** fürs Handy kaufen, die um JD 10-15 kostet und ein geringes Startguthaben aufweist, das beliebig (am besten in Telefonläden vom dortigen Personal) aufgestockt werden kann. Das ist eine gute Lösung, wenn man Inlandsgespräche führen will, aber auch für Kommunikation in die Heimat kann es sich lohnen, da Gespräche aus dem Hotel sehr teuer sind. Das Handy darf keine SIM-Lock-Sperre haben. Da sich die Tarife ständig ändern, hier nur die Anbieter: ZAIN, ORANGE und UMNIAH (wir kamen stets gut im ganzen Land mit Zain zurecht).

Beim **Telefonieren** ist Direktwahl auch ins Ausland Standard. Allerdings können diese Leitungen häufiger überlastet sein. Nach Mitteleuropa kostet die Minute zwischen 22 und 8 Uhr etwa JD 1,10, während der Hauptzeit bis zu JD 1,40.

### Elektrischer Strom

Die elektrische Versorgung erfolgt mit 230 V 50 Hz. In vielen Hotels passen die deutschen Schukostecker, aber noch immer trifft man – vor allem in Aqaba – auf das britische System mit seinen klobigen Steckern. Wenn Sie Strom benötigen, nehmen Sie am besten einen Universal-Adapter mit.

## Geld, Währung, Preise

### Geld

Der Jordanische Dinar (JD) unterteilt sich offiziell in 100 Piaster und Münzen zu 1, 5, 10, 25, 50, Piaster und 1 Jordanischen Dinar, wobei diese Münzen weitgehend außer Gebrauch geraten sind. Früher gab es eine Stückelung zu 1000 Fils für 1 JD, wobei diese Einheit zwar offiziell nicht mehr existiert, häufig aber noch auf Märkten, in „Tante Emma-Läden" oder von älteren Menschen benutzt wird. Für Fremde ist dieses System etwas ungewohnt, es gibt manchmal Anlass zu Preisdiskussionen.

Bei den Noten sind 1, 5, 10, 20 und 50 JD-Scheine im Umlauf. Wer Lust hat, kann sich die Münzen und Geldscheine unter www.your-guide-to-aqaba-jordan.com/coins_and_banknotes.html oder bei Wikipedia ansehen.

Seit 1995 ist der Dinar an den US-Dollar mit einer Schwankung von 1 $ zu 0,708 - 0,7095 JD gekoppelt. Daher schwankt der Tauschkurs zum Euro ziemlich stark. Geldwechsel ist an den Grenzübergängen und am Flughafen möglich. Auch in Amman gibt es genug Bankschalter und freie Wechsler, die Geld tauschen. Auf dem Land wird es etwas schwieriger. Suchen Sie dort nach der Housing Bank (Bank al Iskan), die landesweit verbreitet ist und in der Regel auch Geld wechselt.

Wenn Sie auf dem freien Markt Euro in JD – möglichst erst vor Ort – tauschen wollen, sollten Sie sich zuvor über den Kurs informieren, entweder bei einer Bank oder bei z.B. www.xe.com/currencyconverter. In starker Dollar-Zeit (wie Februar 2020) kostete **1 Dinar 1,28 Euro; 1 Euro** entsprach also **0,77 JD**. Geld nach Empfang immer nachzählen!

Der Euro wird überall akzeptiert. Vielleicht werden manchmal noch US-Dollars bevorzugt, weil leicht konvertierbar und bekannt. Mit **Travellerschecks** gibt es – wie in vielen anderen Ländern – mehr und mehr Schwierigkeiten, weil offenbar im Zeitalter der Kreditkarte das Interesse an dem umständlich zu handhabenden Papier nachlässt. Beim Einlösen von Travellerschecks sind bei jedem Tauschvorgang zusätzlich JD 5 oder 6 an Gebühren zu zahlen, d.h. nicht zu häufig tauschen und stets mehrere Banken nach Kurs sowie Gebühren abfragen, die Unterschiede sind erheblich.

*"Offenbar erhebt die CAPTIAL Bank als eine der wenigen Banken beim Abheben von Bargeld keine eigenen Gebühren, sonst waren es 3,00-5,50 JD"* schreibt ein Leser.

Bei **Kreditkarten** ist die Visa-Card am meisten verbreitet, es folgt Amexco; deutlich weniger Akzeptanz findet man mit der Master/Eurocard. Wenn Sie in Geschäften die Kreditkarte zücken, fragen Sie vorsichtshalber, ob es beim vereinbarten Preis bleibt oder Sie sich an den zusätzlichen Kosten beteiligen müssen.

Wenn Sie Geld per Kreditkarte aus einem Geldautomaten (ATM) ziehen wollen, müssen Sie Ihre PIN (die gesondert mitgeteilt wurde) kennen. Maximal JD 500 können pro Tag in Cash abgehoben werden.

Falls Sie das Büro von Visa kontakten müssen (verlorene Karte):
- Amman, 3rd Floor, Housing Bank Centre, Tel 06 568 0554

Auch die **EC-Karte** findet mehr und mehr Verbreitung. Bargeld lässt sich z.B. bei der Arab-Jordan Bank und an Automaten mit dem Maestro-Zeichen ziehen (allerdings nur bis zu JD 100), was natürlich Gebühren kostet. Die Banken sind übrigens **samstags geschlossen**.

Für den **Notfall**: Wenn Sie plötzlich ohne Geld dastehen und dringend Cash von zu Hause benötigen, dann ist der Weg von Ihrer Bank über WESTERN UNION vermutlich der schnellste (ziemlich teuer), aber auch einer der zuverlässigsten. Western Union wird repräsentiert von der
- CAIRO AMMAN BANK, Amman, Wadi Saqra, Tel 06 463 9321.

Bei konkreten Fragen zum Thema Geld können Sie sich in Verbindung setzen mit der
- ARAB BANK plc, 8 Al Ameer Shaker Bin Zeid St (Shmeisani), Amman, Tel 06 562 1980, Fax 06 560 6793 international@arabbank.com.jo, www.arabbank.com

Wenn Sie Standorte von Geldautomaten feststellen wollen, ein ATM Locator hilft weiter:
- ARAB BANK: www.arabbank.jo/en/waysbankatmnet.aspx

Erscheint beim Abheben die Meldung, die Karte sei nicht kreditwürdig, so ist meist der Automat nicht an das entsprechende Netz angeschlossen (ATM nur für lokale Kunden).

### Preise

In Jordanien liegen die niedrigen Löhne bei JD 150-200/Monat, ein Kellner verdient etwa JD 170. Wenn man diese Zahlen in Relation zu den weiter unten angegebenen Preisen setzt, kann man sich ausrechnen, wie häufig eine Mindestlohn-Familie Huhn essen kann. Hinzu kommt die massive Inflation, viele Grundnahrungsmittel verteuern sich ständig.

Von der Preissituation her zählt Jordanien nicht zu den billigsten Ländern des Vorderen Orients, dennoch kommt man mit erheblich geringeren Reisekosten davon als z.B. beim Nachbarn Israel. Das beginnt bei den Übernachtungen und endet beim Essen, wenn man nicht in Luxusherbergen absteigt bzw. diniert. Auch die Reise von A nach B kostet sehr wenig, am wenigsten mit öffentlichen Verkehrsmitteln; aber auch Mietwagen sind selbst für Budget-Traveller erschwinglich, zumindest, wenn sich mehrere Leute die Kosten teilen.

Wer ausgesprochen billig durchs Land kommen will oder muss und bereit ist, stets die allereinfachsten Unterkünfte in Mehrbettzimmern zu nehmen, kann mit etwa 40-60 € pro Tag durchaus über die Runden kommen. Will man besser übernachten, so steigen natürlich die Tageskosten proportional mit den Hotelkosten, die Sie bei den jeweiligen Städten aufgeführt finden. Mietwagen oder andere Vergnügungen kommen hinzu.

Am billigsten kommen natürlich Selbstversorger davon. Aber auch Wohnmobil/Caravan-Reisende leben ausgesprochen preiswert, sieht man von den Anfahrtskosten ab.

## 2 - In Jordanien zurechtkommen

### Einige **Preisbeispiele** (Angaben in JD)

1 frisch gepresster Orangensaft 0,50-1 JD
1 große Flasche Wasser .............0,30-0,50
1 Dose Pepsi Cola .........................0,25-0,50
1 Flasche lokales Bier, 0,5 l *) ...2,00-2,50
1 Dose lokales Bier (Amstel) ....2,50-3,00
330 ml alkoholfreies Bier...........0,60-1,00
1 Tasse Tee, Straße ....................0,50
1 Tasse Tee im Restaurant ..................1,00
1 Türkischer Kaffee ................0,50
1 kg Fladenbrot ........................0,35
Shauwarma per Portion ...........0,70-1,50
Felafel per Stück ........................0,05
1/2 Hähnchen ....................3,00-3,50
1 kg Bananen ca. ....................1,00
1 Liter Normalbenzin .....................ab 0,70
1 Liter Super ........................ab 1,00
1 Liter Diesel .....................ab 0,60

*) Wie überall, ist Alkohol in Hotels mehrfach teurer.

Superbenzin gehört noch zu den selteneren Angeboten. Wer mit dem eigenen Auto kommt, sollte bei jeder Gelegenheit tanken, bevor der Katalysator ruiniert ist.

### Trinkgeld

Auch in Jordanien ist das Wort Bakschisch nicht unbekannt, es wird aber selten in so aufdringlicher Art wie z.B. stellenweise in Ägypten benutzt. Normale Hotel- und Restaurantrechnungen beinhalten den Posten *Service Charge* mit 10-12 Prozent Aufschlag. Zusätzliche Trinkgelder sollten sich nach der Qualität des Services richten. Falls kein gesonderter Posten *Service Charge* ausgewiesen ist, zahlt man etwa 10 Prozent vom Rechnungsbetrag. In Hotels gibt man dem Bell Man oder dem Kofferträger ca. JD 1- 2. Auch das Hauspersonal erhält einen Obolus, wenn man länger blieb. Der Busfahrer von Gruppenreisen erhält etwa $1,50-2 pP/Tag.

*Auch Gewürze sind ein beliebtes und leicht zu transportierendes Mitbringsel*

## Shopping, Öffnungszeiten

### Shopping

Auch für Souvenirs ist in Jordanien gesorgt (s. S. 176). Das Land besitzt ein aus alter Tradition entstandenes Handwerk und Kunsthandwerk. Vor allem die Beduinen weben bzw. flechten schöne **Teppiche** und **Kelims**. Nicht zuletzt gibt es reich und farbig bestickte **Kleider**, auch aus Beduinenkreisen. Die besten Stücke findet man in Amman, aber auch in Madaba, Mukawir, Wadi Musa und Aqaba.

■ Mit etwas Glück kann man noch alten **Silberschmuck** entdecken oder man nimmt mit modernen Imitationen der beduinischen Originale vorlieb. Goldschmuck wird im Gold-Souk in Downtown Amman günstiger als in Europa verkauft. Etwas schwerer wiegen **Töpferwaren** z.B. aus der Jerusalemer Schule (Teller, Krüge, Eierbecher, Kerzenhalter) mit schönem Design aus geometrischen Mustern, Trauben, Pfauen, Fischen oder Granatäpfeln. **Hebron Glas** entstammt der Schule der Hebroner Glasbläser; mundgeblasene Gläser, Krüge etc. in den verschiedensten Farben sind zu haben.

Eine recht ungewöhnliche, für Jordanien ziemlich typische Kunstform sind die **Sand Bottles**, mit farbigem Sand so geschickt gefüllten Flaschen, dass die unterschiedlichsten Motive dargestellt werden können – ein beliebtes Mitbringsel. Eine arabische Kupfer- oder Messing-**Kaffeekanne** mit dem typischen „Schnabel" kann zu Hause auch Aufmerksamkeit erregen, ebenso wie eine Wasserpfeife. Waffenliebhaber werden sich nach arabischen **Dolchen** umsehen, von der Billigausführung bis zum ziselierten Silberdolch erhältlich. Typisch für das Gastland sind auch **Badesalze** und **Kosmetika**, die aus den Mineralien des Toten Meeres gewonnen werden.

Wer etwas ältere Dinge erwirbt, sollte wissen, dass Antiquitäten, die älter als 100 Jahre sind, nicht ausgeführt werden dürfen.

Im Gegensatz zu anderen orientalischen Ländern scheint den Jordaniern im täglichen Leben die Lust am Feilschen vergangen zu sein. In vielen normalen Geschäften liegen die Preise, vor allem bei Dingen des täglichen Bedarfs, mehr oder weniger fest, handeln macht keinen Sinn. Die typischen Souvenirshops sind die Geschäfte, in denen man in keinem Fall den Preis sofort akzeptieren sollte. Geschickten Menschen gelingt es, das gewünschte Objekt vielleicht um die Hälfte oder ein Drittel billiger nach Hause zu tragen.

### Öffnungszeiten

Die wöchentlichen **Ruhetage** sind auf Freitag und Samstag, zumindest für staatliche Stellen und die Wirtschaft, festgelegt. Doch die Ruhe fällt nicht so strikt aus wie am europäischen Wochenende. An vielen Stellen sieht man Arbeiter, die auf dem Bau weiterwerkeln oder auf dem Land tätig sind.

Behörden sind, außer freitags und samstags, 8-15 Uhr geöffnet, Geschäfte in der Regel von 9-20.30 Uhr, bei einer möglichen Mittagspause zwischen 12.30 und 15.30 Uhr, freitags ist nur eingeschränkt geöffnet oder ganz geschlossen. Die Banken halten So-Mi von 8.30-12.30 und 16-18 (im Winter 15.30-17.30), Do 8-12.30 Uhr offen. Während der Fastenzeit Ramadan muss generell mit u.U. stark eingeschränkten Öffnungszeiten gerechnet werden.

Sehenswürdigkeiten und Museen öffnen Oktober bis März 8-16 Uhr (Petra 7-16), April und Mai 8-17.30 (Petra 6-18), Juni bis September 8-18.30 (Petra 6-18.30).

| Wichtige Islamische Feiertage aus touristischer Sicht | | | | |
|---|---|---|---|---|
| Jahr | 2020 | 2021 | 2022 | 2023 |
| Mohammeds Geburtstag | 29.10. | 19.10. | 08.10. | 27.09. |
| Ramadan-Beginn | 24.04 | 13.04. | 03.04. | 23.03. |
| Ramadan- Ende *(Id al Fitr)* | 24.05. | 12.05. | 02.05. | 21.04 |
| Opferfest *(Id Al Adha)* | 30.07–02.08 | 20.07–22.07 | 09.07.–11.07 | 28.06.–30.06 |

### Feiertage

Neben den **islamischen Feiertagen**, die sich nach dem Mondkalender richten, sind Neujahr am 1. Januar, der 30. Januar als Geburtstag von König Abdullah II, der 1. Mai als Tag der Arbeit, der Unabhängigkeitstag am 25. Mai, König Husseins Geburtstag am 14. November und Weihnachten am 25. Dezember als Feiertage geschützt. Islamische Feiertage können lange dauern, z.B. *Id Al Adha* vier Tage. Dann sind zumindest alle öffentlichen Einrichtungen wie staatliche Stellen, Konsulate etc. geschlossen.

Die **Christen** in Jordanien richten sich in der Mehrzahl nach dem Julianischen Kalender, der bis zu einem Monat dem bei uns geläufigen gregorianischen nacheilen kann.

### Rundfunk, Fernsehen

Nach Aussage vieler Orientkenner herrscht seit einem neuen Pressegesetz von 1993 in Jordanien die größte Pressefreiheit des Nahen Ostens, allerdings mit noch vielen Einschränkungen gegenüber der europäischen Situation. Dennoch ist es erstaunlich, wie offen auch kritische Fragen diskutiert werden – mit Ausnahme des königlichen Hofes. Neben den unten aufgeführten englischsprachigen Blättern erscheinen täglich vier arabische Zeitungen und sieben Wochenzeitschriften mit einer insgesamt sehr breiten Themenvielfalt, die Besucher aus anderen arabischen Ländern immer wieder in Erstaunen versetzt. Noch freier entfalteten sich die etwa 70 Online-Medien, die in dem Internet begeisterten Land viele Abonnenten finden.

Täglich erscheint *The Jordan Times* in Englisch. Daraus kann der Tourist nicht nur recht gute Informationen über das politische Geschehen in Jordanien und der Welt entnehmen, sondern auch aktuelle Telefonnummern, Veranstaltungshinweise etc.

*Radio Jordan* sendet täglich von 7-12 auf 96,3 MHz in Englisch, Nachrichten um 7, 14 und 19 Uhr. Der *TV-Kanal 2* ist ebenfalls englisch- und französischsprachig, in Hotels sind häufig CNN und andere Satellitenkanäle zu empfangen.

### Nachrichten

Wer in der Ferne über die Heimat auf dem Laufenden bleiben will, kann dies häufig per Satellitenfernsehen tun. Die Deutsche Welle, die mit weltweit erreichbaren Kurzwellen-Sprachnachrichten groß wurde (Nahost auf 9545, 13780 oder 17845 kHz) ist heutzutage im Internet über www.dw-world.de mit ausführlichen Nachrichten und Videos zu finden, der Österreichische Rundfunk unter www.orf.at oder das Schweizer Radio DRS unter www.srf.ch.

# Land und Leute

3

## Im Eilgang durch die Geschichte

### Kurzfassung

- Wenn Sie **keine Zeit** finden, das ab S.82 folgende ausführlichere Geschichtskapitel über Jordanien zu lesen, dann sollten Sie sich ein paar Augenblicke für diese Gesamtübersicht nehmen. Denn der Besuch Jordaniens ist so eng mit der historischen Entwicklung verbunden, dass man sich wenigstens grob auskennen sollte, um die jeweiligen Besichtigungsstätten in ihre geschichtlichen Zusammenhänge stellen zu können.

Wir wollen unseren Streifzug mit den frühesten Zeugnissen menschlicher Siedlungsaktivität beginnen, die in Jericho im unteren Jordantal ab dem 9. Jahrtausend vC belegt ist. Sicher strahlten ihre Errungenschaften auch über den Jordan nach Osten aus. In Ain Ghazal, in einem Vorort von Amman, konnten Archäologen eine komplette Siedlung aus dem 8. Jahrtausend vC ausgraben. Ab **7000** vC lässt sich in El Beidha bei Petra Siedlungstätigkeit nachweisen. Ab **3000** vC tauchen in der Geschichte Palästinas die Kanaaniter auf, die bis etwa 1200 vC das Land besiedeln. Sie werden im Laufe der Jahrhunderte von den vielen Neuankömmlingen verdrängt, vernichtet oder assimiliert. Etwas später lassen sich östlich des Jordantals die Ammoniter, südlich von ihnen – zwischen Wadi Hasa und Wadi Mujib – die Moabiter und, wiederum südlich

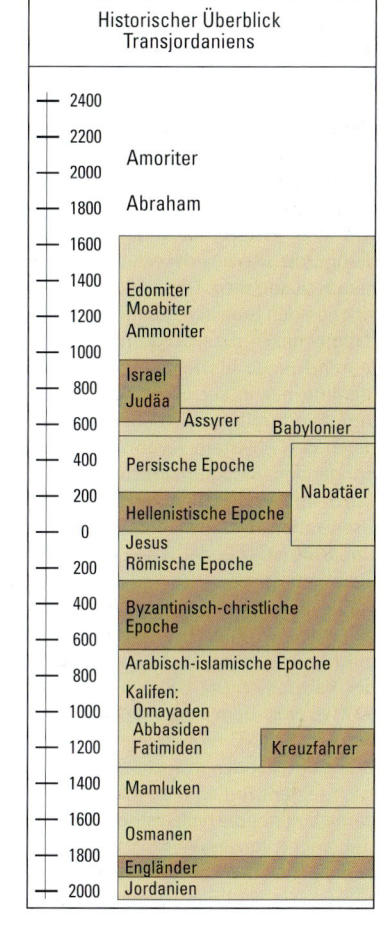

### Historischer Überblick Transjordaniens

|  |  |
|---|---|
| 2400 | |
| 2200 | |
| 2000 | Amoriter |
| 1800 | Abraham |
| 1600 | |
| 1400 | Edomiter |
| 1200 | Moabiter |
| 1000 | Ammoniter |
| 800 | Israel |
| 600 | Judäa / Assyrer / Babylonier |
| 400 | Persische Epoche |
| 200 | Nabatäer |
| 0 | Hellenistische Epoche / Jesus |
| 200 | Römische Epoche |
| 400 | Byzantinisch-christliche Epoche |
| 600 | |
| 800 | Arabisch-islamische Epoche |
| 1000 | Kalifen: Omayaden / Abbasiden |
| 1200 | Fatimiden / Kreuzfahrer |
| 1400 | Mamluken |
| 1600 | Osmanen |
| 1800 | Engländer |
| 2000 | Jordanien |

angrenzend bis zum Golf von Aqaba, die Edomiter nieder.

Eine erste Invasion und Landnahme findet durch die Amoriter statt, die von Osten kommend Jordanien bedrängen. Aber auch Abraham mit seinem Gefolge sorgt für Unruhe. Er bricht etwa im 18. Jh vC in Ur in Mesopotamien auf, um sich schließlich im Westjordanland festzusetzen. Zwei Generationen später ziehen seine Nachkommen nach Ägypten, vermutlich als eine Art frühe Gastarbeiter unter den Hyksos. Aber, wie das so geht bei Gastarbeitern, der Aufenthalt wird irgendwann zur Fron, und Moses führt im 13. Jh vC seine Glaubensbrüder zurück nach Palästina; vom jordanischen Mount Nebo erblickt er das Gelobte Land.

Lange Zeit beherrschen die Ägypter Palästina, aber sie werden mehr und mehr von den erstarkenden Hethitern bedrängt, die sich aus der heutigen Türkei heraus ausdehnen. Diese Situation lässt sich von den Israeliten gut für eine Landnahme nutzen, die sich bis etwa zur Jahrtausendwende hinzieht. Dabei sind die Stämme nur locker unter den *Richtern* organisiert, müssen sich aber unter anderen den Philistern – von Westen eindringenden indogermanischen Seevölkern – im Kampf stellen, wobei sie deren Eisenwaffen technisch unterlegen sind. Um **1000 vC** gründet David den ersten jüdischen Staat.

Bald kommen die Kleinstaaten im heutigen Jordanien zunächst unter die tributpflichtige Oberhoheit der Assyrer, dann der Babylonier. Die Babylonier werden **537** vC von dem Perserkönig Kyros II. besiegt. **333** vC erobert Alexander der Große unter anderem auch Palästina, das nach seinem Tod an die Ptolemäer fällt; damit beginnt die hellenistische Epoche. Unbemerkt von den Weltmächten haben sich die Nabatäer vor allem in Edom festgesetzt. Sie sind ein arabisches Nomadenvolk, das lernte, die Weihrauchstraße auf ihrem westlichen Abschnitt äußerst gewinnbringend zu kontrollieren. **198** vC verlieren die Ptolemäer Palästina an die (ebenfalls hellenistischen) Seleukiden. Die Nabatäer, die inzwischen ein weitläufiges Reich aufgebaut und die früheren Kleinstaaten absorbiert haben, kooperieren mit den Griechen. Ihre Hauptstadt Petra verstecken sie geschickt zwischen Felsen im Edomiter-Gebirge.

**63** vC erobern die Römer Palästina und beenden die hellenistische Epoche. **37** vC setzen sie den Halbjuden (Idumäer) Herodes den Großen als König (eher Statthalter) von Judäa ein, der seinen Machtbereich bis weit nach Syrien und über den Jordan hinaus erweitert; die Palastruine *Machärus* kündet noch heute davon. Nach seinem Tod **4** vC wird sein Reich unter seinen Söhnen dreigeteilt. Nach dem Machtwechsel in Palästina hatten sich auch die Nabatäer auf die Seite der Römer geschlagen. Doch diese entwickeln bald andere Vorstellungen einer Kooperation. **106** nC integrieren sie den Nabatäerstaat ganz einfach als eine Provinz in ihr Reich.

Das Christentum breitet sich rasant aus, **324** erklärt es der römische Kaiser Konstantin zur Staatsreligion. Als schließlich das Römische Reich in West- und Ostrom zerfällt, kommt Palästina mit Transjordanien lagegemäß an Ostrom, d.h. Byzanz. Die byzantinische Epoche hält bis **614** an, als die erstarkten Perser einfallen, Jerusalem erobern und den Patriarchen nebst 37 000 Christen und dem Heiligen Kreuz nach Persien verschleppen. **628** kann Byzanz die Verschleppten und das Kreuz wieder heimholen. Doch nur wenige Jahre später brechen wie ein Feuersturm die Araber unter Mohammeds Flagge in Palästina und östlich des Jordans ein, **636** wird das byzantinische Heer geschlagen, **638** Jerusalem an den (muslimischen) Kalifen Omar übergeben.

Der Omayade Abd el Malik lässt den Felsendom auf dem Jerusalemer Tempelberg bauen, seine Nachfolger halten Palästina an der langen Leine und vergnügen sich in den Wüstenschlössern Jordaniens; Christen können noch für längere Zeit ihrem Bekenntnis nachgehen. Erst der fanatische Fatimide El Hakim aus Kairo verfolgt die Andersgläubigen. Dem wollen die Kreuzfahrer abhelfen, die beim Ersten Kreuzzug **1099** Jerusalem erobern und über den Jordan nach Osten vordringen können. Dort werden die Kreuzfahrerburg Shaubak, in der Nähe von Petra, und weitere kleinere Befestigungen sowie die Burg Kerak gebaut. Aber alle Mühe hilft nicht. Gegen Ende desselben Jahrhunderts gehen die Stützpunkte östlich des Jordans wieder verloren, **1291** werden die Kreuzfahrer – mit dem Fall Akkos – endgültig aus Palästina vertrieben.

Die ägyptischen Mamluken nehmen nun auch das heutige Jordanien unter ihre Fittiche. **1516** kämpfen sich die türkischen Osmanen an die Macht. Unter ihrem Sultan Suleiman II. blüht zwar die gesamte Region auf, Jordanien gerät aber mehr und mehr in Vergessenheit. Erwähnung findet das Land hauptsächlich während der jährlichen Pilgerreise, weil die Hauptpilgerroute von Damaskus aus am Wüstensaum entlang nach Süden verläuft. **1805** kommt in Ägypten der geschickte Politiker Mohammed Ali an die Macht, der auch Einfluss auf Palästina nimmt, stärker jedoch sein Sohn Ibrahim, den allerdings **1840** die Türken wieder in Palästina ablösen.

Während des Ersten Weltkrieges beginnen **1916** die Araber unter Führung des Hashemiten Hussein (dem Ururgroßvater des derzeitigen jordanischen Königs) gegen die Türkei zu putschen. Die Engländer versprechen Hussein dafür ein arabisches Großreich. Nach Kriegsende und dem Zusammenbruch des osmanischen Reiches erhält England das Völkerbundmandat über Palästina und Transjordanien. **1922** übergeben die Engländer Husseins zweitem Sohn Abdullah schließlich Transjordanien als selbstständiges Emirat, allerdings unter britischem Mandat.

Das britische Mandat erlischt **1946**, gleichzeitig wird das unabhängige Königreich Transjordanien unter König Abdullah proklamiert. Nach Ende des isra-

*Hussein-Park Amman: kulturelle Entwicklung auf der „Kulturwand" (hier der Beginn)*

elischen Unabhängigkeitskrieges wird **1948** die von den Arabern eroberte Westbank Transjordanien zugeschlagen, das sich jetzt *Haschemitisches Königreich Jordanien* nennt. **1951** fällt König Abdullah einem Mordanschlag zum Opfer, sein Sohn Talal muss nach kurzer Regierung zugunsten seines noch minderjährigen Sohns Hussein abdanken. Gerade 18-jährig, wird dieser **1953** zum König gekrönt. Dem jungen König Hussein gelingt es, sein Land durch alle innen- und außenpolitischen Fährnisse zu steuern. Er übersteht Putschversuche und einen Anschlag der Syrer auf sein Flugzeug. Als im Sechstagekrieg **1967** die gesamte Westbank verloren geht, muss Jordanien zusätzlich mit einem Flüchtlingsstrom und dem Verlust eines großen Teils seiner landwirtschaftlichen Produktion fertig werden. **1970** zerschlägt Hussein die selbstherrlichen militärischen Organisationen der *Palestine Liberation Organisation* (PLO) in einer blutigen Auseinandersetzung, **1988** gibt er die Ansprüche auf die Westbank zugunsten der PLO endgültig auf.

**1991** unterläuft dem geschickten Taktiker Hussein ein schwerer Fehler, als er im Golfkrieg auf Saddam Hussein setzt. Doch spätestens **1994** kann er in den Augen des Westens die Schlappe dadurch wettmachen, dass er in ein Friedensabkommen mit Israel einwilligt, das **1995** endgültig von ihm und dem israelischen Ministerpräsidenten Rabin unterzeichnet wird.

König Hussein profiliert sich in den Folgejahren immer mehr als Vermittler und ausgleichende Persönlichkeit im Friedensprozess zwischen Palästinensern und Israelis. **1998** muss er viele Monate in den USA verbringen, um gegen sein Krebsleiden anzugehen. Doch vergeblich, im Februar **1999** stirbt er. Zu seiner Beerdigung versammelt sich die politische Führungsschicht der Welt, ein eindrucksvoller Beweis für die Wertschätzung des Monarchen. Noch wenige Tage vor seinem Tod bestimmt Hussein seinen Sohn Abdullah zum Nachfolger auf dem Thron.

## Die Geschichte Jordaniens, Langfassung

Der heutige Staat Jordanien ist eine relativ neue Erfindung, er liegt jedoch in einer historisch seit Jahrtausenden besiedelten und bekannten Region. Oberflächlich betrachtet könnte man meinen, dass in dem gesamten Gebiet, also diesseits und jenseits des Jordans, dieselbe Geschichte geschrieben wurde. Erstaunlicherweise zog das kleine Flüsschen Jordan eine ziemlich klare Grenze. In der längsten Zeit der Vergangenheit entwickelte sich eine weitgehend eigenständige Historie auf jeder Seite des Jordans. Andererseits muss man bei der geschichtlichen Rückverfolgung des östlich des Flusses gelegenen Gebiets, im Folgenden *Transjordanien* genannt, nüchtern ins Kalkül ziehen, dass diese Region weltpolitisch von keiner so großen Bedeutung war, als dass z. B. viele Reisende des Altertums über sie berichtet hätten. Große Teilgebiete liegen über lange Zeiten im geschichtlichen Dunkel, obwohl sie vermutlich besiedelt waren.

Die Gesamtregion gilt den drei monotheistischen Religionen als heilig bzw. als geografischer Ursprung. Der Streit zwischen ihnen führte in der Vergangenheit zu vielen kriegerischen Auseinandersetzungen, weil Fanatiker sich vor machtpolitische Karren spannen ließen oder diesen Platz für sich selbst beanspruchten. Wie die unter anderem religiös begründete israelische Landnahme im Westjordanland zeigt, sind Fanatiker auch heute noch ungebrochen am Werk. Vermutlich ist nahezu jeder Quadratmeter auf der Westseite des Jordans mit Blut getränkt,

## Einige der ältesten Siedlungen der Welt

In **Ain Ghazal**, nur wenige Kilometer östlich des Römischen Theaters von Amman gelegen, wurde 1974 bei Straßenbauarbeiten eine neolithische Siedlung entdeckt, die etwa 7250 vC entstanden und um 6000 vC verlassen worden war. Zeitweise lebten in dem etwa 15 Hektar großen Areal bis zu 3000 Einwohner; eine „Großstadt" für damalige Zeiten. Die Bewohner bauten rechteckige Häuser an Straßen, die teilweise 2,5 m Breite erreichten. Im Osten der Siedlung konnte ein Komplex an Grundmauern aus der Zeit um etwa 6300 vC freigelegt werden, dessen Strukturen für einen sakralen Bau oder eine Art Tempel sprechen. Andererseits wurden kultische Handlungen auch in den Häusern vorgenommen.

Die nahe Quelle Ain Ghazal bot genug Wasser für die Menschen und für die Bewässerung der Felder. Ihren Lebensunterhalt erzielten die Bewohner durch Jagen, Ziegenherden und Landwirtschaft. Im Ort wurden Steinwerkzeuge, Mahlsteine und viele Kunst- und Kultobjekte gefunden. Muscheln und andere "ortsfremde" Gegenstände zeigen, dass bereits Handel über weitere Entfernungen stattfand. Aus den vielen „Küchenabfällen" lässt sich auf die Versorgung mit Lebensmitteln schließen.

Ain Ghazal wurde berühmt durch die Kalkstatuen und in entsprechendes Material eingehüllte menschliche Schädel, die unter den Steinböden verschiedener Häuser zum Vorschein kamen. Alles deutet darauf hin, dass die Figuren dort nicht verscharrt, sondern zeremoniell beerdigt worden waren. Die teilweise fast lebensgroßen Statuen wurden aus einem Gemisch aus gebranntem Kalk und Lehm auf ein Gerüst aus Schilfbündeln modelliert. Ihre Gesichter mit mandelförmigen Augen und Stupsnasen geben ihnen einen ungeheuer faszinierenden Ausdruck, der den Betrachter unweigerlich in seinen Bann zieht. Sie sind im *Jordan Museum* von Amman (s. S. 138) und im Museum auf dem Zitadellenhügel ausgestellt. Aber auch einfache, bemalte Fruchtbarkeitsgötter waren unter den Hausböden verborgen.

Der fruchtbare Jordangraben und seine Umgebung müssen schon früh im Neolithikum Jäger und Sammler auf die Idee gebracht haben, sich in Siedlungen sozial zu organisieren. Von Amman ist es eigentlich nur ein Katzensprung nach **Jericho** (sieht man von den heutigen politischen Grenzbarrieren ab), wo etwa 8000 vC eine der ersten menschlichen Siedlungen entstanden war. Etwas weiter entfernt (doch heutzutage einfacher zu erreichen) liegt **El Beidha** bei Petra (s. S. 353) Dort bestand eine kleine Ortschaft von 7000 bis 6650 vC.

*Mit dem Bild einer der ersten bekannten menschlichen Statuen warb 2004 die Berliner Jordanien-Ausstellung*

die Ostseite blieb jedoch auch nicht verschont. Und nicht zuletzt kamen der Streit um die natürlichen Ressourcen wie Wasser und landwirtschaftlich nutzbare Flächen hinzu, aber auch das Dominanzstreben der unterschiedlichen Stämme oder Völker.

## Von der Steinzeit bis zur Eisenzeit

In der vorgeschichtlichen Epoche, beginnend mit der Altsteinzeit vor etwa **180 000** Jahren, durchstreifen Jäger und Sammler Palästina und die umliegenden Gebiete. Etwas später als in Palästina werden Faustkeile in Steinklingen umgearbeitet. Funde in Shubayqa im Nordosten Jordaniens zeigen, dass vor etwa **10 000** Jahren vC Menschen mit Hunden zusammenlebten, die offensichtlich zum Jagen abgerichtet waren. Nicht von der Hand zu weisen dürften die Einflüsse sein, die von Jericho auf der westlichen Jordanseite ausgehen: Dort vollzieht sich ab etwa **9000** vC der Übergang vom Jagen und Sammeln zu einer sozialen, arbeitsteiligen Gemeinschaft. Einige Jahrtausende später finden sich in Jordanien sehr aufschlussreiche Beispiele für jungsteinzeitliche Siedlungen: In Ain Ghazal (siehe Kasten S. 83) bei Amman wurde ab **7250 - 6000** vC eine Ortschaft angelegt, in der etwa 3000 Menschen lebten. El Beidha in der Nähe von Petra ist von ca. **7000 - 6500** vC bewohnt. In den manchmal zweigeschossigen Häusern gibt es schon verputzte Wände. Getreidefunde beweisen, dass man hier bereits Weizen gezüchtet hatte, der besser war als die bis dahin genutzte wilde Frucht. Weitere Funde aus der Jungsteinzeit belegen den Siedlungsbeginn, d.h. den Übergang zur sogenannten Hirtenwirtschaft.

In El Ghassul, in der Nähe von Suweima, an der Amman-Jerusalem-Straße, wurden die bedeutendsten Funde Jordaniens aus der Kupfersteinzeit (Chalkolithikum, etwa **4500 - 3200** vC) ausgegraben.

Eine der interessantesten Entdeckungen ist ein 3,2 x 2 m großes vielfarbiges Fresko aus streng geometrischen Figuren, das auf Putz gemalt ist und als eine der geschichtlich ersten (bekannten) Darstellungen des Nachthimmels angesehen wird. Aus der frühen Bronzezeit wurden eine Kleinstadt und eine große Grabanlage in El Dhara freigelegt. Aus den gefundenen Tonwaren und -bruchstücken geht die Verbindung sowohl nach Ägypten als auch nach Mesopotamien hervor. Um **2000** vC fallen Amoriter (nicht zu verwechseln mit den Ammonitern) und Kanaaniter, Nomaden aus der syrischen Wüste, in Transjordanien ein, zerstören die Siedlungen und bilden ihrerseits Stadtstaaten.

Der ägyptische Pharao Thutmosis III. (1490 - 1436 v. Chr.) unterwirft als erster Herrscher einer Großmacht das östliche und westliche Palästina. Funde in *Pella*, *Deir Alla* und *Amman* beweisen den Einfluss sowohl der ägyptischen Kultur als auch des internationalen Handels jener Zeit, dessen Verbindungen bis Zypern und Griechenland reichen.

Gegen Ende der späten Bronzezei um **1200** vC etablieren sich Kleinreiche im Gebiet westlich der Wüstenregion und etwa östlich der Linie Jordan – Totes Meer – Wadi Araba. Die Landkarte weist im Süden und östlich des Wadi Araba die Edomiter bis zur Höhe des Wadi Hasa auf, nach Norden bis zum Wadi Mujib das Reich Moab, nördlich anschließend die Ammoniter mit Schwerpunkt im Bereich des heutigen Amman. Zu der Zeit unterliegt Transjordanien – ebenso wie Palästina – ägyptischem Einfluss, wie unter anderem die aus dem **13./12.** Jh vC stammende, sogenannte Balua-Stele (Jordan Museum Amman) deutlich zeigt. Auf die Existenz dieser Kleinstaaten werden wir immer wieder bis in die Nabatäerzeit stoßen.

Auch die Bibel lässt einige Rückschlüsse auf die geschichtliche Situation östlich

## Weihrauch

Schon die Königin von Saba hatte bei ihrem Besuch bei König Salomo den Weihrauchhandel im Sinn. Der knorrige Weihrauchbaum, dessen Wundsaft zu gelben Harzkörnern eintrocknet, wächst nur im südlichen Arabien, d.h. im heutigen Jemen und Oman. Schon im 4. Jahrtausend vC wurde Weihrauch arabischen Göttern geopfert, die pharaonischen Ägypter benutzten ihn als Heilmittel und bei der Einbalsamierung der Leichname. Die Weisen aus dem Morgenland führten ihn als kostbarste Gabe mit sich.

Kein Wunder, dass dieses seltene, aber begehrte Gut stets zu Höchstpreisen von seinen Farmern verkauft wurde. Beim Transport verdienten sich diejenigen, die den Gefahren der Wüsten und den Raubüberfällen der Beduinen gewachsen waren, ebenfalls eine goldene Nase. Richtig professionalisiert haben aber erst die Nabatäer den Handel. Es gelang ihnen, die seit Jahrtausenden bekannte Weihrauchstraße zu beherrschen und so viel Profit aus diesem Monopol herauszuschlagen, dass sie u.a. den Bau ihrer Wunderstadt Petra finanzieren konnten.

Unter den Römern entwickelt sich eine neue Blütezeit besonders in Petra. Trajan lässt die Königstraße – Via Nova Trajana –, die damals von Syrien zum Golf von Aqaba führte, bauen und ausbauen. Diesen Namen trägt sie noch heute, aber eher als King's Highway. Petra, das von dieser Entwicklung profitiert, wird nach der Christianisierung sogar Bischofssitz, Jahrhunderte später bauen die Kreuzritter einen Stützpunkt ganz in der Nähe des Siq-Eingangs.

Als Kaiser Konstantin im 4. Jh das Christentum im Römischen Reich einführt, gilt dies auch für Jordanien; Ruinen christlicher Kirchen findet der heutige Besucher im ganzen Land. Das überbürokratisierte und daher schwerfällig gewordene Römische Reich wird schließlich 395 von Kaiser Theodosius I. in zwei unabhängige Gebilde zerteilt: Jordanien kommt zu Ostrom, das unter dem Begriff *Byzanz* von Konstantinopel (Istanbul) aus die Region bis fast zum Feuersturm der Islamisierung regiert. Zuvor kommt es besonders im Osten des Reichs zu Auseinandersetzungen mit persischen Sassaniden, die 614 Jerusalem erobern und vorübergehend Transjordanien kontrollieren.

---

des Jordans zu. Mit hoher Wahrscheinlichkeit führt der Weg der Israeliten nach dem Auszug aus Ägypten um **1280** vC durch transjordanisches Gebiet. Dabei lassen sich Konflikte mit den hier lebenden Völkern nicht vermeiden. Schließlich erblickt Moses vom Mount Nebo das Gelobte Land, Joshua erobert 60 Jahre später Jericho. Nachdem David den Grundstein zur Expansion Israels um **1000** vC legt und sein Sohn Salomon mit diesem Pfund heftig wuchert, dehnt sich der Einfluss der Israeliten weit über Palästina nach Osten aus, hauptsächlich zu Lasten der Ammoniter. Aber auch Edom und Moab sind über gut zwei Jahrhunderte in erbitterte Kämpfe mit den Israeliten verwickelt, die Verwüstungen bringen und viele Menschenleben kosten.

Auf der Mescha-Stele (s. S. 306) berichtet der moabitische König Mescha von seinen Siegen über die Israeliten und darüber, dass er Städte, Straßen und Zisternen bauen ließ. Im Alten Testament wird ebenfalls König Meschas Reich erwähnt, aber aus umgekehrter Sicht, nämlich, dass der König auf seiner Festung im heutigen Kerak belagert und sein Reich verwüstet wurde.

Gegen Ende der Eisenzeit errichten die

Ammoniter mindestens achtzehn aus riesigen Steinquadern aufgeschichtete Türme in der Gegend des heutigen Amman *(Rujm el Malfouf*, s. S. 142).

Der Druck der wegen ihrer Grausamkeit gefürchteten Assyrer macht sich immer bedrohlicher bemerkbar, schließlich auch östlich des Jordans. Im **8**. Jh vC dehnen sie ihre Macht bis ans Mittelmeer aus, die Kleinstaaten Transjordaniens werden tributpflichtig, Aramäisch wird die Amtssprache der kanaanitisch als Umgangssprache sprechenden Bevölkerung. Zum Ende des **7**. Jh zerschlagen Chaldäer und Meder das verhasste Assyrerreich. Aus den Trümmern Assyriens bedienen sich die Babylonier der westlichen Gebiete, so auch Jordaniens.

Der Babylonier Nebukadnezar II. schlägt sich mit dem Königreich Judäa herum; **587 vC** zerstört er Jerusalem mitsamt Tempel und verschleppt die Juden in babylonische Gefangenschaft. In diesem Strudel gehen auch die transjordanischen Kleinreiche unter, obwohl sich Edom noch einmal kurzzeitig ausdehnen und den südlichen Teil Judäas erobern kann.

## Perser und Griechen

Eine neue Großmacht wächst heran: Die Perser unter Kyros mischen die Karten völlig neu, was sich als Glücksfall für die in Babylonien sitzenden Juden erweist, sie dürfen zurückkehren. Im Prinzip gerät und bleibt jetzt der ganze Nahe und Mittlere Osten unter persischem Einfluss (Kambyses II und Darius I), dem sich natürlich auch die Gebiete östlich des Jordans nicht entziehen können. Aus dieser Zeit sind nur wenige Zeugnisse überliefert; Transjordanien liegt für etwa zwei Jahrhunderte mehr oder weniger im geschichtlichen Dunkel.

Schon lange bevor Alexander der Große im Eilmarsch auch den Nahen Osten eroberte, siedelten sich Griechen an der Mittelmeerküste an; ihr Gedankengut ist über den Jordan nach Osten vorgedrungen. Alexander selbst interessiert sich nicht für das transjordanische Gebiet, er zieht **332** durch Palästina nach Norden bis nach Tyrus, um von dort nach Osten, Richtung Zweistromland vorzustoßen und das Perserreich zu erobern. Transjordanien kommt damit unter hellenistischen Einfluss. Aus den Diadochenkämpfen nach dem Tod Alexanders gehen schließlich die Ptolemäer als Sieger hervor, sie überlassen aber das Gebiet jenseits des Jordans weitgehend sich selbst. Trotzdem lösen sich die drei Reiche Ammon, Moab und Edom auf.

## Die Nabatäer

In den weltpolitisch so uninteressanten Wüstengebieten östlich des Wadi Araba – in dem nach Auflösung der drei Reiche Ammon, Moab und Edom ein Machtvakuum herrschte – kann sich ein semitischer, aus Arabien eingedrungener Stamm fast unbemerkt entwickeln: die Nabatäer. Sie kamen als nomadisierende Wüstensöhne aus dem östlichen Hinterland, hatten aber die Bedeutung der Weihrauchstraße und des Handels mit den "Wohlgerüchen Arabiens" erkannt und den westlichen Abschnitt dieses Transportweges ab Hegra (heute Medain Salih) unter ihre Kontrolle gebracht. Dies natürlich nicht mit Sanftmut, sondern mit großem, kriegerischen Geschick. So wird über das erste geschichtlich bekannte Zusammentreffen griechischer Truppen **312** vC mit einer nabatäischen Streitmacht am Toten Meer berichtet: Von den 4600 griechischen Soldaten überlebten nur 60 die Schlacht. Auch ein zweiter Versuch der Griechen gegen die Nabatäer scheitert letztendlich.

Die Nabatäer kontrollieren bald das Gebiet östlich des Jordans und übernehmen dabei die Erbmasse der Kleinstaaten, beginnend mit den Edomitern. Ihre wichtigste Siedlung ist Petra, die spätere

*Aus dem vollen Fels gehauen: Khazne Faraun in Petra, das schönste Bauwerk der Nabatäer. Seit einigen Jahren ist das - ohnehin leere - Innere nicht mehr zugänglich.*

Hauptstadt, extrem geschützt zwischen Felsgebirgen liegend. Ein weiteres Zentrum ihrer Aktivitäten entsteht im Negev (z.B. Manshit oder Avdat). Obwohl sie ursprünglich als Nomaden antraten, werden die Nabatäer bald sesshaft. Im Laufe der Zeit können sie sich dem griechischen und später dem römischen Einfluss nicht entziehen, was besonders in der Kunst Petras deutlich wird. Technisch entwickeln sie die Wassergewinnung und -nutzung immer weiter; in Petra kann man kilometerlange Wasserversorgungssysteme verfolgen.

Im Petra-Kapitel gehen wir noch einmal ausführlicher auf die Geschichte der Nabatäer ein, s. S. 324..

### Die Römer und Byzantiner

Die Römer vertreiben schrittweise die Griechen, zunächst schlagen sie **190** vC den Seleukiden Antiochos III in Kleinasien, **64/63** vC erobert Pompejus den Nahen Osten und etabliert die römische Oberhoheit, der sich schließlich auch die Nabatäer **62** vC mit Tributzahlungen unterwerfen müssen.

Doch damit nicht genug, die Römer bringen den Händlerstaat immer mehr unter ihre Kontrolle. Hinzu kommt, dass sie infolge verbesserter Navigationstechnik und Kenntnis der Windverhältnisse die Schifffahrt im Roten Meer beherrschen lernen und der Landroute den Warenverkehr entziehen. Schließlich integrieren sie **106** nC unter Kaiser Trajan Nabatäa ganz einfach ins Römische Reich, in die Provinz Arabia. Damit ist die geschichtliche Existenz Nabatäas offiziell beendet.

Herodes der Große avancierte kurz vor der Zeitenwende zum starken Mann Judäas, nachdem ihn die Römer zum König

*Das Hadrianstor; die Ruinen von Gerasa zeigen noch heute, welch blühende Stadt die Römer einst hier schufen*

der Juden ausgerufen hatten. Er dehnt seinen Machtbereich auch über den Jordan nach Osten aus, wobei er das Gebiet nördlich von Nabatäa unter seine Kontrolle bringt. Sein Palast Machärus (bei Mukawir) in Transjordanien wird bekannt, weil sich dort Salome den Kopf Johannes des Täufers servieren lässt. Bereits **44** nC wird das aufmüpfige Judäa als Provinz ins Römische Reich "eingemeindet", wie später auch Nabatäa.

Transjordanien ist also für lange Zeit eine römische Provinz; Jerash (Gerasa) liefert u.a. den Beweis dafür. Aber dieses Gebiet dient vor allem im Osten auch als Pufferzone gegen die unberechenbaren Einfälle arabischer Beduinen; römische Kastelle (später dann zum Teil als Wüstenschlösser genutzt) am Rand der Wüste sollen das Gebiet sichern helfen.

### Die Muslime

Im 7. Jh stiftet Mohammed in Mekka den Islam, eine neue monotheistische Religion, die sich in Windeseile über den Orient ausbreitet. Bereits zu Lebzeiten Mohammeds wird **631** das heutige Aqaba islamisiert. Bei der islamischen Eroberung Jordaniens und Palästinas gibt es zunächst ein paar Rückschläge, aber bereits **635** gewinnen die Muslime eine Schlacht bei Pella. Am 15. August **636** können sie das byzantinische Heer bei der welthistorisch so entscheidenden Schlacht am Yarmuk in der Nähe von Umm Qays vernichtend schlagen und ihren Einfluss praktisch widerstandslos nach Norden ausdehnen.

Die Kalifen als Nachfolger Mohammeds, die in einer ersten Eroberungswelle ein islamisches Großreich schaffen, fallen nacheinander Morden zum Opfer, als letzter **661** Mohammeds Schwiegersohn Ali. Jetzt übernehmen die Omayaden endgültig Kalifat und Macht. Sie verlegen den Regierungssitz aus dem abgelegenen Mekka ins Wirtschaftszentrum Damaskus.

Die Dynastie der Omayaden (auch Umayaden) beherrscht das neue Großreich bis zum Jahr **750**, als sich die Abbasiden nach schweren Kämpfen an dessen Spitze setzen. Die Omayaden hinterlassen im Nahen Osten eine Reihe von beeindruckenden Baudenkmälern, so der Kalif Abd el Malik mit dem Felsendom in Jerusalem, sein Sohn Walid I. und dessen Sohn Hisham bauen in Jerusalem die Marienkirche zur Al-Aqsa-Moschee um, Walid II errichtet die Omayaden-Moschee in Damaskus und (sehr viel bescheidenere) Wüstenschlösser oder den Palast in der Zitadelle von Amman. Der vor den Abbasiden nach Cordoba in Spanien geflohene Abd el Rahman – ein Enkel Hishams – legt dort den Grundstein für die Fortsetzung der Omayaden-Dynastie über immerhin 500 Jahre.

Die Abbasiden verlegen die Hauptstadt in das neugegründete Bagdad, in dem sie prächtigste Paläste bauen und traumhaften Pomp entfalten, wie uns z.B. in Tausendundeiner Nacht berichtet wird. Allerdings scheint herzlich wenig von diesem Glanz auf Transjordanien (und auch Syrien) gefallen zu sein. Belegt ist jedoch, dass die Region ökonomisch wegen der landwirtschaftlich nutzbaren Gebiete und der Erzvorkommen prosperiert.

### Die Kreuzfahrer

Als das Abbasidenreich schon schwer mit inneren Unruhen zu kämpfen hat, treten

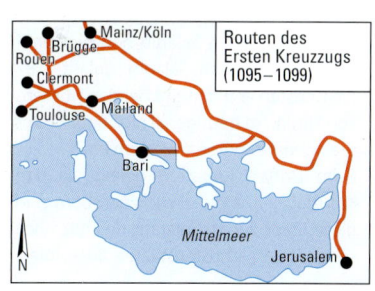

Routen des Ersten Kreuzzugs (1095–1099)

die Kreuzfahrer zunächst in Palästina, ab **1115** auch östlich des Jordans auf den Plan. Balduin I., König von Jerusalem, lässt die Burg Shaubak als östliche Befestigung errichten. Ein Jahr später folgt eine Burg in Aqaba und eine weitere auf der nahegelegenen Ile de Graye, im heutigen Ägypten *Pharoon's Island* genannt. Später wird die Festung Kerak auf vorhandenen älteren Gemäuern ausgebaut, es folgen zusätzliche kleinere Burgen oder Stützpunkte. Doch bereits gegen Ende des 12. Jhs sind die transjordanischen Standorte der Kreuzfahrer verloren, hundert Jahre später müssen die christlichen, aber häufig genug mordenden Ritter ganz aus dem Orient verschwinden, nicht zuletzt, weil sie wegen ihrer Grausamkeiten und Unberechenbarkeit den Rückhalt in der Bevölkerung verloren hatten.

### Die Mamluken und Osmanen

Jordanien kommt jetzt unter mamlukisch-ägyptische Kontrolle. Im **13. Jh** geben allerdings die Mongolen ein böses Gastspiel, bei dem sie dem Land durch Verwüstungen großen Schaden zufügen. **1261** werden sie von dem Mamluken-Herrscher Baibars bei Nazareth geschlagen. Die Bevölkerungszahl Transjordaniens geht zurück, nur noch wenige Städte sind besiedelt. Als **1516** die Osmanen auf dem Weg nach Ägypten auch das Ostjordanland einnehmen, gibt es nur noch in Ajlun, Salt, Kerak und Shaubak permanente Siedlungen. Syrien, der Libanon, Palästina und Transjordanien wer-

> **Kreuzzüge**
>
> Als Papst Urban II. die Christen zum Krieg gegen den Islam auffordert, findet er genug Fanatiker, die 1096 zum Ersten Kreuzzug aufbrechen. 1099 schließlich erobern sie Jerusalem und richten ein schlimmes Blutbad unter allen Bewohnern an, einerlei ob Juden, Muslime oder Christen. Gottfried von Bouillon wird Beschützer des Heiligen Grabes. Nach dessen Tod 1100 lässt sich sein Bruder als Balduin I zum König von Jerusalem ausrufen. Die Kreuzfahrer sichern nun ihre Eroberungen durch den Bau zahlreicher Festungen, beginnend mit Shaubak. König Amalrik will Ägypten annektieren, scheitert jedoch. Dafür rückt der erfolgreiche ägyptische Sultan Saladin den Kreuzfahrern auf die Fersen. Saladin schlägt 1187 die Christen vernichtend bei den Hörnern von Hittin, im heutigen Israel, und nimmt drei Monate später Jerusalem ein.
>
> Beim Dritten Kreuzzug gelingt es den Kreuzfahrern, Akko zurückzuerobern und diese Stadt zur Hauptstadt des nur noch sehr kleinen Christenstaates auszurufen.
>
> *Steingeschosse vermutlich der Kreuzritter (Festung Shaubak)*
>
> Beim Fünften Kreuzzug unter Kaiser Friedrich II. von Hohenstaufen, 1228/29, kommt man vertraglich mit dem ägyptischen Sultan überein, Jerusalem, Bethlehem und Nazareth unter christliche Kontrolle zu stellen. Doch 1244 fällt Jerusalem zurück an die Ägypter, 1261-1272 erobert der Mamluke Baibars den Rest des Kreuzfahrerstaats, 1291 fällt schließlich auch Akko.
>
> Das christliche Abenteuer in Palästina ist zu Ende, es hat alle Beteiligten unsägliche Opfer gekostet – und wirkt noch heute als Albtraum im Gedächtnis der Region nach.

den zu einem Verwaltungsgebiet namens *Bilad al Sham* zusammengeschlossen, das bis zum Ende des Osmanischen Reiches bestehen bleibt. Doch das ziemlich arme Gebiet östlich des Jordans findet über fast dreieinhalb Jahrhunderte kaum Beachtung bei den neuen Besitzern.

Da eine der Hauptpilgerrouten von Damaskus durch Jordanien nach Mekka führt, diese aber von den Beduinen ständig bedroht wird, lassen die Osmanen im **18.** und **19. Jh** an den Wasserstellen Pilgerforts errichten, ziemlich einfache Bauten, die dem Schutz der Wasserstelle vor Vergiften oder Verschütten dienen. Jahrhunderte lang lähmt der Konflikt zwischen Beduinen und Bauern die Entwicklung des Landes. Die Osmanen lösen ihn **1864** durch ein Landgesetz, das den Beduinenscheichs große Flächen am Rand der Wüste zugesteht. Dort können jetzt Bauern siedeln, die den Scheichs Steuern zahlen, dafür aber beschützt werden. Ajlun, Salt und später Kerak werden Bezirkshauptstädte mit Sitz der Verwaltung und einem Gouverneur (Vali). Neue Siedlungen werden gegründet oder alte wie Amman zu neuem Leben erweckt. Verstärkt wird die positive Landnahme gegen Ende des **19. Jhs**, als kaukasische **Tscherkessen** als Wehrbauern angesiedelt werden. Sie waren als Muslime im damaligen Russland verfolgt worden und zählen gewissermaßen als die ersten Flüchtlinge neuerer Zeit, die Aufnahme im Land am Jordan fanden – Millionen sollen ihnen im 20. Jh folgen. Ab **1900** lässt Sultan Abdul Hamid II. die Hejaz-Bahn quer durch Jordanien bauen, die vordergründig den Pilgern auf dem Weg von Damaskus nach Mekka dienen soll, tatsächlich geht es um bessere militärische Kontrolle. **1908** ist Medina erreicht, die Bahn wird aber nicht mehr nach Mekka verlängert (s. S. 51). Immerhin können nun die Pilger – gegenüber den früheren Märschen – ein gutes Stück Weg bequem zurücklegen. Nach dem Eintritt der Türkei in den Ersten Weltkrieg an der Seite Deutschlands und der Besetzung Palästinas durch die Engländer **1917** entwickelt der Brite T. E. Lawrence zusammen mit den Arabern eine geschickte Guerilla-Taktik gegen die Türken

*Polizist in Petra; er könnte ein Kollege von T.E. Lawrence sein (heute andere Uniform)*

und setzt der Bahn so zu, dass der Betrieb eingestellt werden muss und wegen der Zerstörungen der Strecke auf der Arabischen Halbinsel auch nicht wieder aufgenommen werden kann.

### Die Engländer

T. E. Lawrence unterstützt den Hashemitenführer Sherif Hussein Bin Ali, der seit Juni **1916** in Absprache mit den Engländern gegen die Osmanen putscht (Großer Arabischer Aufstand) und dafür ein großarabisches Reich erhalten soll. **1917** kann Aqaba unter Führung von T. E. Lawrence eingenommen werden. **1918** erobern arabisch-englische Truppen unter Sherif Husseins Sohn Feisal Damaskus. Damit ist auch die osmanische Herrschaft

über Jordanien beendet.
Aber die Hashemiten finden sich eher als Verlierer denn als Befreier und Sieger wieder. Die vagen Zusagen der Briten über ein arabisches Königreich waren durch Absprachen zwischen Engländern und Franzosen (Sykes-Picot-Abkommen) bereits 1916 Makulatur; denn Frankreich sollte der Libanon und Syrien zufallen, England der Irak und Palästina. Hinzu kam die sogenannte Balfour-Erklärung, mit der der britische Außenminister Balfour 1917 die "Errichtung einer nationalen Heimstätte in Palästina für das jüdische Volk" versprochen hatte.
**1919** verlangt Feisal, Sohn Husseins Bin Ali, in Versailles vergeblich die Einlösung des britischen Versprechens, stattdessen kommt Syrien ab **1920** nun auch offiziell unter französische Kontrolle und Feisal, nur kurz vorher zum König von Syrien gewählt, wird von den Franzosen aus dem Land gejagt. **1920** bitten Araber in Amman Abdullah, den Bruder Feisals, um Hilfe gegen die Franzosen. Abdullah reist mit einer Handvoll Krieger von Arabien nach Ma'an und wartet drei Monate auf Entscheidungen aus London. Man erlaubt ihm schließlich, vorerst in Transjordanien zu bleiben, setzt aber den Bruder Feisal als König vom Irak ein.
**1921** trifft Abdullah den britischen Staatssekretär für Kolonialfragen in Jerusalem und erhält die mehr vage als konkrete Zusage für ein Emirat Transjordanien, aber sein Warten gleicht eher einer Zitterpartie. Selbst als **1923** Transjordanien als eigenständiges Emirat unter Abdullah von den Briten anerkannt wird, hofft Abdullah immer noch auf eine größere arabische Lösung als das mit 225 000 Einwohnern kleine Transjordanien. Die Situation stabilisiert sich dann doch in dem Gebiet, dessen Grenzen weitgehend mit dem Lineal gezogen worden waren und mehr den Interessen der Kolonialmächte als denen der Bewohner

### Die Hashemiten

Sie können ihr Geschlecht direkt auf den Propheten Mohammed und darüber hinaus zurückverfolgen, ihren Namen leiten die Hashemiten von Hashim, dem Urgroßvater Mohammeds ab, der um 540 nC starb. Zu Beginn des 20. Jh war Hussein – wie eine lange Reihe seiner Vorfahren – Sherif (Oberster Diener) der heiligen Stätten von Mekka und Medina; in praxi regierte er den Süden der Arabischen Halbinsel unter der Oberhoheit der Osmanen.
1916 initiierte er den Großen Arabischen Aufstand und erklärte sich zum König Arabiens, herrschte aber nur im Hidschas (nordwestliches Saudi-Arabien) und nur bis 1924, als ihn die noch heute regierenden Wahabiten entthronten. Sein Sohn Feisal wurde 1921 Emir von Irak und sein Sohn Abdullah Emir von Transjordanien; der letztere erlag 1951 einem Attentat in der El Aqsa Moschee in Jerusalem, während der Sohn von Feisal (Feisal II) 1958 im Irak gestürzt und umgebracht wurde.
Direkter Nachfolger Abdullahs wurde dessen (geisteskranker) Sohn Talal, der zugunsten seines Sohnes Hussein 1953 abdanken musste. Der weitgeschätzte Hussein starb 1999 eines zwar frühen, aber natürlichen – entgegen vielen Voraussagen – Todes durch Krebs. Kurz zuvor bestimmte er seinen Sohn Abdullah zum Thronfolger und sicherte damit seiner Familie die Erbfolge.

dienten. **1928** wird eine erste Verfassung verabschiedet, die Abdullah – mit Billigung der Engländer – größere innenpolitische Spielräume zugesteht. Bis zum Beginn des Zweiten Weltkriegs ändert sich nicht viel in Transjordanien, die Bevölkerung ist auf 300 000 und Amman immerhin auf 20 000 Bewohner angewachsen.

## Unabhängiges Königreich

Am 25. Mai **1948** erlischt das britische Mandat, Abdullah wird König über das nun formal unabhängige Königreich Transjordanien. 1948 besetzen arabische Truppen im israelischen *Unabhängigkeitskrieg* das Westjordanland (Westbank) und Ostjerusalem. Diese Gebiete werden 1950 mit Transjordanien zum **Hashemitischen** Königreich *Jordanien* vereinigt. Die Bewohner beider Landesteile, also auch die Palästinenser, können an Parlamentswahlen teilnehmen oder sich wählen lassen. Zum weiteren „Erbe" gehören etwa 500 000 palästinensische Flüchtlinge, die in notdürftigen Lagern leben bzw. unterzubringen sind. 1951 wird König Abdullah in der El Aqsa Moschee in Jerusalem ermordet, sein für unmündig erklärter Sohn und Nachfolger Talal verzichtet auf Druck des Parlaments 1952 zugunsten seines Sohnes Hussein auf den Thron. Dieser muss aber noch warten, bis er 18 Jahre alt wird, seine Krönung findet daher erst am 2. Mai **1953** statt.

Der junge König, klein von Statur, tritt kein leichtes Erbe an. Er muss die nationale Identität Jordaniens weiter aufbauen und stärken, andererseits mit einem hohen Bevölkerungsanteil von Palästinensern zurechtkommen, die größtenteils als Flüchtlinge in Lagern auf eine Rückkehr hoffen. **1956** lässt er freie Wahlen abhalten, aus denen ein radikales Parlament hervorgeht. Als Hussein **1957** die Regierung wegen ihrer positiven Haltung gegenüber dem ägyptischen Präsidenten Nasser zum Rücktritt zwingt, kann er nur schwer einen Putsch der Armee vereiteln. Er verhängt Kriegsrecht und löst alle politischen Parteien auf. Ägypten und Syrien verkünden **1958** unter dem populären ägyptischen Präsidenten Nasser die *United Arab Republic*. Im Gegenzug gründet Hussein mit seinen Verwandten im Irak eine Arabische Föderation, doch kurze Zeit später wird die irakische Königsfamilie bei einem Putsch ermordet, die Föderation fällt nach sechs Monaten dem tragischen Geschehen zum Opfer. Im Herbst **1958** versuchen die Syrer ver-

*Immer noch unvergessen: König Hussein*

> ### Abdullah II
>
> König Husseins zweite Ehefrau, die britische Offizierstochter Toni Gardener, brachte 1962 den ersten Sohn des Königs zur Welt, der den Namen Abdullah erhielt und später zum Thronfolger ernannt wurde. Sein Stammbaum lässt sich 43 Generationen bis zum Propheten Mohammed zurückverfolgen. Da Hussein immer wieder mit Attentaten konfrontiert wurde, erschien ihm die mögliche Thronfolge eines Kindes zu riskant; er veranlasste eine Verfassungsänderung und ernannte seinen Halbbruder Hassan anstelle Abdullahs zum Thronfolger.
>
> Abdullah, dessen Mutter zum Islam übergetreten war und den Titel *Prinzessin Muna* angenommen hatte, erhielt nach seiner Schulzeit seine militärische Ausbildung in den USA und England. Anschließend studierte er in Oxford und Georgetown Internationale Beziehungen. 1998 wurde er zum Generalmajor ernannt.
>
> Wie sein Vater liebt er Flugzeuge und schnelle Autos, er sitzt sowohl am Steuerknüppel von Hubschraubern wie von Kampfjets. Auch als Sporttaucher ist er bekannt. 1992 heiratete Abdullah die bildhübsche Palästinenserin **Rania al Yassim**, deren Familie von der Westbank stammt, aber viele Jahre in Kuwait lebte. Sie studierte an der Amerikanischen Universität in Kairo Betriebswirtschaft. Die Kinder Prinz Hussein, Prinzessin Iman, Prinzessin Salma und Prinz Hashem wurden 1994, 1996, 2000 und 2005 geboren.

lästinenser die *Palestine Liberation Organisation* (PLO). Im Sechstagekrieg im Juni **1967** zerstört die israelische Armee zunächst die gesamte Luftwaffe Jordaniens und erobert dann die Westbank und Ostjerusalem, 300 000 Palästinenser fliehen nach Jordanien. Zu Beginn des *Schwarzen September* **1970** versuchen palästinensische paramilitärische Organisationen zunächst mit einem – erfolglosen – Attentat auf König Hussein die Macht im Staat zu übernehmen, entführen in den nächsten Tagen vier internationale Flugzeuge und sprengen sie in der jordanischen Wüste in die Luft (nachdem die Passagiere aussteigen durften), erklären dann Irbid als freie Stadt unter einer Volksregierung – da schlägt der König zurück, indem er die Stützpunkte der Aufständischen in den damals noch am Stadtrand liegenden Flüchtlingslagern Wahadat und Husseini beschießen lässt. Es gelingt, die militärischen Organisationen der PLO weitgehend zu zerreiben, gegen den Preis von über 3000 Toten. Aber die Gefahr für die innere Stabilität des Königreichs durch den „Staat im Staate" ist gebannt, die innenpolitische Lage stabilisiert sich. Die gesamte Führung der PLO unter Arafat und ihre Unterorganisationen müssen das Land verlassen.

**1973** überraschen Ägypten und Syrien während des Yom-Kippur-Festes Israel mit einem Angriff an zwei Fronten (Yom-Kippur-Krieg), Jordanien beteiligt sich nicht. **1974** unterstützt Hussein auf dem siebten Arabischen Gipfel mit einem geschickten Schachzug die Bemühung der PLO, als einzige Vertretung der Palästinenser anerkannt zu werden. Damit kann er den Einfluss der Palästinenser in Jordanien eindämmen und hat guten Grund, das Parlament aufzulösen. Bis in die frühen 1980er-Jahre entwickelt sich das Land beachtlich. **1984** setzt Hussein das alte Parlament wieder ein und ändert

geblich, ein von Hussein gesteuertes Flugzeug zur Landung zu zwingen, um ihn zu verhaften. **1959** kann der kleine König einen neuerlichen Militärputsch niederschlagen. **1964** gründen die Padie Verfassung, um Nachwahlen ohne die Bewohner der Westbank durchführen zu können.

**1987** bricht im Gaza-Streifen die Intifada, der „Krieg der Steine", aus, die Jordanien zwar in den Medien massiv unterstützt, aber nicht im eigenen Land haben will. Um sich von dem palästinensischen Problem freizumachen, gibt Hussein **1988** die Ansprüche auf das Westjordanland endgültig auf und überträgt die politische Vertretung der PLO. **1989** werden die ersten freien Wahlen in Jordanien seit 1961 abgehalten, an der sich erstmals auch Frauen beteiligen dürfen.

Am 25. Juli 1994 unterzeichnet Hussein die **Washingtoner Erklärung**, die den 46-jährigen Kriegszustand mit Israel offiziell beendet. Kurze Zeit später wird der neue Grenzübergang bei Elat/Aqaba eröffnet, 1995 schließen Jordanien und Israel auch formal Frieden. Jordanien erhofft sich davon militärische Entlastung und steigenden Tourismus. Zwar ist ein großer Schritt vorwärts mit dem weitgehend liberalisierten Grenzverkehr getan, aber nach einem ersten Boom vor allem israelischer Touristen werden die großen Erwartungen enttäuscht. Viele Besucher der Region schrecken wahrscheinlich durch die Terroranschläge in Israel zurück, obwohl Jordanien nicht involviert ist.

Im August 1996 brechen infolge der vom IWF verlangten Sparpolitik, in deren Rahmen auch der Brotpreis erhöht wird, Unruhen in Jordanien aus, die mit harter Hand unterdrückt werden. Als Folge schränkt Hussein politische Freiheiten, z.B. das Pressegesetz, weiter ein. **1997** finden Parlamentswahlen statt, die aber von den Muslimbrüdern und weiteren kleinen Parteien wegen der politischen Beschränkungen boykottiert werden. 1998 stellt sich bei König Hussein eine Krebserkrankung heraus, die ihn viele Monate zur Therapie in den USA festhält. Im Januar **1999** kehrt er, angeblich geheilt, nach Amman zurück, wird in einem stundenlangen Triumphzug durch seine Hauptstadt von den Massen jubelnd begrüßt und muss sich nur wenige Wochen später erneut einer Behandlung in den USA unterziehen. Zuvor erklärt er zur Überraschung des ganzen Landes seinen Sohn Abdullah Ibn Al-Hussein zum

*Das königliche Ehepaar auf einem offiziellen Foto*

*König Abdullah II Plakat in der Zitadelle von Amman, 2017*

Thronfolger und stößt damit seinen Bruder, Kronprinz Hassan, vor den Kopf, der ihm 34 Jahre lang treu als Thronfolger und Vertrauter diente.

Unheilbar krank wird Hussein bereits im Koma aus den USA zurück in seinen Palast gebracht, wo er wenige Tage später stirbt. Zu seiner Beisetzung reisen zahlreiche Präsidenten und Regierungschefs an, allein aus den USA ein amtierender und drei ehemalige Präsidenten. Sie alle setzen dem kleinen König in dem Wüstenland jenseits des Jordans ein bleibendes Denkmal der Wertschätzung.

Am 7. Februar 1999 wird sein 34 Jahre alter Sohn aus der Ehe mit der Engländerin Toni Gardener als **König Abdullah II.** proklamiert und nach Ablauf der viermonatigen Trauerzeit am 9. Juni 1999 offiziell ernannt. Der neue junge König wird mit einer Reihe von Problemen konfrontiert, die bisher eher unter der Decke gehalten wurden. Die Mehrheit seiner Untertanen kommt aus Palästina oder stammt von palästinensischen Eltern ab. Sie verhält sich zwar loyal zum Gastland, ist aber in Regierung und Verwaltung stark unterrepräsentiert. Die Palästinenser verlangen mehr Einfluss, zumal sie auch formal Staatsbürger des Landes sind, sofern sie aus der ehemals jordanischen Westbank einwanderten. Vor allem die jüngere Generation erhofft sich von einem Mitglied ihrer Generation neue Ansätze in Politik und Wirtschaft.

In ersten Stellungnahmen und Interviews gibt sich der neue König progressiv und offen für Kurskorrekturen. Ein neuer, vom König ernannter Premierminister setzt vor allem in Richtung Wirtschaftsliberalisierung einiges in Bewegung, aber der große Durchbruch bleibt aus. Als außenpolitischer Fortschritt kann verbucht werden, dass die diplomatischen Beziehungen zu Kuwait, die dem Golfkrieg zum Opfer gefallen waren, wieder aufgenommen werden, dass Saudi-Arabien wieder Öl liefert und sich die Beziehungen zu Syrien gebessert haben.

Im Nahen Osten ist mit dem Terroranschlag auf das New Yorker World Trade Center am 11. September 2001 wieder Eiszeit eingekehrt, der Tourismus bricht praktisch zusammen, die vielen neuen Hotels stehen leer. Obwohl in Jordanien weder Unruhen noch Terroranschläge auf Touristen bekannt werden, erholt sich der Tourismus erst ab 2004. Das Jahr 2008 erzielt einen bisherigen Höhepunkt, sodass während der Hauptsaison die Hotelbetten knapp werden. Auch 2009 boomt der Tourismus trotz Wirtschaftskrise, im Dezember spricht man von 7 % Zuwachs.

Im Irak-Krieg **2003** verhält sich Jordanien neutral, indirekt vielleicht proamerikanisch, weil es mehr Aktivitäten im Land duldet, als strenge Neutralität zulässt. Auch wird das Land nicht in Terroranschläge verstrickt, um es von seinem Kurs abzubringen, wie man hätte erwarten können. Wirtschaftlich hat es zumindest insofern ein bisschen profitiert, als seine Infrastruktur von Journalisten, Diplomaten, Geschäftsreisenden und wahrscheinlich auch Geschäftemachern genutzt wird. Denn keine sichere Stadt liegt näher an Bagdad als Amman.

Gegen Ende **2009** löst Tunesien den *Arabischen Frühling* aus, der bald auch in Ägypten aufflammt und zum Sturz des langjährigen Diktators Hosni Mubarak führt. In Jordanien finden zwar freitäglich Demonstrationen statt, die aber durchwegs friedlich verlaufen.

König Abdullah reagiert eher halbherzig darauf, wechselt auf Druck der Demonstranten mehrmals die Regierung aus, aber es kommt nicht zu gewalttätigen Auseinandersetzungen. Auch der Bürgerkrieg im Nachbarland Syrien, der seit **2012** in erschütternder Brutalität ausgefochten wird, legt in Jordanien keinen Zündfunken für härteres Vorgehen der Massen gegen das Establishment. Allerdings leidet der Tourismus massiv im (bis zum Zeitpunkt dieser Zeilen) sicheren und friedlichen Land unter der politischen Situation in der unmittelbaren Nachbarschaft.

## Jordanien heute

### Der Staat

Die statistischen Zahlen der folgenden Kapitel gehen auf Veröffentlichungen der jordanischen Regierung und auf das CIA World Factbook (www.cia.gov/library/publications/resources/the-world-factbook/geos/jo.html) sowie andere Internetquellen, zurück.

Das Hashemitische Königreich Jordanien – arabisch *Al Mamlaka al Urdunnijja al Hashimijja* – ist eine konstitutionelle Monarchie, die dem König mit voller Exekutivgewalt gemäß der bürgerlichen Verfassung von 1952 untersteht. Ihm wurden weitgehende Rechte eingeräumt: Er ernennt und entlässt den Premierminister mitsamt dem Kabinett, er kann gegen parlamentarische Entscheidungen ein Veto einlegen oder das Parlament auflösen, er hat Justizvollmacht und er ist Oberbefehlshaber der Streitkräfte – der König besitzt eine auch faktische Machtfülle, wie sie sich so mancher seiner Kollegen in der Vergangenheit gewünscht hätte. Dem verstorbenen König Hussein ist es gelungen, diese Macht zum Wohl seines Volkes einzusetzen, zumindest in den Augen der Weltöffentlichkeit,.

Die Volksvertretung setzt sich aus zwei Kammern zusammen, dem Oberhaus, dessen 40 Mitglieder vom König ernannt werden, und dem vom Volk gewählten Abgeordnetenhaus (Parlament). Es besteht aus 110 Mitgliedern; 10 Sitze sind für die christliche Minderheit und für die Tscherkessen reserviert.

Nach dem Sechstagekrieg 1967 wurden keine Wahlen mehr durchgeführt, weil laut König die Menschen der Westbank nicht mitwählen und deren Abgeordnete nicht im Parlament mitarbeiten konnten. 1974 löste Hussein das Parlament ganz auf, 1978 setzte er einen sogenannten Nationalen Konsultativrat ein, der jedoch keine Entscheidungsgewalt besaß. 1988 wurde dieser Rat aufgelöst und das Parlament durfte sich wieder versammeln. 1989 fanden Parlamentswahlen statt, nachdem Hussein 1988 auf die Westbank verzichtet hatte. 1991 ließ Hussein erneut Parteien zu, bei den Wahlen von 1993 kam sogar eine Frau ins Parlament. 2003 rief Abdullah II allgemeine Wahlen aus. Als Ergebnis kann er seither etwa zwei Drittel der Abgeordneten auf seiner Seite verbuchen. Auch die Wahlen im November 2007 bestätigten diesen Trend. Der König wies den neuen Premierminister Nader al Dahabi an, sein Hauptaugenmerk auf Sozialreformen, bessere Gesundheitsfürsorge, das Bildungssystem und auf Wohnungsbau zu legen.

Erst 1984 hatte man sich in den konservativen Kreisen zum Frauenwahlrecht durchringen können. Obwohl das Land nach außen hin einen wenig orthodoxen Eindruck macht, sind die traditionellen Werte noch von großer Bedeutung. Dies zeigt sich auch darin, dass für Familien- und Erbstreitereien das Recht der Sharia gilt, d.h. der im frühen Islam verankerten, stark religiös orientierten Rechtsauffassung.

Jordanien ist in elf Verwaltungsbezirke aufgeteilt, mit jeweils einem Gouverneur an der Spitze. Hinzu kommt das Wüstenterritorium, das unter der Oberhoheit eines Scheichs der nomadisierenden Stämme steht.

Eine wichtige Rolle spielt das Militär. Bei

den Streitkräften, die rund 4,5 % (2016) des Staatshaushalts konsumieren, stehen ca. 100 000 Berufssoldaten unter Waffen. Einschließlich der Reservisten kann auf rund 1,5 Mio Soldaten zurückgegriffen werden. Überproportional stark sind Beduinen im Militär vertreten. Dies dürfte nicht allein an ihrer sprichwörtlichen Königstreue liegen, sondern der Militärdienst kommt wohl ihren Neigungen eher entgegen als ein Job in einem Büro.

Obwohl der Islam Staatsreligion ist, schreibt die Verfassung Religionsfreiheit vor. 97,2 % der Bevölkerung bekennen sich zum Islam (davon 97 % Sunniten). Die restlichen 3,8 % der Bewohner gehören christlichen Gemeinschaften der unterschiedlichsten Richtungen an, die keinen Repressalien – auch nicht von Seiten der islamischen Fundamentalisten – ausgesetzt sind. Dann gibt es noch kleine Gruppen Buddhisten, Hindus, Juden und andere.

## Die Menschen

Die Jordanier sind, nach unseren persönlichen Erfahrungen, freundliche, warmherzige Menschen, denen Gastfreundschaft und menschliches Miteinander noch viel bedeuten. Sie kommen dem Gast nicht zu nahe, sind nicht aufdringlich oder fordernd. Obwohl sie in einem jungen Staat leben, fühlen sie sich uralten arabischen Traditionen positiv verpflichtet. Nach unseren subjektiven Empfindungen sind sie deutlich toleranter als die arabischen Nachbarn. Besonders in den Großstädten fällt auf, dass die Menschen aufgeschlossen sind und die technischen Hilfsmittel zu nutzen wissen. Fundamentalistische Strömungen scheinen zumindest nach außen keine große Rolle zu spielen.

Laut aktuellem CIA Factbook lebten im Juli 2018 **10,46 Mio Menschen in Jordanien**. Bedenkt man, dass 1922 im ehemaligen Transjordanien 225 000 Bewohner gezählt wurden (davon lebte die Hälfte als Nomaden), und 1948 vor dem Ansturm der palästinensischen Flüchtlinge es erst 375 000 waren, so

*Gastfreundlicher Gemüseshop: Improvisieren gehört zur Überlebenskunst*

*Straßenszene in Salt: Frauen treten (meist) sehr selbstbewusst auf, vor allem in größeren Städten*

kann man wahrhaftig von einer Bevölkerungsexplosion sprechen. 35 % der Bewohner sind jünger als 14 Jahre, 59 % gehören der Altersgruppe 15-64 Jahre an und der Rest ist älter als 65.

Araber stellen die absolute Majorität der Bevölkerung mit 98 %, die restlichen 2 % teilen sich Tscherkessen, Tschetschenen und Armenier. Unter "Araber" werden auch die Palästinenser gezählt, die wiederum ca. 60 % der Gesamtbevölkerung ausmachen; doch diese Angaben beruhen auf Schätzungen, die tatsächliche Verteilung wird geheim gehalten. Die Tscherkessen, die vor antimuslimischem Terror flüchten mussten, wurden vor gut 120 Jahren von den Osmanen als Wehrbauern angesiedelt. Sie gelten als besonders königstreu und nehmen deutlich mehr hohe Stellungen in Militär und Verwaltung ein, als ihrem Bevölkerungsanteil entspricht.

### Die Araber – einst den Europäern weit voraus

Wer heute verächtlich auf die arabische Welt und ihren technisch-wissenschaftlichen Stand herunterblickt, sollte sich vorstellen, wie die Araber in ihrer Blütezeit das rückständige christliche Europa betrachteten. Aus ihrem damaligen Kultur- und Wissenskreis kamen sehr entscheidende Impulse nach Europa; ohne deren Übernahme hätten bei uns wichtige Grundbausteine der späteren Entwicklung gefehlt.

Zur Zeit der Abbasiden – im 8. Jh nC – wurden die Wissenschaften in einem Maß gefördert, wie selten zuvor. Alle bekannten Werke griechischer Autoren wurden ins Arabische übersetzt und an wissenschaftlichen Schulen in den wichtigen Städten verbreitet. Medizinische Kenntnisse und Techniken waren denen der Europäer weit voraus, zumal damals in Europa chirurgische Eingriffe aus frühchristlichen Motiven heraus verpönt waren. Auch die Kenntnis der Heilpflanzen und die Herstellung von hilfreichen Medikamenten waren hochentwickelt. Die pharmazeutischen Grundsteine wurden in Arabien gelegt; öffentliche Apotheken unter staatlicher Aufsicht versorgten die Bevölkerung. Eng damit verknüpft war die Entwicklung der Chemie, selbst das Wort Chemie wurde aus dem Arabischen übernommen.

Die Römer, deren umständliches Ziffernsystem bis ins 12. Jh die Basis der europäischen Rechenkunst war, konnten damit keine großartigen mathematische nOperationen vollbringen. Erst mit den auch heute noch "arabische Zahlen" genannten Schriftzeichen (die eigentlich aus Indien stammen) und der Erfindung der Algebra im 9. Jh durch den arabischen Mathematiker Hwarizmi waren algebraische Berechnungen, d.h. die Auflösung von Rechenformeln, möglich; so ist denn auch das Wort *Algebra* arabischen Ursprungs.

Der magnetische Kompass, der überhaupt einigermaßen sichere Seefahrt weit über die Meere ermöglichte, ist eine arabische Erfindung. Nicht zuletzt auf seinen Besitz ist zurückzuführen, dass arabische Seefahrer in jener Zeit die (bekannten) Meere beherrschten.

Die deutsche Sprache hat viele arabische Wörter übernommen: teilweise sehr offensichtlich wie in *Emir* oder *Mokka*, teilweise aber auch scheinbar original deutsch – oder hätten Sie gedacht, dass z.B. *Alkohol* aus dem Arabischen kommt?

---

Weiterhin fanden vor dem Ansturm syrischer Flüchtlinge geschätzte 150 000 bis 300 000 **geflohene Iraker** Aufnahme in Jordanien. Sie kamen entweder als Touristen oder schwarz über die Wüstengrenze.

Ein Problem Jordaniens stellt der hohe natürliche **Bevölkerungszuwachs** von 2,02 % dar. In anderen Zahlen ausgedrückt bedeutet dies, dass jährlich für 143 000 Menschen zusätzliche Schulen und Arbeitsplätze geschaffen werden müssen; keine einfache Aufgabe für ein Wüstenland. Die durchschnittliche Lebenserwartung liegt mit 75 Jahren (73,6 bei Männern, 76,6 bei Frauen) relativ hoch (Deutschland durchschnittlich 81 Jahre).

Diese Menschen hätten theoretisch **jede Menge Platz**, aber wegen der geografischen Verhältnisse müssen sich 90 % der Bewohner auf etwa 20 % der Landesfläche zusammendrängen. Die meisten Jordanier, 2,7 Mio, leben im Großraum Amman und gute 800 000 in der direkt angrenzenden Nachbarstadt Zarqa, in Irbid 450 000, in Madaba 75 000, in Aqaba 145

000, in Salt 60 000. Nur noch 30 % der Bevölkerung leben auf dem Land. Bei der Staatsgründung war die Situation mehr als umgekehrt, nur 20 % lebten in den wenigen Städten. Dieses extrem schnelle Wachstum der Städte von der Infrastruktur und administrativen Organisation her in den Griff zu bekommen, wäre selbst für finanziell gut gepolsterte westliche Verwaltungen keine leichte Aufgabe.

Von der Gesamtbevölkerung sind 3% Männer und 7% der Frauen **Analphabeten** (2015). Bei den Kindern im schulpflichtigen Alter liegt diese Quote bei 1,5 %, die sich fast ausschließlich aus dem nomadisierenden Bevölkerungsanteil rekrutiert. Die Schulpflicht beschränkt sich auf das 6. bis 15. Lebensjahr. Mit diesen Zahlen liegt Jordanien nach dem Libanon auf dem zweiten Platz unter den arabischen Staaten. Und dies, obwohl am Tag der Unabhängigkeit 1946 keine Universität und nur eine einzige höhere Schule existierten.

In rund 2800 Schulen werden heute 1,3 Mio Kinder unterrichtet, daneben gibt es 950 private Lehranstalten. In Amman wird eine Eliteschule betrieben, an der, nach extrem harter Auslese, nur die besten Schülerinnen und Schüler des Landes mit modernsten Mitteln wie Computern und Internetverbindungen ausgebildet werden. Sieben staatliche und dreizehn private Universitäten (1999), an denen etwa 60 000 Studenten eingeschrieben sind (über 40 % Frauen), bieten weitergehende Ausbildung an. Nach dem Urteil von Kennern der arabischen Ausbildungssysteme wird das jordanische als das beste oder zumindest als eines der besten bewertet.

Allerdings verursacht der Run auf die Hochschulen mehr und mehr Probleme, denn die hochqualifizierten Absolventen finden häufig nur unterqualifizierte Arbeitsplätze, wenn überhaupt. Ein jordanischer Akademiker wird aber lieber arbeitslos bleiben, als einer manuellen Tätigkeit nachgehen. Die Regierung versucht zwar, den tatsächlich vorhandenen Mangel an Facharbeitern durch berufsbildende Ausbildungsstätten zu verringern und den jungen Leuten handwerkliche Berufe schmackhaft zu machen, aber das ist vor allem ein Imageproblem.

## Die Palästinenser

Die größte Bevölkerungsgruppe Jordaniens spielt eigentlich nur eine Gastrolle, denn die Palästinenser kamen als Flüchtlinge und Vertriebene nach den Palästina-Kriegen von 1948/49 und 1967 ins Land, 1991 folgte eine weitere Welle von 300 000 Menschen, als im Golfkrieg die arabischen Staaten die Palästinenser wegen Arafats Loyalität gegenüber Iraks Präsident Hussein zurückschickten.

Sie stammen aus den von Israel eroberten bzw. besetzten Teilen Palästinas, also von der Mittelmeerküste bis zu den Ostgrenzen der sogenannten Westbank. Diese Menschen mussten ihre Heimat verlassen, weil sie entweder bereits vor der israelischen Unabhängigkeit von jüdischen Untergrundorganisationen durch terroristische Aktionen aus ihren Dörfern getrieben (siehe Ilan Pappe „Die ethnische Säuberung Palästinas", Zweitausendeins 2007) oder mit militärischer Gewalt während des Krieges von den Israelis vertrieben wurden oder weil sie aus Angst vor den massiven israelischen Repressionen flohen.

Man muss sich diese Hintergründe vergegenwärtigen, um die heutigen terroristischen Verzweiflungstaten der Palästinenser in den besetzten Gebieten versuchen zu verstehen: Diesen Menschen wurde in den 1940er-Jahren der Terror von Fremden mit der Absicht in ihre Heimat getragen, sie von ihrem Besitz zu vertreiben. Nach dem sog. Unabhängigkeitskrieg der Israelis war ihnen der größte, fruchtbarste und wasserreichste Teil ihres ureigenen Landes entschädigungslos genommen worden. Auf dem Rest werden sie, entgegen dem Völkerrecht, durch jüdische Siedlungen konsequent verdrängt, ausgebeutet, quasi gefangen gehalten, drangsaliert, bombardiert und ständig gedemütigt.

Zunächst glaubten die Palästinenser, bald in ihre seit vielen Generationen angestammte Heimat zurückkehren zu können; an einer Integration in die neue Umgebung waren sie, zumindest zunächst, nicht interessiert. Doch die Israelis taten alles, um die Rückkehr der Vertriebenen zu verhindern; die meisten arabischen Dörfer in Israel wurden dem Erdboden gleichgemacht oder von den neuen Herrschenden bezogen. Auch die großspurigen Versprechungen der arabischen Gegner Israels, die Rückkehr militärisch zu erzwingen, fruchteten nichts, sondern verschlechterten die Situation noch insofern, als sich Jordanien in den Yom-Kippur-Krieg ziehen ließ und nach dem Sieg Israels weitere Flüchtlinge aufnehmen musste.

Viele westliche Politiker werfen den arabischen Staaten vor, sie hätten die Palästinenser nicht in ihre Länder integriert, sondern die Flüchtlingslager bewusst in Kauf genommen, um die Frage der Rückkehr heiß zu halten. Dieser Vorwurf ist nur bedingt gerechtfertigt, denn Jordanien nahm alle Flüchtlinge (bis auf diejenigen, die aus dem damals ägyptischen Gaza kamen oder die in andere Nahostländer flüchteten) bedingungslos auf und versuchte, die Menschen zu integrieren. Es gibt keine Restriktionen, eins der Flüchtlingslager zu verlassen und sich außerhalb anzusiedeln.

Andererseits scheint das Zusammenleben auch nicht so reibungslos zu funktionieren, wie es nach außen aussieht. Im Staatsdienst und im Bildungssektor wurden

*Nach Novemberregen: eine der Hauptstraßen im Flüchtlingslager Wihdat*

Quoten etabliert, die eindeutig zugunsten der Transjordanier ausgelegt sind. Daher waren die Palästinenser gezwungen, sich hauptsächlich im Privatsektor als Unternehmer oder Handwerker zu engagieren, und viele waren sehr erfolgreich.

Doch die weltpolitische Konstellation entschied gegen sie. Auch ein möglicher israelisch-palästinensischer Friedensprozess wird ihnen – sofern er überhaupt jemals zu einem fairen Ende kommt – voraussichtlich nicht die Heimat in den den Juden zugestandenen Grenzen zurückgeben. Zu dieser Einsicht fanden einige Palästinenser schon recht früh und arrangierten sich mit den Verhältnissen, andere tragen noch heute ihren alten Hausschlüssel wie einen Fetisch um den Hals gehängt und geben die Hoffnung nicht auf.

Viele der Flüchtlinge kamen anfangs nur notdürftig unter, zunächst in eilends errichteten Zeltlagern. Die Vereinten Nationen gründeten 1949 die Flüchtlings-Hilfsorganisation UNRWA (UNITED NATIONS RELIEF AND WORKS AGENCY), um das Elend der Palästinenser in den in Nahost verstreuten Lagern zu mindern. Zunächst nur mit einem dreijährigen Mandat ausgestattet, wird es seither in steter Regelmäßigkeit verlängert.

Die UNRWA wuchs zur größten UN-Organisation mit heute fast 20 000 Mitarbeitern (90 % davon sind Palästinenser) und einem Etat von weit über $ 500 Mio an. Die Zeiten der Lebensmittelverteilung sind vorbei, heute beschäftigt sich die Organisation hauptsächlich mit schulischer Erziehung, medizinischer und sozialer Betreuung – immerhin sind 30 % der Mitarbeiter Lehrer. In Jordanien existieren immer noch 13 Flüchtlingslager, mit etwa 350 000 Bewohnern. Aus den Lagern sind Stadtteile oder Dörfer entstanden, in deren Straßen und Gassen die Häuser enger zusammen stehen und dichter bewohnt sind als anderswo. Der Flüchtlingsstatus blieb erhalten, und die Bewohner identifizieren sich durch Gewöhnung mit dem Staat, in dem sie leben.

Weitere Informationen, z.B. Besuch eines Flüchtlingslagers, s. S. 150.

### Die Beduinen

Obwohl die Ahnen der meisten Jordanier nomadisierend das Land beherrschten, ziehen nur noch vergleichsweise wenige wirkliche Beduinen durch die Wüste. Es bezeichnen sich wohl noch mehrere hunderttausend Menschen als Beduinen – die sich aus 18 Stämmen zusammensetzen –, aber die tatsächlich im Zelt und nomadisierend lebenden Menschen werden auf maximal 10 000 geschätzt. Zwar bemüht sich die Regierung um Schulunterricht für die Kinder und generelle medizinische Hilfe, aber der Drang nach Freiheit und Mobilität ist häufig größer als der in die Schule.

Sie leben in schwarzen Ziegenhaarzelten, die so lange an einem Ort verzurrt sind, bis die Ziegen-, Schaf- oder nur noch selteneren Kamelherden die Umgebung abgegrast haben und neues Futter gefunden werden muss. Dann zieht heute meist eine Pick-up-Autokarawane zum nächsten Platz anstelle der seit Jahrtausenden üblichen Kamelkarawanen. Insofern hat die moderne Zeit Einzug gehalten, auch mit Radios oder Fernsehern.

Doch der eigentliche Lebensstil hält sich stark an die uralten Traditionen. Manchmal sieht man nur eines der schwarzen Zelte einsam in der Wüste stehen, häufiger einen Verbund von vielleicht vier oder fünf Familien. Während sich die Männer um die Herden und die übergeordneten (!) Aufgaben kümmern, sind die Frauen für Wasserversorgung (falls nicht per Pick-up), Brotbacken, Kochen und den übrigen Haushalt bis hin zum Weben von Teppichen oder Zeltbahnen zuständig.

Nach wie vor wird die Gastfreundschaft

bei den Beduinen aus alter und überlebenswichtiger Tradition hochgehalten. Wer nach langer Wüstenwanderung halbverdurstet und ausgehungert schließlich ein Zelt am Horizont sah, konnte sicher sein, dass er mit ausreichend Wasser sowie dem besten Stück Hammel versorgt wurde und den Schutz der Gastgeber bis zur Selbstaufopferung genießen konnte. Umgekehrt würde der Gast auch alles tun, um einen Wanderer, der an seinem Zelt vorbeikommt, zu beherbergen.

Wenn heute westliche "Nomaden" ein Zelt aufsuchen, wird ihnen immer noch diese Gastfreundschaft zuteil. Allerdings sollte man sich durch Gastgeschenke – und wenn es Geldscheine für die Kinder sind – erkenntlich zeigen. Denn es ist kaum anzunehmen, dass ein Mitglied der Familie jemals in Europa vorbeikommt und das Gastrecht einfordert, das man in der Wüste genoss.

## Frau und Ehe

Die Rolle der Frau ist in der islamischen Welt eher auf den familiären als auf den beruflichen Bereich orientiert. In Jordanien sieht die Welt bei Weitem nicht so orthodox aus wie im Nachbarland Saudi-Arabien. Theoretisch und weitgehend faktisch können Frauen alle Bildungseinrichtungen mit allen Abschlussmöglichkeiten durchlaufen und sich anschließend beruflich engagieren, falls Arbeitsplätze zur Verfügung stehen. Traditionell werden sie sich aber dort nicht beruflich engagieren, wo ihre Moral gefährdet sein könnte, selbst wenn sie dabei sehr viel besser verdienen. Royal Jordanian Airlines z.B. findet nicht einmal genug weibliches Kabinenpersonal und muss auf Ausländerinnen zurückgreifen.

Auch in der Politik spielen Frauen kaum eine Rolle. Bisher gelang es nur einer einzigen Frau, für eine einzige Wahlperiode einen Parlamentssitz zu erkämpfen. Zwar bemühen sich Frauenverbände und auch prominente weibliche Angehörige des Königshauses um eine weitere Emanzipation des weiblichen Geschlechts, doch gerade im legislativen Bereich bisher mit wenig Erfolg. Die Männer sind nach Umfrageergebnissen in ihrer überwältigenden Mehrheit der Meinung, dass Frauen in der Politik nichts zu suchen hätten, viele sprechen ihnen sogar das Recht ab, zu wählen oder ein Geschäft zu führen. Dennoch gelang es schon einigen Frauen in der Exekutive, hohe Stellungen wie Ministerämter zu bekleiden. In der Justiz sind

*Beduinenlager*

Richterinnen beschäftigt.
Die Tradition, dass die Frau sich um Haus und Familie zu kümmern hat, zeigt sich recht deutlich in der Statistik: Während ein Mann etwa 45 Jahre Berufsleben absolviert, wechselt die Frau durchschnittlich bereits nach knapp vier Jahren in den Haushalt. Mit 25 Lebensjahren sind 90 % der Jordanierinnen verheiratet, früher war das schon mit 20 Jahren der Fall. Offiziell liegt das heiratsfähige Mindestalter der Frauen bei 15, der Männer bei 16 Jahren. Immer noch stammen fast die Hälfte der Ehepartner aus dem familiären Umkreis, d.h. es handelt sich um mehr oder weniger entfernte Cousinen und Cousins. Allerdings öffnen sich Mittel- und Oberschicht mehr und mehr der freien Partnerwahl oder heißen sie sogar willkommen. Offiziell ist die Vielehe nach islamischem Recht erlaubt, aber nur etwa fünf Prozent der Männer machen Gebrauch davon.

> **Keine Ehre mehr:**
> **Der Ehrenmord ist nun Mord**
>
> Das jordanische Parlament stimmte im Herbst 2017 einem Gesetz zu, das den Ehrenmord nunmehr als Mord bestrafen lässt und nicht mehr milder wegen „schwerem Zorn" des Täters.
> Weiterhin wurde ein Gesetz erlassen, das **Frauen vor jeglicher Gewalt schützt**, also auch im häuslichen Bereich, was auch verbal betont wird. Dies bedeutet einen großen Umbruch im Denken, denn nun gilt das Sprichwort „Was zu Hause passiert, bleibt zu Hause" bestenfalls noch eingeschränkt.

*Nicht jede Frau in Amman kann sich ein Schwätzchen im Schatten leisten...*

## Der Jordan

Die Quellflüsse des Jordans entspringen am Hermongebirge in Israel und im Südlibanon. Nach der Vereinigung in etwa 200 m Höhe über dem Meeresspiegel sucht sich der in unseren wasserverwöhnten Augen recht kleine Fluss einen Weg zum See Genezareth, der bereits 209 m unter dem Meeresspiegel liegt. Dort, wo der Jordan den See wieder verlässt, regulieren Schleusen den Abfluss Richtung Totes Meer und natürlich auch zum "Großabnehmer" Israel. Nur wenige Kilometer entfernt mündet der Yarmuk, Jordaniens zweitgrößter Fluss, tatsächlich eher ein Bach, in den Jordan. 110 km später ist bereits das Ende des Jordans im Toten Meer erreicht. Auf diesem Stück verliert er den allergrößten Teil seines Frischwassers und dient eher als Abwasserkanal. Im jordanischen Jordantalgebiet werden etwa 75 Prozent aller Agrarprodukte des Landes erzeugt.

Eine positive Folge des Friedensvertrages mit Israel war die Regelung von Wasserfragen. So wurde vereinbart, dass das Yarmuk-Wasser im Winter im See Genezareth gespeichert und im Sommer in den Ghor-Kanal zurückgeleitet wird. Ein eilends gebauter Verbindungskanal macht es möglich, das Abkommen funktioniert reibungslos. Außerdem stimmten die Israelis dem Bau eines Yarmuk-Stausees zu, den sie zuvor mit Bombenangriffen verhindert hatten. Die fruchtbaren Gebiete liegen im Jordantal und im Nordwesten mit Zentrum um Ajlun. Aber wo immer sonst sich ein Stück nutzbarer Boden und genug Wasser finden, bemühen sich fleißige Bauern um eine Ernte. Besonders eindrucksvoll sieht man das beiderseits der Königsstraße, aber z.B. auch an der Straße nach Jerash, wo häufig grüne Flecken aus dem kahlen Umfeld leuchten.

*Der Jordan – Namensgeber Jordaniens*

Das Familienrecht der muslimischen Bevölkerung geht eindeutig auf islamische Grundlagen zurück, es wird aber nicht so orthodox ausgelegt wie in vielen anderen islamischen Ländern. So wendet z.B. die christliche Minderheit eigene, kirchliche Gesetze an, mit Ausnahme des Erbrechts, das eher aus pragmatischen Gründen allgemeingültig ist.

Da die muslimische Eheschließung juristisch ein privatrechtlicher Vorgang ist, legen beide Partner die Bedingungen für ihr zukünftiges Zusammenleben vertraglich fest. Die Frau kann z.B. auch festschreiben lassen, dass der Mann keine andere Frau neben ihr heiraten darf, und welche (finanziellen) Regelungen im Falle einer Scheidung zu treffen sind. Daneben gibt es staatlich festgelegte Regeln für einen Ehevertrag, die unter anderem besagen, dass der Ehemann für den Unterhalt seiner Frau während der Ehe zu sorgen hat. Keiner der Ehepartner darf andere Personen, auch nicht die Eltern, ohne ausdrückliche Zustimmung des anderen in die gemeinsame Wohnung aufnehmen. Ferner hat der Mann, als eine Art Sicherung im Fall einer Scheidung, ein Brautgeld aufzubringen, das allein im Besitz der Frau verbleibt und das auch von ihren Verwandten nicht angerührt werden darf. Üblich ist, dass bei der Eheschließung ein Teil des Betrages in Goldschmuck fällig ist, der größere bei einer Scheidung. Dennoch steht eine geschiedene Frau – abgesehen vom hohen Ansehensverlust – nach einer Scheidung ziemlich miserabel da, denn beim Brautgeld geht es um JD 5000-10 000, der monatliche Unterhalt wird in Streitfällen gerichtlich festgelegt, und das sind in der Regel Beträge um JD 50, also weit unter dem Existenzminimum. Das heißt, dass eine geschiedene Frau in den Schoß ihrer Familie zurückkehren muss.

Sobald das Brautgeld geflossen ist, hat die Frau ihrem Mann – wie noch bis in die 1950er -Jahre auch in Deutschland üblich – Gehorsam zu leisten. Bei Ungehorsam kann er seine Gattin durch Entzug des Unterhalts bestrafen. Ungehorsam bedeutet z.B., dass die Frau ohne Einverständnis des Mannes eine Berufstätigkeit aufnimmt, die gemeinsame Wohnung verlässt (nur wenn er sie schlägt, darf sie dies ohne Erlaubnis) oder sich weigert, mit ihm ins Ausland zu ziehen, es sei denn, dass dies im Ehevertrag ausgeschlossen ist.

Die Scheidung selbst kann auf drei Arten eingeleitet werden. Jeder Mann hat nach islamischem Recht die Möglichkeit, seine Frau ohne Angabe von Gründen zu verstoßen. Rechtsgültig wird die Verstoßung, wenn er sie in drei unabhängigen Sitzungen wiederholt. Die beiden ersten Aussagen können widerrufen werden, entscheidet er sich erst nach der dritten eines anderen, muss er seine Frau erneut heiraten, doch zuvor muss sie mit einem anderen Mann verheiratet gewesen sein.

Eine Frau kann ihren Mann nicht verstoßen, sie kann sich jedoch gegen Entschädigungszahlung freikaufen, andernfalls muss sie um die Auflösung der Ehe klagen. Als Gründe gelten schwere körperliche Gebrechen, auch Impotenz, oder lange Abwesenheit bzw. keine Unterhaltszahlungen. Die Kinder bleiben bis zur Pubertät bei der Mutter, dann ziehen sie zum Vater.

## Wirtschaft

Die Weltbank klassifiziert Jordanien als ein Land mit einem „durchschnittlichen Einkommen der unteren Mittelklasse" im Konzert der Länder, immerhin. Die wirtschaftliche Wachstumsrate lag 2017 bei geschätzten 2,3 %, die durchschnittliche

Kaufkraft bei 12 400 $ pro Kopf und Jahr. Doch 20-30 % der Bevölkerung leben unterhalb der Armutsgrenze.

Das Wüstenland Jordanien besitzt im Gegensatz zu seinem Nachbarn Saudi-Arabien praktisch keine Ölvorkommen. Die wichtigsten Bodenschätze sind Phosphat, Pottasche und Ölschiefer. Phosphat, Pottasche und Dünger erbringen fast ein Drittel der Exportleistung des Landes. Immerhin werden 15 % des weltweiten Bedarfs hier gewonnen. Knapp 10 % der Exporte bestehen aus landwirtschaftlichen Erzeugnissen, die in die Nachbarstaaten gehen. Dabei handelt es sich um Weizen, Zitrusfrüchte, Tomaten, Melonen, Oliven, Schafe, Ziegen und Geflügel. Trotzdem müssen mehr Lebensmittel eingeführt werden, als in den Export gehen können.

Die Industrieleistungen hängen eng mit den Mineralien zusammen. Die stark vom Staat beeinflusste Wirtschaft produziert hauptsächlich chemische Erzeugnisse. So gehören denn auch eine Superphosphatfabrik, ein Zementwerk und eine Erdölraffinerie zu den wichtigsten Industriebetrieben des Landes. König Abdullah II begann mit einer zaghaften Privatisierung der Staatsunternehmen, die in den letzten Jahren mit mehr Schwung fortgesetzt wurde. Die Textilindustrie kann Exporterfolge verzeichnen, eine eher bescheidene Elektro- und Maschinenbauindustrie ist stark auf den einheimischen bzw. regionalen Markt ausgerichtet. Wegen der fehlenden Rohstoffvorkommen ist ein weiterer Ausbau der Industrie, die etwa 30 % des Bruttosozialprodukts erwirtschaftet, schwierig.

Die Jordanier setzten mit Abschluss des Friedensvertrages mit Israel auf den Aufschwung der Tourismusindustrie, schließlich gehört das Land zum direkten Umfeld des Heiligen Landes. Hotels schossen wie Pilze aus dem Boden; wer Petra von früher kannte, konnte es kaum fassen, mit welcher Investitionsfreude eine Herberge nach der anderen innerhalb kurzer Zeit entstand. Ähnlich wurde in Amman nicht gekleckert, sondern in Vier- und Fünfsterne-Bauten geklotzt. 1999 kam der Tourismussektor auf etwa 20 % Anteil am Bruttoinlandsprodukt, doch davon floss etwa die Hälfte zurück ins Ausland an die Investoren.

Von den Besuchern Jordaniens kommen mehr als die Hälfte aus arabischen Nachbarländern, meist Verwandte oder Freunde, die selten in Hotels wohnen. Etwa 250 000 Ausländer – darunter 1800 Amerikaner und 1200 Engländer – such(t)en gezielt Krankenhäuser auf, weil das Land wegen seines medizinischen Standards einen guten Ruf besitzt. Die Experten der Weltbank stuften 2007 Jordanien weltweit auf Platz fünf und in der arabischen Welt auf Platz eins als Destination für den Gesundheitstourismus ein.

Als die Libanonkrise ausbrach, konnte sich Jordanien vom ehemaligen Finanzkuchen Libanons ein großes Stück abschneiden und die frühere Rolle vor allem des Finanzplatzes Beirut übernehmen. Da Jordanien im zweiten Golfkrieg mit der Unterstützung des Iraks auf der falschen Seite stand, wurden 1991 nicht nur alle jordanischen Gastarbeiter aus den Golfstaaten ausgewiesen, sondern auch die bei jordanischen Banken gehaltenen Bankguthaben über Nacht abgezogen; und die finanzstarken Besucher aus den Golfstaaten hielten sich über Jahre zurück.

Trotz allem bleibt ein auf längere Sicht nur schwer lösbares finanzielles Problem: 1993 gehörte Jordanien mit 7 Milliarden US$ Schulden zu den höchstverschuldeten Ländern des Nahen Ostens, gemessen an der Einwohnerzahl. Daher wurden ihm vom IWF strenge Regeln auferlegt. Mit vielen unpopulären Maßnahmen konnten diese Auflagen erfüllt werden, der IWF spendete sogar Lob – die Schulden sind dennoch kaum gefallen.

2017 wurden Produkte im Wert von fast

# Die Landschaft Jordaniens

17,8 Milliarden $ importiert, aber nur für 7,7 Milliarden $ exportiert. Von den 1,6 Mio Arbeitskräften waren 20 % in der Industrie beschäftigt, im Dienstleistungsbereich 78 % und in der Landwirtschaft 2 %. Die offizielle Arbeitslosenrate liegt bei 16,5 % (2017), wird aber tatsächlich auf 25-30 % geschätzt; bei Jugendlichen wird sie mit 29,3 % angegeben.

Die Landwirtschaft muss sich mit etwa 3,3 % der Gesamtfläche des Landes begnügen, davon sind knapp 600 Quadratkilometer künstlich bewässert. Die Bewässerung stellt und subventioniert der Staat, andernfalls wären die Farmer nicht wettbewerbsfähig, nicht einmal im Inland. Der Jordangraben trägt mit etwa 80 % den Hauptanteil zur landwirtschaftlichen Produktion bei, 90 % aller diesbezüglichen Exporte gedeihen hier. Im Wesentlichen werden Gemüse, Weizen, Melonen, Bananen und Zitrusfrüchte, im Bergland Linsen, Tabak, Oliven, Feigen und Granatäpfel angebaut. Das Bewässerungssystem des Jordangrabens wurde in den 60er-Jahren geschaffen bzw. massiv ausgebaut. Wichtigste "Wasserleitung" ist der Ghor-Kanal (offiziell König Abdullah-Kanal), den der Besucher des Jordantals mehrmals überquert.

Aufgrund der guten Bildung und Ausbildung konnte Jordanien viel Arbeitskraft vor allem in die boomenden Ölländer exportieren, doch der Golfkrieg beendete diese Verdienstquelle jäh und die Gastarbeiterüberweisungen gingen dramatisch zurück. Viele der Heimgekehrten investierten zunächst ihre Ersparnisse in Häuser und Wohnungen und lösten damit einen kurzfristigen Boom aus, die meisten Rückkehrer sind aber noch heute arbeitslos. Man schätzt, dass der Golfkrieg Jordanien mit etwa 8 Milliarden Dollar belastet hat.

Hinzu kommen die Folgen zunächst des Wirtschaftsembargos gegen den Irak, dann der nicht enden wollende Krieg. Damit ist der Zugang zu einem der ausländischen Hauptmärkte Jordaniens praktisch blockiert. Die immer noch wenigen Waren, die derzeit von Aqaba Richtung Irak transportiert werden, kompensieren nicht die Waren- und Dienstleistungsströme, die während der 80er-Jahre die Wirtschaft stützten. Auch der Friedensvertrag mit Israel brachte nicht den erhofften Erfolg. Weder trat ein dauerhafter Touristenstrom ein, noch öffnete sich der wirtschaftliche Zugang zum Nachbarn.

Andererseits sind in Jordanien an die 30 000 Gastarbeiter beschäftigt. Einen wesentlichen Anteil stellen ägyptische Fellachen, die zu einem Hungerlohn während der Erntezeiten auf den Feldern im Jordantal schuften, und Hausmädchen aus Südostasien, weil sich jordanische Frauen aus religiösen – eigentlich jedoch traditionellen – Gründen nicht in einem fremden Haushalt betätigen dürfen.

Die syrischen Flüchtlinge belasteten den jordanischen Staat zunächst erheblich. Aber bald wendete sich die Situation, nachdem internationale Hilfsgelder ins Land flossen und die besser gestellten Flüchtlinge aus dem Nachbarstaat in die jordanische Industrie investierten. Laut einem Bericht der Neuen Züricher Zeitung eröffneten viele Flüchtlinge als Kleinunternehmer z.B. Restaurants, angeblich (unvorstellbare) 16 000 an der Zahl.

# Natur

## Die Landschaft Jordaniens

Jordanien ist mit 89 342 km² etwas größer als Österreich. Von Norden (syrische Grenze) nach Süden (Aqaba) dehnt es sich 414 km aus, von West nach Ost zwischen 150 und 380 km. Man kann drei

## Nature Reserves

Die 1966 von ein paar Enthusiasten angestoßene und von König Hussein gegründete *Royal Society for the Conservation of Nature (RSCN)* ist für die Natur und die Reservate zuständig. Diese Naturparks sollen erhaltenswerte Landschaften vor Eingriffen schützen. Es ist beabsichtigt, insgesamt zwölf *Reserves* zu schaffen und damit eine Landesfläche von etwa vier Prozent unter Schutz zu stellen. Die seit längerer Zeit bestehenden sog. "Nationalparks" Dhibbin (bei Jerash) und Zai (bei Salt) gehören nicht dazu, sie werden als bessere Picknickplätze für Erholung suchende Städter unterhalten.

Von Nord nach Süd bestehen derzeit die folgenden Nature Reserves:

**Ajlun Nature Reserve** (s. S. 209) schützt eine vergleichsweise kleine, mediterrane Hügellandschaft in der Nähe von Ajlun.

Die **Dhibbin Forest Reserve** (s. S. 205) besteht fast ausschließlich aus Pinienwald.

Die **Azraq Wetland Reserve** (s. S. 244) soll die östlich der Oase verbliebenen Nassgebiete schützen und wiederherstellen.

In der **Shaumari Wildlife Reserve** (s. S. 245) bei Azraq werden Oryxantilopen nachgezüchtet und ausgewildert.

Die **Mujib Biosphere Reserve** (s. S. 309) ist mit 215 km² die zweitgrößte Reserve, sie umfasst den gewaltigen Canyon dieser Naturschönheit und eine Randzone am Toten Meer.

Die **Dana Biosphere Reserve** (s. S. 270), nicht allzu weit von Petra entfernt, erschließt ebenfalls eine faszinierende geschützte Landschaft, die auch für Wanderer gut erschlossen ist.

Die **Wadi Rum Protected Area** (s. S. 370), eine einmalige Wüstenlandschaft, wurde erst kürzlich unter Schutz gestellt.

Die **Aqaba Nature Reserve** (auch *Marine Peace Park*, s. S. 390) liegt unter Wasser: Es handelt sich um 17 km Korallen-Strand.

Die RSCN plant weitere neun Reservate, die über das ganze Land verstreut liegen.

**Important Bird Areas** (IBas) sind bedeutende Vogelgebiete, in denen entweder bedrohte Vögel nisten oder während des Vogelzugs rasten; denn ähnlich wie in Israel und Ägypten zählen auch jordanische Landstriche zu bedeutenden Rastplätzen. Insgesamt wurden 17 Gebiete zu IBas erklärt, u.a. alle Nature Reserves. Die RSCN organisiert spezielle Trips zur Vogelbeobachtung.

Unter Tel 06 533 7931 oder tourism@rscn.org.jo lässt sich in Amman Kontakt mit RSCN aufnehmen, um z.B. gezielt Besuche in den Reservaten zu arrangieren.

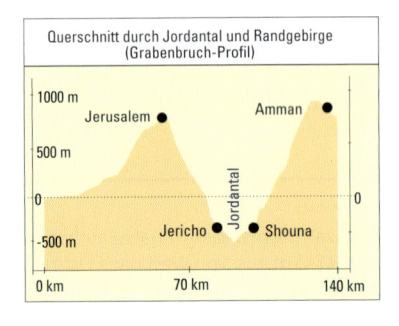

große Landschaftszonen unterscheiden, die in Ostwestrichtung nebeneinander liegen. Die östliche Zone besteht aus Wüste, die sich auf einem relativ schmalen Streifen im Norden als Basaltwüste, dann bis fast zum Süden als relativ langweilige Stein- und Sandwüste auf einem 500 bis 800 m hohen Plateau ausbreitet. Viel spektakulärer dagegen ist der südliche Wüstenteil mit dem Wadi Rum, das zu den faszinierendsten Wüstenlandschaften dieser Erde zählt. Die zweite Zone stellt das westlich der Wüste liegende Bergland dar, mit steil abfallenden, von wilden Wadis und Schluchten zergliederten Gebirgsfaltungen mit bis zu 1700 m hohen Gipfeln (im Süden). Die dritte Zone umfasst das Tiefland des syrisch-ostafrikanischen Grabenbruchs – den durchschnittlich 12 km breiten Jordangraben –, der sich von Syrien durch das jordanische Tiefland und durch das Rote Meer bis Ostafrika hinzieht. In Jordanien unterteilt sich dieses Gebiet – *Ghor* genannt – wiederum in das sehr fruchtbare Jordantal, das Tote Meer und das wüstenhafte Wadi Araba zwischen Totem und Rotem Meer. Während die Wüste etwa 80 Prozent des Landes beherrscht, drängen sich 80 Prozent der Bewohner im Bergland.

Das westliche Bergland wird durch einige schluchtartig eingeschnittene Täler in geografische Abschnitte geteilt. Nördlich von Amman liegen die Berge von Ajlun, südlich davon das fruchtbare Bergland von Belqa. Das Wadi Mujib zieht eine natürliche Grenze zum südlichen Bergland. Dessen nördlicher Teil (Moab) ähnelt dem Bergland von Belqa, ist aber wegen relativ hohem Niederschlag vergleichsweise fruchtbar. Der südliche Teil, der sich vom Wadi Hasa bis zum Golf von Aqaba erstreckt, besteht aus Granit und Rotsandstein, von dessen Rot sich *Edom* (rot) ableitete.

## Wasserhaushalt

Obwohl Jordanien im Übergangsgebiet zwischen der feuchten Mittelmeerküste und den Trockenregionen der Syrischen Wüste liegt, gehört Wassermangel zu den größten Problemen des Landes. Die zur Verfügung stehende Wassermenge pro Kopf der Bevölkerung zählt mit **85 Litern pro Tag** zu den niedrigsten der Welt; die Israelis verbrauchen 300 Liter, die Libanesen 150 Liter, mit der gerings-

*Nähe Ajlun: angeblich über 2000 Jahre alter Olivenbaum*

ten Menge von **nur 50 Litern** (!) müssen die Palästinenser auskommen. Die vorhandenen Ressourcen sind weitestgehend genutzt, sogar übernutzt, denn die Jordanier greifen massiv auf ihr Grundwasser zurück, um das Defizit auszugleichen. Aber auch dieses Reservoir ist begrenzt, in voraussichtlich 30 Jahren wird es bis zu einer Tiefe von 200 m abgesunken sein. Für den steigenden Bedarf wird sogar eine Wasserleitung aus der Türkei diskutiert, die jedoch viele politische Fragen aufwirft.

Die Regierung bemüht sich mit allen Mitteln um eine Lösung oder Minderung des Problems. Doch der geschätzte Investitionsbedarf von etwa 4,5 Milliarden Dollar setzt enge Grenzen. Es gibt mehrere Ansätze, den bedrohlichen Wassermangel zu mindern. In der Landwirtschaft könnte am meisten gespart werden, wenn man gezielter und sorgsamer mit dem vorhandenen Wasser umginge. In vielen Fällen genügt z.B. geklärtes Abwasser zur Bewässerung, aber es fehlt an Kläranlagen. Weiterhin müsste mehr Tropfbewässerung eingesetzt werden, womit sich erhebliche Wassermengen einsparen ließen. Schließlich müssten die überalteten und brüchigen städtischen Wasserleitungssysteme überholt und abgedichtet werden. Man schätzt, dass allein 35 % des nach Amman gepumpten Wassers aus undichten Leitungen wieder versickern.

Die derzeit größten Versorgungsquellen stellen der **Yarmuk** und der **Jordan** dar. Aus beiden Flüssen bedient sich auch Israel, am kräftigsten aus dem Jordan. Vom Yarmuk wird der 1961 in Betrieb genommene Ghor-Kanal gespeist, der östlich des Jordans verläuft und die Felder der jordanischen Bauern bewässert. Allerdings verdunsten und versickern bis zu 40 Prozent des Wassers, bevor es auf die Felder kommt. Als weitere Versorgungsquelle fällt noch der Zarqa ins Gewicht, dessen Wasser im King Talal Stausee gesammelt wird.

Direkt ins Tote Meer entwässern sich auch ein paar Rinnsale bzw. kleinere Flüsse, z.B. das **Wadi Mujib**, aber auch von ihnen ist nicht allzu viel abzuzweigen. Allerdings zeigen die dort neu gebauten Staudämme, dass die Jordanier auch hier jeden überschüssigen Tropfen Wasser nutzen. Etwa 20 Prozent der nicht allzu üppigen Niederschläge im Winter können gespeichert werden, der Rest verdunstet oder versickert im wüstenhaften Boden.

Da die Niederschlagsmengen in vielen Gegenden zu gering sind, müssen die Felder nahezu ausschließlich künstlich bewässert werden. Mehr und mehr setzt sich Tropfbewässerung durch, gegen Verdunstung werden häufig Pflanzungen mit Plastikplanen geschützt.

Ein erst jetzt angezapftes Reservoir namens **Qa Disi** liegt im Südosten unter dem Wüstenboden bei Diseh im Wadi Rum: Es handelt sich um sogenanntes fossiles Wasser, das vor Jahrtausenden im porösen Stein oder in Aushöhlungen gespeichert wurde. Es kann mit entsprechenden Pumpen gefördert werden. Eine großvolumige Wasserleitung versorgt inzwischen Amman.

Seit langem werden in der Region, hauptsächlich in Israel, Pläne diskutiert, einen **Wasserkanal vom Roten zum Toten Meer** zu ziehen und die aus dem Gefälle gewonnene Energie zur Wasserentsalzung zu nutzen. Damit wäre das Problem gelöst, dass der Wasserspiegel des Toten Meeres wegen der extensiven Nutzung der Zuflüsse ständig sinkt. Andererseits bestehen erhebliche Bedenken aus der Sicht des Umweltschutzes gegen ein derartiges Projekt.

Es gibt also sehr viel zu tun, um das Wasserproblem einigermaßen in den Griff zu bekommen und Konflikte der Zukunft –

*Schwarze Iris – die Nationalblume Jordaniens*

die sich mehr um Wasser als um Öl drehen werden – zu vermeiden.

## Flora und Fauna

Trotz Wüstenlandschaft kommen in Jordanien zahlenmäßig immerhin so viele Pflanzenarten wie in Deutschland vor. In den wasserreicheren Gebirgszonen ist Wald übrig geblieben bzw. durch Aufforstung wiedererstanden. Vor allem im Nordwesten um Ajlun oder Salt, wo noch Mittelmeerklima herrscht, findet man Eichen- und Kiefernwälder, weiter südlich reicht es dann nur noch für Wacholder, im Wadi Araba wurden Tamarisken aufgeforstet. Die Steppe, die zwischen den Gebirgszonen und der Wüste liegt, wird heute an vielen Stellen mit Hilfe künstlicher Bewässerung kultiviert. Wo sie noch im ursprünglichen Zustand belassen blieb, wachsen im Norden Gräser, im Süden eher Beifuß. In den echten Wüstengebieten sieht es natürlich kahl aus. Besonders die Lavawüste im Nordosten lässt kaum Vegetation zu, höchstens in Wadis, in denen sich Wasser der seltenen Regenfälle sammeln kann. In der Sandsteinwüste des Südens, wie z.B. im Wadi Rum, kommt etwas mehr Vegetation vor.

Die Vielfalt der jordanischen Pflanzen wird besonders im Frühling deutlich, wenn vor allem die vielen Wildblumen blühen. Dann lohnen sich Wanderungen in der Dana Nature Reserve, die das gesamte Spektrum vom Hochland bis hinunter in die Wüstenzone des Wadi Araba erschließen.

Und trotzdem: Was wir heute an Vegetation oder auch an Wildtieren sehen, sind nur noch die eher spärlichen Überreste dessen, was speziell die Bergregion einst zu bieten hatte. Bis ins 19. Jh berichten Reisende von den herrlichen Wäldern und grünen Tälern, in denen viel Wild lebte. Doch bereits zu dieser Zeit war der Wald drastisch reduziert gegenüber dem Bestand vor Jahrtausenden; nicht nur Bäume, sondern auch viele Pflanzen sind aus Jordanien verschwunden. Im 19. und 20. Jh folgte dann der große Kahlschlag durch die zunehmende Bevölkerung, durch den attraktiven Marktwert von Holz in den Nachbarländern, den Bau der Hejaz-Bahn mit ihren Tausenden von Schwellen und auch durch die zugewanderten Tscherkessen, die Holz in großem Umfang verarbeiteten.

Weitere Schäden gingen von den Schaf-, vor allem aber von den Ziegenherden aus, die durch Überweidung zur Erosion der Böden massiv beitrugen. Erst seit Mitte des 20. Jh findet ein Umdenkprozess statt. Der Raubbau wurde gestoppt oder zumindest eingedämmt und immerhin etwa 60 000 Hektar Wald aufgeforstet.

Während die Löwen bereits im Mittelalter ausgerottet wurden, gelang es im 20. Jh, die meisten der noch wild lebenden Säugetierarten zu beseitigen, zuletzt per Geländewagen mit automatischen Schusswaffen. In sehr geschützten Regionen leben noch ein paar Gazellen, eine Spezies, die bis in die 40er-Jahre zuhauf und überall vorkam. Die für die arabische Wüste typischen Oryxantilopen waren 1960 bis auf etwa 50 Tiere weltweit ausgerottet. Im Wildpark bei Azraq gelang es, sie wieder zu vermehren. Bei den Vögeln wurde der wildlebende Strauß, der immerhin noch bis 1932 zu sehen war, ausgerottet. Bei einigen anderen Arten (z.B. Geier oder Adler) sind die Bestände vermindert. Die leider stark reduzierten Teiche bei Azraq boten zuvor zahllosen **Zugvögeln** einen ganz wichtigen Rastplatz. Die spärlichen Gewässer sollen durch die neu geschaffene *Azraq Wetland Reserve* erweitert werden.

An gefährlichen Tieren sind nur zwei giftige Schlangen, die sandfarbene Hornviper und die Sandrasselotter, zu nennen. Als durchaus gefährlich werden Stiche der schwarzen Skorpione eingestuft, die auch in Petra vorkommen. Die gelben Skorpione verursachen zumindest heftige Schmerzen. Auch in der wunderschönen Unterwasserwelt von Aqaba lauern Gefahren: Um Steinfische, Feuerfische, Stachelrochen, Kegelschnecken und Feuerkorallen sollte man einen großen Bogen machen.

### Die Umwelt

Die 1966 gegründete Royal Society for the Conservation of Nature (RSCN, siehe Kasten S. 110) kann sowohl als Initiator als auch als Indiz für Ansätze von Umweltbewusstsein in Jordanien gewertet werden. Verglichen mit anderen arabischen Ländern, in denen der Umweltschutz eher unbekannt ist oder erst in der Diskussion steht, setzt sich in Jordanien der Gedanke mehr und mehr durch, dass auch künftige Generationen Natur zum Überleben brauchen. Immerhin wurden an den Schulen über 400 Umweltclubs ins Leben gerufen. Die Kinder tragen die Idee nach Hause und fordern sie um ihrer eigenen Zukunft willen hoffentlich ein.

Fuß gefasst hat in Jordanien auch die Umweltorganisation *Friends of the Earth* (FoE). In einer Middle East Gruppe wirken Ägypten, Israel, Jordanien und die Palestinian National Authority mit. Innerhalb Jordaniens hat sich die *Jordan Environmental Society* als die führende Umweltschutzorganisation herausgebildet, die mit Seminaren und Workshops an Schulen und Universitäten für den Umweltschutz wirbt.

Im täglichen Leben ist noch nicht allzu viel von Umweltbewusstsein zu verspüren. Wilde Müllhalden und das sorglose Wegwerfen von Abfällen gehören leider noch zur Selbstverständlichkeit. Das Bewusstsein für mehr Sauberkeit wird sich nicht – wie bei uns in den 1960/70er-Jahren – von heute auf morgen entwickeln. Bis dahin muss man die vielen Plastiktüten, die leeren Dosen und Flaschen am Wegesrand wohl noch in Kauf nehmen.

## Religion

### Der Islam, die staatstragende Religion

Mit 98 Prozent Muslimen ist auch in Jordanien der Islam Staatsreligion. In der Verfassung wird jedoch uneingeschränkte Religionsfreiheit garantiert. Der nichtmoslemische Religionsanteil verteilt sich weitgehend auf Christen unterschiedlicher Konfessionszugehörigkeit.

Seit Menschengedenken verehrten die Beduinen der Arabischen Halbinsel bereits die Kaaba, einen großen schwarzen Meteoriten, um den herum sich die Stadt Mekka entwickelte. Dort wächst Ende des 6. Jh das Waisenkind Moham-

*Der Islam ist allgegenwärtig: König Abdullah Moschee in Amman*

med aus dem Stamm der Hashemiten als Hirte unter Hirtenkindern bei seinem Onkel Abu Talib auf. Später engagiert eine reiche Kaufmannswitwe den zuverlässigen jungen Mann als ihren Vertreter, der auf vielen Reisen in die nähere und fernere Umgebung nicht nur den Geschäften nachgeht, sondern auch mit scharfer Beobachtungsgabe die jüdischen und christlichen Religionsinhalte wahrnimmt. 610 nC werden dem etwa 40-Jährigen göttliche Offenbarungen zuteil, die er als *Koran* (Offenbarung, Rezitation) den Menschen um sich herum mitteilt.

Die Lehre Mohammeds von einem einzigen Gott knüpft an jüdische und christliche Überlieferungen an. Aber der Prophet gilt im eigenen Land nicht viel; die Mitbürger befürchten Einkommensverluste, wenn infolge der neuen Religion die beduinischen Pilger zur Kaaba ausbleiben sollten. Sie verehren lieber ihre traditionellen Fetisch-Götter und Idole weiter, die sie um die Kaaba herum aufbauen.

622, nach 12 wohl ziemlich frustrierenden Jahren, erhält Mohammed einen Ruf aus Medina (damals Yathrib), dort die religiös-politischen Streitigkeiten zwischen zwei Araberstämmen und einer jüdischen Gemeinde zu schlichten. Zusammen mit 70 Gefolgsleuten zieht er nach Medina um. Mit dieser *Hedschra* (englisch *Hejra*), traditionell als Flucht bezeichnet, beginnt die muslimische Zeitrechnung. In Medina muss Mohammed in erster Linie politisch agieren, damit er Gehör und Erfolg finden kann. Er gewinnt Anerkennung und gründet die *Umma*, die Gemeinschaft der Muslime, eine theokratisch organisierte Gesellschaftsform. Auf diese Verschmelzung von politischer und religiöser Handlungsanleitung wird der spätere Erfolg des Islam zurückgeführt. Mohammed will Mekka, d.h. die Kaaba erobern, weil er diesen Sammelpunkt der Beduinenstämme zur Vereinigung Arabiens nutzen kann. 630 gelingt seinem kleinen Heer die Eroberung der Stadt. Die Bewohner ergeben sich ohne großen Widerstand und schließen sich weitgehend seiner Lehre an. Mohammed reinigt die *Kaaba* von Götzenbildern und bestimmt sie zum Heiligtum und Zentrum des Islam. Als der Prophet zwei Jahre später stirbt, hat er nicht nur eine neue, starke Religion gestiftet, sondern auch die zerstrittenen arabischen Stämme so weit unter dem Zeichen des Islam geeint, dass diese den neuen Glauben und den darin formulierten Gottesstaat blitzartig im Orient verbreiten können.

Zum besseren Verständnis der historischen Zusammenhänge muss noch auf weitere Ereignisse aufmerksam gemacht werden. Mohammed hatte seine Nachfolge nicht geregelt. Als sein erster *Kalif*, d.h. Statthalter des Propheten, tritt Abu Bekr von 632 - 634 die Nachfolge an. Auf ihn folgt Omar als Kalif, der in seiner zehnjährigen Herrschaft von Persien im Osten über Syrien bis Ägypten im Westen einen großen Teil der damaligen Welt unterwirft und islamisiert. Nach Omars Ermordung wird von einem Wahlkollegium Othman als Kalif bestimmt, doch dagegen wendet sich Ali, der Schwiegersohn des Propheten. 661 verlieren die Anhänger Alis die Schlacht bei Kerbala, Ali wird getötet. Seine Anhänger spalten sich vom Hauptstrom der Muslime als *Schiiten (Schiat Ali,* Partei Alis) ab. Die anderen werden *Sunniten* (Befolger der Sunna) genannt. Die Schiiten leben in großen Teilen des heutigen Irak und des heutigen Iran. Das Kalifat besetzen nun die *Omayaden*, die aus dem Hause Othmans stammen. 750 folgen ihnen für fast fünf Jahrhunderte die *Abbasiden*.

Die von Mohammed verkündete Religionslehre des Islam (deutsch *Hingabe*) ist im Koran festgehalten. Mohammed selbst hatte keine schriftlichen Dokumente hinterlassen, erst 20 Jahre nach seinem Tod wurde eine verbindliche Fassung seiner Lehren schriftlich fixiert. Doch die zu jener Zeit noch nicht voll ausgeprägte arabische Schrift ließ Mehrdeutungen zu. Insgesamt besteht der Koran in heutiger Fassung aus 114 *Suren* (Abschnitten, Kapiteln), die sich wiederum in *Ayat* (Verse) unterteilen, wobei die kürzeste Sure drei und die längste 306 Verse enthält. Da Gott den Koran dem Propheten mitteilte, wird er von den Gläubigen als heilig und unveränderbar angesehen. Anders verhält es sich mit der **Sunna**, einer Textsammlung aus dem 9. Jh, die im Wesentlichen den Lebensweg des Propheten, sein Denken und Handeln beschreibt. Sie gilt nicht als unfehlbar, spielt jedoch eine wichtige Wegweiserrolle im Leben eines Gläubigen.

Viele Elemente des Islam basieren auf der Thora bzw. Bibel. So betrachtet Mohammed Moses und die anderen Propheten der Bibel, aber auch Jesus als seine Vorgänger, er selbst allerdings sei der letzte in der Reihe der Propheten, dem die größte und abschließende Offenbarung mitgeteilt wurde.

Der Begriff *Allah* für den Gott des Islam ist nicht nur das arabische Wort für Gott, *Allah* ist grundsätzlich auch bedeutungsgleich mit dem jüdischen und christlichen Gott. Doch Allah ist einzig; er hat im Gegensatz zum christlichen Gott oder zu den früheren arabischen Göttern keine Söhne oder Töchter. Er, der allwissend ist, verlangt unbedingte Hingabe und die Befolgung seiner Gebote.

Wie auch in anderen Religionen glauben die Muslime an das Leben nach dem Tod, werden die Taten des Menschen nach dem Tod bewertet (allerdings erst beim Jüngsten Gericht), landen die Bösen unter furchtbaren Qualen in der Hölle, die Guten im Paradies. Jedoch verhält sich der Mensch prinzipiell nach Allahs Willen. Er kann sein irdisches Wandeln nur bedingt modifizieren. Daraus resultiert ein gewisser Fatalismus, dem wir Europäer häufig erstaunt oder gar fassungslos gegenüberstehen.

"Es gibt keinen Gott außer Allah, und Mohammed ist sein Prophet" (arabisch *La illa Allah wa Muhammadun rasulu Allah*), dieses Glaubensbekenntnis und Grunddogma ist einer der fünf Grundpfeiler des Islam. Täglich hören Sie es von den Minaretten der Moscheen schallen.

Eine weitere Grundpflicht sind die täglichen fünf Gebete: Bei Sonnenuntergang (Beginn des neuen Tages) erfolgt das erste Gebet, zwei Stunden nach Sonnenuntergang das zweite, in der Morgenröte das dritte, mittags das vierte und gegen drei Uhr nachmittags das fünfte. Es muss rein gebetet werden, d.h. mit gewaschenen Füßen, Händen und sauberem Gesicht, ohne Schuhe und auf einer reinen Unterlage (Gebetsteppich) mit dem Kopf in Richtung Mekka. Daher hat auch der Besucher einer Moschee entweder die Schuhe auszuziehen oder die häufig angebotenen Stoffüberschuhe anzulegen.

Einmal im Jahr muss der Muslim einen Fastenmonat einhalten, der im Mondmonat *Ramadan* liegt und 30 Tage andauert; diese Vorschrift ist ebenfalls einer der fünf Glaubensgrundpfeiler der muslimischen Religion. Von der ersten Dämmerung bis zum Sonnenuntergang darf weder gegessen noch getrunken, geraucht oder sonstigen fleischlichen (sexuellen) Genüssen nachgegangen werden. Darüber hinaus sollen keine bösen Worte gesagt oder gedacht und Streit sowie kriegerische Auseinandersetzung vermieden werden. Für den Besucher kann der Monat Ramadan ein paar praktische Probleme mit sich bringen, da z.B. viele Restaurants tagsüber geschlossen und nach Sonnenuntergang total überfüllt sind.

Als ein weiterer Glaubenspfeiler gilt die Almosenpflicht gegenüber Armen. Mit dieser "Armensteuer" reinigt sich der Besitzende vom Makel des Besitzes, für den Habenichts ist sie eine Art Rentenversicherung. Ziemlich genaue Vorschriften regeln, welche Anteile abzugeben sind. Weiterhin soll – als letzte der fünf grundlegenden Vorschriften – jeder Gläubige einmal im Leben eine Pilgerfahrt *(Haj)* nach Mekka unternehmen. Sie zählt zu den Höhepunkten im muslimischen Leben; das gemeinsame Gebet mit vielen hunderttausend anderen Pilgern vor der Kaaba in Mekka ist ein tief prägendes und die Glaubensgemeinschaft verbindendes Erlebnis.

Schwache und Gebrechliche können

*Die selbstbewusste junge Frau in Salt stellt Kufiyas („Palästinensertuch") in unterschiedlichen Schnitten und Bestickungen her; angeblich sind ihre Produkte in ganz Jordanien gefragt*

## Der Islam, die staatstragende Religion

sich, solange ihr Zustand anhält, von diesen Pflichten befreien.

Zu den weiteren Vorschriften des Korans zählt die Beschneidung der Knaben. Die meist mit einem großen Fest verbundene Zeremonie findet heute kurz nach der Geburt statt. Strenge, den klimatischen Verhältnissen angepasste Verbote herrschen auch bei Tisch: Es gibt keinen Alkohol oder andere berauschende Getränke; der Verzehr von Schweinefleisch, ebenso von Fleisch fleischfressender Säugetiere ist verboten.

Als Mohammed vor knapp eineinhalb Jahrtausenden seine Lehre verkündete, stellte er die Frau dem Mann weitgehend gleich – damals ein großer emanzipatorischer Sprung nach vorn. Auch vor Allah sind beide Geschlechter gleich, lediglich auf Erden sind ihnen, da unterschiedlich geschaffen, auch unterschiedliche Pflichten auferlegt, aus denen wiederum unterschiedliche Rechte folgen. Dennoch bestimmt der Koran eine Gleichwertigkeit, indem er der Frau Eigenbesitz, Erbrecht und standesgemäße Versorgung zugesteht. Selbst für den Fall der Scheidung ist vorgesorgt, denn vor der Heirat wird in einem rechtlich verbindlichen Ehevertrag festgelegt, wofür der Mann aufzukommen hat.

Der Koran verlangt, dass Ehepartner sich gegenseitig Schutz und Geborgenheit gewähren. Weder verpflichtet er zum Geschlechtsleben, noch wird es als Sünde betrachtet. Im Grunde ging Mohammed die Probleme des täglichen Lebens und Zusammenlebens sehr pragmatisch an, indem er Scheidungen zugestand, andererseits aber den Lebensunterhalt der Frau sicherte. Wer diesen Pragmatismus mit den verkrampften Regeln anderer Religionen in der damaligen Zeit vergleicht, wird einen der Gründe finden, warum sich der Islam so schnell ausbreitete.

Wenn heute in westlicher Überheblichkeit auf die Ungleichstellung der Frau in islamischen Ländern hingewiesen wird, so sollte man vielleicht einmal in unserer Entwicklungsgeschichte zurückblättern, wie düster es vor sechs Jahrhunderten für Frauen in der christlichen Welt aussah. Auch wenn dieser Vergleich hinkt, ist anzunehmen, dass sich die um 600 Jahre jüngere islamische Lehre ähnlich wie das Christentum weiterentwickeln und sich um das Jahr 2600 vermutlich anders darstellen wird als heute.

Die progressiven Ideen von damals, die sowohl dem Mann als auch der Frau Verpflichtungen auferlegten, verkrusteten im Laufe der Jahrhunderte. Die Männer verstanden es, eine patriarchalische Ordnung aufzubauen, in der die Frau in mancher Hinsicht ins Hintertreffen geriet. Doch auch in der islamischen Gesellschaft wandeln sich Ansichten und Einstellungen, wird die Abhängigkeit der Frau vom Mann durch Berufstätigkeit und die Tendenz zur Kleinfamilie gelockert. Ein aktuelles Beispiel mag der Iran sein, dessen streng fundamentalistische Restriktionen sich nun wieder zu lockern scheinen.

Dass es in derartigen Phasen Menschen – Traditionalisten oder Fundamentalisten – gibt, die sich neuen Ideen oder Praktiken in den Weg stellen, lässt sich beliebig in der Geschichte aller Religionen verfolgen. Häufig versuchen Machthungrige ihr Süppchen auf dieser Flamme zu kochen, um ihre Positionen auszubauen oder zu festigen; dass sie dabei häufig genug ihre Umgebung in einer Weise tyrannisieren, die weit entfernt von den Idealen des Islam ist, spielt für sie keine Rolle.

Im Islam ist besonders die bildliche Darstellung von Menschen verpönt, weil sich Mohammed in dieser Richtung äußerte, sie aber nicht ausdrücklich verbat. Seine Äußerungen wa-

*Kein Problem in Madaba: St. Georgskirche und Moschee in fast unmittelbarer Nachbarschaft*

ren mehr gegen den Götzendienst als gegen figürliche Malerei gerichtet. Dennoch scheuen auch heute noch strenge Muslims vor Kameras zurück. Dieses "Verbot" hatte allerdings extreme Auswirkungen auf die Kunst: Es führte zu der reichen Flächenornamentik des Islam. Die antike Blattranke wurde zur Arabeske stilisiert, einem fortlaufenden Rankenmuster aus Stängel, Blatt und Blüte. Darüber hinaus entstand die arabische Schriftkunst, die *Kalligrafie*, die – neben China – in keiner anderen Kultur ihresgleichen findet.

Zum Schluss noch ein paar Worte zur täglichen Praxis. Jeder Besucher hört fünfmal täglich den Gebetsruf über die Dächer schallen. In vielen islamischen Ländern sind Gebetsrufer – *Muezzins* – am Werk, deren Qualifikation nicht unbedingt nachgeprüft wird. Anders in Jordanien. Alle Prediger müssen die Sharia-Fakultät einer Universität absolvieren, um das Mikrofon einer Moschee in die Hand nehmen zu dürfen. Ihre Predigten hören unauffällige Kontrolleure mit; sollte der Inhalt vom allgemeinen Leitbild zu weit entfernt liegen, vor allem stark in fundamentalistische Tendenzen ausufern, wird der Vorbeter sofort suspendiert. Akademischer Hintergrund und ständige Kontrolle verhindern Hetztiraden, wie sie aus vielen anderen muslimischen Ländern bekannt sind.

## Christen in Jordanien

Hier soll nicht über das Christentum an sich referiert werden, sondern über die Situation der Christen in dem muslimischen Land Jordanien. Im Gegensatz zu fanatisierten islamischen Ländern der Umgebung garantiert die jordanische Verfassung ausdrücklich freie Religionsausübung, das Christentum steht wie der Islam unter staatlichem Schutz. Königliche Beamte sind beauftragt, für die Christen und die Erhaltung ihrer Rechte Sorge zu tragen. Im Parlament sind Sitze für christliche Abgeordnete reserviert.

Diese Gleichstellung der beiden Religionen kann man auch im täglichen Leben schon daran erkennen, dass neben der größten und bedeutendsten Moschee in Amman, der King Abdullah Moschee, gleich zwei christliche Kirchtürme unübersehbar aufragen. Seit 1996 wurde sogar per Gesetz und Zustimmung der islamischen Abgeordneten christlicher Religionsunterricht an öffentlichen Schulen mit christlichen Schülern eingeführt; in manchen anderen islamischen Ländern wäre dies ein Fanal für Fanatiker, in Volksaufständen die Rücknahme durchzusetzen.

Die Zahlenangaben über die Christen variieren ziemlich stark. In diversen Veröffentlichungen wird von 8, manchmal sogar von 10 Prozent Anteil an der Gesamtbevölkerung gesprochen. Stößt man auf absolute Zahlenangaben, dann ist in der Regel von etwa 200 000 Menschen die Rede. Sie gehören den unterschiedlichsten christlichen Konfessionen an, wobei die griechisch-orthodoxe den höchsten Anteil hält, dann folgen Katholiken, Protestanten, Kopten und verschiedene kleine Gruppen. In Amman gibt es eine kleine evangelische Gemeinde, die einzige deutschsprachige christliche Gemeinschaft in Jordanien.

Angeblich besitzen die Christen einen überproportionalen Einfluss im Geschäftsleben und auch in der Politik. Solche Aussagen sind mit Vorsicht zu betrachten, weil man nicht weiß, wer sie aus welchem Grund lanciert. Aber immerhin sind sie in nahezu jedem Kabinett vertreten, stellen häufig sogar Schlüsselpositionen wie den Außen- oder Finanzminister.

## Kunst und Kultur

Die lange Geschichte der islamischen Religion hinterließ ihre Spuren natürlich auch in der Kunst und Kultur des heutigen Jordanien, obwohl die eigentlichen Zentren jenseits des Jordans lagen. Eine Eigenständigkeit in der Kunst begann sich erst mit der Unabhängigkeit zu entwickeln. Maler und Bildhauer schufen Werke, die in Ausstellungen vorgestellt wurden. Mit der Gründung der *Royal Society of Fine Arts* wurde die Gegenwartskunst gezielt unterstützt und über die Landesgrenzen hinaus bekannt gemacht. Die Künstler Jordaniens genießen große Freiheit. Nicht zuletzt aus diesem Grund finden ihre Kollegen aus restriktiven Nachbarländern in Jordanien eine Plattform für ihre Arbeiten. Beim Besuch von Kunstgalerien wird man erstaunt den hohen Anteil ausländischer Werke feststellen.

Das Theater – eigentlich kein typisch arabisches Ausdrucksmittel – entwickelte sich aus eher laienhaften Ansätzen bereits vor der Staatsgründung zu einer Profession. Heute bietet das *Royal Cultural Center* den Schauspielern die beste Wirkungsstätte, aber auch andere öffentliche und private Institutionen zeigen Theateraufführungen.

Die Literatur Jordaniens wird hauptsächlich von ägyptischen und libanesischen Schriftstellern dominiert. Eine eigenständige Literatur des Landes entwickelt sich zwar, ist aber selten in Englisch oder gar Deutsch verfügbar.

### Kunsthandwerk

Einen wesentlich tiefer im Volk verankerten Platz nimmt das **Kunsthandwerk** ein. Wie in vielen anderen Gegenden der Welt schienen auch in Jordanien handwerkliche Künste auszusterben oder verlöschten sogar endgültig. Nicht zuletzt der steigende Tourismus mit seinem Bedarf an originalen oder originellen Souvenirs belebte einige dieser fast verlorenen Fähigkeiten wieder.

So besannen sich Beduinenfrauen vom Stamm der Bani Hamida, in der Gegend von Mukawir bei Madaba, ihre Teppichwebkunst zu reaktivieren und sie letztendlich in Farben und Design dem Markt anzupassen. Immerhin beschäftigen sich etwa 1500 Frauen mit der Teppichherstellung, ihr spezielles Design ist bekannt und hat zu einer Exportquote von 20 Prozent geführt. Auch in Jerash wurden Webstühle neu installiert.

In der Gegend des Wadi Musa erinnerte man sich ebenfalls an die alte Kunst und stellt nun für die Besucher Petras Kelims und Kameltaschen her. Die Beduinenfrauen arbeiten dabei traditionell mit dem mühseliger zu bedienenden Bodenwebrahmen. In einigen anderen Städten lebte die Tradition auch wieder auf, allerdings meist mit dem normalen Webstuhl, der höhere Produktionen und feineres Design zulässt. Doch führte der Konkurrenzdruck schließlich wieder dazu, anstelle der früher sehr feingesponnenen Wolle dickere Fäden zu verwenden, die den fertigen Teppich etwas gröber aussehen lassen. Madaba ist zum Zentrum dieser von Männern betriebenen Webkunst geworden.

Sticken wird speziell bei den Palästinenserinnen großgeschrieben. Traditionell begann ein Mädchen mit 12 Jahren für seine Aussteuer zu sticken; Mütter hei-

*Junge Frauen in Dana stellen Silberschmuck für Teeschalen her*

ratsfähiger junger Männer inspizierten nicht selten diese Arbeit, um unter anderem anhand dieses Kriteriums eine Frau für den Sohn auszuwählen. Die Stickereien schmücken Kleider, Kissen bis hin zu Taschentüchern. Die Muster variieren von Dorf zu Dorf; als die schönsten werden die von Ma'an angesehen.

Von den einst zahlreichen Silberschmieden Ammans ist praktisch niemand übrig geblieben. Der Grund für diese Entwicklung liegt darin, dass die Beduinenfrauen zum Goldschmuck umschwenkten und für Silberschmuck kein Interesse mehr zeigen. Dies bedeutet für den Käufer zwar die Chance, alte Stücke und keine Imitationen zu erwerben, aber der Nachschub wird irgendwann versiegen.

Noch vor wenigen Jahrzehnten töpferten die Frauen in den Dörfern den größten Teil des Bedarfs an Haushaltswaren selbst. Bis auf wenige Ausnahmen ist diese Tradition ausgestorben. Typische Töpferarbeiten stammen heutzutage von Profis in den Städten. Auffallend ist die sogenannte Jerusalemer Schule, deren elegante Erzeugnisse über und über mit Blüten- und geometrischen Mustern dekoriert sind.

Körbe werden seit Generationen im Dorf Mukaibah am Yarmuk im Nordwesten des Landes geflochten, weil hier das Schilfrohr wächst, das zur Herstellung verwendet wird. In vielen anderen Dörfern flechten Frauen Strohkörbe oder Schalen, die häufig mit geometrischen farbigen Mustern geschmückt werden.

Ein paar Waffenschmiede in der Gegend von Irbid decken den Bedarf hauptsächlich der Beduinen an Dolchen oder gar Schwertern; denn ein richtiger Beduine trägt auch heute noch einen Dolch am Gürtel. Aber auch Touristen kaufen die kunstvoll verzierten Mordinstrumente gern als Mitbringsel aus dem eigentlich sehr friedlichen Land.

Überzeugte jordanische Kaffeetrinker glauben, dass nur der Kaffee aus selbstzerstoßenen Bohnen richtig schmeckt. Die Werkzeuge dazu schnitzte sich in alten Zeiten jeder selbst; heute gibt es noch ein paar Handwerker, die Kaffeestampfer mit den entsprechenden Gefäßen herstellen.

Sehr attraktive Souvenirs sind die handgeblasenen sogenannten Hebron-Gläser. Die Stadt Hebron war in den letzten Jahrhunderten das Zentrum der Glasbläser Palästinas. Allerdings ging wegen der industriellen Fertigung und der Besetzung Hebrons durch die Israelis die Anzahl der Werkstätten von einst über 100 auf unter fünf zurück. Zwei Brüder siedelten von Hebron nach Na'ur südwestlich von Amman an der Straße zum Toten Meer um. Sie betreiben die bekannteste "Glass Factory" des Landes. Ihre Erzeugnisse findet man in wohl jedem besseren Souvenir-Shop. Die traditionelle Farbe war königsblau, heute gibt es auch moosgrüne, braune, gelbe, türkise und klare Gläser.

"Sand Bottles" gehören zu den vorgeblich originären Souvenirs Jordaniens, obwohl man diese Kunst auch in anderen Ländern – vielleicht nicht so ausgeprägt – antrifft. Dabei werden Flaschen oder andere verschließbare Glasbehälter so mit Sand unterschiedlicher Farbe gefüllt, dass sich an der Glaswand entweder ein Muster oder ein ganzes Bild abzeichnet; Kamelmotive bei Sonnenuntergang zählen zu den beliebtesten. In Aqaba findet man jede Menge dieser Sand Bottles, hier wird der Sand meistens gefärbt. In Petra bietet die Natur etwa 25 verschiedene Sandfarben, sodass dort ein naturbelassenes Produkt auf den Markt kommt.

*Amman, supermodernste Shopping Mall: The Boulevard am frühen Nachmittag, später, wenn es kühler wird, herrscht hier reges Leben. Doch es sind kaum die Downtowner, sondern Leute, die leicht das Doppelte eines Kaffees zahlen können...*

# mman und Umgebung 4

## Amman – Stadt auf neunzehn Hügeln

Amman entstand auf sieben Hügeln, heute breitet sich die Stadt über mindestens neunzehn dieser Jebels aus. Das schnelle Wachstum der letzten Jahrzehnte erzeugte ein Stadtbild, das den Charme des Orients, der ja meist aus liebenswürdigem Chaos besteht, eher vermissen lässt. Vielmehr breitet sich ein Konglomerat aus unterschiedlichen, architektonisch eher selten auffallenden Gebäuden aus, deren Höhe im zentralen Bereich auf vier Stockwerke begrenzt ist. Abseits des Zentrums wurden und werden immer mehr und immer schneller Hochhäuser in modernster Architektur hochgezogen, die das Bild der Stadt deutlich verändern.

Für Bauherren obligatorisch ist die Verwendung des in der Umgebung abgebauten, überwiegend beigen oder grauweißen Steins an der Außenfassade, auch wenn sich dahinter ein ganz nor-

*Ehemaliges römisches Stadtzentrum: Nur das Amphitheater mit dem Odeon (links am Platz) künden in der heutigen Altstadt von der einstigen Pracht*

maler Betonbau versteckt. Diese helle Fassade verleiht der "weißen Stadt" eine sympathische, freundliche Note. Die Höhenlage zwischen 750 und knapp 900 m garantiert auch im Sommer ein erträgliches Klima. Doch der Winter zieht mit Kühle bis zu frostiger Kälte einher, die sogar mit Schnee sehr deutlich zum Ausdruck kommen kann.

Auch in Amman lebt eine wohlhabende Schicht, die mit ihrem Reichtum nicht hinter dem Berg hält, sondern Villen, ja Paläste baute und baut. Im Stadtteil Abdoun z.B. steht eine ganze Reihe solcher Prachtbauten. Wer Lust hat, sich dort umzusehen: In der Gegend der (festungsartigen) amerikanischen Botschaft entdeckt man einige davon. Viele neue Gebäude gehören reichen Flüchtlingen aus den Krisenländern ringsum, zum größten Teil leben sie dort, andere sahen eine sichere Geldanlage in der Nähe der Heimat. Diese Investitionen sowie der ungebremste Zuzug von Landbevölkerung und von Flüchtlingen trieben die Grundstücks-

> **Klarstellungen**
>
> Da die Bezeichnung „**Circle**" ständig im täglichen Leben verwendet wird, werden wir sie hier nicht eindeutschen (Kreisel, Rondell), sondern nur die jeweilige Ziffer davor setzen, z.B. 1. Circle (korrekt wäre: 1st Circle).
> Wenn im Text "zwischen 3. und 4. Circle" oder "nach dem 5. Circle" steht, dann ist dies immer in Richtung stadtauswärts gemeint.
> Das Wort „**Jebel**" (Berg, Hügel) kommt in der einschlägigen Literatur in verschiedenen Schreibweisen vor (häufig als Jabal, Jebal), viele deutsche Autoren schreiben Dschebel, was der Aussprache am nächsten kommt. Wir halten uns an die gängige englische Schreibweise und gehen mit Jebel einen Kompromiss ein.
> Gab es bis vor wenigen Jahren kaum Straßenschilder und Hausnummern in Amman, so tauchen sie nun – und zum Glück – immer mehr auf.

und in der Folge die Wohnungs- bzw. Mietpreise in Höhen, die für Normalverdiener unerreichbar wurden - wie sich doch die Probleme in unseren Städten gleichen.

Das heutige Amman ist eine betriebsame, moderne City mit inzwischen viel Verkehr. Meidet man den Berufsverkehr, so kommt man aber immer noch sowohl mit öffentlichen Verkehrsmitteln wie auch per Auto gut voran, wobei das Parken ziemlich problematisch sein kann. Bei den vielen Tunnels, Unter- und Überführungen kann die Orientierung etwas schwierig werden. Als wichtige Ortungsmerkmale gelten zum einen die Stadthügel, zum anderen die Circles mit mehreren einmündenden Straßen, die heute häufig ihren Kreis und Kreisverkehr zugunsten von Ampelanlagen oder kreuzungsfreien Untertunnelungen verloren haben. Immer noch wird die Lage

| Kurzinhalt dieses Kapitels | Seite |
|---|---|
| Zitadelle | 130 |
| Downtown | 139 |
| Jebel Amman | 141 |
| Abdali, Jebel Weibdeh | 143 |
| Der Norden | 145 |
| Der Westen | 147 |
| Süden, Palästinenser Camp | 150 |
| Wadi es Sir, Qasr el Abd | 155 |
| Fuheis | 158 |
| Salt | 160 |
| **Praktische Informationen** (Kapitel 5) | |
| Verkehrsverbindungen | 166 |
| Zurechtfinden im Straßennetz | 170 |
| Nützliche Adressen | 170 |
| Shopping, Souvenirs | 176 |
| Veranstaltungen, Nightlife, Sport | 180 |
| Essen & Trinken | 182 |
| Übernachten | 185 |

## Sehenswertes in Amman und Umgebung

- ****Zitadelle** auf dem Jebel Qala, Archäologisches Museum, Herkules-Tempel, byzantinische Kirche und Omayaden-Palast bieten viel Historie und zusätzlich herrliche Ausblicke, S. 130
- ****Ehemaliges Römisches Stadtzentrum, Römisches Amphitheater, Odeon und Nymphaeum** sind teils so gut erhalten, dass die alte Stadt wieder lebendig wird, S. 135
- ****Jordan Museum**, es ist **das** Museum Jordaniens, das dem Besucher einen fundierten Einblick in Geschichte und Gegenwart des Landes bietet, S. 138
- ***Husseiny Moschee** und umliegende Souks, hier pulsiert das tägliche orientalisch geprägte Stadtleben, S. 139
- ***King Abdullah Moschee**, einer der schönsten modernen Sakralbauten des Landes, S. 143
- ***King Hussein Park**, eine ab 2005 geschaffene Parkanlage mit Erholungsfunktion und kulturellem Anliegen, mit der größten Moschee des Landes und einem Kinder- sowie einem Automuseum, S. 148
- ***Wadi es Sir,** schön gelegenes Tal im Westen Ammans, mit dem etwas ungewöhnlichen Palast **Qasr el Abd** und den Höhlen **Iraq el Amir**, S. 155
- ***Abu-Darwish-Moschee**, mit ihrem schwarz-weißen Mauerwerk gehört die Moschee zu den architektonisch ungewöhnlichen ihrer Art in Jordanien, S. 141
- **Al Kahf**, "Höhle der Siebenschläfer", muslimische Pilgerstätte aufgrund christlich/islamischer Legende, S. 154
- **Darat Al Funun**, stimmungsvolles Kunstzentrum am Jebel Weibdeh, S. 144
- **Bodenmosaik** der byzantinischen Kirche Sweifiyeh, schönstes Mosaik in Amman, aber meist geschlossen, S. 147
- **Jebel Amman**, Ministerien- und Geschäftsgegend, bessere Souvenirs, Wachturm **Rujm el Malfouf** der Ammoniter, S. 142
- **Salt**, Verwaltungshauptstadt aus osmanischer Zeit mit typischen Bürgerhäusern, zwei Museen, guter Atmosphäre und nahem Zai Nationalpark, S. 160
- *Fuheis, hübsches Städtchen mit Kirchen, Kunstgalerien und Restaurants, S. 158
- *Jordan National Gallery of Fine Arts, Ausstellung zeitgenössischer Kunst Jordaniens und islamischer Länder, S. 144
- *Kan Zaman Village, renoviertes altes Dorf dient als Handwerks- und touristisches Shoppingcenter mit hervorragendem Restaurant, S. 152
- *Mausoleum Qasr Nuweijis, römischer Grabbau aus dem 2. Jh nC, S. 146
- Panzermuseum, interessant für Waffen- und Schwermaschinenbegeisterte, S. 146

von Häusern oder Geschäften mit Angaben wie Nähe 3. Circle beschrieben, statt ganz einfach den jetzt deutlich sichtbaren Straßennamen zu nennen (so vorhanden).

### Amman – seit 10 Jahrtausenden nachweisbar

*Hintergrund:* Amman zählt zu den ältesten Siedlungsplätzen der Welt: Feuersteinwerkzeuge aus dem Neolithikum beweisen das uralte Interesse an diesem Ort; eine Siedlung aus dem 8. Jahrtausend vC konnte im nordöstlichen Stadtviertel **Ain Ghazal** nachgewiesen werden. Die Historie lässt sich über die Bronze- und Eisenzeit weiterverfolgen. Ausgrabungen und Funde auf dem Zitadellenhügel zeigen, dass er seit und während der Bronzezeit vermutlich durchgehend besiedelt war, was seiner günstigen Lage an Verkehrswegen und der guten Verteidigungsmöglichkeit zu verdanken war.

## 4 – Amman und Umgebung

*Das alttestamentliche Rabbat-Ammon, Hauptstadt der Ammoniter, dürfte um 1200 vC das heutige Stadtzentrum gewesen sein. 733 vC gerieten die Ammoniter unter assyrische Kontrolle, es folgten die Babylonier und Perser. Als 332 vC Alexander der Große das Land um den Jordan eroberte, gehörte auch Rabbat-Ammon dazu, das später die Ptolemäer hellenisierten und nach Ptolemäus II. Philadelphos (285-246 vC) in Philadelphia umtauften.*

*Gnaeus Pompejus verleibte die Stadt dem Römischen Reich ein, d.h. sie wurde dem von Rom kontrollierten Städtebund Dekapolis angegliedert. Zeitweise geriet der Ort im 1. Jh vC und auch nC unter lokalen Einfluss, vor allem die Nabatäer hinterließen viele Spuren. Nach der Besetzung des Nabatäer-Reichs durch die Römer wurde die Region von Kaiser Trajan zur neugegründeten Provinz Arabia zusammengefasst. Im 2. und 3. Jh nC blühte Philadelphia/Amman auf, die Römer setzten städtebauliche Akzente an dem Ort, der sich wie das heimatliche Rom auf sieben Hügeln ausbreitete. Es entstanden das noch heute imposante Amphitheater mit Forum und Prachtstraßen. In christlicher Zeit wurde Amman ein bedeutender Bischofssitz, von dem allerdings nur noch Grundmauern einer Basilika auf dem Zitadellenhügel Qala erhalten sind.*

*Auch während der byzantinischen Herrschaft von 324 bis 635 behielt Philadelphia seine Bedeutung. 614 geriet die Stadt unter die Herrschaft der Sassaniden. Etwa 635 eroberten arabische Heere die Stadt und führten den Islam ein. Jetzt wurde auch der Name Amman üblich. Die Omayaden räumten der Stadt noch ziemlich große Bedeutung ein, ihr Palast auf dem Zitadellenhügel legt Zeugnis davon ab. Doch nach diesem letzten Aufblühen folgte der langsame Niedergang. Erst als die Osmanen 1878 muslimischen Tscherkessen, die vor den christlichen russischen Zaren geflohen waren, Asyl in Amman anboten, kam zusätzliches Leben in das Dorf, dessen Einwohnerzahl damit auf 2000 stieg. Kern ihrer Ansiedlung war übrigens der heutige Stadtteil Ras el Ain, in dem in den letzten Jahren das neue Rathaus und das neue Jordan Museum gebaut wurden (s. S.138). Später zogen viele der „Ureinwohner" zum Jebel Amman um.*

*Ein weiterer Meilenstein in der Entwicklung Ammans folgte 1902 mit dem Bau der Hejaz-Bahn und ihrem Bahnhof in der Kleinstadt. Jetzt wurde sie ein Verkehrsknotenpunkt für den Pilgerverkehr, es eröffneten sich neue Handelswege, und Amman hatte die Verbindung zur Außenwelt gewonnen, nicht Salt, die damalige Gouverneursstadt der Osmanen. 1910 zählte Amman immerhin 10 000 Einwohner.*

*1921, nach einem Treffen mit dem britischen Staatssekretär für Kolonialfragen in Jerusalem und vagen Zusagen für ein Emirat Transjordanien, begann der Hashemit Abdullah Ibn Hussein, sich in Amman als künftiger Hauptstadt einzurichten. Er hatte diesen Ort dem abgelegeneren Salt wegen der besseren Verkehrsanbindung durch die Hejaz-Bahn vorgezogen. Zu dieser Zeit gab es keinen Palast und nur wenige Bürgerhäuser. Es fehlten Elektrizität und Telefon, aber auch ein Krankenhaus, ein Hotel oder eine Bank. Erst 1923 erkannten die Briten das Emirat Transjordanien mit seiner Hauptstadt Amman an.*

*Es entstanden erste Regierungsbauten, von 1924-27 ein Palast für den König und die Husseini-Moschee. Die Stadt entwickelte sich langsam und zog mehr und mehr Menschen aus den Dörfern an.*

*Nach dem Erdbeben von 1927 zogen viele Menschen auf die bis dahin nur von Tscherkessen bewohnten Hügel. 1946 erreichte Amman, als Hauptstadt des neuen Königreichs Jordanien, 25 000 Einwohner.*

*Erst der – durch die Gründung Israels ausgelöste – Palästinakonflikt mit seinen Flüchtlingsströmen sorgte für eine Bevölkerungsexplosion, obwohl die Mehrheit der Flüchtlinge zunächst in Zeltlagern am damaligen Stadtrand hausen musste. Aus* den Zelten entstanden später feste Behausungen, die heutigen Stadtteile El Wihadad und El Hussein. Während des arabisch-jüdischen Krieges waren viele Palästinenser nach Jordanien geflohen, viele von ihnen nach Amman. Bald lebten 150 000 Einwohner in der Stadt, 1963 waren es bereits 250 000. Nach dem Sechstagekrieg 1967 suchten erneut Flüchtlinge Zuflucht, die Einwohnerzahl stieg auf 450 000. Als 1991, nach dem ersten Golfkrieg, viele Jordanier und Palästinenser aus den Golfstaaten ausgewiesen wurden, folgte erneut ein Wachstumsschub.

Das ursprüngliche Amman zählt heute rund 1,7 Mio Einwohner im eigentlichen Stadtbereich. Der Großraum Amman – Greater Amman Municipality (GAM) – ist auf 2,7 Mio Menschen angewachsen, für 2025 prognostiziert man 6,4 Mio. In wenigen Jahren wird Amman mit der nordöstlich gelegenen Industriestadt Zarqa vollends zusammengewachsen sein. Dort leben die sozial schwächeren Schichten, während sich die Bessergestellten und Reichen auf den Hügeln westlich des Stadtzentrums niedergelassen haben.

Es gibt wohl in Europa keine Stadt, die praktisch aus dem Nichts innerhalb von 100 Jahren zu einem Gemeinwesen dieser Größenordnung förmlich explodierte.

*Vor 9000 Jahren geschaffen: Statue aus dem Fund- und Vorort Ain Ghazal (s. S.136)*

König Abdullah II rief bald nach seinem Regierungsantritt eine Kommission mit dem Namen *Jordan First* ins Leben, die an erster Stelle die nationale Identität und dann erst die arabische Zugehörigkeit fördern soll. Ein sichtbares Zeichen dieser Aktivitäten ist die **große Nationalflagge** von 60x20 m Fläche, die am 106 m hohen Mast im Grundstück eines seiner Paläste über der Stadt flattert.

### Topografie der Stadt

Der bedeutendste der älteren Stadthügel ist der **Jebel Amman**. Hier befinden sich Ministerien, internationale Hotels und viele Botschaften. Vom Straßennetz her beginnen hier die Circles (1.-3.). Südöstlich davon erhebt sich der höchste Hügel, **Jebel Ashrafiyeh**, mit der Abu-Darwish-Moschee als Wahrzeichen. An seinem Fuß steht die Husseiny-Moschee, nicht weit entfernt schmiegt sich das **Römische Amphitheater** in den Berghang. Die Gegend um die Husseiny-Moschee gilt als das eigentliche **Stadtzentrum** – von Ausländern *Downtown* genannt – mit seinen quirligen Souks. Auf dem Hügel nördlich gegenüber, dem **Jebel Qala**, erheben sich die Ruinen der Zitadelle.

Nordwestlich schließt sich der **Jebel Weibdeh** (auch *Luwebdeh*) an, dann folgt der **Jebel Hussein** mit der Abdullah-Moschee, dem Parlament und Ministerien. Der König residiert in den öffentlich (nicht zugänglichen) Palästen Basman und Raghadan auf dem **Jebel Qasur**.

## Amman kennenlernen

### ****Die Zitadelle

Tickets zu JD 3, JoPa, werden im Visitor Center am Eingang verkauft; Öffnungszeiten: tägl. 9 U bis Sonnenuntergang. Wer zunächst einen Überblick über die Stadt gewinnen und den schönsten Ausblick auf das Römische Amphitheater genießen will, beginnt den Stadtrundgang mit dem Besuch der **Zitadelle** auf dem 760 m hohen Hügel Qala (N31°57,3' E35°56,27'). Autofahrer finden Parkmöglichkeiten, Fußgänger lassen sich am besten per Taxi (ca. JD 3) hinaufbringen (versteht der Fahrer weder *Zitadelle* noch *Castle*, sagen Sie *Qala*). Wer einigermaßen gut zu Fuß ist, kann die Zitadelle in 10-15 Minuten erklimmen und wird unterwegs mit abwechselnden Ausblicken belohnt. (Alleingehende Frauen sollten diesen Weg nicht nehmen; einige Leserinnen machten unangenehme Erfahrungen.)

Man geht von der Hashemi St (Nähe Römisches Amphitheater) in die Al Shabsog St am Amman Pasha Hotel vorbei zum ersten Abzweig und dort rechts die Salama Bin Al Akwa'a St hinauf. Am nächsten Abzweig biegt man in die Farwa Al-Juthami St ab, bald dann in die Hashem Kahir St, an deren Schild sogar ein Wegweiser „Citadel" hängt. Nicht weit entfernt führt rechts eine Treppe durch ein Trümmergrundstück den Berg hinauf, an einem verlassenen Haus vorbei bis zur unteren Stützmauer der Zitadelle. Dort links und in den ersten römischen Ruinen hinaufsteigen. Man kommt am Visitor Center an. Beim Weg hinunter muss man durch eine Lücke im Zaun genau gegenüber der linken Geschichtssäule „citadel" hinter dem Visitor Center dem oben beschriebenen Trampelpfad in umgekehrter Richtung folgen.

Der Jebel Qala war schon von alters her strategisch von Bedeutung. Ausgrabungen belegen, dass bereits von der Mittleren Bronzezeit (ca. 2000 vC) bis in die hellenistische Epoche Befestigungsanlagen auf dem Berg bestanden. Der flächenmäßig größere und auch höhere Bereich des L-förmigen Jebel mit den meisten Ruinen und dem Museum zieht sich in nord-südlicher Richtung hin. Etwa in Höhe des Museums knickt er nach Osten ab und lässt noch Platz für den Herkules-Tempel und ein ausgedehntes, bisher nicht erschlossenes Ruinengelände im unteren Bereich. Drei unterschiedliche Terrassen strukturieren das Gelände; auf der mittleren Ebene steht das Museum, die nördliche dehnt sich etwa 300 m weit aus, und die untere Terrasse verläuft etwa 400 m in östlicher Richtung.

Die 1700 m lange und an ihren Resten relativ gut erkennbare **Zitadellenmauer** geht im Wesentlichen auf die Römer zurück, sie wurde später von den Omayaden teilweise umgebaut oder erneuert. Zehn Türme verstärkten die Befestigungsanlage, in die vermutlich drei Tore hineinführten.

Das Gelände, das früher eher den Eindruck einer Nebenrolle machte, wurde im Ankunftsbereich gründlich umgestaltet. Ein einladendes Visitor Center bildet den Eingang. Informationstafeln im Gelände geben dem Besucher sowohl einen guten Überblick als auch Detailinformationen zu einzelnen Bauwerken.

Vom Visitor Center führt der Aufweg zum kleinen **Archäologischen Museum**. Früher war es das wichtigste Museum dieser Art im Land, doch fast alle bedeutenden Stücke sind nun im Jordan Museum (s. S. 138) zu finden. Dennoch sollten Sie einen Blick hinein werfen, es ist u.a. noch eine der ältesten menschlichen Statuen mit den typischen mandelförmigen Augen und den Stupsnasen aus

****Die Zitadelle** **131**

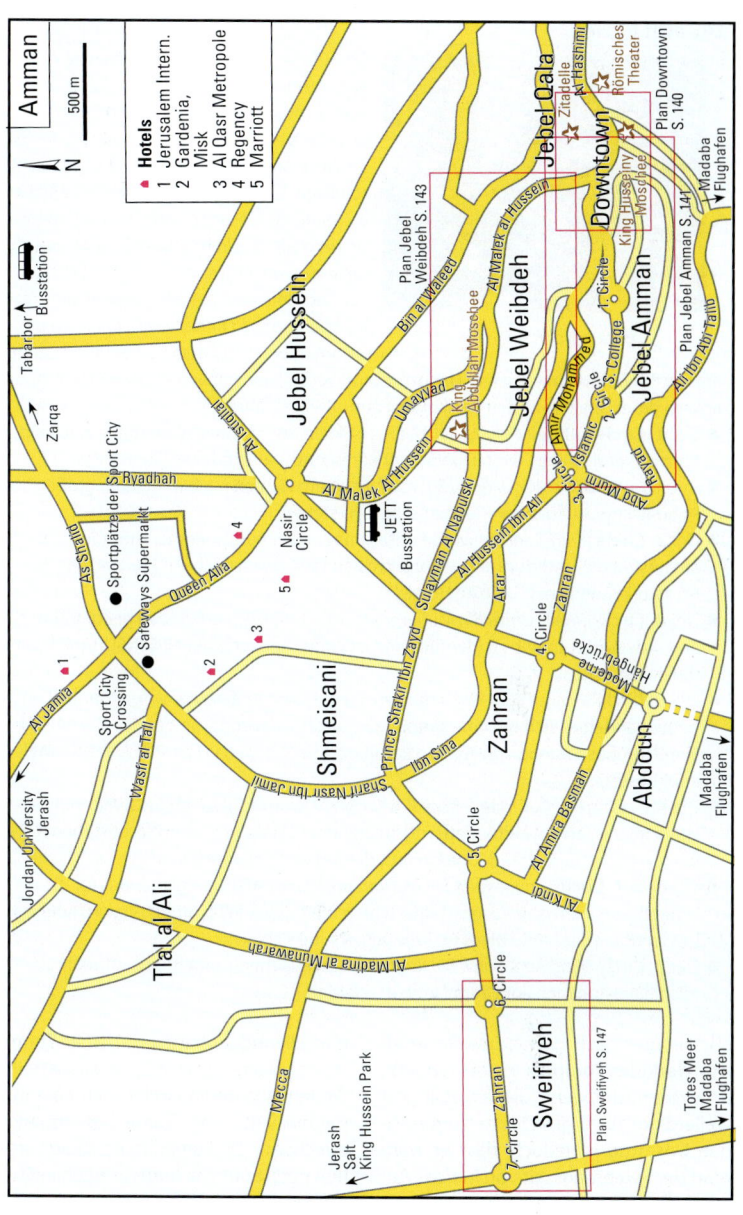

Ain Ghazal (siehe auch S. 136), zu sehen. Südöstlich vom Museum sind die weni-  gen, ehemals von einem mit Kolonnaden versehenen Temenos umgebenen,

## Die acht Circles

*Blick auf den 3. Circle*

Den Circles kommt immer noch eine große Bedeutung zu, auch wenn die meisten längst Ampelanlagen oder Kreuzungsbauwerken gewichen sind. Da die Jordanier Straßennamen offenbar ganz und gar nicht schätzen (z.B. wissen verschiedene Hoteliers nicht den Namen ihrer Straße), geben sie gern z.B. "3. Circle" an, auch wenn es sich um ein weiter entferntes Sträßchen handelt. Für den Neuling ist es eher schwer, die Circles überhaupt zu finden. Daher hier ein paar Landmarken, wenn man von der Innenstadt auf der Prince Mohamed St (am Hauptpostamt vorbei) und danach an der ersten Ampel links in der 9. Sha'ban St den Berg hinauf zum 1. Circle fährt:

- Der **1. Circle** (offiziell *King Abdullah I Sq*) ist klein und mickrig, aber immer noch ein Kreisverkehr; er liegt – von Downtown kommend – am Ende des Steilstücks.
- Auch der **2. Circle** *(Wasfi Al Tal Sq)* macht seinem Namen noch mit einem großen Rondell Ehre, auf dem große Steinscheiben stehen.
- Der **3. Circle** *(King Talal Sq)* wurde untergraben, d.h. Autos nehmen stadtauswärts am besten die Unterführung, während oben tatsächlich noch ein Kreis vorhanden ist; zu erkennen am LE ROYAL Hotel.
- Der **4. Circle** *(Prince Ghazi Bin Muhammad Sq)* ist gänzlich abhanden gekommen, er wurde untertunnelt; zu identifizieren ist er am Gebäude der LIFE INSURANCE auf der linken Seite.
- Der **5. Circle** *(Prince Feisal Bin Al Hussein Sq)* gehört ebenfalls der Vergangenheit an; heute handelt es sich um eine simple, aber große Kreuzung, an der das SHERATON Hotel (großes S) steht. Von Westen kommend sieht man das FOUR SEASONS Hotel links besser.
- Die Kreuzung des **6. Circle** *(Prince Rashid Bin Al Hassab Sq)* ist am CROWNE PLAZA Hotel (rechts, etwas weiter entfernt) zu erkennen. Links unweit entfernt stehen die beiden höchsten Gebäude Jordaniens, die Jordan Gate Towers.
- Vor dem **7. Circle** *(Prince Talal Bin Muhammad Sq)* ist AIRPORT geradeaus für die Umgehungsautobahn ausgeschildert, man bleibt aber in Richtung Airport/Aqaba besser oberirdisch und biegt im Kreisverkehr links ab.
- Der **8. Circle** *(King Abdullah II Sq)* liegt an der westlichen Umgehungsautobahn, auch hier kann man links zum Flughafen fahren.

aber immer noch gewaltigen Reste eines **Herkules-Tempels** zu bewundern. Er wird üblicherweise diesem Halbgott – allerdings nicht gesichert – zugerechnet. Unstrittig ist jedoch, dass er während der Regierungszeit von Marcus Aurelius (161-180 nC) erbaut wurde. Als Bezug zur ehemaligen Monumentalität mögen im Tempel gefundene Hand- und Ellenbogenfragmente einer Statue (in der Nähe des Museums ausgestellt) dienen, aus deren Größe man eine immerhin 9 m hohe Statue des Herkules errechnete. Drei gigantische Säulen stehen noch aufrecht, andere liegen in Stücken herum. Auf der Südseite verband einstmals eine monumentale Treppe den Tempel mit der Außenwelt, d.h. sie führte

*Imposante Relikte des Herkules-Tempels*

zu einem Propylon und schließlich zur Prachtstraße Decumanus.

An der Stelle bzw. Umgebung des Herkules-Tempels befand sich bereits im 9. Jh vC eine ammonitische Kultstätte, die dem Gott Milkom geweiht war, wie eine hier gefundene Inschrift besagt.

Rechts der Straße zum Museum und kurz vor diesem sind die Reste der **Byzantinischen Kirche** zu sehen. Sie geht auf das 5. oder 6. Jh zurück. Der Haupteingang lag im Westen. Das Mittelschiff war von den beiden Seitenschiffen durch jeweils sieben Säulen mit schönen Kapitellen getrennt, von denen noch einige erhalten sind. Der Boden des Mittelschiffs war ursprünglich mit einem Mosaik geometrischer Muster geschmückt, dessen erhaltene Teile zum Schutz wieder abgedeckt wurden, auf dem Boden der Seitenschiffe lagen nur Steinplatten. Die Apsis war innen mit Marmor verkleidet. Einige Säulen und andere Bauteile entstammen dem Herkules-Tempel, der den Kirchenbauern als bequemer "Steinbruch" diente. Wenn Sie vom Museum aus einem Weg in nördlicher Richtung folgen, dann kommen Sie in das Ruinengelände des oberen Zitadellenhügels.

Bald hinter dem Museum überqueren Sie einen großen Platz, auf dem einst die omayadische Moschee stand. Jordanische Archäologen restaurierten zusammen mit spanischen Kollegen mit viel Aufwand die nun vor Ihnen liegende Palastanlage des Omayaden-Emirs. Die Spanier interessieren sich insofern für diese Ruinen, als es eine direkte Verbindung zu den andalusisch-islamischen Bauwerken gibt. Aber ganz offensichtlich steht die Anlage auf zunächst römisch bearbeitetem Grund, wie Grabungen zeigten. Die Plattform mit den omayadischen Gebäuden wurde ursprünglich von den Römern angelegt, sie überdeckt eine große, sehr viel ältere Zisterne.

Zunächst stoßen Sie auf das höchstgelegene Bauwerk, lange Zeit **Qasr** (Burg, Schloss) genannt. Seine Bedeutung wurde mehrfach neu definiert; jüngere Forschungen ergaben jetzt wohl die Erkenntnis, dass es sich um einen Teil des **Omayaden-Palastes** handelte, der ab 720 vom bzw. für den hiesigen Provinz-Gouverneur erbaut und 742 durch ein verheerendes Erdbeben wieder zerstört und nie wieder komplett aufgebaut wurde. Vermutlich diente dieser Bau als beeindruckendes Empfangsgebäude, sodass Besucher den eigentlichen Palastbereich nicht betreten mussten oder nicht durften. Wahrscheinlich ist, dass hier Würdenträger mit entsprechendem Pomp oder Bittsteller empfangen wurden und dass auch Gericht gehalten wurde.

Bemerkenswert ist das Innere des quadratischen Bauwerks mit 10 x10 m Seitenlänge und vier Liwanen, der hohen, 1998 rekonstruierten Kuppel (wobei nicht einmal sicher ist, dass jemals eine Kuppel existierte) und dem Wandschmuck aus Blendarkaden sowie Nischen. Die Dekoration insgesamt ist übrigens typisch für die Sassaniden. Direkt östlich schließen sich die Palastbäder an, die von der nebenan liegenden, sehr großen, runden Zisterne römischen Ursprungs gespeist wurden. Eine Treppe führt zum immerhin 5 m tiefer liegenden Zisternenboden hinunter.

Folgen wir noch dem einst nur Privilegierten möglichen Weg durch die Qasr-Empfangshalle ins Innere der Palastanlage. Nach einem kleineren Platz führt eine auf römische Zeit zurückgehende Kolonnade zum vermutlichen Thronsaal, vorbei an Wohn- oder Arbeitsgebäuden, die um einen zentralen Hof gebaut worden waren. Gleich links am Platz wurde eine Anlage rekonstruiert, die offenbar offiziellen Charakter besaß und daher architektonisch besser ausgestattet war. Der Kolonnadenweg mündet wiederum in einen Platz, an dessen Nordseite sich eine kreuzförmige Audienzhalle öffnete. Hinter diesem Bereich zieht sich die original römische Mauer entlang.

Stufen führen östlich der Zitadelle hinunter zur Hashemi St.

*Zitadelle: Ruinen des Omayaden-Palastes mit Qasr im Hintergrund*

# ****Das ehemalige Römische Zentrum

Wenn Sie den weiter oben beschriebenen Fußweg vom Jebel Qala hinunter nach Downtown nehmen, dann wären Sie vor 2000 Jahren auf dem **Römischen Forum** angekommen, im Herzen der römischen Stadt *Philadelphia*, vom kleinen Bach *Seil* durchflossen. Er speiste die Brunnen im Nymphaeum, auf dem Weg dorthin war er ein langes Stück überdeckt. Nördlich davon verlief die 10 m breite Prachtstraße **Decumanus** (heute etwa Hashemi St), gesäumt von korinthischen Kolonnaden. Ein Stück westlich des Nymphaeums zweigte eine weitere Prachtstraße, der **Cardo Maximus** (heute etwa Al Malek Feisal St), nach Norden ab und kurz vor dem Forum eine Via Sacra als Verbindungsweg zum Temenos des Herkules-Tempels in der Zitadelle. Sehr wahrscheinlich war das Zentrum untertunnelt, um den Bessergestellten Wege, bzw. Fluchtwege nach außen zu bieten, um unbeobachtet und unberührt vom „Plebs" das Weite suchen zu können.

Das Forum – der zentrale Platz der Stadt – passte sich der natürlichen Verbreiterung des Wadis an, d.h. es füllte die Fläche zwischen dem Amphitheater und dem Zitadellenhügel aus. Aufgrund der topografischen Vorgaben entstand hier eines der größten Foren. Mit seinen Abmessungen von 100 x 50 m gehörte es zu den größten seiner Art in der damaligen römischen Welt.

Der Untergrund des Platzes war durch Aufschüttungen so erhöht worden, dass der *Seil* den Platz auch bei Hochwasser nicht überfluten konnte. Ein unterirdisches Tonröhren-Abwassersystem mündete in den Bach. Kolonnaden umgaben das Forum auf drei Seiten, die Säulen der Südseite, vor dem Amphitheater, sind weitgehend erhalten, über ein kurzes Stück liegt sogar der Architrav noch auf den korinthischen Kapitellen.

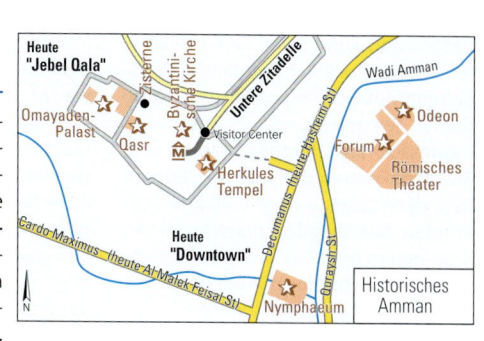

Hier zieht sich der wirklich monumental wirkende, vermutlich aus dem 2. Jh nC stammende Steinbau des **Römischen Amphitheaters** sehr steil den Berg hinauf (JD 2 Eintritt, JoPa, 7 U bis Sonnenuntergang geöffnet, gilt auch für die beiden Museen und das Odeon). Geschickt nutzten die Erbauer den Hang des Hügels für die tragende Konstruktion. Die Sitzreihen bestehen hier aus Steinen, während sie sonst häufig aus dem Fels gehauen wurden. Acht Aufgänge erschließen die Plätze für die 6 000 Zuschauer. Es handelt sich um das größte römische Amphitheater Jordaniens. Die gesamte, erst ab 1957 freigelegte Anlage ist so gut restauriert, dass man annehmen möchte, die Römer hätten erst gestern die Sitzreihen verlassen. Zwar wurden Teile durch neue Steinblöcke ersetzt, aber das stört eher nur den strengen Archäologen, der möglichst keine Änderungen am Vorgefundenen zulassen will. Im oberen Rang ist ein kleiner Felsentempel in Umfassungsmauer und Felsen gebaut, in dem vermutlich eine Athena-Statue stand.

Wenn auch der kleine Tempel die Mühe des Aufstiegs kaum lohnt, so sollten Sie die Anstrengung dennoch auf sich nehmen. Hier oben überblickt man die Konstruktion des Amphitheaters am besten und kann seine Fantasie spielen lassen, wie vor 2 000 Jahren Philadelphia vielleicht einmal aussah. Hätte damals jemand den Baumeistern vorausgesagt, dass Pferdegetrappel und Kutschenknarren dereinst von lärmenden, durch eigene Kraft vorwärts strebenden Automobilen ersetzt würden – sie hätten es sicher als Spinnerei abgetan. Wie wird dieses Wadi nach weiteren 2 000 Jahren aussehen?

Zum Tal hin war das Amphitheater mit einem zwei-, vielleicht ehemals dreigeschossigen Bühnengebäude abgeschlossen, das immerhin 95 m lang und heute noch 25 m hoch ist.

Ein Kreuz in der halbrunden Orchestra zwischen Bühne und Zuschauerraum markiert die Stelle mit der besten Akustik, an der also ein Schauspieler optimal zu hören war. Versuchen Sie es selbst, indem Sie von dort zu Ihren Reisegefährten sprechen – die Römer verstanden wirklich etwas von der Schallausbreitung.

Wenn man heute die Orchestra betritt, dann ist das Amphitheater von einem Summen wie im Bienenhaus angefüllt, der Verkehrslärm konvertiert zu einer fast angenehmen Geräuschkulisse, selbst das ständige Hupen ist kaum mehr zu hören. Auch auf der Bühne bemerkt man bereits diesen Effekt. Der mit Holzbohlen belegte Bühnenboden war damals übrigens zum Zuschauerbereich hin leicht geneigt, um allen Besuchern gleiche Sichtbedingungen auf das Bühnengeschehen zu ermöglichen.

Im östlichen Seitenraum des Bühnenhauses ist heute ein Folkloremuseum **Jordan Museum of Popular Tradition** untergebracht, mit Kleidung, Beduinenschmuck, Teppichen, Möbeln etc., JoPa. Gleich links – östlich – vom Amphitheater stehen die Ruinen des **Odeons** von Philadelphia, einem kleinen, gegenüber dem großen Amphitheater fast intim wirkenden Bauwerk für etwa 500 Besucher,

in dem musikalische Aufführungen und Rezitationen stattfanden. Ursprünglich war es sogar überdacht. Die Sitzreihen sind ebenso wie Teile des Bühnenhauses restauriert bzw. wieder neu aufgebaut worden. Bei den Arbeiten wurde an der Außenseite ein Kalksteinblock mit einem Basrelief entdeckt, das ein großes Auge, Schlangen, Skorpione, Pfeil und Bogen zeigt – es sollte die Künstler vor dem *Bösen Blick* der Zuschauer schützen.

Vielleicht findet in der Zeit Ihres Besuchs eine Veranstaltung statt, gehen Sie hin. Selbst wenn man kein Wort versteht, die Begeisterung des Publikums teilt sich auch ohne Sprachkenntnisse mit!

Eigentlich läge **Ain Ghazal**, die neolithische Siedlung aus der Zeit um 7250-6000 vC, in der die berühmten Kalkstatuen mit den mandelförmigen Augen gefunden wurden, nur etwa 8 km östlich des Römischen Amphitheaters an der Straße nach Zarqa links am Hang (N31°59,36′ E35°58,58′). Für den normal interessierten Besucher lohnt jedoch der Weg zu dem eher lieblos eingezäunten Platz so lange kaum, bis nicht weitere Grabungen stattfanden, und das Areal z.B. mit Hinweistafeln so umgestaltet wird, dass man einen bleibenden Eindruck gewinnt. Derzeit lassen sich Grundmauern und auch Straßen gut erkennen, der Tempelbereich ist leider durch einen weiteren Zaun abgetrennt.

Wenden wir uns nun nach Westen. Folgen Sie der Quraysh St (auch *Koraysh*, sie geht irgendwo in die Ali Ibn Abi Taleb St über), also der Verlängerung der Kolonnaden vor dem Amphitheater. An der Kreuzung mit der Ibn Al Atheer St erhebt sich das monumentale ehemalige **Nymphaeum** aus dem Jahr 191 nC, das römische Brunnen- und Wasserhaus, das vom Bach *Seil* gespeist wurde. Trotz der immer noch erkennbaren ehemaligen Pracht steht es heute etwas trostlos eher im Abseits – solange die Restaurierung nicht abge-

#### ****Das ehemalige Römische Zentrum**  137

schlossen ist und die Mosaike wie auch ein großer Pool nicht zu sehen sind.

Noch vor wenigen Jahren war es ringsum mit Shops zugestellt, inzwischen hat man das Bauwerk auf zwei Seiten freigeräumt, aber die Restaurierungsarbeiten gehen nur langsam voran. Trotz der Arbeiten können Besucher in das Gelände hineinschlendern, das Aussehen der ehemaligen Brunnenanlage fast nachvollziehen und sich an ein paar Säulen- und Kapitellfragmenten erfreuen. Von der Seite der Quraysh St imponieren die mächtigen Steinquader, die aus dieser Sicht eher ein Festungsbauwerk vermuten lassen. Wenn Sie bereits das Nymphaeum in Jerash kennen, können Sie sich wegen der Ähnlichkeiten das Bauwerk hier eher vorstellen.

Damit liegt die Besichtigung der älteren Historie Ammans weitgehend hinter uns. Wenden wir uns nun den neueren Objekten zu.

Gleich gegenüber dem Nymphaeum wird **Markt** gehalten, hier kann man sich mit allen Früchten und Gemüsen des Landes eindecken. Wem das richtige Werkzeug für die Zubereitung fehlt, der wird im anschließenden Haushalts-Souq garantiert das Passende finden. Noch ein paar Schritte weiter in der Petra St sind traditionelle arabische Medizin wie getrocknete Kräuter, Alligatore und ähnliche Gesundmacher erhältlich.

Folgen Sie nun der Quraysh St weiter in südwestlicher Richtung. Unterwegs passiert man eine stark frequentierte Bushaltestelle, bald kann man sich in Gebrauchtmöbeln ausruhen, die Straßenhändler hier verscherbeln. Schließlich mündet die Straße in einen großen Platz, der Teil eines geplanten „**Kulturparks**" ist, der sich zwischen Römischem Amphitheater und diesem Platz ausbreiten soll. Ihm wird ein großer Teil der Gebäude und Souks an der Al Malek Talal

*Das Römische Amphitheater*

und Quraysh St zum Opfer fallen.

Der Platz hat inzwischen schon viel Realität angenommen. Das größte Gebäude von hier aus gesehen ist das Jordan Museum, das neue und größte Museum des Landes. Ein paar Schritte weiter erhebt sich das nur ein paar Jahre ältere **Rathaus** von Amman *(Greater Amman Municipality)*. Dann folgt in südwestlicher Richtung das Royal Hussein Culture Center und das Amphitheater der Stadt. Im Rathaus-Nebengebäude (zur Ali Ben Abi Taleb St hin) dient ein großer Raum im Erdgeschoss einem großen, ziemlich präzisen Stadtmodell Ammans (ausgeschildert *View Amman Exhibit)*; für den neu angekommenen Besucher eine gute Orientierungsmöglichkeit.

Das \*\*\*\***Jordan Museum** (www.jordanmuseum.jo) ist Do-Mo von 10-17, Fr von 14-17 U geöffnet, Eintritt JD 5 (für über 65-Jährige frei). Das Museum gehört zu den **Highlights Ammans**.

Werfen Sie zunächst einen Blick auf die Außenmauern: Der weit bekannte jordanische Architekt Ja'afar Touqan hat dort die Vergangenheit mit unbehauenen Steinen, die Gegenwart mit glattem Mauerwerk und die Zukunft mit Glas symbolisiert. Im großzügigen Innern wiederholen sich diese Themen bei den Ausstellungen. Im Freigelände steht unübersehbar ein Eisenbahn-Waggon der Hejaz-Bahn, auch zwei Dolmen sind einen Blick wert.

Beginnen Sie Ihren Rundgang in der Eingangshalle rechts. Verschiedene Objekte oder Themen werden durch Multimedia-Stationen gut erläutert, auch die Einzelbeschreibungen (arabisch/englisch) sind größtenteils sehr informativ. In der prähistorischen Abteilung wird Ihre Aufmerksamkeit gleich den Funden aus **Ain Ghazal** (siehe auch S. 136) gelten, den ältesten menschlichen Statuen mit ihren mandelförmigen Augen und den Stupsnasen. Im hinteren Teil des Museums ist – sehr interessant in dieser Zusammenfassung – eine ganze Wand der Entwicklung der Schrift gewidmet, vom Beginn mit der Keil- und Bilderschrift bis in die moderne Zeit.

Verschmähen Sie nicht die vielen kleinen Stücke (und natürlich auch die größeren), die Sie immer weiter durch die

*Jordan Museum, das neue Highlight Ammans; der Güterwagen der Hedjaz-Bahn ist Blickfang und ein anschauliches Zeitdokument zugleich*

Jahrhunderte bis zur Byzantinischen Epoche führen. Den Abschluss des Rundgangs bildet ein kleinerer, abgedunkelter Raum, in der die jordanischen **Dead Sea Scrolls** zu besichtigen sind. Sie stammen aus dem heutigen israelischen *Qumran,* nach dem sie üblicherweise benannt werden. Es handelt sich um die ältesten bekannten Niederschriften des Alten Testaments.

Neben einer Ausstellung *1001 Inventions* dominiert im Obergeschoss eine sehr sehenswerte (wohl temporäre) Ausstellung zu den Ausgrabungen des Deutschen Evangelischen Instituts (DEI s. S. 172) auf dem Tall (Hügel) Zira'a im Wadi el Arab östlich von North Shouna, kurz vor dem Beginn des Wadi el Arab Stausees. Fotos mit ausführlichen Erklärungen, ausgegrabene Artefakte und sogar Grabungswerkzeuge vermitteln einen guten Eindruck über die etwa 5 000 Jahre Siedlungsfolge auf dem Hügel und, nicht zuletzt, die Arbeit der Archäologen.

Wenn Sie mit dem Besichtigen im Kulturpark fertig sind, können Sie in Richtung Römisches Amphitheater zurückgehen, aber diesmal auf der westlichen Parallelstraße der Quraysh St, der Al Malek Talal St. Beide Seiten dieser Straße sind wieder mit kleinen Shops vollgestopft, deren Angebot von Kleidung bis zu Stahlnägeln reicht. Bald werden Sie vor einer Moschee ankommen, die gewissermaßen Landmarke des alten Stadtzentrums ist.

### ***Downtown

Symbol des Zentrums ist die ***Husseiny-Moschee**, die eigentlich nur Muslimen zugänglich ist (manchmal Ausnahmen). 1924 auf dem Platz einer Moschee aus der Frühzeit des Islam errichtet (640 nC vom zweiten Kalifen Umar bin Khattab), fallen von außen die in Höhe und Gestaltung unterschiedlichen Minaretts vielleicht am meisten auf. Für den Urgroßvater König Abdullahs, Abdullah Ibn Hussein, war es nach der langen osmanischen Herrschaft wichtig, auf türkische Vorbilder zu verzichten und keinen Kuppelbau zu errichten.

Die Moschee steht mitten im "alten" Zentrum der Stadt. In dieser Gegend pul-

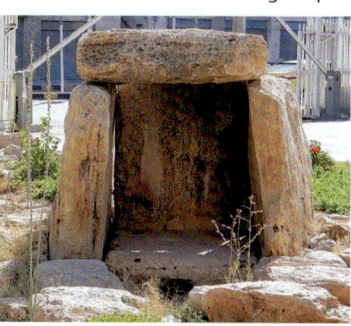

*Einer der beiden Dolme vor dem Museum*

siert heute das Leben Ammans, schmale Sträßlein mit unzähligen Shops bestimmen im lärmenden Verkehr das Bild. Drei Hauptstraßen bilden im engen Wadi den eigentlichen Stadtkern: von Nordwesten her die Al Malek Faisal St, von Nordosten die Hashemi St, die ab Hussein Moschee Al Malek Talal St heißt und leicht nach Südwesten schwenkt. Alle drei werden von Parallelstraßen flankiert, die häufig durch Quergassen miteinander verbunden sind. Um genau zu sein: Die Al Malek Faisal St spaltet sich an ihrem Ende Y-förmig in die nördlichere Al Ridha St und die Al Sa'Adi St, beide Straßen kaum länger als 200 m und namentlich in keinem Stadtplan zu finden.

Wenige Schritte nach der Zusammenführung der beiden Straßen zur vierspurigen Al Malek Faisal St mündet die Shabsough St rechts ein, aus der sich ständig Sammeltaxis ergießen, die in der Cinema al Hussein St starten. Es folgt der **Gold-Souk**, der sich in den kleinen Gassen zwischen der Al Malek Faisal und der

## 4 – Amman und Umgebung

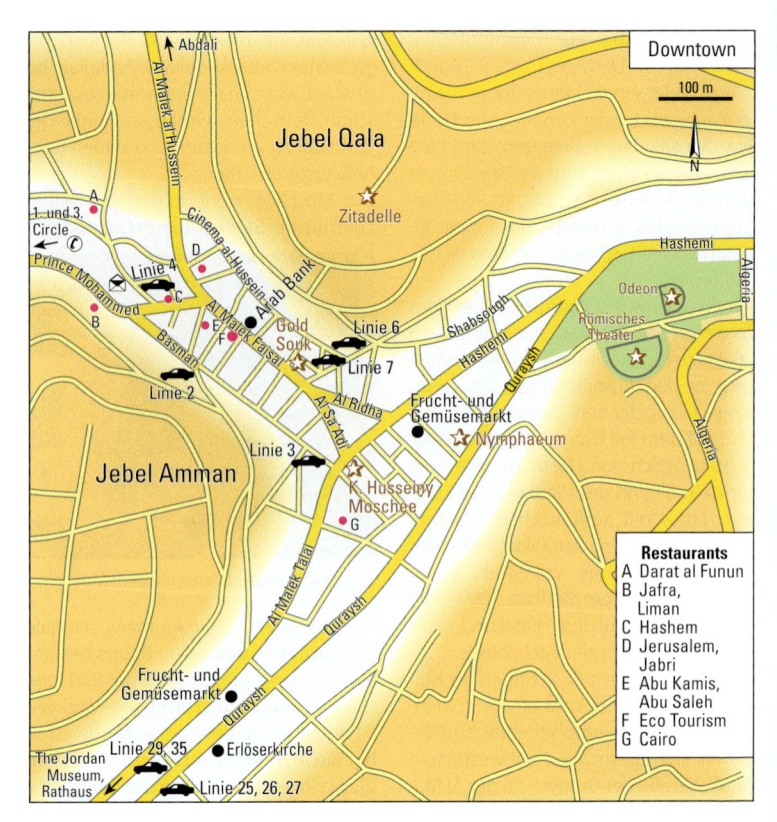

**Restaurants**
A Darat al Funun
B Jafra, Liman
C Hashem
D Jerusalem, Jabri
E Abu Kamis, Abu Saleh
F Eco Tourism
G Cairo

Cinema al Hussein St abspielt. Die linke Seite der Al Malek Faisal St ist die lebendigere mit vielen Shops, Cafés und Restaurants. Hier kann man das eine oder andere Schnäppchen machen, falls man an Alltäglichem interessiert ist.
Auf der rechten Seite folgt bald das **Duke Building**, vermutlich das erste Steinhaus in Amman und erstes Postamt in Jordanien. Das Haus kann man im oberen Stockwerk besichtigen und ein paar interessante Stücke zur Geschichte Ammans betrachten. Eindrucksvoll sind die alten Fotos, die nur ein paar Bauten inmitten einer Steinwüste Anfang des 20. Jhs zeigen. Keine 100 Jahre später schlägt hier der Puls einer modernen 2,3 Millionen-Stadt – eine bewundernswerte städteplanerische und natürlich auch Bau-Leistung.
Als nächst größere, rechts einmündende Straße kommt die Al Malek Al Hussein St von Abdali herunter, denn die Al Malek al Faisal St biegt jetzt halblinks ein und heißt dann Prince Mohamed St. Wenige Schritte weiter steht rechts das Hauptpostamt, und links zweigt die parallel zur Al Malek Faisal St am Hang verlaufende Basman St ab. Die beiden Straßen sind durch die zuvor erwähnten Quergassen miteinander verbunden. In diesem Bereich herrscht reges Leben bis spät in den Abend hinein, denn viele Shops schließen relativ spät, und die Restaurants bleiben

auch noch eine ganze Weile geöffnet. Durch die weniger interessante Basman St würde der Weg zurück zur Husseiny-Moschee führen.

Beim Rundblick von der Zitadelle wird Ihnen die **Abu-Darwish-Moschee** auf dem gegenüberliegenden Jebel Ashrafiyeh – dem höchsten der Stadt – mit ihrem schwarz-weißen Mauerwerk nicht entgangen sein, sie ist eine von vielen Stellen sichtbare Landmarke; Nichtmuslims haben keinen Zutritt. Von Downtown nehmen Sie am besten ein Taxi oder ein Servies-Taxi der Linien 25 bzw. 26 auf den Hügel, als Autolenker fahren Sie "nach Sicht" oder über die Al Taj St bis zum höchsten Punkt von Amman. Die fotogene Moschee ließ der Tscherkesse Hasan Mustafa Sharkas, der als Abu Darwish bekannt war, in den 20er-Jahren mit schwarzen und weißen Steinen bauen. Der Reinigungsbrunnen im Innern zeigt das gleiche Muster. Die Kuppel der Moschee ruht auf vier mit Pilastern geschmückten Säulen.

## **Jebel Amman

Nehmen wir uns als nächstes den **Jebel Amman** vor. Bis in die 20er-Jahre lebten hier viele Tscherkessen in Lehmhütten, doch 1927 ließ ein Erdbeben die labilen Konstruktionen zusammenfallen. Danach nahmen mehr und mehr einflussreiche Leute der langsam entstehenden Hauptstadt den Jebel in Besitz.

Wenn Sie Zeit haben und sich mit der jüngsten Geschichte der Stadt beschäftigen wollen, dann sollten Sie vom 1. Circle ostwärts z.B. in die **Abu Bakr As Siddiq St** (allgemein auch als **Rainbow St** bekannt) gehen.

Sie ist mit diesem Namen und Hausnummern ausgeschildert, auch die abzweigenden Straßen. Besonders zu Beginn gibt es viele Restaurants und Cafés, an der Ecke Rasheed Ridah St einen gut sortierten Liquor Shop. Werfen Sie auch Blicke in die Seitenstraßen, dort werden Sie noch eine Menge von Bürgerhäusern bis hin zu Palästen aus jener Zeit entdecken.

Eines der Häuser können Sie in der links abzweigenden Seitenstraße Fawz Al-Maouf besuchen, den Garten bewundern und sich ungezwungen umsehen – jetzt verkaufen dort *Bani Hamida* und *Jordan River Foundation* Kunsthandwerk. In dieser Seitenstraße findet freitags ein interessanter Markt mit Kunsthandwerk und anderen Angeboten statt, dessen Atmo-

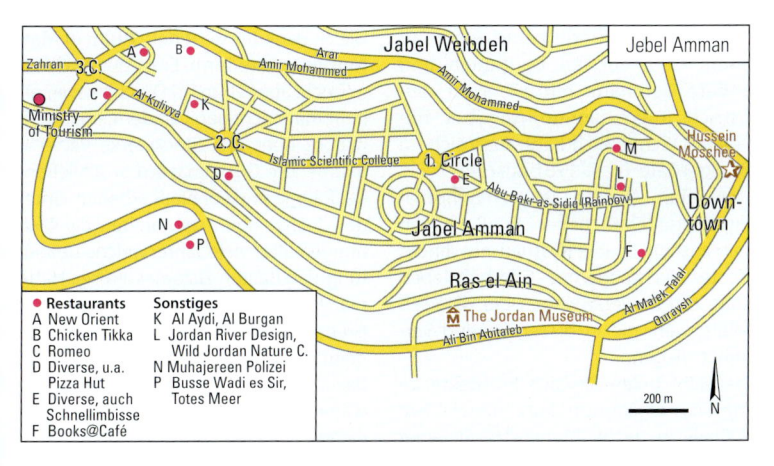

● **Restaurants**
A New Orient
B Chicken Tikka
C Romeo
D Diverse, u.a. Pizza Hut
E Diverse, auch Schnellimbisse
F Books@Café

**Sonstiges**
K Al Aydi, Al Burgan
L Jordan River Design, Wild Jordan Nature C.
N Muhajereen Polizei
P Busse Wadi es Sir, Totes Meer

## 4 – Amman und Umgebung

*Abu-Darwish-Moschee*

sphäre viele Ammaner und Touristen anlockt. In dem recht einfachen Haus auf der anderen Seite der Rainbow St wurde übrigens König Hussein geboren, dort wuchs er auch auf. Der erste Königspalast der Stadt steht in der Zahran St stadtauswärts rechts, kurz vor dem 4. Circle, gefolgt vom heutigen Regierungssitz.

Die etwas verkehrsberuhigte Rainbow St ist DIE Shoppingstraße des Jebel Amman. Es lohnt sich, besonders abends ein bisschen zu bummeln, dort flanieren viele junge Leute, während ältere Generationen Boutiquen und andere Geschäfte mit z.T. auch touristisch interessantem Angebot bevölkern. Schließlich kann man sich im Books@Café (s. S. 173) ausruhen.

Der Jebel Amman ist verhältnismäßig ausgedehnt; neben Straßenzügen mit ansehnlichen Privathäusern findet heute hier modernes Geschäftsleben statt, nicht zuletzt wegen der diversen Ministerien, die in dieser Gegend verstreut liegen.

Vielleicht holen Sie sich Prospekte im Ministry of Tourism kurz hinter dem 3. Circle in der Al Mutanabbi St, einer südlich parallel der Hauptstraße verlaufenden Seitenstraße, quasi hinter dem Le Royal Hotel. Ein Anlaufpunkt für Touristen mag auch das **Hotel Intercontinental** (zwischen dem 2. und 3. Circle) sein, in dessen Shopping-Arkaden u.U. hübsche Souvenirs zu finden sind, im Bookshop zumindest aktuelle Zeitungen und Reiseliteratur sowie Karten.

Schließlich wieder etwas Antikes: Vom Interconti ist es nicht allzu weit zu einem von einst etwa 20 Festungstürmen im Großraum Amman, die aus der Eisenzeit stammen. Fahren Sie, wie auf S. 172 beschrieben, zum Goethe-Institut und folgen Sie dieser Straße ein paar hundert Meter weiter. Die Straße führt leicht bergauf, genau auf der Höhe liegt links das Haus des **Department of Antiquities** (in dessen kleiner Bibliothek man schmökern kann).

Gleich dahinter steht der *****Rujm el Malfouf** genannte Turm. Er ist nur noch 5,5 m hoch, aber 20 m im Durchmesser, erbaut mit mächtigen Quadern. Im Innern gab es über drei Stockwerke verteilte Räume. Die Grundmauern anschließender Räume sind ebenfalls erhalten. Unter den Archäologen schwankten die Meinungen über viele Jahre, welche Bedeutung den Bauten zuzumessen sei. Hatte man lange geglaubt, es handele sich um Grenzbefestigungen der Ammoniter, so neigt man aufgrund einer Inschrift heute dazu, dass es befestigte Karawansereien waren, die in Sichtkontakt miteinander standen und sich gegenseitig vor feindlichen Überfällen warnen konnten. Sie dienten gleichzeitig als Wachstationen rings um die Städte, hier also Amman.

## Abdali, Jebel Weibdeh

Mehrfach wird Ihnen auf dem Jebel Weibdeh (auch *Luweibdeh),* dem Jebel Amman nördlich gegenüberliegend, ein großer Kuppelbau mit Minaretten aufgefallen sein. Es handelt sich um die \*\*\***King Abdullah Moschee**, die sich an der Kreuzung der Majlis Ummah St/Sulayman Nabulsi St erhebt und bis vor wenigen Jahren als die größte und auch schönste moderne Moschee von Amman galt (Foto s. S. 115). Sie wurde von dem deutschen Architekten J. Cejka entworfen und nach sieben Jahren Bauzeit 1989 fertiggestellt. Inzwischen wird sie, zumindest an Größe, von der neuen King Hussein Moschee am gleichnamigen Park übertroffen.

Die King Abdullah Moschee kann von Touristen Sa-Do von 8-11 und 12.30-14 U auch von Nichtmuslimen besichtigt werden. Zugang durch einen Seiteneingang an der Südseite, für Frauen liegen schwarze Umhänge (JD 1) zum Überziehen bereit. Das sehenswerte Bauwerk – das dem Felsendom von Jerusalem ähnelt – ist einen Besuch wert.

Unter einer 31 m hohen, mit leuchtendem Mosaik belegten Kuppel können 3 000 Gläubige beten, freitags kommen häufig im Außenbereich noch weitere 6 000 hinzu. Die Kuppel ruht auf acht Stützen, zwischen denen sich Holztore öffnen. An der Kuppel wiederholt sich 99-mal der kalligrafisch in goldenen Schriftzeichen gestaltete Name Allahs. Ein acht Tonnen schwerer vergoldeter Leuchter erhellt das Innere. Die freitäglichen Gottesdienste können in über 2 000 Moscheen im ganzen Land übertragen werden, (hässliche) Scheinwerfer ringsum sorgen für fernsehgerechte Ausleuchtung. Der gewaltige Komplex der Moschee wirkt aus der Nähe eher gedrungen, aber ab einer gewissen Distanz entfaltet er städtebauliche Dominanz, z.B. wenn man ihn vom Jebel Amman aus betrachtet.

Der Moschee als islamisches Zentrum sind u.a. Vortragssäle, eine Bibliothek sowie das **Islamische Museum** angeschlossen, das Keramik- und Tongefäße sowie historische Fotos von König Ab-

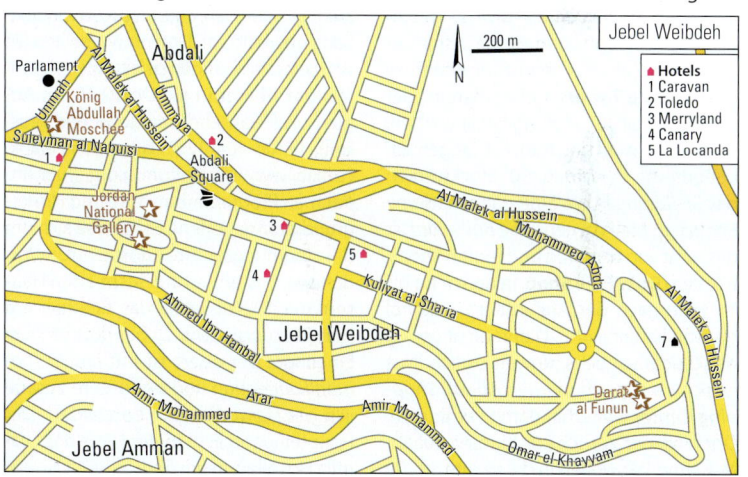

dullah ausstellt.
Etwa gegenüber der Abdullah-Moschee, in der Majlis Ummah St, verbirgt sich unter einem modernen Kuppelbau das **Parlamentsgebäude**, das man nur vom Zaun aus betrachten kann. An der Ecke nach Süden steht der gewaltige Klotz der Hauptverwaltung der Housing Bank, dahinter erhebt sich, mehrfach gestaffelt und mit einer Kuppel als Höhepunkt ausgestattet, das Justizministerium, durchaus an eine Festung erinnernd.
Geht man von der Abdullah-Moschee die Sulayman Nabulsi St bergab, so öffnet sich nach vielleicht 200 m, im Dreieck zwischen Nabulsi St und Al Malek al Hussein St, der in der Stadt bekannte Midan Abdali (Platz), der früher als Abdali Busterminal bekannt war, dann als riesiger Flohmarkt diente und heute bedeutungslos als Parkplatz dahindämmert.
Geht oder (besser) fährt man von der Moschee die Sulayman Nabulsi St in der anderen Richtung – nordwestlich – bis zur nächsten großen Kreuzung namens *Abdali Interchange* und biegt dort rechts in die Raviq Al Hariri Ave ab, so hat man **New Abdali** bzw. das Abdali Development Project erreicht. Hier sollen in den nächsten 10-20 Jahren diverse Hochhaustürme, Wohn- und Geschäftshäuser entstehen. Zwei Hochhaustürme namens **Jordan Gate Towers** stehen bereits, der nördliche soll 2020 fertiggestellt werden, der andere, rund und total in Glas gehüllt, beherbergt in seinen 50 Stockwerken das 5* *Rotana Hotel*. Eine ganz moderne Shopping Mall namens *The Boulevard* ist gesäumt von besseren und teuren Shops, u.a. dem **Duty Free Shop**, in dem man bis 14 Tage nach der Ankunft u.a. Alkohol günstig kaufen kann. Damit nicht genug des Geldausgebens, unweit östlich lässt es sich im supermodernen **Abdali Shopping Center** weiterhin damit vergnügen. Doch wieder zurück zur King Abdullah-Moschee. Wir wollen in die zweite Straße namens Ibn Hazem Al Andalusi rechts abbiegen. Das Sträßlein stößt bald auf den kleinen *Muntazah-Park*, an dessen südlicher Seite steht das Gebäude der **\*\*Jordan National Gallery of Fine Arts** (Mi-Mo 9-17, Sommer -19, JD 5) mit ständiger Ausstellung zeitgenössischer jordanischer Kunst und der von islamischen Ländern. Die Exponate sollen nicht nur das Kunstschaffen im Land, sondern auch das Verbindende von islamischer Kunst zwischen den Nationen darstellen. Die im Grunde kleine Ausstellung lohnt dennoch einen Besuch, weil sie einen Einblick in das Kunstschaffen Jordaniens bietet – und nicht zuletzt wegen des einladenden Cafés mit gutem Ausblick. Für Kalligrafie-Freunde hält das zweite Stockwerk einen kleinen Augenschmaus bereit, denn hier beschäftigen sich moderne Künstler mit der uralten islamischen Schreibkunst.
Daneben gibt es in der am Park gegenüberliegenden Villa, der **Contemporary Gallery of Fine Arts of Jordan,** interessante temporäre Ausstellungen zu sehen, die durchaus einen Besuch wert sein können.
Ein weiteres, fast multikulturelles Zentrum am Jebel Weibdeh, aber an dessen Südosthang oberhalb von Downtown, sollten Sie sich keinesfalls entgehen lassen:
**\*\*Darat Al Funun** (Sa-Do 10-19, im August und während Ramadan geschlossen), Tel 06 464 3251, darat@arabbank.com.jo, www.daratalfunun.org, (hier findet man Programmhinweise und Hintergrundinformationen). Es handelt sich um das stimmungsvollste Kunstzentrum Jordaniens, bestehend aus sechs alten Häusern der 1920er Jahre, das sich hier am Hang hinunterzieht. Daher gibt es zwei Eingänge: Der obere ist mit *Khalid Shoman Foundation* und der untere zusätzlich mit *Darat Al Funun* beschildert. Der Haupteingang liegt in der Nähe des Luzmila Hospitals in der Sadi St (vom Hospi-

tal den Berg ein kurzes Stück hinunter, erste Straße links, dann linke Straßenseite). Man kann auch vom Stadtzentrum her die Treppen beim Riviera Hotel hinaufsteigen.

Die wechselnden Ausstellungen zeitgenössischer jordanischer Kunst sind sicher einen Besuch wert, aber auch die gesamte, stimmungsvolle Anlage inmitten eines Gartens. Im obersten Haus lädt ein Gartencafé zur erholsamen Pause ein, im nächsten Gebäude werden Gäste untergebracht. Im unteren, dreigeschossigen Hauptgebäude, bis 1938 Residenz des britischen Kommandeurs der Arabischen Legion, wurden Ausstellungsräume und Ateliers für Maler geschaffen und im oberen Stockwerk eine gut ausgestattete Bibliothek eingerichtet. In den Ruinen einer byzantinischen Kirche aus dem 6. Jh finden heute Open-Air-Veranstaltungen wie Vorträge, spezielle Vorlesungen oder Workshops statt. Darat Al Funun ist längst ein Begegnungszentrum nicht nur jordanischer Künstler, sondern arabischer Kunstschaffender geworden.

## Shmeisani

Der moderne, in den letzten Jahrzehnten immer dichter bebaute Stadtteil im Nordwesten ist eines der wichtigsten Businesszentren der Stadt mit dementsprechend teuren Hotels sowie Restaurants. Einige Straßen bilden ein äußerst lebendiges und beliebtes soziales Zentrum mit der sogenannten *Culture Street* (Al Thaqafeh St), auf der am Wochenende Streetfestivals etc. stattfinden. In deren Umgebung kann man auch gut essen.

Für Unermüdliche gibt es den **Luna Park** (16-01 U, JD 3), Khaled Bin AlWalid St, mit Unterhaltung für Kinder und/oder erwachsene Kinder.

Das **Haya Cultural Centre**, Ilya Abu Mahdi St (9-17 U), wendet sich hauptsächlich an Kinder: mit Spielplätzen, einem interaktiven Museum und Computerinstallationen, einem Planetarium u.v.a.m.

## Der Norden

Im Norden der Stadt – nordöstlich der Al Malekah Alya St und südlich der Al Shaheed St – wurde die **Sport City** (auch Al Hussein Youth City) erbaut. Das hüge-

*Gartencafé im Darat Al Funun*

lige, mit Pinien bestandene Gelände bildet eine Art Park, einen der in Amman seltenen grünen Flecken. Hier gibt es neben dem großen Amman-Stadion einen Olympia Swimmingpool (JD 15) und Sportstätten für die unterschiedlichsten Sportarten.

Auf dem höchsten Punkt steht das quaderförmige **Denkmal des Unbekannten Soldaten**, in dem auch das **Militärmuseum** (Sa-Do 9-16, Eintritt frei) Platz gefunden hat. Wer sich für Kriegshandwerk und -historie des so jungen Staates interessiert, findet neben Erinnerungen an z.B. den Arabischen Aufstand (1916) und Kriege bis in die jüngste Zeit einige Beispiele der Waffentechnik, sogar eine MP deutscher Produktion aus dem Ersten Weltkrieg. Allerdings kann man im Nahen Osten weit aufwändigere Waffensammlungen besichtigen. Angemerkt sei, dass sich die Sport City auch als schattige Pause für Auto/Wohnmobilfahrer eignet (was sonst nicht einfach zu finden ist in Amman).

Im King Abdullah II Park an der Kafr Aanna St wurde jüngst das **Panzermuseum** (Mi-Mo 10-16 U, Eintritt frei) eröffnet. Ein großer, an Panzer erinnernder Bau, der sich im Alptraum drohend in Bewegung setzt, beherbergt Panzer unterschiedlicher Art und Baujahre.

Wenn Sie an weiteren römischen Hinterlassenschaften interessiert sind, so können Sie einen Blick auf das besterhaltene römische Mausoleum Jordaniens werfen, das nicht weit von der Sport City entfernt liegt. An der Sport City Junction hält man sich rechts und folgt der Al Shaheed St Richtung Zarqa (ausgeschildert). Etwa 4 km entfernt (nach zwei Abzweigen und einer großen Kreuzung) kommen Sie an die Tareq Junction, an der Sie rechts abbiegen und nach kaum 100 m rechts in eine schmale Straße (direkt neben einem Militärgelände) fahren müssen. Sie stehen vor dem verlassenen **Mausoleum *Qasr Nuweijis**, das kein herausragendes Erlebnis, aber eine nicht uninteressante Abwechslung verspricht. Das vermutlich aus dem 2. Jh nC stammende, verhältnismäßig kleine Gebäude blieb weitgehend erhalten. An der Frontseite ist ein Fries zu sehen, im Innern deutlich abgeteilte Kammern in jeder Ecke. Bewundern kann man die Konstruktion der Dachkuppel mit exakt zugeschnittenen Steinen, noch jeder an seinem Platz.

Es gäbe in Al Quweisimeh in der Nähe der südlichen Ausfallstraße ein weiteres Mausoleum dieser Art anzuschauen, das aber nicht so gut erhalten und etwas schwieriger zu erreichen und zu finden ist.

Im Nordwesten der Stadt liegt der Campus der **University of Jordan** (www.ju.edu.jo). Man fährt, vom Abdali Platz kommend, an der oben erwähnten Sport City Junction auf der Queen Rania al Abdullah St geradeaus weiter und sieht ein ganzes Stück nach dem nächsten großen Kreisel eine rechts abzweigende,

*Panzermuseum: Die Architektur wurde dem Inhalt entsprechend entworfen*

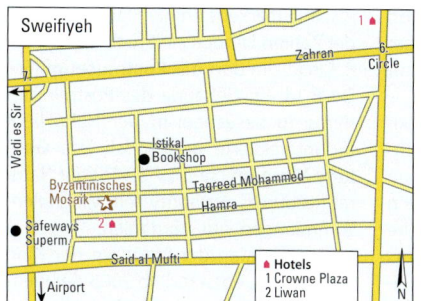

aber parallel zur Hauptstraße verlaufende Straße, die zu den Toren des ausgedehnten Uni-Geländes führt.

Innerhalb des Campus ist ein kleineres **Archäologisches Museum** (Sa-Mi 8-17 U) untergebracht. Funde von der Bronze- bis zur islamischen Zeit sind zu besichtigen, aber z.B. auch ein überraschend großes Modell des Artemis-Tempels und des Nymphaeums von Jerash. Der erste Raum zeigt Stücke von der prähistorischen bis zur Eisenzeit, der mittlere griechische und römische, der letzte hauptsächlich byzantinische und islamische Funde.

In der Nähe – auch auf dem Campus – ist ein **Heritage (Folklore) Museum** (Sa-Mi 9-17 U) mit Trachten und Szenen aus dem ein paar Jahrzehnte zurückliegenden täglichen Leben Jordaniens eher vollgestopft. Zu finden sind die Museen, indem man den Uni-Eingang mit den Zwiebeltürmen benutzt und geradeaus am Uhrturm vorbeigeht. Dabei gewinnt man auch einen Eindruck vom Leben in der Universität und kann sich noch ein bisschen in dem großen, streckenweise von Pinienduft überzogenen Gelände umsehen.

Interessierte können ziemlich genau gegenüber der Uni das **Deutsche Evangelische Institut** für Altertumswissenschaft des Heiligen Landes (Adresse S. 172) besuchen, das neben dem Hotel Amman International liegt. Das Institut geht ursprünglich auf den Besuch des deutschen Kaisers Wilhelm II, 1898, in Palästina zurück, als dessen Folge die Evangelische Kirche Deutschlands sich stärker im Heiligen Land engagierte. Zunächst entstand ein Institut unter obigem Namen in Jerusalem, in den späten 1970er-Jahren wurde der Ableger in Amman gegründet. Die evangelischen Archäologen schufen sich große Anerkennung und einen guten Namen in Jordanien. In den letzten Jahren erweiterte das Institut seine ursprünglich auf die Bibel bezogene Bronze- und Eisenzeitforschung auf wesentlich größere Zeiträume. Darüber hinaus bemüht man sich auch um das Heute, nämlich interkulturelle Beziehungen zwischen Islam und Christentum. Das Institut beherbergt die zweitgrößte archäologische Bibliothek in Jordanien, in der man nach Spezialliteratur stöbern kann. Einer der Grabungsschwerpunkte seiner Archäologen liegt in Umm Qays.

## Der Westen

Im Vorort Sweifiyeh (auch Swaifiyah) im Westen Ammans grub 1979 ein Privatmann zufällig die Reste der **\*\*Byzantinischen Kirche Sweifiyeh** aus, von der nur noch der sehr schöne Mosaikboden weitgehend erhalten war. Innerhalb einer mit geometrischen Figuren geschmückten Umrandung sind Tier- und Menschendarstellungen zu sehen. Gesichter blicken mit weit geöffneten Augen herauf und versuchen, den Betrachter in ihren Bann zu ziehen, was dem von der linken Seite besser als dem anderen gelingt. Teile einer griechischen Inschrift blieben ebenfalls erhalten. Der Besuch der schönsten in Amman original erhaltenen Mosaike lohnt sich auch dann, wenn man noch in das

Mosaikzentrum Madaba fährt oder von dort kommt. Leider öffnet der Besitzer die das Mosaik überdeckende Halle nur noch sehr selten.

Man findet den Platz im Schicki-Micki-Vorort – wo ihn selbst in nächster Nachbarschaft niemand kennt –, indem man am 6. Circle links (südlich) abbiegt, dann gleich wieder rechts, danach die zweite links und schließlich der vierten, rechts abzweigenden Straße bis zum Hotel Liwan (dieses als Zielpunkt für Taxifahrer angeben) folgt.

Wenn man schon nach Sweifiyeh gefahren ist, kann man sich in den westlich orientierten Shops dieses Vororts umsehen und vielleicht das eine oder andere Mitbringsel günstiger erstehen als zu Hause. Dabei trifft man auf den jordanischen Geldadel oder Leute, die sich ihm zugehörig fühlen. Da das Angebot der Boutiquen ohnehin fast wie zu Hause aussieht, könnte man sich eine Pause in einem der Cafés gönnen. Die Wakkala St mit ihren vielen Cafés und Restaurants wurde zu Jordaniens **erster Fußgängerzone** gestaltet.

Als Briefmarkensammler fährt man auf der Zahran St noch ein Stück weiter zum 8. Circle, um dort das **Postmuseum** (So-Do 8-14) im Gebäude des Postministeriums zu besuchen. In der Nähe liegt für Interessierte auch noch das **Geology Museum** (Sa-Do 7.30-15) der Natural Resources Authority mit Mineralien-Sammlungen aus Jordanien.

Im Nordwesten der Stadt, an der King Abdullah St, entstand ab 2005 der weitläufige, sehenswerte \*\***King Hussein Park**. Er liegt im Stadtteil Dabog, 3,5 km nördlich des 8. Circle. Von dort kommend fahren Sie kurz nach dem unübersehbaren City Mall/Carrefour Shopping Center am ersten Kreisel nach Westen ab.

Es handelt sich um eine sehr große Vielzweckanlage mit familiengerechten Picknick- und semiprofessionellen Sportplätzen, Restaurants und Cafés sowie kulturellen Institutionen, alles mehr oder weniger in eine Gartenlandschaft eingebettet

Tatra T97, hier ein Fahrzeug der deutschen Wehrmacht im WW2, Ideengeber für die Entwicklung des Volkswagen-Käfers

(kein Eintritt, 8-24, im Winter bis 22 U). Der Park ist nicht nur für die Bewohner Ammans ein Gewinn, sondern auch für die weiträumige Umgebung und nicht zuletzt für Touristen. Und sei es nur, um die Ammaner Bevölkerung bei ihrer Freizeitbeschäftigung zu beobachten.

Darüber hinaus wurde auch Wert auf kulturelle und historische Information gelegt. Ein *Cultural Village*, das um einen Platz mit Galerien, Kunsthandwerkshops und aktiven Künstlern im Westen des Parks angelegt wurde, soll die Verbindung zur kunsthandwerklichen Tradition knüpfen; es steht inzwischen lei-

## Der Westen

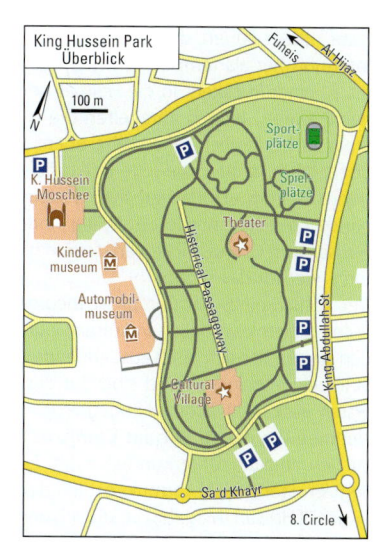

*[Karte: King Hussein Park Überblick]*

Grunde stellt es einen Gang durch die seit den 1950er Jahren verflossene Zeit dar. Am Eingang steht ein Nachbau des ersten Autos der Welt, mit dem Carl Benz 1886 die erste Probefahrt in Mannheim absolvierte. Interessant ist u.a. auch der „Urkäfer", der Ferdinand Porsche angeblich als Vorbild für den VW-Käfer diente. Für Autofans vielleicht ein Muss.

Gleich nebenan wurde die King Hussein Moschee erbaut, seither die größte Jordaniens. Sie ist auch für Nichtmuslims zugänglich und sehenswert.

Als weitere Attraktion des Parks gilt das **National Children's Museum**, www.cmj.jo, (So-Mi außer Di 9-17 U, Do-Sa 10-18 U, JD 3), das extra für Kinder geschaffen wurde. Es bietet der jungen Generation viel Unterhaltung und Spaß. Ziel ist es, Kinder in einer interaktiven Lernumgebung für Kunst, Wissenschaft und Technik zu begeistern. Dies soll mit vielen entsprechenden Displays zu den Themen Menschheit, Technologie und Natur sowie einem interaktiven Garten geschehen. Darüber hinaus gibt es eine Kinderbibliothek, ein der leer. Zwei Restaurants an der Ostseite des Village bieten einen schönen Überblick über den Park und den Westen Ammans. Ein interessanter **Historical Passageway** stellt die Geschichte Jordaniens seit der Steinzeit an unterschiedlich gestalteten Wandabschnitten dar. Im Amphitheater wird Freiluft-Amphitheater geboten.

Achtung, am islamischen Wochenende ist sehr viel Betrieb im Park.

Weiterhin gehört auch das **Königliche Automobil-Museum** (Mi-Mo 11-19, JD 3) zum Park, in dem Autos von König Hussein und weiteren Mitgliedern der königlichen Familie ausgestellt werden, aber auch andere Sammlerstücke. Im

*Üblich enge Gasse im Wihdat Camp*

Planetarium, Räume für Feiern wie Geburtstage und ein Café. Einen guten Überblick bietet die kindergerecht gestaltete Website des Museums www.cmj.jo.

## Im Süden:
## Wihdat Palästinenser Camp

In und in unmittelbarer Nähe Ammans gibt es mehrere Flüchtlingscamps, in denen immer noch aus ihrer Heimat vertriebene Palästinenser leben. Sie flüchteten zunächst vor und während des israelischen Unabhängigkeitskrieges 1948/49, und in einer zweiten Welle während des Oktoberkrieges 1967. Heute können nur noch die Alten vom Schrecken der Vertreibung und der Flucht sowie den ersten Jahren in Zeltlagern erzählen. Sie sind auch diejenigen, deren Herz unabänderlich an der alten Heimat hängt (s. S. 101).

Aus den ehemaligen Zeltlagern ließ die UNRWA (UNITED NATIONS RELIEF AND WORKS AGENCY) in den 1950er-Jahren feste Häuser bauen, die von Größe und Intention her als temporäre Unterkunft bis zu einer Rückkehr in die Heimat gedacht waren. Jedoch vereitelten die Israelis bisher jegliche Rückkehr, ebenso unerbittlich lehnten sie jede Entschädigungszahlung ab, da laut ihrer Propaganda die Palästinenser „freiwillig" ihre Häuser und Grundstücke verlassen hätten – wer tut das schon.

Der Besuch eines der Camps ist theoretisch problemlos möglich. In Amman wurden sie von der sich rasch ausdehnenden Stadt eingeschlossen und sind auf den ersten Blick nicht sichtbar abgegrenzt.

Nehmen wir das **Al Wihdat Camp,** das zu den ältesten Unterkünften zählt. Es liegt im Stadtteil Al Yarmuk, östlich der Prince El Hassan (Madaba) St, südlich der abzweigenden Usama Bin Zayd St, etwa 1,5 km vom Beginn der Prince El Hassan St in Downtown entfernt (bei Google Earth unter 31°55.925'N 35°56.783'E gut zu erkennen). Das Gelände wurde von der UNRWA in Erbpacht erworben und in 4500 Parzellen zu je 100 m² zwischen sehr schmalen Straßen aufgeteilt. Jede Familie erhielt damals ein Dreiraumhaus von rund 40 qm, die restlichen 60 qm blieben ursprünglich Freifläche als kleiner Innenhof. Später konnten die Bewohner Grundstück samt Haus erwerben. Inzwischen sind kaum mehr originale Häuschen zu sehen, viele wurden entweder ganz erneuert oder in Erweiterungen und Aufstockungen einbezogen. Die Freiflächen schmolzen auf winzige grüne Flecken zusammen.

*Palästinenserin mit typischem Kopftuch*

2008 lebten rund 51 000 Menschen (knapp 10 000 Familien) in Al Wihdat. UNRWA unterhält dort zwei Ärztezentren mit insgesamt 11 Ärzte, 2 Zahnärzten und 63 Krankenschwestern. Weiterhin betreiben die UN 16 Schulen im Zweischichtbetrieb für über 10 000 Schüler. Im Zentrum des Camps entstand ein großer Bazar, der es mit den Souks von

*Wihdat: Palästinensischer Markt*

Downtown aufnehmen kann und vom orientalischen Gepräge her durchaus eine Touristenattraktion sein könnte. Die Händler sind sehr freundlich und in keiner Weise aufdringlich; ein Bummel durch den Bazar lässt fast vergessen, dass es sich um ein 60-jähriges Provisorium handelt, wie auch das gesamte Camp einen sehr lebendigen Eindruck macht.

Eigentlich sollte man meinen, dass die Palästinenser interessiert wären, Touristen willkommen zu heißen, um ihnen ihre Lebensbedingungen und auch die Geschichte ihrer Vertreibung näherzubringen, und dies richtig professionell mit dem Besuch z.B. einiger ursprünglicher Häuser, einer Schule oder anderer Einrichtungen sowie des Souk. Leider sieht dies die zuständige Behörde, das Department of Palestinian Affairs, nicht so. Nach Gesprächen mit offiziellen Stellen sowohl im Camp als auch mit der Behörde, wurde uns mitgeteilt, dass aus Sicherheitsgründen – die Besucher könnten für Israelis gehalten werden – eine Genehmigung erforderlich sei, die 10 Tage vor dem Besuch mit einer Passkopie, Berufsangabe und Angabe des Besuchsgrundes per Email oder Fax beantragt werden müsse:

■ Department of Palestinian Affairs, Camps Affairs, Tel 00962 6566 6172, Fax 00962 6566 8264, dpa@nic.net.jo

Vor dem Besuch ist die Genehmigung dort abzuholen (8-15 U).

Wer vergaß, die behördliche Prozedur einzuleiten, kann im Prinzip, wie in jedem anderen Stadtteil Ammans, auch durch ein Camp bummeln (was ich mehrfach unbelästigt getan habe). Wenn das nicht allzu neugierig geschieht und die Kamera zurückhaltend oder überhaupt nicht benutzt wird, wird man nicht gleich einen Volksaufstand provozieren, vielleicht von der Polizei befragt und zurück ins Hotel komplimentiert werden. Man könnte auch versuchen, einen Englisch sprechenden Taxifahrer für den Besuch anzuheuern, der sein Auto am Ziel parkt und einen als Dolmetscher für den Spaziergang begleitet.

Südlich des Wihdat Camps steht in einem kleinen Park in der Minwir Al Hadid St (in der Nähe der Kreuzung mit der Humayth Bin Zayid St) ein gut erhaltener **römischer Familiengrabbau**. Es handelt sich um ein ca. 4 m hohes Gebäude, in dem mehrere Sarkophage erhalten sind. Es ähnelt stark dem Qasr Nuweijis (s. S. 146), mit ebenfalls sehr exakt zugeschnittenen Steinen und einem intakten Dach.

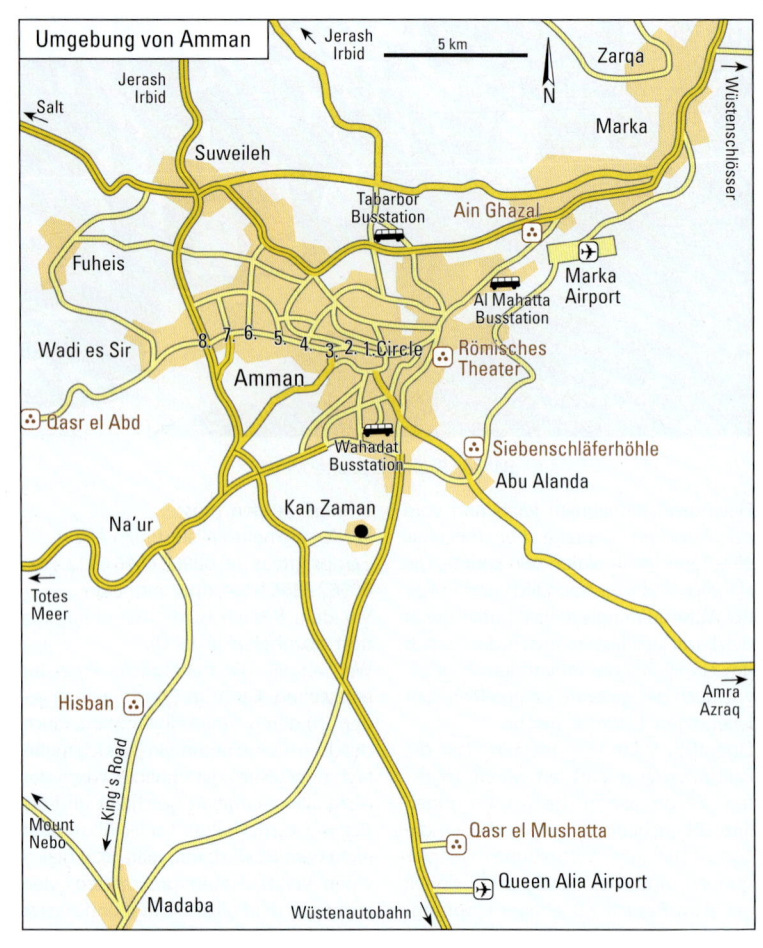

## Umgebung von Amman

Es liegt eigentlich nahe, vom King Hussein Park nach Süden zu fahren, zum

### *Kan Zaman Village

"Es war einmal" heißt *Kan Zaman*. Es handelt sich um ein etwa 200 Jahre altes, ummauertes, einst von Beduinen gegründetes Dorf, das südlich von Amman liegt und für den Tourismus restauriert wurde. Neben einem guten Restaurant bietet der Ort Kunsthandwerk, Schmuck oder etwas ausgewähltere Souvenirs. Das Besucherinteresse lockt einige

Handwerker wie Glasbläser, Töpfer oder den bei uns gänzlich unbekannten Beruf des „Sand-ins-Glas-Auffüllers" an, ihre Fähigkeiten vorzuführen. Wobei hier sogar die viel gelobte Synergie zum Tragen kommt: Der Glasbläser bläst hübsche Behältnisse, deren Inneres dann vom Auffüller in Windeseile mit farbigem Sand gestaltet wird. Man kauft also gleich zwei originäre Kunstwerke.

Ein wirklich vorzügliches Restaurant in den ehemaligen Ställen serviert arabische Gerichte, die im traditionellen Lehmofen zubereitet werden. In einem anderen Exstall erwartet ein arabisches Kaffeehaus die Gäste. Da viele Jordanier hier ihre Feste feiern, ist häufig ab 21 Uhr kein Platz mehr zu bekommen, daher vorbestellen.

### 🚌 Hinkommen

- Von Downtown aus gibt es zwei Möglichkeiten – entweder vom 7. oder 8. Circle auf der Autobahn Richtung Airport und 3 km nach der ersten Tankstelle auf der rechten Autobahnseite (oder 9 km nach der ersten Abfahrt *Dead Sea*) von der Autobahn abfahren, unter der Autobahn hindurch nach Norden (Achtung, sehr niedrige, für z.B. Wohnmobile ungeeignete Unterführung). Von hier aus noch ca. 3 km, am ersten Berg rechts vorbei, danach links, und dann beginnt erst die Ausschilderung.
- Die zweite, kürzere Verbindung führt aus dem Städtzentrum wie folgt hinaus (da das Hinweisschild zum Village entfernt wurde, sollten Sie die km-Angaben beachten): von der King Husseiny Moschee ein kurzes Stück (ca. 1 km) auf der Malek Talal St nach Westen, bis sich die Straße vor einer Art Rondell mit einem großen, nicht immer sprudelnden Springbrunnen teilt. Hier links auf der Al Ameer el Hassan St den Berg hinauf, unten an der Kreuzung beginnt die km-Zählung. Diese Straße führt (nach einer bald folgenden, etwas unübersichtlichen Rechtskurve mit Linksabbiegern) ziemlich geradlinig nach Süden, nach mehrfachem Namenswechsel heißt sie schließlich Madaba St. Unterwegs kreuzen bei 4 und 4,3 km Eisenbahnschienen, nach 11 km unterquert man eine Fußgängerüberführung. Schließlich taucht auf der Kuppe eines Hügels ein blaues Schild *Yadudah* auf. Hier erkennt man rechts auf einem Hügel das Village und biegt bei etwa km 12 rechts in eine breite Straße ab.

Mit öffentlichen Verkehrsmitteln dürfte das Village schwer erreichbar sein, es bleibt nur ein Taxi.

Dieser Besuch lässt sich übrigens recht gut mit dem folgenden Ziel verbinden.

## Asi Cave

Asi Abu Jaber arbeitete 1986 auf seinem Grundstück, als er zufällig eine Höhle entdeckte, die in die römische Epoche zurückdatiert. Sie hat eine Fläche von ca. 2000 m² und wird durch 38 Ventilationsöffnungen belüftet.

Asi Jaber sammelt archäologische Stü-

*Kan Zaman Village: Eingang zum Restaurant*

cke, mit seiner Höhle gewann er eine günstige Ausstellungshalle. In Zusammenarbeit mit der jordanischen Altertümerverwaltung konnte er seine Schätze katalogisieren und so weit wie möglich kurz beschreiben, obwohl sein Museum eigentlich überfüllt ist mit Artefakten. Es bietet dennoch einen Überblick von der Bronzezeit bis zur byzantinischen Zeit. Damit nicht genug, findet man auch eine Kollektion von Gebrauchsgegenständen aus dem 18. und 19. Jahrhundert.

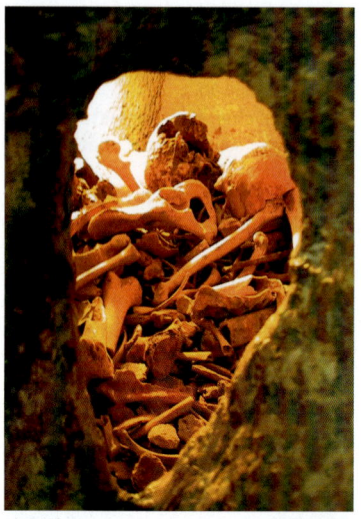

*Al Kahf: Knochen in einem der Sarkophage*

Wer in Amman noch nicht genug an z.B. alten Gefäßen aus Ton oder Bronze oder Holz gesehen hat, der ist bei Asi gut bedient und kann sich eine ganze Weile mit der Ausstellung beschäftigen. Wenn er in der Höhle alles gesehen hat, dann gibt es im Hof noch größere Stücke zu bewundern.

## 🚌 Hinkommen

- (Tel 06 4125577) Vom Kan Zaman Village fährt man angeblich etwa 500 m bis Al Yahuda, Ali Mingo St., die z.B. in Google Maps verzeichnet ist. Also müsste sich auch ein jordanisches Navi auskennen.

## *Höhle der Siebenschläfer

*Hintergrund*: *Als sich unter Kaiser Decius sechs junge Christen und ein Hund in einer Höhle vor der Christenverfolgung versteckten (oder dort absichtlich eingemauert wurden), fielen sie in einen 200-jährigen Tiefschlaf und erwachten erst, als das Christentum zur Staatsreligion avanciert war. Diese Legende fand auch Einzug in den Koran, wo in Sure 18 die Sieben 300 Jahre in Schlaf versanken.*

Mit der Legende wird das Grab **Al Kahf** *(die Höhle, 9-11, 13-17 U)* im südöstlichen Vorort Abu Alanda in Verbindung gebracht. Für Muslime ist es eine Pilgerstätte. Den Eingang zur Höhle flankieren zwei Halbsäulen, neben jeweils einer Bogennische, oberhalb der Tür ist ein Fries mit fünf Medaillons und einem abgeschliffenen griechischen Kreuz erkennbar, das den christlichen Ursprung belegt. Darüber war ursprünglich eine Kirche errichtet worden, die dann in eine Moschee umgebaut wurde. Später verband man den Eingang zur Höhle mit der Moschee, rechts ist noch eine Mihrab-Nische zu erkennen. Heute bildet eine erst vor wenigen Jahren gebaute, moderne Moschee mit einem Schulungszentrum für Imame ein Erkennungszeichen. Vom gemeinsamen Eingang geht man nach rechts zur Höhle, in der acht kleine, aus dem Felsen gehauene Sarkophage stehen. In einem der Sarkophage gibt ein Loch mit Glasscheibe den Blick ins Innere frei: Dort liegen Knochen ziemlich durcheinander, sie sollen von sechs Menschen und einem Hund stammen.

Der Hügel links (westlich) diente in byzantinischer Zeit als Friedhof, viele Grabkammern deuten darauf hin. Das sogenannte *Westgrab* weist außen eine schöne Fassade mit ionischen Halbsäulen und Scheingiebelgebälk auf. Ein Schacht führt in die tiefer liegenden Grabkammern. Zur Zeit unserer letzten Recherche waren diese Gräber nicht mehr zugänglich.

Im Grund ist insgesamt herzlich wenig zu sehen, nach kurzer Zeit steht man wieder auf der Straße. Die Anfahrt lohnt nur dann, wenn man möglichst alle archäologischen Stätten Ammans besuchen will oder ohnehin z.B. auf der Madaba St nach Süden unterwegs ist. In dem Amman-Stadtplan der Tourismusbehörde (auch in Deutsch erhältlich; leider kein Erscheinungsdatum) finden Sie die Stelle im Quadrat A 10 direkt über der unteren blauen 10.

### 🚌 Hinkommen

- Die Anfahrt per **Minibus** ist ziemlich schwierig. Eine bessere Lösung wäre ein Servies-Taxi zum Wahadat Terminal und von dort oder kurz vorher ein normales Taxi nach *Ahel Al Kahf*. Die Rückfahrt ist einfacher, weil man in der naheliegenden Hauptstraße Minibusse zu verschiedenen Zielen, auch zum Wahadat, findet.
- **Autofahrer** können der folgenden Beschreibung nachfahren, etwas umständlich, aber nachvollziehbar: In Downtown nimmt man die Richtung Madaba /Süden, also die Prince El Hassan St. Etwa 600 m nach der zweiten Eisenbahnüberquerung zweigt man auf einer großen Kreuzung mit Unterführung nach links auf die Al Hizam Al Da'eri St ab. Nach knapp 2 km unterquert man zwei Unterführungen, ca. 1,4 km später biegt man links auf eine vierspurige Straße den Berg hinauf ab, nach etwa 500 m muss man die letzte linke Straße vor einem großen Feld nehmen, an der rechts die "Cave of the Seven Sleepers" zu finden ist (N31°53,947' E35°58,395').

In der Umgebung von Amman liegen einige Stätten, die einen Besuch lohnen. Je nach Routenplanung können diese auch in andere Ausflüge mit einbezogen werden. Das zwischen der Stadt und dem Flughafen befindliche Wüstenschloss *Qasr el Mushatta*, das ebenfalls zur weiteren Umgebung zählt, wird hier nicht erwähnt, sondern im Kapitel *Wüstenschlösser*, s. S. 250

### ***Wadi es Sir, Qasr el Abd, Iraq el Amir

Das **Wadi es Sir** (auch *Sayer, Seer, Elsir, Esseer*) – identisch mit dem Tyrus-Tal –, westlich von Amman gelegen, hebt sich von den anderen ähnlichen Wadis, die in den Jordangraben münden, durch seinen Wasserreichtum ab. Das viele Wasser wiederum erfüllt Bäume, Obst und Gemüse mit Leben, nicht zuletzt dient es auch den Menschen, die sich hier angesiedelt haben. Ein Abstecher lohnt sich wegen eines etwas mysteriösen Palastes namens *Qasr el Abd*, aber auch wegen der erholsam-grünen Umgebung. Allerdings muss man einschränken: Während im Frühjahr ringsum begrünte Hänge und der murmelnde Wasserlauf zu sehen sind, stößt das Auge im Sommer und Herbst auf abgeerntete, dürre Flächen. Bald wird es hauptsächlich auf Hauswände stoßen, denn das Wadi wird in erstaunlicher Geschwindigkeit immer mehr zugebaut.

*Hintergrund: Qasr el Abd, das teils in Ruinen liegende Bauwerk, gibt seit seiner Wiederentdeckung im Jahr 1818 Rätsel auf, die bis heute nicht vollständig geklärt sind. Geläufig ist zwar die Bezeichnung ‚Burg des Sklaven', doch tendieren alle aktuellen Deutungen dahin, von einer Palastanlage zu sprechen. Das blaue Schild am Eingang besagt denn auch, dass sie "von dem*

*Ammoniter Hyrkanos aus der Tobias-Familie im 2. Jh vC gebaut und in der byzantinischen Epoche erneut benutzt" wurde. Ein Erdbeben 362 nC beschädigte das Gebäude erheblich.*

*mittelbar daran, was aus dem tiefer liegenden Niveau ringsum deutlich wird. Ein Dammweg führte zu einem Monumentaltor. Monumental wirkt allerdings die gesamte Anlage, allein schon,*

*Blick auf das etwas rätselhafte Qasr el Abd*

*Das Geschlecht der Tobiaten lässt sich, sofern es sich nicht nur um Namensgleichheiten handelt, sowohl im biblischen Nehemia-Buch als auch aus anderen Quellen seit der Perserzeit im 4. Jh vC verfolgen. Der römisch-jüdische Geschichtsschreiber Josephus Flavius berichtet ebenfalls von einer Familie dieses Namens, deren jüngster Sohn Herkanus nach Streitigkeiten über den Jordan emigrierte, sich einen Palast baute, der bis zum Dach mit Marmor verkleidet und mit großen Tierfiguren geschmückt war – eine ziemlich genaue Beschreibung (auch in weiteren Details) dessen, was vor uns steht.*

Das Gebäude des **Qasr el Abd** war einst von einem Teich umgeben oder stieß un-

wenn man die gewaltigen Steinblöcke betrachtet, aus denen die Außenmauern aufgeschichtet wurden: bis zu 15 Tonnen schwer, bis zu 6 m lang und 3 m hoch. Den Nordeingang bewachen mächtige, am zweiten Stockwerk angebrachte Steinlöwen. Auch Wandflächen des ersten Stockwerks sind mit Löwen und Panthern geschmückt, an der Ost- und Westseite Leopardinnen aus rosa Dolomitstein.

Das Erdgeschoss hat eine etwas rätselhafte Raumeinteilung. Korridore an der Innenseite der Außenwände führen um eine Raumgruppe herum, die fensterlos praktisch im Dunkel liegt. Diese Kammern können also nur als Lager, nicht aber als Wohnräume gedient haben. Auf der nördlichen Seite erreicht man über eine

Treppe das Obergeschoss, das wohl die eigentlichen Gemächer des Palastinhabers barg. Der Zugang zum Innenbereich ist verschlossen, normalerweise kommt aber ein Schlüsselträger herbei und schließt gegen ein Bakschisch auf.

Im nahegelegenen Dorf Iraq el Amir errichtete die *Noor al Hussein Foundation* ein **Handicraft-Center** für Frauen (unterhalb von Iraq el Amir, nahe einer Moschee mit grüner Kuppel), denen man (Sa-Do von 8-15) bei der Arbeit zuschauen und deren Produkte kaufen kann. Ein kleines Museum im Ort informiert über die Entdeckungsgeschichte und die Restauration des Qasr el Abd.

Etwa 600 m talaufwärts blickt man bei der Rückfahrt direkt auf die Höhlen **Iraq el Amir**, die in eine steile Felswand gehauen sind. Eine Treppe führt zu den 14 Höhlen hinauf, die durch eine Galerie miteinander verbunden sind. Eine Höhle, die *Iraq* (auch *Araq*) *el Emir (Höhle des Fürsten)* genannt wird, fällt insofern auf, als sie mit einem profilierten Türrahmen ausgestattet ist. Rechts vom Eingang wurde der Name Tobias in aramäischen Buchstaben eingehauen. Über Ursprung und Zweck der Höhlen gibt es nur Vermutungen, u.a. dass sie dem Palastinhaber Herkanus als Stallungen dienten. Für den Laien zählt der Ausblick ins Tal und von der südlichen Höhle auf den Qasr el Abd mehr als der Einblick in die rauchgeschwärzten Kammern.

## Hinkommen

- **Busverbindungen:** Von der Muhajereen Station fahren Minibusse nach Wadi es Sir, seltener von der Mahatta Station, dort sind es Stadtbusse. Im Ort Wadi es Sir gibt es sporadisch Minibus-Anschluss zum Dorf Iraq el Amir in unmittelbarer Nähe der gleichnamigen Höhlen und weiter zum Qasr el Abd. Andernfalls bleibt nur ein Taxi von Wadi es Sir aus, das man während der Besichtigungszeit, die nicht allzu lange dauert, warten lässt.

- **Anfahrt**: Bis zum Ort Wadi es Sir führt von Amman eine Schnellstraße. Sie ist die Verlängerung der Zahran St über den 7. Circle hinaus und unter der westlichen Autobahnumgehung hindurch. Am nordwestlichen Ende des Ortes Wadi es Sir geht sie in eine rela-

*Qasr el Abd: Löwin als Fassadenschmuck*

*Managerinnen des Handicraft Centers*

tiv schmale Landstraße über, die sich kurvenreich von ca. 930 m auf 460 m bergab windet. Unterwegs trifft man auf den einen oder anderen Abzweig, bei dem selten das Ziel Iraq el Amir angegeben wird. In der Regel ist die am meisten bergab führende Straße die richtige, im Zweifel fragen Sie vorsichtshalber nach "*Iraq el Amir*", das versteht jeder. Etwa 7 km nach der Autobahnkreuzung überquert man einen Bach, an Feiertagen das Ziel von Familienausflügen. Nach der Bachbrücke links versteckt sich unter Bäumen ein lauschiges Restaurant. Im Bach sind Tische befestigt, auf denen die Mahlzeiten serviert werden, während die Füße gekühlt im Wasser baumeln.

Rechts am Brückenende stehen allerletzte Reste eines römischen Aquädukts. Bereits von der Bachbrücke aus oder auf dem folgenden Straßenstück ist links in einer Felswand eine Fassade mit Fenstern zu erkennen, die zwar **Ed Dair** *(Kloster)* genannt wird, tatsächlich aber ein mittelalterlicher Taubenschlag sein soll – das Dorf in der Nähe heißt ebenfalls Ed Dair. Tiefer im Wadi es Sir, Richtung Jordan, wurden Fossilien gefunden.

- 13 km nach der Autobahnbrücke ist Qasr el Abd erreicht (N31°55,15′ E35°45,19′). Von hier aus kann man mit Minibussen oder auf häufig nicht ausgeschilderten Straßen nach **Fuheis** und **Salt** fahren.

## Essen

- Die Frauen des Handicraft Centers bieten schmackhaftes Lunch an, natürlich selbstgemacht (2 Std vorher anmelden).

## Übernachten

- Die geschäftstüchtigen Frauen verfügen in der Nähe ihres Zentrums über zwei sehr saubere Zimmer mit AC, Kschr, Vp..................................................D 25

## *Fuheis

*Hintergrund:* Ähnlich wie Salt liegt Fuheis in einem relativ engen Wadi, das letztlich in den Jordan mündet. Immerhin ist die Siedlung bis etwa 2000 vC datierbar. Heute beherbergt sie im neueren Stadtteil namens Allali das größte Zementwerk Jordaniens, in dem der größte Teil der Fuheis-Bevölkerung Arbeit findet. Ferner wird an den Hängen viel Obst – im Sommer die besten Pfirsiche des Landes - angebaut, was zu dem für Jordanien relativ seltenen Grün und zur Bekanntheit des Ortes beiträgt. In einer Veröffentlichung ist sogar zu lesen, es handele sich um den besten Platz auf dem Land. Wir möchten dem und anderen Lobliedern – es sei ein Ort der Künstler und Galerien – nur bedingt zustimmen.

Hier sollte man ein bisschen herumwandern. Der Ort strahlt in dieser Gegend eine gemütliche, ruhige Stimmung aus. Man sieht ziemlich altes Gemäuer oder hübsche ältere Häuser. Der alte Kern von Fuheis lebt erst gegen Abend richtig auf, wenn Leute aus Amman zum Bummeln und Essen herkommen. Im August wird ein *Fuheis-Festival* mit Konzerten und Amphitheater abgehalten.

Die in anderer Literatur empfohlene Wanderung talabwärts kann nicht ganz nachvollzogen werden, weil das Wadi dort schon in Halbwüste übergeht, sich an der Straße stinkende Müllberge türmen und diese schließlich an einer ebenfalls übel stinkenden Kläranlage zu enden scheint.

## Hinkommen

- **Busverbindungen:** Fuheis liegt vor den Toren der Hauptstadt. Von der Tabarbor Busstation fahren zahlreiche Minibusse nach Fuheis bis zum Ortsteil Balad, zurück spätestens um 21 U (19 U im Winter).
- **Anfahrt:** Wer von Amman per Auto kommt, fährt auf die westliche Umgehung, z.B. am 8. Circle, und dort Richtung Norden bzw. Jerash. Nach dem Circle, vor City Mall/Carrefour bzw. dem Hussein Park, biegt man an der nächsten Möglichkeit links ab. Man folgt einer gut ausgebauten Straße nach Westen, die ca. 500 m nördlich des Hussein-Parks beginnt, und erreicht nach 5 km den ersten Circle von Fuheis. Diesen umrundet man bis zur zweiten Ausfahrt, sodass man links das Tal hinunter in den alten Ortsteil Balad fahren kann. Es geht am Zementwerk vorbei, im nächsten (2.) Kreisel halbrechts halten. 3 km nach dem 1. Circle ist mit dem 3. Circle Balad erreicht. Von hier aus sieht man zwei Lehmkuppeln und unweit den Turm einer Basilika.

## Essen & Trinken

- Es gibt zwei relativ originelle **Restaurants**: Das ZUWWADEH liegt wenige Schritte vom Circle entfernt rechts an der bergab verlaufenden Straße. Es ist fast lauschig dekoriert und bietet gute Gerichte.
Das HAKOURA findet man hinter dem ersteren. Es ist ebenfalls als Ausflugslokal beliebt und hat gute Küche zu mittleren Preisen.

Salt, das nächste Ziel, liegt nicht weit

*Salt: Archäologisches Museum in einem alten, vornehmen osmanischen Haus*

Salt, Zentrum

entfernt. Man fährt, vom Tal kommend, geradeaus über den 1. Circle hinweg und muss später links abbiegen. Diesen Abzweig sollte man aber erfragen, da (bisher) keine Ausschilderung zu sehen war.

## **Salt** und **Zai Nationalpark**

*Hintergrund*: Ausgrabungen belegen, dass Salt bereits in der Eisenzeit besiedelt war. Durch ein Familiengrab mit mehreren Sarkophagen ist bekannt, dass der Ort im 3. Jh nC **Gadora** hieß. In byzantinischer Zeit war er Bischofssitz. 1220 legte der ayubidische Sultan al-Malik al-Mu'azzam über der Stadt eine Festung gegen die Kreuzfahrer an. Sie wurde 1260 von den Mongolen zerstört, aber ein Jahr später von den Mamluken wiederaufgebaut und 1840 von den Osmanen erneut zerstört.

Im 19. Jh bauten die Osmanen Salt zur Hauptstadt ihrer Provinz Belqa aus. Entsprechende Dienststellen mussten geschaffen und nicht zuletzt Truppen stationiert werden. Diese neue Rolle zog Kaufleute an, die Stadt entwickelte sich rasch und wurde wohlhabend. Emir Abdullah spielte nach dem Ersten Weltkrieg mit dem Gedanken, Salt zur Hauptstadt seines Emirats Transjordanien zu machen, die Bewohner nahmen das angeblich reserviert zur Kenntnis.

Er zog aber dann doch Amman vor. Infolge der von Israel besetzten Westbank verlor Salt in den letzten Jahrzehnten wirtschaftliche Beziehungen und Bedeutung. Heute spiegelt die Altstadt das typische und in Jordanien seltene Bild einer osmanischen Verwaltungsstadt der Jahrhundertwende wider.

Salt ist heute eine sehr quirlige Bezirkshauptstadt, die ein ziemlich authentisches Bild jordanischen „Normallebens" bietet – erstaunlicherweise immer noch ohne große Touristenansammlungen.

Das freundliche Salt – fast durchgängig aus sympathisch gelbem Sandstein erbaut – lädt zu einem empfehlenswerten Bummel ein, bei dem man immer wieder auf Bürgerhäuser aus osmanischer Zeit mit eindrucksvollen Fassaden stößt, die mit hohen Bogenfenstern und Erkern gegliedert sind.

Die einzige historisch gewachsene Stadt Jordaniens zieht sich über z.T. extrem steile Hügelhänge, schmale Straßen verlaufen fast wie Höhenlinien und sind in der Senkrechten mit Treppen verbunden. Auf dem Jebel Qala steht an der Stelle der im 19. Jh endgültig zerstörten Festung eine große Moschee, ein Wahrzeichen mit gutem Ausblick oberhalb der Stadt.

Mit japanischer Unterstützung wurden seit 2004 viele Häuser renoviert und verfallende Straßenzüge saniert. Dabei hat man einen *Heritage Buildings Trail* angelegt, der insgesamt 18 Gebäude und Institutionen berührt. Es lohnt sich sehr, wenigstens einen Teil des Pfades abzuwandern. Einen Stadtplan mit Trail gibt es im *Historic Old Salt Museum*, siehe weiter unten.

Kommt man von Amman, fällt an der im Zentrum nach rechts abzweigenden Hauptstraße ein moderner Bau mit der modernen Bila Bin Rabah Moschee und dem Betonbau des Cultural Center ins

**\*\*Salt und Zai Nationalpark** 161

*Salt: Souk Hammam*

Auge. Früher war hier ein Kunsthandwerks-Ausbildungszentrum der *Noor al Hussein Foundation* untergebracht, das verlegt wurde (siehe weiter unten). Diesen zentralen Platz namens Al Maydan Plaza wollen wir als Ausgangspunkt für die Stadtbesichtigung wählen. Rechts der Brücke wurden viele alte Bauten abgerissen, dort ist eine Art Shopping Center im Entstehen.

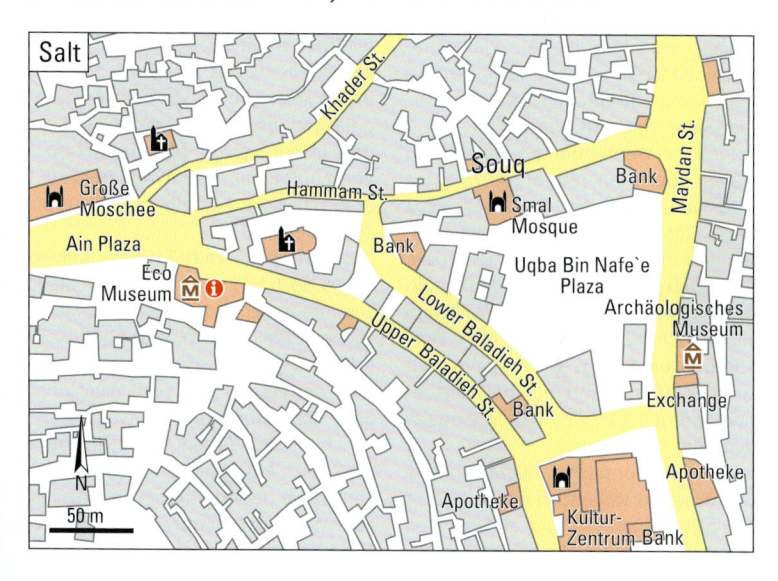

Gehen Sie an den modernen Bauten vorbei und biegen Sie in die zweite Straße Said Abu Jaber rechts bergauf ein. Nach ca. 300 m wird Ihnen links das Beit Abu Jaber Haus auffallen. Als es Ende des 19. Jhs von der reichen Jaber-Familie gebaut wurde, ließ man die Decken von italienischen Künstlern mit Fresken schmücken. Es ist das wohl am besten erhaltene Bürgerhaus der ausklingenden osmanischen Epoche.

Durch Zusammenlegung mit einem Nachbarhaus wurde ein etwas verwinkeltes, aber sehenswertes Museum in seinen Mauern geschaffen, das den Namen **Historic Old Salt Museum** (Sa-Do 8-18, Winter 8-17, JoPa) trägt und auch die Tourist Information beherbergt. Es geht hier um die Geschichte der „Goldenen Zeit" der Stadt von Ende des 19. Jhs bis in die 1930er-Jahre. Sie wird gut gegliedert und mit vielen Erläuterungen dargestellt: Szenen aus dem alltäglichen Leben, z.B. eine Apotheke, ein Schulzimmer, Trachten oder eine Fotogalerie der bisherigen fünf jodanischen Könige. Ein kleines Café erlaubt den Ausblick auf den Platz Ain Plaza (arabisch *Midan Ain*), dessen Restaurierung und Name auf einem Sockel mit Marmorplatte verewigt wurde.

Folgen Sie, wenn irgend möglich, dem weiter oben genannten *Salt Heritage Trail* wenigstens ein Stück. Er weist zwölf Stationen am Weg auf, die meisten von ihnen sind alte Bürgerhäuser. Zusätzlich gibt es noch sechs außerhalb des Trails liegende Objekte. Will man alle besuchen, ist man mindestens zwei Stunden unterwegs – das kann auch länger dauern, wenn man bei Hausbesichtigungen zum Tee/Kaffee eingeladen wird.

Es bietet sich förmlich an, die in der Nähe des Museums stehenden Gebäude 2 bis 5 (6 ist ein Aussichtsplatz) zu besuchen und dann vom Ain Plaza die ebenfalls sehr gut restaurierte Hammam St (auch *Souk Hammam*) hinunterzugehen, die in den 1870er-Jahren als Hauptgeschäftsstraße galt. Sie ist allemal einen Bummel wert, zieht sie doch den Besucher in das alltägliche Leben der Salter mit ein. Selbst hier schwimmt man im Fußgängerstrom wie selbstverständlich mit und wird von keinem Händler angemacht. Die Souk-Straße trifft schließlich auf die breite Amir Hanza al Husseini St. Dort können Sie im Café des *Beit Mohammed el Bashir* eine Pause einlegen.

Nach ein paar Schritten bergab sehen Sie links das **Salt Archaeological Museum** (Sa-Do 8-18, Fr 8-12 U; JoPa) in einem schönen osmanischen Bürgerhaus am Hang. Es ist vorbildlich ausgelegt, alle Exponate sind zweisprachig beschriftet. Die ältesten Stücke gehen bis auf die chalkolithische Epoche zurück, aus byzantinischer Zeit gibt es z.B. schöne Glasgefäße. In der ethnografischen Abteilung im oberen Stockwerk wurden Szenen aus dem Beduinenleben nachgestellt. Wirklich überraschend ist ein an einer Wand befestigtes traditionelles Kleid mit etwa 4 m Länge (!) und 2 m Breite, das nur in Salt und nur bei feierlichen Anlässen getragen wurde. Für Lehrer oder andere Interessierte gibt es im Ort noch ein Schulbuchmuseum mit über 2 000 arabischen und englischen Schulbüchern seit 1921.

Das **Salt Handicradt Tarining Centre,** Tel 05355 0279, wurde aus dem Stadtzentrum in den Bezirk Nageb al Daboor verlegt, ziemlich hoch oben auf der östlichen Talseite. Besucher empfängt der Chef des Hauses und zeigt nicht ohne Stolz die Ausbildungs-Werkstätten. Der Abschluss der Führung findet in einem größeren Ausstellungsraum mit den vermutlich besten Stücken der „Azubis" statt. Wer Platz im Koffer und noch freies Gewicht hat, kann sich hier mit sehr preis-

**Salt und Zai Nationalpark** 163

Salt: traditionelles Kleid für „Riesinnen" im Archäologischen Museum

werten Souvenirs eindecken.

Wenn Sie noch Zeit haben, lohnt sich für Autofahrer vielleicht ein Besuch von **Shoaib's Tomb** im gleichnamigen Wadi, das landschaftlich nicht uninteressant ist. Nach kurvenreicher halbstündiger Fahrt ist das Grab links abzweigend ausgeschildert. Hier soll der Schwiegervater von Moses beerdigt sein, ein mit grünem Tuch bedeckter Kenotaph und eine Moschee erinnern daran. Hauptsächlich übers Wochenende rollen Busladungen von Pilgern an.

### Praktische Informationen

**Tourist Information,** Abu Jaber House or Historical Old Salt Museum, Tel 05 355 5653

- **Busverbindungen**: Von der Tabarbor und der Raghadan Busstation in Amman fahren Minibusse und Servies-Taxis in häufiger Frequenz nach Salt und wieder zurück (ca. 45 Min, JD 0,90). Man kann von Salt ins Jordantal nach Es Shouna South oder über Fuheis ins Wadi es Sir/Amman zu ähnlichem Preis je Ort fahren.
- **Anfahrt**: Der Abstecher nach Salt lässt sich leicht bewerkstelligen. Von Amman fährt man per Auto auf die auf S. 146 beschriebene Straße zur University of Jordan und folgt der Queen Rania al Abdullah St über alle Kreuzungen hinweg. Schließlich kommt man auf die Schnellstraße 30 Richtung Salt und Jordantal (in Muthallat al Aridat). Unterwegs, gut 15 km außerhalb Ammans, sind Salt und Zai Nationalpark als gemeinsame Ausfahrt ausgeschildert. Von hier geht es ziemlich steil hinunter in die betriebsame Stadt.
- Der Besuch kann natürlich auch mit einem Ausflug nach Fuheis oder ins Jordantal verbunden werden.

Fährt man auf der westlicheren Zufahrt zur Stadt wieder zurück zur Schnellstraße 30, so weist ein Schild auf den **Zai Nationalpark**, der auf diesem Weg nach etwa 6 km erreicht ist. Stattdessen könnte man auch an der Kreuzung mit der Straße 30 links, Richtung Jordantal, abbiegen; von dieser zweigt nach 4 km eine ausgeschilderte Straße zum Park ab. Dieser bietet eigentlich herzlich wenig, außer erholsamen Pinienduft im Zentrum und einem Restaurant mittelmäßiger Kochkunst, das um die Mittagszeit geöffnet ist. Der Park unterscheidet sich kaum von den umliegenden Hängen und verspricht, genau wie diese, schöne Aussicht ins Jordantal. Am jordanischen Wochenende überfluten ihn die Ausflügler aus dem nahen Amman.

Wenn man an obigem Abzweig weiter talwärts fährt, trifft man 25 km später, kurz vor Deir Alla, auf die Jordantalstraße.

# Amman zurechtkommen – praktische Informationen 5

## Touristische Informationen

### ➜ Touristen Information

Leider gibt es in Amman **kein effizientes Tourist Information Office.** Zwar wurde Mitte des letzten Jahrzehnts ein Büro am Römischen Theater eröffnet, aber bald wieder geschlossen. Ein paar Schritte vom Theater entfernt steht nun eine Art Kiosk der Tourist Police an der Quraysh St (gegenüber dem Jordan Tower Hotel), in dem Touristenpolizisten sitzen, die häufig kaum Englisch sprechen und wenig bis kein Infomaterial ausgeben können.
Bei den beiden folgenden Adressen besucht man Büros und erhält nur mit Glück wirklich umfassende Auskünfte.

- **MINISTRY OF TOURISM AND ANTIQUITIES,** Jebel Amman, Al Mutanabbi St, Nähe 3. Circle hinter Hotel Le Royal, Tel 06460 3360, contacts@mota.gov.jo, www.tourism.jo (Sa-Do 8-14, Fr eingeschränkt).

Etwas effektiver, aber kaum kundenorientierter arbeitet das Ende 1997 gegründete

- **JORDAN TOURISM BOARD** (JTB), Nebengebäude des CENTURY PARK HOTELs (Adresse s. S. 190) Tel 06567 8444, info@visitjordan.com, www.visit-

*Die traditionell wichtige Zahran St führt vom 3. Circle aus ziemlich gerade nach Westen*

jordan.com (8-17 U).
Das Jordan Tourism Board wird sowohl vom Staat als auch vom Privatsektor getragen und soll die jordanische Tourismusbranche durch mehr Professionalität unterstützen.
- JORDAN Hotel ASSOCIATION, Tel 064616846, http://johotels.org

## Verkehrsverbindungen

### Öffentliche Verkehrsmittel

Mehrere Möglichkeiten stehen in Amman offen, um voranzukommen: per städtischem Bus, Serviestaxi (Sammeltaxis), normalem Taxi oder Careem, Taxi ähnlich Uber, www. careem.com. Man bestellt das Auto per Smartphone App, die den Fahrpreis zum Ziel ermittelt, und den zahlt man ohne Feilschen.
In dieser Reihenfolge fallen auch die Kosten an. Ein Bustrip kostet bis zu 500 Fils, Serviestaxis sind gleich oder kaum teurer, aber schneller, und Careem nochmal etwas teurer.

#### Innerstädtische Busverbindungen

Für den Besucher stellt sich das Busnetz schwer durchschaubar dar. Es ist nicht leicht, zuverlässige Informationen über die Linien zu erhalten. Aber damit nicht genug. Zur Verwirrung des Fremden tragen die fünf Terminals bei (in Jordanien häufig **Busstation** genannt), die neben innerstädtischem Verkehr auch „Kopfbahnhöfe" für außerstädtische Destinationen sind. Detaillierte Informationen siehe weiter unten.
Innerstädtische Busse können wegen der relativ undurchschaubaren Linienführung für Fremde kaum empfohlen werden. Daher hier nur ein paar Linien von der Al Mahatta-Busstation (500 Fils) aus:
- **Linien 10, 59:** (hält auch vor Gold Souk) zur Sport City
- **Linien 21, 23:** zum Jebel Ashrafiya und weiter zur Wahadat-Busstation
- **Linie 41:** (hält auch vor Gold Souk) 3.-7. Circle
- **Linie 53:** (hält auch vor Gold Souk) JETT-Busstation, Jamal Abdul Nasir Circle
- **Linie 61:** von Downtown zur Raghadan Busstation

#### Serviestaxis

Volkstümlich heißen sie **Servies**, unter diesem Begriff führen wir sie zur besseren Unterscheidung gegenüber normalen Taxis. Sie verkehren auf festen Routen, sind preiswert und in der Regel schnell verfügbar. Wer arabische Schriftzeichen nicht beherrscht, hat Schwierigkeiten, das Fahrtziel herauszufinden, das in Arabisch auf der Tür steht. Aber auf Nachfrage ist sicher immer ein Umstehender bereit, Ihnen weiterzuhelfen.
Diese Sammeltaxis fahren nur dann los, wenn alle Plätze besetzt sind. Etwas ärgerlich ist, dass man immer nur rechts aussteigen kann; wer also ganz links hinten sitzt, muss zum Aussteigen immer erst seine beiden Nachbarn herausbitten. Daher ist der Platz neben dem Fahrer am begehrtesten. Die Fahrer sprechen selten Englisch, zum Aussteigen muss man sein Ziel identifizieren können, damit man dem Mann am Steuer begreiflich machen kann, wo er anhalten soll. Aber keine Sorge, stets versuchen alle Fahrgäste mit vereintem Gestikulieren, dem Fremden zu helfen. Sobald jemand aussteigen will, steigt der Fahrer voll in die Bremse, oder dann, wenn er neue Fahrgäste aufnehmen will.
In der weiter unten folgenden Aufzählung ist nur eine Richtung angegeben.

## Öffentliche Verkehrsmittel

Da sich die Fahrtrouten dem Fremden nur optisch erschließen, lassen sie sich hier nicht beschreiben. Man muss sich entweder seine Linie merken oder Umstehenden sein Ziel klarmachen bzw. hoffen, dass der Fahrer eines herbeigewinkten *Servies* versteht, wohin man will. Man sollte immer Kleingeld in der Tasche haben und dem Fahrer den Betrag, den auch die anderen zahlen, nach dem Einsteigen wortlos geben (derzeit 400 Fils). Wenn es zu wenig ist, meldet er sich.

Das "Ladesystem" kann man vor allem in Downtown schon als kurios bezeichnen. Bei diversen Linien liegen die Abfahrtsstellen am unteren Punkt steiler Einbahnstraßen. Es fährt, in Fahrtrichtung gesehen, immer das letzte wartende Taxi als erstes ab, die ankommenden leeren Wagen stellen sich ganz vorn an. Die wartenden Fahrer lassen ihr Auto jeweils eine Fahrzeuglänge zurückrollen, bis auch sie neue Fahrgäste aufnehmen können.

Die Start- und Endpunkte liegen verstreut durch die Stadt. Im Folgenden ein paar für Touristen interessante Strecken mit Angabe des jeweiligen Startplatzes:

- **Linien 1 und 2**
**Abfahrt Basman St** (von Westen – Wimpy – kommend an der ersten Straße rechts) zum 1. und 2. Circle und darüber hinaus
- **Linie 2** fährt ab 1. Circle durch die Rainbow St, also an Jordan River Foundation und Nähe Books & Café vorbei
- **Linie 3**
**Abfahrt Basman St,** an der letzten Querstraße rechts vor der Husseiny Moschee) zum 3. und 4. Circle
- **Linien 4 und 5**
**Abfahrt Omar el Khayyam St,** schmale Straße neben dem Hauptpostamt, zum Jebel Weibdeh
- **Linie 6**
**Abfahrt Cinema al Hussein St,** hinter dem Gold Souk in der Faisal St, **rechte** Straßenseite, Abdali, JETT-Busstation, Tabarbor Busstation
- **Linie 7**
**Abfahrt Cinema al Hussein St, linke** Straßenseite, zum Abdali Sq**,** King Abdullah Moschee, Suleiman Nabulsi St, Ambassador Hotel Shmeisani
- **Linien 25 und 26**
**Abfahrt Parallelstraße zur Quraysh St/Italian St neben Amman Palace Hotel** zum Jebel Ashrafiya und zur Abu Darwish Moschee
- **Linie 27**
**Abfahrt Parallelstraße zur Quraysh St/Italian St**, direkt rechts neben dem Amman Palace Hotel, zur Wahadat-Busstation
- **Linie 28**
**Abfahrt Parallelstraße zur Quraysh St/Italian St neben Amman Palace Hotel** (jetzt kleine Minibusse), nach Ras el Ain und Abdoun
- **Linie 35**
**Abfahrt Parallelstraße zur Quraysh St/Italian St** zum 3. Circle, aber über Ras el Ain, wo die Muhajereen Police Station zur Verlängerung des Visums liegt.
- **Servies-Linie nach Syrien**
2019 wurde der Verkehr nach **Damaskus** wieder aufgenommen, allerdings scheint der Bedarf noch gering zu sein; Abfahrt am Midan Abdali, Nähe Polizeistation

### Taxis

Gelbe Taxen sind allgegenwärtig. Bestehen Sie darauf, dass der Taxameter *(Addad)* beim Start eingeschaltet wird, andernfalls aussteigen und das nächste nehmen. Die Taxameter zeigen Fils an, nicht JD. Man kann für die deutsche Grundgebühr quer durch die Innenstadt fahren, das wird allgemein mit JD 2 bezahlt und akzeptiert. Nachts sind die Taxis deutlich teurer, meist muss man einen festen Preis aushandeln.

Übrigens: Taxi- und Minibuspreise werden staatlich festgelegt und kontrolliert, bei Überschreitung drohen Strafen bis zu 200 JD.

## Bus-Stationen für außerstädtische Ziele

Von den *Busstations* (dieser Begriff wird meist besser als *Terminal* verstanden) starten die meisten Busse – große, mittlere und Minibusse sowie Serviestaxis – meist erst dann, wenn alle Plätze besetzt sind. Daher gibt es selten feste Abfahrtszeiten; die Wartezeit auf eine Abfahrt lässt sich aus der im Folgenden angegebenen Anzahl der Busse pro Tag abschätzen. Interessant ist, dass gegenüber unserer Auflage von 2018 verschiedene Linien billiger wurden wegen der gefallenen Spritpreise, andere teurer… Das wiederholt sich landesweit.

### Al Mahatta Busstation

Die Station liegt etwa 2 km östlich vom Römischen Theater, rechts an der Al Jaysh St Richtung Zarqa (nehmen Sie ein Taxi dorthin). Ab 6 Uhr werden folgende Ziele bedient:
- **Madaba**, 25 Busse, JD 0,75
- **Mafraq**, 30 Busse, JD 1,10
- **Salt**, 55 Busse, JD 0,75
- **Zarqa**, 10 Busse, JD 0,60
- Laufend **Servies nach Wahadat** bzw.
- **Tabarbor Busstation**, JD 0,35

### Muhajereen Busstation

Ali Ibn Abitaleb St (gegenüber der Polizeistation, die das Visum verlängert, siehe Plan S. 168 Muhajereen Polizei) stadtauswärts, auf der linken Seite, knapp 3 km von der King Husseiny Moschee entfernt; erreichbar mit Serviestaxi 35, Abfahrt in der Saqf Sayl St Nähe, Amman Palace Hotel.
Von hier fahren Busse u.a. ins **Wadi es Sir**. Touristisch ist auch die Verbindung nach South Shouna (ab 7 U 5 Busse, JD 0,75) und weiter ans **Tote Meer** zum Amman Tourism Beach. Letzte Rückfahrt gegen 17 U.

### Tabarbor Busstation

(auch *Mushuma al Jamal* oder *North Station*)
Diese Station liegt an der Kreuzung As Shaid/Al Jordan St (N31°59,73 E35°55,21'). Selbst strammen Fußgängern wird von Downtown der Weg den Berg hinauf zu weit sein, bequemer geht es mit Serviestaxis, Linie 6 (siehe weiter oben), ein Taxi aus der Innenstadt kostet ca. JD 3-5.
Von dem großen, mit Schattendächern versehenen Platz starten alle nach Norden oder auch nach Westen fahrenden Busse, u.a. der Firmen Hayek, Hijazi und Sariyah, die auch den Airport bedienen. Von hier fahren auch Linien nach Damaskus, Saudi Arabien, Bagdad, Kuweit und in die Emirate. Es gibt leider keine zentrale Information, an die man sich wenden kann. Unter den Schattendächern fehlen Sitzmöglichkeiten. Hijazi z.B. unterhält im Gebäude am Ostrand des Platzes einen Warteraum, so auch United Transport. Toiletten gibt es in diesem Gebäude. Am Ostrand kann man unter diversen Imbissständen auswählen.
Ziele von 7- ca. 17 U sind:
- **Airport** (Sariyah Bus Co, Abfahrt neben Hijazi-Office) ab 7-23 U alle halbe Std, JD 3,50
- **Wahadat** JD 0,60
- **Ajlun** (1,5 Std), 5 Busse, JD 0,90
- **Deir Allah** (1 Std; Jordantal, 1 Std, auch weiter nach Pella), 6 Busse, JD 1,20
- **Irbid** (2 Std), 50 Busse bis 19 U, JD 1,50, Servies JD 2,50, JETT s. nächste Seite
- **Jerash** (1,25 Std), 12 Busse, JD 0,60
- **King Hussein Bridge** (1,25 Std), 5 Busse, JD 3,60, Servies JD 6, Gepäck jeweils JD 0,5

- **Madaba**, laufend, JD 0,50
- **Wahadat Busstation** laufend, JD 0,35, Servies 0,80
- **Ramtha** (syr. Grenze), JD 2

Außerdem gibt es laufend Verbindungen nach **Salt, Fuheis, Suweileh**. Zu den meisten Zielen – außer Airport – fahren auch (teurere) Serviestaxis.

## Wahadat Busstation

Die Station – auch *South Station* genannt – liegt im Süden an der Straße *Mus ab Bin Umayr*, in der Nähe des Middle East Circle *(Al Aharq Al Awsat Sqare)*. Von hier starten Busse, Minibusse und Serviestaxis in den Süden. Zu den anderen Busstationen fahren Serviestaxis, von Downtown kommt Linie 27.

- **Aqaba** 24 Std, stündlich, JD 7, Servies JD 11
- **Kerak** (möglichst Bus zum Kerak Castle nehmen), stündlich JD 1,50, Servies JD 4
- **Ma'an** 6 Busse, JD 2,10; Servies JD 4,50
- **Petra** (Wadi Musa), 3 Busse, JD 5
- **Dana** (Qadsiya) ab 8 U, 2 Busse, nachmittags 2 Busse, JD 2,50, Servies JD 2,50
- **Safi**, 7 Busse, JD 1,10

Hier starten auch private Busse, die preiswerter sind und zwischen 7-18 U abfahren, sobald sie voll besetzt sind.

## Außerstädtische Komfort-Busverbindungen

Die alteingesessene Busgesellschaft *Jordan Express Tourist Transportation Company* **JETT** hat ihren Sitz in ihrer eigenen (etwas engen) **Busstation** in Abdali, Al Malek al Hussein St, Ecke Umar Hikmat St, ca. 700 m stadtauswärts vom Abdali Sq, Tel 06566 4146, https://www.jett.com.jo/en/schedule; Abfahrtszeiten variieren auch in Abhängigkeit von Sommer- und Winterzeit, daher rechtzeitig nachprüfen. Tickets 1-2 Tage im Voraus buchen, 30 Minuten vor Abfahrt einchecken!

Darüber hinaus bedient JETT mit seinen Luxus-Bussen, die maximal komfortabel eingerichtet sind (https://www.jett.com.jo/en/services) z.B. die Amman-Aqaba Destination zum Preis von JD 18. In Amman, Madaba und Aqaba sind Sightseeing-Busse mit dem JETT-Label unterwegs.

### Fahrplan

- **Aqaba,** JD 8,60, tgl:

Abfahrten vom **JETT-Terminal Abdali** um 7, 9, 11, 14, 18 U,
von **Tabarbor** 7.30, 10, 12, 14.30, 17, 18.30 U,
von **7. Circle** 8.00, 10, 12, 14.30, 17, 18.30 U,
von **Wahadat** 8.30, 10, 12, 15.30, 17, 19 U,

- **Irbid** sowohl von Tabarbor als auch 7. Circle bis zu 20 Busse, JD 2,20
- **King Hussein Bridge**, 7 U, JD 10
- **Petra**, 6.30 U, JD 10 (3,5 Std)
- **Totes Meer** (vom 7. Circle), 9 U, JD 7 Rückfahrt 17 U, JD 7
- **Kairo**, Sa und Di, 01 U, JD 35 (Visum muss zuvor beschafft werden)

### Eisenbahn

Eisenbahnnostalgiker, die mit der alten Hejaz-Bahn fahren wollen, müssen voraussichtlich ein paar Jahre warten. Wegen Renovierung und Überholung wurde der Betrieb vorläufig eingestellt; manchmal gibt es Sonderzüge.

### Flugverbindungen

Man kann auch in die Umgebung fliegen, wobei nur der Aqaba-Flug eine Zeitersparnis bringt. **Royal Jordanian** (www.rj.com) fliegt täglich, der Hin- und Rückflug kostet JD 70-100. Die Tochtergesellschaft **Royal Wings Travel**, www.royalwings.com, ist eher die Billigflugausgabe. Viele Flüge starten und landen auf dem innerstädtischen Flughafen *Marqa*, also vor Abflug erkundigen.

## Schiffsverbindungen

Die Fähre von **Aqaba nach Nuweiba** lässt sich auch in Amman im Büro der AB Maritime – Tel 06585 9554 – buchen, das nahe der Royal Jordanian Airlines (Nähe 7. Circle) liegt.

## Sich im Straßennetz von Amman zurechtfinden

In den letzten Jahren wurden an vielen Straßen Schilder mit Stadtteil- und Straßennamen angebracht. Dieser löbliche Verwaltungsakt ging aber teilweise an der Tradition vorbei, denn z.B. ist der Stadtteil *Al Salam* im Volksmund der *Ar Rabiye* bekannt und in keinem Plan anders zu finden. Auch die Bewohner selbst beschreiben lieber ihren Standort mit Landmarken als mit dem (ihnen häufig gar nicht geläufigen) Straßennamen. Ganz Amman ist seit Jahren eine riesige Hochbau- und Straßenbaustelle. Fast schon in Windeseile entstehen neue breite Straßen, Brücken und Tunnels. Zunächst einmal verwirrt das Straßennetz Ammans den Neuankömmling. Durch das ewige Hügelauf und Hügelab verliert man leicht die Orientierung und mögliche Fixpunkte. Irrungen und Wirrungen gehören zum Alltag des Neulings – dies nur zum Trost.

Navis in Mietwagen haben in den letzten Jahren erheblich an Zuverlässigkeit gewonnen. Solange man nicht in die abgelegenste Prärie fährt, kann man sich auf die schlauen Helfer verlassen – doch Ausnahmen bestätigen die Regel.

Bis zur 7. Auflage beschrieben wir Stadtein- und Ausfahrwege. Das hat nun dank der Navis und ziemlich zuverlässiger Karten ein besseres Ende gefunden. Wir sind froh, nicht mehr im Straßennetz recherieren zu müssen (und haben drei Seiten Platz gewonnen).

## Nützliche Adressen von A bis Z

Die folgenden Adressangaben sind recht dürftig, weil sie meist keine Straßenangabe enthalten. Leider können wir daran nicht viel ändern, denn Straßennamen sind nicht sonderlich bekannt, obwohl inzwischen vielerorts angezeigt. Man orientiert sich stattdessen an bekannten Gebäuden oder sonstigen Landmarken. Möchte man eine der Adressen aufsuchen, ruft man am besten zuvor an und lässt sich eine Wegbeschreibung geben.

### Allgemeines; Notfall

- **POLIZEI** Tel 06911
- **VERKEHRSPOLIZEI** (Unfall) Tel 06911
- **AUTOBAHNPOLIZEI** Tel 06911
- **AMBULANZ, ERSTE HILFE** Tel 06911
- **FEUERWEHR** Tel 06911
- **STADTVERWALTUNG** Tel 06463 6111
- **HOTELBESCHWERDEN** Tel 06464 2311

- **TELEFONAUSKUNFT** Tel 061212, international 1213 oder 1333
- **FLUGAUSKUNFT** Tel 06445 3200
- **HAUPTPOSTAMT** Downtown Prince Mohammed St, postlagernde Sendungen Schalter 1, Information Tel 064621201280
- **INTERNATIONALES TELEFONAMT** Omar el Khayyam St, heute eine eher nutzlose Adresse, weil dort keine Gespräche mehr vermittelt werden, Alternativen s. S. 73.

### Andere staatliche Stellen

- **TOURISMUS MINISTERIUM**

> **Schreiben Sie uns bitte,** wenn Sie Unstimmigkeiten, Änderungen oder Neues entdecken.

Tel 06460 3360
- **DEPARTMENT OF ANTIQUITIES**
Tel 06461 9281
- **AUSSENMINISTE-RIUM** Tel 06550 1444
- **INNENMINISTERIUM** Tel 06569 1141

## Banken

- **AMERICAN EXPRESS**
58 Sherif Abdul Hameed Sharif St, Shmeisani, Tel 06520 5000
- **HSBC BANK MIDDLE EAST** Ltd, Jebel Hussein, Tel 06560 7471
- **CITIBANK AMMAN**
Al Kassab Bldg., Prince Shaker Ben-Zeid St, Tel 065675100
- **JORDAN NATIONAL BANK**
3. Circle Jebel Amman, Tel 06464 2391
- **HOUSING BANK**
Parliament St., Abdali, Tel 06500 5555

## Botschaften

Unter der Website www.mfa.gov.jo („English" > Ministry > Diplomatic Missions in Jordan) sind die Adressen aller ausländischen Botschaften gelistet - doch nur bedingt aktuell.
- **Botschaft der Bundesrepublik Deutschland,**
25 Banghazi St, Abdoun,
Tel 06590 1170, Fax 590 1282,
in sehr dringenden Notfällen
079-5534261, www.amman.diplo.de
**Anfahrt**: zwischen 4. und 5. Circle; vom 5. Circle stadteinwärts, bei japanischer Botschaft (deutlich an Fahne mit Sonne erkennbar) rechts, zweite Straße links
- **Botschaft der Republik Österreich,**
36 Mitqhal al Fayez St, Jebel Amman (zweite Querstraße zwischen 3. und 4. Circle), Tel 06460 1101, www.aussenministerium.at/amman
- **Schweizer Botschaft**, Swefiyeh,
7 Salah Toqan St,Tel 06593 1416 www.swiss-cooperation.admin.ch/jordan
- **Ägyptische Botschaft**,
14 Riyad Mefleh St, Tel 06560 5175,
https://www.egyptembassy.org/location/jordan/egypt-embassy-amman/
- **Syrische Botschaft**, Abdoun,
Hashem bin al Hussein St,
Tel 06592 0648
- **Libanon Botschaft**, Abdoun,
17 Mohamad Ali Bdeir St, Tel 06592 9111
- **Embassy of the State of Palestine**,
Wadi Saqra – Qurtuba St, Tel 065677510

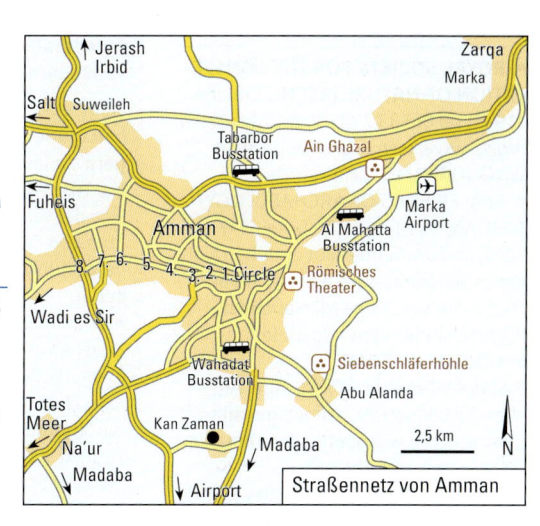

## Geldwechsel, Geldautomaten

In Downtown werden Ihnen besonders in der Nähe der Husseiny-Moschee diverse Wechselstuben auffallen. Häufig ist der Kurs günstiger als bei Banken, außerdem bekommen Sie das Geld ohne Abzug auf den Tisch. Ein Vergleich mehrerer Angebote ist sehr zu empfehlen.
- **UNION BANK**
Al Ridah St/Al Saddah St, Downtown
Leser erhielten hier den günstigsten Bank-Wechselkurs ohne Kommission

## Institute und Institutionen

- **ROYAL SOCIETY FOR THE CONSERVATION OF NATURE (RSCN)**, Jubeiha 11941, Tel 06533 7931/2, tourism@rscn.org.jo, www.rscn.org.jo (siehe auch WILD JORDAN S. 177)
- **FoA, FRIENDS OF ARCHAEOLOGY/JORDAN**, 15 Al-Riyad St, Tel 065547 9055, Im FoA-Center gibt es neben kleineren Souvenirs auch Karten und Bücher zu kaufen. Es werden auch Ausflüge zu Grabungen angeboten.
- **GOETHE INSTITUT**, 5 Abdel Mun'im Al Rifai St, Jebel Amman, Tel 06464 1993, info@amman.goethe.org, www.goethe.de/amman, info@amman.goethe.org

  🚌 Anfahrt: Ganz in der Nähe des 3. Circle, per Auto wie folgt zu finden: auf der Sharif Al Hussein Bin Ali St auf den 3. Circle zufahren, das Radisson SAS Hotel rechts liegen lassen und danach kurz vor dem Circle in die zweite nach rechts abzweigende Straße, dort gleich auf der linken Seite; Öffnungszeiten der Bibliothek So-Do 10-16.30; im Lesesaal liegen u.a. aktuelle deutsche Tageszeitungen aus.

- **DEUTSCHES EVANGELISCHES INSTITUT für Altertumswissenschaft des Heiligen Landes**, 32 Al Habbab Bin Al Munthir St, Tel 06534 2924, www.dei-ahl.de

  🚌 Anfahrt: Direkt neben dem Amman International Hotel, das gegenüber der University of Jordan (auf der Al Jame'ah St) liegt, stadteinwärts fahrend, kurz nach dem Haupttor der Uni, nach einer Tankstelle rechts abbiegen. Die Archäologen des Instituts vertreten sozusagen die deutsche Archäologie in Jordanien.

- **THEODOR-SCHNELLER-SCHOOL**, Al Hussein St., Marka/Amman, Tel 0605 3613983, Fax 05 361 2767, tschneller@nets.com.jo, https://ems-online.org/

  Diese seit langem bekannte Institution bemüht sich, ihre ökonomische Basis durch zusätzliche Aktivitäten, wie ein kleines Hotel und einen Campingplatz, zu verbessern. Doch das eigentliche Anliegen besteht darin, voll- oder halbwaisen Jungen in einem Internatssystem

> ### Aufenthaltsgenehmigung verlängern
>
> Vergessen Sie nicht, Ihre **Aufenthaltsgenehmigung** (Visum) **verlängern** zu lassen, wenn Sie länger als vier Wochen im Land bleiben wollen. Eine der verlängernden und wohl geübtesten Stellen, bei der man den Verwaltungsakt abwarten kann, sitzt in der
>
> - **MUHAJEREEN POLICE STATION**, Ras el Ain, Princes Basma St,
>
> etwa 10 Taxi-Minuten westlich der King Husseiny Moschee. Am billigsten kommt man u.a. mit dem Serviestaxi 35 dorthin, Abfahrt in der Quraysh St, gegenüber dem Amman Palace Hotel; machen Sie den Fahrer deutlich auf Ihr Ziel aufmerksam, denn die Taxi-Route zweigt kurz vor dem Gebäude zum 3. Circle hinauf ab. Legen Sie Ihren Besuch auf den Vormittag, spätestens ab 15 Uhr kehrt, wie überall, auch bei den Polizisten Verwaltungsruhe ein, freitags und samstags ebenfalls.
>
> Wer außerhalb von Downtown wohnt, muss seine für den Wohnbezirk zuständige Polizei ansteuern. Die wird u.U. nicht wissen, was zu tun ist und schickt zum Kollegen in der Nachbarstation. Ein Leser lernte vier Polizeigebäude auf diese Weise kennen und gab entnervt auf – bei der Ausreise wurde das Thema gar nicht erwähnt. Ein Kollege von ihm ersparte sich den Stress mit der Polizei, blieb 11 Tage zu lang und zahlte JD 14 Gebühr.

eine Heimat unabhängig von Religion oder Nationalität zu schaffen. Das erstaunlich große, ja riesige Gelände wird hauptsächlich von den Schülern in Ordnung gehalten. In einer Schreinerei, einer Schmiede und Autowerkstatt können sie nach Schulabschluss einen Beruf erlernen. Neueste Errungenschaft sind ein Sinnesgarten und ein Streichelzoo. Ganz in der Nähe der Schule liegt übrigens ein „Schneller Camp" mit 100 000 palästinensischen Flüchtlingen.

### Hinkommen
- **Mit Minibus:** El Mahata – Schneller – Hattin (oder El Mahatta – Russeifeh) – Zarqa.
- **Per Auto** vom Römischen Theater aus: Man fährt stadtauswärts Richtung Zarqa, zunächst durch eine Unterführung, später über eine Überführung, nach knapp 6 und nach 7 km führen Abzweige zur Sport City (geradeaus halten), bei etwa km 8,5 unterfährt man eine Fußgängerüberführung (die offenbar nötig ist, weil Brot und Gebäck in der rechts liegenden JAWAD-Bäckerei so gut sind). Bei km 9 weist ein brauner Wegweiser auf die Wüstenschlösser. Hier, knapp 10 km nach dem Römischen Theater, vor einer Autobahnüberführung rechts abbiegen, auf der folgenden Straße zunächst ca. 500 m nach rechts, bis zu einem U-Turn, hier wenden und über die Autobahn; rechts liegt die Schule (N32°0,2' E36°0,55'). Anfahrt von Norden kommend: Abfahrt nach der Pepsi-Fabrik.

## Internet-Cafés

Was den Umgang mit modernen Medien betrifft, scheint Jordanien im Nahen Osten vorn zu liegen. Es gibt inzwischen so wenige Internet-Cafés, dass eine Auflistung nicht mehr lohnt. Die noch vorhandenen Cafés im Uni-Bereich haben in der Regel 24 Stunden geöffnet. Doch WiFi/WLAN macht den Zugang zm Netz einfacher und billiger. Dennoch soll ein ungewöhnliches Café herausgestellt werden:
- **BOOKS@CAFÉ**, Jebel Amman, Omar Bin Al Khattab St, zählt zu den Pionieren der Internetcafés in Amman und hat sich bis heute eine relaxte, gute Atmosphäre auch als Restaurant bewahrt; empfehlenswert.

Im Lauf der Jahre hat es sich vom Buchgeschäft, in dem man ungestört schmökern kann, über ein Café zum preiswerten Restaurant auf sonnenbeschirmten Terrassen ausgeweitet. Hier trifft man häufig andere Traveller. Im unteren Stockwerk kann man in einem für Amman gut sortierten Buchladen stöbern und internationale Zeitungen lesen, im oberen Stockwerk stehen Computerplätze locker verteilt in verschiedenen Räumen. Auf den oberen Terrassen, u.a. Restaurant, sitzt es sich vor allem abends sehr gemütlich und lauschig. Interessantes und interessiertes junges Publikum, gut für Kontakte zu Jordaniern.

### Hinkommen
- Vom 1. Circle ostwärts der Abu Bakr As Siddiq St („Rainbow St") bis zur 8. (vorletzten) rechts abzweigenden Straße, dort rechts in die Omar Bin Al Khattab St, nach etwa 200 m liegt das Café auf der rechten Seite. Taxifahrer kennen vielleicht besser *Mango* oder *Taxi Asfour St*, den früheren Straßennamen.

In der Rainbow St findet man in vielen Cafés oder Restaurants auch WiFi Hotspots.

## Medizinische Hilfe

Die folgenden Angaben basieren auszugsweise auf einer Liste der Deutschen Botschaft. Wenn Sie weitere/andere Ärzte suchen, wenden Sie sich an die Botschaft.

### Allgemeinmedizin
- **Dr. Lana Hatamleh**, 50 Sultan

Aladwan St., Tel 06552 5451, mobil 0795158531, englischsprachig

**Augenärzte**
- **Ibrahim Al Nawaiseh**, Jebel Amman, Tel 06463 5050, mobil 079 877 6246
- **Dr. Fouad Sayegh**, deutsch/englischsprachig, Tel 06461 4 599, mobil 079 552 4711

**Gynäkologen**
- **Dr. Jamil Sha'ban**, deutschsprachig, Tel 06590 9060, mobil 079599 9944
- **Dr. Ziad Kilani**, deutsch/englischsprachig, Tel 06460 3555

**Hautarzt**
- **Dr. Laith Akkash**, 23 Jebel Amman, Tel 06461 1188, mobil 07 955 7 32 32

**HNO**
- **Dr. M.Y. Najjar**, Abdoun, englischsprachig, Tel 06592 5209

**Internisten**
- **Dr. Sami Khurma,** Kooperationsarzt der Deutschen Botschaft, 3. Circle, deutschsprachig, Tel 06464 2229, mobil 079557 00
- **Dr. Medhat Jada'an,** Kooperationsarzt, deutschsprachig, Tel 06464 9971, mobil 079517 6222

(Er half einer Leserin erfolgreich und schnell bei einer Stirnhöhlenentzündung, einer anderen bei einem Hundebiss)

**Orthopäde, Unfallchirurg**
- **Kamel Afifis**, deutschsprachig, Tel 06567 6767, mobil 079552 8253, Jebel Amman

**Urologe**
- **Dr. Mahmoud Kilani**, deutsch/englischsprachig, Tel 06464 9088, mobil 079 553 8

**Zahnärzte**
- **Subhi Abu Salam**, deutschsprachig, Tel 06464 4924, mobil 079556 1834
- **Kamal Kawasmi**, deutschsprachig, Kieferorthopäde, Tel 06551 6303, mobil 079559 9542

**Optiker**
- **Optikos Shami,** 1 Um Uthaina St, Tel 06 552 7277, half mit professionellem Sehtest in Kürze zu neuer Brille

**Krankenhäuser**
- **AL KHALIDI HOSPITAL,** Bin Khaaldoum St, Jebel Amman, Nähe Intercontinental Hotel, Tel 06464 4281
- **ARAB MEDICAL CENTER,** neben Sheraton Hotel, 5. Circle, Tel 06592 1199
- **JORDAN HOSPITAL,** Shmeisani, Queen Noor St, Tel 06560 8080
- **YACOUB'S PHARMACY,** Jebel Amman, am 3. Circle, Tel 06464 4945 (**24-Stunden-Apotheke,** englischsprachig)

## Mietwagen

Über 100 Autovermieter in Amman bemühen sich um Kunden. Empfehlungen auszusprechen, wäre nur dann möglich, wenn man wirklich diverse durchprobiert hätte, was im Rahmen dieses Buches nicht möglich ist. Günstig für den Mietinteressenten ist, dass sich **eine ganze Reihe meist internationaler Autovermieter** (ein Leser zählte 30!) in Shmeisani an der Nasser bin Jamneel St, etwa ab Ecke Al Armeer Shaker bin Zeid St, nebeneinander angesiedelt haben, was die Angebotseinholung ganz wesentlich vereinfacht.

Hier noch einmal die Mahnung eines Lesers vor Übernahme des Fahrzeugs: *"Sehr pingelig darauf achten, dass alle Vorschäden festgestellt und notiert werden – bei Rückgabe wird genauestens kontrolliert. Der Autovermieter wollte sogar das schmutzig gewordene Auto verrechnen, obwohl dies nirgends erwähnt wurde."* Ausführliche Checkliste s. S. 52.

Es gibt jetzt auch bei Mietwagen Navis (meist GPS genannt), ohne deren Unterstützung sollte man nicht fahren. Denn jordanische Straßen – vor allem Nebenstraßen – sind häufig schlecht und dazu in arabischer Schrift ausgeschildert, ein Navi bewahrt vor Sucherei

und Nervosität. Allerdings sollte man auch dem Navi gesundes Misstrauen entgegenbringen.
- **BILLIGER-MIETWAGEN.DE**, www.billiger-mietwagen.de, angeblich Deutschlands größter Mietwagenvergleich checkt nicht nur Angebote unterschiedlicher Verleiher, sondern auch die Vertragsbedingungen. Sehr positive Leserresonanz
- **AVIS** (Hauptbüro), Wadi Saqra St, Tel 06569 9420/30 Fax 565 94883, HeadQuarterOffice@avis.com.jo, www.avis.com.jo; am Queen Alia Airport (24 Std), Tel 0644 5 1133
- **EUROPCA**R, Wadi Saqra St, Shmeisani, Tel 06550 4031,www.europcar-com/car-rental-JORDAN-AMMAN.html, Queen Alia Airport, Tel 06445 2012
- **HERTZ**, Airport, Tel 06471 1771, reservation@hertz.com.jo, Wadi Saqra, Shmeisani, Tel 0670 4191/2
- **MONTE CARLO**, Al-Jubaiha (Nähe Jordan University), Tel 0653 35 155, www.montecar.com, contactus@montecar.com, alle Typen bis zu 4WD; wird häufig gelobt
- **RENT A RELIABLE CAR**, 19 Fawzi Al-Qaweqji St, Abdoun, Tel 06592 9676, reliable@nets.com.jo, www.rentareliablecar.com, eigene positive und ebenso positive Lesererfahrungen
- **THRIFTY CAR RENTAL**, Airport, Tel 06445 2775, Wadi Saqra St, Tel 06568 4772, reservation@thrifty.com.jo, www.thrifty.com.jo

## Reisebüros

Wie an anderer Stelle schon gesagt, ist es für uns mangels Erfahrung nicht möglich, Empfehlungen auszusprechen. Auf die folgenden Agenturen wurden wir aber durch unterschiedliche Anlässe aufmerksam:
- **ATLAS TRAVEL & TOURIST AGENCY** King Hussein St, Tel 06464 2034, info@atlastours.net, www.atlastours.net; organisiert Touren sowohl für Gruppen als auch für Einzelreisende.
- **DISCOVERY ECO TOURISM** Al Hayyek St, Jebel Amman, Tel 06569 7998, Fax 569 8183; fadi@discovery1.com, www.discovery1.com; organisiert sowohl Gruppen- als auch Einzelreisen, hat sich auf eher ungewöhnliche Ziele und auf Öko-Tourismus spezialisiert, offeriert auch "Fly and Drive".
- **NEW DAY TOURS,** Amman 1192, Tel 06568 1069, www.newdaytours.com, info@newdaytours.com; die von Ali Freihat und Sultan Saleh gegründete Agentur – beide ehemalige Tourguides mit viel Erfahrung – hat uns zuverlässig und bestens z.B. bei spontanen Hotelbuchungen unterstützt und häufig auch Rabatte vermittelt. Wir machten nur positive Erfahrungen. Sehr empfehlenswert.
- **TERHAAL TRAVEL AND TOURISM** 48 Ali Nasuh Al Tahir St, Amman 11191, Tel 065813 061, 0777 778 4433, Fax 5812 048, rakan@terhaal.com, www.terhaal.com. Der Firmenname Terhaal (arabisch *ständig unterwegs*) bedeutet „Öko-Abenteuer" und ist Programm: hochinteressante, sicher kalkulierte Trips und Trekkings tatsächlich abseits gängiger Pfade, z.B. „Canyoning" (Trekking durch Canyons) durch ständig wasserführende Canyonschluchten, Wüstenwandern, Radtouren, Tauchen etc., für Aktivurlauber zu empfehlen
- **TRAVCO**, Shmeisani, 2 Al Sharif Nasser Bin Jameel St, Tel 06566 6866, travco.jordan@travco.com

In Petra, Wadi Musa, gibt es ebenfalls einige landesweit bekannte Agenturen, s. S. 357.

## Reiseführer (Tour Guides)

- **EID ALKRAISHA,** Tel 079555 1951, Kraisha@Tourguides.com.jo; ein Be-

> **Selfmade Man**
>
> Wa'el Salih, der nicht nur ein Selfmade-Mann, sondern auch ein „Selbsterzogener" ist, der sich Lesen und Schreiben in Arabisch und Englisch selbst beibrachte. Er schlägt sich als Einmann-Unternehmer durch, indem er Touristen durch Jordanien kutschiert. Schon fünf Mal saß ich mehrere Wochen bei Rechercherreisen neben dem sehr sicheren Fahrer. Bereits nach wenigen Tagen hatte er sich zusätzlich zum perfekten Assistenten entwickelt, der als Dolmetscher weiterhalf und mich in meiner Arbeit unterstützt. Er ist ein sowohl zuverlässiger als auch fröhlicher, angenehmer Mensch, der immer mal ein Späßchen auf Lager hat, Jordanien bestens kennt und positiv auf seine Fahrgäste eingeht.
> *„Wir haben ihn gebucht und er war der absolute Glücksfall,"* schreiben Leser.
> ■ **WA'EL SALIH**, Tourist Transport Services, Tel 06079 666 4834, 077 782 5653, wael-salihtours@yahoo.com, www.waeltours.com

■ **KHALED HAMMO**, P.O.B. 1309, Amman 11947, Tel 060791, mobil 079 5541 638, 0710 9354, k.hammo@gmx.net; ein staatlich geprüfter Reiseführer, der in Deutschland Sozialwissenschaften studierte und daher gut Deutsch spricht. Er kennt sein Heimatland ausgezeichnet, vor allem auch die weniger bekannten Plätze. Sein Tagespreis liegt bei JD 70. In seinem Haus in Amman-Nuwaysis vermietet er ein ruhig gelegenes Apartment mit mehreren Betten, Küche, Terrasse; D ab JD 35 pP/Nacht. Bei Buchung von Führung und Apartment Sonderpreise.

■ **YOUSEF ABU-HUMIDAN**, Tel 06472 77 30, 079 555 30 41, jussefa-buch@yahoo.de; studierte in Berlin Geologie, spricht gut Deutsch, führt laut Leser „spannend und sensibel".

### Trips per Taxi oder Minibus

Die Traveller-Hotels in der Al Malek Faisal St, wie z.B. CLIFF, NASSER, PALACE, VENECIA, oder AL MIDAN beim Römischen Theater organisieren preiswerte Touren in die Umgebung, zu den Wüstenschlössern oder anderen Zielen bis nach Petra oder Aqaba.

■ **WA'EL SALIH**, Tourist Transport Services, siehe Kasten.

■ **MAHER ABU KHALAF**, Tel 06796 662371, Maher_AbuKhalaf@yahoo.com; wird als gut Englisch sprechender, freundlicher Taxifahrer (für ganz Jordanien) von Lesern empfohlen.

duine, der in Deutschland studierte, spricht gut Deutsch

## Shopping, Souvenirs

In Amman finden Kaufsüchtige nahezu alle Waren der Welt, von Haute Couture aus Paris bis zu Billigschuhen aus Hongkong. Wer durch die Souks an den Downtownstraßen bummelt, kann sicherlich Dinge auftreiben, die wesentlich günstiger als zu Hause sind.

Der **Souk in Downtown** dürfte für einen Shoppingbummel am reizvollsten sein; wobei eigentlich der größte Teil der Downtown-Gegend als Souk *(orientalischer Markt)* bezeichnet werden muss. Obwohl nicht sehr orientalisch, ist der Trubel doch etwas ungewöhnlich. In der Nähe der Husseiny

Moschee findet man z.B. diverse Gewürzläden – für preiswerte und leicht zu transportierende Mitbringsel.

Gern gekaufte **Jordanische Souvenirs** sind z.B. Wasserpfeifen, mundgeblasenes Glas, Töpferwaren, Krummdolche, Säbel, Kleidungsstücke der Beduinen, lokale Trachten, schwarz-weiß oder rot-weiß gewürfelte Kopftücher, Kelims, "Sandbilder" in Flaschen, Messing- oder Kupferartikel.

Vieles davon können Sie in Downtown finden, z.B. in den Seitenstraßen der Al Malek Faisal St oder der Al Malek Talal St gegenüber Husseiny Moschee. AL AFGHANI verkauft u.a. „Antiquitäten" aus der jungen Vergangenheit Ammans (hat weitere Geschäfte in Jebel Weibdeh und Jebel Hussein).

Vielleicht interessiert Sie besonders der **Gold-Souk**, den Sie – von der King Husseiny Moschee kommend – rechts gleich zu Anfang der Al Malek al Faisal St und zwischen der Cinema el Hussein St finden. Dieser recht kleine Markt strahlt wenig vom Flair anderer orientalischer Gold-Souks aus, aber mit etwas Glück kann man Käufer, vor allem Käuferinnen, beobachten, die hier einen Teil ihres Vermögens in Metall anlegen. Doch auch für Besucher, die sich nicht viel aus Goldschmuck machen, dürfte sich zwischen den zahllosen Ringen, Ketten, Anstecknadeln und Armreifen – die meisten davon in Jordanien hergestellt – etwas finden lassen. Die Preise orientieren sich am Goldpreis.

Für **anspruchsvollere Souvenirs** (siehe auch S. 77) bietet die Gegend des **Jebel Amman** mit die beste Auswahl:

■ JORDAN RIVER FOUNDATION, info@jrf.org.jo, www.jordanriver.jo, Tel 06461 1308, (eine NGO) am Jebel Amman, vom 1. Circle aus links die Rainbow St (Abu Bakr As Siddeeq St), Ecke Fawzi Al Malouf St

Verkauft sehr geschmackvolle, auch ungewöhnlichere Handarbeiten, Textilien, Puppen mit traditionellen Kostümen, Olivenölseifen und vieles mehr. Auf demselben Grundstück (links neben dem Eingang) erhalten Sie Teppiche und Kelims, manchmal auch schöne handwerkliche Arbeiten von BANI HAMIDA; es handelt sich um eine Verkaufsstelle der Teppichweberinnen vom Bani Hamida Stamm bei Madaba (s. S. 259).

Im Übrigen steht auf der dem Bani Hamida House gegenüberliegenden Seite der Rainbow St das unscheinbar graue **Geburtshaus** des verstorbenen **König Hussein**.

■ WILD JORDAN (NATURE CENTER), 36, Othman bin Affan St, (auch direkt zu Fuß von der Rainbow St durch die Fawzi Al Malouf St hinuntergehen und am Ende Treppe runter), Tel 06463 3589, tourism@rscn.org.jo; eine Abteilung der ROYAL SOCIETY FOR THE CONSERVATION OF NATURE (RSCN), sehr gutes Restaurant mit Biokost, Souvenirshop, Tel 06463 3718

Hier werden Handicrafts aus den Projekten der Organisation verkauft. Das architektonisch etwas ungewöhnliche Haus selbst ist betont umweltfreundlich, mit solarunterstütztem Heizungssystem etc., gebaut. Eine Information

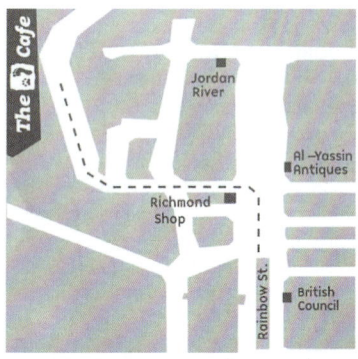

*Von WILD JORDAN verteilter Lageplan*

hilft bei Fragen zu den Naturreservaten weiter. Im hauseigenen Internetcafé kann man surfen oder sich im Infranet der RSCN über die Natur Jordaniens informieren. Das Café bietet rund um die Uhr Snacks und als Restaurant gesunde Naturprodukte und, nicht zuletzt, einen guten Ausblick über das Häusermeer Ammans.

- Im **AL AYDI** (Hand), **JORDAN CRAFT DEVELOPMENT CENTER,** zwischen dem 2. Circle und Intercontinental Hotel (letzte Seitenstraße vor dem Circle links, an deren unterem Ende)

Sehr große Auswahl an unterschiedlichem Schmuck, Handicrafts und Tonwaren; gepflegtes Ambiente, ein Besuch lohnt sich sehr.

- **HAND MADE CREATIONS,** in derselben Straße gegenüber Jordan Steel
- **AL BURGAN,** 12 Talat Harb St, Querstraße der Al-Kuliyya St, direkt neben dem Interconti Hotel, www.alburgan.com

Ähnlich wie *Al Aydi*, eher auf Großhandel eingestellt, aber auch Verkauf an Einzelkunden, daher (vielleicht) preiswerter.

- **BADR AD DUJA,** 15 Abu Tammam St, Nähe 2. Circle, Jebel Amman, Tel 06465 0470

Ungewöhnliche Möbel bis zu ebensolchen Textilien von exklusivem Design, ähnliche Handicrafts oder Antiquitäten.

- **JORDAN DESIGN & TRADE CENTER** (www.nhf.org.jo) der Noor al Hussein Foundation, gegenüber dem Amman Orchid Hotel und in der Nähe des Safeways-Supermarkts, Shmeisani

Traditionelle Handarbeiten von Frauen aus ländlichen Gegenden, z.B. Kelims, Töpferwaren etc.

- **SILSAL CERAMICS,** zwischen 4. und 5. Circle, stellt handbemalte Keramik her.
- Auf die Produkte vom Toten Meer hat sich **SISAL FOR DEAD SEA PRODUCTS,** 1 Hussein Al Jir St, Shmeisani, Tel 06567 2341, spezialisiert.

Auch in gut sortierten Apotheken sind diese Produkte erhältlich, der Hersteller Rivage ist unter www.rivageline.com zu finden.

- **Essen und Shopping** kann man mit einem Besuch in einem der guten Restaurants, im **KAN ZAMAN VILLAGE,** verbinden; Tischbestellung Tel 06412 8391. Das restaurierte Dorf liegt etwa 12 km außerhalb, Richtung Flughafen (Anfahrt s. S. 152).

### Buchhandlungen

Buchhändler für touristische Zwecke sitzen im Intercontinental (nahe 3. Circle) und im Regency Palace Hotel (Shmeisani).

- **UNIVERSITY BOOKSHOP,** Luweibeh Garden St, in der Nähe der University of Jordan, bietet vermutlich die größte Auswahl in Amman, auch an Reiseliteratur über Jordanien bzw. den Mittleren Osten.
- **BOOKS@CAFÉ,** das Internetcafé fast am Rand des Jebel Amman, lohnt auch einen Besuch wegen seiner für Jordanien gut sortierten Buchhandlung (Anfahrt s. S. 173), seiner ungewöhnlichen Atmosphäre, seines guten Cafés und Restaurants mit z.B. preiswerter, riesiger Pizza, die durchaus für zwei Personen reicht.
- **GIBRALTAR,** Al Malek Feisal St, Downtown neben Hashem Restaurant, hauptsächlich Zeitschriften, auch internationale.
- **ISTIKLAL LIBRARY,** mitten im Geschäftstrubel der Shopping Area im Vorort Sweifiyeh, hauptsächlich Büromaterial, aber auch Karten und Jordanienliteratur.
- **SHARABA BOOKS** am Beginn der Rainbow St, Nähe 1. Circle

In Downtown gibt es eine Reihe kleiner Buchläden, die aber neben Zeitschriften nur ein paar Bücher, umso mehr Büromaterial verkaufen; Stadtpläne sollten

Sie in Hotelbuchhandlungen oder z.B. in Souvenirshops in der Gegend des Römischen Theaters suchen. In der Rainbow St. auf dem Jebel Amman können Sie auch fündig werden.

### Bibliothek

- **ABDUL HAMEED SHOMAN FOUNDATION,** gegenüber der irakischen Botschaft, Tel 06463 3627, www.shoman.org/en

Die Bibliotheken für Studenten in Amman können auch Fremde nutzen. Es gibt u.a. gute englischsprachige Zeitschriften diverser Disziplinen – und Kontakte zu Studenten.

### (Westliche) Lebensmittel

Wer sich z.B. mit größeren **Essensvorräten** eindecken will, wird im
- **CARREFOUR SUPERMARKT** in der CITY MALL, dem derzeit wohl größten Shopping Center Ammans, fündig werden: Man fährt am 8. Circle auf die Autobahn Richtung Jerash (King Abdoullah St) und kann nach 3 km rechter Hand den Shopping Komplex nicht übersehen.
- Ein **SAFEWAYS**-Supermarkt liegt im etwas mondänen Stadtteil Shmeisani: Man fährt die Khalid Ibn Al Walid St und ihre Verlängerung Queen Alya St Richtung Jerash bis zur Sport City Junction, dort links in die Nasir Ibn Jamil St, nach ein paar Querstraßen liegt, nach einer Überführung, links das etwas versteckte Gebäude.
- Ein weiterer **SAFEWAYS**-Supermarkt hat sich im Westen der Stadt etabliert: Am 7. Circle zweigt eine entsprechend ausgeschilderte Straße zum Flughafen ab. Fährt man nach dem Abbiegen gleich das erste Sträßlein rechts ab, kommt man zum gewünschten Ziel.
- Der Supermarkt **ALAHLIA,** der in der Nähe des Jordan Hospitals in der Queen Noor St, gegenüber dem Siemens-Building liegt, soll wesentlich besser sortiert sein, es gibt z.B. vier verschiedene deutsche Brotsorten.

**Alkohol** findet man in einigen Supermärkten, aber auch Downtown in der Gasse des Cliff Hotels oder in der nächsten östlich davon bzw. in der Rainbow St, Jebel Amman.

In der Mall *The Boulevard* beim Rotana Hotel gibt es Ammans einzigen **Duty Free Shop**, in dem während der ersten beiden Aufenthaltswochen Alkohol und viel Ähnliches preiswert zu haben sind.

- **GERMAN BAKERY,** Barakka Mall, Sweifiyeh (nicht weit entfernt vom SAFEWAY Supermarkt), mit verschiedenen Broten, süßem Gebäck und Kuchen. Auch die weitverbreitete Supermarktkette ZAIT & ZATAR hat verschiedene Brote von dieser Bäckerei im Angebot.

### Kunstgalerien

Jordanien ist auch im künstlerischen Bereich wesentlich aufgeschlossener als andere arabische Staaten. Daher ließen sich eine Reihe fremder arabischer Künstler im Land nieder. Über das künstlerische Schaffen informiert man sich unter anderen in folgenden Galerien:

- **DARAT AL FUNUN,** Jebel el Weibdeh, Tel 06464 3251, www.daratalfunun.org
Mehr über das beste Kunstzentrum Ammans lesen Sie auf S. 144.
- **BALADNA GALLERY,** As Shahid Wasfi al Tall St, Tel 06553 7993, Bilder und Skulpturen
- **ORFAN ART GALLERY,** Kufa St, Um Utaynah, Tel 06551 0603, spezialisiert auf arabische Künstler, aber auch Ausstellungen aus Europa, Kindermalschule.

## Veranstaltungen, Nightlife, Sport

### Kulturelle Veranstaltungen

An anspruchsvoller Unterhaltung bietet das offizielle Amman herzlich wenig. Es gibt zwei arabische Theater, die aber für den Normaltouristen aus sprachlichen Gründen uninteressant sein dürften. Blättern Sie in der JORDAN TIMES oder im Internet im *Calendar of Events*, www.calendar.jo/default-new.aspx, um generelle Hinweise oder Informationen über aktuelle Veranstaltungen zu finden.

- Das **ROYAL CULTURAL CENTRE**, Queen Alya St, Nähe Sport City und Regency Hotel, Shmeisani, Tel 06566 9026, veranstaltet Lesungen, Konzerte und Ballettaufführungen.

Im September finden Klassik-Konzerte im Römischen Theater statt, zumindest von der Umgebung her ein Ereignis, das sich lohnt. Eventuell bieten ausländische Kulturinstitute wie das Goethe-Institut Dichterlesungen oder ähnliche Veranstaltungen.

### Kino

Es gibt eine Reihe von Kinos, die meist nur arabische Filme zeigen. Für den, der noch nie solch melodramatische Stücke sah, mag ein Kinoabend recht unterhaltsam sein. Westliche Filme sind häufig zensiert, allerdings scheint die Schere der Zensoren in jüngerer Zeit stumpfer geworden zu sein. Einfachere, von den Einheimischen gern besuchte Kinos sind im Cinema al Hussein und in der Basman St, Downtown, zu finden.

- **CONCORDE**, Shmeisani, Nähe Ministry of Industry and Trade, Tel 06567 7420
- **PHILADELPHIA**, 3. Circle, Tower Building, Tel 06463 4144
- **PLAZA**, Shmeisani, Royal Plaza Hotel, Tel 06569 9238
- **SHERATON ENTERTAINMENT CENTER**, in dem auch das Kino Galeria (3 Säle, neuere westliche Filme) untergebracht ist, Jebel Abdoun, am zentralen Circle.
- Ähnliches bietet das GrandHyatt Amman Hotel

### Vergnügungsparks

Harmlose Unterhaltung bieten Vergnügungsparks, in denen besonders Eltern mit Kindern Abwechslung finden. Richtig Betrieb herrscht meist erst abends. Einer der beliebten Parks, die **ABDULLAH GARDENS** in Shmeisani, liegt an der Sharif Nasir Ibn Jamil St, ganz in der Nähe des Wadi Saqra Circle. Er ist leicht an einer Seilbahn erkennbar, die ein paar hundert Meter hin und her schaukelt. Auf dem Jebel Amman warten das **AMUSEMENT CENTRE** (Rainbow St, Nähe British Council), in der Khalid Ibn Walid St am Jebel Hussein (Nähe Regency Hotel) der LUNA PARK auf Gäste.

An der Autobahn zum Flughafen, ca. 6 km von der zweiten Abfahrt zum Toten Meer bzw. etwa 500 m nach der ersten Tankstelle nach dem Abzweig Dead Sea entfernt, wartet ein weiterer Vergnügungspark namens **AMMAN WAVES** auf Badefreunde (www.amman-waves.com). Auf einer Fläche von 80 000 qm wurden diverse Pools, Wasserrutschen und Installationen für Kinder eingerichtet.

Anspruchsvoller geht es im **CHILDREN'S HERITAGE AND SCIENCE MUSEUM**, The Haya Arts Center, Shmeisani (8.30-18, Winter 9-16) zu, in dem auch physikalische und biologische Experimente durchgeführt werden können.

Ein ähnliches Programm verfolgt das **NATIONAL CHILDREN'S MUSEUM** im King Hussein Park, s. S. 149.

## Türkische Bäder

Wer den Orient aus der Genießerperspektive erleben will, kann dies sehr einprägsam in einem Türkischen Bad – *Hammam* – nachvollziehen. Dort wird man im dichten Wasserdampfnebel zum Schwitzen gebracht, wird abgespült, abgeschrubbt, massiert und schließlich als fast neuer Mensch entlassen. Früher war diese Institution ein Treffpunkt, ein gesellschaftliches Ereignis.

Türkische Bäder kommen mehr und mehr wieder in Mode, ein Besuch hat durchaus seine Reize. Man findet z.B. das **JAFRA ARABIAN HAMMAM,** Tel 060796 995855 (Männer), Tel 060796 995857 (Frauen), gegenüber dem Hauptpostamt und im Haus, in dem auch das bekannte Jafra Restaurant untergebracht ist, Adresse s. S. 183.

## Nightlife

Grundsätzlich sollte man wissen, dass Nightlife in unserem Sinn hauptsächlich im sozial besser gestellten Westen Ammans stattfindet. Viele Hotels unterhalten Bars und Nachtbars, in Sweifiyeh gibt es eine ganze Reihe Kneipen, die lange geöffnet sind, ebenso am Jebel Amman, in Abdoun, ein paar auch in Downtown. Fragen Sie den Rezeptionisten Ihres Hotels, der kann Ihnen aktuelle Tipps geben. Vielleicht sind die folgenden darunter:

Ein Schwerpunkt für die Nacht ist das **SHERATON ENTERTAINMENT CENTER** in Abdoun, direkt am zentralen Circle (der erste, wenn man den Stadtteil über die etwas ungewöhnliche Stahlbrücke erreicht). Neben dem Kino *Galeria* gibt es hier oder in der Nähe stadtbekannte Discos oder Kneipen:

- **BIG FELLOW,** zieht sich über zwei Etagen, „gemütliche" Atmosphäre, irische Kneipe mit Guinness und anderen Bieren, teuer; ebenso sind PIANO PIANO und CAFÉ PARIS dort untergebracht (und nicht billig).
- **BLUE FIG,** Abdoun, Al Ameer Hashem bin Al Hussein St, vom Circle kommend immer die Straße bergan, auf rechter Straßenseite; modernes Ambiente, manchmal auch Konzerte oder Ausstellungen, auch tagsüber geöffnet, brauchbares Restaurant, man kann draußen sitzen.
- **AL ALALI,** Regency Palace Hotel, man diniert im 20. Stock mit herrlicher Aussicht über das nächtliche Amman, falls man nicht von der Bauchtanzshow (eine der besten des Landes) abgelenkt wird; teuer.
- **EL PASHA,** Intercontinental Hotel; ab 21.30 U Bauchtanz, Dinner ist obligatorisch, teuer.
- **IRISH PUB,** im Dove Hotel, Jebel Amman, Qortubah St, zwischen 4. und 5. Circle, für Expatriots eine Instituion, manchmal auch Disco, Dartwettbewerbe etc., gute Imitation irischer Kneipen; donnerstags **der** Treffpunkt, dann tolle Stimmung, eine der wenigen Gelegenheiten zum Tanzen.
- **MARRIOTT SPORTS BAR**, Marriott Hotel, ein Platz, um gemeinsam mit anderen Sportfans internationale Sportübertragungen anzuschauen, die Bar ist entsprechend dekoriert.
- **SCANDEL,** San Rock Hotel, Um Utheina, 6. Circle, Tel 06551 3800, Disco.
- **TABOO,** Nähe Liwan Hotel, Sweifiyeh, freitags treten lokale Bands auf.
- **VINAIGRETTE,** Alqasr Plaza Hotel, Shmeisani, nicht allzu weit vom Safeways-Supermarkt, Jazz&Salat Bar, oberstes Stockwerk, tolle Aussicht.
- **TALK OF THE TOWN,** Middle East Hotel, Shmeisani, Tel 06551 7432, eine der besten Discos in Amman, Techno bis Reggae.
- **YESTERDAY**, Jebel Amman; sehr teures Restaurant und Disco, JD 10 Eintritt.

In **Downtown** findet man eine Reihe kleiner, eher unscheinbarer Pinten, in denen auch Alkoholika an Passanten verkauft werden: z.B. JORDAN WELCOME BAR in der Gasse östlich des Cliff Hotels oder KIT KAT in der Basman St..

## Sport

- **AL HUSSEIN SPORT CITY**, University St, Tennis, Volleyball, Squash, Gymnastik etc. Das Schwimmbad (6.30-18, JD 5) hat gemeinsame Becken für Frauen und Männer, allerdings wird Frauen eher abgeraten.
- **BISHARAT GOLF COURSE,** Airport Highway Nähe Amman National Park, Tel 06412 6955; Gäste können gegen Tagesgebühr golfen.
- **THE JORDAN TURF CLUB**, Airport Autobahn, nahe der Madaba Abfahrt.
- **ARABIAN HORSE CLUB**, Airport Autobahn, Al-Yadoudeh, Tel 06429 1386
- **ANNAB STABLES**, Airport Autobahn, nahe der Madaba Abfahrt, annablou@index.com.jo
- **PRINCESS ALIA CENTRE FOR RIDING,** Hussein Sports Club, Tel 06567 5739

## Essen & Trinken

Amman bietet auch dem Verwöhnten gute Gelegenheit, sich weiterhin verwöhnen zu lassen. Eine kleine Auswahl an Restaurants:

### Downtown (siehe Plan S. 140)

Wer billig und/oder sehr typisch arabisch essen will, findet im Zentrum von Amman viele Gelegenheiten, vor allem bei kleinen Straßenküchen (Foodstalls), von denen schmackhafte und durchaus auch hygienisch weitgehend einwandfreie Küche geboten wird. Ein erster Anlaufpunkt wäre die Gegend um die Husseiny-Moschee.

- **ABRAHAMS CAFÉ**, zwei Gassen östlich von Hotel Cliff, nur 8 Tische, einheimische Kartenspieler, Besitzer Abraham spricht gut Englisch, nimmt sich Zeit und gibt viele Tipps.
- **ABU KHAMIS & ABU SALEH**, [E] Al Malek Faisal St, Eingang in der Seitenstraße, mit dem Eingang zum Baghad Grand Hotel; preiswerter Essplatz, Huhn, Kebab etc.; gleich daneben wird eine etwas bizarre "Pizza", mit Lammhackfleisch als Auflage, gebacken
- **AL RASHEED COURT CAFÉ ECO,** [F] 27, Al Malek al Feisal St, mit Veranda, typisches Wasserpfeifenraucher Café, einfach, preiswert
- **CAIRO**, [G] Nähe Husseiny-Moschee, Seitenstraße der Al Malek Talal St, sehr sauber, arabisch mit guter Atmosphäre, preiswert, empfehlenswert
- **DARAT AL FUNUN,** [A] Jebel Weibdeh, stimmungsvolles kleines Café im Kunstzentrum, siehe auch S. 144.
- **HABIBAH**, Al Malek al Hussein St, nahe Abzweig Cinema St, altbekannte Patisserie, in der sich Tische mit Süssigkeiten aller bekannten Arten durchbiegen – probieren und versuchen Sie, wieder ins Freie zu kommen, bevor Sie, fast im wörtlichen Sinn, kleben bleiben; ein Schwester-Restaurant liegt in der Al Malek al Faisal St. Lange Menschen-Schlangen stehen wegen des äußerst guten *Knafeh* an, um für unter JD 1 die beliebte Nachspeise zu bekommen.
- **HASHEM**, [C] im Freien in schmaler Gasse gegenüber Cliff Hotel , 24 Stunden ge-

## Essen & Trinken

*Hashem's Restaurant – zufällig **nicht über**füllt*

öffnet, zählt zu den bekanntesten Essplätzen, dennoch sehr einfach, sehr billig, nur ein Einheitsgericht zu JD 6 bestehend aus Houmus, Felafel, Fladenbrot, Bohnen, Zwiebeln und Tee, dennoch sehr gut, unbedingt empfehlenswertes Erlebnis (auch viele Touristengruppen)

- **JABRI**, [D] zwei Häuser neben dem Jerusalem Restaurant und direkt neben HABIBAH Patisserie; ähnlich oder sogar besser in Qualität und Preisen, vielleicht ein Hauch freundlicher, englischsprachige Speisekarte, gutes Huhn in Zwiebeln und Oliven
- **JAFRA**, [B] Prince Mohammed St, gegenüber Hauptpostamt, (Eingang etwas versteckt in einer Einfahrt), 1. Stock, www.jafra-cafe.net, In-Restaurant und -Café, Kleinbühne, kleine Bibliothek, schmale Terrasse über der Straße, sehr ungezwungen, Künstler, Journalisten, einziger Platz für alleingehende einheimische Frauen, sehr gutes Essen, mittlere Preise, sehr empfehlenswert

- **JERUSALEM** [D] auch AL QUDS, Al Malek al Hussein St, Ecke Al Amer Mohammed St; mit großem Felsendom auf dem Schild, mit angeschlossenem Café, im Restaurant typisch arabische Küche, gut und preiswert, viele Traveller; auch negative Kommentare
- **LIMAN COFFEE SHOP & RESTAURANT,** ein paar Häuser Richtung Jebel Amman, *JAFRA* und dessen Stil imitierend, gut auch als Alternative zu *JAFRA*
- **PIZZA ROMA,** Hashemi St, neben Amman Pasha Hotel, kontinentale Angebote, gute Pizza
- **RAYAH GATE,** Seitenstraße der Quraysh St (Nähe Serviestaxi Linien 29, 35), Wirt spricht Englisch, preiswert, große Portionen, sauber
- **ZAJAL,** Al Amir Mohammed St, preiswertes, jedoch gutes Essen, viele junge Leute, nicht zuletzt wegen der Terrasse

**Jebel Amman** (siehe Plan S. 141) und **Jebel Weibdeh**

- **BEITSITI,** 16 Mohammad Ali Al Sa'di St, Tel 777 55 77 44, http://beitsitti.com; hat sich auf Kochkurse der jordanischen Küche spezialisiert – und serviert sie auch den Nicht-Kochwütigen. Beides ist sehr zu empfehlen. Es liegt am Jebel Weibdeh in der Nähe des Kunstzentrums *Darat al Funun*, siehe Website
- **BOOKS@CAFÉ,** Seitenstraße der Rainbow St (s. S. 173), gutes Restaurant, große Portionen, ein bisschen teuer
- **BONITA,** gegenüber El Yassim Hotel, Seitenstraße Nähe 3. Circle, spanische Küche, sehr gute Fischgerichte, Paella, teuer
- **CANVAS** (Café, Restaurant & Art Lounge), Jebel Weibdeh, gegenüber der National Gallery am Rand des Parks, sehr stilvolles Restaurant
- **CHINA,** Rainbow St, Nähe Jordan River Design, gutes und relativ preiswertes chinesisches Restaurant
- **FAKHR EL DIN,** 40 Taha Hussein Street, Nähe 2. Circle, beliebt in Amman, sehr gute Mezze, nicht billig
- **INDIAN RESTAURANT** (CHICKEN TIKKA INN), Nähe 3. Circle und Towers; gute und durchaus preiswerte indische Küche
- **NEW ORIENT,** Nähe 3. Circle, schöne Gartenterrasse, spezialisiert auf libanesische Küche
- **ORCHESTRA,** ziemlich am Beginn der Rainbow St, mexikanische, marokkanische und arabische Gerichte, gut, preiswert
- **PETRA CAFETERIA,** direkt am 1. Circle; preiswert, einfach
- **REEM,** stadtbekannter Shauwarma-Stand am 2. Circle (rechts gleich am Ausgang des Circle stadtauswärts), angeblich bestes Shauwarma Ammans, kleine Portionen, billig
- **ROMEO,** in Seitenstraße Nähe Interconti Hotel (s. S. 189 ), Nähe 3. Circle, eines der besten italienischen Restaurants, freundliche Bedienung, nicht billig
- **TAIWAN TOURISMO,** östlich, etwas unterhalb 3. Circle, gegenüber Akilah Hospital; sehr gute und preiswerte chinesische Küche
- **TOWERS RESTAURANT,** im 23. Stock auf dem Jebel Amman, unterhalb des 3. Circle; toller Blick, gut und, der Lage entsprechend, teuer
- **UNCLE SAM,** direkt am 3. Circle; amerikanisch geprägt, Hotdog, Pizza, Steak
- **WILD JORDAN,** T36, Othman bin Affan St, Nähe Rainbow St (s. S. 177) von ei-

nem jordanischen Star-Architekten entworfenes Gebäude der RSCN mit sehr gutem Restaurant, guter Sicht auf Altstadt und Zitadelle, gesunde (Bio) Gerichte, frische Säfte, schmackhafte Gerichte, nicht billig, aber angemessen, empf
- Diverse **SCHNELLIMBISSE** stillen in der Nähe des 2. Circle den Hunger, hauptsächlich in der Seitenstraße Zayed Bin Harethah
- Am oder in der Nähe des **ABDOUN-CIRCLE** findet man gute Restaurants sowie Fastfood (McDonalds, Pizza Hut etc.)

### ¶¶ Etwas weiter vom Zentrum entfernt

- **AL BUSTAN,** (Tlal al Ali), Nähe Hotel Jerusalem; zählt zu den besten arabischen Restaurants in Amman, sehr gute Küche, gute Atmosphäre.
- **AL HUWARA**, King Abdullah St. (westl. Umgehungsstraße, etwa 2 km südlich der Suweileh-Brücke), aus einem alten arabischen Haus hervorgegangen, sehr großer Garten fürs Dinner; sehr gut und teuer, laut wegen Straßenverkehr
- In **Sweifiyeh** sind auch die In-Cafés **AROMA** und **ELITE** (Hotel Turino) einen Besuch wert.
- **KAN ZAMAN,** 12 km südlich der Stadt (s. S. 152); sehr gutes orientalisches Essen, bekannt und sehr touristisch (vorher Öffnungszeiten abfragen)
- **REEM ALVAWADY,** Wasfi al Tall St / Al Madina al Munawara St (Tlal al Ali), nördlich des 6. Circle gelegen; ein Großrestaurant im Beduinenstil, d.h. man sitzt recht gemütlich unter Beduinenzeltbahnen, ringsum plätschern allerdings Springbrunnen und rauben alle Beduinenillusion, wenig Touristen, viele Jordanier, das Essen ist gut, aber deutlich teurer

## Übernachten

### Downtown (siehe Plan S. 187)

Achtung: Die meisten der Hotels in Downtown verfügen über keinen Lift und/oder **keine Heizung**, im Winter zeitweise unangenehm kalt. Viele bieten **Trips** an nach (Preise pro Auto): **Petra** mit Stopps in Kerak, Dana JD 90-120; **Wüstenschlösser** JD 60-100; **Jerash**, Ajlun, Umm Qays JD 60-80; **Madaba**, Nebo, **Totes Meer** JD 60-80.

Ein Leser berichtet: *„Ich war extrem dankbar für den Tipp, Madaba als Basis zu nehmen und dort das Hotel Mariam. Das war perfekt. Dieser Führer hat extrem dazu beigetragen, dass diese Reise eine sehr besondere und intensive Erfahrung wurde."*

- **TORWADAH,** [13] Al Ridah St, neben Shabsough Parking, Tel 06461 6019, torwadahhotel@yahoo.com; Billighotel im zentralen Downtown-Gebiet (geschlossen, da Renovierung z.Zt. unserer Recherche)
- **NASSER,** [12] 13 Al Malek al Feisal St, Tel 06462 3342, sehr einfach, teils arabische Toiletten, teils im Zimmer abgetrennt, Straßenseite mit kleinem Balkon
  ..................................................................................E 8, DkB 10, D+AC 12-15
- **YARMUK,** [12] Al Malek al Feisal St, Tel 06462 4241, Mob 074893873; 3. Stock, sehr einfach, freundlich, relativ sauber und ruhig, nur Mehrbettzimmer, nur 2 Toiletten für 20 Betten, .................................................................Dorm 5 pP, DkB 12

*Originell: The Cabin Hostel*

**CAIRO, [11]** 27, Al Malek al Feisal St, Tel 06463 8230, cairohotel_amman@yahoo.com; 3. Stock, einfach, freundlich, sehr einfache Bäder mit arab. Toilette, ...............EkB 10, D 15

**HAWA AMMAN,** [10] Tel 064623 083, mobil 0795420807; amman.hawa@yahoo.com; französisch- und englischsprachig, AC, WiFi, Kschr, Räume relativ großzügig, gut eingerichtet, Dachterrasse , hilfsbereit, ..............mF E 25, D 35

**BAGDAD GRAND,** [9] Al Malek al Feisal St, 3. Stock, Tel 06462 5433, von "Grand" keine Spur, viele Backpacker, sehr einfach, mäßig sauber (unsaubere Toiletten, häufig keine frische Bettwäsche), abgewohnt, Küchenbenutzung, WiFi (Lobby).......................................................................................E 8-10, D 10-12, AC + 1

- **CLIFF,** [8] 3, Prince Mohamed St, Tel 06462 4273, mobil 0746242773, cliffhotel@yahoo.com; einfach, eins der bekanntesten Traveller-Hotels, häufig voll belegt, gute Infos (kann auch als telef. Helpline genutzt werden), gute Atmosphäre, WiFi, Gepäckaufbewahrung, alle Räume mit Waschbecken, 3 Toiletten, Gemeinschaftsküche, Frühstück JD 2, empf,....... Schlafen auf dem Dach 3 pP, Dorm ab 7 pP, EkB 12 + AC 18
- **MAMAYA,** [7] Al Malek al Feisal St neben Arab Bank, Tel 064659393 mobil 0789893131, mamaya@yahoo.com; AC, Vent, WiFi, Kschr... EkB 12, E 20, DkB 25, D 30
- **MANSOUR,** [6] Al Malek al Feisal St, Tel 06464 0351, 0799849159, mansourhotel@hotmail.com; freundlich, einfach, aber sauber, Fliesenboden, viele Traveller, WiFi in 5 Räumen, 1x AC, mF ......................................................Dorm 5 pP, EkB 10, E 12, DkB 12, D 15
- **THE CABIN HOSTEL,** Cinema Hussein St, mobil 0795379809, nasser.sad@gmail.com; z.Zt. unserer Recherche "soft opening", Einrichtung sehr originell aus Kistenholz selbst gezimmert, gute Atmosphäre, AC, WiFi .............................................. pP 10, DkB 25
- **ART DOWNTOWN Hotel,** [5] 32 Al Malek al Feisal St, Tel 06463 8900, mobil 0797807700, reservation@arthoteljordan.com; www.arthoteljordan.com; sehr geschmackvoll eingerichtet, gute Atmosphäre, Frühstücksrestaurant im 4. Stock mit offener Dachterrasse, AC, WiFi, Kschr, derzeit beste Unterkunft in Downtown, empf, mF ...............................................................................................................E 40-55, D 50-65
- **DOWNTOWN,** [5] Al Malek al Feisal St, Tel 06462 0905, mobil 0788438937, yahala-suites@hotmail.com; tlws AC, WiFi, ruhig,. Kschr, mF........................................ E 15, D 20
- **FARAH,** [4] Cinema Al Hussein St, Tel 06465 1443, farahhotel@hotmail.com; AC, WiFi, ruhig, gepflegt, sehr hilfsbereit, im Dorm.-Bereich nur 2 bzw. 3 Toiletten/Duschen, 10% Discount für Leser dieses Buches, wenn direkt gebucht durch Email oder Website, empf, mF ............................................................... Dorm pP 8, EkB 13, E 19, DkB 20, D 27
- **BOUTIQUE HOTEL,** [3] 32 Prince Mohammed St, Tel 06462 0627, mobil 0797970611 boutiquehotelamman@gmail.com; www.the-boutique-hotel-amman.com; AC, WiFi, mF ...........................................................................................................................E 20-25, D 25-30
- **THE SYDNEY HOTEL,** [2] 9 Shaaban St, BLD 27, Tel 06464 1122, mobil 0778234715,

**Hotels Downtown**

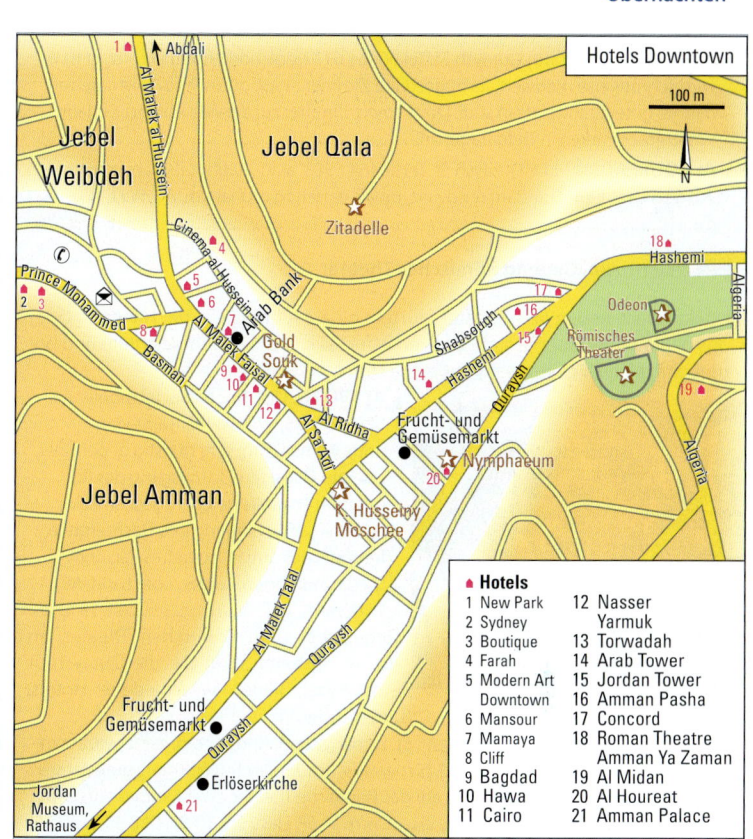

- **Hotels**
- 1 New Park
- 2 Sydney
- 3 Boutique
- 4 Farah
- 5 Modern Art Downtown
- 6 Mansour
- 7 Mamaya
- 8 Cliff
- 9 Bagdad
- 10 Hawa
- 11 Cairo
- 12 Nasser Yarmuk
- 13 Torwadah
- 14 Arab Tower
- 15 Jordan Tower
- 16 Amman Pasha
- 17 Concord
- 18 Roman Theatre Amman Ya Zaman
- 19 Al Midan
- 20 Al Houreat
- 21 Amman Palace

www.sydneyhotelamman.com; 962sydneyhotel@gmail.com; AC, WiFi, Kschr, Waschmaschine (5-7 JD), 2017 renoviert, schöne Räume, gut möbliert, mF, (Dorm 8-9 pP ohne F), .................................................................. E 22-28, D 34-36

■ **NEW PARK,** [1] 2*, 49 Al Malek al Hussein St, von Downtown ein Stück bergauf (ca. 600 m) Richtung Abdali, Tel 06461 2144, newparkhotel@hotmail.com; WiFi (Lobby), Straßenseite sehr laut, sympathische Holzmöbel, preiswert für das Gebotene, WiFi, AC, empf, mF ................................................................................................ E 23, D 30

### Downtown, südwestlich der King Husseiny Moschee

In dieser Gegend sind ebenfalls diverse Hotels zu finden. Speziell an der Quraysh St stößt man auf unterschiedliche Unterkünfte, meist neueren Datums und daher etwas besser. Wenn man mit dem Amman Palace Hotel einen Startpunkt setzt und dann auf dieser Straße nordöstlich bis zum Römischen Theater wandert, wird man diverse Hotelschilder sehen (hier nur zwei davon), beginnend mit

# 5 – In Amman zurechtkommen – Praktische Informationen

- **AMMAN PALACE**, [19] Quraysh St, Tel 06464 6172, aplchotl@hotmail.com; ist bzw. wird schrittweise renoviert, fertiggestellte Zimmer empf, gutes Preis/Leistungsverhältnis, guter Standplatz in südl. Downtown, Zimmer zur Servies-Abfahrt-Str laut, kostenloses Parken in Tiefgarage, mF .................................................................. E 25 D 35
- **Al HOUREAT**, [12] 111, Quraysh St, Tel 06464 6903, alhouriatihotel@yahoo.com; 2016 zu besserem Standard renoviert, direkt neben Nymphaeum, AC, WiFi, mF ........................................................................................................................ E 20, D 25

## 🛏 Downtown, Gegend Römisches Theater

Direkt östlich neben dem Theater (dorthin hinauf führt eine in der Nähe des Odeons beginnende Treppe) steht das von Wael Salih (s. S. 176) eingerichtete und betriebene relativ kleine, aber gemütliche Hotel:

- **Al MIDAN**, [19] Algeria St., Tel mobil 0788795875, 0796664834, almedan.hotel@gmail.com; sehr günstig gegenüber oberem Ostseiten-Ein/Ausgang des Römischen Theaters gelegen, geschmackvoll und solide eingerichtet, Dachterrasse, freundliches und hilfsbereites Personal, Stadtrundfahrten, Touren über Land, AC, WiFi, mF ................................. E 15, D 25

*Al Midan Hotel, Lobby*

Gegenüber dem Römischen Theater, an der Al Hashemi St, in die die Quraysh St einmündet, liegen verschiedene Hotels, unter anderen:

- **AMAN YA ZAMAN,** [17] Al Hashemi St, zamanyazamanhotel.com; zamanyazamanhotel@yahoo.com; Tel 064613140, (Schwester des Jordan Tower Hotel); gute Atmosphäre, toller Blick vom Dach u.a. auf das Römische Theater, zwei Zimmer auf dem Dach, AC, WiFi, empf, mF ........................... Dorm 11pP, EkB 25, E 30-32, DkB 30, D 40-45
- **ROMAN THEATRE,** [17] Al Hashemi St, direkt gegenüber dem Theater, Tel 06464 4750, romantheater1990@gmail.com; romantheaterhotel.com; typisches Backpacker Hotel, WiFi (Lobby), freundlich-hell eingerichtet, mF ... EkB 10, E 15, DkB 15, D 20
- **CONCORD,** [16] 2*, Al Hashemi St, Tel 06461 3910; info@concord-hotel.jo.com; AC, Kschr, guter Blick vom Dach, Zimmer zur Straße mit Balkon, aber laut, empf....E 20, D 25
- **JORDAN TOWER,** [18] 48, Al Hashemi St, Tel 06461 4161, jordantowerhotel@yahoo.com; bekanntes Traveller Hotel, gut eingerichtet und gepflegt, Dachterrasse mit tollem Blick, tlws Balkon, WiFi, AC, gutes Frühstück, kleines Straßencafé, empf, mF .................................................................Dorm pP 10, EkB 20, E 25, DkB 24, D 35
- **AMMAN PASHA,** 2*+, [15] 4 Al Shabsog St, Tel 06461 8262, booking@ammanpashahotel.com; www.ammanpashahotel.com; viele Traveller, AC, WiFi, Kschr, beliebte Bar mit Alkohol, Türkisches Bad (20 JD), Sauna, Dachterrasse mit toller Aussicht, Dinner-Buffet (JD 10), Kochkurse im Restaurant (JD 15), empf .............................E 17-27, D 25-35
- **ARAB TOWER,** [14] Al Hashemi St, Tel 06464 2630, burj_al.arabhotel@hotmail.com; www.arabtowerhotel.com; mehrere Stockwerke mit Lift, von oben guter Blick, gut ausgestattete Zimmer, AC, WiFi, mF .................................................................Dorm 11, E/D 29

## Übernachten

### 🛏 Marka (10 km nordöstlich vom Römischen Theater)

- **THEODOR-SCHNELLER-SCHULE**, Gästehaus, Tel, 079667 8215, victorkidess@yahoo.com; deutsch geprägte Schule und „Berufsschule", s. S. 172, etwa 15-20 Autominuten vom Zentrum, Taxi JD 7-10, 30 Zimmer mit Bad, ruhig, sehr hilfsbereit, AC, Pool, WiFi (Lobby), Heizung, mF ...E 25, D 50Camping ...................Zelt, WoMo JD 12

### 🛏 Jebel Amman

- **AMMAN WEST**, 4*, Mahmoud al Abdi St (am 4. Circle stadtauswärts rechts ab, 1.St rechts), Tel 06465 7615, info@ammanwesthotel.com; www.ammanwesthotel.com; AC, WiFi, Kschr, gut eingerichtet, Bar mit Alkohol, mittelgroßer Pool (Nicht-Gäste JD 15), mF................................................................................................................... E 50, D 60
- **BELLE VUE**, [4] 4*, 41 Islamic College St, direkt am 2. Circle sehr günstig gelegen, Tel 06461 6144, info@bellevue.com.jo, www.bellevue.com.jo; relativ große Zimmer, renovierungsbedürftig, mäßiger Zimmerservice, AC, WiFi, Kschr, mF............... E 80, D 95
- **ZAIN PLAZA**, 61 Al Bohtory St (Nähe 2. Circle im geschäftigen Shoppingviertel), Tel 461 9963, mobil 077 7573 413, zainplazahotel@gmail.com; großzügig gestaltete Räume jeweils mit Kochnische, AC,WiFi, Kschrk, Straßenzimmer laut, andere Seite kein Lärm und toller Stadtblick,...................... E 17, D (je nach Lage im Gebäude) 20-35
- **ANTIKA**, [6] First Circle, Tel 06461 6424, info@antika-hotel.com; www.antika-hotel.com; sehr laut durch 1. Circle-Verkehr, altes Wohnhaus mit großen Zimmern stimmungsvoll eingerichtet, AC, WiFi, empf, mF ................................................E 35-45, D 40-50
- **GRAND HYATT**, [2] 5*, 3. Circle, Tel 06465 1234, info@ammgh.com.jo; tolle Lage mit Blick über die Stadt, sehr gutes Luxushotel; teures, sehr gutes Restaurant *Indochine*
- **LE ROYAL**, [1] 5*, 3. Circle, Zahran St, Tel 06460 3000, info@leroyalhotel-amman.com; www.leroyalhotel-amman.com; alle anderen Bauten der näheren Umgebung überragend und daher beste Lage mit Blick weit über die Stadt, komfortables Luxushotel
- **JORDAN INTERCONTINENTAL**, [3] 5*, Al Kuliya St, Tel 06464 1361, amman@interconti.com; ältestes LuxusHotel in Amman, (ehemaliger) Treffpunkt von Ausländern, gute Shops (u.a. Bücher), sehr gutes Restaurant
- **LANDMARK**, 5*, Al Hussein Bin Ali St, Tel 06560 7100, info@landmarkamman.com;

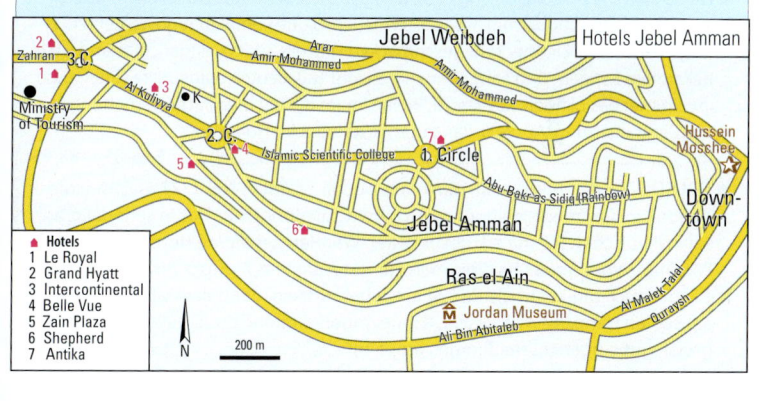

**Hotels Jebel Amman**

▲ Hotels
1 Le Royal
2 Grand Hyatt
3 Intercontinental
4 Belle Vue
5 Zain Plaza
6 Shepherd
7 Antika

www.landmarkamman.com; gepflegtes, günstig gelegenes Luxushotel

- **CENTURY PARK,** 4*, Tel 06568 0090, 8. Straße vom 4. Circle, kurz vor 5. Circle rechts, (im Nebengebäude *Jordan Tourism Board),* century@jhtec.edu.jo, www.centurypark-hotel.com; AC, WiFi, Kschr, mittelgroßer Pool, gut eingerichtet, sehr gepflegt, freundlich, mF .................................................................................................................. E 65, D 75
- **OLA PALACE**, 3*, gegenüber Amman West Hotel, Tel 06464 4579, ola.palace@ yahoo.com; www.cameohotel.com; 3. und 4. Stock sehr gut, 1. und 2. warten auf Renovation, AC, WiFi, Kschr, sehr ruhig, empf, mF ....................................... E 30, D 35
- **ROTANA,** 5*, Al Sawosana Al Sawoda St, Tel 06 5208 8886, res.amman@rotana.com; www.rotana.com/ammanrotana; mit 50 Stockwerken und 188 m derzeit Ammans höchstes Hotel, 412 Zimmer, beste Aussicht, luxuriös
- **SHEPHERD,** [5] 3*, Zaid Bin al Haret St, Tel 06463 997, info@shepherd-hotel.com; relativ nah zum 2. Circle, etwas abgewohnt, freundlich, AC, WiFi, Kschr, mF... E 30, D 40
- **THE DOVE,** 2*,Riyad Al Mefleh St, Tel 06569 7601, dove@go.com.jo; im Stil der 60er-Jahre eingerichtet wie auch die stimmungsvolle, originelle Bar *Irish Pub*, AC, Zentralheizung, WiFi, Leser dieses Buches erhalten 10% Rabatt, mF ................................................................................................................................ E 30, D 35
- **ZAIN PLAZA,** 61 Al Bohtory St (nahe 2. Circle im geschäftigen Shoppingviertel), Tel 06461 9963, mobil 077 7573 413, zainplazahotel@gmail.com; großzügig gestaltete Räume jeweils mit Kochnische, AC,WiFi, Kschr, Straßenzimmer laut, andere Seite toller Stadtblick, empf ........... E 17, D (je nach Lage im Gebäude) 20-35

### 🛏 Abdali und Jebel Weibdeh (siehe Plan S. 143)

- **CARAVAN,** [1] 2*, Al Ma'moon St, gegenüber King Abdullah Moschee in abzweigender Seitenstraße, Tel 06566 1195, caravanh@go.com.jo; Garten, Alkoholausschank, sehr freundlich, AC, WiFi, Straßenseite laut, Trip Adviser Award 2016 für Sauberkeit & Freundlichkeit, Airport Pickup 25 JD/Auto, bei Vorlage dieses Buches vor dem Einchecken 10% Discount, mF ........................................................... E 28, D 32
- **NEW MERRYLAND,** [3] 2*, unteres Ende des Abdali Square, Tel 064630 0217, ahmadkhatatbeh@hotmail.com; www.newmerryland.com; z.Zt. unserer Recherche unter Renovierung
- **LA LOCANDA BOUTIQUE**, [5] 3*, 52 Ba'oniya St, Jebel Weibdeh, Tel 06460 2020, info@locandaboutique.com; www.lacondahotel.com; komplett renoviert und tlws umgebaut, jedes Zimmer sehr geschmackvoll jeweils anders eingerichtet und nach bekannten Sängern und Sängerinnen benannt (z.B. deuten aufgemalte Gitterstäbe im Zimmer des blinden Sängers Al Sheikh Imam dessen mehrfache Verhaftungen an), Zentralheizung, AC, WiFi, Bar, gutes Restaurant im Hof, empf, mF ............................................................................................................................. E 65-85, D 85-95
- **TOLEDO,** [2] 3*, Ummaya St, direkt am Abdali Sq, Tel 06465 7777, isalam@toledohotel.jo, frontdesk@toledohotel.jo, www.toledohotel.jo; das in sehr dekorativem islamischen Stil mit z.T. gekachelten Wänden gehaltene Hotel besitzt zwei Eingänge: Vom Abdali Sq fährt man zur Rezeption im 7. Stock hinauf, dort geht es aber auch direkt auf die Razi St am Jebel Hussein, denn das Gebäude steht am steilen Hang, AC, WiFi, Kschr, "Honeymoon Zimmer" zu JD 120, Pool, tlws rel. große, gut eingerichtete Zimmer, empf, mF ........................................E 60-65, D 70-75

## Übernachten

- **CANARY**, [4] 2*, Jebel Weibdeh, Tel 06463 8353, canary_h@hotmail.com; hinter Terra Santa College gelegen, ruhig, angenehm, Alkoholausschank, günstig zu Downtown, da Serviestaxis quasi vorbeifahren, AC, WiFi, Gartenrestaurant, freundlich, bei Vorlage dieses Buches vor dem Einchecken 10% Discount, mF ...... E 24, D 32

### 🛏 Geschäftsviertel Shmeisani (Auswahl aus relativ großer Anzahl), (siehe Plan S. 131)

- **AMMAN MARRIOTT,** [6] 5*, Isam Ajluni St, Tel 06560 7607, amman@marriotthotels.com; www.marriotthotels.com; komfortables Luxushotel
- **REGENCY PALACE,** [5] 5*, Queen Alya St, Sport City St, Tel 06560 7000, regency@nets.com.jo; komfortables Luxushotel
- **JERUSALEM (auch AL CUDS) INTERNATIONAL,** [1] 4*, an Ausfallstraße nach Jerash, Tel 06515 1121, alcuds@jerusalem.com.jo, www.jerusalem.com.jo; altbekannt, etwas altmodisch, aber gut eingerichtetl, hauptsächlich Geschäftsleute und Diplomaten, AC, WiFi, Kschr, mF .................................................................E 55-80, D 65-100
- **AL QASR Metropole,** [4] 4*, Al Aroup St, Shmeisani, Tel 06566 6140, reservation@alqasrmetropole.com; www.alqasrmetropole.com; relativ ruhig gelegen, gepflegt, gut eingerichtet, Pub, AC, WiFi, Kschr, mF ........................................... E 90-140, D 102-153
- **GARDENIA**, 3* [2] 122 Abduhameed Sharaf St, Tel 06566 7790, info@gardenia.com.jo, www.gardenia.com.jo; relativ neu, gut eingerichtet, AC, WiFi, Kschr, mF ................................................................................................................E 55-70, D 75-80
- **MISK**, [2] 3*, 118 Abduhameed Sharaf St, 118, Tel 565 7744, info@miskhotel.com; www.miskhotel.com; ebenfalls gut eingerichtet, Schwesterhotel des GARDENIA, AC, WiFi, Kschr, mF ..........................................................................................E 40-45, D 45-50

### 🛏 Sweifiyeh Umgebung (siehe Plan S. 147)

- **CROWNE PLAZA**, [1] 5*, 6. Circle, Tel 06551 0001, info@ichotelsgroup.com; www.amman.crowneplaza.com; sehr frequentiertes Hotel, bei Geschäftsleuten beliebt, internationales Flair, viele Shops im Haus, gutes Café
- **LIWAN**, [3] 3*, Al Amerah Tagreed Mohammad St, Tel 06585 8125, liwan@theliwan.com; www.theliwan.com; am 6. Circle links, 1. St rechts, 2. links, 4. rechts, fast am Ende, gegenüber Byzantinischer Kirche, AC, WiFi, Kschr, gut eingerichtet, Disko im Kellergeschoss, mF ........................................................................................... E 45, D 50

### 🛏 Umgebung von Amman

### 🛏 Airport

- **AMMAN AIRPORT HOTEL,** 4*, Tel 06445 1000, Flughafentransfer, Pool, Zimmer für Rollstuhlfahrer, AC, WiFi, Kschr ,mF ........................................................E/D 135-159

### 🛏 SALT

- **BAIT AZIZ**, Prinz Hassan Ben Talal Str, (in Luftlinie etwa direkt über Tourist Departement und Museum, ca. 10 Minuten Treppensteigen, aber auch Autozugang), Tel 0605 355 9999, mobil 07 995 3900, info@beitaziz.com; sehr stimmungsvolles altes Doppelhaus, geschickt und geschmackvoll eingerichtete Zimmer, ähnlich das

Restaurant und der Souvenirshop, WiFi, empf............................................. E 35, D 50
- **SALTUS**, am östlichen Stadtrand gelegen, schlechte Verkehrsverbindungen, Tel mobil 079 5421 790, saltushotel@zara.com.jo, gut eingerichtet, scheint eher von Regierungsangestellten zu leben, F 4 pP ................................................................. E/D 35

*Gewürze sind ein leicht zu transportierendes Mitbringsel. Ein zumindest unter Jordaniern bekannter Shop in Downtown ist dieser: SWEETS, NUTS, SPICES, COFFEE. Man findet ihn am Übergang der Al Malek al Feisal St in die Prince Mohamed St (Cliff Hotel), gegenüber dem Hashem Restaurant*

//
# er Norden

## Überblick

Alle folgenden Ausflüge sind so konzipiert, dass man Amman als Standort beibehält und abends in sein Hotel zurückkehrt. Das kann für den stressig werden, der gern mit Muße unterwegs ist. Dann lohnt es sich, nach Irbid umzuziehen und sternförmig von dort auf Erkundung zu gehen. Irbid bietet einen weiteren, vielleicht für manchen auch nicht so bedeutenden Vorteil: Das Universitätsviertel bzw. die Shafiq Arshaydat Straße ist fast kosmopolitisch lebendig. Nimmt man dort neben der Uni ein Hotel oder fährt von den billigeren Stadtunterkünften abends in dieses Viertel, kann man ein bisschen bummeln, gut essen und leicht mit Studenten in z:B. Restaurants ins Gespräch kommen. Für die Planung ist gut zu wissen, dass von Jerash Minibusse u.a. nach Ajlun, Irbid und Mafraq (Besuch von Umm el Jimal) fahren.

Landschaftlich ist der Nord**westen** Jordaniens von fruchtbaren Hügeln, Olivenhainen und Pinienwäldern geprägt, ein fast mediterranes Bild. Wo immer es geht, sind Bauern am Werk. Aber dieser Eindruck ändert sich, je weiter man nach **Osten** vordringt, wo zunächst Halbwüste vorherrscht, die später in Vollwüste übergeht.

## Jerash – Ajlun – Irbid – Umm el Jimal

Die sehr gut autobahnähnlich ausgebaute Straße 35 von Amman nach Irbid über Jerash zieht sich durch abwechslungsreiche Landschaft mit für Jordanien relativ vielen grünen Abschnitten. Der Besuch von Jerash wird Sie vermut-

### Sehenswertes
- \*\*\*\***Jerash (Gerasa),** sehr gut erhaltene, sehr beeindruckende römische Ruinenstadt, die viel von ihrer Geschichte und vom römischen Leben vor 2000 Jahren preisgibt, S. 194
- \*\*\***Irbid**, drittgrößte Stadt Jordaniens, quicklebendig, mit großen Universitäten und interessantem Museum of Jordanian Heritage, S. 211
- \*\***Ajlun mit Burg Qala'at ar Rabad,** hoch über dem Ort gelegene mamlukische Festung, guter Ausblick, S. 206
- \*\***Ajlun Forest Reserve**, bewaldetes Naturschutzgebiet mit Wanderwegen, S. 209
- \*\***Umm el Jimal,** stark zerstörte, schwarze Ruinenstadt in der Basaltwüste, interessant sind Bautechnik und Wasserversorgung, S. 216
- **Dibbin Forest Reserve**, ziemlich dicht bewaldeter Picknick-Park, S. 205

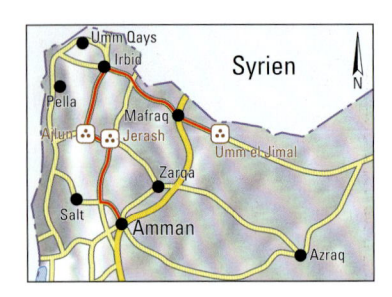

lich einen knappen Tag beschäftigen, den Sie mit einem Abstecher nach Ajlun abschließen könnten. Denn die dortige Burg lässt sich in kurzer Zeit besichtigen, man kann dann bei schöner Aussicht relaxen.
38 km von Amman bis

#### ****Jerash (Gerasa)

Jerash ist gleichbedeutend mit dem antiken *Gerasa*, einer einst wohlsituierten römischen Provinzstadt, und gleichbedeutend mit einer der Hauptsehenswürdigkeiten Jordaniens. Aus touristischer Sicht folgt es Petra auf Platz zwei der Sehenswürdigkeiten. Gerasas historischer Teil ist in einem Zustand erhalten, der

> **Dekapolis**
> Ganz geklärt ist der (Zehn-)Städtebund *Dekapolis* der Römer nicht. Man kann aber annehmen, dass es ein wirtschaftliches Zweckbündnis war, ähnlich der deutschen Hanse. Es stellte diese Städte, auch politisch, deutlich unabhängiger. Unter anderen waren die Städte Philadelphia (Amman), Gerasa (Jerash), Gadara (Umm Qays), Pella, Abila und Damaskus beteiligt. Vermutlich hatten sich schließlich 10-18 Städte des Ostjordanlandes zusammengeschlossen. 62 vC von Gnaeus Pompejus gegründet, existierte das Städtebündnis bis etwa 200 nC.

die Erwartungen übertrifft: Man braucht nicht viel Fantasie, um sich das Leben dieser Stadt vor 2000 Jahren vorzustellen. Heutzutage täglich stattfindende Gladiatorenkämpfe und Wagenrennen helfen der Fantasie zusätzlich auf die Sprünge (siehe weiter unten).

*Hintergrund: Als Jerash/Gerasa 63 vC vom römischen Feldherrn Pompejus erobert und vom griechischen Namen Antiochia in die ursprüngliche Bezeichnung Gerasa umgetauft und in den Dekapolis-Städtebund eingegliedert wurde, hatte der Ort schon eine abwechslungsreiche Geschichte hinter sich. Ab etwa 6000 vC gibt es Hinweise auf eine Besiedlung, doch erst seit Alexander dem Großen entwickelte sich die Siedlung zu nennenswerter Größe. Zeitweise wurde sie Antiochia Chrysorhoas (Goldfluss) genannt.*
*Als die Nabatäer ihr Reich auch nach Norden ausdehnten, entwickelte sich Gerasa zwischen 84 und 72 vC zu einem Handelsstützpunkt auf dem Nordabschnitt der Weihrauchstraße nach Damaskus. Unter den Römern wuchs die Siedlung durch die Gründung des Zehn-Städte-Bundes (Dekapolis) und den Erzfunden in den Bergen von Ajlun zu einer wohlhabenden Stadt. Nach dem Muster römischer Städte wurde sie mit der in Nord-Süd-Richtung verlaufenden, von Kolonnaden gesäumten Achsenstraße (Cardo Maximus) und der rechtwinklig kreuzenden Ost-West-Achse (Decumanus) völlig neu gestaltet. Nur der Zeustempel verblieb aus Pietät an seinem angestammten Platz.*
*Unter Kaiser Trajan stieg Gerasa zum kommerziellen Zentrum der Provinz Arabia auf. 129 nC besuchte der römische Kaiser Hadrian Gerasa; zu seinen Ehren hatte man den südlichen Triumphbogen errichtet. Zwar entwickelte sich Gerasa langsam weiter, aber mit dem beginnenden 4. Jh setzte der Niedergang ein, vor allem die Verlegung der Landkarawanen auf Schiffstransporte und der Untergang Palmyras*

*Ovales Forum, im Hintergrund die neue Stadt*

waren die Auslöser. In der Mitte des 5. Jh war die Christianisierung, mit Gerasa als Bischofssitz, mit Kathedrale und Kirchen abgeschlossen, zu denen unter Justinian (527-565) weitere hinzugefügt wurden. Doch 614 fielen die Perser plündernd über die Stadt her, wenig später kamen muslimische Eroberungsheere; 747 besorgte das schlimmste Erdbeben der Region fast den Rest. Gerasa dämmerte dahin, 1120 eroberte es Balduin II, König von Jerusalem.

> **➔ Interessantes für Eilige**
>
> - Südtheater
> - Ovales Forum mit Kolonnaden
> - Artemis-Tempel
> - Nymphaeum

Danach erlosch das Leben in den Ruinen vollständig, bis die Osmanen, 1878, Tscherkessen östlich des Wadi Jerash ansiedelten. Diese benutzten zunächst die Ruinen als willkommene Spender von Baumaterial, unhandliche Säulen wurden kurzerhand zersprengt. Zum Glück überbauten sie nur den weniger wichtigen ehemaligen Wohnbereich ("Schlafstadt") im Osten Gerasas. Jasper Seetzen, ein deutscher Reisender, entdeckte 1806 unter Sand begrabene Ruinen und berichtete darüber. Erst seit 1925 wird die Stadt systematisch erforscht und ausgegraben; man schätzt allerdings, dass erst etwa 10 Prozent der möglichen Funde geborgen sind.

**Topografie der Stadt:** *Das Gebiet von Gerasa, auf das sich heute die Besucher konzentrieren, war damals das Geschäfts- und Repräsentationszentrum. Der „Goldfluss" Chrysorhoas – heute Wadi Jerash – teilte die Stadthälfte, die Sie besichtigen werden, vom Wohn- und Villenviertel ab, das sich östlich des Wadi ausbreitete, verbunden durch zwei Brücken, von denen die Südbrücke bis heute erhalten ist. Die Hauptverkehrs- und Repräsentationsstraße (Cardo Maximus) verlief über etwa 700 m Länge vom repräsentativen Südtor zum einfacheren Nordtor, war von Kolonnaden gesäumt und auf der gesamten Länge mit Steinplatten belegt, die einen Abwasserkanal verdeckten. Zwei von West nach Ost weisende Querstraßen (Decumani) kreuzten*

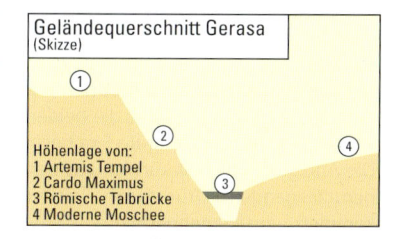

Geländequerschnitt Gerasa
(Skizze)

Höhenlage von:
1 Artemis Tempel
2 Cardo Maximus
3 Römische Talbrücke
4 Moderne Moschee

*den Cardo Maximus und führten über die beiden Brücken in den Ostteil von Gerasa. Zwischen den Nebenstraßen verliefen weitere Gassen, die der Stadt ein rechtwinkliges Raster gaben.*

*Man stellt sich unwillkürlich die Frage, warum Gerasa ausgerechnet an dieser Stelle entstand, wo noch nicht einmal die Topografie günstige Voraussetzungen bot. Denn der stellenweise ziemlich starke Geländeabfall Richtung Flussbett setzte bei größeren Bauten eine aufwändige Geländenivellierung voraus, die mit vielen Mühen und Kosten verbunden war.*

*Den Historikern ist es bisher nicht gelungen, eine befriedigende Antwort zu finden. Sicherlich spielte der stets Wasser führende Bach eine wichtige Rolle, aber auch Zufallsentscheidungen können beigetragen haben.*

**Kennenlernen:** Von Amman kommend fällt bereits bei der Anfahrt, links der Straße, der im 2. Jh erbaute und immer noch imposante Triumphbogen für Kaiser Hadrian auf. Kurz zuvor biegt man an einer Ampel links ab und kommt zum **Visitor Center** s. S. 204. Aller Anschein spricht dafür, dass dieses Center angelegt wurde, um die Besucher zusätzlich zu melken: Wie bei einer deutschen Tankstelle muss man an allen möglichen Auslagen/Shops vorbeimäandern, um sein Ticket zu lösen.

Das dreiteilige **Hadrianstor** – 129-130 nC "zur Erinnerung an den Besuch des Kaisers errichtet", wie eine Inschrift an der Nordseite besagt – erreichte einst die stattliche Höhe von 21,5 m (fast neun heutige Stockwerke!) und nahm für seine drei Tore eine Breite von 25 m ein. Der mittlere Bogen öffnet sich mit 6 m Breite und 11 m Höhe, die beiden kleineren seitlichen sind gute 5 m hoch. Die Anlage wurde erst kürzlich aus den herumliegenden Trümmern wieder komplett zusammengesetzt.

Zwar ist stets die Rede vom Triumphbogen für Hadrian, tatsächlich ist das Bauwerk zumindest auch als Stadttor konzipiert worden, denn die baulichen Anschlüsse für die Stadtmauer wurden nur verblendet. Vermutlich war geplant, die Stadt bis zu diesem Tor nach Süden zu erweitern, wozu es aber nie kam.

Auf dem Weiterweg folgt links das **Hippodrom,** in dessen Areal ein paar Sitzreihen erhalten blieben. Die 244 m lange Pferderennbahn bot immerhin 15 000 Zuschauern Platz, für römische Verhältnisse eine eher kleine Anlage.

Hier finden auch heute noch bzw. wieder täglich ziemlich spektakuläre römische **Gladiatoren- und Wagenrennen-Vorführungen** (Tel 02 634 2471, info@jerashchariots.com, www.jerashchariots.com) statt.

Etwa gegenüber dem Hippodrom-Eingang stehen noch Überreste einer **Basilika** aus der frühen christlichen Zeit. Der Weg zum Südtor führt am *Jerash Restaurant und Resthouse* sowie am alten Visitor Center vorbei (gutes Modell von Gerasa). Die eigentliche Besichtigung beginnt mit dem ebenfalls unter Hadrian erbauten und ebenfalls imposanten **Südtor**. Es ist dem Hadrianstor bis hin auf kleine Details ähnlich, wenn auch nicht ganz so monumental wie das offensichtliche Vorbild. Es wird daher angenommen, dass es die Spende Hadrians an die Stadt war, die ihm einen solch aufwändigen Triumphbogen errichtet hatte.

Das Südtor war eines von insgesamt vier Toren in der 3,5 km langen Stadtmauer, die im 1. Jh nC errichtet wurde. Die Mauer war bis zu 2,5 m breit und wurde auf ihrem Weg um die Stadt von einer Vielzahl quadratischer Türme zusätzlich verstärkt. In der Nähe des Südtors ist noch ein Stück der Stadtmauer erhalten.

Wir wollen uns zunächst mit den gleich links vom Tor und direkt vor dem *Ova-*

*len Forum* liegenden Bauwerken beschäftigen. Der Weg führt an einer imposanten Mauer entlang, die ein Tor aufweist. Dort sollte man unbedingt hineingehen, nicht nur der Kühle wegen. Die mächtigen Gewölbe dienten als tragende Konstruktion und zum Geländeausgleich des darüber liegenden *Temenos*, des heiligen Bezirks. Sie wurden erst kürzlich renoviert und dienen nun als interessante Ausstellungshalle mit Mauerdetails, restaurierten Farben etc. Rechts hinten steht ein komplettes Modell des ehemaligen Zeustempels, das sehr gut die oberhalb des Gewölbes liegenden, eher schwierig zu interpretierenden Bruchstücke lebendig macht.

Nur wenige Schritte nach den Gewölben führt links eine breite, rekonstruierte Treppe zum Temenos hinauf. Er diente als Sakralplatz vor dem im 2. Jh nC errichteten **Zeustempel**, der wiederum auf ein älteres Bauwerk aus dem 1. Jh nC zurückgeht. Ursprünglich war der Platz gepflastert und von zwei Mauern umgeben, die einen Korridor bildeten und schön dekoriert waren. Im Hof stand ein Altar.

Der flächenmäßig kleinere Zeustempel erhebt sich oberhalb des Temenos, zu dem eine breite, heute weitgehend verschüttete Treppe hinaufführte. Die beim Erdbeben eingestürzten Mauern ragen noch immer gute 10 m auf. Von den ehemals 15 m hohen Säulen – 38 an der Zahl

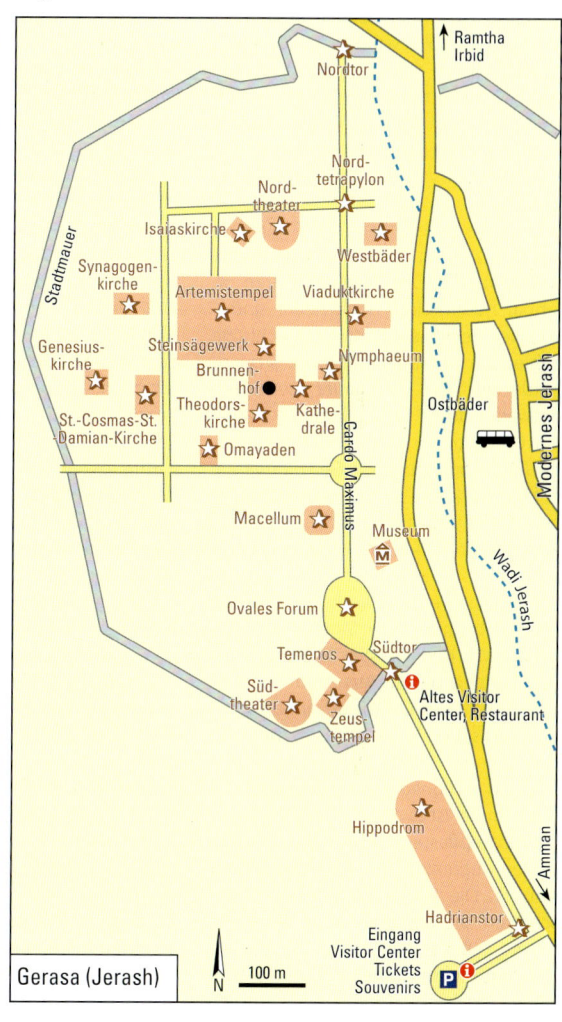

– wurden drei wieder aufgerichtet, angeblich nicht ganz korrekt. Sie vermitteln aber einen Eindruck von den Ausmaßen des Tempels.

Direkt neben dem Zeustempel ist das **Südtheater** in den Berg gebettet bzw. von Tonnengewölben abgestützt. Es gehört zu den schönsten Bauwerken der Stadt. Der im 1. Jh nC erbaute und zumindest teilweise von wohlhabenden Bürgern finanzierte Komplex wurde wahrscheinlich ebenfalls durch das katastrophale Erdbeben 747 zerstört und ab 1925 restauriert. Er ist, wie die meisten römischen Theater, nach Norden ausgerichtet, damit die Zuschauer nicht von der Sonne geblendet werden.

Die Anlage bietet etwa 4 000 Besuchern auf 32 Sitzreihen Platz, die in zwei Ränge unterteilt sind. Die Sitzplätze waren offenbar nummeriert, noch heute sind – vor allem rechts der Bühne – griechische Zahlen zur Kennzeichnung der Sitze zu entdecken. Die Zuschauer gelangten entweder durch Seiteneingänge neben der Orchestra zu den Plätzen der unteren Ränge oder durch die Gewölbegänge auf der Rückseite zu den oberen Sitzreihen. Der Zuschauerbereich wird durch eine profilierte Barriere von der Orchestra getrennt. Die Bühnenkulisse war ursprünglich zwei Stockwerke hoch, wurde aber nur bis zum ersten Stock wieder aufgebaut. Von den obersten Sitzreihen können Sie den besten Aus- und Orientierungsblick über Gerasa gewinnen.

Von dort sehen Sie auch das zu Ihren Füßen liegende **Ovale Forum**, das ebenfalls zu den Highlights von Gerasa gehört. Noch immer ist es mit den Original-Steinplatten gepflastert und von 56 ionischen Säulen begrenzt – ein beeindruckender Anblick. Die Säulen tragen Namensinschriften, die den edlen Spender bis in unsere Zeit festhalten. Auch dieser Platz ruht auf einem Sockel, der mit 6–8 m Höhe eine Senke des Geländes ausgleichen musste. Der Aufwand, den die Planer in das Forum steckten, diente nicht zuletzt der Anpassung zweier Achsen, denn der auf hellenistische Ursprünge zurückgehende Zeustempel trifft schräg auf die Achse des Cardo Maximus. Mit der durchdachten Form des Forums gleichen sich beide Ausrichtungen unmerklich einander an.

Das Forum mündet in den **Cardo Maximus**, die 700 m lange Kolonnade zum Nordtor, mit ebenso noch erhaltenem Original-Straßenpflaster. Noch heute können Sie die Spuren der vielen tausend Wagenräder erkennen, die sich in das Pflaster eingraviert haben. Unter dem Pflaster liegen die (noch erhaltenen) Abwasserkanäle. Wenn Sie nun auf dem Cardo wandeln, dann stellen Sie sich vor, welch reges Leben auf dieser einst von 260 zumeist korinthischen Säulen flankierten Straße herrschte. Die Säulen auf der linken Straßenseite sind unterschiedlich hoch – sie passten sich den dort stehenden Gebäuden in der Höhe an.

Rechts der Kolonnade steht das **Museum** (Öffnungszeiten wie Gerasa, Eintritt frei), das aus dem ehemaligen Resthouse hervorgegangen ist und Fundstücke aus Gerasa (Tonkrüge, Werkzeuge, Mosaike u.a.m.) zeigt.

Schräg gegenüber wurde das **Macellum**, der römische Lebensmittelmarkt, von Spaniern ausgegraben. Sie apostrophieren es von den Proportionen her als eines der besten Beispiele im Römischen Reich. Den Mittelpunkt des Marktes bildet ein noch gut erhaltenes Oktogon, in dem sich ein Brunnen befand. Kammern an den Seiten des Hofes beherbergten Händler und Geldwechsler. Einige löwenförmige Stützen für die Tische der Händler sind noch erhalten.

Zu Beginn der Grabung hatte man Inschriften auf Säulen gefunden, die von einer *Agora* sprachen; diese – wie sich später herausstellte – nicht zutreffende

Bezeichnung hat sich ziemlich festgesetzt und ist auch heute noch auf einigen Plänen zu lesen.

Weiter auf dem Cardo Maximus nach Norden gehend, stoßen Sie bald auf die wichtigste antike Straßenkreuzung, die einst durch den **Süd-Tetrapylon** (besser erhalten als der Nord-Tetrapylon) gekennzeichnet war. Auf den vier Basen erhoben sich vier durch Architrave verbundene Säulen. Die hier abzweigende Straße *(Decumanus)* führte nach Westen zum Westtor, nach Osten, über eine Brücke, zu den Ostbädern und dem Wohnbereich der Stadt. Unterhalb des Straßenbelags wurden hier die Abwasserkanäle zu einem Ablaufkanal zusammengefasst, der in den Chrysorhoas mündete.

Dänische Archäologen entdeckten 2002 direkt am Süd-Tetrapylon eine **omayadische Moschee**, die etwa 1500 Gläubigen Platz bot. Am westlichen Ende des Decumanus wurde ein omayadisches Wohnviertel gefunden, das im 7. und 8. Jh bewohnt war.

Doch folgen wir weiter der Kolonnade. Etwa 100 m von der Kreuzung entfernt liegen links die etwas spärlichen Reste der sogenannten **Kathedrale**, die auf den Fundamenten des nabatäischen **Dhushara-Tempels** steht, der später vermutlich in einen Dionysos-Tempel umgebaut worden war. Es handelt sich um eine dreischiffige Säulenbasilika aus dem 4. Jh, zu der ein monumentaler Eingang und Treppen hinaufführen. Man stößt zunächst auf die äußere Apsiswand mit einer im 5. Jh hinzugefügten Nische zu Ehren der Jungfrau Maria. Da die Kathedrale in den bereits existierenden Baubestand eingefügt werden musste, hatten die Besucher an der Apsiswand vorbeizugehen, um sie seitlich betreten zu können.

In westlicher Richtung schließt sich an die Kathedrale der **Brunnenhof** mit einem Brunnen an, von dem berichtet

*Südtheater*

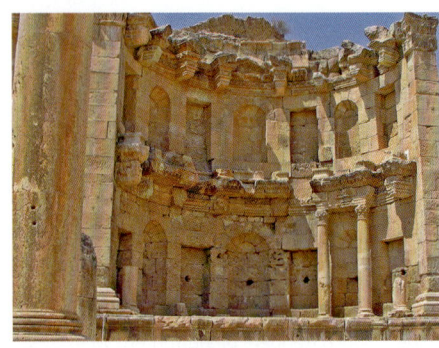

*Nymphaeum*

wurde, dass sich sein Wasser jeweils am Jahrestag der biblischen Hochzeit zu Kanaa in Wein verwandelte – diese Fähigkeit ging, wie so vieles in Gerasa, leider verloren. Westlich des Brunnenhofs stehen die Reste der **Theodorskirche**, die laut Inschrift zwischen 494 und 496 erbaut wurde. Im Gegensatz zur Kathedrale dehnt sich hier die Apsis auf die volle Breite des Mittelschiffs aus. Hohe korinthische Säulen und ein eher seltsam geformtes, schiefwinkliges Atrium lohnen einen Blick.

Kehren wir zum Cardo Maximus zurück. Gleich nördlich des Kathedralenzugangs steht das **Nymphaeum**, der imposante Stadtbrunnenbau. Das prächtig geschmückte, zweigeschossige Gebäude wurde 191 nC errichtet. Das Erdgeschoss war marmorverkleidet, das Obergeschoss mit bemaltem Stuck verziert. In den von korinthischen Säulen flankierten Nischen standen Statuen, die im Untergeschoss vermutlich Gefäße in den Händen hielten, aus denen sich Wasser ins Bassin ergoss. Im Schmuckfries oberhalb der Nischen können Griechischkenner (links) den Namenszug "Gerasa" entziffern. In der Rückwand des Untergeschosses sind sogar noch die Öffnungen für Wasserleitungen erkennbar.

Als Nächstes folgt nordwestlich das imposanteste Bauwerk der Stadt, der **Artemis-Tempel**. Die Jagd- und Fruchtbarkeitsgöttin Artemis, Tochter von Zeus, war die Schutzgöttin von Gerasa; ihr wurde – nach einem Vorläuferbau – ein entsprechend großes Bauwerk vermutlich in der Mitte des 2. Jh errichtet. Zunächst musste eine ebene Fläche für die große Plattform in der Hügellandschaft geschaffen werden. Dazu mussten nördlich und südlich bis zu zweigeschossige Gewölbe als Basis errichtet werden.

Ursprünglich war der Tempel von Säulen umgeben, die aber nahezu alle verschwunden sind, weil sie besonders den Kirchen als Baumaterial dienten.

Um die vorchristliche Situation besser zu verstehen, sollten Sie zunächst einen Blick auf bzw. in die rechts am Cardo Maximus, also gegenüber dem Tempelaufgang, stehende **Viaduktkirche** werfen. Sie überbaut die römische Via Sacra, die Heilige Straße, die ursprünglich aus dem östlichen Wohnbereich über die Nordbrücke zu einem Propyläenhof, vor Überquerung des Cardo, führte. Hier bereitete sich der römische Gläubige – der häufig nach einem Bad in den Ostthermen zu seinen Göttern eilte – auf den Besuch vor, überquerte dann den Cardo und stieg hinauf zum Tempel.

Als mit Einzug des Christentums kein Bedarf mehr für den Propyläenhof bestand, nutzten die Architekten das vorhandene Material für die Viaduktkirche, die auf Gewölben und Stützmauern über dem abfallenden Hang ruht. Von der Apsis der Kirche ergibt sich ein sehr guter Blick hinauf zum Artemis-Tempel – ähnlich, wie ihn die Gläubigen einst hatten, die voller Ehrfurcht dem Heiligtum entgegenstrebten.

Lassen Sie sich nicht von der Vorhalle am Cardo täuschen, der eigentliche Tempel steht einige Stockwerke höher und weiter im Hintergrund: Der Gläubige hatte einen Weg der Sammlung über sieben Treppenfluchten zu gehen, um in den Tempel zu gelangen.

Es ist tatsächlich auch dem heutigen Besucher zu empfehlen, den etwas mühseligeren Treppenaufstieg zum Tempel und nicht den bequemen Fußweg am Nordtheater aufwärts zu nehmen; denn auch heute noch erschließt sich der Tempel von hier aus am besten.

Der Cardo war hier von zweistöckigen Geschäften gesäumt, die durch vier mächtige Säulen unterbrochen wurden, gewissermaßen als Markierung für den sogenannten Propyläenaufgang über die knapp 20 m breiten Treppenstufen. Auf dem ersten Abschnitt angekommen, öffnet sich der Blick auf eine wesentlich weitere Fläche, die sogenannte Altarterrasse, die 150 nC vermutlich auf einem Vorgängerbauwerk angelegt wurde. Hier stand einst ein Altar (nur noch Fundamente vorhanden), der einer großen Anzahl von Gläubigen die Teilnahme an der Opferzeremonie ermöglichte.

Die jetzt folgenden drei Treppenabschnitte sind 120 m breit, fast so breit wie der Temenos des Artemis-Tempels, den man mit der letzten Stufe betritt. Zwar ist dieser heute ein Allerweltsplatz,

*Schmuckstück von Gerasa: die Säulen des Artemis-Tempels*

ursprünglich war er jedoch von Säulengängen umgeben, die fast schon einem Säulenwald gleichkamen. Der Temenos stand auf mächtigen Gewölbe-Unterbauten, ebenso wie der eigentliche Tempel. Diese Konstruktion ist an der Südecke neben der Stufenstraße gut zu erkennen.

Der **Artemis-Tempel** selbst steht auf einem 4 m hohen, 23 m breiten und 40 m langen Podium. Von den einst 32 Tempelsäulen ragen noch elf an ihrem ursprünglichen Platz auf. Mit ihren korinthischen Kapitellen gehören sie zu den absoluten und meist fotografierten Schmuckstücken des antiken Gerasa. Die recht große Cella des Tempels war ursprünglich marmorverkleidet, an ihrem Westende erhob sich das Kultbild der Göttin auf einem erhöhten Sockel. Wahrscheinlich war dieser Bereich ausschließlich den Priestern vorbehalten, die Bürger durften sich nur auf dem Hof bis zu den Treppen aufhalten. Der Kult scheint sich noch bis ins 5. Jh gehalten zu haben, danach fanden viele Bauteile neue Verwendung in Kirchen und profanen Bauten.

An der Südostecke des Artemis-Areals wurde ein **Steinsägewerk** aus dem 6. Jh rekonstruiert, das von einem großen Wasserrad angetrieben und dessen Drehbewegung in eine lineare Bewegung für die Steinsäge umgesetzt worden war (Kurbelwellenprinzip). Es handelt sich um die frühest bekannte Maschine, die Dreh- in Linearbewegung änderte. Wegen mangelnder Pflege ist die Maschine bereits ziemlich demoliert.

Im Gelände hinter dem Artemis-Tempel stößt man auf die Ruinen einiger Kirchen. Zu den stark zerstörten und daher weniger interessanten Bauwerken gehören die Genesius- und St.-Peter-und-Paul-Kirche sowie die Synagogenkirche; wobei die letztere geschichtlich insofern Aufmerksamkeit verdient, als sie

> ⇒ **Jordan Festival**
>
> Jährlich im Sommer (der genaue Termin variiert) findet das besonders im arabischen Raum beliebte Jordan Festival mit international besetzten Theateraufführungen, Konzerten, Literaturlesungen und jeder Menge Folklore für meist 17 Tage statt. Es wurde 1981 von König Husseins vierter Frau, Königin Noor, initiiert und entwickelte sich zum kulturellen Höhepunkt nicht nur Jordaniens, sondern der Region. Wer sich das Programm im Internet anschaut, staunt über die gebotene Fülle und Vielfältigkeit. Es wurde 2008 zusätzlich auf Amman, Petra und einige andere Orte erweitert.
>
> Zumindest zur Eröffnung ist das antike Theater bis auf den letzten Platz besetzt. Konzerte vor der römischen Kulisse und beste Akustik unter freiem Himmel ziehen scharenweise Besucher an. Dann wimmelt es tagsüber von noch mehr Menschen zwischen den Ruinen. Während dieser Zeit putzt sich der Ort Jerash mit geschmückten Straßen heraus, an denen kunsthandwerkliches Arbeiten – Schmuck, Teppiche etc. – vorgeführt und die Ergebnisse verkauft werden.
>
> JETT Sonderbusse halten die Verbindung zu Amman auch nach Veranstaltungsende aufrecht.
>
> - Auskünfte erteilt das Jordan Tourism Board, Amman, Tel 06567 8444 567 8444, info@jordanfestival.org; www.visitjordan.com/jordanfestival; oder: Friends Of Jordan Festivals, Tel 06461 3300; info@jordanfestival.org; www.karasi.com (Kartenverkauf)
> - Zur Zeit unserer Recherche waren keine aktuellen Informationen zu bekommen. Nicht einmal das Jordan Tourism Board bequemte sich zu einer Email-Antwort.

auf eine Synagoge zurückgeht. Auf deren Mauern wurde im 6. Jh mit viel Aufwand eine Kirche gebaut, die daher z.B. zwei Eingänge neben der Apsis besitzt. Dagegen lohnt sich der Abstecher zur **St.-Cosmas-St.-Damian-Kirche**, deren Stifter Zwillingsbrüder waren. Die Bodenmosaike sind sehenswert; das Stifterpaar hat sich hier verewigen lassen, neben diversen Tieren, wie Schafen und Gazellen. Man kann nur über die relativ hohe Mauer schauen, da die Gebäudereste nicht zugänglich sind. Die Kirche ist direkt an die **St.-Johannes-** und die **St.-Georg-Kirche** angebaut, sodass das Ensemble allgemein als **Dreifachkirche** bezeichnet wird.

Von hier aus gehen Sie am besten zum Cardo Maximus zurück und diesen in der ursprünglichen Richtung weiter. Bald erreichen Sie die nördliche Kreuzung mit dem **Nord-Tetrapylon**. Rechts, unterhalb des Cardo, liegen die Westbäder (die ehemaligen, heute stark heruntergekommenen Ostbäder liegen auf der anderen Seite des Wadis, in der modernen Stadt, d.h. an der Busstation).

Der Cardo führt weiter zum Nordtor, doch wir biegen links ab und sehen westlich des Tetrapylons das **Nordtheater** aus dem 2. Jh nC, das zunächst 800 Zuschauern Platz bot, später aber auf die doppelte Kapazität erweitert wurde, was bautechnisch nicht einfach war.

Sie können nun über den Fußweg oberhalb des Cardo und am Artemis-Tempel vorbei oder auf der Flanierstraße Cardo zurückgehen oder sich noch weiter mit Details von Gerasa beschäftigen.

Außerhalb des eigentlichen Ruinengeländes lässt sich noch ein Abstecher in das nördlich gelegene **Birketein** anschließen. Dies war ein Vorort von Gerasa, in dem ein zweibeckiges, großes Wasserreservoir und das dritte Theater von Gerasa, das sogenannte **Festtheater**, im 3. Jh geschaffen worden waren. Über viele Jahrhunderte wurde hier, mit großer Prozession von Gerasa aus, ein beliebtes, vermutlich auf einen phöni-

*Die (renovierte) römische Brücke verbindet heute Gerasa mit Jerash*

kischen Gott zurückgehendes Fest namens *Maiuma* gefeiert. Bei Wasserspielen wurden nackte Frauen rituell untergetaucht.

Die Christen verurteilten dieses Treiben als schamlos, Verbote scheinen aber nicht viel geholfen zu haben, bis man das Fest christlich so modifizierte, dass die Obrigkeit keinen Anstoß mehr nahm. Eine Kirche, deren Reste in den 1980er-Jahren ausgegraben wurde, spricht für den Sinnes- und wohl auch Sittenwandel. Die Bedeutung des Theaters am Hang, neben dem Becken, bleibt unklar, zumal nur von den obersten Zuschauerrängen der Blick auf das Treiben im Becken möglich war.

Das etwa fußballfeldgroße Reservoir ist gut erhalten. Man fährt an Gerasa vorbei nach Norden, biegt am ersten Abzweig nach dem Ruinenfeld links, nach ca. 100 m rechts ab. Nach 1,6 km (ab altem Visitor Center) stößt man auf das Wasserbecken.

Samstags, montags und mittwochs kann man das Erlebnis Jerash mit einer Light and Sound Show abends ausklingen lassen (eventuell noch nicht wiedereröffnet).

## ➡ Praktische Informationen

- Tickets werden nur im **neuen** Visitor Center am Hadrianstor verkauft; Eintritt JD 10, JoPa, Öffnungszeiten 8-18, Winter 8-16 U. Ticketverkauf bis eine Stunde vor der Schließung. Im (**alten**) Visitor Center, kurz vor dem Südtor, sollen die Besucher u.a. mit einem guten Modell der antiken Stadt auf den Besuch eingestimmt werden.

Am **Wochenende** und an **Feiertagen** drängeln sich Ausflügler zwischen den Ruinen; besuchen Sie die Stätte am besten außerhalb des jordanischen Wochenendes. Es gibt übrigens einige weiterführende englischsprachige Bücher zu Gerasa, hier oder in Amman zu kaufen, die Interessierten empfohlen seien.

## 🚌 Hinkommen

- **Busse, Minibusse** und **Serviestaxis** fahren laufend von der Tabarbor Busstation in Amman ab. Achtung, steigen Sie, von Amman kommend, nach dem Ortseingang in Sichtweite des Hadrianstors aus und gehen – von der Hauptstraße links – am Zaun der antiken Anlage entlang zum Visitor Center/Ticketschalter. Andernfalls laufen Sie von der Busstation im Ort 1,5 km zurück! Von dort muss man Richtung Ruinen gehen, auf der antiken Südbrücke – heute Fußgängerbrücke – das Wadi überqueren, dann nach links bis zum Ende der antiken Stadt, dort rechts.
- Von der **Busstation** fahren in kurzen Abständen Busse/Minibusse nach **Irbid**, **Ajlun** und **Amman**. Busse nach Amman hält man am besten an der Ampel nach dem Ende der Ruinen auf der Hauptverkehrsstraße Richtung Süden an.
- Richtung **Ajlun** nimmt man einen Minibus nach Huduiniah, mit dem man der Burg von Ajlun relativ nahe kommt: dem Fahrer Bescheid geben, dass man zur Burg will, damit er anhält, bevor er von der Burgstraße abbiegt (von dort noch ca. 10 Minuten Fußmarsch zum Ziel). Andernfalls muss man für den Weiterweg nach Ajlun auf der Hauptstraße ca. 200 m nach Süden gehen, dort an der Ampel warten. Wenn hier Busse nicht zur Burg fahren, ist man auf ein Taxi angewiesen.

## 🍴 Essen & Trinken

Der touristischen Bedeutung angemessen, bietet Jerash einige bessere und teurere Restaurants. Wer preiswerter essen will, muss in den Ort gehen und sich eines der lokalen Restaurants aussuchen. Aber auch direkt vor dem Visitor Center kann man den Hunger stillen:

- **ROMAN RESTAURANT** am Visitor Center, Buffet JD 7; 11-15 U (Winter) Sommer 18 U. Pächter Nasser Atoum ist für

Lob oder Tadel unter mobil 070147147 erreichbar.
- **JERASH RESTAURANT** und RESTHOUSE (am alten Eingang zu den Ruinen, d.h. am Südtor gegenüber der römischen Brücke); Sandwich JD 5, recht gutes Buffet JD 10
- **EL KHAYYAM RESTAURANT**, (sehr) schräg gegenüber dem alten Visitor Center an der Hauptstraße; mittlere Preise, gut.
- **LEBANESE HOUSE RESTAURANT**, an der Straße nach Ajlun (am ersten Circle nach Ajlun abbiegen, erste Straße links, nach kurzem Steilstück links, ausgeschildert). Immer wieder als bestes libanesisches Restaurant des Landes gelobt, teuer, aber tatsächlich sehr gut (bei Bestellung genau festlegen, was man zu welchem Preis nimmt).
- **GREEN VALLEY RESTHOUSE** (2 km vom Visitor Center Richtung Amman); jordanische Spezialitäten, preiswert, auf Gruppenabfertigung eingerichtet.

## Übernachten

In Jerash selbst gibt es nur ein einfaches Hotel, denn die meisten Besucher kommen in Tagesausflügen von Amman in die antike Stadt.
- **HADRIAN GATE**, Tel mobil 07777 93907, hadriangatehotel.j@gmail.com, www.hadriangatehoteljerash.com; genau gegenüber dem Hadrianstor an der Hauptstraße, kleines Hotel mit z.Zt. 12 Betten, sehr freundlich und hilfsbereit, Parkgarage für Motor- und Fahrräder, toller Blick, AC, Heizung, WiFi, Waschmaschine, F ca 5 JD .. E 45, DkB 50, Dachterrasse mit Komfort-Doppelzimmer (Suite) mF . 120
- **OLIVE BRANCH RESORT,** 3*, Tel 02634 0555, info@olivebranch.com.jo, www.olivebranch.com.jo; 900 m hoch, einsam, westlich von Jerash gelegenes Hotel, herrlicher Blick fast bis Amman, kein Lärm, klare Luft, sehr freundliche Besitzer (Jordanien-Amerikaner), AC tlw, WiFi, Pool, gut zum Relaxen, gutes Restaurant, auch mit lokaler Küche, empf
mF ..................................................E 40, D 60

Auf dem Weg nach Norden wollen wir einen Umweg über Anjara nach Ajlun einlegen. Als Abstecher auf diesem Umweg bietet sich die **Dibbin Forest Reserve** an. Wenn man am südlichen Ortsende von Jerash nach Westen, Richtung Ajlun, abbiegt, ist nach 2 km der Abzweig zum Park ausgeschildert. Der erste größere Ort ist das Palästinenser Flüchtlingscamp Ghaza. Neben hübscher Landschaft, schattigen, zum Teil betagten Bäumen und einem von Jerash 13 km entfernten Resthouse – das zum Luxushotel umgebaut werden sollte –, bietet der Park viel Natur, was man schon an der würzigen Luft bemerkt. Besonders im Sommer wird Dibbin mit seinen Picknick-Plätzen an Wochenenden von der lokalen Bevölkerung überflutet. Von hier aus geht es auf schmaler Straße auch weiter nach Ajlun.

Doch wir wollen auf der Hauptstraße von Jerash nach Ajlun (22 km) fahren. Nach Überqueren einer Anhöhe geht es hinunter nach

## Anjara

*Hintergrund: Hier soll Maria mit Jesus auf ihrem Weg von Galiläa nach Jerusalem in einer Höhle Station gemacht haben. Vor 100 Jahren identifizierte ein italienischer Priester einen größeren Felsüberhang als die biblische Unterkunft. 50 Jahre später wurde eine Marien-Statue aus Italien in der Grotte aufgestellt, die nun Wunder wirkt. Seither ist der Ort ein beliebtes Pilgerziel.*

Um die Grotte entstanden Kirchen, eine Schule und einfache Schlafgelegenheiten. Die Anfahrt ist im Ort mit *„Our Lady of the Mount"* ausgeschildert.

Im Zentrum von Anjara biegt man nach Norden, nach Ajlun ab, geradeaus geht es über Kufranja hinunter ins Jordantal.

## **Ajlun

3 km westlich der kleinen Stadt Ajlun – in der die zentrale Moschee mit einem vermutlich 600 Jahre alten Minarett einen Blick wert ist – erhebt sich eine Burg auf einem steilen Hügel und dominiert die Umgebung: Qala'at ar Rabad (8-19, Winter 8-17, JD 3, JoPa; Karten im Visitor Center rechts vor dem Steilanstieg zur Burg).

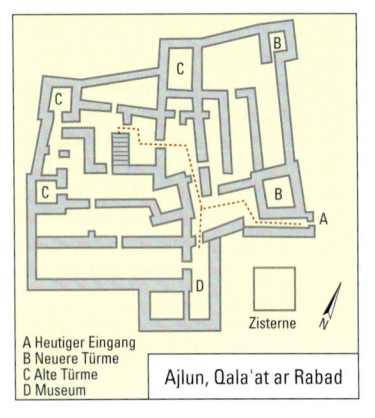

Ajlun, Qala'at ar Rabad

A Heutiger Eingang
B Neuere Türme
C Alte Türme
D Museum

*Hintergrund:* Die Burg Qala'at ar Rabad wurde von einem Neffen (und General) Saladins 1184-85 vermutlich auf den Mauern eines christlichen Klosters erbaut, um den Kreuzfahrern im Norden Transjordaniens zu begegnen (1187 schlug Saladin sie denn auch in der Schlacht von Hittin, fast in Sichtweite auf der anderen Jordanseite) und um den Eisenerzbergbau um Ajlun zu schützen. Das Fort kontrollierte das Jordantal und drei wichtige Wadis, die hinunter zum Jordan führen. Damals bestand es aus einem angedeuteten Quadrat mit vier zweigeschossigen Türmen in jeder Ecke. 1214 erweiterte Sultan Aybak diesen Kern um weitere zwei Türme und entsprechende Räume im heutigen Eingangsbereich. Bereits 1260 zerstörten Mongolenheere die Burg, aber die Mamluken bauten sie unter Sultan Baibars bald wieder auf. Wegen ihrer exponierten Lage diente sie auch als Nachrichten-Relaisstation für Rauchsignale und Brieftauben. Erstaunlich war die Übertragungsgeschwindigkeit: Nachrichten aus Nordsyrien erreichten die Zentrale in Kairo innerhalb eines Tages. Noch im 17. Jh war eine osmanische Garnison in der Burg stationiert, danach verfiel sie, unterstützt durch die Erdbeben der Jahre 1837 und 1927. In jüngster Vergangenheit wurde die Burg teilweise wieder aufgebaut und gut restauriert.
Ajlun selbst war über viele Jahrhunderte blühendes Zentrum der seit etwa dem 13. Jh ausgebeuteten Erzvorkommen in der Umgebung.

**Kennenlernen:** Seit dem letzten Erdbeben wurden große Teile der Festung restauriert. Man braucht nicht lange für den mit Treppensteigen verbundenen Spaziergang durch die z.T. gut erhaltenen bzw. sorgfältig restaurierten Räume mit ihren Tonnengewölben bis zum höchsten Punkt. Dort oben erhält man den schönsten Lohn: den herrlichen Ausblick in alle Himmelsrichtungen. Aber auch auf dem Weg vom Eingang her ergeben sich immer wieder schöne Durch- und Ausblicke.
Man betritt die Burg durch einen neueren Eingang aus einer weit späteren Bauphase. Südlich davon lag die große Zisterne, die noch zu erkennen ist; im Innern gab es fünf weitere. Man geht weiter in einen Gang, der von einem Tor in der Südostmauer abgeschlossen war und den ursprünglichen Eingang bildete. Im Torbogen sind zwei Vogelreliefs eingemeißelt, der einzige Schmuck innerhalb der Anlage. Man nimmt an, dass sie an die Brieftauben erinnern sollten, die damals ein wichtiges Kommunikations-

mittel waren. Unterwegs sieht man links einen Museumsraum, den man nicht auslassen sollte: Mosaike, Keramiken und ein paar tägliche Geräte.

Bald folgt ein drittes Tor, das weiter hinaufführt. Über den Verwendungszweck der verschiedenen, zum Teil recht schönen Gewölberäume ist nichts oder wenig bekannt. Nach weiteren Treppen gelangt man in einen oberen Hof und schließlich zum höchsten Aussichtspunkt. Vor dem Ausgang zum Hof ist rechts ein Mosaik zu sehen.

Von Ajlun aus könnten Sie auf einer landschaftlich schönen, nördlichen Route, über Ibbin und Suf wieder nach Jerash (21 km) oder aber hinunter ins Jordantal fahren, um z.B. Pella zu besuchen. Wir wollen jedoch in Richtung Irbid im Norden weiterreisen. Die gut ausgebaute Straße führt bergauf und bergab, sie bietet immer wieder tolle Ausblicke in die Umgebung, vor allem ins Jordantal und auf die gegenüberliegenden Gebirgsketten Palästinas.

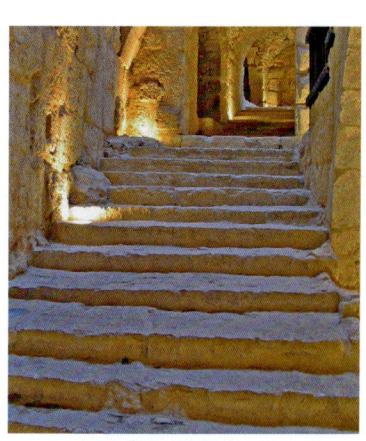

*Aufgang in der Burg*

### ➡ Praktische Informationen

#### 🚌 Hinkommen

Neben dem Parkplatz vor dem Aufstieg zur Burg gibt es ein **Visitor Center**, das – manchmal allerdings geschlossen – Informationen, Essgelegenheit und Toiletten bietet.

- **Busverbindungen**: Von Amman, Irbid und Jerash fahren Minibusse in sehr häufiger Frequenz zum Ort Ajlun, von dort geht es mit Taxi weiter. Man nimmt besser in Jerash einen Bus nach Huduiniah.

Wer den letzten Bus nach Amman erwischen will, sollte spätestens gegen 16 U mit dem Abstieg (zu Fuß) von der Burg beginnen.

- **Anfahrt**: Eine etwa 3 km lange asphaltierte Straße führt vom Circle im Zentrum Ajluns links bis zum Parkplatz vor dem Burgeingang, Die Burg ist also bequem per Auto erreichbar.
- Ein **Taxi** kostet um JD 2 pro Fahrt von Ajlun, einschließlich Wartezeit für die Besichtigung muss man mit bis zu JD 10 rechnen.

#### 🍴 Essen & Trinken

- **GREEN MOUNTAIN** Restaurant am Circle von Ajlun, preiswerte arabische Küche. Ein gutes Café oder Kuchengeschäft liegt gleich an der rechten Ecke, auf welche die Straße von der Burg trifft.
- **BONITA AJLUN**, Restaurant mit moderaten Preisen am Fuß der Burg vor dem letzten Aufstieg, es beherbergt auch ein Büro der örtlichen Touristenorganisation. Auch die beiden Hotels offerieren vor allem Speiseplätze in ihren Restaurants, von denen sich grandiose Aussicht bietet.

#### 🛏 Übernachten

- **AL JABAL CASTLE**, Al Rabadh Castle St, Tel 02 642 02, ca. 1 km von der Burg, 2 km vom Ort entfernt, Zimmer mit Balkon und guter Aussicht, etwas ältlich, freundlich, Heizung, WiFi, Kschr, großer gepflegter Garten mit Restaurant, z.Zt. unserer Re-

cherche unter Renovation, künftige Preise noch offen.
- **AJLUN,** Al Rabadh Castle St, Tel 02642 0524, mobil 0795656233, Ajlunhotel@ hotmail.com; ähnlich gelegen, großer Pool (Sommer), Restaurant, tlws Heizung, Kschr, WiFi, etwas abgewohnt, mF .................................................... E 25, D 35
- **Wohnmobilisten** können nach Anfrage auf dem Parkplatz des BONITA AJLUN Restaurants übernachten. Die Schranke wird allerdings nach Sonnenuntergang geschlossen. Das Gelände ist bewacht.

Hier oben ist die erste Station des JordanTrail, der in Um Qays beginnt.

### Abstecher nach Mar Elias

*Hintergrund*: Zwischen Istafeena und Wahadna erhebt sich ein 900 m hoher Berg namens **Tell Mar Elias**, der von alters her mit dem Propheten Elias in Zusammenhang gebracht wurde. Auf dem Gipfel wurden erst 1999 die Grundmauern einer großen byzantinischen Kirche aus dem 6. und 7. Jh mit schönen Mosaiken ausgegraben. 2001 fand man, westlich anschließend, noch eine weitere, wesentlich kleinere Basilika, die vermutlich älter als ihre Nachbarin ist.

Verschiedene Funde, Inschriften und Namen in der Umgebung sprechen dafür, dass es sich hier um die Gegend handelt, in der Elias geboren wurde (vom Namen her könnte es das nahe gelegene Dorf Lesteb gewesen sein) und auf dem Berg predigte. Allerdings stammt kein einziger Fund aus dem 9./10. Jh vC, in welchem der Prophet, laut Altem Testament und Koran, lebte. Man hat dennoch die Gunst der christlichen Rückbesinnung auch in Jordanien genutzt und die Grundmauern der byzantinischen Basilika mit den erhaltenen Mosaiken sorgfältig restauriert. Jetzt reiht sich der Berg durchaus mit Würde in die christlichen Pilgerstätten ein.

(Eintritt JD 3, JoPa) Man betritt zunächst einen halbrunden Platz, unter dem eine Zisterne aus Zuläufen vom Platz Wasser aufnimmt. Ein paar Stufen führen wei-

*Mar Elia:, improvisierte „Privattaufe" im uralten Taufbecken*

ter hinauf zu den Grundmauern der großen Basilika, zwischen denen auch noch einige durchaus schöne Mosaike erhalten sind. Daneben sind die Grundmauern der kleinen Kirche zu erkennen.
Unabhängig davon ist der Berg mit seiner fantastischen Aussicht und (noch) Ruhe einen **Besuch wirklich wert**. Hier erschließt sich wieder einmal die Schönheit der jordanischen Mittelgebirgslandschaft.

### 🚌 Hinkommen

■ **Anfahrt**: Es gibt keine öffentlichen Verkehrsmittel. Auf dem Weg von Ajlun zur Burg zweigt rechts, beim Rabadh Castle Hotel, eine bis zum Ziel ausgeschilderte Straße den Berg hinauf ab, dieser folgen. Nach 1,5 km links abbiegen, nach 3 km geht es rechts wiederum 3 km zum Mar Elias (Eintritt frei, Sommer 8-17, Winter 8-16). Wenn man am letzten Abzweig geradeaus weiterfährt, kommt man nach Estafeena und trifft dort auf die Strecke, die als Abstecher bei Pella beschrieben ist, s. S. 226). Zweigt man in Estafeena rechts, nach Osten, ab, erreicht man nach 5 km den Abzweig zur Ajlun Forest Reserve.

Wir fahren von Ajlun weiter nach Norden, Richtung Irbid.

**4 km: Abzweig**
Links Richtung Istafeena und nach etwa 300 m (ausgeschildert) zur

## Ajlun Forest Reserve

Hier wurde in den relativ einsamen Bergen im Gebiet von Estafeena (auch *Istafena*) ein Naturpark geschaffen. Der Name **Ajlun Forest Reserve** (JD 5 Eintritt) hat sich gegenüber anderen Bezeichnungen (z.B. *Zubia Nature Reserve*) durchgesetzt. Nach insgesamt 8 km und diversen erneuten Abzweigen – die alle ausgeschildert sind – kommt man auf einer Bergeshöhe mit Visitor Center und Unterkünften an.

Es handelt sich um ein etwa 13 qkm großes, landschaftlich sehr reizvolles Gebiet, das sich erst in den letzten Jahren zu einem beliebten Wandergebiet entwickelte. Mit seinen Eichen, Pinien und Pistazienbäumen hinterlässt es einen fast mediterranen Eindruck. Auch auf diesem einsamen Gipfel wird man die Aussicht und Ruhe genießen. Wer Glück

*Ajlun Forest: feinst gesponnenes Netz*

hat, kann in der wildreichen Gegend, in der verschiedene Wolfsarten, Schakale, Füchse und Greifvögel heimisch sind, Tiere beobachten.

Im Winter kann es ziemlich kalt werden, 2007/08 z.B. lagen für einige Tage 90 cm Schnee.

Ein wichtiges Anliegen der RSCN ist es, möglichst viele Bewohner in ihre Projekte einzubeziehen. So wurden hier drei Handwerkshäuser der etwas weiteren Umgebung in das Parkgeschehen integriert. Im *Soap House* stellen Frauen mit Ingredienzien ihres Dorfes Orjan hochwertige Olivenseife her, im *Biscuit House* werden jordanische süße Spezialitäten produziert und im hauseigenen Café angeboten. Die Frauen im *House of Calligraphy* widmen sich der arabischen Schreib-

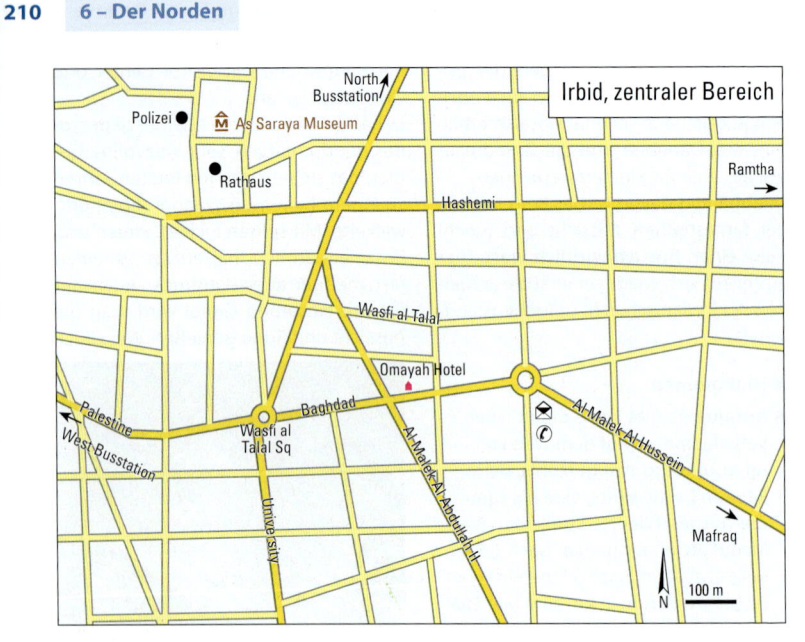

**210** 6 – Der Norden

## Irbid, zentraler Bereich

- North Busstation
- Polizei
- As Saraya Museum
- Rathaus
- Hashemi
- Ramtha
- Wasfi al Talal
- Omayah Hotel
- Baghdad
- Palestine
- West Busstation
- Wasfi al Talal Sq
- Al-Malek-Al Abdullah-II.
- Al-Malek-Al-Hussein
- University
- Mafraq

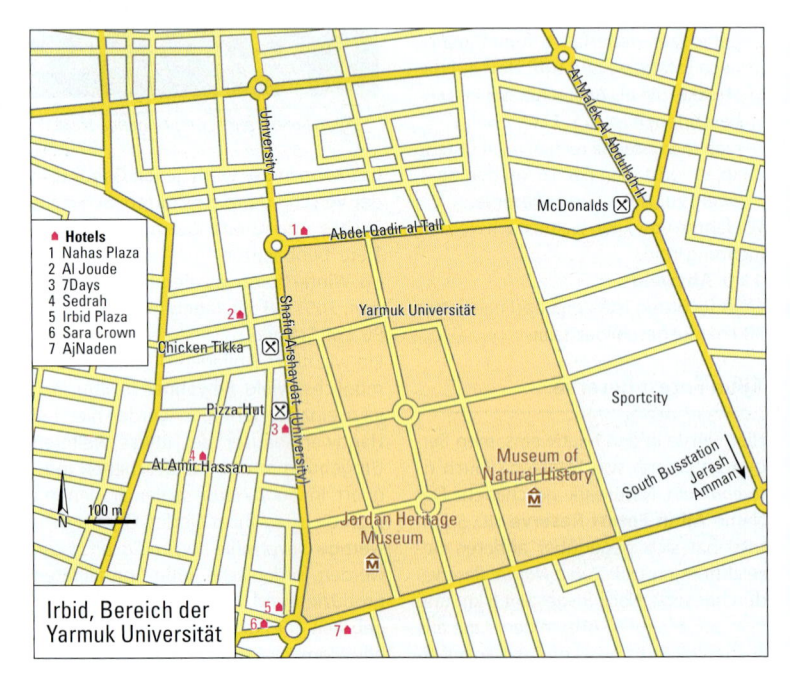

## Irbid, Bereich der Yarmuk Universität

**Hotels**
1. Nahas Plaza
2. Al Joude
3. 7Days
4. Sedrah
5. Irbid Plaza
6. Sara Crown
7. AjNaden

- University
- Al-Malek-Al Abdullah-II.
- McDonalds
- Abdel-Qadir-al-Taif
- Shafiq-Arshaydat (University)
- Yarmuk Universität
- Chicken Tikka
- Pizza Hut
- Al Amir Hassan
- Sportcity
- Museum of Natural History
- South Busstation
- Jerash
- Amman
- Jordan Heritage Museum

kunst und offerieren z.B. ungewöhnliche und leicht transportierbare kalligrafische Souvenirs.

Es werden verschiedene geführte und z.T. mit Eseln als Trageltiere begleitete Wanderungen von unterschiedlicher Dauer im Reservat angeboten. Die Preise beginnen bei JD 10 pP; für eine geführte Tour sind mindestens vier Teilnehmer erforderlich. Derzeit stehen sieben Wanderungen unterschiedlicher Länge und mit unterschiedlichen Schwerpunkten auf dem Programm. Die kürzeste Strecke geht man auf dem Roe Deer Trail (2 km, kein Führer erforderlich, aber bei allen anderen Trips); 7 km ist man sowohl auf dem Soap House als auch auf dem Houses Trail unterwegs. 12 km wandert man auf dem Orjan Village Trail und 8,5 km auf dem Prophet's Trail nach Mar Elias. Diese Wanderung lässt sich um weitere 9,5 km auf dem Ajlun Trail zur Burg verlängern. Allen Wanderungen ist gemeinsam, dass sie durch einsame Waldgebiete mit z.B. uralten Olivenbäumen führen, an rauschenden Bächen entlang oder durch Dörfer und Obstgärten.

■ Es gibt keine öffentlichen Verkehrsmittel. In Ajlun, der nächstgelegenen Stadt, können Taxis zu etwa JD 10 angeheuert werden.

➡ **Praktische Informationen**

Sehr idyllisch kommt man hier am Waldesrand mitten in der Natur unter. Anfangs standen nur Zelte zur Verfügung, inzwischen nur Bungalows *(Cabins)* mit Bad, kleiner Terrasse und unterschiedlichem Komfort. Vorabbuchung wird empfohlen.

Restaurant, Tagungs"festung"

🛏 **Übernachten**

■ **Ajlun Forest Lodges**, Tel mobil 0799 062 210, ajlounreservation@rscn.org.jo, www.rscn.org.jo; rustikal, gemütlich, mF ................Economy Cabin E 67, D 81,50
Standard Cabin .......................E 81,50, D 93
Delux Cabin .........................E 104,50, D 116

**Zurück zur Hauptstraße**
2 km: **Abzweig**
rechts Straße über Ibbin, Suf nach Jerash. 28 km bis

# ***Irbid

*Hintergrund: Das heutige Irbid – unter den Römern Arbela – lässt sich bis in die Bronzezeit belegen, doch nicht viel ist von der langen Geschichte innerhalb der Stadt-*

*Innenhof des As Saraya Museums*

*mauern übrig geblieben. Erst in den letzten hundert Jahren wuchs die zweitgrößte Stadt des Landes aus einem Flecken von ca. 700 Einwohnern zur heutigen Größe mit etwa 500 000 Einwohnern.*

*Reste einer frühbronzezeitlichen Siedlung (ca. 3400-2250 vC) namens Hirbet es Zeraqon wurden 10 km nordöstlich von Irbid, von Professor Mittmann vom Evangelisch-Theologischen Seminar der Universität Tübingen, ausgegraben. Es handelt sich um eine 7 Hektar große, befestigte Stadtanlage auf und um einen Hügel, dessen Oberstadt einen Tempel und einen Palast aufwies. Interessant ist auch, dass bereits zu jener Zeit ein bis zu 60 m tief liegendes Tunnelsystem gegraben wurde, das vermutlich der Wasserversorgung in Kriegszeiten diente.*

---

**Kennenlernen**: Die Großstadt Irbid (hier eher *Erbed* ausgesprochen) ist sicher für Jordanier berauschend groß, dem Fremden dient sie hauptsächlich als Ausgangspunkt für Unternehmungen in die Umgebung.

Wenn man durch das **Zentrum** bummelt, gewinnt man den Eindruck einer äußerst lebendigen und "wohlgeordneten" Stadt. Es wimmelt von Menschen und Autos, die vergeblich nach einem Parkplatz suchen. Die Straßen hängen voller Reklameschilder, ein Shop reiht sich an den anderen. Dieses Zentrum breitet sich um die Gegend Al Malek al Hussein St und die querende Al Malek al Abdullah II St aus; es stirbt auch abends nicht aus, sondern ist lange mit quirligem Leben erfüllt. In der Gegend um die Hashemi St bieten viele kleinere Shops ihre Waren an. Sie bilden hier eine Art Souk, u.a. auch für Obst und Gemüse.

Nördlich der Al Hashemi St liegt um den *Tell Irbid* der historische Teil der Stadt. Ein Stück der eisenzeitlichen Stadtmauer ist sogar auf dem Tell noch sichtbar, eine der höchsten Erhebungen Irbids. Aus osmanischer Zeit blieb das Gouverneursgebäude auf dem Hügel erhalten, das in jüngster Vergangenheit als Polizeistation und Gefängnis diente.

Jetzt beherbergt es das sehr sehenswerte **As Saraya Museum**, Al Baladia St, (Sa-Do 8-16, JD 2, JoPa; freitags kann zumindest der stimmungsvolle Innenhof besichtigt werden). Es spannt einen weiten Bogen von der Frühgeschichte bis in die heutige Zeit.

Sieben *Halls* zeigen die Ausstellungsstücke des Museums, beginnend mit der *Irbid-Hall*, die auf die Stadt und ihre unmittelbare Umgebung eingeht. In der *Ancient Periods Hall* kann man die Entwicklung von prähistorischer Zeit bis nach der Zeitenwende verfolgen. In der *Metallurgy Hall* geht es speziell um die Metallherstellung, vor allem um Kupfer, Bronze und Eisen. Die *Classical Periods Hall* beschäftigt sich mit dem griechischen und römischen Einfluss auf die Entwicklung Transjordaniens; das Thema wird in der *Sculptures Hall* mit griechischen und römischen Skulpturen fortgesetzt. In der *Islamic Periods Hall* werden die islamischen Epochen von den Umayaden bis zu den Osmanen dargestellt. Die *Mosaics Hall* beherbergt sehenswerte Mosaike hauptsächlich aus byzantinischer und umayadischer Zeit.

Die neue Polizeistation und das ebenfalls neue Rathaus – Municipality Building – sind die direkten Nachbarn des Museums.

Ziemlich weit im Süden liegt die **Yarmuk-Universität**, die öffentlich durch ihre Studentenunruhen 1986 und 1989 auffiel. 10-15 km Richtung Ramtha wurde die Technische Universität erbaut; beide zählen zu den Top-Hochschulen des Landes. Heute scheinen sich die Studenten mehr mit Computern und Internet als mit Revolution zu beschäftigen, wie ehemals die vielen Internetcafés in der Shafiq Irshaydat St zeigten, heute sind es diverse Computerläden. Abends beginnt hier das Flanierleben. Über eine kurze Meile drängen sich die Menschen, reiht sich ein Restaurant ans andere, dazwischen ein paar Shops und die Computershops. frühen Stadtstaaten Ammon, Moab und Edom während der Bronze- und Eisenzeit gezeigt, in Raum 3 von den Nabatäern und Römern, neben Schmuck und Ledersandalen aus einem Grab nahe

*Irbid Universitätsviertel: links Uni-Gelände mit Moschee, rechts Beginn der University St*

Man fühlt sich fast in die USA versetzt, zumal sich viele der jungen Leute gut englisch verständigen können. Es macht Spaß, hier zu bummeln.

Der ausgedehnte Universitätskomplex lässt sich noch im alten Sinne als Campus bezeichnen; die einzelnen Gebäude stehen auf einem großen Grundstück in respektabler Entfernung zueinander.

Der Universität ist das sehenswerte **Museum of Jordanian Heritage** (8-14, 15-16.30, Winter 8-15, Eintritt frei) angeschlossen. Es spannt einen weiten Bogen von der Frühgeschichte bis fast in die heutige Zeit. Die Ausstellungen sind gut gestaltet, leider fehlt häufig eine Erklärung der Objekte.

Raum 1 ist der prähistorischen Zeit gewidmet; besonders interessant sind die bis zu 9 000 Jahre alten Statuen und Figuren aus Ain Ghazal bei Amman (s. S. 136). In Raum 2 werden Funde aus den dem Queen Alia Airport bei Amman. Raum 4 widmet sich dem islamischen Jordanien, unter anderem mit verschiedenen Werkstätten. Die Räume um den Innenhof zeigen das ländliche Leben und seine Architektur. Das obere Stockwerk ist Einzelthemen wie Schmuck, Glas, Keramik etc. gewidmet.

Das zum Institut für Archäologie und Anthropologie gehörende Gebäude ist auf dem Unigelände etwas schwer zu finden: Als Autofahrer benutzen Sie am besten das Haupttor im Osten und fahren geradeaus bis zum letzten Kreisel, dort links und die erste Straße rechts, bis zum letzten Gebäude (Faculty of Archaeology and Anthropology). Als Fußgänger nehmen Sie den Westeingang von der University St gegenüber 7Days Hotel, gehen die erste Möglichkeit rechts bis zur nächsten Querstraße, dann sollte das Gebäude schon vor Ihnen liegen.

Weiterhin betreibt die Universität das **Jordan Natural History Museum** (Sa-Do 9-15), in dem vor allem die Fauna Jordaniens anhand ausgestopfter Tiere dargestellt wird.

### ➡ Praktische Informationen

### 🚌 Busverbindungen

Irbid spielt eine Art Verteilerrolle im Busverkehr, dies aber leider auf die typisch jordanische Art, d.h. mit mehreren an der Peripherie verstreuten Terminals. Von Amman kommend, landet man an der **South Busstation** (als *Southterminal* ausgeschildert, es heißt auch *New Amman Busstation)*, nicht allzu weit östlich von der Universität entfernt.

### 🚌 South Station

- **"Big Busses"** fahren 6.30-19.30 U alle halbe Stunde JD 1,40 nach Amman
- **Amman**: **JETT** fährt außer an Wochenenden von 6.15 - 19 U fast alle halbe Std, JD 2,20
- **Aqaba** (JETT): 7.30, 12, 15.30, JD 11
- Zusätzlich starten hier **normale oder Minibusse nach Amman**, sobald sie vollbesetzt sind. Außerdem gibt es Verbindungen nach **Jerash**, **Ajlun**, **Zarqa** oder **Mafraq**.

Wer von Amman kommend weiter nach Norden, z.B. Umm Qays, reisen will, muss von hier ein Servies-Taxi zur nördlichen Busstation nehmen.

### 🚌 North Busstation

---

### 🛏 Übernachten (Siehe Pläne S. 210)

- **7DAYS**, 3*, [3] University St (gegenüber westl. Uni-Eingang), Tel 02 725 5021, sevendays_hotel@hotmail.com; AC, WiFi, Kschr, große Doppelzimmer, gut eingerichtet, Restaurant in oberer Etage mit gutem Blick, mF .................................. E 40, D 60
- **AL JOUDE,** [2] 3*, Querstraße der University St, Tel 02 727 5515, joude@go.com.jo, waelj67@hotmail.com; in relativ ruhiger Lage, brauchbar eingerichtet, Service eher schlecht, AC, WiFi, Kschr, gutes Restaurant, mF ......................................... E 32-35, D 40-45
- **AJNADEN** 2+*, [7] Al Amir Hassan St (südl. des Unigeländes, nahe Yassem Circle), Tel 02 710 1450, ajnadeenhotel@yahoo.com; Doppelzimmer sind eigentlich Suiten, AC/Heizung, WiFi, Kschr, (ältere Räume billiger), mF .................................. E 30, D 45
- **IRBID PLAZA**, 3*, [5] University St (am südl. Ende), Tel 02 724 7043, info@irbidplaza.com, www.irbidplaza.com; sehr gut geführtes Hotel, relativ ruhig, da in zweiter Reihe, AC/Heizung, WiFi, Kschr, kleine Kochgelegenheit, empf, mF .. E 25-30, D 35-40
- **NAHAS PLAZA**, [1] 2* (deutlich besser), Abdel Qadir al Tall St gleich am nordwestl. University St Circle, Tel 02 726 9007, info@nphotelssuites.com, www.nphotelssuites.com, gepflegt, großzügig im Apartment-Stil mit Kochnische und Mikrowelle eingerichtet, AC, WiFi, sehr gutes Preis/Leistungsverhältnis, mF ...................... E 40, D 50
- **SARA CROWN**, [6] Al Nassim Traffic Light, Tel 02 726 1800, saracrownhotel@hotmail.com; AC/Heizung, WiFi sehr große Räume und Bäder, gutes Preis/Leistungsverhältnis, mF ............................................................................................................. E 35, D 40
- **SEDRAH**, 4* (angebl.), [4] Querstraße der University St, neben Social Security Corp., Tel 02 724 8888, sedrahotel@hotmail.com, www.sedrhhotel.com; mit 90 Zimmern größtes Hotel, Zimmer z.T. ungünstig geplant, AC, WiFi, Kschr, mF ............... E 60, D 70
- **OMAYAH**, Baghdad St, Tel 02 724 5955, omayahhotel@yahoo.com; einziges Hotel im Stadtzentrum, brauchbar eingerichtet, sehr freundlich und hilfsbereit, tagsüber sehr laut, AC, WiFi, mF ........................................................................................ E 25, D 30

- Nach **Umm Qays** von 6.30-19 U stündliche Abfahrten, JD 0,55, nach **El Himma** *(Hamma)* Zielort Mukheiba, ab 6.30-19 U, JD 0,70.

Hat man jedoch das Jordantal im Sinn, dann muss man zur **West Busstation** fahren, die an der Straße nach North Shouna liegt.

- Hier gibt es Verbindungen nach **Al Mashara** (von dort weiter nach **Pella**, 6.30-20, im Winter -18.30 U, JD 0,80) und zur **israelischen Grenze** an der **Sheikh Hussein Bridge** (ähnliche Abfahrtzeiten, JD 0,70; Serviestaxi JD 5 pP).

Alle drei Busstationen werden per Serviestaxi oder Minibus auch vom Stadtzentrum aus bedient; z.B. kommt man mit allen Serviestaxis von der King Abdullah II St zur Universität und zur South Station.

Achtung: Denken Sie daran, dass der Busverkehr bald nach Einbruch der Dunkelheit dünn wird und dann ganz erlischt. Der letzte Hijazi-Bus nach Amman verlässt Irbid um 19.30 U.

## ➜ Shopping

- Für **Souvenirs** schaut man am besten im Stadtzentrum, wobei man dort selten nur für Ausländer angefertigte Dinge finden wird. Aber warum nicht typische Gebrauchsgegenstände, z.B. eine Wasserpfeife, mitnehmen?
- Im Südteil der Stadt, an der Verlängerung der Shafiq-Irshidat St stadtauswärts, wurde die größte Shopping Mall Irbids, die **Arrabella-Mall**, eröffnet. Sie erinnert sehr an westliche Einkaufszentren mit den verschiedensten Läden und moderner Warenpräsentation.

## 🍴 Essen & Trinken

Im Stadtzentrum stolpert man nahezu über unzählige Shauwarma- und Felafel-Stände oder andere Garküchen. Aber es gibt auch viele bessere Restaurants, zumindest was das Ambiente betrifft.

- Wenn Sie die Hussein St bis zum Platz mit dem Postamt (rechts) und der Grindlays Bank (links) gehen, finden Sie nach der Bank das **ANDALUCIA** Restaurant, dort können Sie in einem der oberen Stockwerke mit Ausblick das Übliche zu etwas höheren Preisen essen. Ein sehr gutes Café bzw. eine Bäckerei ist **AT ALI** in der King Abdullah II St, nicht weit von der Baghdad St entfernt. Das Essen im Restaurant des **HOTELS OMAYAH** wird als gut und preiswert gelobt.
- Eine ganz andere Alternative offeriert die Shafiq Arshayad St an der Universität. Dort bietet sich für alle Geschmacksrichtungen und Geldbeutel etwas, vom typisch amerikanischen Fast- bzw. Junk-Food bis hin zum gediegenen Restaurant. Hier sollte man schon wegen der für jordanische Verhältnisse relativ ungewöhnlichen Atmosphäre wenigstens einen Abend verbringen.

Wir wollen Irbid für einen **Umweg nach Umm el Jimal** in östlicher Richtung (*Mafraq* ausgeschildert) verlassen. Man kann diesen Besuch auch mit dem der Wüstenschlösser verbinden, indem man hier im Norden beginnt. Wenn Sie stattdessen, entgegen unserer Route, nach Ajlun fahren wollen, dann nehmen Sie die gut ausgebaute Straße 55, die sich recht hübsch bergauf, bergab zieht und Ajlun nach 34 km erreicht.

43 km nach Irbid: **Kreuzung**

Geradeaus weiter, rechts 2 km nach Mafraq, von dort führt die Straße 20 nach Jerash.

## Mafraq

Eine relativ neue, weitgehend uninteressante Provinzhauptstadt. Wer per Minibus hier ankommt und nach Umm el Jimal weiterfahren will, muss umsteigen und dabei vermutlich die Busstation wechseln: Busse aus Amman und Jerash enden an der Süd-Busstation, an dem die Süd- und Westrichtungen angesagt sind.

## 6 – Der Norden

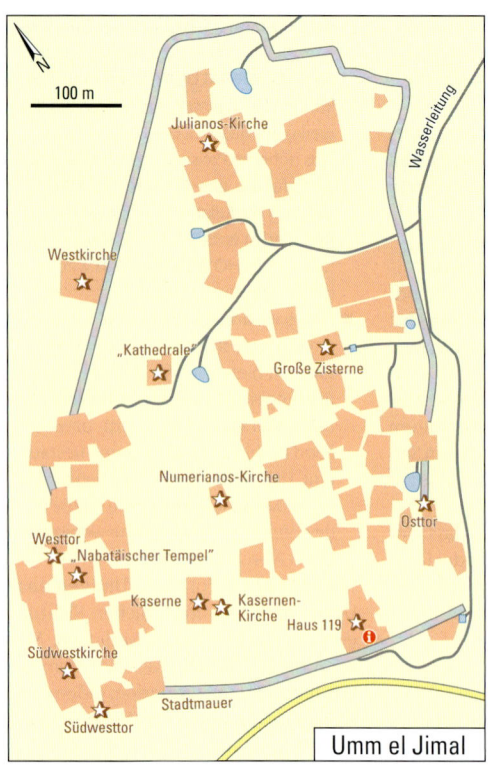

*[Karte: Umm el Jimal mit Julianos-Kirche, Westkirche, „Kathedrale", Große Zisterne, Numerianos-Kirche, Westtor, „Nabatäischer Tempel", Osttor, Kaserne, Kasernen-Kirche, Haus 119, Südwestkirche, Südwesttor, Stadtmauer, Wasserleitung]*

Zur Nord-Busstation für Nord- und Ostbusse fahren Mini-Shuttlebusse.
16 km östlich von Mafraq:
**Abzweig**
links 4 km nach

## **Umm el Jimal

**Hintergrund**: Die wasserarme, schwarze Basaltwüste, in die wir uns begeben haben, gehört zum sogenannten **Hauran**, einem Gebiet, dessen Zentrum der über 1700 m hohe Jebel Hauran (auch Jebel ed Druze oder al Arab) in Syrien liegt, dessen Grenzzaun nur 3 km nördlich entfernt ist. Die ziemlich trostlose Gegend interessierte niemanden so richtig, bis die Nabatäer auch sie unter ihre Fittiche nahmen. Ihnen war zunächst einmal wichtig, ihre Karawanenwege zu sichern, zusätzlich aber auch das Land zu nutzen. Die Römer funktionierten die Siedlungen in Wehrdörfer um, die in der islamischen Epoche zum Teil wieder verlassen wurden. Heute haben sich große Gebiete des Hauran in neu geschaffene, fruchtbare Zonen verwandelt, die zudem ziemlich dicht besiedelt sind.
Die ehemalige Wüsten- und heutige Ruinenstadt Umm el Jimal hat diese Wandlung mitgemacht. Auf dem Weg hierher sieht man sehr viel, eigentlich unerwartetes Grün.
Im 1. Jh vC von den Nabatäern gegründet, ging die Siedlung im 2. Jh nC in römische Hände über. Aus dieser Zeit stammen viele Bauwerke und die ausgeklügelte Wasserversorgung. Denn es galt, das Regenwasser des Winters aufzufangen und zu sammeln. Hier regnet es immerhin so häufig, dass schließlich eine Stadt mit etwa 5000 Einwohnern von den seltenen Regenfällen leben konnte.
Der Ort wurde wegen seines „Wasserreichtums" bald eine Karawanenstation an der Karawanenstraße von Damaskus nach Süden sowie der aus dem heutigen Irak kommenden Karawanenstraße; daher stammt auch der heutige Name Umm el-Jimal (Mutter der Kamele). Die ursprüngliche Zeltansammlung der Nomaden wurde langsam in Steinarchitektur umgebaut, ungeplant, wie die Zelte gerade standen. Darauf ist ein gewisses Durcheinander der Gebäude und Straßen zurückzuführen. In byzantinischer Zeit blühte die Siedlung auf, damals wurden

die meisten der 19 Kirchen gebaut.

Auch die Omayaden nutzten den Ort weiter. Das Erdbeben von 747 richtete aber so schwere Schäden an, dass die Stadt aufgegeben werden musste. Cyril Graham entdeckte sie 1857 für die Historiker wieder. Nach dem Ersten Weltkrieg siedelten sich in der Umgebung Drusen an, die Syrien wegen ihrer Gegnerschaft zur Kolonialmacht Frankreich verlassen mussten.

Umm el Jimal ist eins der hervorragenden Beispiele für Kragsteinbau. Aus Mangel an Holz mussten die Baumeister andere Methoden übernehmen, um Decken in die Häuser zu ziehen. Dazu wurden etwa 3 m lange Basalt-„Stangen" oder -Platten so in der Mauer verankert, dass sie in den abzudeckenden Raum hineinragten. Nun konnten sie mit Steinplatten überdeckt werden, um Decke bzw. Fußboden für das zweite Stockwerk zu bilden. Manchmal trugen sie sogar noch ein drittes Stockwerk, größere Zwischenräume mussten allerdings mit Bögen unterstützt werden. Die Basaltplatten waren so eben, dass sie häufig auch als Türblätter benutzt werden konnten. Im Wüstenschloss von Azraq lässt sich diese Bauweise ebenfalls studieren.

Das ehemalige Visitor Center in der Baracke gegenüber Haus 119 enthält nur noch das Ticket Office, das bei unserem Besuch nicht besetzt war. Das Gelände war einst gut ausgeschildert. Leider sind einige Schilder – insbesondere um die Große Zisterne – mutwillig zerstört worden.

Zur Zeit wird das aus der Omayaden-Epoche stammende, ehemalige Farmhaus Haus 119 als Visitor Center und Museum ausgebaut. Wenn Sie sich intensiver mit der Stätte beschäftigen wollen, dann bietet www.calvin.edu/academic/archaeology/uj/uj.htm viel Aufschlussreiches, u.a. eine virtuelle Tour durch das Gelände. Diese beginnt im Haus 119.

**Kennenlernen:** (Freier Eintritt, JoPa, Zutritt solange es hell ist) Umm el Jimal, eine aus grauschwarzem Basalt errichtete Stadt von herbem Charme, sieht heute wie nach einem Bombeneinschlag und anschließend vermeintlichem Brand aus – sicher nicht gerade malerisch, aber sehr bizarr. Die Stadt besaß sieben Tore.

Der heutige Haupteingang führt durch das Haus 119, das Visitor Center. Gleich

*Die Trümmer scheinen noch so herumzuliegen wie kurz nach dem Erdbeben*

*Zaatari 2013: Damals hoffte jeder, das Camp würde bald unnötig sein, doch es ist nur stabiler geworden.*

## Syrische Flüchtlingsstadt

In fast unmittelbarer Nähe von Umm el Jimal dehnt sich – aus der Luft betrachtet – eine riesige weiß gesprenkelte Fläche aus, unterbrochen von wenigen Asphalt- und vielen Sandstraßen: zwölf Quadratkilometer vorgefertigte Unterkünfte und Wohncontainer. Es handelt sich um das 2012 errichtete Camp **Zaatari**, das laut UNHCR (United Nations High Commissioner for Refugees) zweitgrößte Flüchtlingslager im Nahen Osten. Hier harren z.Zt noch ca. 25 000 Menschen (2017, Zahlenangaben schwanken bis zu 80 000) in der Hoffnung aus, dass sie so bald wie möglich in ihre von Trümmern übersäte syrische Heimat zurückkehren können. Nach der Eröffnung des Camps Mitte 2012 schnellte die Einwohnerzahl explosionsartig so hoch, dass Zaatari bereits ein Jahr später zu den großen Städten Jordaniens zählte.

Die jordanischen Behörden gehen davon aus, dass sich 1,2 Millionen Syrer und 300 000 Iraker als Flüchtlinge im Land aufhalten. Wenn man den kleinlichen Streit in Europa über die Aufnahme von Flüchtlingen betrachtet, kann man die Leistung der Jordanier (und des Libanon, der noch mehr Syrer aufnahm) nicht hoch genug schätzen: Fast zehn Prozent der eigenen Einwohnerzahl zusätzlich als Flüchtlinge zu beherbergen, ist eine große Leistung

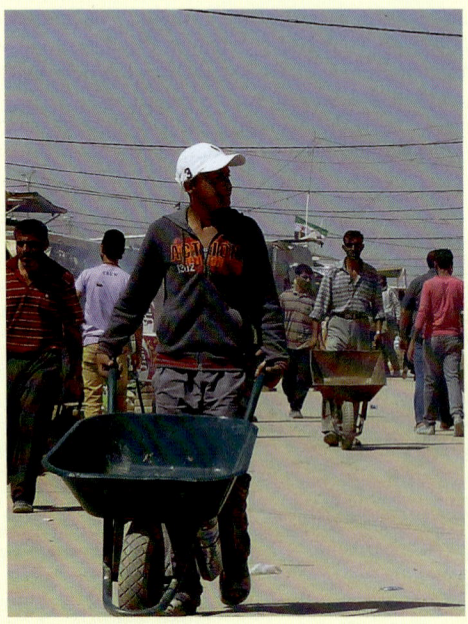

*Schubkarren – das Haupttransportmittel im Camp*

– selbst unter dem Aspekt, dass auch die 60 Prozent Palästinenser einst als Flüchtlinge ins Land kamen und man daher auf geübte Mechanismen zurückgreifen kann. Die Welt hat allerdings Jordanien nicht allein gelassen, finanzielle und materielle Hilfe kam und kommt aus vielen Quellen.

Doch die Aufnahme von solchen Menschenmengen, von denen viele in den jordanischen Städten und in einem weiteren Lager leben, geht nicht ohne Spannungen aus. Die Wasserversorgung vom Zaatari Camp z.B. wird durch Tiefbrunnen gesichert, die den Flüchtlingen 50 Liter pP und Tag zugestehen. Die einheimische Bevölkerung in dieser ausgesprochen trockenen Gegend kommt aber vielerorts nur auf 30 Liter pP/Tag. Der Grundwasserspiegel sinkt ständig, viele Brunnnen versiegen oder müssen nachgebohrt werden.

Die nicht in den Camps lebenden Flüchtlinge drängen in den meisten Fällen illegal auf den Arbeitsmarkt und führen durch ihre Billiglöhne zu Verwerfungen des Lohngefüges. Zwar erleichterte Mitte 2016 die jordanische Regierung für syrische Flüchtlinge den legalen Zugang zum Arbeitsmarkt, damit können knapp 100 000 einfache Jobs finden. Aber das ist nur ein Tropfen auf den heißen Stein, denn die meisten Flüchtlinge brauchten ihre Ersparnisse auf und sind auf Hilfe bitter angewiesen – laut UNHCR leben 90% unter der jordanischen Armutsgrenze von 87 US$ pP pro Monat – siehe dazu „Preisbeispiele" S. 76

hinter dem Haus wurde eine Art Stelengarten mit Funden aus dem Gelände angelegt.

Unweit westlich – also links – stehen die Reste der **Römischen Kaserne**. Das um einen Innenhof im 4. oder 5. Jh nC errichtete zweigeschossige Gebäude wurde später in ein Kloster umgebaut und um zwei Türme und eine externe Kapelle erweitert. Es zählt heute zu den am besten erhaltenen Ruinen von Jimal. Das Basalttor hängt noch in seinen Angeln und ist tatsächlich zu bewegen. An seiner Südostecke steht ein hoher, erst in byzantinischer Zeit angefügter Turm.

Wenn Sie von der Kaserne geradeaus nach Norden weitergehen, sehen Sie zunächst die Ruine der **Numerianos-Kirche** – im 6. Jh eine von 15 Kirchen zwischen 150 Häusern – und im direkt nördlich anschließenden Hof eine unterirdische Zisterne. An einigen Wohnhäusern mit Ställen und Kragsteindächern vorbei, führt unser Weg zur östlich davon liegenden **Großen Zisterne**, die bis vor wenigen Jahren noch von Beduinen benutzt wurde. Über einen Staudamm in einem nördlichen Wadi und ein ausgeklügeltes Wassersystem wurde sie mit Wasser gespeist, das per Aquädukt und Kanäle mit der Zisterne verbunden war.

Natürlich können Sie das etwa 500 x 800 m große Gelände weiter erkunden, z.B. von der Zisterne aus zunächst ein bisschen im östlichen Gebiet herumwandern und dann nach Westen gehen, aber für den Laien wiederholen sich die Eindrücke. Ein Abstecher zur außerhalb der Stadtmauer liegenden **Westkirche** lohnt noch, da die christliche Stätte in relativ gutem Zustand erhalten ist. Auf dem Weg zum Südwesttor wäre das **Prätorium** (Haus des Legionskommandanten) einen Blick wert, ein recht gut erhaltenes Gebäude mit drei Türen, Fenstern und einer Freitreppe.

Auf dem Weiterweg stoßen Sie rechts zunächst auf die Ruinen der **Südwestkirche**. Kurz vor dem Südwesttor können Sie links einige **gut erhaltene Wohnhäuser** anschauen, in denen sich die Deckenkonstruktion mit Hilfe von Kragsteinen und, wenn nötig, unterstützendem Gewölbe gut erkennen lässt. Im Plan sind noch einige Gebäude mehr eingezeichnet, die sich durch einen etwas besseren Zustand von der umliegenden Trümmermasse abheben.

### 🚌 Hinkommen

- **Busverbindungen:** Von der Tabarbor- oder Mahatta-Station in Amman nach Mafraq (über Zarqa) zur Bedouin Busstation und dann nach Umm el Jimal etwa 10 Minibusse täglich.

In der weiteren Umgebung können Altertumsliebhaber noch eine Reihe nicht so gut erhaltener Stätten besuchen. *Umm es Surab* (nach *Musrab* fragen), eine der nächstgelegenen, sei noch erwähnt. Man fährt vor den Umm el Jimal Ruinen links ab in den kleinen, gleichnamigen Ort und biegt kurz nach dem Postamt, das ins Ruinengelände hineinragt, links ab. Von hier aus gerechnet, kommt man nach 5 km zu einer Kreuzung, an der man sich links Richtung *Nahda* hält und den nach ca. 800 m auftauchenden Kreisel in gerader Richtung verlässt.

Nach 7 km erreicht man

## Umm es Surab

Das Ruinenfeld, viel kleiner, aber nicht unähnlich dem von Umm el Jimal, breitet sich rechts und links der Straße aus. Man kann fragile, nur noch "einsteinige" Rundbögen bewundern, die fast schon malerisch das Trümmerfeld hier und da überspannen. Es handelte sich ursprünglich um eine *Sergius- und Bacchus-Kirche* mit einem großen Kloster. Rechts der Straße scheint noch der Kirchturm zu stehen. Nach neueren Erkenntnissen sind dies aber höchstwahrscheinlich die Reste eines Minaretts, denn offensichtlich wurde die Kirche später in eine Moschee umgebaut. Aus einer Inschrift im Türsturz des westlichen Portals geht hervor, dass die Kirche 384 ihrem Namenspatronen geweiht wurde.

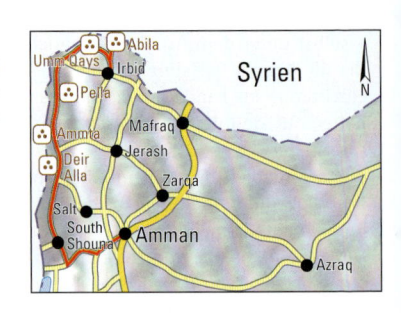

Wer die Wüstenschlösser besuchen und mit Azraq beginnen will, kann die von Mafraq kommende Straße 10 nach Osten bis Safawi (ca. 50 km) weiterfahren und dort nach Südwesten nach Azraq (ca. 40 km) abbiegen. Zwar bietet dieser Trip lediglich eine schnurgerade Straße durch die Basaltwüste, die aber erstaunlicherweise durch eine Art Langdorf führt, denn die Besiedlung rechts oder links des Weges wird kaum unterbrochen. Man fragt sich immer wieder, von was die Menschen hier leben.

Doch zurück nach Umm el Jimal und **Mafraq**. Kurz vor der Stadt kann man auf den Desert Highway, der von Norden von Damaskus kommt, einbiegen und nach 70 km Amman erreichen. Alternativ führt eine recht brauchbare Landstraße nach Jerash (43 km über Rihab) für den, der das historische Gerasa noch nicht sah oder seine Eindrücke noch vertiefen will.

*Umm es Surab*

## Durchs Jordantal über Pella nach Norden

Diese Route beginnt, wie die vorige, in Amman. Von der westlichen Autobahnumgehung folgt man der Ausschilderung *Dead Sea* und fährt über Na'ur die Autobahn hinunter, Richtung Totes Meer. 19 km nach Na'ur zweigt rechts die Jordantal-Straße nach Norden (As Shouna South) ab. Wer allerdings **nicht** nach As Shouna South bzw. zur Taufstelle Bethania am Jordan fahren will, kann Amman nordwestlich **Richtung Salt** verlassen (s. S. 160) und dort der vierspurigen Straße hinunter zum Jordantal folgen, die kurz vor Deir Allah in die von South Shouna kommende einmündet. Rechts abbiegen, geradeaus geht es zum Toten Meer und zur Taufstelle von Jesus, **Bethania**, s. S. 299.

Unterwegs gibt es im Jordantal, neben sehr einfachen Essplätzen, nur in Pella ein gutes Restaurant, das Resthaus am Hang über den Ruinen.

Generell sollte man im Grenzgebiet zu Israel stets seinen Pass wegen möglicher Kontrollen griffbereit halten. Hat man das Dokument vergessen, muss man eventuell umkehren.

5 km: **T-Kreuzung**
Rechts nach Amman, links nach As Shouna; links halten.
12 km bis

## As Shouna South

(Arabisch *As Shouna al Janubiya*)
As Shouna – *Shaunah* ausgeschildert – existiert doppelt, einmal hier am südlichen Ende des Jordantals, zum anderen im Norden, dort wo die Straße 10 nach Irbid abzweigt; allerdings wird die dortige Stadt auch mit *Ma'ad* bezeichnet.

Mitten im Ort zweigt nach links eine 4 km lange Straße zur Grenzstation **King Hussein Bridge** (auch *Allenby*) nach Israel/Palästinensische Gebiete bzw. Jerusalem ab (Grenzformalitäten etc. s. S. 44), rechts geht es nach Salt und Amman. Es handelt sich um die wichtige Direktverbindung zwischen Amman und Jerusalem, also Jordanien mit dem Westjordanland.

🚌 Hierher fahren Minibusse von der **Muhajereen Busstation in Amman**, von **Madaba** und **Salt**. Außerdem gibt es eine eher seltene Verbindung nach Suweimah in der Nähe der Resorts am Toten Meer.

Die geradeaus führende Straße 65 zieht sich durch die überaus fruchtbare Jordantalebene. All das Grün beiderseits der Straße, all die vielen Feldfrüchte können nur dank künstlicher Bewässerung erzeugt werden. Fleißige Bauern haben im Jordantal einen Garten Eden geschaffen, dessen Früchten man auf Schritt und Tritt gewahr wird. In seiner Nutzung scheint dieser Landstrich der Landwirtschaft auf israelischer Seite kaum nachzustehen.

Die Dörfer und Städte sind in die unfruchtbare Zone gebaut, um kein kultivierbares Land zu vergeuden. Ähnlich wie der schmale Fruchtlandstreifen im

---

### Sehenswertes

- ***Umm Qays**, gut erhaltene römische Ruinenstadt, auf einem Bergrücken mit weitem Blick über den See Genezareth in Israel und auf die Golanhöhen, S. 229
- ***Pella**, Siedlungsspuren aus etwa 20 000 Jahren, die heutige Ruinenstadt ist römisch, S. 224
- **EcoPark**, eine sattgrüne „Eco-Insel" am Rand des Jordantals, S. 227
- *Abila**, stark zerstörte und sehr einsame Ruinenstadt, auf Griechen und Römer zurückgehend, S. 235
- **Jordantal**, mit prähistorischem Deir Alla und Amta, viel Grün und viel Landwirtschaft

**Das Jordantal**
Der Namensgeber unseres Gastlandes, der Jordan, wäre in Zentraleuropa ein unbedeutendes Gewässer. Im Wüstenland Palästina hingegen ist er einer der wenigen, aber sehr wichtigen Flüsse mit steter Wasserführung. Er folgt dem nördlichen Beginn des Afrikanischen Grabenbruchs. Die Grabenzone wird *Ghor* genannt, sie erweitert sich von 4 km Breite im Norden auf etwa 11 km im südlichen Gebiet.

Das eigentliche Jordantal liegt etwas tiefer, es heißt *Zor* und ist in der Regel aus militärischen Gründen nicht zugänglich, da die Grenze zu Israel im Fluss verläuft. Diese um durchschnittlich 8 Grad wärmere Zone als das Umland bestand bis in die 1950er-Jahre aus Steppe. Seitdem der fruchtbare Boden vor allem durch den ab 1959 gebauten East Ghor Canal, der sich aus dem Yarmuk-Fluss speist, bewässert wird, hat er sich in blühendes Fruchtland verwandelt, in dem dreimal jährlich geerntet wird. Die Obst- und Gemüsekulturen – unter anderem Tomaten, Gurken, Zwiebeln, Auberginen, Zitrusfrüchte, Melonen, Bananen – versorgen heute nicht nur inländische Märkte, sondern bedienen auch arabische Nachbarstaaten. Etwa 120 000 Menschen nutzten die Chance und siedelten sich im sehr warmen Ghor an.

Der Jordan ist erstaunlicherweise seit jeher Grenzfluss: im Altertum zwischen den mediterranen Großstaaten und den östlichen Wüstenvölkern, jetzt zwischen Israel und Jordanien. Heute wird ihm besonders auf israelischer Seite das Wasser abgegraben; bald nach Verlassen des Sees Genezareth muss er so viel Wasser an landwirtschaftliche Projekte abgeben, dass er bald nur noch als dunkel-grünes Rinnsal dem Toten Meer entgegenfließt. In der Realität dient er als Abwasserkanal der israelischen Siedlungen, die ihre Abwasserbehandlung, wenn überhaupt, sehr oberflächlich betreiben. Das „heilige Wasser", das man hüben und drüben abgefüllt als Devotionale kaufen kann, wäre, wenn es denn an der Taufstelle aus dem Jordan geschöpft würde, eher „heiliges Abwasser".

Aber der Jordangraben gehört auch zu den ältesten Siedlungsgebieten der Menschheit. Die vor über 9 000 Jahren gegründete Stadt Jericho, auf der Westseite des Jordans, gilt als eine der ersten menschlichen Stadtsiedlungen. Auch die Ostseite des Grabens weist diverse prähistorische und historische Siedlungen auf, von denen allerdings die meisten eher nur für Fachleute interessant sind.

Charakteristisch für diese Siedlungen sind ihre Hügel (arabisch *Tell*) in der Landschaft, wobei es selten um echte Hügel geht, sondern um "Müllberge". Denn die einfachste Methode, ein Haus zu bauen, bestand über Jahrtausende darin, aus Lehm geformte Ziegel in der Sonne trocknen zu lassen und sie dann zu Wänden aufzustapeln. Derartigen Bauweisen ist kein allzu langes Leben beschieden; entweder werden sie von einem der seltenen Regen wieder in Schlamm aufgelöst oder sie zerbröseln. Zusammengestürzte Wände aber wieder aufzubauen, macht keinen Sinn. Daher planiert man den Boden und baut, diesmal erhöht, erneut ein Haus. So kann ein *Tell* im Lauf der Zeit bis zu 40 m hoch wachsen.

Die Umweltinitiative *Friends of the Earth Middle East* (FoEME), die von jordanischen, palästinensischen und israelischen Umweltschützern bzw. NGOs getragen wird, beklagt, dass heute nur noch etwa 10 Prozent der ursprünglichen Wassermenge das Tote Meer erreichen, und das sind hauptsächlich Abwässer. Israel verbraucht pro Kopf und Tag 300 Liter Wasser, Jordanien 120 und den Palästinensern bleibt das Existenzminimum von 60 Litern. Hauptnutznießer (oder Verschwender) ist die Landwirtschaft, die sich umstellen oder durch z.B. Arbeitsplätze im Tourismus ersetzt werden müsste. FoEME will das Jordantal von der UNESCO in die Liste des Weltkulturerbes aufnehmen lassen – mit diesem Trick soll das Tal vor weiterem Raubbau geschützt werden.

Niltal, der ebenso intensiv genutzt wird, allerdings noch dichter bevölkert ist.
38 km bis

## Deir Allah

*Deir Allah* heißt *Haus Gottes*. In der Nähe, bei *Pnuel (Tlul ed Dhahab),* soll laut Altem Testament Jakob mit dem Engel gekämpft und anschließend Hütten *(Sukkot)* gebaut haben, daher wird auch der biblische Fest-Name *Sukkot* verwendet.

Fast hinter dem nördlichen Ortsausgang erhebt sich links der Straße, neben einer Tankstelle, ein 30 m hoher, kahler Hügel, auf dem 1500 vC ein Heiligtum gebaut und offenbar 1200 vC durch ein Erdbeben mit anschließendem Feuer zerstört worden war; die Besiedlung dauerte jedoch noch bis ins 4. Jh vC an. Ein kleines Museum liegt von der Hauptstraße aus, an der Tankstelle vorbei hinter dem Hügel, beschützt von einer üppigen Bougainvilleahecke. Es besteht zwar nur aus einem einzigen vollgepackten Raum, vermittelt aber einen Eindruck der Ausgrabungsfunde. Leider verwischt die Erosion, in buchstäblicher Windeseile, sehr schnell wieder alle Ausgrabungsbemühungen. Wenn man den Hügel besteigt, der eingezäunt wurde und nur von der Haupstraße her zugänglich ist, so wird man, außer mit den verwehten Narben der Grabungen, nur mit einem Rundblick belohnt. Sollten Sie auf die Suche nach den Spuren des Heiligtums gehen wollen: Es lag am Nordhang.

🚌 **Busverbindungen**: Von **Amman Tabarbor** Busstation fahren Minibusse direkt nach Deir Allah.
8 km bis

## Tell el Ammta

Kurz vor Kurayima ist von der Hauptstraße wiederum ein recht hoher Erdhügel, der **Tell el Ammta** (auch *Saidiyeh*), allerdings westlich der Straße in Jordannähe, zu erkennen. Biegen Sie noch vor der Wadibrücke, gegenüber einer Moschee, links ab, nach 2,5 km ist der Tell erreicht. Der Hügel war von der späten Bronzezeit, mit einer Unterbrechung zwischen 700 und 400 vC, bis zur islamischen Zeit bewohnt.

Auf der Nordseite des 42 m hohen Tell führen von der Hügelplattform über 100 Stufen am Hang hinab zu einem 6 m tiefen Brunnen, der von verschiedenen Quellen ganzjährig gespeist wird. Wie die Archäologen herausfanden, war die Treppe offenbar vollständig überdacht, damit die Hügelbewohner bei Belagerung Zugang zum Wasser hatten. Der Hügel, bereits im militärischen Grenzgebiet zu Israel gelegen,

*Hügel von Deir Allah*

bietet einen schönen Blick direkt ins Jordantal, ansonsten lohnt der Abstecher wohl nur für Archäologen.
**20 km bis Al Mashara**
Das kleine Städtchen besitzt nur insofern touristische Bedeutung, als man kurz vor dem Ortsende rechts abzweigt, um auf schmaler Straße nach Pella zu kommen.
1,5 km bis

## **Pella** (auch *Tabaqat Fahl*)

*Hintergrund: Die (angeblich) unversiegbare Quelle Ain el Jirm versorgt das witterungsgeschützte Wadi Jirm el Moz beständig mit Wasser. Kein Wunder, dass sich hier Siedlungen seit Jahrtausenden nachweisen lassen. Bereits aus der Zeit des Mesolithikums (20 000-8000 vC) und des Neolithikums (8000-4500 vC) wurden zahlreiche Gegenstände gefunden; in der Kupfersteinzeit (Chalkolithikum 5000-3600 vC) entstanden Häuser und ein kleines Dorf am Jebel Sartaba; während der mittleren Bronzezeit (2200-1500 vC) war Pella eine blühende kanaanitische Stadt.*

*Pharaonische Berichte aus dem 19. Jh vC erwähnen den Platz ebenso wie die sogenannten Amarna-Briefe aus der Hauptstadt des Pharao Echnaton aus dem 14. Jh vC. Alexander der Große eroberte 332 vC Palästina und soll die Siedlung Pella, zu Deutsch „Schönheit", genannt haben. 310 vC wurden makedonische Veteranen angesiedelt, 83 vC zerstörten Truppen des Alexander Iannäus aus Judäa die blühende hellenistische Siedlung, weil die Bewohner sich nicht jüdischen Gesetzen unterwerfen wollten. Pompejus befreite 63 vC die Stadt, gliederte sie in die römische Provinz Syrien ein und ließ sie wieder aufbauen.*

*Die Blütezeit brach im 4. Jh an, als Pella sich zu einem christlichen Zentrum mit Bischofssitz und viel besuchtem Badeort entwickelte. Am 23. Januar 635 schlugen Muslime unter Khalid bin Al Walid ein starkes byzantinisches Heer in der Schlacht von Fahl, die eine Vorentscheidung für die Schlacht am Yarmuk am 12. August 636 war. Dort gelang dem islamischen Heer der entscheidende Schlag gegen das byzantinische Imperium, der den Siegeszug des Islam in der Levante ermöglichte.*

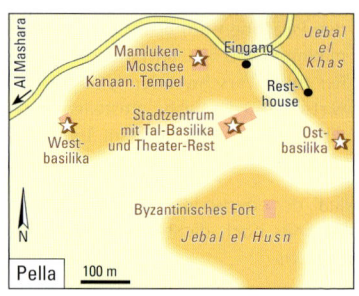

*Pella wurde islamisch. Das mehrfach erwähnte, katastrophale Erdbeben im Jahr 747 zerstörte dann endgültig große Teile der Stadt. Es muss so plötzlich hereingebrochen sein, dass nicht einmal Katzen fliehen konnten, sondern unter den Trümmern begraben wurden. Fortan dämmerte Pella als kleines Dorf der Neuzeit entgegen.*

**Kennenlernen:** (JoPa) Das oberhalb der Ruinenstadt gelegene Resthouse sollten zumindest autofahrende Besucher für einen ersten Eindruck zunächst aufsuchen. Mit herrlichem Blick auf die Westbank Palästinas können Sie hier die zu Ihren Füßen liegenden Ruinenstätten bewundern, oder, noch besser, auch den Sonnenuntergang hinter den galiläischen Bergen Israels.

Versuchen Sie, von hier oben einen Überblick über das weitläufige Gelände mit seinen jeweils voneinander isolierten Grabungsplätzen zu gewinnen: Unten im Tal lag das ehemalige **Stadtzentrum**, auf dem westlich gegenüberliegenden Hügel Khirbat Fahl (an der Zugangsstraße) steht am weitesten entfernt die **Westbasilika**, davor die Zisterne und am näher liegenden Hang blieben **omayadische Hausreste erhalten**. Im Osten, dort wo sich das Tal schon verengt, ragen am Jebel el Khas die wiederaufgerichteten Säulen einer weiteren byzantinischen Kirche auf, der **Ostbasilika**. Vermutlich gehörte sie zu einem Kloster. Auf dem südlich gegenüberliegenden Tell el Husn sind die Reste eines byzantinischen Forts und eines römischen Tempels, dahinter ein hellenistisches, römisches und byzantinisches Gräberfeld zu erkennen. Auf dem etwa 2 km südöstlich entfernten, 300 m höher gelegenen Jebel Sartaba wurde ein hellenistisches Fort aus dem 3. Jh vC ausgegraben. Von dort oben hat man den besten Ausblick, der von der Festung Qala'at ar Rabad bei Ajlun im Osten, über die Spitzen von Jerusalem bis zum Berg Karmel an der Mittelmeerküste reicht.

Beeindruckend ist die **Basilika im Tal** (Hauptkirche) im Stadtzentrum aus dem 4. Jh, auf römischer Grundlage errichtet. Sie bestand aus einem von Kolonnaden umgebenen Vorhof (Atrium), von dem drei Türen in das Mittelschiff und die beiden Seitenschiffe führten. Die ursprüngliche Apsis des Mittelschiffs wurde im 6. Jh durch einen Bau mit drei Apsiden ersetzt. In die teilweise mit Mosaiken verkleideten Wände waren Glasfenster eingelassen, ebenso war der Fußboden mit Mosaiken belegt. Die jetzt wieder aufgerichteten Säulen stammen auch aus römischer Zeit. Die breite, zur Basilika hinaufführende Treppe geht zumindest vom Baumaterial her auf das römische Theater zurück, von dem einige Subkonstruktionen freigelegt wurden. Hier sind auch noch Badeeinrichtungen des damals bereits aufgelassenen Bades erkennbar.

Von dem einst mit etwa 400 Sitzen ausgestatteten Theater (oder Odeon) sieht man zwar noch die Einbettung in den Hang, aber ansonsten leere Reihen bzw. Treppen. Östlich der Basilika stehen Mauern spätantiker Wohnhäu-

*Pella, vorne: Talbasilika, rechts Ausgrabungsgelände mit u.a. kanaanitischem Tempel*

> **Tagesausflug von Pella aus**
>
> Eine landschaftlich sehr schöne Straße führt von Pella weiter den Berg hinauf Richtung Ajlun bis zu einem Checkpoint, dort rechts abbiegen. Nach 17 km von Pella aus, beim Ort Bait Idis, zweigt bei N 32°26.58′, E35 °41.62′ rechts eine schmale Straße zur 1,5 km entfernten Jesus Höhle ab (als Oil Press Cave – **Jesus Cave** – ausgeschildert). Zu sehen ist eine gut erhaltene Ölmühle auf der Höhle, in der Jesus 40 Tage gefastet haben soll. Weitere knapp 2 km entfernt sind noch Ruinen vorhanden, die von der *Jesus Cave Association* als **Jesus Church** betrachtet werden; dort soll Jesus gepredigt haben. Tatsächlich handelt es sich um einen vielleicht frühchristlichen Kirchengrundriss, dessen Apsis deutlich zu erkennen ist.
>
> Weiter geht es über Istafena zur Kreuzung mit der Straße Ajlun - Irbid (22 km). Hier zweigt auch die Straße zum Ajlun Nature Forest ab. Wenn man sich rechts hält, kommt man nach 7 km zum Ort Ajlun und kann die Festung besichtigen und/oder über Anjara und Kudranja wieder hinunter ins Jordantal fahren, wo man in der Nähe von Kurayima auf die Hauptstraße stößt (25 km von Ajlun) und nach Pella zurückkehrt.
>
> Die Rundreise ist eine Alternative zum Besuch der obigen Orte von Ajlun aus, s. S. 206

ser des ehemaligen Stadtzentrums. Die Ost- wie auch die Westbasilika ähnelten der Hauptkirche sehr stark, waren aber teilweise weniger aufwändig geschmückt.

Auf dem Hügel westlich des Stadtzentrums wurde 1999 von einem australischen Team ein **kanaanitischer Tempel** entdeckt und seine beeindruckenden Grundmauern freigelegt. Rechts davon liegen Grundmauern von byzantinischen und omayadischen Wohnhäusern bzw. einer mamlukischen Moschee. Noch weiter westlich stand die sogenannte **Westbasilika**, einst eine der größten Basiliken im Nahen Osten. Leider diente sie bis in die 1960er-Jahre den Bewohnern als Steinbruch, heute stehen noch drei Säulen. Der Boden der mittleren Apsis war einst mit einem Mosaik bedeckt.

Nördlich neben der Basilika stießen Archäologen auf eine überraschend große Zisterne mit 270 000 Liter Fassungsvermögen; was darauf

*Pella: Talbasilika*

hindeutet, dass der Jirm el Moz vielleicht nicht genug oder nicht beständig Wasser führte (im Frühjahr 2016 war er wieder trockengefallen).

➡ **Praktische Informationen**

🚌 **Hinkommen**

- **Busverbindungen**: Pella ist per Bus nur umständlich zu erreichen; von der Ammaner Tabarbor Busstation nach Deir Allah, dann nach Al Mashara, den Rest zu Fuß oder per Taxi. Oder von Irbid, westliche Busstation, nach Al Mashara.

🍴 **Essen & Trinken**

- Gut speist man im Resthouse oberhalb am Hang über den Ruinen und genießt zusätzlich den weiten Blick nach Westen über das Jordantal hinweg mach Palästina.

🛏 **Übernachten**

- **PELLA COUNTRYSIDE HOTEL**

Nach dem Tod des ehemaligen Besitzers waren z.Zt. unserer Recherche vom nachfolgenden Pächter keine Informationen erhältlich.

8 km westlich der Pella-Abzweigung führt recchts eine schmale Straße 3 km im Siglab Wadi (Wadi al Araba) flußaufwärts zum

## Jordan EcoPark

(Korrekt: *Sharhabil Bin Hassnah Ecopark*) www.jordanecopark.com, reservation@jordanecopark.com

„Der EcoPark ist ein verstecktes Paradies, das auf seine Entdeckung wartet," ist auf der Website zu lesen, und das stimmt. Es mutet nahezu wie eine subtropische Umgebung an, dichtes

*Cabin im EcoPark*

Grün bedeckt den Wadiboden bis an die wüstenhaften Wadiwände. Dank des ein Stück talaufwärts gelegenen Tiglab-Damms wird das Wadi reichlich und ständig bewässert.

Der 8 Quadrat-km große Park wurde als Experiment und Vorbild für den Umgang und Erhalt eines Ökosystem von einer NGO gegründet. Er bindet, so gut es möglich ist, die lokale Bevölkerung ein, sowohl als Arbeitgeber als auch als Informant über ökologisches Wirtschaften. Zudem ist EcoPark die erste Station mit Übernachtungsmöglichkeit des **Jordan Trail**, der einen Tagestrip nördlich in Um Qays beginnt.

Aber auch Tagesbesucher bindet das Öko-Konzept ein. Man kann hier Entdeckungsspaziergänge machen und die üppige, abgeschiedene Natur auf sich einwirken lassen. Oder an geführten Wanderungen oder Radtouren teilnehmen – und noch einige Aktivitäten mehr.

➡ **Praktische Informationen**

🚌 **Hinkommen**

- **Busverbindungen**: Ecopark ist nicht direkt per Bus erreichbar. Man kann den Minibus am Abzweig von der Jordantalstraße halten lassen, muss dann

*El Hamma: Am steilen Hang zum Yarmuk-Fluss klammern sich Restaurants in den Fels*

3 km wandern. Alternativ in Al Mashara aussteigen und dort ein Taxi nehmen.

## Übernachten

- 17 Holzkabinen mit Bad und AC warten – verstreut im Wald – auf Gäste. Sie stehen auf kurzen Stelzen, umgeben von Büschen und Bäumen. Es gibt zwei rollstuhlgerechte Kabinen, außerdem einen Zeltplatz für Backpacker.
- Standard Cabin 1 Bett, mF ........................ 40
- Standard Cabin 2 Betten, mF ................... 55
- Standard Cabin 3 Betten, mF ................... 60
- Deluxe Cabins sind jeweils JD 10 teurer

Wer auf der Suche nach Souvenirs ist, kann hier fündig werden: Die Frauen der Umgebung bieten u.a. ihre schönsten Handarbeiten an.

**Zurück zur Jordanstraße**
3 km bis **Jordan River Crossing**
Gut 1 km westlich der Jordantal-Straße liegt der Grenzübergang *Sheikh Hussein Bridge* (s. S. 45) nach Israel.
18 km bis

## As Shouna (North)

(Die Stadt taucht auch unter Shouna As Shamaliyeh bzw. Ma'ad auf Karten auf.) Im Kreisel rechts 35 km auf Straße Nr. 10 kurvig hinauf nach Irbid. Das heutige Stadtgebiet von Shouna war schon in der frühen Bronzezeit (5.-3. Jahrtausend) besiedelt, aber die moderne Bebauung hat fast alle Spuren begraben. Hier lohnt sich für den archäologisch Interessierten ein Abstecher Richtung Irbid. 5 km bergauf liegt links abseits der Straße der Hügel **Tall Zira'a,** s. S. 232.

Wir wollen allerdings geradeaus fahren für einen sehr lohnenden Umweg nach Umm Qays.

Das nun kommende Jordantal ist relativ breit und dicht an dicht grün bewachsen. Bald nimmt die Straße nordöstliche Richtung ein, um dem **Yarmuk-Tal** zu folgen. **Achtung**: Auf dieser Straße herrscht ziemlich strenges Fotografierverbot, die Grenzsoldaten beobachten das mit Ferngläsern.

Zu Beginn der Yarmuk-Schlucht sieht man die im ersten israelisch-jordanischen Konflikt gesprengte Eisenbahnbrücke rostig und zerfetzt in den Fluss hängen. Auf der anderen Seite des Yarmuk kann man die israelischen Grenzanlagen mit ihren Wachtürmen, Stacheldraht- und elektrischen Zäunen erkennen sowie Autos nach Hammat Gader fahren sehen, dem ziemlich mondänen Pendant zum jordanischen El Hamma. Unsere Straße zieht sich den Berg hinauf und gibt bald den Blick auf eine dicht-grüne, fast liebliche Landschaft frei. Dieser Abschnitt der Rundreise durch Jordanien wird sicherlich als Kontrast vor allem zu den Eindrücken der wüstenhaften Strecken in Erinnerung bleiben.

13 km: **Kreuzung**
Rechts nach Umm Qays, links ein 5 km Abstecher nach El Hamma.

## El Hamma (auch *El Himmeh*)

Der kleine, bereits in der Antike als *Hammat Gader* bekannte Badeort liegt unten im Tal, aber oberhalb des Yarmuk-Laufs. Die Mineralquellen entspringen 121 m unter dem Meeresspiegel, sie speisen u.a. das am Ortseingang rechts liegende Heilbad, das in den letzten Jahren heruntergekommen ist und geschlossen wurde. Nach dem Bad und der folgenden Linkskurve liegt auf der linken Straßenseite das ehemalige Römische Bad, erkennbar an einem kleinen Basaltgebäude mit drei Kuppeln. Tagsüber sollte ein Wärter vor Ort sein. *„Hinter der Umfassungsmauer verbirgt sich ein romantischer Garten"*, schreibt ein Leser.

*„Zahlreiche warme und schweflige Bäche mäandern zwischen Blumen, großen Bäumen, und Schatten spendenden Palmen. Es ist kein Ort der absoluten Sauberkeit."* Dem ist nichts hinzuzufügen.

Wenn Sie weiter in den Ort hineinfahren, sich links halten und sich nach dem Hotel ABOU HARB durchfragen, landen Sie am Abbruch oberhalb des Yarmuk-Tals. Der Fluss hat sich eine tiefe Schlucht gegraben, am Steilhang gibt es einige Restaurants und einen Pfad, der an einer kleinen Tropfsteinhöhle vorbei hinunterführt.

➜ **Praktische Informationen**

🚌 **Busverbindungen:** Von der Nord-Busstation in Irbid fahren Busse und Minibusse über Umm Qays nach El Hamma und weiter nach Mukheiba.

🛏 **Übernachten**

- **SACH AL NOUN**, Tel mobil 0795656233, gransamarahotel@yahoo.com, Neubau, macht fast einen mondänen Eindruck mit seinem großen Pool im großen Garten, gut eingerichtet, teilweise Balkon, AC, WiFi, mF .................... E 37, D 50
- **ABOU HARB**, liegt direkt über dem Yarmuk-Steilufer, Tel mobil 079 7216 650, zwei Mineralwasserpools, AC, WiFi, große Räume, mF .................... E 45, D 50

**Zurück zur vorigen Kreuzung** und in vielen Kehren den Berg hinauf Richtung Umm Qays. An Wochenenden nutzen die Jordanier jeden Schattenplatz unter den Föhren am Hang für ihr so beliebtes Picknick.

13 km von El Hamma bis

## ***Umm Qays** (Gadara)

Das von den Römern *Gadara* genannte Städtchen wurde auf einem rund 350 m hohen, steil abfallenden und nach Westen weisenden Bergsattel erbaut, wobei das Jordantal tief unten in der Gegend

## Umm Qays/Gadara

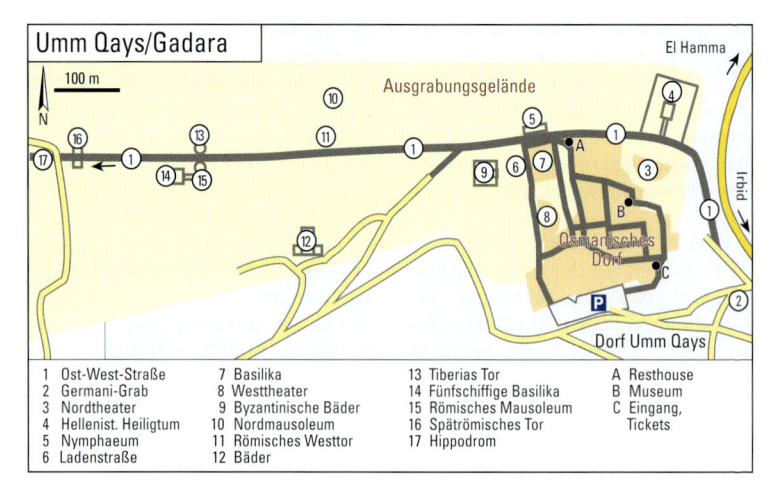

| Nr | Ort | Nr | Ort | Nr | Ort | | |
|---|---|---|---|---|---|---|---|
| 1 | Ost-West-Straße | 7 | Basilika | 13 | Tiberias Tor | A | Resthouse |
| 2 | Germani-Grab | 8 | Westtheater | 14 | Fünfschiffige Basilika | B | Museum |
| 3 | Nordtheater | 9 | Byzantinische Bäder | 15 | Römisches Mausoleum | C | Eingang, Tickets |
| 4 | Hellenist. Heiligtum | 10 | Nordmausoleum | 16 | Spätrömisches Tor | | |
| 5 | Nymphaeum | 11 | Römisches Westtor | 17 | Hippodrom | | |
| 6 | Ladenstraße | 12 | Bäder | | | | |

der Yarmuk-Mündung bereits 200 m unter NN liegt.
Damit breitet sich die Landschaft nach Westen und Nordwesten weit offen vor dem Besucher aus, die geschichtsträchtige Aussicht reicht weit in die Ferne. Da ist zunächst der See Genezareth, von den Golanhöhen im Vordergrund leicht verdeckt, dann lässt sich ein Stück Libanon zumindest erahnen, während weiter nördlich Syrien relativ nah angrenzt. Umm Qays ist besonders im Frühling eine Reise wert, dann ist es ringsum in ein Blumenmeer eingebettet.
Die Umm Qays Gegend ist für hervorragende Olivenqualität bekannt, nicht zuletzt auch für die Schlacht am Yarmuk (s. S. 238).

**Hintergrund**: Der an einer alten Karawanenstraße gelegene und militärisch gut zu verteidigende Bergsattel von Gadara war schon im 4. Jh vC besiedelt, im 2. Jh vC wurde die erste Stadtmauer angelegt. Der Ort entwickelte sich dann in hellenistischer Zeit – zunächst unter den Ptolemäern und dann den Seleukiden – zur bedeutendsten Stätte griechischer Kultur östlich des Jordans. Bekannte hellenistische Intel-

lektuelle wie Menippos oder der Lyriker Meleagros wurden in Gadara geboren bzw. lebten hier.
198 vC geriet die Stadt unter ptolemäischen Einfluss, 100 Jahre später nahm sie der jüdisch-strenge Alexander Iannäus ein, 63 vC ließ sich Pompejus als Befreier feiern. In römischer Zeit wurde der Ort schon bald Mitglied der Dekapolis. Octavian, der spätere römische Kaiser Augustus, schenkte 30 vC Gadara gegen den Willen vieler Bürger dem Herodes I; viele Einwohner sollen daraufhin wegen der Unterdrückung durch die jüdischen Besatzer Selbstmord begangen haben. Erst nach dem Tod von Herodes wurde Gadara, das sich schnell erholte, wieder ins Römische Reich eingegliedert.
In wechselvoller Geschichte konnte sich die Stadt – vom 4. bis 7. Jh als Bischofssitz – halten, doch 636 mit der Schlacht am Yarmuk verlor Byzanz den Vorderen Orient und damit auch Gadara. Unter den Muslimen scheint sich das Wirtschaftsleben nicht wesentlich verändert zu haben, wie neuere Forschungen ergaben. Weitgehend zerstört wurde die Stadt schließlich durch die Erdbeben von 747 und 750. 1806 identifizierte der deutsche Reisende Ulrich Seetzen die Ruinen als Gadara, erst

in den 1970er-Jahren begannen systematische Ausgrabungen. Nomadenfamilien hatten sich im 19. Jh mit den alten Steinen ein kleines Dörfchen auf den römischen Ruinen gebaut. 1986 wurden sie gegen Entschädigung umgesiedelt, damit die Archäologen dort weitergraben konnten. Doch die Häuser stehen immer noch leer am alten Platz…

Der Bergsattel von Gadara hat den Nachteil, dass die einzige natürliche Wasserversorgung etwa 50 m unterhalb des Ortes liegt und dass sie bald auch nicht mehr genug Wasser für die Versorgung der zunehmenden Bewohnerzahl lieferte. Die Archäologen entdeckten ein Wasserleitungssystem aus Tunneln, Zisternen und Aquädukten von insgesamt etwa 23 km Länge, das Wasser aus Quellen der Umgebung heranführte. Viele birnenförmige Zisternen innerhalb der Häuser waren wohl eher für Notvorräte angelegt worden.

**Kennenlernen**: Gleich am Ortseingang rechts zweigt eine Straße in das Ruinengelände ab (von Irbid kommend dort, wo sich die Straße zum Yarmuk hinunterzuwinden beginnt). Der **Parkplatz** liegt links (südlich) des Ruinenhügels, neben der ehemaligen Stadtmauer. Auf dem Weg dorthin gibt es gleich links, nach dem Abzweig von der Hauptstraße, zwei historische Grabkammern (**Germani** [2] und Modestus) zu sehen. Die Steintore des Germani-Grabes drehen sich noch in ihren Angeln.

Leider wurde die Besucherführung so geändert, dass man möglichst weite Wege zurücklegen musst: Vom Parkplatz erst einmal hinauf zu einem neu geschaffenen Eingang mit Ticketverkauf, an dem sich Besuchergruppen stauen (8-18, Winter 8-17; JD 5, JoPa; [C]). Dann geht es weiter am Museum entweder vorbei oder nach dessen Besuch hinunter ins Ruinengelände. Schließlich unterhalb des Parkplatzes wieder hinaus – an

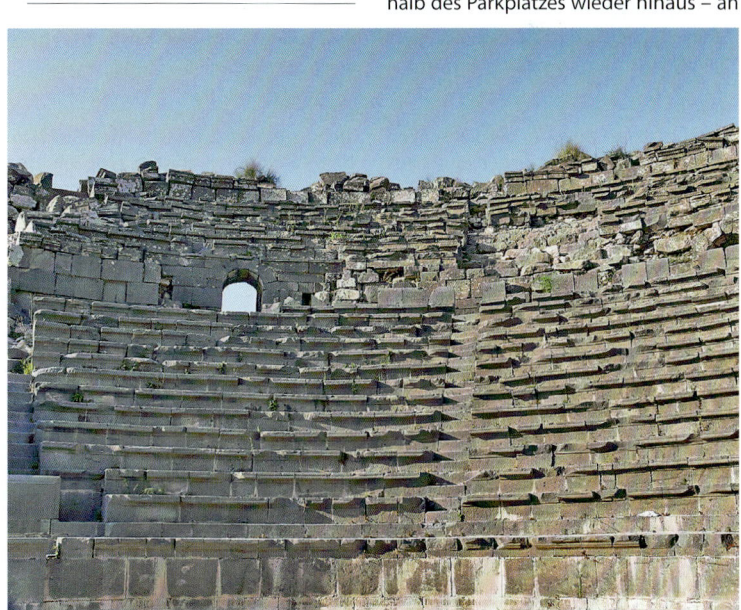

*Westtheater: neben dem Tor die Sitzreihe mit Rückenlehnen*

> **Neuere Entdeckungen und Grabungen im Norden Jordaniens**
>
> Der Darmstädter Professor Mathias Döring entdeckte 2004 in der Gegend von Umm Qays/Gadara ein tief im Berg geführtes **römisches Wasserleitungssystem** (als Gadara-Tunnel bekannt), das in Gadara endet. Zusammen mit seinen Studenten konnte er in jahrelanger Kleinarbeit das System aus Aquädukten und Tunneln verfolgen.
>
> Es beginnt in einem heute ausgetrockneten Tal in Syrien, verläuft zunächst 64 km oberirdisch, um dann in die felsige Hügellandschaft nordöstlich von Abila unter größten technischen Schwierigkeiten einzudringen und schließlich, nach 106 km, in Gadara anzukommen. Man schätzt, dass etwa 2900 Bauschächte zur Tunnelsohle gegraben werden mussten, 300 konnten bisher freigelegt werden. Der Tunnel selbst ist etwa 2,50 m hoch, er konnte bis zu 1 Mio Liter Wasser pro Stunde führen. Vermutlich wurde das unter Kaiser Hadrian begonnene, wohl größte Ingenieurbauwerk der Antike nach 120 Jahren fertiggestellt (www.spiegel.de/spiegel/0,1518,611973,00.html).
>
> Ausgrabungen des Deutschen Evangelischen Instituts (DEI, Adresse s. S. 164) auf dem **Tall Zira'a** belegen eine ununterbrochene Siedlungsfolge über 5000 Jahre (www.tallziraa.de/Tall-Zira%27a/0_106.html). Der im Wadi Arab oberhalb des Stausees gelegene einsame Hügel bietet dem Laien in erster Linie schöne Aussicht, verbunden mit Betrachtung einiger freigelegter Grund- und Stützmauern sowie eine (versiegte) artesische Quelle. Solange die angekündigte Beschilderung nicht ausgeführt wird, muss man weitgehend seine Fantasie walten lassen oder aber mit dem DEI Kontakt wegen einer eventuellen Führung aufnehmen.
>
> Das Deutsche Archäologische Institut gräbt seit längerer Zeit auf dem **Tell Khansari**, der 17 km nordöstlich von Jerash liegt. Auch bei dieser Grabung konnten Siedlungsreste seit dem 8. Jh vC freigelegt werden.

Verkaufsbuden entlang, die vermutlich der Anlass für die zusätzlichen, durchaus anstrengenden Wege waren.

Das kleine **Museum** [B] (Mi-Mo 8-18, Winter 8-17, JoPa), das auf der Hügelhöhe steht, ist gut für die Einstimmung geeignet; schon das Gebäude – ein verschachteltes osmanisches Wohnhaus einer Kaufmannsfamilie – strahlt sehr viel Atmosphäre aus. Ausgestellt sind Funde aus Gadara, als Schmuckstück gilt die Stadtgöttin Tyche (kopflos) aus dem Westtheater, sehenswert sind auch die verschiedenen Mosaike. Aber gehen Sie im Innenhof auch die Treppe zum Dach hinauf; von dort oben bietet sich der beste Ausblick.

Heute sind nur noch Bruchteile und -stücke des einst blühenden Gemeinwesens zu besichtigen. Im Grabungsgelände stehen (leider z.T. nicht mehr vorhanden) Tafeln mit arabisch-, englisch- und deutschsprachigen Erklärungen, die eine Lokalisierung von Gebäuden sehr erleichtern (seit Jahrzehnten betätigen sich hier u.a. die Archäologen des Deutschen Evangelischen Instituts). Die im Folgenden verwendeten Nummern beziehen sich auf diese Tafeln.

Vom Vorplatz des Museums lassen sich gleich einige Ruinenreste betrachten, zu denen der Weg jedoch kaum lohnt: Etwa unterhalb des Museums war das **Nordtheater** [3] in den Hang gebaut, allerdings haben "Steinentsorger" kaum etwas übrig gelassen. Wiederum unterhalb des Theaters und der Achsenstraße erstreckt sich eine ebene Terrasse (Temenos) von etwa 100 x 110 m Fläche, die aus militärischen Gründen erst ab 1995 archäologisch untersucht werden konnte. Es stellte sich heraus, dass sie für ein **hellenistisches Heiligtum** [4] angelegt worden war. Direkt am Abhang stand ein hellenistischer Torbau (Propylon) mit Säulenhallen, der vermutlich auf ein früheres Höhlenheiligtum im Hang zurückgeht. Dann folgte eine mit Steinplatten ausgelegte Straße, wohl die Via Sacra zum einst großen hellenistischen Tempel (wahrscheinlich des Zeus), der aus Geländegründen auf eine Terrasse gebaut werden musste und zu einem bisher unbestimmten Zeitpunkt wohl absichtlich und gründlich zerstört wurde. Derzeit ist die Tempelterrasse mit ihren gewaltigen Unterbauten und zwei Tonnengewölberäumen nur im Norden freigelegt.

*Ladenstraße, darüber Säulen der Hauptkirche*

Vom Museum aus schlendert man am besten durch die Gassen des ehemaligen Dorfes zum **Resthouse** [A], das früher einmal die Dorf-Mädchenschule war. Auf dessen Terrasse kann man sich bei einer Tasse Tee vollends auf die Ruinenstadt und ihre Umgebung einstimmen. Unterwegs lässt sich ungeniert ein Blick in die aufgegebenen Häuser werfen und ihre Architektur studieren.

Direkt unterhalb des Resthouse führt die ehemalige Ost-West-Straße [1], auch **Achsenstraße** bzw. *Decumanus* genannt, zum Hippodrom und zum *Monumentaltor extra muros* (beide stark zerstört, gute 500 m entfernt). Sie war zumindest im ersten Abschnitt als Kolonnade ausgeführt und maß bis zu 14 m Breite. Streckenweise verlief auf einer oder z.T. auf beiden Seiten eine Art „Bürgersteig", daneben eine Kalkstein"mauer", auf der die Säulen standen. Wagenspuren künden vom damaligen regen Verkehr. Die Straße ist erst vor wenigen Jahren bis zur erhaltenen Pflasterung freigelegt worden. Die Säulen des Kolonnadenteils sollen, soweit noch vorhanden, wieder aufgerichtet werden.

Links – südlich – vom Resthouse steht ein Ensemble von Säulen auf der sogenannten Kirchenterrasse [7]. Die hellen Kalksteinsäulen markieren ein Atrium vor der **byzantinischen Hauptkirche** aus dem 6. Jh. Südlich davon schließen sich acht Basaltsäulen an, die den Platz des oktogonalen Kirchenschiffs bestimmen; die Säulen trugen vermutlich eine Kuppel. Der Kirchenboden war einst mit farbigen Platten ausgelegt. Die Apsis ist noch deutlich anhand der Platten zu erkennen, in einer Bodenvertiefung stand der Altar.

Es macht Sinn, von der Basilika wieder zurück zur Achsenstraße zu gehen und der ehemaligen Hauptstraße nach Westen zu folgen. Zunächst sieht man gegenüber der

Kirchenterrasse die spärlichen Reste des einst sehr prächtigen **Nymphaeums** [5], kurz danach liegen links die Reste eines spätantiken Bades [9] mit Mosaikböden. Der Weiterweg auf der Achsenstraße mit Originalpflasterung und Spurrillen von Wagenrädern lohnt, weil man nach etwa acht Gehminuten vom Resthouse aus zu interessanten Ruinen kommt.

Unterwegs passiert man die wenigen Ruinen eines frührömischen Stadttores (auch *Westtor* genannt) [11], das einst die Stadtmauer nach Westen verriegelte, links dahinter stehen 7 Säulen. Ca. 150 m weiter sieht man links am Wegesrand runde Grundmauern, die zum ehemaligen **Tiberias Tor** [13] gehören. Aus dem Grundriss der vorhandenen Mauern lässt sich ablesen, dass es aus zwei Türmen beiderseits der Straße bestand und stadtauswärts von einer Säulenfassade geschmückt war. Seine von der Stadtmauer entfernte Lage besagt, dass es nur repräsentativen Charakter hatte. Aber das eine Tor scheint nicht ausgereicht zu haben, denn weiter westlich folgten noch zwei „extra muros" gebaute Tore, und eines davon war wesentlich monumentaler.

Geht man am Tiberias-Tor ein paar Schritte nach links, stößt man auf ein unterirdisches **römisches Mausoleum** [15] (Hypogäum). Eine Treppe führt in die 4 m tief liegende Anlage hinab, in deren Grabkuppelbau 18 Steinsärge in Schiebestollen untergebracht waren. Das massive Mauerwerk aus Granitsteinen ist imposant.

Ausgrabungen des Deutschen Evangelischen Instituts brachten die Grundmauern einer frühbyzantinischen **fünfschiffigen Basilika** aus dem 4. Jh zutage [14], deren Boden über das Hypogäum reichte. Sie ist die größte und, nach bisherigem Kenntnisstand, früheste Kirche in Gadara. Ungewöhnlich an diesem Fund sind ein paar Fakten: Es gibt nur relativ wenige fünfschiffige Kirchen im Nahen Osten, unter anderem die Geburtskirche in Bethlehem und die Grabeskirche in Jerusalem, also muss es sich hier um einen bedeutsamen Platz gehandelt haben.

In den Basilikaboden ist ein Durchbruch in die Hallenkuppel des Hypogäums eingelassen, d.h. die Gläubigen konnten auf dort ruhende Verstorbene (Heilige) hinunterschauen. Vor das Mausoleum war, zur selben Zeit wie die Basilika, eine Krypta gebaut worden, in deren Gräbern Skelette lagen, eines davon mit Kettenfesseln an den Füßen.

Aus diesen Indizien lässt sich schließen, dass die Basilika möglicherweise an dem Ort errichtet worden war, an dem Jesus zwei Besessene von Dämonen befreite, die dann in eine Schweineherde fuhren, die sich daraufhin in den See Genezareth stürzte. Daher pilgerten in byzantinischer Zeit so viele Menschen an diesen Ort, dass eine große Basilika gebaut werden musste. Allerdings gibt es direkt am Seeufer in Israel den Ort Kursi, der auch mit der Dämonenaustreibung identifiziert wird (und wo es die Schweine nur ein paar Meter zum Seeufer hatten…).

Man kann nun der Achsenstraße weiter nach Westen folgen, um über das spätrömische Tor [16] zum Hippodrom [17] zu gelangen. Aber der Zusatzweg lohnt kaum. Stattdessen könnten Sie z. B. querfeldein durch das Gelände zurück, Richtung Resthouse, gehen; dabei wird einem erst so richtig klar, wie viele Geheimnisse noch unter der Oberfläche verborgen liegen. Es gäbe u.a. noch identifizierbare Reste des Nordmausoleums [10] oder weiterer Bäder [12]. Vor der Kirchenterrasse angekommen, sollte man unten rechts abbiegen. Hier, ein "Stockwerk" unterhalb der Hauptkirche, verlief die **Ladenstraße** [6] mit etwa 5 m waagerecht in den Fels gehauenen Verkaufsräumen, hier lag das eigentliche Stadtzentrum.

Kurz nach dem Ende der Terrasse öffnet sich links ein imposanter Gewölbegang auf das recht gut erhaltene **Westtheater** [8], das 3000 Zuschauern auf zwei Rängen Platz bot. Es ist wesentlich kleiner als das Nordtheater und wurde vermutlich auch für politische Diskussionen genutzt. In der ersten Reihe der schwarzen (Basalt-) Sitzreihen stand die (aus dem Museum bereits bekannte) weiße Marmorstatue der Tyche, die hier als Göttin des Schauspiels verehrt wurde. Die oberste Sitzreihe bot sogar das Privileg bequemer Schalensitze mit Rückenlehnen. Von einem der oberen Ränge führt ein anderer Gewölbegang hinaus auf die Kirchenterrasse, von der man zum Parkplatz zurückgehen kann.

### ➜ Praktische Informationen

#### 🚌 Hinkommen

- **Busverbindungen:** Von der Amman Tabarbor Busstation mit Bus/Minibus zur New Amman Busstation im Südosten von Irbid, von dort per lokalem Minibus zur Nord Busstation von Irbid, dann per Minibus nach Umm Qays – gut zum Minibus-Erfahrungen-Sammeln.

#### 🍴 Essen & Trinken

- Wenn Sie Hunger verspüren, können Sie auf der **Resthouse-Terrasse** mit grandiosem Ausblick gute arabische Gerichte speisen, aber den Blick zahlt man mit. Im Dorf Umm Qays gibt es lokale Restaurants, die einen guten Eindruck machen.

#### 🛏 Übernachten

Das Hotel UMM QAYS musste schließen. Im Resthouse des Ausgrabungsgeländes werden **Zimmer im Ort** vermittelt.

**Weiter Richtung Irbid**
Nach 17 km (N32°38,3' E35°50,3'): Ampel, **Abzweig** (nach *Saham*, *Samar*)
Hier kann man links abbiegen, um nach

## **Abila

zu gelangen, das auch *Quelba* oder *Abela* genannt wird und das hier kaum jemand unter dem einen oder anderen Namen kennt. Von Abila kann man weiter nach Saham fahren, um auf das Gelände der Yarmuk-Schlacht zu schauen, s. S. 238.

*Hintergrund: Siedlungsspuren lassen sich bis etwa 4000 vC zurückverfolgen. Abila selbst wurde vermutlich unter den Seleukiden gegründet, zumindest jedoch besiedelt und ausgebaut, wie der Fund einer Marmorstatue der griechischen Jagdgöttin Artemis zeigt. 63 vC gliederte Pompejus den Ort in die Gilde der Dekapolis-Städte ein, womit dessen Bedeutung unterstrichen wurde. Unter den Römern entstanden verschiedene Bauten und Erweiterungen der Stadt wie auch ein Wasserleitungssystem mit bis zu 1,5 m hohen Tunneln, in denen Wasser von der Quelle Ain Quelba und einer weiteren Quelle herangeführt und verteilt wurde. In byzantinischer Zeit avancierte Abila zum Bischofssitz und beherbergte etwa 9000 Bewohner; mindestens sieben – wahrscheinlich mehr – Kirchen dienten dem Seelenheil. Nach der verlorenen Schlacht der Christen gegen das muslimische Heer – ganz in der Nähe am Yarmuk – erfolgte der Übergang in frühislamische Kalifate ziemlich reibungslos. Das Erdbeben von 747 sorgte für die Zerstörung Abilas. Erst in der späteren Abbasiden-Zeit scheint sich das Leben geändert zu haben. Die Existenz der Siedlung lässt sich bis in die mamlukische Epoche weiterverfolgen, nur aus osmanischer Zeit liegen keine Belege vor. Doch spricht Vieles dafür, dass die fruchtbare und wasserreiche Umge-*

*bung durchgängig besiedelt war.*

**Kennenlernen**: An den Säulen der Basilika auf dem **Tell Umm el Ammad** (*Mutter der Säulen*) angekommen, sollte man sich zunächst einmal über die Topografie klar werden, denn es lässt sich leicht übersehen, dass sich die ursprüngliche Stadt über etwa 1,5 km in Nord-Süd-Richtung und 0,5 km von Osten nach Westen ausdehnte. Unten im Tal wurden u.a. die Ruinen eines Badehauses, diverser Kirchen und weiterer Gebäude ausgegraben, ebenso auf dem gegenüberliegenden Hügel namens Tell el Abila.

Vor uns stehen die abwechselnd aus Basalt und Kalkstein gefertigten Säulen der dreischiffigen **Basilika Umm el Ammad** mit einer Apsis, die im 7. Jh errichtet worden war. Wie die Grabungsfunde zeigten, muss es sich um ein gut ausgestattetes Gebäude mit Mosaikböden im Vorbau und Atrium sowie mosaikverzierten Wänden gehandelt haben, das vermutlich beim Erdbeben von 747 einstürzte. Die vier monolithischen Säulen im Westen gehörten zu einem Vorbau, davor wiederum lag wahrscheinlich ein Atrium. Die Kirchgänger hatten durch je drei Türen im Süden und Norden Zugang, wie aufgefundene Schwellen zeigen.

Geht man nun den halben Weg ins Tal hinunter und auf der gegenüberliegenden Seite auf den **Tell el Abila** hinauf, so gewinnt man den besten Überblick über die Gesamtanlage und zusätzlich sieht man weit hinaus bis zum engen Tal des Yarmuk sowie nach Syrien. Hier oben stand seit dem 5. Jh eine Basilika mit drei Apsiden und 12 Säulen, von denen allerdings nur noch wenig vorhanden ist. Zur Innenausstattung gehörten Marmorverzierungen, die an den Wänden mit Metallstiften befestigt waren. Auf dem Tell el Abila kamen auch die meisten Fundstücke aus der frühen Besiedlung der Bronzezeit zutage.

Der Besichtigungsweg führt jetzt wieder hinunter und weiter ins Tal. Der Feldweg überquert bald eine byzantinische Straße mit schwarzem Basaltpflaster, rechts am Hang sieht man Ruinen, vermutlich des ehemaligen **Bischofspalastes** (wird oder wurde meist als Theater ausgegeben). Davor ist noch Kalksteinpflasterung aus römischer Zeit erhalten, östlich davon stand einst eine Basilika mit einer Apsis. Nur ein kurzes Stück weiter auf dem Feldweg ragen links Mauern auf, die höchst wahrscheinlich zu einem **Badehaus** (früher als Theater interpretiert) gehörten. In dieser Gegend liefen die Kanäle des Wasserleitungssystems zusammen.

Dann folgt, unübersehbar, die umzäunte fünfschiffige sog. **Kreuzförmige Basilika**, deren Grundriss in Form eines griechischen Kreuzes angelegt worden war. Man erkennt eine große Apsis und links sowie rechts je eine kleinere, um 90 Grad gedrehte. Hier stehen noch deutlich sichtbare Mauerreste, die Säulen – größtenteils römischen Ursprungs – wurden wieder aufgerichtet. Viele Indizien sprechen da-

---

**Abila** (nicht maßstäbliche Skizze)

1 Römische Brücke
2 Kreuzförmige Basilika
3 Tell Abila Basilika
4 Gewölbe
5 Badehaus
6 Byzantin. Basaltstraße
7 Bischofspalast
8 Basilika Umm el Ammad

*Abila: Basilika Tell Umm el Ammad*

für, dass ein großer Teil der Böden mit Mosaiken ausgelegt waren. Links neben der Basilika wurde kürzlich eine Kapelle ausgegraben. Auch hinter der kreuzförmigen Basilika hatte man auf einer Zisterne eine Kapelle errichtet. Die Wasserzuläufe sind in der Stützmauer zu erkennen.

Sollte der Zugang zur Basilika verschlossen sein, so muss man vom gegenüberliegenden Hang, an dem etwa in halber Höhe ein neues Haus steht, den Wärter bitten, aufzuschließen. In den Hängen dort sieht man Öffnungen von Katakomben, die z.T. bemalt sind. Dieae Nekropolen boten den Archäologen viele Funde und wichtige Erkenntnisse.

Unser Feldweg biegt jetzt rechtwinklig auf die alte römische Straße – vermutlich den Decumanus – ab, die hinüber zur anderen Wadiseite führt. Unterwegs wird der Bach mit einer römischen Brücke überquert.

Das alles ist keineswegs sehr aufregend; mancher Besucher wird fragen, warum überhaupt den weiten Weg hierher einschlagen? Der Grund: Abila wird (noch) von seiner Einsamkeit geprägt, hier kann der Reisende noch ausruhen, ein bisschen träumen oder meditieren und den weiten Ausblick genießen.

Wenn man Kreuzfahrerspuren folgen will, dann liegen die Höhlen von **El Habis** nicht weit entfernt. Man fährt zur Straße zurück und hält sich rechts nach Hartha und von dort geradeaus 4 km weiter. Kurz vor einem Checkpoint des Militärs biegt man rechts auf einen Feldweg ab. Hier sind die Höhlen bereits am Hang zu erkennen; man wandert noch etwa 20 Minuten bis dorthin. Außer "Löchern im Berg", die heute hauptsächlich als Ställe benutzt werden, gibt es nichts zu sehen, zumal die obere Reihe der Höhlen infolge eines Felsabbruchs nicht zugänglich ist. Einzig die Lage und der Ausblick über die Yarmuk-Schlucht machen den Abstecher interessant. Das war es auch, was die

*Unten im Tal: Ort der Yarmuk-Schlacht*

Kreuzritter an diesen bereits lange vor ihnen angelegten Höhlen reizte: die optische und faktische Kontrolle der Schlucht. Einen anderen Ausblick auf die Yarmuk-Schlucht gewinnt man, wenn man der Asphaltstraße, von der man auf dem Feldweg nach Abila abzweigte, nach rechts folgt, das Wadi Ain Quealba quert und den Hang hinauf bis zur Hauptstraße 35 fährt und dieser nach links folgt. Unterwegs ist das *Yarmuk Battlefield* ausgeschildert. Nicht weit, kommt man an einer Aussichtsanlage an.

➡ **Praktische Informationen**

🚌 **Hinkommen**

- **Anfahrt**: Nach knapp 3 km (N32°39,6' E35°50,2') im nächsten Ort der Beschilderung *Aqraba, Hartha* nach links folgen und 4 km auf dieser Straße bis zu einer T-Kreuzung bleiben, an der links ein Torbogen steht; hindurch bis Ortsanfang (etwa 500 m), erste schmale Straße rechts abbiegen und ins Tal hinunterfahren; dort zweigt nach gut 1 km rechts ein Feldweg ab, der zwischen den beiden Stadthügeln verläuft. Man sieht die Säulen Tell-Umm halbrechts auf einem Plateau und fährt auf Sicht, indem man unten im Tal rechts auf einen schlechten Feldweg abbiegt, der hoch zum Ruinengelände führt.

- Eine weitere Alternative für die **Anfahrt von Irbid aus**: Auf der Straße nach Umm Qays 7 km bis zu einem Kreisel fahren (N32°36,78' E35°51,72'). Bei diesem nicht links nach Umm Qays abbiegen, sondern geradeaus und 7 km, über alle Kreuzungen, ebenfalls geradeaus, dann verzweigt sich die Straße vor einer Moschee, hier links, Richtung Aqraba, halten. Bald schwenkt die Straße zu einer Quelle – ausgeschildert als *Ain Quelba* – hinunter, an der viele Tankwagen auf das Auffüllen warten, ca. 700 m bergauf, an einer Y-Kreuzung rechts, Richtung Aqraba, abbiegen und nach ca. 500 m durch den oben genannten Torbogen und weiter wie oben beschrieben fahren.

### Schlacht am Yarmuk am 12. August 636

Glaubt man den Angaben am Aussichtspunkt **Saham** hinunter ins Yarmuk-Tal, dann wurde dort unten Weltgeschichte geschrieben. Es heißt, dass bei der Schlacht Muslime unter Khalid bin Al Wali gegen Byzantiner unter Theodorus 4000 Muslime ihr Leben verloren und 80 000 byzantinische Soldaten niedergemacht wurden. Christliche Quellen nennen andere Zahlen. Jedenfalls war das Ergebnis der verlorenen Schlacht, dass sich die Muslime daran machten, neben Syrien und Palästina ganz Nordafrika bis hin nach Spanien in einem Feuersturm zu Lasten von Byzanz zu erobern.

Zu sehen gibt es außer dem tief eingeschnittenen Yarmuk-Tal und dem Blick nach Syrien auf der anderen Seite des Yarmuk, nichts. Zur Zeit unserer letzten Recherche war eine Aussichtsplattform mit Grünanlagen im Bau. Offenbar sollen Touristen animiert werden, sich an diesem denkwürdigen Platz umzusehen.

## 🚌 Anfahrt von Irbid aus

(keine öffentlichen Busse) Auf der Straße 35 Richtung Barshata fahren. Spätestens in dieser Gegend ist *Saham* oder *Yarmuk Battlefield* ausgeschildert.

## Die Wüstenschlösser

Die Wüstenschlösser verbanden Lust und (Verteidigungs-)Last – jedenfalls teilweise – miteinander. Als Verteidigungsanlagen entstanden einige Forts unter den Römern bzw. in byzantinischer Zeit. Eine Theorie über den Ursprung der Anlagen besagt, dass sich die arabischen Eroberer schwer ans Stadtleben zwischen einengenden Mauern gewöhnten. Sie zogen nur zu gern in die Festungsmauern mitten in der Wüste, wo sie der Jagd und sonstigen Genüssen ungestört frönen konnten. Andere wiederum nehmen an, dass sich die Herrscher zur Meditation und zum Beten in die Wüste zurückzogen. Die Historiker scheinen sich auf die Mitte zu einigen, dass es hier um beides ging: sowohl nostalgisch dem alten Lebensstil nachzuhängen als auch, andererseits, dem Ernst des islamischen Lebens Tribut zu zollen. Weitere Theorien besagen, dass die omayadischen Herrscher hier besseren Kontakt zu den ihnen treu ergebenen Beduinenstämmen fanden oder dass die Schlösser komfortable Stationsunterkünfte auf dem Pilgerweg nach Mekka waren.

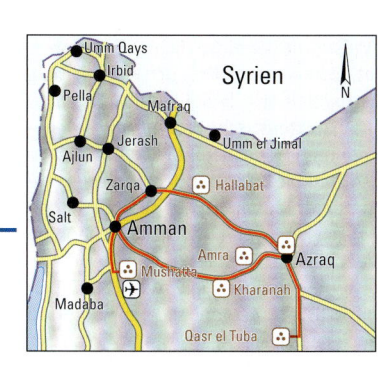

Ob es tatsächlich ein mehr oder weniger gemeinsamer Hintergrund war, der über 20 Wüstenschlösser – hier als Gattungsbegriff auch für Anlagen in fruchtbarem Gebiet gemeint – im heutigen Syrien, Libanon, Jordanien und Israel entstehen bzw. wiedererstehen ließ, wird wohl noch länger für Diskussionsstoff sorgen.

Zwar werden die Wüstenschlösser als gewaltige Attraktion angepriesen, doch darf man sich kein "Schloss" unserer Vorstellungswelt ausmalen, weder von der Ausdehnung noch vom Prunk her. In den meisten Fällen handelt es sich um zusammengestürzte Mauern, die vergleichsweise kleine Flächen umschlossen. Selbst wenn man die Perle, das Amra-Schlösschen, betrachtet, kann kein eigentliches "Schlossgefühl" aufkommen.

Erwarten Sie also unter der Kombination

### Sehenswertes

****Qasr Amra**, ungewöhnlichstes der Wüstenschlösser mit aufschlussreichen Fresken, S. 237

***Azraq**, relativ gut erhaltene Anlage aus blauschwarzem Basalt in großer, gleichnamiger Oase, in der der Besuch zweier Nature Reserves lohnt, S. 243

**Qasr Hallabat**, ziemlich zerstört, aber gut restauriert mit besser erhaltenem kleinen Badeschlösschen *Hammam es Sarakh* (ebenfalls restauriert), S. 241

**Qasr Kharanah**, besterhaltenes Wüstenschloss, aber wenig Atmosphäre, S. 249

**Qasr Mushatta**, unvollendetes Wüstenschloss, sollte das schönste werden; das interessanteste Bauteil, die Südfassade, steht im Museum in Berlin, S. 251

*Qasr Tuba**, einst größtes Wüstenschloss, heute stark zerstört, sehr abseits in der Wüste gelegen, S. 252

"Wüste" und "Schloss" nichts Sensationelles, so interessant dies auch klingen mag. Es handelt sich lediglich um eine relativ charakteristische Wohnform einer bestimmten Herrscherelite einer bestimmten Zeit. Die im Folgenden beschriebene Rundreise kann man bequem in einen Tag packen (wenn man kein Archäologe oder einschlägiger Fan und per Auto unterwegs ist); sie ist gleichzeitig ein Trip in die Wüste – obwohl Wüstenstimmung auch nicht so recht aufkommt: Diese Gegend ist immer wieder genutzt, ob von Militär oder Steinbrechern oder sonstigen Betrieben. Da beide Straßen in die Nachbarländer führen, rollt ununterbrochener Schwerverkehr vorbei; Wüstenstille gibt es nicht mehr. – Wenn Sie weitere Details erfahren wollen, dann kann *The Desert Castles* empfohlen werden, eine preiswerte Publikation, die in Amman erhältlich ist.

Wer wenig Zeit hat, sollte sich wenigstens Qasr el Amra anschauen, das an einer schnellen Asphaltstraße 80 km von Amman entfernt liegt. Bei etwas mehr Zeit läge – das subjektiv interessantere – Azraq nur 16 km weiter entfernt.

### ➡ Praktische Informationen

- Jeweils drei Schlösser kosten im Sammelticket JD 3 Eintritt (JoPa). Während Ramadan werden alle Wüstenschlösser bereits um 16 U geschlossen.

### 🚆 Hinkommen

- **Busverbindungen**: Man kann die komplette Rundfahrt nur per Taxi buchen; es gibt keine öffentlichen Direktverbindungen.
- Nach **Qasr el Hallabat** nimmt man von der Tabarbor Busstation in Amman zunächst mit einem Bus (ab 6 U alle 10 Minuten, JD 0,40) nach Zarqa, der an der Rashid Busstation endet. Dort geht es mit einem Shuttle-Minibus weiter zur Abdullah Busstation, von der ab 6 U die Minibusse (0,90 JD) nach Hallabat starten, die auch beim Hammam es Sarah vorbeikommen.
- Auch nach **Azraq** (16 Busse ab 6 U, JD 1,50) geht es nur von Zarqas Abdullah-Station aus. Wer von Qasr el Hallabat nach Azraq weiterkommen will, nimmt den Minibus zurück Richtung Zarqa, steigt aber an der Straße Zarqa – Azraq aus und winkt den Azraq-Minibus an.
- Von Azraq nach **Amra** und wieder zurück geht es nur per Taxi, das einschließlich Wartezeit etwa JD 10-15 kostet. Daher empfiehlt sich wirklich die folgende Möglichkeit:
- **Traveller-Hotels** in Amman wie *Cliff, Nasser, Farah* und andere organisieren Taxi-Trips, die immer wieder gelobt werden und pro Fahrzeug JD 60-90 kosten, oder rufen Sie direkt z.B. Wa'el Salih an (s. S. 176), dann sparen Sie die Hotelprovision. Leser berichten auch, dass man auf der Strecke recht gut trampen könne, was wir mit allem Vorbehalt als eher letzte Möglichkeit weitergeben und für die Sommerzeit wegen Wartezeiten in schattenloser Hitze ganz und gar nicht empfehlen können.
- **Per Auto** verlässt man Amman in östlicher Richtung und folgt der Autobahn nach Zarqa.

Zarqa ist eine reine Industriestadt, in der die einzige Raffinerie Jordaniens steht. Neben Erdölprodukten wird in der Nähe Phosphat abgebaut und z.T. weiterverarbeitet.

- **Abfahrt von Amman**:
- Wie Anfahrt zur Theodor-Schneller-Schule. Sieht man 8,5 km nach dem Römischen Theater die Brücke zur Schule, unterfährt man sie und bleibt weiter auf der vierspurigen Straße. Nach 10 km: Mitten in Zarqa teilt sich

*Qasr el Hallabat, Innenhof mit Zisternen-Einlauf*

die Straße **y-förmig,** hier hält man sich auf dem rechten Ast, an dem „Compulsery for Trucks" steht und der nach Syrien weiterführt.

11 km: **Abzweig**, rechts auf der neu ausgebauten Autobahn Richtung Azraq und Saudi Arabien

20 km: **Abzweig,** Schild *Qasr el Hallabat* Von der Autobahn links abbiegen. Nach 3 km am Ende des zweiten Ortes links halten. 200 m weiter auf der linken Seite steht das Badeschlösschen

## Hammam es Sarah

Das Bad stammt aus dem 8. Jh nC. Die Jordanier rekonstruierten und restaurierten es, vermutlich war es Jagd- und Badeschloss. Das eigentliche Bad wird von einer Rippenkuppel auf Stützbögen überwölbt, dies war das Heißbad. Über das anschließende Lauwarmbad spannt sich ein Kreuzgewölbe, dann folgt der Auskleideraum unter einem Tonnengewölbe. Sehr gut ist das Heizungssystem zu erkennen. Vom ehemaligen Audienzsaal sind nur noch die Grundmauern erhalten.

Links neben dem Bad sorgte der 27 m tiefe Brunnen für das Badewasser.

Nach 3 km (im nächsten Ort, N32°5,69'E36°19,85'):

## *Qasr el Hallabat

*Hintergrund: Die Ursprünge der Anlage gehen wahrscheinlich auf die Nabatäer zurück; die Römer übernahmen nur zu gern Lage und Anlage, um die nordöstlichen Wüstengebiete zu kontrollieren. Vermutlich war es Marcus Aurelius, der im 2. Jh mit diesem Fort die von Trajan gebaute Handelsstraße Via Nova Trajana von Damaskus zum Roten Meer (Aila, heute Aqaba) schützen wollte. Eine Inschrift berichtet über eine Erweiterung zwischen 211 und 215. So wuchs im Laufe der Jahrhunderte eine massive Festung heran. Aus einer anderen Inschrift geht hervor, dass die Anlage in der byzantinischen Zeit als christliches*

**Azraq**

Map labels: Zarqa, Irak, Wüstenschloss Qasr el Azraq, Amman, Azraq ed Duruz, Azraq Air Base, Azraq es Shishan, Azraq Wetland Reserve, Shaumari Wild Life Reserve, Saudi-Arabien Ma'an, Azraq

**Hotels**
1 RSCN Lodge
2 Al Zoubi

Als Erstes erwartet den Besucher die von den Omayaden neben den Palast gebaute Moschee, die weitgehend rekonstruiert ist. Der Mihrab wurde offenbar komplett erneuert, in der Mitte stehen vier Säulenbasen. In seiner Schlichtheit, mit den hellbraunen Steinen unter blauem Himmel, macht das kleine Gebäude einen sehr positiven Eindruck.

Daneben sind die Überreste der Palastanlage zu sehen, deren quadratischer Grundriss deutlich das ehemalige römische Kastell zeigt. Im Innern lassen sich sowohl die römischen Ursprünge als auch die omayadischen Einbauten an ihren meist schwarzen Steinen nachvollziehen. Diese Steine tragen häufig griechische Inschriften aus ihrem Ursprungsort Umm el Jimal. In der linken Ecke ist ein Raum erhalten, der eine Toilette und/oder Dusche gewesen sein könnte. Etwa in der Mitte links sind in einem Raum noch Reste von Marmorverkleidung an der Außenwand und auch Mosaikreste zu entdecken. In der linken hinteren Ecke wurde ein Kastellturm teilrekonstruiert, von dem aus man unterhalb des Palastes Häusergrundmauern und ein großes Wasserbecken erkennt.

Im Innenhof steht eine kleine, monolithische Einfassung über einer Zisterne, deren Wassereinlauf im schräg abfallenden Hof ebenfalls erhalten ist. Im rechten hinteren Teil, der mit einer Holztür verschlossen ist (Wächter schließt auf), blieben Mosaikböden zum Teil gut erhalten. Dahinter deuten einige Rundbögen den Standort der ehemaligen byzantinischen Basilika an.

Lassen Sie Ihre Fantasie spielen, um sich das fürstliche (Lust-)Leben in diesen

*Kloster diente, bis es die Omayaden im 8. Jh nC in ein repräsentatives Schlösschen verwandelten, geschmückt mit Mosaiken sowie Fresken auf Stuckwänden. Zusätzlich erbauten sie eine durchdachte Wasserversorgung und eine Moschee.*

*Die Anlage wurde in jüngster Zeit sehr gut restauriert. Man braucht nicht viel Fantasie, um sich zumindest in die Zeit der Omayaden zu versetzen.*

**Kennenlernen**: Der Komplex ist weiträumig eingezäunt und von 8-18 geöffnet. Das relativ neu gebaute Visitor-Center bietet keine Information außer dem üblichen Wüstenschlösser-Prospekt, jedoch ein kleines, aber sehr gut mit Funden von Hallabat ausgestattetes Museum, das unbedingt mehr als einen Blick wert ist. Es wird gern vom Personal aufgeschlossen.

Von hier geht man 5 - 7 Minuten den Hügel hinauf. Oben wird man von einem der Wächter empfangen, der verschlossene Türen öffnet und in holprigem Englisch auf Details aufmerksam macht.

rauen Mauern vorzugaukeln.
**Zurück zur Hauptstraße** und nach Osten weiterfahren
44 km: **Abzweig**
Von rechts mündet die Straße 40 ein, geradeaus weiter.
Ca. 15 km: Rechts zieht sich das **Azraq Flüchtlingslager** für 20 000 Menschen in einigem Abstand über mehrere Kilometer abseits der Straße entlang. Es wurde 2015 familiengerecht mit festen Unterkünften, d.h. keine Baracken oder Zelten, erbaut.
8 km bis zur **Kreuzung** am Eingang der Oase Azraq.

### ***Oase Azraq

*Hintergrund*: *Die Oase Azraq, mit etwa 8 000 Einwohnern, verdankt ihre Existenz dem Beginn des Wadi Sirhan, das sich bis Saudi Arabien hinzieht. Grün und etwas zerzauste Palmen überraschen den Wüstenfahrer, wenn er die Oase betritt. Aber so eine richtige Oase ist Azraq nun auch nicht, weil die Vegetation eher spärlich ausfällt und stark von der Jahreszeit abhängt. Die winterlichen Regenfälle sammeln sich in Seen und Sümpfen, die im Sommer austrocknen und zur Salzgewinnung genutzt werden. Ab Spätherbst dient die Oase (wieder) vielen Vögeln als Rast- oder Überwinterungsplatz, daher ist sie unter Ornithologen gut bekannt.*
*Im 19. Jh siedelten sich im südlichen Teil von Azraq (Azraq es Shishan) Tscherkessen, im 20. Jh im nördlichen Teil (Azraq ed Duruz, auch Azraq as Shishan) Drusen an. Die unsichtbare Grenze zwischen beiden Gruppen besteht praktisch heute noch, jede wird von einem eigenen Bürgermeister vertreten. Der südliche Ortsteil ist eine Ansiedlung von Shops und Werkstätten an der ehemaligen Durchgangsstraße nach Saudi Arabien. Da die neue Autobahn Azraq weiträumig umgeht, ist dieser Siedlungsteil höchst wahrscheinlich der Untergang bestimmt. Im nördlichen Oasenteil wird man in eines der üblichen jordanischen Dörfer versetzt, hier liegt auch das Wüstenschloss.*
*Bereits prähistorische Jäger und Sammler lebten an der einzigen, östlich des Jordans gelegenen Wasserstelle innerhalb einer weiten und trockenen Wüste. Die Römer schützten das fruchtbare Wadi Sirhan*

*Wasserbüffel in der Wetland Reserve*

*gegen räuberische Beduinen durch eine Festung an seinem Nordrand, die um 200 nC errichtet und unter Diokletian um 300 erweitert wurde. Im 8. Jh ließ der Omayadenfürst und spätere Kalif Walid II das Kastell zu einem Schloss umbauen. Es diente dem lebensfrohen Kalifen wohl als Lieblingssitz, denn in der Oase fand er genug Wild zum Jagen, es gab Wasser im Über-*

*Azrag Qasr: Steintor*

*fluss und für die anderen seiner Hauptgenüsse – Wein, Weib und Gesang – war sicher auch gesorgt. Eine Inschrift der Ajubiden aus dem Jahr 1238 lässt darauf schließen, dass damals das Schloss seine heutige Gestalt erhielt. Fortan diente es mehr als militärischer Stützpunkt.*

Auf den letzten Kilometern bei der Einfahrt in die Oase war das großflächige Militärareal rechter Hand nicht zu übersehen. Hier, auf der „Muwaffaq Salti Air Base" befindet sich ein Stützpunkt der königlich jordanischen Luftwaffe, auf dem auch die **deutsche Bundeswehr** nach ihrem Auszug aus der Türkei eine neue Heimat für ihre Aufklärungsflüge über IS-Gebiet fand.

An der ersten Ampel links halten, nach 3 km Abzweig zum (derzeit geschlossenen) Resthouse, 2 km bis zum Wüstenschloss.

**Kennenlernen**: Das Schloss (8-18 Uhr, JoPa, JD 2) – *Qasr el Azraq* – ist gänzlich aus schwarzblauen Basaltsteinen erbaut, es wirkt nicht gerade wohnlich. Der nahezu quadratische Grundriss, die dicken Mauern und rechteckigen Türme gehen auf die Römer zurück. Ein Erdbeben im Jahr 1927 richtete starke Schäden an.

Der Wärter führt am Eingang gern die noch vorhandene und funktionsfähige, tonnenschwere Basalttür vor. Im Torbereich fallen Steinplatten mit Kuhlen auf, die als Spielbrett (angeblich der Römer) verwendet wurden. Im zweiten Eingang, schräg links gegenüber, existiert eine weitere, sogar noch schwerere Steintür. Im Erdgeschoss an der Nordwand waren Stallungen, Küchen und Lagerräume untergebracht, das Obergeschoss diente dem Wohnen. Der letzte bekannte Bewohner war T. E. Lawrence, *Lawrence von Arabien*, der in dem kühlen Gemäuer, im Raum über dem Eingang, den Winter verbrachte. Im Innenhof steht eine noch heute benutzte Moschee, deren Ursprung vermutlich eine byzantinische Basilika war. Gleich nebenan führen Stufen in die recht große, runde Zisterne hinunter.

Östlich der Straße, welche die beiden Ortsteile verbindet, breitet sich die **Azraq Wetland Reserve** aus, eine jetzt unter der Schirmherrschaft der Royal Society for the Conservation of Nature (RSCN) stehende *Nature Reserve*. Kurz nach der T-Kreuzung, am Eingang zur Oase, zweigt im südlichen Ortsteil links eine ausgeschilderte Straße zum Besucherzentrum ab. Eintritt JD 8 (8-17), Ticket gilt auch für die *Shaumari Wildlife Reserve*.

Bis Ende der 1970er-Jahre herrschte hier noch reges "Wildlife", Wasserbüffel suhlten sich in den Tümpeln, in denen verschiedene Fischarten lebten, Zugvögel rasteten hier. Doch das Bild änderte sich dramatisch, als die Wasservorkommen zum großen Teil abgepumpt und nach Amman wie auch zu landwirtschaftlichen Projekten geleitet wurden, leider viel mehr als durch den unterirdischen Zufluss aus Syrien nachsickerte. Viele Seen trockneten aus, der Vogel- und Wildbestand ging drastisch zurück, viele Wildtiere einschließlich der Wasserbüffel starben aus (allerdings auch durch Jagen).
Seit 1994 versucht man, das Rad zurückzudrehen, um der drohenden Versteppung und Verwüstung zu begegnen. Wasser wurde wieder zurückgepumpt, und die Natur half zusätzlich mit einem in dieser Gegend sehr regenreichen Winter. Langsam, vielleicht zu langsam füllen sich Tümpel und Seen wieder, auch Vögel kehren zurück. Allerdings dürfte es immer noch einige Jahre dauern, bis der ehemalige Zustand der Nassgebiete erreicht sein wird. Zur Vogelbeobachtung sind schöne Pfade innerhalb des Reservats angelegt worden. Nach Erweiterungen in den letzten Jahren ist das Reservat von 5% auf etwa 10% der ehemaligen Feuchtegebiete angewachsen. Denn seit Amman aus Diseh/Wadi Rum mit Wasser versorgt wird, hat der Wasserstrom in Azraq spürbar zugenommen. Dadurch können größere Flächen für Wasserbüffel eingerichtet werden, deren Bestand von derzeit 14 auf etwa 40 Tiere anwachsen soll.
Im Besucherzentrum bemüht man sich, die Gäste über die Entwicklung der Wetlands zu informieren. Innerhalb des Reservats wurde ein anschaulicher Rundgang – z.T. auf Holzbohlen/-stegen – angelegt, der streckenweise durch eine Schneise im dichten Schilf, u.a. zu einer Vogelbeobachtungsstation führt. Daher ist im Eintrittspreis das Ausleihen eines Fernglases eingeschlossen. Während der Monate Dezember bis Februar und ab Mitte März bis Ende April ist mit den meisten Vögeln zu rechnen. Wegen der größeren Wasserflächen legen jetzt auch deutlich mehr Vögel einen Zwischenstop während der Vogelflugzeiten als früher ein, weil sie die Oase auch als sicheren Landeplatz erkannt haben.

Etwas mysteriös ist immer noch der Zweck einer etwa kniehohen Mauer – von Einheimischen *Römische Mauer* genannt –, auf die man auch beim Rundgang trifft, die sich aber 5 km lang von Südosten nach Westen um das Feuchtgebiet herumzieht. Vermutlich geht sie nicht auf die Römer zurück, sondern entstand unter den Omayaden zur Wasserregulierung; aber auch bei dieser Bestimmung bleiben diverse Fragen offen.

## Shaumari Wild Life Reserve

Eintritt JD 8, (Ticket gilt auch für *Wetland Reserve*).

### 🚌 Hinkommen

🚌 Infolge der neuen Autobahn hat sich die Anfahrt verändert: Auf der alten Straße 5 nach Ma'an/Saudi-Arabien fährt man östlich am Militärgebiet vorbei und auf die Autobahn. Dieser muss man zunächst ein Stück in westlicher Richtung folgen und macht schließlich einen ausgeschilderten U-Turn in Richtung Osten. Die Abfahrt zur Shaumari Reserve wird, sagen wir, nicht sonderlich verständlich angezeigt, daher aufpassen, um auf die zuständige Landstraße zu gelangen.

Hier schufen die Jordanier, bzw. die RSCN, mit Unterstützung des World Wildlife Fund einen Wildpark, in dem Tiere wieder heimisch werden sollen, die einst in der Umgebung lebten und ausgestorben oder davon bedroht waren. Vor allem geht es um Oryxantilopen, die in freier

Wildbahn nicht mehr existierten. Heute weiden 60 bis 70 Oryxe mit ihren langen, spießgleichen Hörnern in dem 75 qkm großen Reservat, dazu einige Strauße und weiße Wildesel; auch das letzte Paar der einst in der Oase lebenden Wildpferde ist hier untergekommen.

Am Eingang zur Reserve wurde in den letzten Jahren ein sehr informatives und anschauliches Visitor Center gebaut, dessen Besuch schon allein den Weg von Azraq hierher lohnt. Es wird sowohl die Geologie wie auch die botanische und biologische Situation der umgebenden Wüste beschrieben und in Schaukästen beispielhaft dargestellt. Ranger erklären gern und ausführlich Hintergründe.

Vom Visitor Center aus kann man die Tiere beobachten, allerdings hauptsächlich nur diejenigen, die im eingezäunten Bereich direkt vor den großen Beobachtungsscheiben leben. Will man fotonah an die frei im Reservat lebenden Oryxe herankommen, kann man eine "Safari" buchen und in das Freigelände hinausfahren. Die beste Beobachtungszeit ist der Frühling und der Dezember.

### ➡ Praktische Informationen

### 🚌 Hinkommen

- **Busverbindungen**: Von Amman fährt man per Minibus (JD 2) nach Zarqa (Süd-Busstation), dort steigt man in einen Shuttle-Minibus zur Nord-Busstation um, wo ein Minibus nach Azraq startet (JD 1,20). In Azraq pendeln Minibusse zwischen den beiden Ortsteilen.
- **Zurück nach Amman** 1,80 JD; **Kerak** 2,70 JD; **Zarqa** 1,50 JD.

### 🍴 Essen & Trinken

- Vor der Flüchtlings/Touristenkrise gab es zwei große und gute Restaurants, die vielleicht bei entsprechendem Bedarf aus ihrem Dornröschenschlaf erweckt werden, z.B.
- AZRAQ TOURIST PALAC, links an der Verbindungsstraße Richtung Schloss; preiswertes Menü
- Außerdem isst man recht gut in der AZRAQ LODGE.
- An der Straße nach Saudi-Arabien gibt es noch einige **Trucker-Restaurants** und Imbiße, die billiger sind.

### 🛏 Übernachten

- **AL ZOUBI**, Tel mobil 079 7023049; im Südteil an der Straße nach Saudi-Arabien, ca. 1 km nach der Kreuzung am Oaseneingang (15 N 31° 49′ 46″ E 36° 48′ 56″, Leserangabe), zweite Häuserreihe, AC/Heizung, freundlich (allerdings nur arabische Verständigung), Küchenbenutzung kostenlos, Ventilator, nicht für alleinreisende Frauen,
................4-Bettzimmer 15pP, D 20
- **\*\*AZRAQ LODGE**, am Eingang zur Oase von Westen kommend rechts, ausgeschildert, Tel 05383 5017, www. rscn.org.jo; gehört der RSCN, ein Ex-British-Hospital umgebaut zu einer unorthodoxen Unterkunft, angeschlossen ist eine Werkstatt für Naturprodukte mit Shop, geführte Wander-, Fahrrad- oder Bustouren in die Umgebung, auch Fahrradverleih, AC, Dinner JD 14, mF............... E 70, D 82

Von Azraq aus können Sie ein paar interessante **Ausflüge** einlegen, (s. S. 252) am Ende dieses Kapitels).

**Nach Amra**, dem nächsten interessanten Wüstenschloss, müssen wir von Azraq aus zunächst 8 km von der Eingangskreuzung der Oase nach Westen zurückfahren und uns dann halblinks halten. Achtung: Es gibt keine Busverbindung auf dieser Strecke. Wenn man in Azraq keine andere Fahrgelegenheit – z.B. mit anderen Touristen – findet, bleibt nur ein Taxi, das für den Besuch von Qasr Amra ca. JD 10-15 verlangt bzw. einschließlich Qasr el Kharanah JD 15-20. 16 km bis

*Weltkulturerbe Qasr Amra*

## ****Qasr el Amra

(N31°48,17' E36°35,345') Das Rote Schlösschen – Qasr el Amra –, das eindrucksvollste aller Wüstenschlösser, fällt schon von der Straße her durch seine kompakten Tonnengewölbe auf (8-18, Winter 8-16.30, JoPa). Es wurde Ende der 90er-Jahre von der UNESCO in die Liste des Weltkulturerbes aufgenommen. Ein kleines Visitor-Center informiert darüber und grundsätzlich über die Anlage.

*Hintergrund: Wahrscheinlich geht das Bauwerk auf eine Karawanserei am Weg ins Wadi Sirhan zurück. Die Inschriften lassen nur wenige Rückschlüsse auf Erbauer und Nutznießer zu. Vermutet wird, dass der Omayaden-Kalif Walid I den Gebäudekomplex 705-715 zu einem (sehr privaten) Jagd- und Badeschlösschen ausbauen ließ und dass u.a. der lebensfrohe Walid II und/oder Yazid III es sich hier gut gehen ließen. Die im Islam ganz ungewöhnliche Offenheit, mit der menschliche Abbilder, und noch dazu von Frauen, großflächig an die Wand gemalt wurden (wo doch bildliche Darstellungen von Menschen verboten bzw. verpönt sind), muss man wohl der frühislamischen Epoche zugute halten, in der sich diese Richtlinien erst entwickelten. Später blieb das Schlösschen sich selbst überlassen, weil die Beduinen die hier wohnenden Geister zu Tode fürchteten. 1898 entdeckte es der österreichische Forscher Alois Musil wieder. Anfang der 1970er-Jahre wurden die Fresken von einer spanischen Gruppe restauriert.*

**Kennenlernen**: Besuchen Sie zunächst das Visitor-Center, das 1999 mit Hilfe Frankreichs errichtet wurde. Hier erfährt man viel zur Geschichte und zu den Bildern im Palast. Vom Center aus geht man auf einem in einer großen Schleife angelegten Weg hinunter zum kleinen Palast.

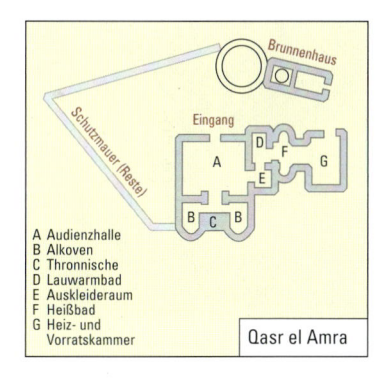

A Audienzhalle
B Alkoven
C Thronnische
D Lauwarmbad
E Auskleideraum
F Heißbad
G Heiz- und Vorratskammer

Qasr el Amra

Der Eingang führt direkt in die Audienzhalle, die mit drei Paralleltonnengewölben überdeckt ist. Der Tür gegenüber liegt die Thronnische, auf beiden Seiten von Alkoven flankiert, die vermutlich als Prinzenschlafzimmer dienten. Die Wände der Audienzhalle waren im unteren Bereich marmorverkleidet (inzwischen abmontiert), darüber mit Stuck bedeckt. Die Stuckschicht ist mit reichen Fresken in safranfarbigen, blauen und braunen Farbtönen verziert, die über die damalige Zeit berichten. Allerdings darf man kein fröhliches Farbenspiel erwarten. Die Bilder haben viel an Glanz verloren, man muss sich außerdem erst an das Halbdunkel gewöhnen, um die Bildfragmente erkennen und deuten zu können.

Auf der rechten Wand (Westwand) ist eine ziemlich massige Schöne zu sehen, die, nur mit Diadem, Halskette, Armreifen und Badehöschen bekleidet, dem Bad entsteigt und von Höflingen (oder auch Dienern) bewundert wird. Links neben der Dame sind Porträts des byzantinischen Kaisers Caesar, des letzten Westgotenkönigs Roderich, des letzten Sassaniden-Herrschers Kirsa (Chosrau) und von Negus, dem äthiopischen König, dargestellt. Immerhin können die Herrschaften anhand der arabischen und griechischen Bildunterschriften identifiziert werden. Über die Hintergründe dieser Porträtierung gibt es verschiedene Deutungen. Wahrscheinlich ist, dass sich die Omayaden diesen Herrschern ebenbürtig fühlten und es hier dokumentierten. Rechts der badenden Diva kann man junge Männer bei gymnastischen Übungen bewundern. Im oberen Teil der Westwand, auf der Ostwand und den Stirnseiten der Tonnengewölbe sind Jagdszenen, im östlichen Gewölbe dagegen alltägliche Handwerkerszenen festgehalten.

Links (östlich) führt eine Tür in das Auskleidezimmer (Apodyterium). Die Wandmalereien im folgenden Trakt stammen wegen der stilistischen Unterschiede offensichtlich von einem anderen Künstler. Das Bild der Westwand könnte Dionysos mit einem geflügelten Cupido darstellen, der sich über die schlafende Ariadne beugt, oder es handelt sich um eine erotische Szene. Oben an der Südwand ist ein Rautenmuster zu erkennen, gefüllt mit verschiedenen Tieren, u.a. einem Laute spielenden Bären, dem ein Affe applaudiert. Ganz oben erkennt man einen Mann, der in drei Altersstufen dargestellt ist. Die Tür in der Nordwand öffnet sich in das Lauwarmbad (Tepidarium), dessen Wandmalereien über der Eingangstür drei nackte Frauen zeigen, von denen die mittlere einen Knaben auf dem Arm hält; es könnten die Nymphen sein, die Dionysos aufzogen.

Im anschließenden Raum, dem Heiß- oder Schwitzbad (Caldarium), ging es dann physisch ganz heiß her. Der Ablenkung dient hier ein astrologisches Nachtbild mit figürlichen Tierkreisdarstellungen, allerdings nicht das Sternbild des damaligen Sternenhimmels über Jordanien. Beide Räume verfügten über eine Fußbodenheizung. Nach

*Amra, musizierender Bär*

*Qasr el Kharanah*

Osten schließen sich noch der Heiz- und ein Vorratsraum an.
Nördlich, außerhalb des Palastes, steht das Brunnenhaus mit einem tiefen Brunnen und einem Wasservorratsbehälter. Über zwei Leitungen war es mit dem Bad verbunden. Außen herum lässt sich noch die Bahn erkennen, auf der ein Kamel oder Esel im Kreis trottend das Göpelwerk des Brunnens antrieb. Die in Resten vorhandene, spitzwinklige Mauer im Westen sollte den Wüstenwind brechen und die Anlage vor Sandverwehungen schützen.
16 km bis

## **Qasr el Kharanah

***Hintergrund:*** *Über ihren Erbauer und das Datum ihres Entstehens gibt diese Anlage keine Auskunft. Selbst ihr Zweck ist umstritten, die Theorien reichen von einer Karawanserei über eine Festung bis zu einem Palast, in dem Staatsgeschäfte getätigt wurden. Lediglich eine kufische Inschrift deutet auf das Jahr 710, in dem das Gebäude bereits existierte. Kharanah gilt als das baulich besterhaltene der Wüstenschlösser, selbst das Obergeschoss ist weitgehend intakt.*
*Auch hier wurde ein – bis dato nutzloses – Visitor-Center, etwas versteckt, in einer Senke auf der von der Straße abgewandten Seite erbaut (N31°43,757' E36°27,894').*
*In der Nähe des Visitor Center steht ein Beduinenzelt, dort wird man gastlich mit Minztee bewirtet.*
*Man betritt das nahezu quadratische Bauwerk durch einen schmalen Eingang im zentralen, halbkreisförmigen Turm im Süden. Vermutlich wurden die Räume rechts und links neben dem Eingang im Erdgeschoss als Stallungen oder als Lager genutzt. Vom Eingang geht man geradeaus weiter in den zentralen Hof, in dem eine Zisterne lag und ein Abwassersystem vorhanden war. Auf der West-, Ost- und Nordseite des Hofs gruppieren sich Wohnräume jeweils um einen Hauptraum (Beit-System).*

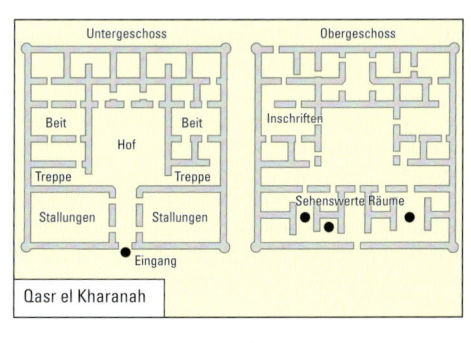

Ins Obergeschoss Kharanahs führen zwei Treppen, nehmen Sie die linke (westliche). Auch hier wurden ähnliche Raumgruppen wie im Erdgeschoss angelegt, die Nordseite blieb allerdings unfertig. Wenn Sie sich nach rechts wenden und bis zum größten Raum der Ostseite gehen, kommen Sie in den sogenannten Inschriftenraum mit Graffiti früherer Besucher. Das älteste besagt, dass ein Mann namens Al Malik Ibn Omar am 24. November 710 (nach christlicher Zeitrechnung) hier verweilte – der einzige Hinweis auf eine mögliche Datierung, weil das Gebäude zumindest zu dieser Zeit schon so weit fertiggestellt war. Die beiden Haupträume der Südseite sind auffallend schön dekoriert und daher einen Blick wert.

Vom – inzwischen gesperrten – Dach könnte sich ein weiter Blick in die Wüste auftun, er bleibt jedoch an einem Umspannwerk gleich nebenan und einer etwas entfernten Sendeanlage hängen; die Wüstenstille tritt wegen des fast ununterbrochenen Lkw-Verkehrs auch nicht ein.

39 km bis

## Muwaqqa

Da dieses „Schloss" in nahezu aller einschlägigen Literatur herumgeistert, wollen auch wir es erwähnen und jedem Nicht-Archäologen empfehlen, schleunigst weiterzufahren. Es ist fast vollständig zerstört, die wenigen noch vorhandenen Räume werden als Stall bzw. Vorratsraum genutzt. Wer es sucht, findet es wie folgt: an der Hauptkreuzung von Muwaqqa links ab, über den ersten "Adler"-Kreisel hinweg, erste Straße rechts auf einen Hügel, dort oben stehen die traurigen Mauerreste zwischen zwei Wohnhäusern.

## **Qasr el Mushatta

Das letzte Wüstenschloss unserer Rundreise liegt direkt neben dem Queen Alia Flughafen, südlich von Amman. Von Muwaqqa aus könnte man auf Nebenstraßen zum Flughafen durchkommen. Da aber jegliche Schilder und bald auch Menschen fehlen, die man fragen kann, sowie das Militärgelände am Flughafen den Weg versperren könnte, gaben wir den Versuch auf und kehrten auf die Hauptstraße zurück.

Man fährt daher knapp 20 km Richtung Amman weiter und biegt auf den Ring zum Airport (gut ausgeschildert) links ab, später dann auf die Wüstenautobahn, die man natürlich genauso vom Stadtzentrum für einen Abstecher erreicht, und bleibt auf dieser bis zum Flughafen, um dort so bald wie möglich umzukehren und in Richtung Amman auf dei Parallelstraße zur Autobahn zu fahren. Nach 4 km sieht man rechts die erste Moschee, direkt neben der Straße, etwa 100 m zuvor rechts abbiegen (*Jordan Traffic Institute* ausgeschildert) und 7 km geradeaus, über jede Kreuzung, in östlicher Richtung weiterfahren. Wenn rechts ein Tor mit Wachtposten (Flughafenzufahrt) die Straße versperrt, liegen links die Ruinen.

**Vorsicht beim Fotografieren** der Umgebung, hier handelt es sich um Militärgelände!

*Hintergrund: Sehr wahrscheinlich ließ 743 der Kalif Walid II diese Anlage erbauen. Mit 144 m Seitenlänge handelt es sich um eines der größten Wüstenschlösser. Allerdings liegt der Platz 25 km von der nächsten Wasserstelle entfernt; beim Bau sollen viele Arbeiter vor Durst umgekommen sein. Vielleicht hat 744 diese "mörderische" Baustelle eine Revolte ausgelöst, die den Kalifen schließlich das Leben kostete. Yazid III, sein Nachfolger, musste geloben, alle*

*Bauarbeiten einzustellen.*

*Dem unvollendeten Schloss geschah dann 1903 ein weiteres Missgeschick: Der Osmanensultan Abdul Hamid schenkte die mit Reben und Tieren überaus reich verzierten Frontpartien der Südfassade dem deutschen Kaiser Wilhelm II, der sie auf die Berliner Museumsinsel verfrachten ließ, wo sie heute im Museum für Islamische Kunst zu bewundern sind. Bruchstücke der Südfassadenverzierungen sind noch vorhanden, sie vermitteln einen Eindruck der handwerklichen Kunst der Steinmetze.*

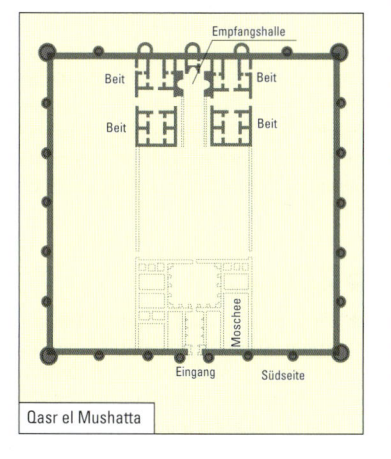

Unendlich viele Ziegel wurden in El Mushatta verbaut, wie hier in der ehemaligen Empfangshalle

---

**Kennenlernen**: (JoPa) Im Grunde bieten diese Ruinen nicht viel. Man kann die Ziegelarchitektur bewundern, deren Technik besonders in den Tonnengewölben zum Ausdruck kommt. Um sie aber mit Leben zu erfüllen, würde man einen Märchenerzähler der Kategorie Tausendundeine Nacht herbeiwünschen. Denn die vorhandenen Trümmer wirken wenig stimulierend.

Der Eingang in der Südfassade wurde von zwei Türmen flankiert, gleich rechts danach lag die Moschee, deren Mihrab in die Südmauer eingefügt war. Gehen Sie durch den weiten Hof bis zur Empfangshalle, von der noch ein Halbrund und ein Stück Tonnengewölbedecke stehen. Links und rechts davon wurden sogenannte *Beits* gebaut, d.h. um einen zentralen Empfangsraum gelegene Wohnräume.

## Quastal

Der Vollständigkeit halber sei noch erwähnt, dass etwa 1,5 km vor dem Abzweig zum Flughafen, aber auf der westlichen Seite der Wüstenautobahn, also quasi gegenüber dem Airport, eine Ruinenstätte namens Qastal nahezu direkt neben der Straße liegt, die in der Literatur häufig auch zu den Wüstenschlössern gezählt wird.

Qasr el Mushatta

Es handelt sich um die Reste eines frühislamischen, eher einfachen Palastes der Omayadenzeit aus dem 7. Jh und eine zugehörige Moschee, deren turmartiges Minarett mit spiralförmiger Treppe als eines der ganz frühen, wenigstens teilweise erhaltenen in der islamischen Welt gilt. Vermutlich war die Anlage der Wohnsitz eines "Gutsbesitzers". Ähnlich wie in Qasr el Kharanah gab es auch hier Beits, in sich abgeschlossene Wohneinheiten. Der Gebäudekomplex wurde im 12./13. Jh und in spätosmanischer Zeit noch einmal umgebaut und leider in unserer Zeit großflächig von modernen Gebäuden überbaut.

*Qasr el Tuba, einsam in der Wüste gelegen*

## Ausflüge von Azraq aus

Azraq bietet sich als Standort für einige Ausflüge an, für die allerdings ein Allradfahrzeug und ein lokaler Führer erforderlich sind.

### Ausflug nach Süden

Noch ein Wüstenschloss: Eigentlich liegt es südlich von Kharanah, ist aber am besten von Azraq aus zu erreichen.

### *Qasr el Tuba

Das Schloss (N 31°19,5', E 36°34,7'), größenteils aus gebrannten Lehmziegeln erbaut, wurde nie fertiggestellt und später durch Erosion und Erdbeben stark zerstört. Es ist schlecht erhalten, nur über zwei Räume wölbt sich noch das Tonnengewölbe. Die interessanten Türstürze wurden in das archäologische Museum von Amman verbracht. Der etwas mühselige Abstecher lohnt wegen der Ruine kaum, allerdings vermittelt sich an dem praktisch ungestörten Platz sehr bald die Wüstenstimmung dieser sanft hügeligen Umgebung.

### 🚌 Hinkommen

- Von Azraq aus nach Süden auf der Straße 50 (Richtung Saudi Arabien und Ma'an). Nach insgesamt 70 km zweigt eine Asphaltstraße rechts ab (Tankstelle auf der linken Straßenseite), der man 14 km bis zu einem unscheinbaren Schild *Qasr Tuba* folgt (N 31°17,2', E 36°32,8'); links ein großes eingezäuntes Gelände mit einigen Betonbauten. Am besten versucht man, dort jemanden als Guide anzuheuern. Die nur 6 km lange Piste ist stark ausgefahren und verzweigt sich öfters. Etwa auf den letzten 2 km kommt man nur noch mit einem Geländefahrzeug weiter.

### Abstecher nach Norden

Wenn man Azraq nach Nordosten, auf der Straße in den Irak, verlässt, sieht man, 13 km von Azraq as Shomali (Nord) entfernt, links, etwas abseits, einen Windgenerator und Solarzellen, rechts einen Abzweig, *Aseikim* ausgeschildert. Nach 6 km (davon 5 asphaltiert) erreicht man den 80 m über die Umgebung ragenden Hügel mit dem **Qasr Aseikim**. Hier, in der Wüste Badia, bauten die Römer, vermutlich im 3. Jh nC, ein Fort von quadratischem Grundriss am Weg von Azraq nach Basra, das heute weitgehend in Trümmern liegt. Nur ein einsamer Stützbogen und Mauerreste aus dicken schwarzen Quadersteinen stehen noch an Ort und Stelle, abgesehen von den Resten des ziemlich weit ausholenden Schutzwalls. Im Innern waren entlang der Befestigungsmauern an jeder Seite zehn Räume angeordnet, das Zugangstor lag auf der Südseite. Die Ruinen auf dem hohen Hügel bieten einen grandiosen Rundblick über die Basaltwüste, für den sich die Anfahrt lohnt.

Die Hauptstraße führt weiter in nordöstlicher Richtung nach **El Safawi**, einem kleinen Ort, der seine Existenz der ehemaligen Pumpstation H5 an der Pipeline von Kirkuk nach Haifa verdankt, die nach der Gründung Israels außer Betrieb genommen werden musste. Gute 20 km nordwestlich von El Safawi liegt **Jawa**, die besterhaltene „Kleinstadt" Jordaniens aus dem 4. Jahrtausend vC. Die Ruinenstätte wurde 1931 durch Luftbildfotografie entdeckt und erst in den 70er-Jahren näher erforscht (N32°20,08' E37°0,155').

Am Hang eines Wadis entstanden zwischen 3750 und 3350 vC eine Unter- und eine Oberstadt mit einer Festung, alles aus schwarzem Basalt. Die Festungsmauern mit insgesamt sechs Toren waren bis zu 4 m dick und etwa 5 m hoch. In der Blütezeit, von 3350-3050 vC, lebten hier 3000 bis 5000 Menschen. Um 3000 vC wurde die Stadt aus bisher unbekannten Gründen verlassen. Etwa 1000 Jahre später finden sich noch ein-

*Die traurigen Reste von Qasr Aseikim*

mal Bewohner für kurze Zeit ein, wie Besiedlungsspuren ergeben.

Die Wasserversorgung inmitten der Basaltwüste wurde durch Sammeln der winterlichen Niederschläge in „Teichen", kleinen Staubecken, gelöst. In der Spätphase der Besiedlung verfügten die Bewohner über zehn, durch Kanäle miteinander verbundene Stauwerke, die insgesamt etwa 50 000 Kubikmeter Wasser speichern konnten. Die Staudämme von Jawa zählen zu den ältesten bisher bekannten der Welt.

Wirklich rätselhaft ist, was die Menschen an dem entlegenen Platz in der Wüste hielt, wo doch das fruchtbare, wasserreiche Wadi Sirhan von Azraq nur etwa 60 km entfernt lag.

- **Anfahrt**: Von El Safawi führt eine nur für 4-WDs geeignete Piste nach Jawa. Bei der besseren, sogar für normale Pkws geeigneten Alternative zweigt man auf der Straße Mafraq – El Safawi beim Ort **El Bishriya** (ca. 30 km westlich von Safawi) nach Norden auf eine neu asphaltierte Straße nach **Deir el Kahf** (13 km) ab. Dort hält man sich östlich zum 12 km entfernten **Deir al Qinn,** das etwa 7 km von Jawa entfernt liegt. Hier muss man sich nach einem schwer zu findenden Abzweig von der Asphaltstraße erkundigen oder einen Führer anheuern. Die Piste ist mit einem Pkw (vorsichtig) gut befahrbar. Ca. 300 m vor Jawa muss man den Wagen wegen großer Steine stehen lassen und zu Fuß weitergehen.

Ein weiteres Wüstenschloss liegt ganz im Nordosten Jordaniens, über El Safawi hinaus, der Bagdad-Straße bis zum Ort Ar Ruwayshid (N32°30,20' E38°47,31') folgend (110 km östlich von El Safawi), wo man in nördlicher Richtung in die Wüste abbiegt und etwa 25 km auf sehr schlechter Piste zu den Ruinen von **Qasr Burqu** fährt (2019 war der Besuch wegen der Situation in Syrien nicht erlaubt). Hier, mitten in der Wüste (N32°36,802' E37° 58,068'), war ursprünglich ein römisches Kastell am Limes Arabicus angelegt worden. Eine Inschrift besagt, dass 700 nC Walid I das Kastell in ein Jagdschloss umbauen ließ. Die einsame Anlage ist ziemlich verfallen und würde die Anreise nicht unbedingt lohnen.

Doch die große Überraschung und Attraktion in der Einsamkeit der Wüste ist ein etwa 2 km langer Stausee, den eine Quelle im Winter mit Wasser auffüllt. Seine Ufer sind begrünt und besonders im Frühling vom Duft wilder Blumen erfüllt – sofern sie die Schafherden der Beduinen noch nicht abgefressen haben. Der See und die unwirtlich-unbefahrbare Wüste ringsum hat letzten Herden von Gazellen das Überleben gerettet, aber auch andere Tierarten wie Füchse, Hyänen oder Wildkatzen wurden gesichtet. Die RSCN will – vor allem wegen des ungewöhnlichen Sees – denn auch die Gegend als eine weitere Nature Reserve deklarieren lassen. Derzeit ist der Besuch wegen der Situation in Syrien nicht erlaubt.

➡ **Für Interessierte zwei Weblinks:**

Ein gut (für Laien) geschriebener Artikel: www.tagesspiegel.de/wissen/archaeologie-in-jordanien-wehrhafte-gaertner-in-der-wueste/14791088.html
Der Archäologe Dr. Bernd Müller-Neuhof, auf den sich der Tagesspiegel bezieht, veröffentliche 2014 in ELEKTRONISCHE PUBLIKATIONEN DES DEUTSCHEN ARCHÄOLOGISCHEN INSTITUTS (DAI) Nördliche Badia, Jordanien: Aride Lebensräume im 5. bis frühen 3. Jahrtausend v. Chr., www.wikiwand.com/de/Trinkwasserreservoir_von_Jawa.

# 7

# ege nach Süden

## Auf der King's Road von Amman nach Petra

Auf dieser Route werden Sie durch landschaftlich sehr reizvolle Gebiete reisen, einige der faszinierendsten, die Jordanien zu bieten hat. Da die Straße mehrere tief eingeschnittene Täler quert und auch um oder über viele Hügel führt, lassen sich keine Geschwindigkeitsrekorde aufstellen. Hingegen ist schon der Aus- und Einblicke wegen Muße angesagt.
Es gibt keine durchgehende Busverbindung auf der King's Road.
Verlassen Sie Amman auf der Ostumgehung, Richtung Dead Sea und biegen an der Abfahrt Na'ur auf die King's Road, die Landstraße Richtung Madaba ab.
8 km bis

### *Hisban

Hisban (braunes Hinweisschild an der Straße) ist ein kleines Dorf an einem Hügel namens **Tell Hisban**. Der Tell ist bereits von der Hauptstraße bestens zu erkennen, doch die Zufahrt führt nördlich etwa 600 m um den Hügel herum. Geöffnet ist von 9-18 Uhr; falls geschlossen, kann man den Wärter heraustrommeln, dessen Haus sinnigerweise gegenüber dem Eingang steht, aber durch das Grabungsgelände von diesem getrennt ist.
Auch wenn man an den historischen Aspekten nicht sonderlich interessiert ist, lohnt ein Besuch des Tell, um sich die Beine zu vertreten und von einer der Bänke, oben auf dem Hügel, die weite Sicht auf die Umgebung zu genießen. Vermutlich wird man ganz allein sein, der Wind treibt die Rufe der Hirten vorbei, das Land flimmert in der heißen Sonne.

## King's Road

Die King's Road sollte wohl besser *Royal Road (Königliche Straße)* heißen, denn sie war eine Route, die zwar von zahlreichen Königen benutzt wurde, aber keiner von ihnen hat sie "erfunden" oder erbaut, bestenfalls ausgebaut. Sie war stets eine besonders wichtige Durchzugsroute für Reisende, Händler und Truppen, z.B. Alexander des Großen, Karawanen der Nabatäer, römische Legionen, Byzantiner sowie die arabischen und osmanischen Heerscharen, Herrscher, Gouverneure und Pilger. Sie zogen von Wasser- zu Wasserstelle und genossen auch streckenweise den früher noch vorhandenen Schatten der Wälder.

Die erste schriftliche Erwähnung der King's Road geht auf das Alte Testament zurück, damals verband sie die drei Königreiche Edom, Moab und Ammon, welche die Israeliten auf dem Weg ins Gelobte Land zu durchziehen hatten. Auch die Nabatäer machten ausgiebig Gebrauch von dieser Lebensader; unter Trajan bauten sie die Römer von Damaskus über Amman und Petra nach Aqaba aus und nannten sie *Via Nova Trajana*. Es folgten die Christen, Muslime, Kreuzfahrer und Pilger auf der Straße; alle hinterließen ihre Spuren – es gibt viel zu sehen am Wegesrand.

Erst das moderne Jordanien schuf mit dem Desert Highway eine echte Alternative zur King's Road oder mit der noch jungen Erschließung durch das Wadi Araba.

*Hintergrund: Bereits in der späten Eisenzeit war der Ort besiedelt, erlebte seine Blütezeit in römisch-byzantinischer Zeit, war aber auch noch in der islamischen Epoche bis etwa ins 14. Jh bewohnt. Vermutlich ist Hisban mit einem damals häufiger genannten Esbus oder später Esboun identisch, hat aber wohl nichts mit dem biblischen Heschbon gemein, wie ursprünglich vermutet. Im 3. Jh nC wurden sogar Münzen hier geprägt, was für die Bedeutung des Ortes spricht. Der Hügel war etwa im 2. Jh vC mit einem 1,5 m dicken Schutzwall und einem Wachtturm im Westen gesichert worden, der einen früheren Wall ablöste. Aus der Eisenzeit wurde eine 7 m tiefe Zisterne mit einem Fassungsvermögen von 220 000 Litern freigelegt, die größte in Jordanien. An den Hängen standen Wohnhäuser, in den Südhang war ein Forum eingebettet. Auch aus mamlukischer Zeit sind Häuser sowie eine an die Stadtmauer innen angebaute Karawanserei erkennbar, in der es sogar ein Bad gab. Aus byzantinischer Zeit stammen zwei Kirchen, die beide schöne Bodenmosaike aufweisen. Eine der beiden – Akropoliskirche genannt – stand weithin sichtbar auf dem Tell, die andere am Fuß im Norden.*

Die amerikanischen Archäologen, die hier tätig waren, hinterließen eine gut beschilderte Grabungsstätte, die sie als eine "offene Geschichtsschule" bezeichnen. Daher ist der Weg auf den Hügel durch die gute Unterweisung leicht auffindbar und sehr interessant.

12 km bis

## ****Madaba

Der 730 m hoch gelegene Ort mit ca. 100 000 Einwohnern ist als *die Mosaikstadt* weithin bekannt, vor allem auch, weil hier die berühmte Palästina-Landkarte einen Kirchenboden ziert. Darüber hinaus bieten sich Ausflüge nach Mount Nebo (schöne Mosaike, schöne Aussicht) an oder nach Hammamat Ma'in (heiße Quellen); auch noch ein paar andere interessante Ziele liegen in der Nähe. Daher drängt sich die Stadt als Standort für mehrere Tage förmlich auf. Auch die Investoren erkannten die

Zeichen der Zeit und ließen seit etwa 1995 diverse neue Hotels im Ort entstehen.

Überhaupt bietet sich Madaba als Standort für den an, der dem Lärm und der Hektik Ammans ein Schnippchen schlagen will. Das Leben hier ist billiger und gemütlicher, Minibusse pendeln ständig zwischen Madaba und der Hauptstadt, als Fahrzeit muss man 30 Minuten rechnen. Die Busse fahren sowohl zur Wahadat-Busstation als auch direkt nach Downtown.

*Tell Hisban*

Nehmen Sie nur dann einen Bus nach Wahadat, wenn Sie Orte im Süden besichtigen wollen, z.B. die Höhle der Sie-

### Sehenswertes

- \*\*\*\***Madaba**, die Mosaik-Stadt Jordaniens mit Meisterwerken dieser Kunst u.a. im Archäologischen Park und Museum, weltbekannte Mosaik-Landkarte, S. 256
- \*\*\*\***Dana**, herrliches Naturreservat in fantastischer Landschaft, S. 290
- \*\*\***Mount Nebo**, Moses' Aussichtsplatz auf das Gelobte Land, schöne Mosaike, S. 267
- \*\*\***Kerak**, imposante Kreuzritterfestung, hoch auf einem Bergrücken mit darunter "klebendem", sehr lebendiger Stadt, S. 280
- \*\*\***Umm er Rasas**, byzantinische Ruinenstadt mit bekanntem, schönen Mosaik – u.a. Vignetten von insgesamt 28 Städten; in die UNESCO-Weltkulturerbe-Liste aufgenommen, S. 276
- \*\*\***Wadi Mujib**, tief eingeschnittenes Tal, "Grand Canyon von Jordanien", S. 277
- \*\***Es Sela**, ein pittoresker, stark zerklüfteter, Petra ähnlichem Knubbel-Felsberg mit nabatäischen Siedlungsresten, S. 288
- \*\***Machärus-Palast bei Mukawir**, Palast des Herodes, in dem angeblich Johannes der Täufer geköpft wurde; schöne Aussicht, S. 272
- \*\***Shaubak**, erste Kreuzritterburg Jordaniens, immer noch beeindruckende Architektur und Lage, S. 294
- \***Dhat Rass**, kleiner Ort mit zwei nabatäischen Tempelruinen, S. 285
- \***Hisban**, seltener besuchte Siedlung aus byzantinischer Zeit, gut dokumentiert, S. 255
- \***Hammamat Ma'in**, tief in den Bergen gelegener "Badeplatz" und Kurort an heißen Quellen, S. 270
- \***Khirbet ed Dharih**, einsame Ruinen eines nabatäischen Tempels im Wadi Laban, S. 287
- \***Wadi Hasa mit Hammamat Borbatah und Afra**, ein sehr tief eingeschnittenes, canyonartiges Tal mit heißen Quellen, S. 285

benschläfer oder Qasr el Abt, aber auch der Hussein Park dürfte von dort aus leichter erreichbar sein. Für Ziele im Zentrum steigen Sie in einen Downtown-Bus und sagen dem Fahrer, Sie wollten zum z.B. zum Römischen Theater. Falls das Ziel nicht an seiner Strecke liegt, lässt er Sie an einer günstigen Stelle aussteigen.

Wenn auch beim Namen Madaba immer die vielen Mosaike im Vordergrund stehen, so besitzt die Stadt auch einen landesweit bekannten Ruf wegen ihrer Teppichweber, die ihre Kunst gern in offenen Werkstätten dem Publikum zeigen. Aber auch die nicht weit entfernt, in der Gegend von Mukawir, lebenden Beduinenfrauen vom Stamm der Bani Hamida (siehe auch S. 272) haben großen Anteil an der Teppichwebkunst.

*Hintergrund: Bereits das Alte Testament erwähnt öfters Madaba als Medeba. Von den Makkabäern über die Nabatäer bis hin zu Herodes lässt sich verfolgen, wie sich Madaba, nachdem es 106 nC in die römische Provinz Arabia eingegliedert worden war, schließlich zu einer römischen Verwaltungsstadt entwickelte. In christlich-byzantinischer Zeit, im 5. und 6. Jh, war der Ort ein blühendes Gemeinwesen mit Bischofssitz. Viele Kirchen mit ihren Mosaiken wurden in dieser Zeit gebaut. Trotz der persischen Invasion (611-614) konnte Madaba seine wirtschaftliche Bedeutung noch bis in die Frühzeit der islamischen Eroberungsfeldzüge erhalten.*

*Das Erdbeben von 747 trug stark zum Niedergang bei, unter den Osmanen wurde die Siedlung schließlich ganz aufgegeben. Als im 19. Jh Forschungsreisende über Madaba berichteten, soll die Stadt mit Kolonnaden, Tempeln und Stadtmauerresten einen ähnlichen Eindruck wie Gerasa gemacht haben. 1880 siedelten sich Christen aus Kerak wegen der dortigen Auseinandersetzungen mit den Muslimen an, denen die historischen Ruinen willkommene Steinbrüche waren. Sie legten dabei aber auch die Kirchenmosaike aus byzantinischer Zeit frei und verschonten zufällig viele, indem sie sie entweder mit Häusern oder*

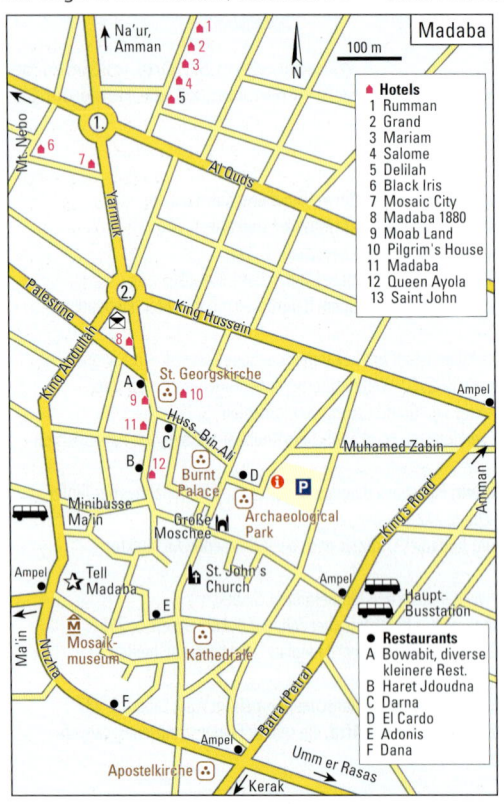

*Palästina-Karte (Ausschnitt): das ummauerte Jerusalem, in der Mitte der Cardo Maximus*

neuen Kirchen überbaut. Aus byzantinischer Zeit sind heute 15 Kirchen bzw. deren Reste bekannt. Die Spuren der älteren Vergangenheit wurden bis auf wenige, zufällige Ausnahmen, überbaut oder verwischt.

**Kennenlernen:** Das berühmteste Mosaik ist die ****Palästina-Landkarte** in der **St. Georgskirche** (8-16.30, freitags und sonntags 10.30-16.30, 2 JD ), Achtung: Sonntags ist das Mosaik während der langen Messen überdeckt!
Diese griechisch-orthodoxe Kirche ist insofern gut zu finden, als Schilder in der Stadt auf *Mosaic Map* hinweisen. Die 6 x 15,5 m große Karte stellte ursprünglich das Gebiet von Unterägypten bis zum heutigen Libanon, zwischen Mittelmeer und etwa der Linie Amman – Petra, in eher panoramaartiger Ansicht dar. Leider wurden große Teile infolge von Feuerbestattungen in der ursprünglichen Kirche, aber auch infolge des Neubaus der Georgskirche, beschädigt.
Die Karte stammt aus dem 6. Jh; etwa 2,3 Mio Steinchen mussten zum damaligen Gesamtbild von 6 m Breite und bis zu 25 m Länge zusammengesetzt werden. Mitte der 1960er-Jahre wurde das gesamte Mosaik von deutschen Restauratoren plattenweise abgehoben und auf neuem Bett verlegt. Ganze Partien hatten sich durch Misshandlungen aufgewölbt, z.B. von früheren Touristenführern, die die Steine mit Wasser besprengten, um sie schöner leuchten zu lassen.
Das Mosaik geht auf das sogenannte *Onomastikon* des Bischofs Eusebius aus Caesarea aus dem 4. Jh zurück, obwohl es selbst erst im 6. Jh entstand, wie "Aktualisierungen" zeigen. Es ist z.B. die Nea-Kirche in Jerusalem dargestellt, die erst im 6. Jh erbaut wurde. Wenn auch der Laie viele Details nicht zu interpretieren vermag, so sind im Zentrum die Altstadt von Jerusalem mit dem Cardo Maximus und der Stadtmauer gut zu erkennen, aber z.B. auch das Tote Meer und der Jordan. Achtung: Die Karte zeigt, wie die Kirche, nach Osten, d.h. Norden liegt links.
An den Wänden der Kirche hängen viele moderne Mosaike, die Heilige zeigen. Im Keller sind noch Ikonen zu sehen. Werfen Sie auch einen Blick auf den durchaus eindrucksvollen Glöckner auf dem Dach der Kirche, am besten von der Terrasse des Pilgrim's House zu sehen.
Wenn man die St. Georgskirche verlässt und links der etwas schmalen Straße Hussein Bin Ali folgt, gibt es nach etwa

200 m rechts ein Schild der staatlichen Tourismusverwaltung (die man getrost in Ruhe lassen kann, weil sie kaum Informationen preisgibt).

Ihr Büro wurde über den **Burnt Palace** (Fr+Sa geschlossen, JoPa) gebaut. Bei diesem *Verbrannten Palast* handelt es sich um ein großzügig angelegtes ehemaliges Wohnhaus, das vermutlich bei dem verheerenden Erdbeben von 747 einstürzte und ausbrannte. Bisher sind noch nicht alle Teile freigelegt, aber die sichtbaren Bodenmosaike verschiedener Räume zeigen sehr unterschiedliche Motive und Muster – von rein geometrischer Gestaltung bis hin zum Kampf eines Löwen mit einem Bullen oder der Darstellung der römischen Stadtgöttin Tyche –, zeugen aber auch vom Wohlstand des ehemaligen Besitzers.

Geht man die Hussein Bin Ali St weiter hinunter und biegt an der T-Kreuzung rechts, kurz danach wieder links ab, so kommt man zum **Archaeological Park** mit verschiedenen Gebäuden und einer Sammlung von Mosaiken (8-19 U, Winter 8-16; JoPa, JD 3, Ticket gilt auch für Museum und Apostelkirche). Die gesamte Anlage, ein jordanisch-amerikanisches Gemeinschaftsprojekt, ist beispielhaft gestaltet; der Besucher geht auf erhöhten Stegen, um die Mosaike besser sehen zu können, die wiederum durch Dachkonstruktionen gegen Witterungseinflüsse geschützt sind. Der Park bezieht die alte römische Straße *Decumanus* mit ein, deren Pflasterung freigelegt wurde. Um diese Straße herum liegen, neben Ausstellungsflächen, die Kirche der Jungfrau, die Kirche des Elias und die erhaltenen Teile der Hippolytus-Halle. Die moderne Überdachung passt sich architektonisch der Umgebung gut an, es macht Freude, diesen Komplex zu besuchen.

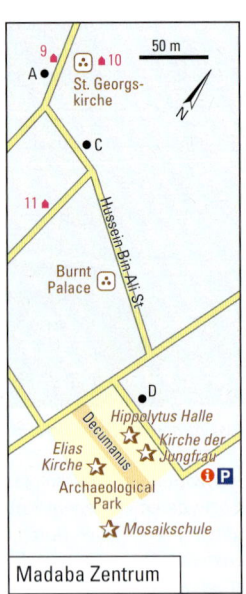

Die gleich nach dem Eingang ausgestellten Mosaike verschaffen einen eindrucksvollen Überblick, sie ergänzen bzw. übertreffen die des Mosaikmuseums (s. S. 262). Genau dem Eingang gegenüber hängt das älteste Mosaik Jordaniens an der Wand, es stammt aus dem Machärus-Palast des Herodes aus dem 1. Jh vC.

Man geht weiter zu einer Überdachung, unter der die beeindruckendsten Mosaike des Parks zu finden sind. 1887 wurde beim Bau eines Privathauses der erste Mosaikboden Madabas entdeckt. Wie sich zeigte, gehörte er zur **Kirche der Jungfrau**, die auf den Fundamenten eines römischen Tempels ruhte. Im runden Zentralschiff ist er mit einem Mosaik geschmückt, das vor allem wegen seines hervorragenden geometrischen Designs in der Umrahmung besticht, die aus dem 6. Jh stammt. Ein Medaillon im Zentrum enthält Inschriften, aus denen u.a. hervorgeht, dass es erst während der Omayaden-Zeit im Jahr 767, aber unter einem christlichen Bischof namens Theophanus geschaffen wurde.

Wie sich erst bei Ausgrabungen 1972 herausstellte, war der Eingangsbereich der Kirche über den Hallenboden eines Privathauses gebaut worden, der zwar teils zerstört war, aber dessen geretteter Teil zu den Schmuckstücken Madabas zählt; heute ist er unter der Bezeichnung **Hippolytus-Halle** bekannt. In der hinteren linken Ecke des Mosaikbodens (an der Ostwand) stellen drei Frauen die Städte Rom, Gregoria (eine heute unbekannte Stadt) und Madaba dar, rechts davon sind Seemonster zu sehen. Das zentrale Motiv ist von einer Borte aus Jagd- und Schäferszenen zwischen Akanthusblättern eingerahmt.

Links vorne schmachtet im Kreis von zwei Vertrauten und einem Falkner die mandeläugige Phaedra einem Liebesbrief ihres Stiefsohnes Hippolytus entgegen, dessen Bild hier aber zerstört ist. Der mittlere Bereich ist ziemlich frech konzipiert: Rechts sitzt die barbusige Aphrodite sehr eng neben Adonis und klopft einem geflügelten Amor mit einer Sandale auf den Rücken; daneben beschäftigen sich zwei Grazien ebenfalls mit Amorfiguren, links bringt eine Magd einen Früchtekorb.

Die Kirche der Jungfrau steht an der Nordseite des Decumanus, auf dessen freigelegtem Originalpflaster man heute wieder lustwandeln kann. Auf der anderen Seite blieben Reste der **Kirche des Propheten Elias** aus dem frühen 7. Jh erhalten. Im Vergleich zu dem bereits Gesehenen, werden die leider stark in Mitleidenschaft gezogenen Mosaike den Besucher nicht gerade fesseln. Zwei Treppen führen in die Krypta, die ebenfalls mit Mosaiken geschmückt ist.

Am östlichen Ende des Decumanus steht die Sunna-Kirche, die nach ihrer früheren Besitzerfamilie benannt ist. In dem Gebäude wurde eine vom italienischen Staat unterstützte **Mosaikschule**, *Madaba Institute for Mosaic Art and Restoration (MIMAR)*, eingerichtet, deren Besichtigung interessant sein kann, wenn ein englischsprechender Führer weiterhilft. Wenn Sie den Archaeological Park verlassen, können Sie eine weitere Kirche besichtigen: Halten Sie sich links, an der nächsten Kreuzung links auf die Prince Hassan St und wiederum an der nächsten Kreuzung rechts abbiegen. Vorbei an der Großen Moschee und an der nächsten Ecke links den Hügel hinauf. Oben angekommen, sieht man links ein typisches osmanisches Gebäude, das

*Aus unzähligen Mosaiksteinchen gestaltet: Bodenmosaik in der Hippolytus-Halle*

> **Anonyme Werke**
>
> Die Mosaikkünstler sind namentlich weitgehend unbekannt. Es gab jedoch einen wiederkehrenden Stil mit großem individuellen Spielraum. Daraus wird geschlossen, dass sich Künstler zusammentaten und ihre Erfahrungen jungen Menschen weitergaben. Die am meisten verwendeten Motive kommen aus der Natur; Flora und Fauna sind immer wieder vertreten. Aber auch Menschen bei ihren täglichen, meist handwerklichen Verrichtungen kommen in der christlichen Epoche häufig vor. Die Ränder der Mosaike sind vielfach geometrische Muster, wie Kreise, Rhomben, Sterne oder in sich verschlungene Bänder. Die Darstellung von Gebäuden und Städten haben für Historiker den größten Wert, kommen sie doch fast schriftlichen Zeugnissen der damaligen Zeit gleich. Als internationale Sensation galt 1897 die Entdeckung der Mosaiklandkarte in der St. Georgskirche.
>
> Die Mosaike von Madaba und seines Einflussbereichs zeichnen sich durch Unbefangenheit sowie einen guten Schuss Naivität und Realität aus. Erst in der zu Ende gehenden byzantinischen Zeit nehmen Sorgfalt und auch der kreative Anteil ab.

*Beit Saray,* die künftige Unterkunft des Mosaikmuseums. Gehen Sie hier ein paar Schritte rechts, dann links an der Kirchenmauer entlang. An der nächsten Ecke links öffnet sich das Eingangstor zur katholischen **Kirche Johannes des Täufers** *(St Johns Church), JD 1.*

Während der Besiedlung Madabas durch Christen im 19. Jh wurde auf dem höchsten Hügel und auf den Ruinen einer byzantinischen Festung eine erste katholische Kirche erbaut und 1913 durch die heutige ersetzt. Sie erhielt den Namen von Johannes dem Täufer, weil er in relativer Nähe enthauptet wurde und sein Grab *(Kenotaph)* unterhalb des Kirchenbodens zum Vorschein kam. Der Vatikan ließ die Kirche 2011 als Pilgerstätte weihen.

Im Besucherzentrum rechts vom Eingang erhält man Literatur, einen guten Plan der Anlage und kann eine interessante Fotoausstellung mit Bildern vom Madaba der ersten Dekade des 20. Jhs bewundern.

Der modern anmutende Kirchenraum macht einen gepflegten Eindruck, an den Wänden hängen u.a. Bilder des Namenspatrons. Unterhalb des Kirchenbodens sind die sehr gut restaurierten historischen Gewölbe mit u.a. dem 13 m tiefen funktionsfähigen Brunnen aus moabitischer Zeit wie auch dem Schrein von Johannes zu besichtigen.

Man kann auf 95 Stufen den Kirchturm auf z.T. schmalen Eisenleitern und um die Glocken herum hinaufklettern und wird mit herrlichem Ausblick über ganz Madaba und seine Umgebung belohnt.

Die Ruinen der sog. **Kathedrale** erreicht man, indem man von der Kirche aus den Hügel in östlicher Richtung hinuntergeht, die erste Straße links, dann sieht man nach ca. 150 m rechts zwischen Wohnhäusern eine Brachfläche mit einigen Ruinenteilen.

Hier kehrt man am besten um und folgt der Straße über die Kreuzung, dann erreicht man (noch) das etwas klein geratene **Mosaikmuseum** (9-19, Okt-April 9-17; JD 3, JoPa, Eintritt gilt auch für Archäologischen Park und Apostelkirche). Es soll demnächst in das nicht weit entfernte osmanische *Beit Saraya* verlegt werden, das bisher als Polizeistation diente.

Wo es auch immer zu finden sein wird, man sollte die Sammlungen nicht versäumen. Man kann weitere bekannte

Mosaike, wie das von Bacche-Satyros oder das Bodenmosaik der Swaitha-Kapelle (im hintersten Gebäude), bewundern oder in Vitrinen u.a. frühzeitliche Funde, aber auch eine interessante folkloristische Abteilung anschauen, die formal ein eigenes Museum ist.

Wenn Sie das derzeitige Museum verlassen, gehen Sie nach links bis zur Ampel an der Kreuzung mit der King Abdullah St. Nur wenige Schritte rechts liegt der sogenannte **Tell Madaba**: Hier blieben ziemlich mächtige Grundmauern einer byzantinischen Villa und eine Steinzeitmauer erhalten.

Im Südosten der Stadt, an der letzten Ampel der King's Road Richtung Süden, wurden die sehenswerten Mosaike der aus dem Jahr 578 stammenden **Apostelkirche** (Gemeinschaftticket JD 3, JoPa) durch Überbauung geschützt. Diese flächenmäßig sehr großen Bilder gehören ebenfalls zu den herausragenden Eindrücken Madabas. Leider sind die Mosaike ziemlich zugestaubt, sodass die Farben verblassen.

Auch hier geht man auf Podesten an den Seitenwänden entlang, dadurch sind die Darstellungen gut zu sehen. In der Nordostecke ist ein swhr sehr bekanntes sogenanntes Jahreszeitenhaupt gut erhalten. Besondere Beachtung verdient das Thalassa-Medaillon im Zentrum des Mittelschiffs: Die aus den Wellen auftauchende Frau stellt die weibliche Personifikation des Meeres dar. Fische, u.a. ein Tintenfisch sowie ein Seeungeheuer, leisten der schönen Frau Gesellschaft. Im Schriftband um das mit einem Durchmesser von 2,20 m sehr große Medaillon werden vermutlich die Kirchenstifter genannt. Die Bilder in der Einrahmung des Mittelschiffs zeichnen sehr lebendige Szenen nach, z.B. eine Henne mit Küken, einen Knaben (mit zwei linken Füßen!), einen Jaguar, eine Gazelle, Weintrauben, eine Melone mit Messer und noch viele Einzelheiten mehr.

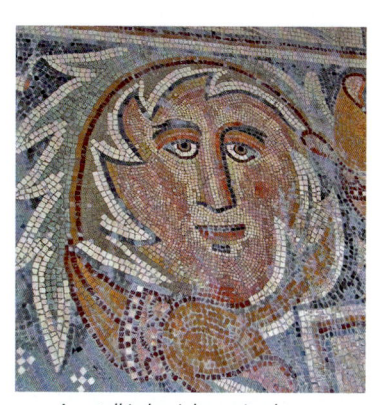

*Apostelkirche: Jahreszeitenhaupt*

### ➡ Praktische Informationen

- Die Polizeistation zur Visaverlängerung findet man an der Ausfallstraße zum Mt. Nebo, etwa 500 m vom Zentrum links (Verlängerung der Palestine St. außerhalb der Karte, blaues Schild mit arabischer Schrift).

- Die in einem restaurierten Privathaus untergebrachte **Touristen Information** (Mai bis Sept 9 -19, danach -17.30), Tel 05 324 5527, findet man im **Visitor-Center**, das am östlichen Ende der Hussein Bin Ali St liegt, die an der St. Georgskirche beginnt. Dort wurde ein großer (Bus)Parkplatz mit einem Informationsstand und Toiletten angelegt. In zwei Räumen rechts vom Eingang informieren grafisch gut gemachte Tafeln über die Geschichte der Stadt und ihre Sehenswürdigkeiten. Eine große, ebenfalls grafisch gute Schautafel neben dem Gebäude zeigt Wege (Trails) zu unterschiedlichen Themen. **Ein Besuch der Anlage lohnt sich.**

- BANKEN: in King Abdullah und Palestine St

### 🚌 Busverbindungen

- Vor einigen Jahren wurde ein neuer Busbahnhof außerhalb Madabas eröffnet, der aber nach heftigen Protesten der Bevölkerung wieder aufgegeben werden musste. Die meisten Busse/Minibusse und Servies-Taxis fahren von der alten Station ab, die hinter einem Häuserblock östlich der Petra St liegt. Es handelt sich genauer um zwei Plätze, die durch den Häuserblock getrennt sind, man kann aber hintenrum gehen.

- **Amman**: zur Wahadat-, Muhajereen-, Tabarbor-Station ab 5 U laufend, JD 0,85
- **Dhiban**: ab 6 U bis zu 4 Busse, JD 0,80 (dort Anschluss nach Mukawir JD 0,20)
- **South Shouna:** ab 7 U insgesamt 6 Busse bis abends (von dort per Taxi zum Toten Meer)
- **Kerak:** Di, Sa, 12 U, JD 2,50, zu anderen Zeiten nimmt man den Minibus nach Dhiban, von dort per Taxi durchs Wadi Mujib nach Ariha (manchmal scheinen auch Busse zu fahren), dann per Minibus nach Kerak. Freitags ist das noch schwieriger, weil verschiedene Abschnitte nicht per Bus bedient werden.
- Nach **Hammamat Ma'in** gibt es keine direkte Verbindung, nur zum Dorf Ma'in, von dort muss man trampen oder den Minibusfahrer überreden und bezahlen, hinunterzufahren.
- Das **Mariam Hotel** (siehe Kasten) ist bekannt für organisierte Trips und Taxi-Angebote zu festen Preisen bis nach Aqaba oder Jerash; Ziele und aktuelle Preise siehe www.mariamhotel.com/trips.html. Auch andere Hotels in Madaba organisieren Bustransfers nach Petra oder zu anderen Zielen.

## Shopping

- Es lohnt sich, in Madaba nach etwas ungewöhnlicheren Souvenirs Ausschau zu halten, denn hier beschäftigen sich etliche Werkstätten mit Kunsthandwerk, speziell mit Webereien. In der Hussein Bin Ali St bieten mehrere Shops gute Souvenirs, ebenso Zaman Handicrafts gegenüber dem Archaeological Park. Im Haret Jdoudna, unter anderem auch ein Restaurant, wird man ebenfalls fündig. In der Regel kauft man in der Stadt billiger als an der Straße zum Mt. Nebo, weil dort die Reiseleiter Provision aufgeschlagen wird

> **Unternehmer-Familie**
>
> Etwa 10-15 Fuß-Minuten vom Stadtzentrum entfernt stehen in der Aisha Um Al Mumeneen St fünf konkurrierende Hotels nebeneinander, vier von ihnen gehören zum Clan der Familie Twal. Deren Großmutter hatte das Grundstück entlang der Straße unter der Bedingung vererbt, dass es in Familienhand bleibe. Zwei ihrer Söhne starteten 1967 das Caravan Hotel in Amman (s. S. 180), 1973 kam das Canary Hotel in Amman hinzu und 1991 das Dove Hotel – alle erfolgreiche Traveller Hotels. Mit dem aufkeimenden Tourismus zog es die Enkelgeneration zurück nach Madaba. Charl Twal startete zusammen mit seinem Vater 2001 die Serie mit dem Mariam Hotel (nach der Großmutter benannt). Weitere Onkel bzw. Cousins folgten 2005 mit dem Salome, 2008 mit dem Rumman und 2012 mit dem Grand Hotel. Der ewig beschäftigte Charl gründete die Madaba Tourism Development & Heritage Preservation Association und machte sich einen Namen als Entdecker und „Pfleger" der Dolmen in der Nähe von Madaba.

## Essen & Trinken

- **2 FOOD BASKET,** gegenüber dem Eingang zum Archäologischen Park, ausschließlich jordanische Gerichte, gut, Menü JD 10
- **RABWAT MADABA,** gutes, mittelprei-

siges Restaurant mit tollem Blick im Hotel SAINT JOHN
- **ADONIS**, Al Shuweihat St (Nähe Museum), sehr gute – vor allem jordanische – Gerichte in einem restaurierten alten Haus, Alkohol
- **ARNON TOURISM COMPLEX**, Hauptstraße, großes Restaurant, Pool, Children Park
- **AYOLA** (Hotel [12]), Talat St gegenüber Haret Jdoudna Restaurant, gutes preiswertes Essen, gute Atmosphäre, Alkohol
- **BOWABIT**, gegenüber der St. Georgskirche, im ersten und zweiten Obergeschoss, hervorragendes Essen zu moderaten Preisen, selbstgebackenes gutes Fladenbrot, freundliche Bedienung, empf
- **DANA**, Al Nuzha St, Gegend Apostelkirche; großes, auf Bustouristen ausgerichtetes Restaurant, gut und sauber, nur komplettes Mittags- oder Abendmenü, nicht zu teuer
- **DARNA**, Hussein Bin Ali St., Schnellrestaurant, Take Away Food, nur 2 Tische auf dem Bürgersteig, gut und preiswert
- **HARET JDOUDNA,** Nähe St. Georgskirche; laut Prospekt ein "Village of Food and Crafts", das neben einem Restaurant Souvenirshops Platz bietet. Das Ganze ist aus ursprünglich zwei älteren Häusern entstanden und atmosphärisch gut gelungen – es ist mit Abstand der reizvollste Essplatz Madabas. Abrechnung prüfen!
- **HEYKAYET NEBO,** im *La Storia Tourism Komplex*, Berg Nebo, mit Dachterrasse, tollem Blick und gutem Essen, mittlere Preise
- **MRAH SALAME**, hinter Haret Jdoudna Restaurant, „Höhlenrestaurant" in 3 Etagen einer Höhle, dennoch gute Atmosphäre, mittlere Preislage
- In der Nähe der Busstation wird das **MODERN RESTAURANT** als gut und preiswert empfohlen
- Deutlich billiger und meist genauso schmackhaft kann man sich in den **lokalen Restaurants und Garküchen** sättigen, von denen es eine ganze Reihe in der Gegend um die St. Georgskirche, aber auch an der etwas entfernter liegenden King's Road gibt.

## Übernachten (Stadtplan s. S. 258)

- **BLACK IRIS**, [6] Nähe Al Mouhafada 1. Circle, Tel mobil 0779297035, Tel 05324 1959, blackirishotel.madaba@gmail.com; Familienhotel, sehr hilfsbereit und freundlich, AC, Zentralheizung, WiFi, Nichtraucher-Hotel, organisiert zuverlässige Trips, empf, mF .................................................................................................................. E 22-25, D 30-35
- **DELILAH**, [5] 3*, Aisha Um Al Mumeneen St, Tel 05 324 0060/61, , mobil 0772160219, info@delilah-hotel.com; AC, WiFi, Kschr, Terrasse mit Beduinenzelt, Leser dieses Buches erhalten 10% Discount, wenn sie das Buch beim Einchecken vorweisen, mF .................................................................................................................. E 40, D 50
- **GRAND**, [2] 4*, Aisha Um Al Mumeneen St, Tel 05 324 0403, info@grandhotelmadaba.com, www.grandhotelmadaba.com; Pool, tlws Balkon, Behindertenzimmer und -facilities, schöner Barraum, kleine Bibliothek, AC, WiFi, Kschr, Touren in Jordanien, Abholen am Airport JD 20, mF .................................................................................................................. E 45, D 55
- **MADABA 1880,** 3* [8] Tel 05325 3250, , mobil 0799505602, reservation@madaba1880.com www.madabahotel1880.comnet; in der Nähe der St. Georgskirche, 2017, komplett renoviert – und das sehr gut, AC, Kschr, WiFi, empf, mF .................................................................................................................. E 48, D 52

- **MADABA,** [11] (auch Madaba Tourism), Tel 05324 0643, madabahotel@hotmail.com, www.madabahotel.net; in der Nähe der St. Georgskirche (von dort ausgeschildert), AC, WiFi, SatTV (Lobby), renoviert, einfach,
  mF .......................... Schlafen auf dem Dach pP 5, Dorm 6 pP, EkB 12, E 15, DkB 16, D 18
- **MARIAM,** [3] Aisha Um Al Mumeneen St, Tel 05325 1529, mh@go.com.jo, www.mariamhotel.com; 10 Minuten vom Stadtzentrum, Zentralheizung, AC, WiFi, tlws Balkon, Pool, gutes Restaurant, Dachrestaurant mit weiter Aussicht, jeweils abends Grillen, Bar mit Alkohol, Meeting-Raum für 55 Personen, sehr hilfsbereit, sehr empf, Vermittlung von Trips in ganz Jordanien (nur für Hausgäste), Abhoung am Airport inzwischen verboten, stattdessen Taxi zum Festpreis von 23 JD oder Uber, mF .................................................................................................. E 32, D 40
- **MOAB LAND,** [9] direkt gegenüber St. Georgskirche, Tel 05325 1318, mobil 079041 4049, moabhotel@gmail.com; guter Blick auf St. Georgskirche, große Zimmer, Balkon, freundlich, Zentralheizung, mF............Dorm 6 (11 mF), pP E 30, D 35 (2 fensterlose Räume à 28)
- **MOSAIC CITY,** [7] Yarmuk St. (nach 1. Circle der Yarmuk St), Tel 05325 1313, customerservice@mosaiccityhotel.com, www.mosaiccityhotel.com; AC, WiFi, Kschr, großzügig eingerichtet, relativ große Räume, Zentralheizung, freies Parken, sehr freundlich und hilfsbereit, empf, mF ........................................................................ E 44, D 52
- **PILGRIM'S HOUSE** of the Greek Orthodox Church, [10] direkt neben der St. Georgskirche, Tel 05325 3701, pilgrimhousemadaba@gmail.com; viele Pilger, freundlich, Heizung, AC, WiFi (Lobby), gutes Frühstück, mF........................................................ E 25, D 35
- **QUEEN AYOLA,** [12] King Talal St, mitten in der Stadt schräg gegenüber HARET JDOUDNA Restaurant, Nähe St. Georgskirche, mobil 0777354277, info@queenayolahotel.com, www.queenayolahotel.com; relativ kleine Zimmer, AC/Heizung, WiFi, hilfsbereit, Touren, gutes Restaurant, mF .........................................................................
  Dorm 8 pP, EkB 15, DkB 20, E+AC 20, E+AC+ Balkon 25, D+AC 25, D+AC+ Balkon 30
- **SAINT JOHN,** [13] (RABWAT MADABA), King Talal St Nähe St.John Kirche, Tel 05 324 6060, info@saintjohnmadaba.com, www.saintjohnmadaba.com; AC, WiFi, Kschr, tlws. Balkon, gute Lage mit Blick über Madaba, , gut eingerichtet, Restaurant im obersten Stock, dort bester Blick auf die Stadt, der nur noch vom Turm der St.John Kirche übertroffen wird, mF ........................................................................................ E 30, D 40
- **RUMMAN,** [1] Aisha Um Al Mumeneen St,Tel 05325 2555; ; mobil 0777485639, info@rummanhotel.com, www.rummanhotel.com; WiFi, AC/Zentralheizung, neue, bessere Räume im 3. Stock, praktisch: Liquer Shop im selben Gebäude, Touren etc, kostenlose Softdrinks in der Lobby, Leser dieses Buches erhalten 10% Discount;
  mF ............................................................................................... E 25-30, D 30-35
- **SALOME,** [4] Aisha Um Al Mumeneen St, Tel 05324 8606, mobil 0796333035, salomeh@wanadoo.jo, www.salomehotel.com; Besitzer ist ein Verwandter des Mariam-Besitzers, sehr freundlich, sehr hilfsbereit, AC, WiFi, Zentralheizung, Kellerbar (Alkohol),
  mF (wer dieses Buch vorzeigt, zahlt für D nur 30)................................E 26, D 35,
- **TOWN OF MOUNT NEBO,** Seitenstr. der Al-Quds St , Tel 05324 4291, schöne und ruhige Lage am Mount Nebo, „splendid isolation", ausgezeichnetes (home made) Frühstück und Abendessen im familiären Kreis, sehr bemühte Eigentümerfamilie, HP.........ca. D 90
- **Camping** (WoMos): im abgesperrten Innenhof des PILGRIM'S HOUSE Hotels

## Abstecher zum ***Mount Nebo und nach Khirbet el Mekhayat

**Hintergrund:** *Dem Alten Testament zufolge zeigte Gott Moses "das Gelobte Land" vom 710 m hohen Berg Nebo aus. Hier soll Moses auch gestorben sein. In hellenistischer Zeit wurde Nebo als Nadabat erwähnt. Christliche Mönche bauten im 4. Jh nC eine Basilika, die im 6. Jh erweitert und mit neuen Mosaikböden versehen wurde. Gleichzeitig entstand ein Kloster.*

*In der Nähe, in Khirbet el Mekhayat (siehe weiter unten), bestand auch ein Kloster mit mindestens vier Kirchen. Später dann verloren sich seine Spuren; erst 1913 wurden bei Ausschachtungen für ein Haus zufällig die Mosaikböden der Lot- und Prokopius-Kirche entdeckt, die zum Kauf des Hügels durch den Franziskanerorden und zur kompletten Freilegung führten. Es zeigte sich auch, dass dort ursprünglich, wahrscheinlich in hellenistischer Zeit, eine Befestigungsanlage mit einer 1,4 m dicken Mauer errichtet worden war, die ein Oval von etwa 500 x 200 m einschloss.*

*Dolmen in der Nähe von Madaba*

**Kennenlernen:** Auf dem Weg zum Mount Nebo weist etwa 5,5 km nach Madaba an einem Abzweig ein Schild nach links zum zuvor erwähnten **Khirbet el Mekhayat** (Eintritt frei, 8-18), das knapp 2 km entfernt liegt. Auf dem Hügel wurden die Reste der Lot- und Prokopius-Kirche neu überdacht, um die überraschend schönen Mosaike zu schützen. Das Zentralmosaik, das über alle Stadien der Weingewinnung berichtet, ist weithin bekannt. An den Wänden sind Mosaike der nahegelegenen St. Georgskirche ausgestellt. Die Halle ist normalerweise verschlossen, der Wärter mit dem Schlüssel eilt herbei, wenn Besucher auftauchen. Notfalls muss man auf ihn warten.

### Dolmen

Charl Twal entdeckte eher zufällig ein Dolmen/Menhiren-Feld im Wadi Jadideh etwa 10 km südwestlich von Madaba. Als studierter Geologe beschäftigte er sich intensiv mit dem Thema und fand noch andere Gebiete heraus. Nach seinen Worten ist Jordanien mit den meisten Dolmen und Menhiren weltweit gesegnet. Sie stammen aus der frühen Bronzezeit (ca. 3000 vC), bestehen meist aus drei unbehauenen Steinplatten und zählen zum frühen kulturellen Erbe der Menschheit. Leider fallen sie immer wieder entweder Baumaßnahmen oder mutwilligen Zerstörungen zum Opfer – trotz aller Anstrengungen, die Charl aufwendet, um sie unter staatlichen Schutz stellen zu lassen.

Charl organisiert von seinem Mariam Hotel aus entweder Trips dorthin oder stellt detaillierte Information zur Verfügung, wie man sie finden kann. Wer sich nicht die Mühe machen will: Vor dem Jordan Museum in Amman stehen zwei Dolmen!

## Drei Rundreisen von Madaba aus

### Nach Umm er Rasas

Wer Madaba für längere Zeit als Standort wählt, kann die südlich liegenden Sehenswürdigkeiten in einer Rundreise – nicht mit Hin- und Rückfahrt auf der King's Road – besichtigen: Man zweigt bei der Apostelkirche-Ampel in Madaba nach Osten ab, denn dort ist Umm er Rasas ausgeschildert.

Die gut ausgebaute Straße – an der im Frühjahr Schwarze Iris blüht – zieht sich durch die einsame Hügellandschaft, neuerdings wird „Zafaran Castle" angekündigt. Wer dies übersieht, kann nicht viel falsch machen: nach 9 km an der ersten T-Kreuzung rechts abbiegen und sich dann an allen weiteren Abzweigen geradeaus (nach Süden) halten. Das Schild *Um ar Rasas* am linken Straßenrand, das man 21 km nach der T-Kreuzung erreicht, übersieht man leicht. Daher auf Ruinen und Wellblechschuppen achten. Von hier aus fährt man, wie auf S. 274 beschrieben – allerdings in umgekehrter Richtung –, zur King's Road weiter und auf dieser zurück nach Norden.

Von Madaba verkehren Minibusse direkt nach Umm er Rasas, während man von Dhiban nur per Taxi dorthin kommt. Ferner werden Ausflüge auf Eseln oder 4WD angeboten.

### Zum Toten Meer

Eine von der Landschaft her ganz andere Rundreise bietet sich zum Toten Meer auf einer Straßenführung an, auf der man manchmal meint, zum tiefsten Punkt der Erde eher zu stürzen als zu fahren. Am besten verlässt man Madaba auf dem ausgeschilderten Weg nach Hammamat Ma'in (siehe dort) und fährt beim Abzweig 26 km nach Madaba geradeaus, weiter den Berg hinunter. Nach 3 km zweigt links eine Einfahrt zum **Dead Sea Panoramic Complex** (Tel 05 349 1133) ab. Der kurze Abstecher zu diesem architektonisch ansprechenden Gebäudekomplex lohnt sich sehr, auch wenn man JD 2 Eintritt zahlen muss. Er enthält ein ausgezeichnetes, sehr informatives Natur-Museum (das nichts „Museales" hat) über das Tote Meer, seine Entstehung und seine Gefährdung. Erläuterungen und Videos unterstreichen die Informationen. Ein gutes Restaurant/Café bietet, neben der Magenfreude, einen wiederum spektakulären Blick auf den toten See in seiner hier deutlich erkennbaren toten Umgebung. Der gut ausgeschilderte 1,4 km lange Zara Cliff Walk am Rand eines steilen Abbruchs entlang bietet gute Ein- und tolle Ausblicke in die einzigartige Umgebung; er sollte nicht ausgelassen werden.

Vom Panoramic Complex auf +140 m Höhe windet man sich über 8 km hinunter auf knapp -400 m. Wendet man sich, am Seeufer angekommen, nach links, so erreicht man nach 5 km den Amman Tourism Beach, kann dort baden und nachher auch duschen, s. S. 306. Wendet man sich an der Kreuzung nach rechts, kommt man nach 8 km zu einem Abzweig, der den Berg hinauf nach Madaba zurückführt.

### Nach Hammamat Ma'in, Mukawir (Herodes Festung), weiter nach Umm er Rasas und/oder nach Süden

Eine spektakuläre Straße schraubt sich von Hammamat Ma'in hinauf nach Mukawir und überwindet auf nur 8 km Länge gute 800 Höhenmeter. Immer wieder hält man wegen der fantastischen Ausblicke den Atem an. Von Mukawir mit der Herodes-Burg (s. S. 271) fährt man nach Libb. Dort bietet sich an, entweder nach Madaba zurückzukehren oder dem King's Highway weiter nach Süden, z.B. nach Kerak zu folgen.

Die Ruinenstätte des \*\*\***Mount Nebo** (7-19; Winter 7-17; JD 2) ist auch unter *Siyagha* bekannt. Jahrelang wurde hier renoviert, und das Ergebnis ist ein Erlebnis! Schon der bewaldete Aufweg ist stimmungsvoll. Kurz vor dem „Gipfel" mit den alten Gebäuden wurde ein informatives Museum errichtet, das man nicht auslassen sollte.

Das ehemalige Klostergebäude, Zisternen und Einsiedlerzellen sind an den Grundmauern zu erkennen. Die oben auf dem Hügel stehende byzantinische Basilika (Moses-Kirche) wurde teilrekonstruiert und mit einem Schutzdach versehen.

Der Boden der Taufkapelle (links vom Eingang) liegt etwa 1 m tiefer als das übrige Niveau; sein Mosaik zählt zu den schönsten der frühchristlichen Epoche. Es ist in vier Abschnitte geteilt: Oben links sieht man ein Zebu (Buckelochse) an einen Baum gebunden, während der Hirte gegen einen Löwen kämpft, rechts ein Soldat, der die Löwin erspießt. Darunter sind Reiter mit ihren Hunden auf der Jagd, im dritten Register sitzt ein Hirte unter einem Baum und hütet eine Ziege sowie Fettschwanzschafe. Unten ziehen Hirten mit einem Strauß, einem Zebra und einem Kamel entlang. Ein modern eingerichteter Gebetsraum vorn in der Basilika passt sich gut in das alte Gemäuer ein.

Alle Bäume und Pflanzen hier oben sind typisch für das Jordantal. Auch der **Ausblick vom Mount Nebo** (vom etwas schwer interpretierbaren Denkmal vor der Kirche aus), der einst Moses faszinierte (und in 2009 Papst Johannes Paul II sowie 2014 Papst Franziskus), ist bei klarer Sicht heute noch berauschend: über die Abhänge des Jordangrabens zum Toten Meer und auf der gegenüberliegenden Seite auf die judäischen Gebirgszüge mit den Türmen von Jerusalem (die Moses vielleicht erahnte). Dieser Blick lohnt auch sehr bei Nacht mit dem Lichtermeer von Jericho und Jerusalem.

Etwa 1,5 km vor dem Parkplatz von Mount Nebo zweigt beim Bazar *Abu Tareq* (Asa Moses Restaurant, gutes Buffet) rechts ein Sträßlein ab, das nach 2,5 km die sogenannte Mosesquelle, **Ain Musa**, unter alten Eukalyptusbäumen erreicht (nicht zu verwechseln mit Ain Musa im Wadi Musa bei Petra). Hier soll Moses durch einen Schlag an den Fels eine Quelle erzeugt haben. Zwei Kirchen, die einst an dieser Stelle standen, wurden durch das verheerende Erdbeben von 747 zerstört. Der Besuch lohnt nur für den, der wirklich alles gesehen haben will.

Etwa 2 km vor dem Mount Nebo Park-

*Ausschnitt aus dem Bodenmosaik der Taufkapelle: Hirte mit Strauß und Zebra*

platz fällt rechts ein großes Gebäude auf, das „Museum" namens **La Storia** (9-17, JD 4; www.lastoria-nebo.com). Es handelt sich eher um eine Art Disneyworld, in der zunächst einmal die biblische Geschichte in Dioramen dargestellt wird. Dann folgen Bilder aus dem täglichen, vor allem handwerklichen Leben. Schließlich kann man Mosaiklegern und Straußenei-Bemalern zuschauen – und die Ergebnisse in einem großen Shop erwerben und nach Hause tragen.

### ➨ Praktische Informationen

#### 🚌 Hinkommen
- **Minibusse** fahren häufig, die man an der Ecke El Quds St/1. Circle, in Richtung Mount Nebo, anwinkt. Ein Taxi kostet, inklusive 30 Minuten Wartezeit (knapp), JD 10-15.
- **Anfahrt**: In Madaba ist *Mount Nebo* (oder auch *Nibo*) ausgeschildert; fahren Sie im Zweifel zur St. Georgskirche und von dort geradeaus weiter bis zum Kreisel; dort finden Sie Nebo-Schilder. Nach 9 km ist Nebo erreicht. Direkt vom Mount Nebo führt eine gut ausgebaute, 16 km lange Straße hinunter zum Toten Meer. Sie mündet in die von Amman kommende Autobahn. Der einzige größere Abzweig unterwegs kürzt ein Stück des Weges ab, indem er südlicher direkt zum Ufer beim Ort Suweimah führt.

### Abstecher nach *Hammamat Ma'in

Hammamat Ma'in ist ein Bade- und Kurort, der südwestlich von Madaba schon fast am Toten Meer, aber nur 240 m unterhalb des Meeresspiegels liegt. Allerdings endet die Straße an den heißen Quellen; das Tote Meer wäre zwar nahe, ist aber auf direktem Weg nur durch Trekking erreichbar. Der Aufwand, Hammamat Ma'in zu besuchen, lohnt sich eigentlich nur, wenn man dort kuren oder die Landschaft erleben will. Man muss – bei relativ hohem Eintritt – auch die Enge und Hitze der Felsschlucht physisch wie psychisch ertragen wollen. Ein Leser schreibt: *„Das Wasser ist zu warm, die Atmosphäre mit den nicht badenden Jordaniern künstlich. Insbesondere sind Kinder kaum ins Wasser zu kriegen, da zu heiß."*

In Hammamat Ma'in entspringen etwa 50 heiße Quellen, die wasserreichste stürzt ca. 25 m über Felsklippen ab, unter denen man sich abduschen lassen kann. Einige Quellen sind kalt, die meisten führen heißes Wasser. Frauen sollten – wenn viele Einheimische baden – den Hauptwasserfall meiden, es sei denn, sie verhalten sich wie die einheimischen Geschlechtsgenossinnen und stellen sich komplett angezogen unter die große Dusche.

Um die eigentlichen Badeanlagen herum wurde ein *Eco Sports Park* geschaffen, der eng mit der Royal Society for the Conservation of Nature (RSCN) zusammenarbeitet. Es werden verschiedene Wander- und Trekkingtouren angeboten, die jeweils Rücksicht auf die fragile Natur dieser Landschaft nehmen. Der wohl spektakulärste Trekking-Trip verläuft durch die untere Schlucht des Zarqa-Baches zum Toten Meer. Dieser Bach entwässert Ma'in und führt das ganze Jahr die Thermalwässer zum Toten Meer, sein Bett ist weitgehend begrünt, es zieht Wild an und beherbergt seltene Pflanzen.

Wer Wander- bzw. Badeschuhe eingepackt hat, kann am Bach – und muss über längere Strecken im ziemlich warmen Wasser – hinunterwandern, bis etwa zur Hälfte der Strecke zum Toten Meer. Danach muss man Trekkingschuhe anziehen und sich so ausrüsten, dass man über Felsen und durch Wasserfälle weiterklettern kann. Ein Leser war 6 Stunden unterwegs und konnte sich häufig nur am manchmal sichtbaren Toten Meer orientieren. Offiziell ist das allerdings nur mit Führer von RSCN erlaubt, man muss sich also rechtzeitig anmelden; im Hotel erhält man Auskunft.

### ⇒ Praktische Informationen

An der Zufahrtsstraße muss man kurz vor Hammamat Ma'in **JD 15 pP Eintritt** pro Tag bezahlen. Dafür darf man alle Bade- und Saunamöglichkeiten nutzen. Gäste mit vorliegender Hotelreservierung haben freien Zugang. Öffnungszeiten 6-16 U.

### 🚌 Hinkommen

■ **Busverbindungen**: Die Anreise von Madaba mit öffentlichen Verkehrsmitteln ist schwierig (siehe dort); die beste Lösung besteht darin, von Amman aus einen Tagesausflug per JETT-Bus zu buchen.

*Hauptwasserfall von Hammamat Ma'in*

**Anfahrt:** In Madaba ist *Hamamat Maeen* ausgeschildert. Man kann aber auf der King's Road nach Süden fahren und 2 km nach der Apostelkirche rechts abbiegen. Bald ist der Ort Ma'in erreicht, dort wurden Fragmente von drei byzantinischen Kirchen ausgegraben, die aber entweder nicht zugänglich oder ziemlich uninteressant sind. Eine wäre im Zentrum neben der Stadtverwaltung zu finden. Die Straße verläuft noch relativ lange auf und zwischen den Hügeln des Hochplateaus, auf den letzten Kilometern dann stürzt sie förmlich in Richtung Totes Meer hinunter, ein Schild gibt 15 Prozent Gefälle bekannt. Kurz zuvor, 26 km nach Madaba, zweigt eine neue Straße zum Toten Meer ab, siehe weiter unten.

### 🛏 Übernachten

Die **Hotelanlagen** von Hammamat Ma'in wechselten in schöner Regelmäßigkeit den Betreiber. Die letzte Renovierung galt nicht nur dem Hotel, auch die Gesamtanlage wurde neu gestaltet und das ehemals preiswerte Hotel Beit Ma'in geschlossen. Tagesgäste müssen, wenn sie nicht tief in die Tasche greifen wollen, abends wieder zurückkehren.

■ **MA'IN HOT SPRINGS,** 5*, Tel 05 324 5500, info@mainhotsprings.com, www.mainhotsprings.com; hervorragend renoviertes Luxushotel mit allen Annehmlichkeiten in "splendid isolation", u.a. abgesetztes Spa-Gebäude mit Wasserfall, ab.....................E 115, D 127

Von hier aus bieten sich die landschaftlich sehr beeindruckenden Strecken nach Mukawir oder zum Toten Meer für die Weiterfahrt an, siehe Kasten S. 268.

**Nun weiter von Madaba nach Süden**

12 km bis

## Libb

### Abstecher nach Mukawir und zur **Festung Machärus

In dem kleinen Ort Libb zweigt rechts

eine Straße nach Mukawir (ausgeschildert *Mukawir 22 km)* ab. Der 21 km weite Weg wird vor allem durch faszinierende Landschaft und Ausblicke (besonders im letzten Teil) belohnt.

Das Dorf **Mukawir** besitzt aus zwei Gründen Bedeutung. Der *Save the Children Fund* (heute von der *Jordan River Foundation* betreut) hatte Beduinenfrauen des hier und in der Umgebung lebenden Bani Hamida Stammes zum Teppichweben animiert. Dieses Projekt entwickelte sich zum "Selbstläufer", d.h. dass es heute wirtschaftlich auf eigenen Beinen steht und etwa 1500 Frauen mehr oder weniger beschäftigt. Statten Sie dem hiesigen **Bani Hamida Centre** (tgl 9-18) einen Besuch ab, es liegt am Dorfende Richtung Burg. Selbst wenn Sie nichts kaufen, werden Sie sich an dem lebendigen Design der Waren erfreuen.

Abgesehen davon, dass es im Dorf auch eine byzantinische Kirchenruine gibt, sorgt sein Name unter Historikern wegen **Herodes des Großen** für Publicity. Vom westlichen Dorfrand sieht man einen 700 m hohen Berg namens **Qalaat el Mishnaqa** oder Qasr el Meshneqeh steil aufragen, dessen Spitze den stark befestigten und prunkvollen **\*\*Palast Machärus des Herodes** (9-18 U, JD 2) trug.

*Hintergrund*: *Hier soll Johannes der Täufer worden sein. Nach dem ersten jüdischen Aufstand 66 nC und der folgenden Besetzung Jerusalems durch römische Truppen flohen zahlreiche Juden auf die Festung. Die römischen Truppen begannen mit dem Bau einer Rampe, um das als uneinnehmbar geltende Fort zu erobern. Noch bevor genug Material aufgeschüttet war (Reste davon sind noch sichtbar), gaben die Verteidiger im Jahr 72 auf, weil man ihnen mit Kreuzigung gedroht hatte. Sie erhielten freien Abzug, die Festung wurde bis auf die Grundmauern zerstört.*

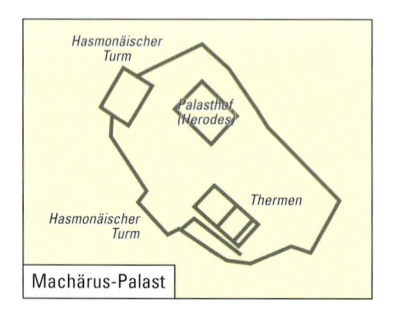

Von Mukawir führt eine etwa 2 km lange Stichstraße zu einem Rastplatz, mit gutem Blick auf das heute ziemlich kahle Plateau der Herodes-Festung. Auf der kleinen, recht gut angelegten Rastanlage (Kaffee und Tee im Beduinenzelt) kann man im Wohnmobil übernachten, wie der diensthabende Polizist zugesteht. Ein Hotel ist nach langer Bauzeit zwar fertig, soll aber dem Vernehmen nach nur für Government-Angestellte buchbar sein.

Wer von hier aus einen Treck zum Toten Meer, durch die Mujib Nature Reserve, machen will, muss sich zuvor mit der Royal Society for the Conservation of Nature (RSCN) (s. S. 71, bzw. S. 110) in Verbindung setzen.

Vom Rastplatz hinauf zu den Ruinen geht es nur zu Fuß; man benötigt etwa 15-20 Minuten entweder auf der Direttissima oder auf einem gut ausgebauten Weg am Hang entlang und an einer Höhle vorbei, in der, der Sage nach, Johannes enthauptet wurde. Wegen der gründlichen Arbeit der Zerstörer bietet der Gipfel hauptsächlich Grundmauerreste und eine große Zisterne. Die von Ferne malerischen Säulen entpuppen sich aus der Nähe als neue Kreation.

Dennoch lohnt der Aufstieg, besonders am frühen Morgen, wenn die ersten Sonnenstrahlen die judäischen Berge und

```
         Hasmonäischer
             Turm
        ┌────────┐
        │        │    Palasthof
        │        │   (Herodes)
        └────────┘
                          Thermen
        Hasmonäischer
            Turm
```
Machärus-Palast

*Qalaat el Mishnaqa mit Machärus-Palast-Ruinen, im Hintergrund das Tote Meer*

später das Tote Meer leuchten lassen. Aber auch der Sonnenuntergang wirft seine Schatten auf die einsamen Berge, die noch einmal aufzuglühen scheinen. Gerade in der Abendstimmung möchte man auf dem Bergsattel, aus dem der Burghügel erwächst, weiterwandern. Man könnte noch ungehinderter auf den tief unten liegenden Wasserspiegel schauen, man wäre noch einsamer und enger mit dieser Landschaft verbunden, von der so viel Faszination ausgeht.
**Nun wieder zurück nach Libb** und weiter auf der King's Road.
10 km bis

## Wadi Wala (auch *Hidan*)

Hier beginnt der Abstieg ins Wadi Wala. Die Straße windet sich von 600 m Höhe auf 450 m hinunter und auf der anderen Talseite wieder auf 700 m hinauf. Auf dem Talgrund spendet das Flüsschen genug Wasser für Bäume und Gärten. Es strömt dem Toten Meer entgegen, vereinigt sich aber zuvor mit dem Wadi Haydan und dann mit dem Flüsschen Mujib, um gemeinsam mit diesen durch eine wildromantische Schlucht dem Toten Meer entgegenzustürzen.
11 km bis

## Dhiban

*Hintergrund: Dhiban wird schon im Alten Testament erwähnt, die hier gefundene Stele (siehe Kasten) bestätigt die Berichte. Die Geschichte des Ortes lässt sich demnach seit dem 9. Jh vC, in dem er* **Hauptstadt des Moabiterreiches** *war, bis ins 12. Jh nC zurückverfolgen; allerdings war er wohl vom*

## 7 – Wege nach Süden

> **Die Mescha- oder Moab-Stele**
>
> 1868 stieß der deutsche Missionar F. A. Klein in Dhiban auf einen 115 cm hohen und etwa 70 cm breiten Stein, der hebräisch beschriftet war. Nach einer etwas abenteuerlichen Geschichte gelangte der ursprünglich komplette Stein schließlich in Bruchstücken nach Paris, wo er, nach einem zuvor genommenen Abdruck, wieder zusammengesetzt werden konnte. Heute steht er im Louvre, Kopien u.a. in Amman.
>
> Das Fundstück löste eine kleine Sensation aus. Die 34 Inschriftenzeilen berichteten in Moabitisch von den Taten des Königs Mescha, der sich im 9. Jh vC mit den beiden jüdischen Staaten im heutigen Israel herumschlug. Überraschend war, dass sich Schilderungen der Stele mit ähnlichen in der Bibel deckten. Die Stele lieferte den damals ersten archäologischen Beweis, dass zumindest einige Aussagen des Alten Testaments auf historischen Fakten beruhen. Allerdings gibt die Bibel die Version der Israeliten als Sieger wieder, während Mescha von seinen Siegen über die Israeliten berichtet.

8. bis zum 1. Jh vC nicht bewohnt. Überkommen sind nur geringe Ruinenreste auf dem nördlich vom Stadthügel gelegenen Tell. Bei Ausgrabungen in den 50er- und 60er-Jahren wurde dort ein Tonsarkophag gefunden, der heute im Archäologischen Museum von Amman steht.

Der Besuch des Tell ist einigermaßen enttäuschend, es gibt lediglich ein Stück Befestigungsmauer aus dem 9. Jh vC zu sehen. Doch in Dhiban bietet sich an, einen interessanten Umweg einzulegen:

### Abstecher nach *** Umm er Rasas, Khirbet Arair und Lahun

In Dhiban führt eine nach Umm er Rasas ausgeschilderte Straße (kurz nach dem zentralen Platz) nach Osten; sie lohnt besonders im Frühling den Abstecher, schon wegen der weiten Blumenfelder u.a. mit Schwarzer Iris. Nach 3 km zweigt eine erste Straße nach Süden, nach **Khirbet Arair**, ab, das biblische *Aroer*. Die Siedlung ist ähnlich alt wie Dhiban, wurde aber bei der Eroberung durch die Römer 106 nC total zerstört und nicht wieder aufgebaut. Ihre lange Geschichte hat ähnlich geringe Spuren hinterlassen; spanische Archäologen gruben in den 1960er-Jahren Reste einer ziemlich großen Karawanserei aus.

Die noch vorhandenen Ruinen werden von den Bewohnern genutzt. Daher ist der nächste Abstecher wesentlich empfehlenswerter.

**Wieder zurück** zum vorigen Abzweig und 6 km nach Osten; hier zweigt rechts eine 4 km lange Asphaltstraße nach **Lahun** (www.lehun-excavations.be) ab. Die Moabiter hatten dort einst ein Fort errichtet, dessen Grundmauern noch erhalten sind. Man könnte fast meinen, sie hätten es in allerbeste Hanglage wegen der Aussicht in und über das Wadi Mujib hinweg hier gebaut; tatsächlich war es strategisch gut platziert. Weiterhin sind eisenzeitliche Siedlungsreste und Reste eines nabatäischen Tempels zu sehen. Das Grabungsgebiet war hervorragend beschildert (gestohlen?) und sowohl von seiner Lage als auch Bedeutung her beeindruckend. Zusätzlich werden Sie den fantastischen Ausblick über das canyonartige Wadi Mujib genießen, das Sie später kreuzen werden.

Beide Stätten sind durch einen landestypischen Wanderweg miteinander verbunden, der unterhalb des Bergrandes unter Felsenüberhängen verläuft und einen herrlichen Blick auf Wadi und Stausee ermöglicht.

Nach weiteren 7 km auf der zuvor verlas-

*Umm er Rasas: Stadtvignetten im Bodenmosaik der St. Stephanskirche*

senen Straße stößt man auf

### ***Umm er Rasas

Der nahezu vollständig in Ruinen liegende byzantinische Ort, der auf eine römische Garnison zurückgeht, wurde 2004 in die **UNESCO-Weltkulturerbe-Liste** aufgenommen. Es ist kaum vorstellbar, wie gründlich er in sich zusammengefallen ist; es sieht aus wie im nicht aufgeräumten Lager einer riesigen Steinhandlung.

*Hintergrund: Unter dem Namen Kastron Mefaa hatten die Römer ein Kastell im Zuge des arabischen Limes an einem Platz gebaut, der schon seit etwa dem 7. Jh vC besiedelt war. Nach der Aufgabe des Limes zogen in byzantinischer Zeit Zivilisten ein. Als es innerhalb der alten Umfassungsmauern zu eng wurde, dehnte sich die Siedlung ungeschützt nach Norden aus. Interessant ist, dass in dem relativ kleinen Ort im Lauf der Zeit mindestens sieben Kirchen errichtet wurden, besonders jedoch, dass sich die Christen noch während der Regierung der Omayaden und sogar noch während der schon sehr viel strikteren Abbasidenzeit im 8. Jh hier entfalten konnten. Die berühmte St. Stephanskirche wurde z.B. Mitte des 8. Jh gebaut, im Jahr 785 waren nachweislich noch Mosaikböden erneuert worden. 1987 kamen ihre Reste und die der Sergius-Kirche bei Ausgrabungen wieder ans Tageslicht.*

**Kennenlernen:** Im Visitor Center (8-18, JoPa, kein Eintritt, manchmal JD 3) mit bescheidenem Imbiss-Restaurant und Shops von Frauen der Umgebung gibt es relativ saubere Toiletten und ein kleines „Museum" mit durchaus interessanten Infotafeln. Von hier führt ein „Visitor Circle" ins Ruinengelände. Noch bevor man die unübersehbare Blechhalle – hier *Shelter* oder *Hangar* genannt – erreicht, kommt man an einer alten Weinpresse vorbei, einem Raum, der mit Trauben gefüllt wurde. Der Traubensaft musste mit den Füßen herausgestampft werden, immerhin auf einem schönen, noch erhaltenen Mosaikboden. Auch die Vorratsräume sind noch erkennbar. Ganz in der Nähe stand die Löwenkirche, deren Bodenmosaik zwei Löwen zeigt (zur Zeit mit Sand als Schutz abgedeckt). Von historischer Bedeutung ist auch ein sehr detaillierter Mosaikplan von *Kastron Mefaa*, also *Umm er Rasas*.

Der Höhepunkt von Umm er Rasas, die wunderschönen **Bodenmosaike der St. Stephanskirche**, verbirgt sich unter dem nahegelegenen Schutzdach. Nahezu der gesamte, vollständig mit Mosaiken bedeckte Boden der einschiffigen Kirche ist erhalten, das größte Mosaik Jordaniens. Die Bilder können es an Schönheit und Sorgfalt mit denen in Madaba und Mount Nebo leicht aufnehmen. Trotz der Beschädigungen durch Bilderstürmer blieben Darstellungen von Menschen, Tieren und Vögeln in Jagd- und anderen Szenen des täglichen Lebens erhalten. Das Interessanteste sind jedoch in Umrahmungen gelegte Vignetten von insgesamt 27 Städten in Ägypten, Palästina und Jordanien. Die innere Borte zeigt Fischer und zehn Städte im Nildelta, u.a. Alexandria. Auf der Nordseite sind acht Palästina-Städte dargestellt, z.B. Jerusalem, Nablus, Ashkalon, Gaza oder Caesarea. Die Südseite zeigt sieben transjordanische Siedlungen: Kastron Mefaa, Amman, Madaba, Hisban, Ma'in, Rabba und Kerak.

Viele Historiker halten diese Karte für wichtiger als die von Madaba. Aus der späten Entstehung der Kirche, lange nach der Islamisierung Jordaniens, erklärt sich auch, dass weniger menschliche Porträts, dafür unverfängliche Stadtansichten dargestellt wurden. Es gibt Hinweise, dass, als Folge des islami-

*Umm er Rasas: Vignette des heutigen Caesarea*schen Bildersturms, auf Anordnung von Papst Leo II. die menschlichen und tierischen Darstellungen vorsorglich zerstört wurden.

Unmittelbar an die Stephanskirche schloss sich die **Kirche des Bischofs Sergius** an, deren Mosaiken die Bilderstürmer bleibenden Schaden zufügten. Bilder zweier Lämmer und eines Jünglings sind noch vorhanden.

Sie können nun das Ruinengelände links umgehen, unterwegs werden Sie einige erhaltene Bögen sehen. Dort kann man manchmal auf oder über die Mauer steigen, um das Trümmerfeld zu überblicken und weitere Details, wie z. B. erhaltene Räume oder die Zwillingskirchen zu entdecken, deren Ruinen direkt nebeneinander liegen. Wer Zeit hat, kann zwischen den Steinhalden herumstöbern und sich vielleicht das eine oder andere Bild der Vergangenheit zusammenfügen oder versuchen, alle der bisher bekannten Kirchen zu finden.

Etwa 1,3 km nördlich erhebt sich ein einsamer, ca. 15 m hoher **byzantinischer Turm** (mit *Tower* ausgeschildert), der noch halbwegs erhalten ist. Zu einem kleinen Raum ganz oben führt keine Treppe hinauf. In seiner Nähe wurden Reste einer kleinen Kirche ausgegraben. Sinn und Zweck des Turms lassen sich nicht nachweisen, doch die Kirche, die fehlende Treppe und Kreuze an den Mauern sprechen dafür, dass er Wohnplatz eines der im syrischen Raum bekannten "Säulenheiligen" gewesen sein könnte.

### 🚌 Hinkommen

- Öffentliche Verkehrsmittel sind rar: Von Madaba fahren hin und wieder Minibusse über Nitil nach Umm er Rasas, häufiger aber nach Dhiban, von wo man ein Taxi nehmen muss.

**Zurück nach Dhiban** und weiter auf der King's Road nach Süden.
4 km bis

## ***Wadi Mujib

Eine Serpentinenstraße führt hinunter in den "Grand Canyon" von Jordanien. Nach etwa 1,5 km wurde rechts der Straße ein Rastplatz angelegt, der eine hervorragende Aussicht in die Landschaftsstruktur bietet. Der Blick in die gewaltige, durch tektonische Verschiebungen entstandene Schlucht ist überwältigend; deutlich sind die geologischen Schichtungen zu erkennen.

Da schon von alters her die wichtige Nord-Süd-Verbindungsstraße den Canyon querte, bauten bereits die Nabatäer Befestigungsanlagen; später entstanden unter den Römern zwei Kastelle. Andererseits bildete der Fluss auch über Jahrhunderte die Grenze zwischen den Königreichen Ammon und Moab.

Leider wird die einsame Schönheit des Wadi Mujib durch einen 2002 fertiggestellten 62 m hohen und 660 m langen Staudamm – einer von 9 Staudämmen in Jordanien, gestört. Das ist sicherlich bedauerlich, doch ein Land mit Wasserarmut kann es sich nicht leisten, selbst so kleine

> **Mujib Biosphere Reserve**
>
> Das Gelände des Wadi Mujib untersteht der Royal Society for the Conservation of Nature (RSCN) und ist seit 1987 als Naturreservat unter dem Namen *Mujib Biosphere Reserve* entsprechend geschützt. Die 210 qkm große Fläche bezieht auch das Wadi Wala und die Bergkette am Toten Meer mit ein, südlich der Mujib-Mündung beginnend und nördlich am Zarqa-Bach endend, der von Hammamat Ma'in herunterkommt. Damit gehören Höhendifferenzen von +900 m bis zu -410 m zum Reservat, in dem mehr als 400 Pflanzenarten und ein für jordanische Verhältnisse reiches Tierleben zu finden sind. Die früher in den Felsklippen "turnenden" gehörnten Ibexe, deren Bestand stark dezimiert war, werden geschützt gezüchtet, um sie vor dem Aussterben in dieser Gegend zu bewahren. Wandern und Trekking im Reservat ist nur mit Führern des RSCN erlaubt. Der Startpunkt der meisten Touren liegt bei der Mujib-Brücke am Toten Meer. Weitere Informationen s. S. 309.

Flüsschen ungenutzt verschwinden zu lassen. Zumindest setzt der gefüllte Stausee einen ganz neuen Akzent mit dem Gegensatz Wüste und Wasser.

Der Wadi Mujib Canyon gehört dennoch zu den ganz großen, faszinierenden Landschaftseindrücken Jordaniens; beim Durchfahren wird man mit immer neuen Bildern überrascht. Die Straße schlängelt sich von 800 m Höhe 7 km den steilen Hang hinunter bis zum Staudamm auf 200 m ü.d.M., dann geht es ebenso steil wieder, 10 km lang, auf 740 m Höhe hinauf. Unterwegs knackt es häufig in den Ohren, so schnell ändert sich die Höhenlage. Am Straßenrand sind einige römische Meilensteine, z.T. in Bruchstücken, zu sehen.

Oben angekommen, liegt rechts das recht originelle **Restaurant TRAJAN** (offenes Buffet JD 10), von dessen Terrasse sich ein etwas eingeschränkter, aber dennoch eindrucksvoller Ausblick auf die Schlucht ergibt. Neben gutem Essen bietet der Wirt Übernachtung zu JD 10 in insgesamt 8 Betten an. Auf dem Hof dürfen Zeltler kostenlos ihr Zelt aufbauen. Geplant ist ein größerer Campingplatz neben dem Haus, auf dem zunächst 4 Caravans mit Blick ins Wadi zur Miete angeboten werden.

Von Norden kommend ist das Hochland hier wieder erreicht; wer von Süden her anreist, genießt die ersten spektakulären Blicke.

Vom Wadirand sind es 4 km (ab südlicher Abbruchkante des Wadi Mujib) bis **Ariha**, Endstation der von Kerak kommenden Busse.

- **Verkehrsverbindungen durchs Wadi Mujib:** Es gibt keine öffentlichen Verkehrsmittel durchs Wadi. Alle Buslinien, die von Madaba auf der King's Road nach Süden fahren, enden in Dhiban. Weiter geht es nur per Taxi zu JD 8-10 nach Al Qasr. Von Kerak kommend, enden die Busse in Al Qasr, wo man ein Taxi nach Dhiban nehmen muss. In umgekehrter Richtung verkehren von Al Qasr Busse ab 6 – 19 U nach Kerak. Außerdem fährt von Al Qasr um 8 und 16 U ein Bus nach Amman/Wahadat (JD 0,85) und ab ca. 10 bzw. 18 U zurück, sobald alle Plätze besetzt sind. Vom *Al-beek Turcky Restaurant* fahren manchmal Minibusse durchs Wadi Mujib nach Dhiban.

🚗 12 km bis

## Qasr

Qasr, ein kleines Städtchen, ist in den Anfängen seiner modernen Besiedlung

nicht unwesentlich aus historischem Baumaterial entstanden, wie diverse Häuser beweisen. In der Nähe der großen Moschee sind die Reste eines nabatäischen Tempels aus dem 2. Jh nC erhalten, der den modernen Siedlern als Steinbruch diente, umzäunt und nur durch den Zaun zu betrachten; der ehemalige Eingang lag in der Ostmauer. Nur wenige Schritte weiter auf dieser Straße stehen rechts die ersten, bereits wieder verfallenden Mauern eines Schafstalls neuerer Zeit, in denen die nabatäischen Steinmetze ihre mühevolle Arbeit wiedererkennen würden...
5 km bis

## Rabba

*Hintergrund: Rabba fand bereits im Alten Testament Erwähnung. Sehr viel später berichtet Flavius Josephus, dass die Juden unter Alexander Iannäus im 1. Jh vC den Nabatäern Rabba – damals Rabbath Moab, unter den Römern Areopolis genannt – abnahmen. Bereits im 1. Jh nC gewann der Ort als Verwaltungszentrum der von Römern geschaffenen neuen Provinz Arabia ähnliche Bedeutung wie Petra. Ab dem 5. Jh ist die Stadt als Bischofssitz bezeugt, u.a. auf den Mosaiken von Umm er Rasas. 634 eroberten muslimische Truppen Rabba, das bald in Bedeutungslosigkeit fiel, die historischen Bauten verkamen.*

Leider ist nur ein etwas ärmliches Ruinengelände erhalten geblieben, das man bald nach dem Ortseingang, schräg gegenüber einer Moschee, auf der westlichen Straßenseite sieht. Es handelt sich um Tempelfragmente aus der Zeit von 286-305 während der gemeinsamen Herrschaft der römischen Kaiser Diokletian und Maximian. Die Statuen der beiden Herrscher standen in je einer Nische

*Wadi Mujib Stausee*

**Kerak**

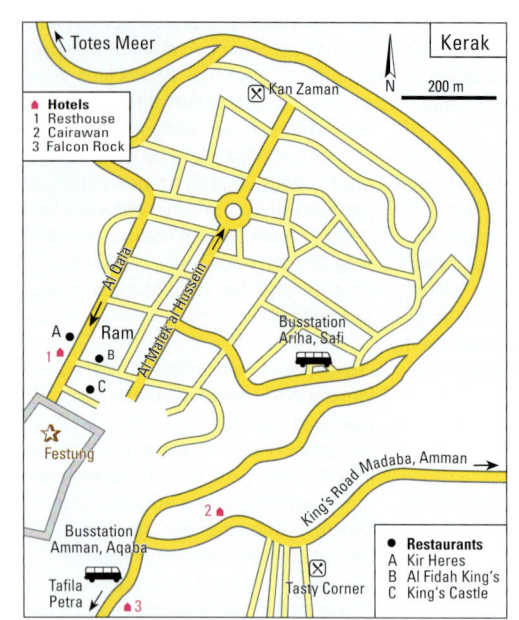

Hotels
1 Resthouse
2 Cairawan
3 Falcon Rock

Al Qatra
Al Malek al-Hussein

Kan Zaman
Ram
Busstation Ariha, Safi
Festung
King's Road Madaba, Amman
Busstation Amman, Aqaba
Tafila Petra
Tasty Corner

Restaurants
A Kir Heres
B Al Fidah King's
C King's Castle

seitlich des Tempeltors. Davor liegen die typischen Pflastersteine einer Haupt- bzw. Achsen-Straße. Offenbar wurde in byzantinischer Zeit eine Kirche in den Tempel gebaut, deren Bogenkonstruktion ziemlich schlechte Bauqualität aufweist. Viel mehr als diese am Nordrand stehende Ruine wird man als Laie nicht identifizieren können.

### Abstecher zum Wadi Ibn Hammad

Von Rabba (zwischen Al Wasir und Shihan rechts abzweigend, ausgeschildert 20 km) – wie auch von Kerak – lohnt sich ein Ausflug in das tief unten liegende Wadi. Die z.T. sehr schlechten Straßen (Allrad empfohlen) sowohl von Rabba aus als auch von Kerak winden sich mit knapp 200 m Höhendifferenz steil die Berge hinunter. Im Wadi angekommen, fällt ein Pool namens *Hammam Ibn Hammad* auf, in dem sich gern Einheimische tummeln. Die eigentliche Schlucht ist für jordanische Verhältnisse ungewöhnlich grün, weil aus den porösen Seitenfelsen ständig Wasser tropft und Moos sowie Farne am Leben erhält. Minerale im Wasser färben die Felsen violett bis rötlich. Nach etwa einer Stunde Trecking öffnet sich die Schlucht. Folgt man dem Wasserlauf weiter, erreicht man schließlich einen 3 m hohen Wasserfall. Dort kehrt man um oder klettert – mutig – seitlich hinunter und belohnt sich mit einer erfrischenden Dusche. Für den Ausflug muss man ca. zwei bis drei Stunden insgesamt rechnen.

**12 km: Abzweig**
Nach links zweigt eine Verbindungsstraße zum Desert Highway bei Qatrana ab.

**4 km: Kreuzung**
Rechts nach Kerak, links zum Desert Highway.

### ***Kerak (auch *Al Karak*)

Kerak ist eine sehr lebendige Gebietshauptstadt mit gut 35 000 Einwohnern, die im Zentrum eines ebenso geschäftigen Einzugsbereichs liegt. Die extrem hügelige Landschaft ringsum ist erstaunlich fruchtbar; beim Blick von dem sehenswerten, 950 m hohen Festungsberg zeigt sich das emsige Leben. Sobald man den Festungsberg hinter sich lässt, führen nahezu alle Straßen achterbahnmäßig steil bergauf und gleich wieder bergab.
Da Kerak aus den Nähten platzte, entstand auf dem Hügel nordöstlich der Burg New Kerak, das inzwischen so attraktiv ist, dass viele Alteingesessene

## ***Kerak (auch Al Karak)

umziehen oder es den engen Gassen gern vorziehen würden. Hier wurde auch die Universität angesiedelt.

Wenn Sie Interesse an einem römischen Legionärslager haben, könnten Sie von Kerak aus einen Abstecher (24 km) nach Lejjun machen (s. S. 320), doch wirklich empfehlen können wir es mangels Erkennbarem nicht.

Bei der Anfahrt zur Burg halten Sie sich auf dem Berg bei der ersten Kreuzung links und immer bergauf; solange es nach oben geht, sind Sie auf dem richtigen Weg.

*Hintergrund:* Kerak wird im Alten Testament Kir bzw. Kir-Moab genannt. Tatsächlich geht die Geschichte der Stadt bis ins 9. Jh vC zurück. Wegen der strategisch günstigen Lage wurde die Bergkuppe von vielen Herrschern genutzt, z.B. von den Assyrern, die das Königreich Moab 733 vC unterworfen hatten. Nach einer geschichtlichen Pause lässt sich erst in nabatäischer und römischer Zeit die Existenz von Kerak wieder nachweisen. Die Römer erhoben den Ort zur Bezirkshauptstadt, die Byzantiner zum Bischofssitz. Nach der islamischen Eroberung verfiel Kerak offenbar. Erst der Kreuzritter Payen le Bouteiller nutzte 1142 die strategische Lage und ließ auf dem alten Festungsgelände die Burg errichten, die 1161 fertiggestellt wurde. 1173 belagerte Saladin, der Hauptgegner der Kreuzritter, die Festung zum ersten Mal, zog aber unverrichteter Dinge wieder ab.

Als im November 1183 Saladin erneut anrückte, feierte der seit 1177 neue Burgherr Rainald von Chatillon gerade die Hochzeit seiner elfjährigen Tochter – und ließ sich auch nicht von dem Getöse des Ansturms stören. Nachdem die Brautmutter Saladin Schüsseln vom Festmahl geschickt hatte, verschonte er den Turm des jungen Hochzeitspaares. Als Truppen aus Jerusalem anrückten, zog Saladin ab. 1184 wiederholte sich die Belagerung ähnlich, allerdings ohne Hochzeitsgelage.

Rainald von Chatillon war als der grausamste und skrupelloseste christliche Herrscher bekannt, der sich nur selten an Vereinbarungen hielt. Nachdem er wieder

*Donjon in der Festung: der teilzerstörte ehemalige Haupt- und Wohnturm der Festung*

## Festung von Kerak

**Legende:**
1 Eingang
2 Gewölbehalle
3 Ehemaliger Eingang
4 Nabatäisches Relief
5 Sold. Unterkünfte
6 Küche
7 Ofen
8 Museum
9 Iwan-Gewölbe
10 Kirche
11 Gefängnis
12 Wohnpalast
13 Donjon

in der Burg versteckt worden sein. Im 13. Jh eroberten die ägyptischen Mamluken unter Beybars die Festung. Er und sein Nachfolger Qalaun erweiterten zwischen 1264 und 1323 die Anlagen, die 1293 durch ein Erdbeben beschädigt worden waren. Schließlich kamen die Osmanen, in deren Hand das Land formal über vier Jahrhunderte blieb. Allerdings gab es immer wieder lokale Aufstände unter Stammesfürsten, sodass 1840 das Widerstandsnest Kerak von osmanischen Truppen besetzt und die Ostmauern der Stadt geschleift wurden (das einzige erhaltene Tor ist bei der Anfahrt aus Richtung Amman gut zu sehen). Als die Türken ein Jahr später abrückten, wurde das Leben in Kerak so unsicher, dass viele Christen z.B. nach Madaba abwanderten. Erst als die Osmanen 1893 erneut 2000 Soldaten in der Stadt stationierten, kehrte wieder Ruhe ein.

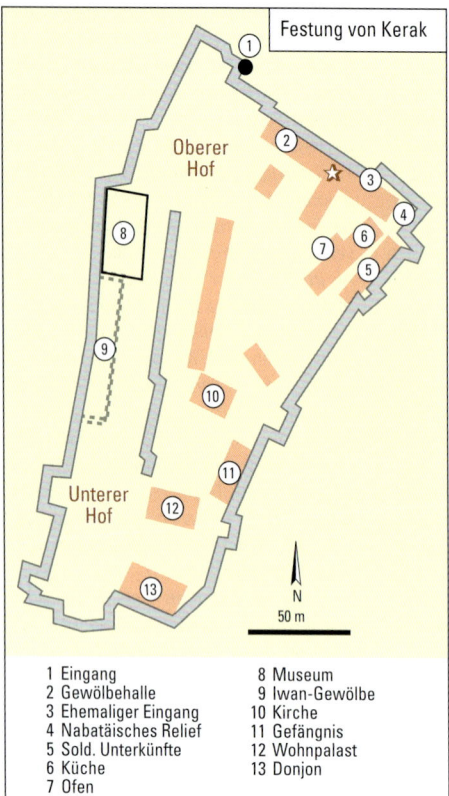

einmal eine Karawane überfallen hatte, stellte Saladin dem christlichen Heer nach und schlug es 1187 vernichtend bei Hittin (heute Israel). Saladin ging in der Regel fair mit seinen Kriegsgegnern um, Rainald von Chatillon aber enthauptete er persönlich. Das Ende der Kreuzritterherrschaft war eingeleitet. Saladin konnte sich nun ungestört der Eroberung Keraks widmen. Nach elfmonatiger Belagerung gaben die Christen auf; zuvor hatten die hungrigen Kreuzritter ihre Frauen und Kinder den Belagerern im Austausch gegen Brot übergeben.
Saladins Bruder Adil zog in die Festung und baute sie luxuriöser sowie sicherer aus. Zeitweise soll sogar Saladins Thronschatz

**Kennenlernen:** Der Ort Kerak, einstmals von Stadtmauern umringt, bietet mit seinen vielen Shops recht gute Versorgungsmöglichkeiten, nicht nur fürs tägliche Leben, sondern auch für Souvenirs. Die quirligen Straßen im Zentrum laden geradezu ein, ein bisschen zu bummeln und das jordanische Leben zu beobachten. Im Bereich der Festung räumte die Stadtverwaltung kräftig auf. Das letzte Stück der Zufahrtsstraße wurde als Fußgängerbereich umgestaltet. Die mamlukischen Bauten gegenüber dem Burggraben wurden komplett restauriert und dienen seither als Restaurant (z.Zt. unserer Recherche geschlossen).
Nehmen Sie für den Besuch der **Festung** (8-19; Winter 8-17, freitags erst ab 10, JoPa, JD 2) eine Taschenlampe mit.

Innerhalb der riesigen, 220 m langen Anlage kann man schnell den Überblick verlieren, doch vermitteln die arabisch/englisch beschrifteten Tafeln einen Eindruck, um welche Räume oder Bauten es sich handelt. Übrigens lassen sich die Kreuzritterbauten anhand des rötlich-schwarzen Baumaterials von denen der muslemischen Eroberer durch deren grau-gelblichen Kalksteinblöcke gut unterscheiden. Die letzteren sind zudem besser bearbeitet.

Der Weg in die Festung führt über eine Brücke des ursprünglich 30 m tiefen, heute teils aufgefüllten Grabens, mit dem die Kreuzritter die Burg von der Stadt abgrenzten. Dieser Zugang – das Osmanische Tor – ist neueren Datums; die Holzbrücke der Kreuzritter lag weiter östlich, etwa an der Stelle der heutigen Stahlbrücke.

Gehen Sie nach dem Eingang [1] und dem Ticketoffice links. In der großen **Gewölbehalle** [2] und ihrer Umgebung waren vermutlich Ställe und Wohngebäude untergebracht. Sie können durch die Ställe hindurchgehen; fast am anderen Ende sehen Sie links eine relativ schmale und verwinkelte Öffnung [3], die den Kreuzrittern als Eingang diente und gut zu verteidigen war. Auf der Ostwand, nach der Gewölbehalle, ist ein **Relief** zu sehen, das auf wiederverwendetem Baumaterial der Nabatäerzeit das Grabbild eines Reiters (Kavalleristen) zeigt. Nach der Eroberung der Festung verlegten die Mamluken die Ostwand etwa 2 m nach außen. Dies ist daran zu erkennen, dass in die jetzt innen liegenden Ostwände der Kreuzrittergebäude Schießscharten eingelassen sind.

Gehen Sie nun wieder zurück, aber in den **Unteren Hof**; von hier oben führen Treppen – etwa in der Hälfte der Längsachse – nach unten. In einem Gewölbesaal im unteren Hof wurde ein kleines, durchaus besuchenswertes **Museum** [8] (JoPa) eingerichtet. In Vitrinen sind die geschichtlichen Epochen durch wenige Fundstücke dargestellt, außerdem ist eine Kopie der Mescha-Stele zu sehen. Schräg gegenüber öffnet sich eine Tür zu Treppen, die in das große unterirdische **Iwan-Gewölbe** [9] führen (der Museumswärter oder der Mann am Museumseingang schließt auf). Diese in Kreuzform angelegten Gewölbehallen dienten wahrscheinlich als Lagerräume, aber auch zur Verteidigung, wie die Schießscharten in der Westwand zeigen.

➡ **Praktische Informationen**

🚌 **Busverbindungen**

Es gibt zwei Bus Stationen. Von der aus der Stadt führenden Hauptstraße werden ab 7 U hauptsächlich Ziele im Norden und Westen bedient, z.B. **Ariha/Mukair** vor dem Mujib-Tal (JD 0,80) oder **Safi** (JD 1).

Unten im Tal, an der weiterführenden King's Road, warten auf einem Platz (ca. 200 m stadtauswärts) rechts neben der Straße Fern- und Minibusse auf Fahrgäste nach

- **Amman** 28 Busse tgl Wahadat Station (JD 4)
- **Zarqa** 10 Busse tgl (JD 5)
- **Wadi Hammad** 2 Busse tgl (JD 2)
- **Aqaba** 8 Busse tgl ab 6 U (JD 5 ) (Desert Hgw)
- **Ma'an** 12 Busse tgl ab 6.30 U (JD 2)
- **Tafila** 5 Busse tgl ab 7 U (JD 1,50)

Nach **Dana** und **Shaubak** muss man zunächst per Minibus nach Tafila, ca. 200 m von der dortigen Haltestelle entfernt startet ein Minibus nach Qadsiya (kurz zuvor Abzweig Dana) und Shaubak, schließlich weiter nach Wadi Musa/Petra. Allerdings kann es in Tafila Frust geben, weil von dort nur sehr sporadisch Verbindung nach Süden besteht.

🍴 **Essen & Trinken**

- **AL FIDAH**, in der Nähe der Zitadelle, gegenüber den Mamlukenbauten; preiswert, gehört zur etwas besseren Klasse,

> ## 🛏 Übernachten
>
> Die Hotelsituation in Kerak ist eher von Mangel geprägt, daher liegen die Preise im Vergleich zu anderen Städten höher.
>
> - **AL MUJEB**, 2*, 5 km außerhalb Keraks, am Abzweig der King's Road nach Madaba, Tel 03238 6090, almujeb_hotel@yaahoo.com; gut ausgestattet, tlws relativ große Zimmer, Parkettboden, AC, WiFi, Kschr, Preise verhandelbar, mF ........ E 25-30, D 35-40
> - **CAIRWAN**, außerhalb der Altstadt, links an der ersten Steigung Richtung Amman, Tel 03239 6122, mobil 0795250216, moaweyahf@gmail.com; ehemals besseres Wohnhaus, originelle Möbel-/ Farbenkombination in unterschiedlich geschnittenen Zimmern, laut wegen steiler Straße, AC, WiFi, Kschrk, sehr freundlich, familiär, Dinner möglich (7 JD) F 4 JD ......................... Budgetroom E 15, D 20, Standard (AC) E 20, D 30
> - **FALCON ROCK**, 4*, Al Marje Panorama Aerea, auf Felsen gegenüber der Festung mit toller Aussicht bis zum Toten Meer, mobil 0797644470, www.facebook.com/falconrockhotel, reservation.falconrockhotel@outlook.com; Pool, Restaurant, AC, WiFi, Kschr, großzügig und sehr gut eingerichtet, mF ........................................ E 55, D 70
> - **KARAK RESTHOUSE,** vorläufig geschlossen

hauptsächlich jordanische Küche

- **KIR HERES**, an der Straße, die von der Burg geradeaus hinunter verläuft ca. 200 m von der Burg links; gut, sauber, freundlich, angemessene Preise, bestes Restaurant in Kerak Innenstadt
- In New Kerak, Stadtausfahrt Richtung Madaba auf der ersten Höhe, zweigen kurz nacheinander vier Straßen rechts ab, in denen verschiedene **Studentenrestaurants** preiswerte Gerichte anbieten

### Abstecher zum Toten Meer

Von Kerak führt eine landschaftlich dramatische Straße zum Toten Meer hinunter (genauer zur Halbinsel Lisan, s. S. 313). Unsere Straße windet sich steil durch die Schluchten des Wadi Kerak und erreicht nach 24 km das kleine Dorf **Bab el Dhra'a**. Kurz danach, ca. 2 km nach einer Tankstelle auf der linken Seite, liegt das gleichnamige Grabungsgelände rechts der Straße, deutlich erkennbar an einem hohen Zaun und einem Grabungshaus.

Dort könnte man als Fachmann etwa 20 000 (!) Grabstellen aus der frühen Bronzezeit (3200 bis ca. 2100 vC) zählen. In den überwiegend rechteckigen Lehmziegelbauten wurden mehrere Menschen gemeinschaftlich in Schiebegräbern beigesetzt. Eine Kleinstadt war mit einer bis zu 7 m dicken Mauer geschützt, viele Töpferwaren wurden hier gefunden. Der Laie entdeckt hier allerdings kaum etwas Historisches (das Tor zum Gelände steht meistens offen) und fährt enttäuscht weiter; nach 1 km ist die Totes-Meer-Straße erreicht. Dort, im vorwiegd Pottasche-Industriegelände, kann man keinesfalls baden, erst ein ganzes Stück nördlich bieten sich die ersten Gelegenheiten, s. S. 306.

Archäologen diskutieren eine Theorie, nach der Methanlager im Untergrund infolge eines Erdbebens explodierten und Bab el Dhra'a praktisch auslöschten. Das käme der Ansicht von einigen Bibelforschern entgegen, die Sodom und Gomorrha in die unwirtliche Landschaft verlegen. Allerdings reklamieren die Israelis diese sündhaften Städte für sich – nach Har Sedom südlich von Neve Zohar am Toten Meer.

### Weiter auf der King's Road nach Süden

Von Kerak 14 km bis
**Mutah** (auch *Mautah*)
Hier stießen 629 erstmals muslimische und christlich-byzantinische Truppen aufeinander. Zaid Bin Haritha, ein Adoptivsohn Mohammeds, fiel, Jafar Ibn Abu Taleb – der erste Cousin Mohammeds – übernahm das Kommando und fiel ebenfalls, auch sein Nachfolger Abdullah Ibn Rawa verlor sein Leben im Kampf.

- An der King's Road in der Nähe der Universität steht das **MUTAH PALACE HOTEL** mit guten Zimmern,
............................................................ ca. E 30, D 50

5 km bis

# El Mazar

In dem Städtchen wurden die bei Mutah gefallenen Heerführer Zaid Bin Haritha, Jafar Ibn Abu Taleb und Abdullah Ibn Rawa bestattet, später errichtete man ihnen eine **Grabmoschee**. Sie lag auf dem Weg nach Mekka und zog viele Pilger an, daher erneuerte man in den 1930er-Jahren die alte Moschee. Auch diese war nicht mehr gut genug; eine gewaltige Mehrfachmoscheen-Anlage wurde 2000 eingeweiht. Um einen gepflegten Innenhof gruppieren sich die Hauptmoschee und die Schreine der Märtyrer. Die stilvolle Architektur und Bauausführung in behauenem Naturstein strahlen sehr viel Atmosphäre aus. Eine Besichtigung kann sehr empfohlen werden.

Man fährt im ersten Kreisel direkt auf die Kuppeln der ursprünglichen Moschee zu. Am alten Haupteingang wartet ein kleines Museum (Sa-Do 8-14) mit Funden der Umgebung auf Besucher (Keramik, Schmuck, Inschriften).

5 km:
**Al Husayniah**

## Abstecher nach *Dhat Rass

Man hält sich im Ortszentrum von Al Husayniah links und kommt nach 6 km in den kleinen Ort Dhat Rass. Dort stehen – weithin sichtbar – spärlichste Reste zweier nabatäisch-römischer Tempel auf dem Hügel, an den sich das Dorf schmiegt. Sie gehörten vermutlich zu einem größeren Kultzentrum. Das Ruinenfeld dient den Dorfbewohnern inzwischen als Stallung, leider auch als Abraumplatz. Von oben sieht man weit in die fruchtbare Ebene.

Der wesentlich besser erhaltene Tempel liegt etwas tiefer und weiter südöstlich im Ort: Lässt man die Auffahrt zur Moschee und zum Bergtempel links liegen und fährt bis zum Ende der Straße, dann rechts hinab, fällt er bald links schon durch seine voll erhaltene Höhe auf. Das Innere ist durch ein Tor versperrt, man kann aber gut hineinsehen.

**Weiter auf der King's Road**. Bald nach diesem Abzweig blickt man in die Schlucht des *Wadi Hasa, dessen Talsohle 600 m tiefer liegt und das man nun in zahllosen Kurven und Kehren queren muss. Auch hier wieder Wüstenlandschaft pur, von der viel Faszination ausgeht. Wie das Wadi Mujib, entstand der Canyon des Wadi Hasa durch geologische Verschiebungen infolge des Großen Afrikanischen Grabenbruchs. An der Nordflanke liegt – am besten von Süden her zu sehen – ein dicker schwarzer Gebirgsbrocken fast wie eine Drohung im sanften Graubraun der Umgebung. Je mehr man sich der Talsohle nähert, umso längere Einblicke auf den schmalen Gürtel der Fruchtbarkeit sind möglich.

14 km bis zur

## Talsohle des Wadi Hasa

Hier unten verlief in biblischen Zeiten die Grenze zwischen den Staaten Moab und Edom. 4,7 km nach der Brücke im Tal steht rechts am Straßenrand eine Art demolierter Sockel mit einer Inschrift (ursprünglich vermutlich eine Hinweistafel),

gleich dahinter zweigt eine 1,5 km lange Piste ab. Sie führt zum Fuß des kegelförmigen, sehr dominant im Wadi liegenden Berges El Tannur.
Vom Ende der problemlos zu befahrenden Piste klettert ein Pfad auf die Bergspitze (ca. 20-30 Minuten Fußmarsch), auf dem nur noch die Grundmauern des nabatäischen Tempels **Khirbet et Tannur** stehen.

*Hintergrund*: *Mit einem einfachen Altar hatten die Nabatäer kurz vor der Zeitenwende ein Pilgerziel geschaffen, das später in zwei Bauphasen um einen Tempel mit Kolonnaden erweitert wurde. Hervorragende Skulpturen und Reliefs gaben der Ausstattung besonderen Glanz. Zusätzlich wuchs ein Dorf als Pilgerunterkunft heran. Schließlich war ein wichtiger nabatäischer Wallfahrtsort entstanden, den kein Reisender wegen seiner unübersehbaren Lage negieren konnte.*
*Nach Ausgrabungen im Jahr 1937 wurden viele wichtige Stücke in das Archäologische Museum in Amman verbracht. Aber die einsamen Ruinen blieben nicht sich selbst überlassen, sondern wurden immer wieder von Raubgräbern heimgesucht, die erhebliche Zerstörungen verursachten.*

Der steile Aufstieg auf den Gipfel bietet also nicht allzu viel Historisches. Bei Ausgrabungen wurde hier immerhin eine Statue der Nike und eine der Altargatis entdeckt. Die eigentliche Belohnung für den Aufstieg liegt in dem weiten Ausblick und der Abgeschiedenheit des Hügels.
Am Fuß des Tannur wurde der gleichnamige Staudamm gebaut, der das Tal in diesem Abschnitt nachhaltig veränderte.
5 km: **Abzweig**

### Abstecher nach
### *Hammamat Borbatah und Afra

Rechts ist ein gut ausgebautes Sträßlein nach *Borbatah Hot Springs* ausgeschildert. Eine kleine grüne Flussoase überrascht das Auge, am Hang stehen ein paar Häuser. Ein kurzes Straßenstück zweigt hinunter nach **Hammamat Borbatah** ab. Hier gibt es warme und kalte Quellen (Mineralwasserqualität!). Zur Zeit ist der Platz bei israelischen Hikern sehr beliebt.
**Übernachten**: Der Talboden bietet sich förmlich als Platz zum **Campen** an. Man kann auch Chalets mieten, das Doppelzimmer mit Bad kostet ca. JD 40.
Unsere Straße führt noch 5 km wei-

*Ziegenherde im fruchtbaren Talgrund des Wadi Hasa*

ter nach Hammamat Afra, das am Straßenende in einem engen Seitenwadi plötzlich auftaucht. Dort entstand eine etwas seltsame Badeanlage im heißen, heilsamen Wasser eines Bächleins. Das Wasser wird in oder durch Betonbassins geleitet, in die man zum Baden hineinklettert oder geht – mal dürfen die Männer, dann die Frauen. Es gibt nur Zelte als Übernachtungsmöglichkeit, einheimische Badende nutzen Betonunterstände am Bachufer oder bauen sich Schattendächer – zur Not zwischen zwei Autos – unter denen sie lagern, wenn sie ihre Bäder in den großen Bassins absolviert haben. Für diese Badeanlage zahlt man JD 7 Eintritt, ein Zelt kostet JD 15-20.

Der Abstecher lohnt auch wegen der Erosionslandschaft, durch die sich die Straße schlängelt. Man könnte an vielen Stellen anhalten und die Kunstwerke im Detail bewundern, die hier von der Natur in den rotbraunen Felsen geschaffen wurden. Immer wieder tauchen Beduinenlager auf, und man fragt sich – wie so häufig -, wovon die Menschen leben.

**Zurück zur Hauptstraße**
3 km: **Abzweig**

# *Khirbet ed Dharih

Kurz nach dem Schild "Qasr ed Dharih" zweigt links eine 2,4 km lange schmale Asphaltstraße, die nur anfangs eine Piste ist, zu den **Ruinen eines nabatäischen Tempels** und eines Dorfes links des Wadi Laban ab, in dem hier die King's Road verläuft. Das Sträßlein führt durch das Wadi und dann an ein paar Feldern, an einem Olivenhain und einer Quelle unter schattigem Baum vorbei zu den eher selten besuchten, einsamen Ruinen, die aber dennoch einen Blick wert sind.

Man kann allerdings auch auf der Hauptstraße 1,1 km weiterfahren; direkt neben einem Überholverbotsschild auf der linken Seite liegt eine Einfahrt zu einer Art größerem Parkplatz, von dem steile Pfade hinüber zu den Ruinen führen.

Der Tempel aus dem 1. Jh vC wurde in den 1980er-Jahren von französischen Archäologen weitgehend freigelegt und stellenweise restauriert, sein Grundriss ist gut nachvollziehbar. Das Allerheiligste war von Säulen gesäumt, die Ecksäulen sind interessanterweise herzförmig gestaltet. Die vielen herumliegenden Kapitelle deuten an, dass es sich um eine stattliche Anlage gehandelt haben muss.

Auf dem südwestlich anschließenden Hügel lag der Friedhof mit einer Art Massengrab, in dessen sechs Schächten jeweils mehrere Särge untergebracht wurden.

9 km bis **Laban**

Mit Erreichen des kleinen Ortes ist die südliche Flanke des Wadi Hasa überwunden. Später, kurz vor Tafila, sieht man große Hinweisschilder nach *Afra Hot Springs,* aber die Straße ist durch einen Erdrutsch verschüttet.

12 km bis

## Tafila

Als Zentrum eines der wenigen südjordanischen Agrargebiete auf dem Hochland hat Tafila seit alters her Bedeutung. Daher errichteten hier die Kreuzfahrer eine (heute kaum mehr erkennbare) Festung. In neuerer Zeit schlug T. E. Lawrence in der Nähe seine einzige reguläre Schlacht gegen die Osmanen und besiegte sie immerhin.

Der Ort mit ca. 12 000 Einwohnern klebt förmlich an einem Steilhang; man quält sich unverhältnismäßig lange auf der stets überfüllten Hauptstraße hindurch. Die einzige uns bekannte Billigstunterkunft existiert nicht mehr. Am Ortsende preist ein Schild das ADOM RESTHOUSE an, das ganz auf Bustouristen ausgelegt und entsprechend übertevert, aber relativ sauber ist.

Am südlichen Ortsausgang führt eine gut ausgebaute Straße durch fantastische Landschaft hinunter zum Wadi Araba (s. S. 315).

Tafila ist ein **Verkehrsknotenpunkt** mit Busverbindungen nach Amman, Kerak, Ma'an, Shaubak und Aqaba.

### 🛏 Übernachten

- **FARES AL AOURAN**, 3*, Amman – Tafila Road, mobil 0796013000, tafela.hotel@gmail. com;,,Hochzeitshotel" mit speziellem Saal, in den die Hochzeiter getrennt kommen, um sich dann auf einer Art Thron vereint niederzulassen, AC, Kschr, WiFi, mF................................................E 25, D 35

10 km bis
**Ain Beidha**

### Abstecher nach **Es Sela

In Ain Beidha bietet sich ein Abstecher der ganz besonderen Art an: Westlich liegt eine unglaubliche Felsknubbel-Landschaft vor Ihnen, wie Sie sie später ähnlich auch in Petra sehen werden. Diese Felsen zogen – kein Wunder – auch die Nabatäer an, daher wird das Massiv auch als *Petra im Kleinen* bezeichnet. Es handelt sich um ein offenbar schon Jahrtausende lang bekanntes Schutz- und Zufluchtsgebiet. Doch vor allem die Nabatäer hinterließen ihre Handschrift hier: Felshäuser und Höhlen, Wasserleitungen und Zisternen; ein Felstor und Mauern weisen auf ihre Aktivitäten hin, geben aber auch viele Rätsel auf.

In Ain Beidha zweigt nach der Ortsmitte und in der Umgebung einer großen, neuen Moschee rechts (von Norden kommend *As Sela Castle* ausgeschildert) eine Straße zum 5 km entfernten 100-Seelen-Dörfchen Es Sela ab. Sehr bald öffnet sich unterwegs der Blick auf die grandiose Landschaft und wenig später auf das am Hang bienenwabengleich klebende Dörfchen. Schon allein dieser Ausblick ist den Abstecher wert. Die Straße fällt schließlich steil in das Dorf hinunter, in dem man ein paar Frauen, Kindern und Hühnern begegnet. Halten Sie sich an Abzweigen rechts und fahren Sie zumindest bis zum Dorfende, um den Blick auf die Erosionslandschaft voll genießen zu können. Natürlich können Sie auch hinunterkurven.

Das Sträßlein endet an den Felsen, an denen man den Wagen stehen lässt oder als Camper einen herrlichen Platz für die Nacht gefunden hat. Von hier aus geht man weiter an der Felswand hinunter, bis rechts ein größerer Einschnitt auftaucht, an dessen rechter Wand eine etwa mannshohe Steinmauer lehnt. Hier hineingehen und halbwegs geradeaus weiter, sehr bald sieht man in der steilen hinteren Wand die nabatäische Treppe, die man ansteuert und schließlich hinaufgeht.

Wenn Sie es tun, was zu empfehlen ist, nehmen Sie genug Wasser mit und merken Sie sich die Abzweige für den Rückweg. Man kann sich leicht verlaufen. Sie sollten auch nicht zu viel erwarten, die historischen Relikte sind sehr dürftig; es zählen vor allem das Landschaftserlebnis und die große Abgeschiedenheit.

### Zurück zur Hauptstraße

7 km: **Abzweig** (ausgeschildert)

Rechts 3,5 km nach **Buseira**, in dem uralte Siedlungsreste zutage kamen. Man fährt vom obigen Abzweig bis zum Ende der Straße, links neben der Schule ist das Ruinengelände am Stacheldrahtzaun und einem Tor auszumachen.

Buseira geht auf das biblische **Bosra** zurück, das hier im Süden des fruchtbaren Tafila-Gebietes lag und die Hauptstadt der Edomiter war. Bei den Ausgrabungen, die in den 1970er-Jahren stattfanden, kamen für Archäologen wichtige Relikte zutage, die offenbar auf das 9. oder 7. Jh vC zurückgehen. Zu sehen sind

*Es Sela: Felsmassiv wie in Petra*

unterschiedliche Grundmauern, die aber nur schwer zuzuordnen sind. Der Abstecher lohnt sich daher kaum.

5 km: **Abzweig**

### Abstecher zum Rummana Camp

Rechts 5 km zum Rummana Camp, das innerhalb der *Dana Biosphere Reserve* liegt und nur vom 1. März bis 31. Oktober geöffnet ist. Wenn möglich, sollten Sie sich diesen Abstecher unbedingt gönnen. Die Straße endet am Information-Center und Aussichtsturm, von dem man weit in das Reservat schauen kann. Hier, in dessen Herzen, wird man von Ruhe und Natur pur empfangen. Dies ist der richtige Ort für eine erholsame Pause.

Der Platz (Einzelheiten siehe bei *Dana*) breitet sich auf einem Felsplateau aus; er ist der ideale Ausgangspunkt auch für weite Wanderungen.

Am Tower kann man nach Absprache mit den Parkangestellten im Wohnmobil übernachten und die Toiletten benutzen. Campingplatznutzer oder auch nur Besucher werden am Tower mit einem Shuttle Bus („Shuttle" gleich „Schütteln", da Klein-LKW mit Sitzen auf der Ladefläche) zur Camping-Rezeption abgeholt oder zurückgebracht, Privatfahrzeuge sind nicht erlaubt.

Im Platz-Bereich sind Wanderungen ausgeschildert, allerdings kamen die Schilder abhanden, doch die nackten Holzgestelle genügen einigermaßen. Trotzdem sollte man unbedingt einem der Trails folgen: Die Aussicht in und auf die aufeinandergehäuften Knubbel-Felsgebirge ist unglaublich faszinierend, spektakulär, atemberaubend. Den besten Eindruck gewinnt man, wenn man auf dem Trail am Felsabbruch entlang wandert; beste Aussicht und tiefe Einsicht in das Wadi Dana mit seinen steilen, von der Erosion gekennzeichneten Hängen sind der Lohn.

Der Eintritt zum Wandern ins Tal hinab beträgt JD 8,12.

**Zurück auf die King's Road**

2 km bis

### Jebel Atata

Die Straße hat sich auf dem letzten Stück mühsam den Berg hinauf auf gut

## Dana Biosphere Reserve

Mit rund 300 qkm weist das Reservat gewaltige Dimensionen auf. Es beginnt praktisch an der King's Road in 1500 m Höhe und fällt im Westen bis ins Wadi Araba auf etwa 150 Meter unter den Meeresspiegel ab. Auch nach Norden und Süden sind die Grenzen beachtlich weit gezogen. Diese starke landschaftliche Differenzierung bedingt immerhin vier Klimazonen, angefangen mit der Wüstenzone, oberhalb des Reservats, bis hinunter zur Mündung des Wadi Dana ins Wadi Araba bei subtropischem Klima. Die zum Teil schwierige Zugänglichkeit durch die Felslandschaft bewahrte Fauna und Flora vor allzu großem Raubbau, sieht man vom Wadi Feynan wegen der Kupferverhüttung ab.

Über 600 Arten von Wildpflanzen und 250 Vogel-, Säugetier- und Reptilienarten konnten registriert werden; z.B. Wölfe und Wildkatzen, auch Adler und Geier oder Hyänen sind im Gebiet von Dana heimisch oder siedeln wieder hier. Insgesamt zwölf Quellen versorgen die Region mit dem lebensnotwendigen Nass.

Die große Artenvielfalt und die grandiose Landschaft veranlassten 1993 die Royal Society for the Conservation of Nature (RSCN), das Gebiet als Naturreservat unter Schutz stellen zu lassen. Zunächst mussten für die hier lebenden Beduinen neue Erwerbsgrundlagen geschaffen werden; sie hatten sich von der Nomadenwirtschaft auf die Feld- und Weidewirtschaft umzustellen und dieses neue Handwerk zu erlernen. Frauen wurden in kunsthandwerklichen Arbeiten unterwiesen oder im Sammeln und Trocknen von Heilkräutern. Außerdem entstanden Arbeitsplätze im touristischen Sektor, sei es im Guesthouse, auf dem Campingplatz oder als Ranger und Touristenführer. Grundsatz ist aber immer der sanfte Tourismus, der sich an der Natur orientiert und möglichst wenige negative Einflüsse hinterlässt; die Besucherzahl wurde daher auf maximal 130 Gäste pro Tag begrenzt.

Auch interessante historische Hinterlassenschaften sind im Reservat, d.h. speziell im Wadi Feynan zu finden, das entweder per Wanderung von hier oben oder vom Wadi Araba aus zu erreichen ist (s. S. 309). Wesentlich jünger ist das Dörfchen Dana, das vor etwa 400 Jahren von Beduinen des Atateh-Stammes gegründet wurde und bei der Installation des Reservats fast verlassen war. Inzwischen wurde es durch Renovierung und vorsichtige Modernisierung wieder etwas belebt und zu einer kleinen Besucherattraktion.

1500 m Höhe geschraubt. Beim Zementwerk zweigt eine breit (als Rennstrecke für Zementlaster) ausgelegte Straße zum Desert Highway ab. Etwas weiter, ungefähr unterhalb von Sendemasten, lohnt es anzuhalten und an den Rand des Absturzes zu gehen: Ein atemberaubender Ausblick nach Westen wird unvergesslich bleiben. Zu Ihren Füßen fällt das **Wadi Dana** in steiler Schlucht und stark zerklüftet zum Wadi Araba ab. Bei halbwegs klarer Sicht erkennt man, wie sich im Hintergrund die israelische Negevwüste als zarter brauner Schleier bis zum Horizont ausdehnt. Links unten sehen Sie das Dörfchen, das wir anschließend besuchen wollen.

**2 km: Abzweig** (kurz vor **Qadsiya**)
Rechts 2,5 km zur **Dana Biosphere Reserve**

## Abstecher nach \*\*\*\*Dana

Auch dieser Abstecher ist wegen der faszinierenden Landschaft und des auf einem Bergsattel klebenden Dörfchens Dana unbedingt zu empfehlen. Auf einem Felsplateau, kurz vor dem Dorf, wurden ein Parkplatz für Touristenbusse und eine Aussichtsplattform angelegt. Auch wenn Sie ohne Bus unterwegs sind, sollten Sie sich von hier aus den ersten Blick auf das Dorf und die Schlucht des Wadi gönnen. Bald danach teilt sich die Straße: Geradeaus geht es auf einem Feldweg zur glasklaren und sprudelnden Quelle, die das Dorf versorgt und zum Dana Gardens Camp; links ins Dorf, am Dorfeingang wiederum links zum Dana Guest House und Informationszentrum. Kurz vorher steht links eine Art Turmbau, in dem je nach Saison Pflanzen oder Blätter von Frauen aus dem Dorf so aufbereitet werden, dass sie später z.B. im Souvenirshop verkauft werden können.

Hier sind Sie, wie im Kasten erwähnt, im Dana Nature Reservat angekommen, das als eines der Vorzeigeprojekte dieser Art der *Royal Society of the Conservation of Nature (RSCN)* gern angeführt wird.

Das Ende der 1990er-Jahre neu erbaute Dana Guest House mit seinem Nature Shop und dem Visitor Center passt sich in Außen- und Innenarchitektur stilvoll der Umgebung bzw. dem Zweck des Projekts an. Auf Eisenstühlen oder -hockern sitzend, bewundert man auf der Terrasse des Aufenthaltsraumes die Felsenlandschaft. Gäste übernachten in individuell gestalteten Zimmern, schlafen auf Eisengestellbetten und schreiben ihre Postkarten auf Steintischplatten, deren Untergestell aus, natürlich, Eisen besteht.

Eine **Übernachtung bei Vollmondschein** wird dem Besucher in steter Erinnerung bleiben: Die Felsmassive leuchten fahl auf, werfen kaum wahrnehmbare Schatten, über dem Wadi liegt Ruhe, fast vollständige Stille, nur vom Jaulen und Heulen der Hunde diesseits und jenseits der Schlucht unterbrochen – oder sind es vielleicht doch die wenigen Wölfe?

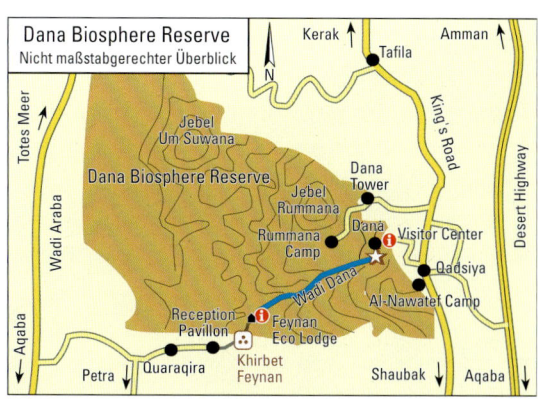

Mit dem Mondstand verlängern sich die zarten Schatten und gehen schließlich zusammen mit dem Mond unter. Wer ungewöhnliche Natur und Stimmungen liebt, die den winzigen Menschen mit dieser Urnatur zu verschmelzen scheinen, der muss seine Reise so planen, dass er in der Vollmondzeit hier ankommt – es wird eine kurze Nacht sein, weil man sich vom Schauspiel vor der Tür kaum vor Monduntergang lösen kann.

➨ **Praktische Informationen**

■ Das **Informationszentrum**, Tel 03227 0498, 06461 6523, www.rscn.org.jo, im Guest House versucht, bei Fragen weiterzuhelfen und Trecks im Reservat zu organisieren. Im *Nature Shop* gibt es die typischen Dana-Produkte auf ökologischer Basis, z.B. schön verpackte Gewürze und Tee als Mitbringsel. In der Silberwerkstatt im Untergeschoss fertigen junge Frauen aus dem

*Dana: Blick über das Dorf Dana hinunter zum Wadi Araba (Hintergrund, ebene Fläche)*

Dorf hübsche Silber-Souvenirs an. Die Werkstatt kann besichtigt werden. In einem kleinen Museum kann man sich über die Tiere und Pflanzen des Reservats informieren.

Im Winter können Teile des Reservats geschlossen sein, häufig stehen keine offiziellen Guides zur Verfügung (laut Lesererfahrung).

- Der Eintritt ins eigentliche Reservat kostet JD 8,12, Studenten JD 4,06, Dorf- und Guest House Besuch sind frei.
- Im Reservat selbst soll strikter Naturschutz den heutigen ökologischen Stand mindestens erhalten, möglichst verbessern. Für wanderfreudige Besucher gibt es verschiedene markierte Wege, auf einigen darf man allein wandern, schwierigere Strecken können nur in Begleitung eines Führers zurückgelegt werden. Als allerbeste Jahreszeit für Wanderungen gilt der Frühling vor allem wegen der Blütenpracht in den fruchtbaren Vegetationszonen.

### Trekking im Reservat

Neben individuellen Angeboten vor allem privater Führer gibt es Standard-Trecks, die auch in der Broschüre der RSCN aufgeführt sind:

- **Dana Village Tour**, im und in der Umgebung des Dorfes, ganzjährig, mit oder ohne Führer, 1-2 Std
- **Wadi Dana Trail**, 14 km, 5-7 Std, beliebtester Treck, von Dana durch urwüchsige Landschaft und abwechslungsreiche Vegetation auf einem Schotterweg 1200 Höhenmeter hinunter zur Feynan Ecolodge

**Nur mit Führer:**

- **White Dome Trail**, nur 15.3.-31.10. vom Rummana Camp am Steilabfall entlang nach Dana oder umgekehrt, 8 km, 3 Std
- **Nawatef Trail**, ganzjährig, 2,5 km, 2 Std, Rundweg vom Dorf Al Barrah vorbei an Quellen und nabatäischen Ruinen, 2,5 Std

## 🛏 Übernachten

- **DANA PANORAMA**, 3\*, Tel mobil 077633 2770, www. dana/panorama/hotel.com; neu, gut eimgerichtet, oberhalb des Dorfes, toller Blick, WiFi, AC, mF ............ E 35, D40
- **DANA CASTLE,** direkt am Ortseingang, Tel mobil 0776469474, zur Zeit unserer Recherche geschlossen.
- **DANA GUEST HOUSE** der RSCN, Tel 03 227 0497, dhana@rscn.org.jo, häufig ausgebucht, traumhafter Ausblick, WiFi, freundlich und naturnah eingerichtet, im Altbau bis auf ein Zimmer kein eigenes Bad, sondern mit Nachbarzimmern gemeinsam, leider sehr hellhörig, Dinner JD 14, mF ................. E 64, DkB 75,40
  im neuen Teil alle Zimmer mit Balkon, Zentralheizung, mF ............. E 87, D 98,60
- **DANA HOTEL**, Tel mobil 079 5597 307, dana.Hotel@yahoo.com; im Ort gegenüber der Moschee, relativ einfaches Hotel in einem typischen Haus (gehört einer Kooperative von Ortsbewohnern), gute Atmosphäre, WiFi, Touren, Lunchbox JD 5, Dinner Buffet JD 7 pP, Schlafen auf dem Dach JD 5 pP, mF ............. E 20, EkB 15, DkB 25, D 30
  Neubauten auf anderer Straßenseite mit u.a. „Skylight Rooms" (mit einer Art Lichtschacht in einer Seitenwand) im Neubau mit AC, WiFi, mF................ E 30, D 35
- **DANA ECOCAMP** (gehört zu Dana Hotel), außerhalb des Dorfes, 10 Autominuten (nicht mit PKW befahrbar) bzw. 30 Fußminuten, beste Lage in Dana, fantastischer Blick ins Wadi Dana, AC/Heizung, Preise für jeweils 2 Personen, empf, mF ............. Chalet 60, Zelt 40
- **DANA MOON,** am Weg zum Guest House, mobil 0797533581, dana.moonhotel@hotmail.com; sehr einfach, Gasheizer, Ventilator, Schlafen auf dem Dach 4 pP
  Zelt 5 pP, mF............................................................................................ EkB 10, DkB 15
- **DANA TOWER HOTEL,** im Ort am Ende der Hauptstraße, Tel mobil 079 568 8853, info@dana-tower-hotel.com, www.danatowerhotel.info, schöne Aussicht, Eigentümer Nabil weiß alles über Dana, Manager und Seele des Hotels ist Hamzi Nawafleh \*); familiäre Atmosphäre, einfach, sehr hilfsbereit, freie Waschmaschine, WiFi, Dinner (offenes Buffet, 25 Einzelgerichte hausgefertigt) JD 6, Nachtspaziergang mit Dinner in der Natur bei unter 4 Teilnehmern JD 12 pP, darüber JD 8 pP, Schlafen auf dem Dach 3 pP (inkl. Matratze, Bettzeug, Shower), Dorm 4 (mit F 7) pP, Zimmer mit Bad ohne HP 5 pP, HP .............................................................................. EkB 15, E 18, DkB 15, D 17
  \*) organisiert preiswerte Tourguides in Dana oder selbstgeführte Touren, holt auch in Petra, Amman oder Aqaba zum halben Taxipreis ab, bringt zum Bus an der King's Road, all-incl-Trips nach Petra (1 Tag zuvor buchen).
- **Camping im RUMMANA CAMP** (vom 1.3. bis 31.10 geöffnet) in einsamer Natur in zur Verfügung gestellten Zelten, Kerosinlampen, gemeinsame Sanitäranlage, Trinkwasser kostenlos, Eintritt ins Reservat ist im Übernachtungspreis inbegriffen, mF .......E 44, D 54
  Auf der Rummana Campsite stehen 20 Zelte mit insgesamt 60 Betten.
  Ein Leser schreibt: *„Die Übernachtung im Rummana Camp ist leider nicht immer sehr ruhig, weil es auch von Jugendgruppen mit nächtlichem Lagerfeuer genutzt wird."*

  **Außerhalb des Reservats**
- **AL-NAWATEF CAMP,** etwa 1 km südlich von Qadsiya rechts ab vom King`s Highway, dann 2 km zum Camp, Tel mobil 0777240378, nawatefcamp@hotmail.com; gehört Nawatef, einem ökologisch sehr engagierten Verwandten des Tower Hotel Besitzers, 2-Personen-Zelte, Einsamkeit mit absoluter Ruhe, Trips z.B. nach Petra, sehr guter Ausgangspunkt für Trekking, empf, VP möglich, HP ............. EkB 15, DkB 30

- **Shaq al Reesh Trail,** ganzjährig, teilweise schwierig, ein 3 km, 4-5 Std Rundweg
- **Wadi Ghweir Trail**, ganzjährig, 16 km, 7-8 Std, schwierig, durch atemberaubende, an den Siq von Petra erinnernde Schlucht mit wildem Wasserlauf zur Feynan Ecolodge, 7-8 Stunden
- **Wadi Datneh Trail**, ganzjährig, extrem schwierig durch zwei Schluchten und eine Oase zur Feynan Ecolodge

Leser schreiben von *„dem sympathischen humorvollen englischsprechenden Führer Waleed Nowfleh, Tel mobil 0777 9598 79, der als Beduine in diesem Gebiet umherzog, sich also bestens auskennt. Unterwegs zeigt er Heilkräuter, erzählt vom Alltag der Beduinen und führt zu wunderbaren Punkten mit atemberaubenden Ausblicken..."* (Kontakt auch über Dana Tower Hotel).

Gegen die übliche Eintrittsgebühr kann man auch einfach ein Stück allein talwärts wandern und nach ein paar Stunden umkehren – wenn man sich den Weg gemerkt hat und die Aufstiegsmühe nicht scheut.

### 🚌 Hinkommen

- Von **Amman**/Wahadat Busstation nach Tafila (JD 2,60), von dort etwa stündlich nach Qadisiya (JD 1), ca. 2 km vor dem Ort am Abzweig Dana aussteigen und knapp 3 km den Berg hinuntergehen (oder Taxi von Qadisiya, sonst kein Transport).
- Für den **Rückweg** empfiehlt ein Leser den Bus, der die Angestellten des Visitor Centers gegen 8 U nach Dana bringt und dann leer zurück nach Tafila fährt; der Fahrer freut sich über JD 1 Trinkgeld. Von Tafila fahren viele Busse nach Amman/Wahadat Busstation (JD 2.55).
- Die privaten Hotels, allen voran das Tower Hotel, bieten für ihre Gäste günstige Abhol- bzw. Rückbringfahrten an, das sollte man bereits bei der Buchung vereinbaren.
- **Restaurants** gibt es, außer in den Hotels, praktisch nicht. Auch die Selbstversorgungsmöglichkeiten sind sehr bescheiden.

**Auf dem Weiterweg nach Süden** verliert die King's Road ihren bisherigen Charakter. Die Orte werden seltener, die Pinienbepflanzung an den Straßenseiten hört auf, das Umland stellt sich als Halbwüste dar, in der kaum noch Beduinenzelte auftauchen.

Nach 22 km: **Abzweig**, rechts halten 4 km bis

## **Shaubak** (auch *Shobeq*)

*Hintergrund: Die erste der Kreuzritterburgen in Transjordanien ließ Balduin I., König von Jerusalem, 1115 auf einem kegelförmigen Hügel an einem wichtigen Kreuzungspunkt der Königsstraße mit Verbindung ins Wadi Araba erbauen. Sie wurde Mons Realis (Königsberg) oder Montreal genannt, Roman le Puy war der erste Burgherr. Einige Jahre später kamen die Burgen Tafila und Kerak im Norden, Le Vaux Moyse bei Petra und Jezirat Faraoun (Isle de Graye) im Süden, nahe Tabah an der Sinai-Küste, als Schutzkordon hinzu. Während der Blütezeit lebten im Schutzbereich der Shaubak-Burg mehr als 6000 Christen vom Getreideanbau sowie von der Wein- und Olivenernte. 1189 eroberte Saladin nach eineinhalbjähriger Belagerung die Festung, nicht zuletzt, weil den Verteidigern das Salz ausgegangen war und sie zu erblinden drohten.*

*Nach dem Fall ging die Festung in die Hände des Ajubiden Al Muzzam Isa über, der die Mauern verstärkte, einen Palast integrierte und Gärten anlegte. Im 13. Jh wurde sie Verwaltungszentrum der Mamluken; die Osmanen nutzten sie als Militärlager und später die Einheimi-*

*schen als Steinbruch. Oder sie zogen direkt in die Festung ein; erst 1952 verließ die letzte Familie die Burg.*

Neuestes Bauwerk ist ein einsames Visitor-Center am Hang, gegenüber der Burg. Es hat außer sauberen Toiletten (bisher) kaum etwas zu bieten.

Gewöhnlich ist die Burg von 9-19 Uhr (offiziell Sommer 8-19; Winter 8-17, kein Eintritt, JoPa) geöffnet, aber die Zeiten scheinen sehr flexibel zu sein. Seit die Besucherzahlen gestiegen sind, bieten sich auch Burgführer an – sogar ein deutschsprachiger. Man sollte eine Führung kaufen, denn in dem alten, ziemlich verfallenen Gemäuer findet man sich nur schwer zurecht.

**Kennenlernen:** Vom Eingang aus geht man zunächst nach Süden. Dort sind noch die Ruinen einer Basilika vorhanden, von der man annimmt, dass sie bis ins 13. Jh bestand und erst dann in eine Moschee umgewandelt wurde. Vor deren Eingang steht man auf der Decke einer offenbar sehr großen Zisterne; rechts an der Wand ist der Wassereinlauf zu erkennen. Geht man durch das überdachte Gemäuer, stößt man auf der anderen Seite auf im Boden eingelassene Becken, die wahrscheinlich zum Waschen dienten.

Der Weg führt durch einen Gewölbebogen, an den sich rechts eine Mauer mit einem Durchgang anschließt. Man geht um die Ecke der Mauer und steht bald (rechts) vor einer nach unten führenden Treppe, der man 375 Stufen hinunter folgen könnte, um zum Wasserspiegel des Burgbrunnens zu gelangen. Dazu braucht man eine starke Taschenlampe. Man steigt auf einer in den Fels geschlagenen Treppe hinunter und bewundert zumindest die Arbeit, die hier geleistet wurde.

*Shaubak: Kreuzritterburg*

Nun folgt man der Westmauer, in nordwestlicher Richtung, bis zu einem Gewölbe, das wohl zum Mamluken-Palast gehörte, der die Nordspitze der Burganlage einnahm. Der Weg führt durch einen weiteren Gewölbegang bis zum nördlichen Turm mit Kasematten. Von hier aus wendet man sich nach Süden zu einem Palasteingang und steht dann in einem offenen Hof mit anschließenden Räumen, eventuell dem Palast.

Wieder zurück zum zuvor verlassenen Weg nach Süden, geht man schräg über das Burggelände bis zu einem Komplex im Südosten, d.h. zu Kirchenruinen, von denen ein Gewölbeabschnitt erhalten ist. Die Kirche war wohl gleich nach der muslimischen Eroberung in eine Moschee umgebaut worden. Am linken äußeren Pfeiler führt ein Pfad ins Untergeschoss [6], in dem eine kleine Ausstellungshalle eingerichtet wurde. Hier liegen – wenig spektakuläre – Funde aus der Burg.

### ➡ Praktische Informationen

### 🚌 Hinkommen

- Von **Amman/Wahadat** sollen Minibusse und Service-Taxis auch nach bzw. durch Shaubak Village (arabisch *Mussallath*) fahren, ebenso von Kerak und Aqaba; das muss man aber vor Ort erfragen. Von Ma'an fahren ziemlich regelmäßig Minibusse – häufig auf dem Weg nach Wadi Musa – über Shaubak-Dorf.
- Auch von **Tafila** besteht regelmäßige Minibus-Verbindung. Allerdings kommt man immer nur ins **Dorf Shaubak**, wo man in der Regel an einer Seitenstraße abgesetzt wird und von dort aus etwa 3 km die Straße entlang marschieren muss; eventuell lässt sich der Fahrer überreden, gegen Bakschisch einen Umweg zur Burg einzulegen.
- Für den **Rückweg** die neue, westlicher ankommende Straße nehmen. Sie ist zwar mit 4 km etwas länger, man trifft aber auf eine Kreuzung mit größerer Chance auf einen Bus (und muss spätestens bis 16 U dort sein).

### 🛏 Übernachten

- Recht originell ist die **Yaya Cave** von Abu Ali, links am Dorfstraßenrand ca. 1 km vor dem Burgeingang. Abu Ali lebt größtenteils in der Höhle, in der er auch Souvenirs verkauft. Unter einem überhängenden Felsen betreibt er ein Minicafé – ein netter Rastplatz vor dem Aufstieg. Wer will, kann auch in einen alten VW-Käfer einziehen, den Ali als Schlafplatz eingerichtet hat.
- **CAVE ZAM,** Tel mobil 0777853617; von Abu Ali eingerichtet: ein paar Zimmer in einer der hier typischen Höhlen, HP .................................... E 25, D 40

**Shaubak**

T Turm
- - - Rundgang

1 Basilika, Zisterne
2 Burgbrunnen
3 Nördliche Kasematten
4 Hof
5 Moschee (Basilika)
6 Gewölbe mit Ausstellung

*Der etwas exzentrische Abu Ali baute einen alten VW-Käfer als sogar gemütliche Schlafstelle aus, siehe Insert, die er auch vermietet. Auf dem Hügel im Hintergrund steht die Burg Shaubak.*

- **MONTREAL**, 3* Tel 032165440, mobil 0775570118, info@montrealhotel.jo, für Reservation: yaser@jhrc.jo; einziges Hotel in Burgnähe, AC WiFi, gut ausgestattete Zimmer (angeblich ursprünglich für königliche Familie gebaut), von Balkonen toller Burgblick, AC, WiFi, Kschr, mF ........................ Deluxe E 35-40, D 40-45, Juniorsuite 65

30 km bis
**Wadi Musa**/Petra, s. S. 323.

## Amman – Totes Meer – Aqaba

Diese Strecke ist eine sehr gute Alternative zum Desert Highway für die Fahrt nach Aqaba: Zumindest ab der Halbinsel Lisan herrscht geringer Verkehr auf ziemlich geradlinigen Straßen, wesentlich interessanter insgesamt als der Desert Highway und deutlich weniger unfallträchtig.

Warnungen in anderen Reiseführern vor vielen Polizeikontrollen sind nicht nachvollziehbar, vor dem Frieden mit Israel war es so. Bei unseren Recherchen stand seit vielen Jahren lediglich am Abzweig nach Feynan ein Polizeiwagen mit freundlicher, durchwinkender Besatzung.

Auch das Tankstellennetz ist inzwischen ausreichend, unterwegs kann man nachtanken; vorsichtshalber sollte man vollgetankt losfahren. Nehmen Sie auch ausreichend Wasser und Verpflegung mit, weil es über lange Strecken keine Versorgungsmöglichkeiten gibt.

Ein Abstecher ans Tote Meer wird hier als Ausflug von Amman aus beschrieben, weil er tatsächlich ein interessanter und abwechslungsreicher Trip an den tiefsten Punkt der Erde ist. Man kann ihn bequem an einem Tag oder kürzer absolvieren. Vermeiden Sie Winterwochenenden, dann sind alle Badeplätze sehr überlaufen. Im Sommer können die Temperaturen so hoch klettern, dass bei der dann immer noch vorhandenen Luftfeuchte das Tote Meer vielleicht kein so großartiges Erlebnis sein wird. Wenn Sie im Toten Meer baden wollen, dann sollten Sie dies nur dort tun, wo Sie die Salzbrühe auch wieder abduschen können, andernfalls wird sich Ihre Haut massiv beschweren.

Unabhängig vom Trip nach Aqaba bietet sich – neben der auf S. 268 beschriebenen Madaba-Rundreise – eine weitere Runde an: am Toten Meer entlang, nach Kerak, auf der King's Road zurück, über Madaba, nach Amman. Auch dieser interessante Ausflug lässt sich an einem (langen) Tag bewerkstelligen.

### ➡ Praktische Informationen

#### 🚌 Zum Toten Meer kommen
- Von **Amman, Muhajereen Busstation,** gibt es Minibusse, die von 7-9 U zum Amman Tourism Beach Resort fahren und nachmittags zurück, letzter Bus gegen 17 U. Freitags kommt der **JETT** Bus, der um 16 U zurückkehrt. Eine weitere Alternative sind Busse nach South Shuna, die man am deutlich sichtba-

### Sehenswertes
- \*\*\*\***Totes Meer**, eigentlich eine ungastliche, doch sehr ungewöhnliche und somit sehr sehenswerte Landschaft im tiefsten Gebiet der Erde, S. 301
- \*\*\***Bethania**, angeblicher Platz am Jordan, an dem Jesus von Johannes dem Täufer getauft wurde, S. 299
- \*\*\***Wadi Feynan**, seit etwa 8000 vC bis 1989 wurde hier Kupfer abgebaut; alte Stollen, byzantinische Ruinen und tolle Landschaft lohnen den Abstecher, S. 316
- \*\*\***Mujib Biosphere Reserve**, eindrucksvoller Felsdurchbruch des "Grand-Canyon"-Wadis, das hier ins Tote Meer mündet, S. 309
- \*\***Wadi Nimrim**, eine enge, ziemlich spektakuläre Felsschlucht, in der ein Bächlein dem Toten Meer entgegeneilt, S. 314
- \*\***Wadi Araba**, ein breites Wüstental, das sich zwischen den grandiosen Randgebirgen des Grabenbruchs bis nach Aqaba zieht, S. 313
- **Ain Zarqa**, warme Quellen direkt am Toten Meer, S. 307
- **Lot's Höhle,** hier soll Lot nach dem Untergang von Sodom und Gomorrha gelebt haben, S. 315

*Welche Straße man auch zum **Toten Meer** wählt, man wird stets von neuen Ausblicken überrascht*

ren Abzweig „Baptism Site" verlässt und entweder 5 km marschieren oder trampen muss. Ein Rundtrip-Taxi einschl. Mount Nebo von Madaba aus kostet etwa JD 30-40.

- Nehmen Sie als **Autofahrer** vom Stadtzentrum aus die westliche Umgehungsautobahn bzw. Desert Highway nach Süden. Folgen Sie am besten dem zweiten, mit *Dead Sea* und *Na'ur* ausgeschilderten Abzweig.
- In **Na'ur**, an der Straße zum Toten Meer, bläst übrigens die *Hebron Glass Factory* **schöne Gläser** im bekannten Stil der Hebroner Glasbläsereien.
- Von Na'ur an schwingt sich die Autobahn in weiten Kehren durch eine interessante, aber nicht sehr spektakuläre Landschaft dem Toten Meer entgegen.
- 28 km nach der Abfahrt vom Desert Highway:

**Abzweig**
Links nach Madaba
**Weiter Richtung Totes Meer**
Nach 5 km: **Kreuzung**
Rechts nach *Bethania* (auch als *Baptis'm Site* ausgeschildert), links halten zum Toten Meer, geradeaus – gesperrt – würde es zur 1967 im Krieg gesprengten King Abdullah Bridge und weiter nach Jerusalem gehen.

### Abstecher zum Taufplatz von Jesus, \*\*\*Bethania

Die rechts abzweigende Straße namens Baptis'm Road endet nach 5 km direkt am Besucherzentrum von Bethania.
Kurz vor der Mündung ins Tote Meer liegt das Jordantal als eine weite Ebene zwischen den Gebirgsketten im Westen und Osten. Diese Gegend wird nur wenig landwirtschaftlich genutzt, man kommt an einigen Feldern vorbei, Beduinenzelte sind dann schon eher eine Abwechslung. 7 km vor der Jordanmündung benötigt der Bach *Kharar* (Stimme des Wassers) nur knapp 2 km, bevor sein Wasser im Jordan verschwindet. Seine Quellen dürften auf Wasseradern zurückgehen, die aus den fernen Bergen ihren Weg zum Jordan suchen.

*Konkurrenz am Jordan: auf der gegenüber liegenden Jordanseite im Hintergrund das israelische Taufzentrum aus Beton und Marmor, vorn die jordanischen Holzbauten von Bethania*

**Hintergrund:** Die Wirkungsstätte von Johannes dem Täufer, an der sich einst auch Jesus in den Wassern des Jordans taufen ließ, lag über Jahrzehnte im militärischen Sperrbezirk am östlichen Ufer des Jordans, ein Stück südlich der King Hussein Brücke. Der Friede mit Israel und die Entdeckung des ursprünglichen Taufplatzes eröffneten neue Perspektiven, denn vom Touristenansturm auf das Heilige Land will Jordanien so viel wie möglich abzweigen. Einer der Magnete soll die neuerliche Taufe am Originalplatz sein.

Schon längere Zeit war über einen Taufplatz am östlichen Ufer des Jordans spekuliert worden. Aus der Bibel und frühchristlichen Überlieferungen lässt sich schließen, dass dieser Platz rund 7 km von der Mündung des Jordans ins Tote Meer flussaufwärts entfernt war. Ferner wurde angenommen, dass der Hügel, auf dem Johannes lebte, identisch mit einer Erhebung am Wadi Kharar sein muss. Denn die Gegend hieß in Arabisch bis in unsere Zeit "Taufplatz", ferner gibt die Mosaiklandkarte in Madaba einen deutlichen Hinweis.

Ausgrabungen des jordanischen Department of Antiquities, die 1996 begannen, bestätigten diese Theorien insofern, als diverse byzantinische Relikte, d.h. im Wesentlichen Grundmauern von Kirchen, Zisternen und Wasserleitungssystemen sowohl am Hügel im Wadi Kharar als auch an der Einmündung des Wadis in den Jordan freigelegt wurden.

Die Israelis hatten den Bedarf nach Taufen im Jordanwasser schon früher erkannt und schufen in Yardemit am See Genezareth einen Ersatztaufplatz. Seit dem Friedensschluss mit Jordanien gaben sie noch eine weitere Taufstelle, in der Nähe von Jericho, am westlichen Jordanufer zur Benutzung frei. Die katholische Kirche hat sich jedoch für den Taufplatz am Wadi Kharar in Jordanien entschieden. Dieser Entschluss hat die Israelis wohl nicht ruhen und flugs einen Taufplatz, gegenüber der Einmündung des Wadi Kharar – also praktisch an der von den Jordaniern entdeckten Stelle – auf der Westseite des Jordans bauen lassen…

---

Weitere Informationen unter www.baptismsite.com.

**Kennenlernen:** Der Eintritt gilt für die Gesamtanlage einschließlich Shuttlebus bis zum modernen Taufbecken.

Ein Leser schreibt: *„Der Abstecher nach*

### ****Das Tote Meer

Obwohl es sich eigentlich als eines der ungastlichsten Gewässer auf Erden ausgibt, geht vom Toten Meer doch ein ganz eigener, faszinierender Reiz aus.

Es liegt immerhin 410 m unter dem Meeresspiegel und hat selbst noch einmal eine Tiefe von 390 m. Im südlichen Teil schiebt sich die jordanische Halbinsel *Lisan (Zunge)* weit nach Westen in den See; von dort bis zum südlichen Ende erreicht die Wassertiefe nur noch 9-12 m. Je nach Wasserstand dehnt sich das Tote Meer 75–80 km von Nord nach Süd und bis zu 17 km von West nach Ost aus. Lisan wie auch der westlich des Sees gelegene Mount Sedom entstanden, weil sich Felsen und Steine auf dem Meeresboden absetzten und schließlich das dort eingelagerte Salz emporrückten. In der Antike soll es möglich gewesen sein, von der Halbinsel über eine Furt zum Westufer zu gelangen, vielleicht bildete diese Möglichkeit den Hintergrund für Wundergeschichten in der Bibel.

Der Ostafrikanische Grabenbruch, dem das Tote Meer seine Existenz verdankt, bildet hier einen Felsenkessel mit ziemlich steilen Flanken zwischen den bis zu 1014 m hohen judäischen Bergen im Westen und den bis zu 1285 m hohen moabitischen Gebirgszügen im Osten. Vom südlichen Ufer aus steigt die Senke des Grabenbruchs langsam im Wadi Araba an, um nach ca. 130 km wieder Meereshöhe zu erreichen.

Das hauptsächlich vom Jordan einfließende Wasser verdunstete früher in einer Menge, die den Wasserspiegel im Jahresmittel konstant hielt (im Sommer kann

*Totes Meer, Blick auf die Vergangenheit: Diese bizarre Uferformation war vor Jahrzehnten noch bis zum deutlich sichtbaren „Zapfenrand" vom Salzwasser bedeckt*

der Pegel des Sees täglich um bis zu 25 mm durch Verdunstung sinken!). Heute wird vom Jordan so viel Wasser abgezweigt, dass wegen der geringeren Zuflussmengen der Wasserspiegel stetig sinkt, inzwischen um 70 cm bis zu 1 m jährlich. Seit den 1960er-Jahren verlor das Tote Meer etwa 30 Prozent seines Wassers. 1976 tauchte dadurch eine Erhebung auf, die den südlichen Teil des Sees abtrennte. Um das Südbecken überhaupt nass zu halten, musste auf israelischer Seite vom nördlichen Teil ein Kanal gebaggert werden, der den Zufluss sicherstellt.

Im Dezember 2013 unterzeichneten Israel, Jordanien und die Palästinensische Autonomiebehörde in Washington ein Abkommen zur Rettung des Toten Meeres. Der am Sitz der Weltbank unterschriebene Vertrag sieht vor, eine Leitung auf jordanischem Staatsgebiet zu bauen, die Wasser aus dem Roten Meer ins Tote Meer bringt. Jährlich sollen 200 Millionen Kubikmeter Wasser aus dem Roten Meer entnommen werden. Achtzig Millionen Kubikmeter davon wird eine neue Meerwasserentsalzungsanlage nördlich der jordanischen Hafenstadt Aqaba in Trinkwasser verwandeln. Umweltschützer wie FRIENDS OF THE EARTH MIDDLE EAST (FoEME) warnen nicht nur vor den Kosten von 10 Milliarden US-Dollar, sondern vor allem davor, Wasser der beiden Meere miteinander zu vermischen. Dadurch könnten zusätzlich zu milchigweißem Gips rote Algen entstehen und das empfindliche ökologische Gleichgewicht zusammenbrechen lassen.

Vor etwa 100 000 Jahren war der gesamte Jordangraben bis zum heutigen Tiberias (in Israel) hinauf vom Indischen Ozean angefüllt, dessen Wasseroberfläche damals 200 m höher als heute lag. Nach Abfallen des Wasserspiegels, vor 50 000 Jahren, blieben nur der See Genezareth und das Tote Meer als Wasserbecken übrig. Dessen Salzkonzentration stieg kontinuierlich an. Zur Zeitenwende lag sie bei etwa 8 Prozent, gute 1000 Jahre später trafen die Kreuzfahrer schon auf 15 Prozent, ab 1967 nahm sie wegen der immer geringeren Süßwassereinspeisung des Jordans von 30 auf die heutigen 33 Prozent zu (im Mittelmeer 3,8 Prozent).

Diese Konzentration ist eine für alle Lebewesen todbringende Brühe – nomen est omen. Dennoch konnte ein Ökosystem aus Mikroorganismen und Algen bis Mitte der 1970er-Jahre existieren, dann hatte der Salzgehalt dermaßen zugenommen, dass auch diese hartgesottenen Organismen aufgaben, das ökologische Gleichgewicht des Sees kippte um; seither trifft der Name auch unter dem Mikroskop zu – es ist alles tot. (Bei Wikipedia ist zu lesen, dass immer noch Salpeter, Schwefel und Zellulose abbauende Bakterien lebensfähig sind sowie bestimmte Pflanzen mit großer Salztoleranz.)

Für den Menschen hat der Salz- genauer Mineralgehalt den Vorteil, dass der Körper nicht untergehen kann. Doch laugt das Wasser die Haut aus, daher muss man sich unbedingt nach einem Salzbad mit Süßwasser abduschen. Neben Salz sind Mineralien wie Magnesium, Kalzium, Brom, Kalium und Schwefel im Wasser gelöst, von denen jedes heilende Kräfte für den Menschen aufweist. Bekannt ist die Heilwirkung für z.B. Rheumakranke oder bei bestimmten Hautkrankheiten wie Schuppenflechte. Die Luft ist außerdem stark mit Bromin angereichert, das zur Entspannung des Nervensystems verhilft. Auch der schwarze Uferschlamm tut der Gesundheit gut, indem man sich, durchaus vergnüglich, damit einreibt und ihn nach dem Antrocknen abduscht.

Die tiefe Lage und der damit verbundene 10 Prozent höhere Sauerstoffanteil sowie

*Jedes Mal ein besonderes Schauspiel: Sonnenuntergang am Toten Meer*

die Verdunstung des Wassers wirken als starke UV-Filter – man bekommt nicht so leicht einen Sonnenbrand, sollte sich aber dennoch gegen die immer noch vorhandene Strahlung schützen. In einer solchen Atmosphäre umgibt sich die Sonne beim Untergehen mit einer ungeahnten Farbenpracht. Daher planen Sie das Sonnenuntergangserlebnis in Ihren Besuch mit ein.

Im Altertum gab das Tote Meer den Menschen viele Rätsel auf, zumal auch noch aus unterirdischen "Lecks" Erdöl als Teer nach oben stieg. Dieses relativ seltene Material, damals Erdpech genannt, sammelten die Anrainer. Unter anderen waren die Nabatäer dafür bekannt, die es mit viel Gewinn zum Abdichten von Booten, zur Einbalsamierung von Mumien nach Ägypten und als Heilmittel verkauften. Die Römer nannten das Tote Meer sogar *lacus asphaltitis, Asphaltsee.*

Dass der hohe Salzgehalt auch mit allerlei Übersinnlichem verbunden war, geht aus der Bibel hervor: Das Weib von Lot erstarrte hier zur Salzsäule. Daher nennen die Araber die Salzbrühe *Bahr Lut, See des Lot.*

Bethania lohnt sich nur, wenn man ohnehin schon in der Nähe ist. Für einen „Ungläubigen" ist dieser Platz ziemlich uninteressant;" ein anderer Leser bestätigt das 2018: „Nach Bethania bin ich nur gefahren, weil eine ganze Reihe von Leuten, die ich traf, Reisende, aber auch die Rezeptionisten im Hotel mir sagten, dass es toll sei. War es nicht."

Das erst wenige Jahre alte Visitor-Center scheint touristisch nicht so attraktiv zu sein, dass alle Shops vermietet oder gar geöffnet wären; von den vorgesehenen Restaurants ist nur hin und wieder eins in Betrieb. An einer Wand hängt ein Schild *Museum*, doch die Türen sind verschlossen.

Vom Visitor-Center fährt man per Shuttle Bus – ab 8.30 U alle halbe Stunde bis 16 bzw. 17 U  – zunächst zur modernen Taufstelle [P3], in die angeblich gefiltertes Jordanwasser gepumpt wird.

**Bethania**
(Skizze nach offiziellem Prospekt)

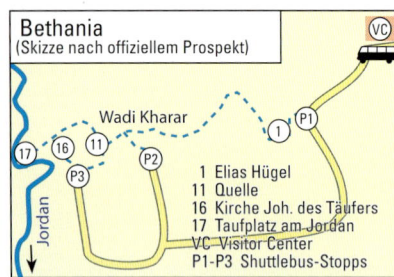

- 1 Elias Hügel
- 11 Quelle
- 16 Kirche Joh. des Täufers
- 17 Taufplatz am Jordan
- VC Visitor Center
- P1-P3 Shuttlebus-Stopps

Dann beginnt ein etwa 20-minütiger Fußmarsch, der auf einem gut ausgebauten Weg durch nur noch teilweise schattiges und eher spärliches Dickicht führt. Es gibt unterwegs Bänke und einige Wasserstellen mit Trinkwasser. Der erste Stopp ist ein Platz, an dem, der Überlieferung nach, Jesus von Johannes dem Täufer getauft wurde. In byzantinischer Zeit befand sich hier ein Kloster mit einer **Johannes-Kirche** [16], die an der vermuteten Taufstelle stand. Am Ende des Fußwegs erreicht man das **Jordanufer** mit dem **Taufplatz** [17], an dem eine griechisch-orthodoxe Kirche errichtet wurde (Foto s. S. 29). Genau gegenüber stößt der Blick auf das eher monströse Taufzentrum der Israelis.

Auf jordanischer Seite führen Holztreppen hinunter zum Jordanufer. Hier stellt der überraschte Besucher fest, dass der weltbekannte Fluss in Wahrheit eher ein Bach ist – der von ehemals etwa 30 m Breite wegen der starken Wasserentnahme auf heute ca. 5 m geschrumpft ist. Taufwillige müssen dann in die graugrün-trübe Brühe klettern, die wohl eher als Abwasser bezeichnet werden darf (siehe auch S. 222). Im Gegensatz zu den israelischen Taufprofis bietet Bethania, wie Sie am Pflanzenbewuchs gemerkt haben werden, ein kleines Naturparadies, das sich infolge seiner Grenznähe ziemlich ungestört erhalten konnte. Leider hat fehlender Regen in den letzten Jahren die Vegetation deutlich schrumpfen lassen.

Auf dem Rückweg hält der Shuttlebus kurz am **Elias Hügel** [1], der Führer gibt ein paar Erklärungen und schiebt das Besuchsverbot auf die Archäologen, die angeblich hier noch graben.

Auf der Ebene vor dem Elias-Hügel wurde ein Bogen der Hauptkirche wieder aufgerichtet, unter dem Papst Johannes II bei seinem Besuch Anfang 2000 betete; Reste des Kirchenbodenmosaiks sind noch zu sehen. Nur ein paar Schritte von hier Richtung Elias-Hügel, sind die Reste der ersten Kirche aus dem 3. Jh zu erkennen, auch diese besaß einen Mosaikboden.

Daneben liegt eine Trinkwasser-Zisterne, die über – rekonstruierte – Kanäle gespeist wurde. Benachbart ist ein 13 m tiefer Brunnen, den eine natürliche Quelle versorgte (insgesamt gibt es 14 Quellen im Wadi). Geht man nun weiter, dem eingezäunten Pfad nach, so sieht man an der Westseite des Hügels die spärlichen Reste von drei Höhlen, die wohl zum Wohnen dienten. Ann der Nordwestecke liegen die welligen Bodenmosaike einer kleineren Kirche.

Nach Norden, d.h. direkt zum Wadi hin, wurde die Hauptkirche des Tell an der Hügelflanke entdeckt. Sie stammt vom Ende der römischen Zeit. Ein noch vorhandenes Mosaik sagt in Griechisch, dass die Kirche vom Mönch Theodrius gebaut wurde. Auf der Hügelkuppe gibt es zwei weitere Brunnen, die von Quellen bzw. Wasseradern gespeist wurden; sie dienten wohl Taufzwecken. Ein weiteres Becken, in dem angeblich Johannes taufte, liegt auf der Südseite des Hügels. Lange vor Johannes wurde der in Jordanien (vermutlich) geborene Prophet Elias "in den Himmel entrückt", vermutlich von diesem Hügel.

***Taufplatz Bethania**

Die im Bethania-Prospekt angegebenen weiteren Ziele sind (vorläufig?) nicht zugänglich.

### ➡ Praktische Informationen

- Das **Visitor Center** (Tel 05 359 0360) bietet kaum mehr als den Kartenverkauf und Toiletten, manchmal Broschüren. Eintritt JD 12, Kinder JD 10, einschließlich Audioguide und Shuttlebus, Öffnung April-Okt 8-18, danach 8-16.

### 🚌 Hinkommen

- **Busverbindung** von Amman gibt es nur nach Suweimah, man muss zuvor am deutlich sichtbaren Abzweig „Baptism Site" aussteigen und entweder 5 km marschieren oder trampen. Ein Rundtrip-Taxi einschl. Mount Nebo von Madaba aus kostet etwa JD 30-40.

### 🍴 Restaurant

- Unterwegs offeriert das bekannte BETHANY RESTAURANT (westliche Straßenseite, 3 km vom Abzweig) frischen Baptism(!) Fisch (Taljube), zu empfehlen. Ein typisches Gericht mit frischem Fisch kostet JD 15-20.

**Zurück zur Hauptstraße** und weiter nach Süden

4 km: **Abzweig**

*Bestens gekühlt: der Baptism(!) Fisch*

Links zum derzeit schnell wachsenden Dorf **Suweimah**, zu dessen Verwaltung der kommende touristische Abschnitt gehört. Von hier fahren keine öffentlichen Busse nach Süden; Taxikosten nach Kerak JD 60-80.

1 km: **Abzweig**

Links direkte Straße zum **Mount Nebo** und nach **Madaba**.

Zwei brauchbare Restaurants rechts der Straße am Abzweig zum Holiday Inn Resort.

5 km rechts:

Samarah Mall, Supermarkt, im Terrassenbereich Blick aufs Tote Meer, kurz vor dem

Hussein **AL WADI RESORT**, www.alwadiresort.com/home.html, ein fast riesiges Tagesresort (10-17.30, JD 35, Kinder JD 20) mit vielseitiger Süßwasser-Unterhaltungslandschaft mit diversen Wasserrutschen, eigner Strand am Toten Meer, Süßwasserduschen, zwei Restaurants

Knapp 1 km rechts:

- **King Hussein Bin Talal Convention Centre**

Das exklusive, wie eine unbesiegbare Festung aussehende Kongresszentrum mit bis zu 2000 qm großen Konferenzräumen bietet Platz für mehr als 2000 Teilnehmer. Hier fanden Kongresse u.a. des *World Economic Forum* und des *International Monetary Fund* statt.

Nach 1,5 km beginnt die eigentliche „Hotelmeile" am Toten Meer (außer dem Holiday Inn Resort, das nördlicher liegt), die sich derzeit über etwa 3 km hinzieht. Wer sich in diesen Hotels einmietet und kein Fahrzeug hat, muss an die „Splendid Isolation" am tiefsten Punkt der Erde denken. Ein Taxi nach Amman kostet JD 35-40, und häufig genug

## 🛏 Übernachten am Toten Meer

Unterkünfte von Nord nach Süd

- **HOLIDAY INN RESORT**, 4*, gegenüber Polizeistation bzw. Abzweig Madaba, Tel 05 349 5555, www.holidayinn.com; nördlichstes Resort, gute Anlage mit mehreren Pools
- **GRAND EAST**, 5*, innen wie außen großzügig angelegt, vier Restaurants, sechs Pools, High Speed WiFi, AC, Spa, Clinic
- **SAMARAH DEAD SEA RESORT**, 3*, Apartment Hotel mit großen Apartments, guter Sicht aufs Tote Meer
- **JORDAN VALLEY MARRIOTT**, 5*, Tel 05 3560 400, jordanvalley@marriotthotels.com, www.marriotthotels.com/QMDJV; bietet allen Luxus und eine große Badeabteilung (Spa), Nutzung von Strand und Pool-Landschaft für Nichtgäste JD 25 pP/Tag, für JD 75 kann man ein Tageszimmer mieten, dann freier Eintritt für 3 Personen
- **MÖVENPICK RESORT & SPA**, 5*, Tel 05 356 1111, resort.deadsea@moevenpick.com, www.moevenpick-deadsea.com; architektonisch sehr stilvoll als Bungalow-Dorf konzipiert, Gesundheitszentrum (Spa), Tagesaufenthalt kostet JD 30 (davon JD 10 für Getränke)
- **KEMPINSKI HOTEL ISHTAR**, 5*, Tel 05 356 8888, sales.ishtar@kempinski.com, www.kempinski-deadsea.com; übertrifft die Nachbarn (auch im Preis)
- **DEAD SEA SPA**, 4*, Tel 05 356 1002, dssh@nets.com.jo, www.jordandeadsea.com; eigener Strand, vielfältige Kuranwendungen, Süßwasserpool, wegen vieler deutscher Patienten sprechen Rezeptionist und Personal z.T. Deutsch, mF .................... E/D 65-85
- **CROWNE PLAZA**, derzeit letztes Hotel am Toten Meer auf dem Weg nach Süden
- **OBeach**, feudales Tagesresort mit 5 Pools, Zelt-Schattendächern, 8 Bars und einem Restaurant, Hotel mit 48 Zimmern, HP JD 30+, mF ........................... E /D 85-100

muss man warten, bis eins kommt. Ausflüge in die Umgebung werden manchmal angeboten, sie entsprechen preislich dem Niveau der Unterkunft.

Alle der aufgeführten Hotels bieten standardmäßig Wellnessbehandlungen und Schlammpackungen für ihre Gäste an. Aber auch Tagesgäste können den Luxus kaufen. Die Wellnesspreise liegen zwischen JD 30 bis JD 180, dabei kommt es auch auf unterschiedliche Anwendungen an; heilsame Schlammpackungen beginnen schon ab JD 1. Zu diesen Kosten addieren sich noch Gebühren ab JD 20 aufwärts bis JD 200 für Tagesgäste – außerhalb der Spitzensaison – für die Benutzung der Infrastruktur wie Pool und Strand.

## 🍴 Essen & Trinken

- Im Bereich der **Samarah Mall** (bedingt fußläufig erreichbar) **gibt es mehrere Restaurants**, z.B. *Rovers Return* wird sehr gelobt, Terrasse mit gutem Blick aufs Tote Meer, Alkohol
- Für viele Bedarfsfälle gibt es einen relativ kleinen Supermarkt, der einzige Anbieter weit und breit, daher teuer

Nach 2 km:

### Amman Tourism Beach Resort

Von der Stadt Amman initiiert, aber privat gemanagt, ist das relativ lange Strandstück des Tagesresorts inzwischen in eine feudalere Zone *(Section I*, Eintritt JD 20, 9-20 U) aufgeteilt. Gutes Restaurant, Lunch-Buffet JD 15. Dieser Bereich ist mit

Süßwasserpools, sehr sauberen Duschen und Umkleideräumen, mehreren Spielplätzen, ein paar Kiosken und einem Restaurant ausgestattet.

*Section II* in der südlichen Hälfte bietet Ähnliches, aber keine Pools und kostet JD 11 Eintritt. Einfaches Restaurant, hauptsächlich Snacks. Schlamm aus dem Toten Meer kostet JD 1.

### Busverbindungen

- Von der **Muhajereen Busstation** in Amman fahren unregelmäßig Busse zwischen 7-9 U zum Amman Tourism Beach und zwischen 16-17 U zurück. JETT fährt freitags um 8 U hin und um 18 U zurück. Ein Taxi kostet JD 40-50 pro Tag.

Der **Dead Sea Ultra Marathon** ist noch zu erwähnen, der seit 1993 jeweils im April veranstaltet wird. Der Startschuss für die 50-km-Strecke fällt in Amman (der Start für die klassische Länge ist versetzt), in 900 m Höhe und führt dann 1300 m in die Tiefe, zum Ziel beim Amman Tourism Beach Resort.

Die gut ausgebaute Straße verläuft direkt am Seeufer. Diverse Wadis scheinen so viel Wasser oder Feuchtigkeit zu führen, dass ihre Schluchten häufig dicht bewachsen sind. Die fast giftgrünen Flecken zwischen den nackten Felsen überraschen den Besucher immer wieder. Man ist stets versucht anzuhalten, um dem Wunder von Leben in der so lebensfeindlichen Umgebung nachzugehen.

Nach 2 km:

### OBeach

Feudales, supermodernes Tagesresort: 5 Pools, 12 mit Zeltdächern, Hotel, 8 Bars und ein Restaurant, www.obeach.net.

Nach 4 km: **Abzweig**

Links führt eine Straße hinauf zum sehenswerten, 8 km entfernten **Panoramic Complex**, nach Ma'in und Madaba (s. S. 256). Nach 5 km:

### Ain Zarqa

Die nur unweit von der Straße entfernten heißen Pools von Ain Zarqa – die vom Bach *Zarqa* von Hammamat Ma'in gespeist werden – beste-

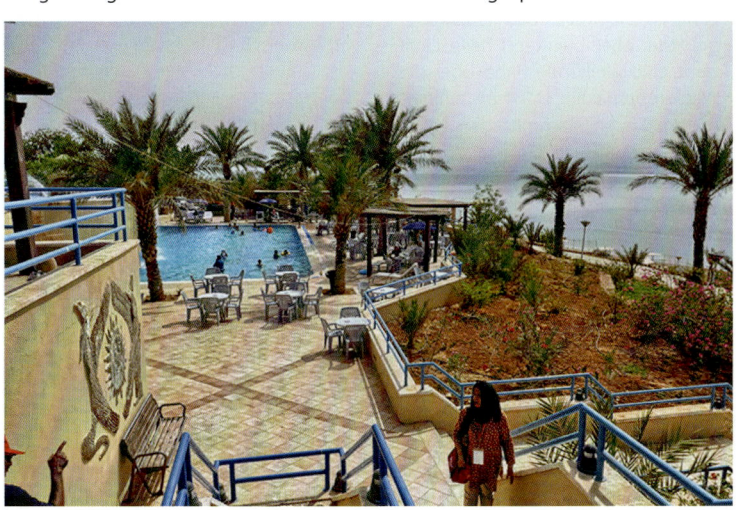

*Amman Tourism Beach Resort*

*Gesunder Uferschlamm für die Haut*

hen aus kleinen Kaskaden und Wasserläufen, die zwar nicht so ergiebig sind wie die in Ma'in tiefer in den Bergen, aber sie speisen einen grünen Landstrich, der auch landwirtschaftlich genutzt wird. Wie aus dem umherliegenden Müll zu schließen ist, schätzen zahlreiche Jordanier diese Gelegenheit, um im Toten Meer zu baden, sich in den warmen Quellen vom Salzwasser zu befreien und anschließend Picknick zu machen. Frauen sollten hier nicht allein und möglichst vollständig bekleidet baden, wie die Einheimischen, weil sie sonst sehr bald von Männern umlagert sind. Auch hier soll ein Hotel gebaut werden.

Etwa 200 m südlich folgen Quellen, die als **Kallirhoe** vermutet werden, in denen Herodes der Große bereits Heilung seiner diversen Krankheiten suchte und eine Villa bauen ließ, deren Grundmauern gefunden wurden (östlich der Straße). Auch die Römer nutzten die Heilwirkung der insgesamt etwa 60 Quellen unterschiedlicher Temperatur, die am Hügelrand entspringen.

Die Straße zieht sich weiterhin dicht am Strand entlang, links steigen die Berge des Grabenbruchs steil in den Himmel. Je nach Sonnenstand reflektieren die meist pastellroten bis rostbraunen Felshänge warmes Licht; in der Mittagshitze verlieren sie dann ihr sympathisches Leuchten und wirken eher abweisend.

Nach 3 km **Abzweig**, N 31° 35,87' E 35°33,67'

Links führt eine schmale Straße den Berg hinauf (am ersten Abzweig rechts halten) zu einem etwas ungewöhnlichen Hotel, das man den Feudalherbergen mit Freude vorziehen kann.

### Sonnenunter- und Sonnenaufgang am Toten Meer

Wenn Sie es irgendwie ermöglichen können, sollten Sie sich den Sonnenuntergang am Toten Meer nicht entgehen lassen. Der Sonnenball entfaltet bis zum letzten Augenblick eine extreme Lichtfülle. Das leuchtendgoldene, aber blendend helle Licht zieht eine gleißende Bahn über die Wasseroberfläche; es ist an einigermaßen klaren Nachmittagen kaum möglich, länger als ein paar Augenaufschläge in die Glut der untergehenden Sonne zu schauen.

Auch der Sonnenaufgang ist des Betrachtens wert: Die ersten Lichtstrahlen zeichnen die Spitzen der judäischen Gebirgskette in hellrosa Konturen nach, während die Basis noch in einem graublauen Dunstschleier liegt. Langsam gewinnen die Berge immer deutlichere, aber auch immer härtere Konturen. Es dauert weit über eine Stunde, bis dieser erste Eindruck weicht.

### 🛏 Übernachten

- **SEHATTY RESORT**, Tel mobil 07961677, info@sehattyresort.com, www.sehatty-resort.com, oder „Health Resort" mit na-

***Mujib Biosphere Reserve** 309

*Mujib Biosphere Reserve (Karte)*

> **Trecks in der Mujib Reserve**
>
> **Ohne Rangerbegleitung**
> - **Siq Trail**: 2,5 Stunden, JD 21 pP, ab 1. April je nach Wasserstand meist im bis zu 50 cm hohen Wasser, nach ca. 1,5 km ist der Weiterweg durch einen Felsblock (Wasserfall) versperrt, doch jedes Jahr ergibt sich eine veränderte Situation wegen der winterlichen Überschwemmungen. Ein Leser schreibt: „Diese Tour sollte man unbedingt machen, ein Erlebnis! Allerdings Unnötiges im Wagen lassen, uns stand das Wasser im letzten Abschnitt tatsächlich bis zur Brust".
>
> **Nur mit Rangerbegleitung**
> Alle Trecks starten um 8 U am Visitor Center.
> - **Ibex Trail:** ca. 3,5 Stunden, JD 25,50 pP, ein schöner, nicht allzu schwieriger Wanderweg zu einer Ranger-Station, in deren Nähe eventuell Ibexe zu sehen sind. Nur vom 1.11. bis 1.4.
>
> Derzeit geschlossene Trails:
> - **Malaqi Trail:** 6-8 Stunden, schwierig, unterwegs kann/muss man schwimmen und sich an einem Seil 20 m neben einem Wasserfall ablassen
> - **Canyon Trail:** 4 Stunden, ähnlich dem Malaqi Trail, nicht so weit und nicht ganz so schwierig

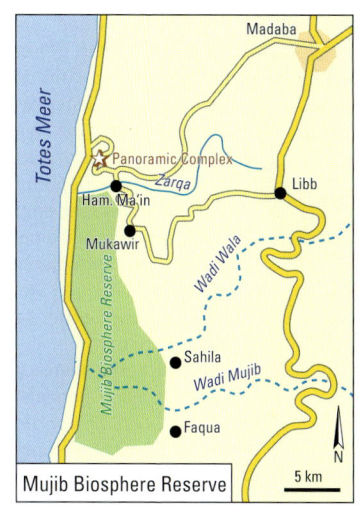

türlicher warmer Quelle ohne alle Chemikalien für ungewöhnlich großen Pool, einsame Lage ziemlich hoch über dem Toten Meer mit tollem Blick, 6 D Hotelzimmer, 4 Villas (Chalets) mit eigner Küche, 2 Schlafzimmern und Bädern, alles sehr geschmackvoll eingerichtet, AC, WiFi, Kschr, Restaurant,
mF .............................................E 50, D 80-100

13 km bis zur
**Wadi Mujib Brücke**
Hier beginnt der **Siq Trail**, der ein sehr empfehlenswertes Canyoning-(Abenteuer) verspricht. Belohnt wird es mit erfrischendem Nass, Waten durch eher harmlose Stromschnellen und großartiger, atemberaubender Felslandschaft. Ein Guide (JD 35) ist empfehlenswert, da teilweise herausfordernde Abschnitte zu bewältigen sind. Sämtliches Gepäck sollte man im Auto lassen. Der Guide führt ein kleines Wasser-Pack mit für Handys oder Kameras, die manchmal eintauchen könnten. Wasserschuhe oder Turnschuhe, die nass werden können, sind nötig. Da der Trail im Spätherbst schließt, sollte man vorher anrufen.!

### ***Mujib Biosphere Reserve**

An der Mujib-Brücke mündet der Fluss ins Tote Meer, der den "Grand Canyon" Jordaniens durchfließt. Ganz zum Schluss seines Laufes durchbricht er noch einmal eine enge, rotbraune Felsbarriere. Heute sperrt ein Damm kurz vor der Brücke den Auslauf; das hier aufgefangene Wasser wird fast gänzlich nach Amman gepumpt. Der Wadilauf gehört bis zu seinem Austritt aus den Felsen zur Mujib Nature Reserve der Royal Society for the Conservation of Nature (RSCN), ist abgezäunt und kann nur in Zusammenhang mit einem Treck besucht werden. Diese Trecks sind unterschiedlich schwierig, bis auf den Siq Trail dürfen sie nur in Begleitung eines Rangers begangen werden.

Das **Trekking durch die einzigartige Felskulisse** des Siq ist sehr lohnenswert, für den normalsportlichen Besucher ein wirklich unvergessliches Erlebnis. Wem nasse Hosen bei häufigen Flussdurchquerungen oder Klettern über Felsabbrüche oder Schwimmen durch felsumrahmte Wasserbecken nichts ausmachen, kann hier noch Abenteuertrips mit allerdings kalkulierbarem Risiko unternehmen.

*Ihr Autor scheut keine Anstrengung bei der Recherche...*

Daher sollte man sich entsprechend ausrüsten, leichte Baumwollkleidung – die schnell wieder trocknet, anstelle von Jeans –, die aber auch gegen Schrammen an Felsen schützt. Ältere Turnschuhe, die nass werden können, sind besser als festes Schuhwerk; alles andere lässt man am besten im Auto oder Schließfach. In den Eintrittskosten ist eine Schwimmweste enthalten, die man auf dem Rückweg als schwimmfähige Unterlage verwenden und damit barrierefreie Strecken bequem zurücklegen kann. Für Kameras oder ähnlich empfindliches Gerät sollte man unbedingt einen wasserdichten Rucksack mieten, was sehr empfohlen wird.

Denn Ausrutschen und ins Wasser fallen gehört fast schon dazu (mir ist bei dieser Gelegenheit meine Brille von der Nase gespült und vermutlich nach Amman gepumpt worden). Ein Leser empfiehlt, in jedem Fall einen Ranger zu engagieren, der vor schwierigen Stellen warnt und bei der Bewältigung hilft.

Bei unsicheren Wetterlagen, z.B. nach Regenfällen im Oberlauf, von denen man hier unten unter Umständen überhaupt nichts ahnt, können sich reißende Sturzfluten durch den Canyon ergießen. Dann wird der Zugang zum Fluss gesperrt.

➡ **Praktische Informationen**

Links der Straße steht ein **Visitor Center,** Tel mobil 07990 74960, 06461 6523, tourism@rscn.org.jo, in dem man Wanderungen in der Reserve und Übernachtung in den Chalets buchen kann. Eintritt in die Reserve JD 1. Derzeit ist im Sommer nur der *Siq Trail* von 8-15 U offen (Ranger nicht erforderlich), Canyon und Malaqi Trail sind geschlossen. Von November bis April können der Ibex und der Dry Trail (nur mit Ranger) begangen werden.

### 🛏 Übernachten

- Rechts der Brücke, am nördlichen „Mündungsdelta" des Mujib ins Tote Meer, wurden 15 Chalets mit Bad und AC errichtet (unbedingt vorausbuchen, Tel mobil 079720388), Duschen am Strand, WiFi im Restaurant, wegen Einsamkeit und Ruhe (abgesehen von der Ufer-

*Wadi Mujib: „kleine" Menschen zwischen herrischen Felswänden*

*Wadi Nimrim; im oberen Bilddrittel ein eingeklemmter Felsblock
(durch schwarzgrauen Punkt im Foto markiert)*

straße) sehr empf und eigentlich den Luxushotels vorzuziehen, Lunchbox JD 5,50, Dinner JD 15, mF ......... E 64, D 75,40

Wem der Trubel an den nördlicheren Badesträndern zu viel ist oder es wird, kann sich hier in Abgeschiedenheit und bizarrer, vom Salzkristall-Strand geprägter Umgebung erholen.

Nach 4 km:
Rechts ein Parkplatz, am nördlichen Ufer große Salzkristalle, links auf dem Bergrücken eine Figur, die von den Einheimischen **Lot's Wife** genannt wird – nicht zu Unrecht.

18 km bis zur

## Halbinsel Lisan

Mit der am Ostrand sehr fruchtbaren Halbinsel Lisan ändert sich der Landschaftscharakter schlagartig: Die Berge treten in den Hintergrund, das flache Land fällt zum Strand hin ab und ist mit Bananenfeldern, Tomaten etc. kultiviert.

Auf der weiteren Strecke tauchen manchmal (sehr selten) Checkposts auf, denen man den Pass zeigen muss; also am besten bis Aqaba griffbereit halten.

7 km bis **El Mazraa**
Links **Abzweig**, 26 km nach *Kerak*.

Wer nicht nach Aqaba reist, muss sich die Serpentinen hinauf nach Kerak (Streckenbeschreibung s. S. 284) mühen und kann dort übernachten oder weiter nach Süden, z.B. nach Petra, oder aber zurück nach Amman fahren.

Etwa 1 km von der Kreuzung entfernt, liegt an der Straße nach Kerak die bronzezeitliche Siedlung **Bab el Dhra'a,** (s. S. 284).

Die Straße nach Süden verläuft jetzt durch ein industriell erschlossenes Gebiet, das gern als *Potash City* bezeichnet wird, wobei von "City" nicht die Rede sein kann.

Die Pottaschevorkommen – Kaliumkarbonat – dieser Gegend sind die zweitgrößten der Welt. In Verdunstungsbecken wird Pottasche aus dem Seewasser gewonnen. Kaliumkarbonat, das wichtigste Exportprodukt Jordaniens, dient zur Düngemittelherstellung. Nachteil des Gewinnungsprozesses ist der hohe Wasserverbrauch für die Verdunstung, der für etwa 20 Prozent des Absinkens des Meeresspiegels verantwortlich ist (jordanische und israelische Produktion).

13 km bis
Industrieanlage *Jordan Bromine Co.*

### **Wadi Araba

Das etwa 150 km lange und bis zu 30 km breite Wadi Araba zieht sich zwischen den Randgebirgen des Ostafrikanischen Grabenbruchs hin. Es ist Halbwüste, bestanden von Tamarisken und Schirmakazien; die westliche Hälfte gehört zu Israel und heißt dort *Arava*. Mal führt die Straße durch ödes, brettflaches Land, mal durch Sicheldünengebiet.

Ab der Halbinsel Lisan kehrt scheinbar Eintönigkeit ein. Doch das stimmt in Wirklichkeit nicht. Für Abwechslung sorgen eigentlich ständig die Gebirgsketten an den Seiten des Wadi Araba, die, je nach Sonnenstand und Weitsicht, immer wieder neue Bilder aufbauen. Aber auch direkt an der Straße tauchen häufig kleine Neuigkeiten auf, seien es Landgewinnungsprojekte, wo mit Grundwasser die Wüste in grünes Kulturland verwandelt wird, oder Beduinenzelte inmitten einsamer Wüste.

Eine abwechslungsreiche Strecke also, die außerdem wegen des geringen Verkehrs gutes Vorwärtskommen zulässt. Unterwegs gibt es zwei Tankstellen mit Raststätten und Polizei mit Radargeräten.

*Auf dem Weg von Petra zum Wadi Araba/Feynan*

### ***Wadi Nimrim** (auch *Numeira*)

Nach einer Steigung, an der rechts eine Einfahrt zur Fabrik, vermutlich zur Verwaltung, durch einen auffallenden, arabisch beschrifteten Torbogen markiert ist, folgt gleich eine Brücke (N31°7,989′ E35°31,604′). Dem Torbogen gegenüber liegt links (östlich der Straße) ein Geröllfeld, das mit Felsbrocken übersät ist und auf dem (häufig) Beduinenzelte stehen. Von der Brücke aus sieht man den schmalen Schluchteinschnitt des Wadi Nimrim in den senkrecht aufstrebenden Felsen.

Der Weg in die Schlucht ist durchaus spektakulär, wenn auch leider etwas vermüllt. Der eifrige Bach hat sich einen Weg durch Felsspalten gesucht, die zumindest anfangs auf wenige Meter aneinander rücken. Bald werden Sie einen Felsquader sehen, der sich beim Absturz zwischen den Schluchtwänden verfangen hat und dort wohl bis zum nächsten Erdbeben hängen wird.

Das Wadi verengt sich nach ca. 500 m wieder zu einer sehr schmalen und ca. 40 m hohen Schlucht, die wirklich sehenswert ist. Hier beginnt der interessanteste Teil. Weiter wadiaufwärts folgen „verspielte" Passagen des Wadis, das jetzt durch deutlich flachere Felsen mäandert. Es empfiehlt sich durchaus, 2-3 km weiterzugehen.

Der Trip ist nicht gefährlich. Gefahr kann nur dann drohen, wenn es weiter oben geregnet hat und eine plötzliche Sturzflut droht. Im Winter also nicht hineingehen. Wer gut aufpasst, wird Felszeichnungen entdecken können.

Ein Besuch lohnt sich in jedem Fall.

### 9 km bis **Abzweig**

Nördliche Zufahrt nach **Safi** und zur Höhle des Lot, nach 1,5 km steht zunächst links das **Visitor Center**. Es beherbergt auch das „Niedrigster-Ort-der-Erde-**Museum**", das einen Besuch wert ist (JoPa). Informative Tafeln beschreiben z.T. Funde über die Zeit vor 12 500 Jahren und z.B. aus der etwas rätselhaften Siedlung **Bab el Dhra'a** (s. S. 284). Natürlich geht es auch um die Funde aus Lot's Höhle, aber auch das heutige Leben des südlichen Ghor kommt nicht zu kurz.

Nun steil den Berg hinauf zu

## *Lot's Höhle *(Deir Ain Abata)*

**Hintergrund:** 1986 wurde von einer Höhle des Lot mit einem Kloster namens **Deir Ain Abata** in den Bergen von Safi berichtet, 1988 begannen Ausgrabungen eines britischen Teams, 1991 wurden Grundmauern einer Basilika mit Mosaikboden aus dem 7. Jh nC und dahinter schließlich auch der Eingang zu einer Höhle entdeckt. Bei den zahlreichen Funden kamen Zeugnisse von der Bronzezeit bis zu den Nabatäern zum Vorschein, unter anderem ein Stein mit der Inschrift 'St. Lot', der auf eine byzantinische Pilgerstätte deutet. (Jordanien lastige) Archäologen bzw. Historiker sind daher der Meinung, das biblische Sodom und Gomorrha habe hier gelegen; die Israelis reklamieren die Lage in ihrem Gebiet auf der Westseite des Toten Meeres.

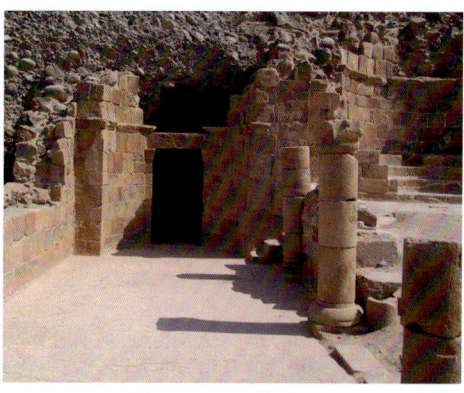

*Eingang zur Höhle des Lot*

Vermutlich glaubten die Pilger, dass sich Lot nach der Zerstörung von Sodom und Gomorrha hierher, in die natürliche Höhle, zurückgezogen hatte. Hier machten ihn seine beiden, nach der Zerstörung der sündigen Städte, überlebenden Töchter betrunken, damit er mit jeder von ihnen ein Kind zeuge – diese Söhne wurden die Stammväter der Ammoniter und Moabiter. Im 8. Jh wurde die Stätte aus unbekannten Gründen aufgegeben.

- Auf dem Parkplatz oben am Berg angekommen (JD 2 Eintritt), stehen dem Besucher noch 290 (ein Leser zählte nach) schweißtreibende Stufen bevor. Es ist erstaunlich, was hier am steilen Hang einschließlich Kirche und Zisterne gebaut wurde.

Nördlich der Kirche standen Pilgerunterkünfte und ein Kloster, südlich kann man ein Wassersammelsystem mit einer tiefen Zisterne erkennen. Die Kirche wird auch auf der Madaba-Karte erwähnt, ihre genaue Lage konnte aber erst mit dieser Grabung identifiziert werden.

Sehr schön ist der Blick über den von Bananenfeldern umgebenen Ort Safi, die Halbinsel Lisan und den Süden des Toten Meeres. Dieses Gebiet wird *südliches Ghor* – südliche Depression – genannt; sie liegt immer noch etwa 300 m unter dem Meeresspiegel.

In dieser Gegend beginnt/endet das **Wadi Araba** am Südzipfel des Toten Meeres.

1 km bis **Safi**

Der Ort ist Zentrum einer überaus fruchtbaren Region, mit sattgrünen Feldern inmitten kahler Wüstenberge.

Auf der Weiterfahrt begegnet man nun häufig den schweren Pottasche-Lkws, die ihre Fracht im Hafen von Aqaba abladen.

19 km: **Abzweig**

Links 26 km nach **Tafila**

Hier windet sich eine gut ausgebaute, kurvenreiche Straße durch eine bizarre Felslandschaft hinauf in die Berge, fast jeder Kilometer ein Erlebnis!

Bald nach diesem Abzweig verlässt man auf einer starken Steigung die Halbinsel Lisan. Beim Blick zurück von der Anhöhe fällt jetzt der Kontrast zwischen den grünen

Feldern am Rand der Halbinsel und der vorausliegenden Wüste umso mehr auf.
23 km: **Gwaibeh**, kleiner Ort
16 km: **Polizeikontrolle, Abzweig**

### ***Abstecher zum Wadi Feynan

Links nach *Qurayqira, Feynan Eco Lodge*. Der sehr lohnende Abstecher führt Richtung Osten zu uralten **Kupferverhüttungsstätten**.
8 km nach Verlassen der Araba-Straße: **Abzweig nach Petra**
Rechts führt eine relativ schmale und streckenweise sehr steile Asphaltstraße durch eine wilde Gebirgslandschaft nach Petra, dessen Eingang nach 40 km und 1000 m Höhenunterschied erreicht ist. Die enge Straße dürfte für größere Wohnmobile nur bergab zu befahren sein, Pkws schaffen beide Richtungen.
Nach 7 km: **Qurayqira**
Im Ort Schilder *Feynan Eco Lodge*

### ***Wadi Feynan** (auch *Finan*)

Nach 6 km links: „Reception Pavillon"
Hier wird man von einem Ranger empfangen, auf dem Parkplatz bleiben Autos ohne 4WD stehen und die Besucher steigen auf einen Pick-up, der sie ca. 8 km weiter zur Feynan Eco Lodge schaukelt (JD 12,50), die zur *Dana Nature Reserve* gehört (s. S. 290). Die Lodge dient auch als **Informationszentrum** und vermittelt Touren und Führer.

*Hintergrund: Das Wadi Feynan und seine Umgebung gehören zu den reichsten, schon sehr früh ausgebeuteten Kupfererzlagerstätten im Nahen Osten. Der Ostafrikanische Grabenbruch hatte hier das Erz angehoben und quasi freigelegt. Die Menschen mussten zunächst nur die herumliegenden, grün schimmernden Brocken sammeln, später folgten sie den grünen Steinen in den Berg hinein, mit Stollen und Gruben. Etwa 200 alte Bergwerke sind bekannt, auf 150 000 bis 200 000 Tonnen werden deren Schlackenhalden geschätzt. Spuren vieler Siedlungen und ein ausgeklügeltes Wasserversorgungssystem konnten nachgewiesen werden. Zusätzlich kam eine Gunst der Natur der Kupferindustrie und den Menschen äußerst gelegen: Hier fließt an 365 Tagen im Jahr Wasser aus den Bergen.*

*Amerikanische Archäologen entdeckten 2002 in der Siedlung Khirbet Hamra Ifdan am Wadi Fidan, westlich der Eco Lodge, eine Art Kupferverhüttungsfabrik, die durch ein Erdbeben schlagartig verschüttet worden war und, ähnlich Pompeji, den Augenblick der Katastrophe konserviert hatte – vor 4700 Jahren. Viele Schmelztiegel, Gussformen für Kupfer und Werkzeuge blieben so erhalten, als ob sie am Tag zuvor aus der Hand gelegt worden wären.*

*Durch Radiokarbon-Datierung lässt sich nachweisen, dass im Feynan Distrikt über einen Zeitraum von ca. 10 000 Jahren Kupfererz gewonnen wurde. Doch erst im 4. Jahrtausend vC begann in der Gegend des heutigen Beersheba in Israel die Verhüttung; bis dahin hatte man das grünliche Erz zu Schmuck verarbeitet. Die Technik verbreitete sich bald, und so wurden auch in Feynan Schmelzöfen angelegt und sowohl handliche Kupferbarren als auch Fertigprodukte hergestellt.*

*Mit Unterbrechungen wurde hier Kupfer bis in moderne Zeiten abgebaut, 1989 stellte das letzte Bergwerk den Betrieb ein. Schriftlich wurde Feynan zum ersten Mal unter dem ägyptischen Pharao Ramses II (1279-1212) erwähnt. Die Römer verbannten frühe Christen in die Minen, von denen viele wegen der furchtbaren Arbeitsbedingungen umkamen, wie zeitgenössische Quellen berichten. Während der byzantinischen Epoche lag die Hauptsiedlung am Wadi Ghuwayr (Gwer gesprochen), siehe weiter unten. Auch heute leben noch Beduinen in der Umgebung, wie man an den Zelten und Was-*

*serleitungen aus dem Wadi Ghuwayr bei der Anfahrt zur Lodge erkennt.*

**Besichtigung:** Die Feynan Eco Lodge wurde erst 2006 am Ausgang des Wadi Dana (siehe auch S. 290) errichtet, vor herrlicher und herrischer Berglandschaft. Von hier aus kann man bei einem etwa 2-3-Stunden-Marsch (oder einem Pick-up-Trip) zwei alte **Kupferminen** und Verhüttungsreste besichtigen. Der ältere Stollen aus der Bronzezeit wurde mit einem Belüftungsschacht angelegt, der in 12 m Tiefe auf den Arbeitsschacht trifft. Dieser ist angeblich so breit und hoch, dass auch Arbeitstiere dort unten eingesetzt werden konnten. Eine Mine aus der Römerzeit besteht aus drei Einstiegslöchern, die sich unten auf der Arbeitsebene treffen.

Am Weg von dem „Reception Pavillon" zur Lodge kommt man an Ruinen von **Khirbet Feynan** aus byzantinischer Zeit vorbei, z.T. einem großen Trümmerhaufen aus behauenem Sandstein. Besser zu erkennen sind die Ruinen einer Kirche und die eines angeblichen Klosters. Noch besser ist auf der anderen Seite des Wadis eine römische Weizenmühle erhalten, erkennbar an einem gemauerten 4 m hohen Turm, durch den Wasser floss, das dann unten ein Mühlrad antrieb. Gespeist wurde die Mühle aus einem fast ungewöhnlich großen Wasserbecken, mit Einstieg und einem Vorfilterbecken vor dem Zulauf.

Man sollte auch flussaufwärts ins **Wadi Ghuwayr** gehen oder fahren, zumindest bis es aus den Bergen austritt. Es führt ständig Wasser, seine Ufer sind hier mit üppigen Oleanderbüschen gesäumt. Doch für Trekking-Menschen bietet sich ein spannender Trip durchs gesamte Tal an: Wenn man im südlichen Dana Reserve Gebiet startet, ist man einen ganzen Tag lang durch das Wadi bis hierher unterwegs, watet hüft- oder brusthoch durchs Wasser, klettert über Felsen, passiert fast schulterenge Schluchten und rastet unter schattigen Palmen (Wer www.terhaal.com/jordan/adventure/camp-hike/camp-hike.asp anklickt und sich die Fotos anschaut, möchte sofort aufbrechen – das ist keine bestellte Werbung!).

*Einstiegslöcher einer Kupfermine aus der Römerzeit*

### Übernachten

- **WADI FEYNAN ECO LODGE**, Tel 06464 5580, mobil 078 7777 260, reservations.feynani@ecohotelsjordan.com, www.ecohotelsjordan.com; architektonisch angepasstes Gebäude mit 26 gut eingerichteten Doppelzimmern, liegt einsam am Ausgang des Wadi Dana, Restaurant, Café, Dachterrasse und Konferenzraum, Elektrizität durch Solar, mF ................. E 75-100, D 85-110

Die Lodge gehörte bei einer Untersuchung von National Geographic 2008 zu den 50 besten Ecohotels weltweit.

■ **WADI GHUWAYR CAMP**, nahe der Mündung des Wadi Ghuwayr ins Wadi Dana, sehr einsam, viel Natur, bei unserer Recherche war das Camp im Aufbau, Steinhütten sollen JD 30 kosten

**Zurück zur Wadi-Araba-Straße**

20 km: **Tankstelle Bir Madkur** mit Raststätte

4 km: **Bir Madkur**, ein kleiner Ort mit ausgedehnten, überraschend grünen Feldern. Etwa 11 km östlich, am Fuß der Berge, stehen die Reste eines nabatäischen Forts, denn hier begann früher der Aufstieg nach Petra vom Wadi Araba her.

18 km: **Abzweig**, links nach **Dilaga**

12 km: **Risha**, im Ort kleines Restaurant

14 km: **Abzweig**, links nach **Gharandal**

Die hier abzweigende, sehr ausgefahrene Asphaltstraße endet in einem Militärlager am Fuß der Berge. Ein Leser schreibt (2014):

*„Zwischen Gharandal, Wadi Araba, und der King's Road bei Rajif gibt es jetzt eine durchgehende 41 km lange, schmale, kurvenreiche, aber wenig befahrene Straßenverbindung, die im ersten und letzten Viertel neu geteert ist, im mittleren Teil aber viele Schlaglöcher und keine Fahrbahnbegrenzung aufweist. Für PKWs gut zu befahren mit spektakulären Ausblicken."*

Kurz nach dem Abzweig steht rechts eine Pagode, die von koreanischen Straßenbauern hinterlassen wurde.

Wenige Kilometer zuvor hat man die Senke des Toten Meers verlassen und wieder Meereshöhe erreicht; in umgekehrter Fahrtrichtung beginnt also der fast unmerkliche Abstieg zum tiefstgelegenen See der Erde.

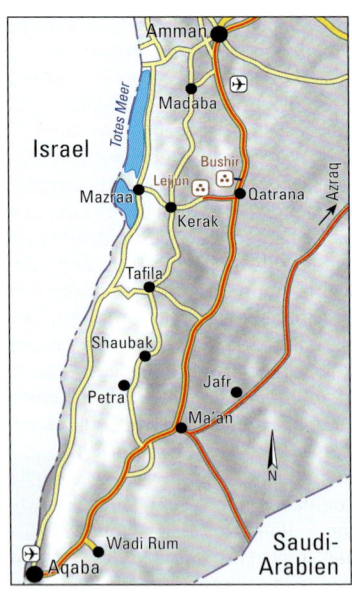

22 km: **Tankstelle** mit Raststelle, ausgedehntes landwirtschaftliches Gebiet

31 km: **Zollstation**

8 km: rechts **Flughafen**

5 km: **Abzweig**, rechts Richtung Grenzübergang Elat/Israel.

**Aqaba**

Die Stadt am Roten Meer ist erreicht, deren Beschreibung finden Sie ab S. 382.

## Amman – Aqaba auf dem Desert Highway

Der stark frequentierte **Desert Highway** (Vorsicht, Radarkontrollen) von Amman nach Aqaba (310 km) stellt die schnellste, aber auch eine langweiligere und gefährlichere (starker Lkw-Verkehr) Strecke als die landschaftlich und historisch interessante King's Road dar. Andererseits ist die Königsstraße, die sich durch jedes Wadi winden und um jeden Hügel herumführen muss, langsam und etwas mühseliger zu fahren. Wenn Sie keinen Wert auf vierspurigen Ausbau legen und dennoch schnell nach Aqaba kommen wollen, bietet sich von Amman

> **Sehenswertes**
>
> **\*\*Qasr Bushir**, römisches Subkastell, abseits in der Wüste gelegen, S. 319
> **Lejjun**, römisches Hauptlager am Limes, S. 320
> **Ma'an**, kleine, untouristisches Stadt am Rand der Wüste, S. 321

aus die Reise zum Toten Meer an, dann an dessen Ostküste und durch das Wadi Araba nach Süden; Aqaba liegt auf dieser Route ca. 320 km entfernt und ist nahezu ähnlich schnell erreichbar.

Der Desert Highway folgt mehr oder weniger zwei historischen Routen: zum einen dem Verlauf des römischen Limes, zum anderen dem mühseligen Weg der Pilgerroute nach Mekka, wenn sie nicht die King's Road vorgezogen hatten. Wenn Sie unterwegs auf der Autobahn die Langeweile plagt, versuchen Sie, sich einfach die Mühsal und Gefahren vorzustellen, die Ihre einstigen "Vorgänger" auf dieser Strecke zu bewältigen hatten: z.B. kein Wasser, weil die Brunnen von Beduinen vergiftet oder zugeschüttet worden waren, Beduinenüberfälle, wenig zu essen, wundgelaufene Füße, Krankheiten etc.

Der Desert Highway ist auch die Rennstrecke der **Busse/Minibusse/Servies-Taxis**, die Amman mit Kerak, Petra und Aqaba nahezu nonstop verbinden. Daher ist es schwierig, der King's Road per Bus zu folgen. Man kann immer nur von größerer zu größerer Stadt vorwärtskommen und muss unterwegs jeweils auf den nächsten Anschluss warten.

Verlassen Sie Amman, am Flughafen vorbei, nach Süden. 30 km nach dem Queen Alia Airport werden Sie an einer Abfahrt vorbeikommen, die *Umm er Rasas* bzw. *Dhiban* ausgeschildert ist (nicht von Süden lesbar!). Es ist durchaus eine Überlegung wert, die etwa 15 km entfernte historische Stätte von hier aus zu besuchen, wenn man es von der King's Road nicht tat oder nicht vorhatte. Nach weiteren knapp 30 km ist **Qatrana** erreicht. Dort führt die Autobahn direkt (rechter Hand) an der **osmanischen Festung** und Zisterne vorbei, fast am Ortsende zweigt rechts eine Zufahrt ab. Beim Besuch überrascht, wie klein doch die Anlage war, abgesehen vom großen Wasserbecken.

Kurz vor Qatrana bietet sich für den Interessierten ein Abstecher zu einem der besterhaltenen römischen Subkastelle des östlichen Limes an:

## *Qasr Bushir

Die Strecke ist per Pkw befahrbar, wenn man Weichsandstellen und größeren Stein- oder Felsbrocken ausweicht. In jedem Fall sollte genug Trinkwasser an Bord sein. Falls Sie unterwegs jemanden treffen, den Sie fragen können oder wollen, dann ist Ihr Ziel unter dem Namen *Birka* bei den Beduinen eher bekannt.

Etwa 600 m nördlich vom Resthouse PETRA, also in Richtung Amman, führt eine schmale asphaltierte Straße schnurgerade nach Westen in die Wüste. Man folgt der Straße und sieht bald rechts das Kastell liegen. Etwa 12 km vom Highway entfernt, erscheint rechts der Straße ein Steinhaufen aus römischen Mauersteinen; kurz davor zweigt nach rechts eine Piste in nördlicher Richtung zum Kastell ab, die gut zu fahren ist. Sie können hier auch das Auto stehen lassen und zum etwa 2,5 km entfernten Kastell wandern.

Man erreicht zunächst das im Wadi gelegene große römische Wasserreservoir mit Abmessungen von 64 x 68 m und einem Fassungsvermögen von rund 10 000 Kubikmetern. Diese Zisterne wurde zur Versorgung der Tiere und Felder genutzt. Die Soldaten im Kastell verfügten über eigene Zisternen im In-

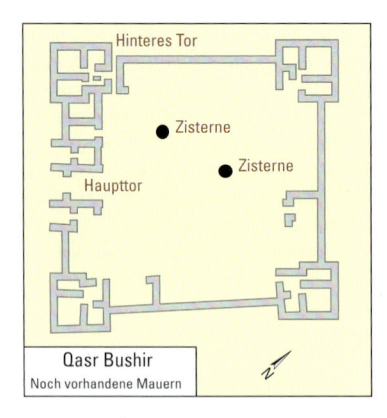

**Qasr Bushir** — Diagram labels: Hinteres Tor, Zisterne, Zisterne, Haupttor, Noch vorhandene Mauern

neren und direkt außerhalb der Mauern. Wenn man sich hier Zeit lässt und erlebt, wie Beduinen ihre Herden tränken, scheint die Zeit seit Jahrtausenden stehen geblieben zu sein.

Von hier aus geht man am besten zu Fuß oder legt per Auto einen weiten Bogen nach Westen ein, um das Wadi zu queren. Das in seiner Wüsteneinsamkeit gelegene eindrucksvolle Kastell (N31°20,23′ E34°58,86`) gehörte in die Kette von "Sub-Befestigungen", die alle 20 bis 30 km entlang des Limes angelegt worden waren und von den Hauptlagern wie Lejjun versorgt wurden. Das nahezu quadratische Bauwerk wurde durch vier Ecktürme verstärkt, von denen aus Zugang zu den Räumen bestand.

Man betritt die Anlage durch den Haupteingang im Südwesten und kommt in einen großen Innenhof. Die Räume an den Seitenwänden waren bzw. sind zweistöckig angelegt; vermutlich dienten die oberen Räume als Kaserne, die erdgleichen als Stallungen. Die Ecktürme wiesen drei Stockwerke auf, im Nordturm ist das Treppenhaus noch begehbar. Mutige, die nach oben klettern (das ist keine Empfehlung), sehen von dort weit über die hügelige Wüstensteppe und erkennen auf den Kuppen im Norden und Süden die Steinhaufen, die von den römischen Relais-Wachtürmen übrig geblieben sind.

Obwohl es sich um das besterhaltene Kastell Jordaniens handelt, steht man eigentlich vor einem ziemlichen Trümmerfeld, das scheinbar erst gestern von einem Erdbeben erzeugt wurde; hier hat noch niemand restauriert. Der Ausflug lohnt sich eigentlich nur für Limesfans oder als Ausrede für Offroader, die Auslauf brauchen. Immerhin wird einem in dieser einsamen Gegend die Dimension des römischen Reiches so wirklich bewusst – schließlich verlief der nördliche Limes quer durch Deutschland und England.

Die einfachere Übung zum Kennenlernen von römischen Grenzbefestigungen ist der Abstecher 2 km südlich von Qatrana: Biegen Sie hier rechts auf die Asphaltstraße Richtung Kerak ab.

Nach 18 km: **Abzweig**, rechts 3 km nach

## Lejjun (auch *Lajun*)

Es handelt sich um eines der beiden Hauptlager des römischen Limes, der hier die Ostgrenze des Römischen Reiches befestigte. Das andere, heute stark zerstörte Hauptlager lag bei Odruh, östlich von Wadi Musa.

Kurz vor dem Fort sieht man links, auf einem Hügelrücken, eine osmanische Kaserne, die zum großen Teil aus den Steinen des römischen Lagers gebaut wurde. Dieses aber liegt rechts am Wadi, neben einer neu gebauten, hausartigen Moschee. Konnte man in Bushir noch das Kastell mit etwas Fantasie „nachbauen", so muss man hier zweimal hinschauen, um die Trümmerlandschaft zu erkennen (wir sind bei der ersten Suche dran vorbeigefahren).

Das aus dem 3. Jh nC stammende Lager, in dem einst drei Kohorten mit insgesamt 1500 Mann stationiert waren, wurde durch ein Erdbeben 551 stark zerstört. Bei genauem Hinschauen kann man heute noch Grundmauern ausmachen, besonders die Gründungen der im Rechteck angelegten Außenmauern mit vier Ecktürmen. Die nordwestliche Ecke scheint noch am besten erhalten zu sein. Im 5. Jh wurde eine Kirche innerhalb der Mauern errichtet. Im Wadi konnten ein Damm und Teiche sowie drei Wassermühlen nachgewiesen werden.

**Zurück zum Desert Highway**
Nach etwa 97 km kann man an der Ausfahrt Shaubak nach Westen abbiegen, die Festung besuchen und dann nach Petra weiterfahren. Oder, besser noch, ein Stück zuvor auf einer neuen, für das Zementwerk gebauten Schnellstraße nach Dana abzweigen.

Die direktere Verbindung über Adruh nach Petra bietet das 33 km weiter südlich gelegene

## Ma'an

Ma'an gehört schon seit Jahrhunderten zu den wichtigsten Verkehrsknotenpunkten im Süden. Fast alle öffentlichen Verkehrsmittel legen einen Stopp hier ein. Denn an diesem Platz steigt um, wer vom oder zum Desert Highway, von oder nach Wadi Musa/Petra, Shaubak, Tafila oder Kerak reisen will. Außerdem zählt(e) es zu den wichtigen Stationen für Mekkapilger aus Syrien und Jordanien.

35 000 Menschen leben in der Kleinstadt in der Wüste, die immer noch die zweitgrößte nach Aqaba im südlichen Jordanien und der Sitz der Regionalverwaltung, z.B. auch für Petra zuständig, und einer Universität ist. An Touristen denkt hier allerdings weit und breit niemand. Die Hotels sind äußerst bescheiden, die Restaurants stimmen ihre Küche auf die Einheimischen ab.

Wer essen oder übernachten will, nimmt auf dem Highway die erste Abfahrt in die Stadt, eine Schnellstraße, die durch die Peripherie führt. Nach etwa 2 km mündet links, in einer Art Straßendreieck mit Büschen und einer Art Torbogen, die King Hussein St ein, die ins Zentrum und, auf der anderen Seite, zur Universität führt. Direkt im Zentrum – in der Nähe des Telefon-Sendemastes – rauchen auf der linken Straßenseite einige Grillschornsteine. Dort kann man, vielleicht ein bisschen zur Verwunderung der Einheimischen, seinen Hunger gut stillen.

In den Seitenstraßen der Stadt weichen die Reste der ehemaligen Lehmziegelhäuser den Betonbauten – wer noch die alte Architektur im Bild festhalten will, findet hier eventuell Motive. Aus der Vergangenheit blieben spärliche Ruinen eines römischen Forts (im 20 km entfernten Udruh) und ein osmanisches Pilgerfort erhalten, in dem aber heute die Polizei residiert.

Aus jüngerer Zeit steht direkt am Bahnhof noch ein eher bescheidenes Haus von König Abdullah I, ziemlich weit außerhalb im Südosten, das als sein „Palast" ausgeschildert ist. Außer dessen Bescheidenheit gibt es nichts zu sehen.

### ➡ Praktische Informationen

#### 🚌 Busverbindungen
**(2020 nicht aktualisiert)**
Die Busstation liegt im Zentrum ganz in der Nähe der erwähnten Sendemasten. Folgende Abfahrten können nützlich sein:
- **Amman**/Wahadat ab 6 U 10 Busse,
- **Aqaba** ab 6.30 U 7 Busse
- **Kerak** ab 9 U 3 Busse
- **Petra** (Wadi Musa) ab 7 U 5 Busse

#### 🛏 Übernachten
(nicht aktualisiert)

- **KRISHAN**, in der Nähe der Busstation, Tel mobil 0777 915378, Besitzer spricht holprig Englisch, keine Heizung, äußerst einfach, mäßig sauber
- **SHUWAIKH**, fast am südlichen Ende der stadtinternen Durchgangsstraße nach

Aqaba, Tel 03 213 2428, sauber, alle Zimmer mit Bad

**Weiter auf dem Desert Highway**
65 km bis
**Rajib Junction**
Hier, in der Gegend von **Ras en Naqb**, zweigt rechts die übliche Straße für aus Aqaba Kommende nach Petra ab. In Richtung Süden windet sich die Autobahn in einigen Kehren und Steilstrecken aus dem Hochland hinunter. Wenn Sie Zeit haben, sollten Sie den auf S. 366 beschriebenen Umweg über Ras en Naqb einlegen, um die herrliche Aussicht zu genießen. Die Autobahn führt dann auf einem Hochplateau weiter. Das Wadi Rum (s. S. 367) links liegen lassend, erreicht man – 110 km nach Ma'an – schließlich Aqaba (s. S. 382).

## Azraq – Ma'an: ein dritter, seltener Weg in den Süden

Von Azraq zweigt eine Straße nach Süden ab, die sich bald wiederum nach Saudi-Arabien und nach Ma'an verzweigt. Diese einsame, weit im Osten verlaufende und touristisch weitgehend uninteressante Straße übt wegen ihrer Eintönigkeit dennoch einen gewissen Reiz aus. Die Wüste breitet sich rechts und links der Straße über weite Strecken brettflach aus. Den braunen Sanduntergrund bedeckt eine dünne Schicht schwarzer Steine, die dem Landschaftseindruck etwas Abwechslung verleiht, weil diese Decke immer mal aufreißt oder die braunen Abhänge vereinzelter Zeugenberge farblich umso stärker hervortreten.

Aus dieser Wüste scheint sich alles Leben verflüchtigt zu haben; ganz selten stehen ein paar Büsche in Senken, aber es sind keine typischen Wüstengewächse wie Tamarisken oder Kameldorn zu sehen. An beiden Straßenrändern kümmert etwas Grün dahin, das sich vermutlich vom nächtlich an die Straßenränder abfließenden Tau am Leben erhält. Manchmal spiegelt eine Fata Morgana einen entfernten See vor.

Die meist schnurgerade Straße, deren jeweils nächste Kurve mit dem Fernglas gesucht werden muss, lässt sich auch als Übungsstrecke für Selbstdisziplin betrachten: Ständig ist man versucht, die 90 km/h Grenze zu überschreiten – Polizei ist weit und breit nicht in Sicht, und bei den paar Fahrzeugen, in der Majorität schwer beladene Lkws, lohnt sich die Überwachung wohl auch nicht. Um der Abwechslung willen beginnt man, sich selbst zu vergessen und das Spiel mit der Tachonadel zu treiben. Doch auch die Straßenbauer haben mitgedacht und an beiden Seiten der Betonstraße Schwellen eingebaut, die beim Überfahren so viel Lärm erzeugen, dass auch Tiefstschläfer aufschrecken.

Von der Ampelkreuzung in Azraq zweigt bei km 23 links eine Straße nach Saudi Arabien, bei km 70 rechts eine Straße Richtung Qasr el Tuba ab (links Tankstelle). Bei km 132 lädt ein Rasthaus mit Tankstelle zur Pause ein, bei km 200 liegt rechts der kleine Wüstenort *Jafr*, der durch eine in der Nähe sich ausbreitende Salzebene bekannt wurde, auf der Geschwindigkeitsweltrekord-Versuche angestellt wurden.

Bei km 249 kann man erneut nach Südosten, nach Mudawara und zur saudiarabischen Grenzstation abzweigen. Zu sehen gibt es auf dieser Strecke außer Wüste und einem einsam-verlassenen Hejaz-Bahnhof nicht viel; es sei denn, man will von Mudawara aus von Osten her ins Wadi Rum vordringen. Dann ist allerdings Allrad vonnöten, begleitet von einem lokalen Führer, der sich gut auskennen muss. 3 km nach dem vorigen Abzweig stößt man auf einen Circle, von dem es rechts ab nach Ma'an geht; geradeaus weiter erreicht man nach 10 km den Desert Highway.

# Petra, Hauptstadt der Nabatäer

8

## Gut zu wissen

Zum besseren Verständnis der Ortslage muss gesagt werden, dass *Petra* als Ort im Sinne einer Verwaltungseinheit gar nicht existiert, sondern nur als ortsähnliche, große Ruinenstadt (die 900 m über dem Meeresspiegel liegt). Petra ist das antike Anhängsel an den Ort **Wadi Musa**, in dem alle notwendige In-

*Ed Deir: nach dem (nicht erreichten) Vorbild Khazne Faraun aus dem vollen Fels gehauen*

## 8 – Die Nabatäerstadt Petra

| Kurzinhalt dieses Kapitels | |
|---|---:|
| | Seite |
| Eintrittspreise | 330 |
| Was den Besucher erwartet | 331 |
| Plan von Petra | 329 |
| Verkehrsmittel | 332 |
| **Besichtigungsmodule:** | |
| A) Standardbesichtigung | 334 |
| B) Großer Opferplatz | 344 |
| C) El Habis und Wadi Syagh | 347 |
| D) Ed Deir | 347 |
| E) Wadi Muthim | 349 |
| F) El Khubtha | 350 |
| G) Umm el Biyara, Jebel Haroun | 351 |
| H) El Wueira, El Barid, El Beidha | 353 |
| Straße ins Wadi Araba | 356 |
| Petra bei Nacht | 355 |
| Praktische Informationen | 356 |
| Essen & Trinken | 358 |
| Übernachten | 359 |

frastruktur besteht, um die Ruinenstätte aus touristischer Sicht betreiben zu können. Fast jeder Besucher Petras betritt die Region praktisch an der Mosesquelle *(Musa)*, in 1350 m Höhe, die dem Ort den Namen gab.

Der Moses-Bach, der von Alters her auch Petra mit Wasser versorgt, entspringt neben dem MUSA SPRING HOTEL (s. S. 359).<GT> Sein Quellbereich wurde 1987 mit einem Kuppelbau überdeckt; links neben der klaren, gut schmeckenden Quelle liegt der Stein, auf den Moses geschlagen haben soll, um hier Wasser fließen zu lassen. Nicht zuletzt wegen dieser nicht versiegenden Quelle war das Wadi schon lange vor den Nabatäern besiedelt, bereits die Edomiter sind nachweisbar. Die modernen Häuser und Hotels stehen zum Teil auf nabatäischen Grundmauern.

Bereits vom oberen Wadi Musa aus sind die Gebirgsstöcke zu erkennen, die das eigentliche Ziel, die Nabatäer-Königsstadt, verdecken. Die Straße fällt steil hinunter in den Ortskern von Wadi Musa und endet am Visitor Center von Petra (etwa 1000 m Höhe). Das berühmteste historische Denkmal Jordaniens liegt, geheimnisvoll verborgen, inmitten einer bizarren Felslandschaft. Hier am Visitor Center kauft sich der Besucher mit der Eintrittskarte sozusagen den Schlüssel zum Geheimnis, muss aber noch eine ganze Weile laufen, bis sich die – unsichtbare – Tür öffnet und er, schier geblendet, mit der Khazne Faraun gleich die größte Attraktion zu Gesicht bekommt.

In einer 2005 begonnenen Internetwahl über das Kulturerbe der Menschheit sollten die modernen *Sieben Weltwunder* ermittelt werden. Von insgesamt 100 Mio Stimmen fielen auf Petra ca. 22 Mio. Die **Neuen Sieben Weltwunder** wurden 2007 in Zürich vorgestellt: Neben **Petra**, das schon seit 1985 auf der UNESCO-Weltkulturerbe-Liste steht, kamen das Kolosseum in Rom, Chichen Itza in Mexiko, die Chinesische Mauer, die Christusstatue in Rio de Janeiro, Machu Picchu in Peru und das Taj Mahal in Agra in den Kreis der Weltwunder.

## Die Nabatäer – ein erstaunliches Volk

In Ergänzung der Ausführungen zur Geschichte der Nabatäer in Kapitel 3 (s. S. 78) wollen wir hier etwas tiefer auf das erstaunliche Volk eingehen, das ohne Petra und ein paar andere Stätten, wie so viele andere Beduinenstämme historisch nicht in Erscheinung getreten wäre. Dass wir im Laufe der folgenden Betrachtungen einige Angaben wiederholen, soll der Anschaulichkeit dienen; denn in Petra steigt die Neugierde auf die Menschen, die das heutige Weltkulturerbe schufen.

*Hintergrund*: *Die Nabatäer – ein semitischer Nomadenstamm – tauchen 312 vC*

## Sehenswertes

**\*\*\*\*Siq,** faszinierende, sehr enge Schlucht, die nach Petra führt, S. 334
**\*\*\*\*Khazne Faraun,** das schönste Felsbauwerk Petras mit wohlausgewogenen Proportionen und vergleichsweise zarten Stilelementen, S. 336
**\*\*\*\*Königswand,** großartige Gräberfassaden hochgestellter Persönlichkeiten, S. 342
**\*\*\*\*Ed Deir,** hochgelegener, der Khazne Faraun ähnlicher Tempel, über steilen Weg zu erreichen, S. 347
**\*\*\*Byzantinische Kirche,** hervorragende Mosaike, S. 341
**\*\*\*Großer Opferplatz und östliche Farasa-Schlucht,** hochgelegener sakraler Platz mit gutem Ausblick, interessante Relikte in der Schlucht, S. 344
**\*\*\*Qasr el Bint,** nabatäischer Haupttempel Petras, von den Ausmaßen her das beeindruckenste Gebäude, S. 340
**\*\*\*Großer Tempel,** auch in Ruinen beeindruckender römischer Tempel, direkt am Cardo Maximus, S. 339
**\*\*\*Römisches Theater,** in eine Felswand integriert, imposant, S. 338
**\*\*\*Äußerer Siq,** vielfältige Fassaden der Zinnengräber und Theaternekropole, S. 338
**\*\*Petra by Night,** im Kerzenschein durch den Siq, Beduinenmusik vor der Khazne Faraun, ein stimmungsvolles Erlebnis, S. 355
**\*\*El Khubtha,** der Gebirgsstock rechts des Siq kann auf Treppen bestiegen werden und bietet herrliche Aussicht, besonders auf die Khazne Faraun, S. 350
**\*El Barid,** Vorort oder Mini-Petra mit einem kleinen Siq, Tempelfassade mit Freskenfragmenten, etwa 9 km entfernt, S. 353
**\*El Habis,** Hügel mit Kreuzritterburg-Ruinen und schöner Aussicht, S. 347
**\*Jebel Haroun,** höchster Berg Petras mit Haroun-Moschee, etwas schwierig zu erreichen, S. 351

zum ersten Mal nachweisbar aus dem Dunkel der Geschichte auf und werden 328 nC zum letzten Mal erwähnt. Woher sie kamen, darüber gibt es nur Spekulationen; ihr Einmarsch in die Geschichte erfolgte wie ein Paukenschlag. Der Historiker Diodorus berichtet, dass 312 vC ein griechisches Heer von 4600 Mann gegen die Nabatäer anrückte. Es wurde aber so fürchterlich geschlagen, dass nur 60 Soldaten zurückkehrten.

Zu jener Zeit lebten die Nabatäer noch eher beduinisch, allerdings auch schon von der Kontrolle der Weihrauchstraße und der Asphaltgewinnung aus dem Toten Meer. Sie hatten Petra als ihre Hauptstadt auserkoren, nicht zuletzt, weil sie zwischen Felsschluchten fast uneinnehmbar geschützt war, durch die nicht versiegende Quelle Ain Musa inmitten wüstenhafter Landschaft über ausreichend Wasser verfügte und zudem günstig in Bezug auf die Handelswege lag. Um die Zeitenwende wurden die Nabatäer als fest siedelndes, sehr wohlhabendes Volk geschildert, das inzwischen auch Landwirtschaft betrieb. In Petra lebten zu jener Zeit etwa 2000 Menschen. Laut Geschichtsschreiber Strabo wurde derjenige bestraft, der sein Vermögen verminderte; was die wirtschaftliche Ausrichtung der Nabatäer unterstreicht. Mit Aretas I hatte um 169 vC der erste bekannte Nabatäer-König die Macht übernommen; ihm folgten bis 106 nC zehn Herrscher, deren letzter Rabel II war. Er war bereits von Rom abhängig; schließlich ging im Jahr 106 nC das Nabatäerreich endgültig in der Arabischen Provinz Roms auf.

Doch der geschichtliche Weg Nabatäas verlief nicht geradlinig, sondern war wie üblich mit Erfolgen und Niederlagen ge-

## 8 – Die Nabatäerstadt Petra

| Nabatäische Könige | |
|---|---|
| Aretas I | um 169 vC |
| Aretas II | ca. 120/110 – 96 vC |
| Obodas I | ca. 96 – 87 vC |
| Rabel I | ca. 87 vC |
| Aretas III | 87 – 62 vC |
| Obodas II | 62 – 60 vC |
| Malichus I | 60 – 30 vC |
| Obodas III | 30 – 9 vC |
| Aretas IV | 9 vC – 40 nC |
| Malichus II | 40 – 70 nC |
| Rabel II | 70 – 106 nC |

spickt. Die Ptolemäer, die Nachfahren Alexanders des Großen, gingen militärisch immer mal wieder gegen die Händler vor und versuchten zusätzlich, ihnen ihre Handelsrouten abzunehmen oder zu untergraben. So ließ Ptolemäus II, der 285-246 vC regierte, einen Kanal vom Roten Meer zum Nil bauen und südlich vom nabatäischen Hafen Wejh, an der arabischen Rotmeer-Küste, einen eigenen Handelshafen errichten, um den Land- durch Seetransport zu ersetzen.

Im 1. Jh vC gab es Ärger von Seiten der jüdischen Hasmonäer, die den Handelshafen Gaza einnahmen, und außerdem von den Seleukiden, die sich von Norden her anschickten, die Damaskus-Handelsroute unter ihre Kontrolle zu bringen. Die Herausforderungen fielen in die Blütezeit Nabatäas, sowohl die Seleukiden als auch die Hasmonäer wurden geschlagen. Auch unter den Augen Roms, das inzwischen als Großmacht in Palästina auftrat, hielten die Streitereien an, unter anderem auch mit Herodes dem Großen, der sich erfolgreich in Machärus und Madaba festsetzte. Mit Diplomatie, Verschlagenheit und Tricks versuchten die Händler gegen Rom zu bestehen. Als sie z.B. ein Eroberungsheer von Kaiser Augustus in die Weihrauchländer – die Quelle ihres Einkommens – führen sollten, umging der raffinierte Nabatäer-Führer die Oase Yathrib (heute Medina) und ließ die Truppe sechs Monate durch die Wüste ihrem Ziel entgegen marschieren. Dort angekommen, waren die Mannschaften so entkräftet, dass sich der Feldzug als Fehlschlag erwies – die Nabatäer aber weiterhin ‚Arabia Felix' handelsmäßig kontrollierten.

Die Römer setzten schließlich auf den Wasserweg. Sie lernten, die Tücken des gefürchteten Roten Meeres durch bessere Navigation zu beherrschen. Den Nabatäern entglitt das Handelsmonopol, ihr letzter König, Rabel II, stellte die Weichen für die Zukunft in Richtung Landwirtschaft – sicher nicht ohne landesweite "Umschulungsmaßnahmen". Die Integration des nabatäischen Reiches in die römische Provinz Arabia scheint daher relativ reibungslos abgelaufen zu sein. Wahrscheinlich sahen die pragmatischen Exhändler, dass es für sie unter der neuen politischen Konstellation kaum eine bessere Lösung gab. Die Staatsform des Händlervolkes ist recht erstaunlich: Sie errichteten einen "Karawanenstaat", d.h. ihre politischen Interessen bezogen sich auf den Handel und die Sicherung der Handelswege. Um die Zeitenwende erstreckte sich ihr Einflussbereich von Damaskus im Nordosten bis in die Gegend des heutigen Medina im Süden, und im Westen bis ans ägyptisch-ptolemäische Reich auf dem Sinai. Speziell auf der Arabischen Halbinsel kontrollierten sie die wichtigen und gewinnbringenden Handelsrouten, auf denen, von Weihrauch und Myrrhe über Gewürze bis hin zu chinesischer Seide, die begehrten Luxusartikel der damaligen Zeit transportiert wurden. Ihr Geschäftskonzept war einfach: Durch eine nahezu wasserdichte Abschottung hielten sie die Erzeuger und deren Kunden strikt voneinander getrennt; die Handelsspanne zwischen beiden bestimmten allein sie.

Allem Anschein nach hatten die Nabatäer eine gute, ja sogar fast glückliche Symbiose gefunden: Da sie nicht oder nur wenig

## Die Gewürzstraße von Petra nach Gaza

Etwa im 4. Jh vC begannen die Nabatäer, sich in den Transport von Gewürzen und Weihrauch aus Somalia, Indien und der Arabischen Halbinsel ans Mittelmeer einzuschalten. Bald schon brachten sie den Gewürzhandel ganz in ihre Hände, er bildete die Grundlage für den legendären Reichtum dieses arabischen Nomadenstammes. Nachdem die Waren in der Oase Hegra übernommen worden waren und im sicheren "Hafen" von Petra eintrafen, wurden sie über Avdat im Negev nach Gaza an der Mittelmeerküste weitertransportiert und verschifft. Im Lauf der Zeit befestigten die Nabatäer die Route mehr und mehr, teilweise sogar mit Pflastersteinen belegt und mit Meilensteinen markiert. Diese Aktivitäten fanden vor allem in der Zeit statt, als die Nabatäer mit den Römern in Kontakt beziehungsweise zunehmend unter deren Einfluss gerieten. Der Straßenausbau geht wahrscheinlich auf die Zeit von Augustus zurück, als dies im Römischen Reich zur Praxis wurde. Die Zeit entspricht der Regentschaft des nabatäischen Königs Obodas III (30-9 vC) und seinem Nachfolger Aretas IV (9 vC-40 nC).

Nach dem Tod von Aretas gingen Einfluss und Reichtum der Nabatäer zurück, abgesehen von einer kurzen Renaissance unter König Rabel II (70-106 nC). Aber der Verkehr auf der Straße von Petra nach Gaza nahm immer mehr ab. Als 106 das nabatäische Königreich im römischen Kaiserreich aufging, lösten bald andere Handelswege diese klassische Gewürzstraße ab. Bis heute sind im israelischen Negev noch einige Stücke der Pflasterung erhalten.

*in Konkurrenz zu den landwirtschaftlich orientierten Einwohnern der von ihnen kontrollierten Gebiete traten, entstanden auch kaum Spannungen; von innenpolitischen Auseinandersetzungen mit Waffengewalt ist historisch so gut wie nicht die Rede. Es scheint, dass die fremden "Untertanen" vielleicht sogar recht froh waren,*

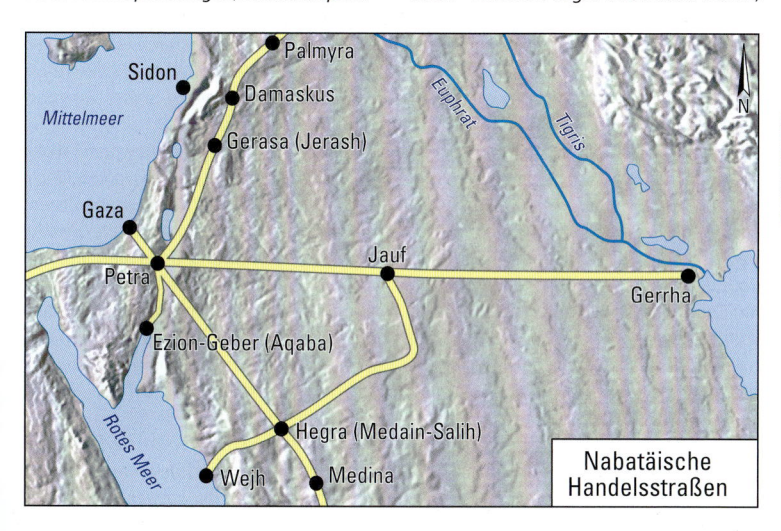

**Nabatäische Handelsstraßen**

*2000 Jahre alte Tonrohre, Museum Petra; die Nabatäer hatten eine zementartige Dichtungsmasse zur Abdichtung der Rohrverbindungen entwickelt!*

von der schnellen, kampferprobten nabatäischen Truppe beschützt zu werden und in Frieden ihrer Landwirtschaft nachgehen zu können. Vermutlich war wohl auch die Abgabenlast recht gering, denn die Händler beuteten die fernen Endverbraucher aus.

Obwohl die Nabatäer der ersten Generationen kaum kulturelle Zeugnisse hinterließen – was für Nomaden typisch ist, denn alle Gerätschaften müssen leicht transportabel sein – entstand im 1. Jh vC eine sehr charakteristische Töpferkunst aus rötlichem, sehr dünnen Material. Auch eigenständiger Schmuck wurde hergestellt. In allen Erzeugnissen ist die Begegnung der nomadischen Kultur mit den hellenistischen und römischen Ausdrucksformen deutlich erkennbar. Als reiches Händlervolk waren die Nabatäer dann auch in der Lage, ihre Bauten durch Griechen und später Römer als "Gastarbeiter" sowohl mitgestalten als auch erstellen zu lassen; nicht zuletzt führte dieser Import zu einer Vielfalt von Baustilen in Petra. Hauptsächlich findet man griechische, römische und typisch nabatäische Stile, vielfach auch eine Vermischung mehrerer.

Nach dem Tod von Rabel II. blühte Petra als römische Provinzstadt noch weiter, doch Palmyra (heute Syrien) gewann zunehmenden Einfluss. Schon während der islamischen Eroberung im 7. Jh war Petra nur noch dünn besiedelt, bald verschwand es aus dem Geschichtsbewusstsein. Erst der Schweizer Forscher Johann Ludwig Burckhardt, der als Muslim verkleidet auf dem Weg von Aleppo nach Schwarzafrika war, hörte von der geheimnisvollen Stadt und ließ sich unter dem Vorwand, am Grab Arons beten zu wollen, von Beduinen nach Petra führen – 1812 riss er die Stadt aus ihrem langen Dornröschenschlaf.

1973 entdeckte der amerikanische Archäologe Ken Russel eine unter Erdmassen verschüttete byzantinische Kirche (s. S. 341), vielmehr deren Mauerreste. Während der Freilegungsarbeiten wurden, zur großen Überraschung der Wissenschaftler, 152 Papyrusrollen gefunden, die in griechischer Schrift das tägliche Leben Petras im 6. Jh nC dokumentieren. Da ist über Erbschaftsangelegenheiten, Eheverträge oder Geschäfte zu lesen, selbst Vorträge sind festgehalten.

Im Orient weithin anerkannt war die **Wasserbaukunst** dieses Wüstenvolkes. Noch heute sind vereinzelt nabatäische Zisternen in Betrieb, die ja nur das letzte Glied in der Wassersammlung darstellen. Im Negev renovierten die Israelis Wassergewinnungssysteme der Nabatäer und konnten nachweisen, dass geringste Wassermengen, bis hin zum Tau, aufgefangen, geschickt und verlustarm weitergeleitet und gesammelt wurden. In Petra kann jeder Besucher die ehemaligen Wasserleitungen an vielen Stellen verfolgen, die nur einen kleinen Ausschnitt der ausgeklügelten Ge-

## Die Nabatäer – ein erstaunliches Volk  329

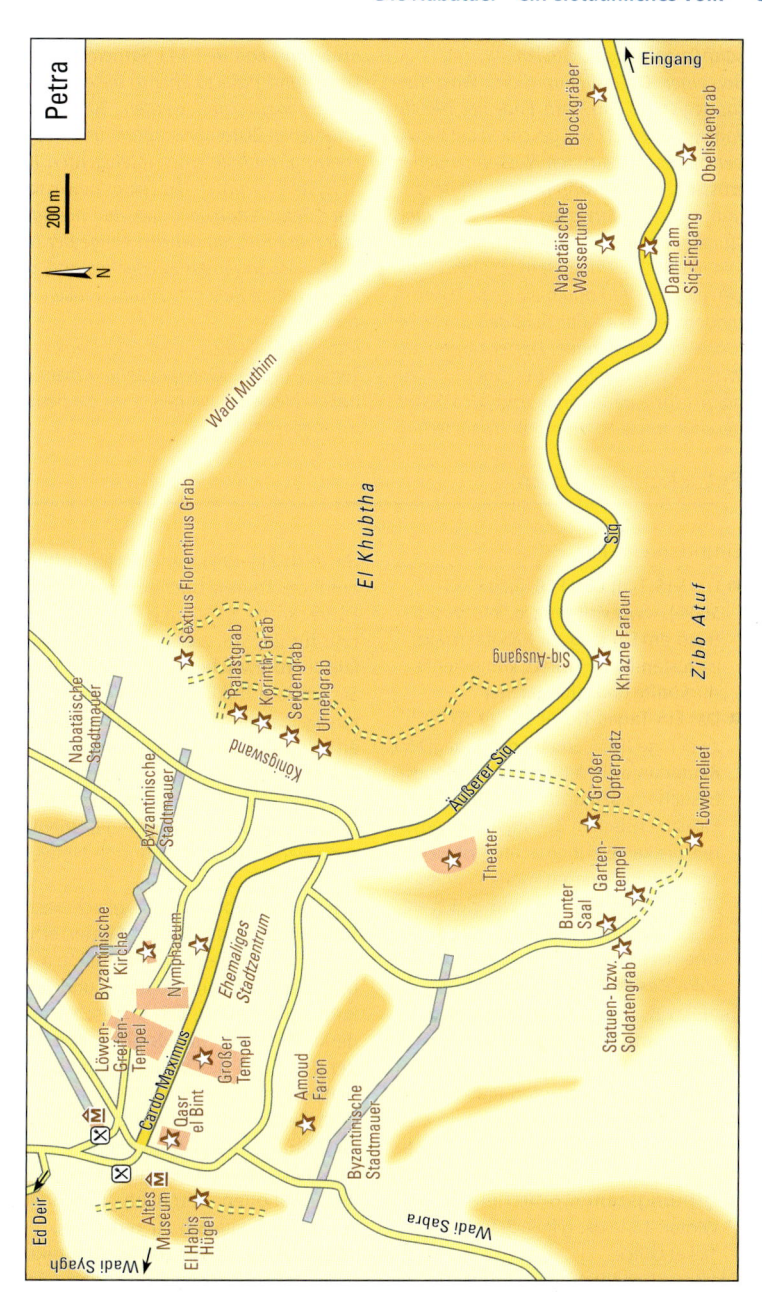

**Petra**

200 m

N

Eingang
Blockgräber
Obeliskengrab
Nabatäischer Wassertunnel
Damm am Siq-Eingang
Wadi Muthim
El Khubtha
Sextius Florentinus Grab
Palastgrab
Korintisches Grab
Seidengrab
Urnengrab
Königswand
Siq
Khazne Faraun
Siq-Ausgang
Zibb Atuf
Äußerer Siq
Großer Opferplatz
Löwenrelief
Theater
Gartentempel
Bunter Saal
Statuen- bzw. Soldatengrab
Nabatäische Stadtmauer
Byzantinische Stadtmauer
Byzantinische Kirche
Nymphaeum
Ehemaliges Stadtzentrum
Löwen-Greifen-Tempel
Cardo Maximus
Großer Tempel
Qasr el Bint
Amoud Farion
Byzantinische Stadtmauer
Altes Museum
El Habis Hügel
Wadi Syagh
Ed Deir
Wadi Sabra

samtversorgung darstellen.

Bei einer Untersuchung des Wasserleitungssystems von Petra, Ende der 1990er-Jahre, zeigte sich, wie geschickt die Betreiber mit dem kostbaren Nass umzugehen wussten. Denn während der Wintermonate können Flutwellen durch die Wadis stürzen, im Sommer trocknen sie aus. Allein in den Siq entwässern vier Wadis, die gewaltige Fluten durch die enge Schlucht treiben und zu großen Schäden sowie Gefahren führen können. Daher sorgen die Wasserbau-Ingenieure der Nabatäer zunächst für eine Verringerung der Wassergeschwindigkeit, dann für Speicherung.

Insgesamt konnten 143 Barrieren, in den Wadis und nahezu ebenso viele auf Terrassen, identifiziert werden. 30 Dämme und sieben Zisternen sorgten für die Speicherung; mithilfe eines intelligenten Kanalsystems wurden die Felder bewässert. Zur "Gefahrenabwendung" bei heutigen Sturzfluten im Siq wurden einige der Nabatäer-Maßnahmen wieder instand gesetzt; weitere Rekonstruktionen sollen folgen.

Man schätzt, dass etwa 800 Denkmale, Tempel, Gräber, Opferplätze und mehr erhalten blieben – auf geht´s an die Besichtigungsarbeit!

## Petra kennenlernen

### Eintrittspreise etc.

- Das **VISITOR CENTER**, Tel 03 215 56044, www.visitpetra.jo, info@visitpetra.jo, am Eingang zur Nabatäerstadt, ist zuständig für Tickets, kompetente Auskünfte und Info-Material.
- Das **Ein-Tages-Ticket kostet JD 50**, für zwei Tage JD 55 und für drei Tage JD 60, Kinder unter 12 Jahren sind frei. Tagesbesucher, z.B. Touristen aus Israel, den Palästinensischen Gebieten oder Ägypten, die keinen Übernachtungsbeleg in Jordanien vorweisen können, zahlen JD 90 ("Border-Ticket"). Wer gleich ein Zwei-Tages-Ticket kauft, braucht seine Übernachtung nicht nachzuweisen. Für **JoPa-Besitzer** ist der **Eintritt frei**.

Im Eintrittspreis ist der **Pferderitt** bis zum Eingang des Siq und der Rückweg eingeschlossen. Die Männer mit den Pferden bestehen für den Rückweg auf Trinkgeld, etwa JD 5. Transport im Elektro-Minibus (verlängertes Golfcar) kostet pauschal für bis zu fünf Personen JD 130.

- **Öffnungszeiten**: 6-18 U im Sommer, Winter -16 U; das gilt auch für das Ticket Office.

Die Besucher können sich im Visitor Center, Tel 03215 6044, informieren und auch geführte Touren buchen. Ein offizieller Führer kostet JD 50 für bis zu 9 Personen und für 2,5 Std, zusätzliche Trips ebenfalls JD 50 (zwischen 7 und 18 Uhr). Wenn Sie größere Trekkingtouren planen, sollten Sie in jedem Fall einen Führer anheuern (Beduinen sind meist preisgünstiger als die Profis am Visitor Center), denn zwischen den verschachtelten Bergen und Wadis kann man leicht die Orientierung verlieren oder unnötige Umwege laufen.

Am Informationsschalter gleich rechts vom Eingang des Visitor Center erhält man brauchbares Info-Material, u.a. einen **Plan** (auch in Deutsch) und fachkundige Auskunft. Das angeschlossene neue **Museum** auf der gegenüberliegenden Seite des Visitor Center ist sehenswert und, wenn man sich noch vor dem Besuch die Zeit nimmt, eine gute Einführung in das Kommende.

Die Shops werden von gemeinnützigen Organisationen betrieben, um Handicrafts der Beduinen zu verkaufen.

Wer versucht, den Eintritt "weiträumig zu umwandern" oder die Eintrittskarte eines

Freundes am zweiten Tag benutzt und erwischt wird, muss den doppelten Eintritt als Strafe zahlen. Man sollte derartige Versuche schon aus Prinzip unterlassen, denn die Unterhaltung einer solch riesigen Anlage wie Petra verschlingt Unsummen, sowohl was den täglichen Betrieb bedeutet als auch für weitere Ausgrabungen, Restaurierungen und Sicherungen für die Zukunft.

## Was den Besucher erwartet

Das Erlebnis Petra (griechisch *Fels*) besteht aus bizarrer Landschaftskulisse und einer Felsarchitektur, bei der, mit unglaublicher Fleißarbeit der nabatäischen Steinmetze, wunderschöne Fassaden geschaffen wurden. Die Innenräume dagegen weisen nur wenige Besonderheiten auf, meist sind sie nahezu leer. Aber auch das Stadtzentrum, hauptsächlich eine römische Schöpfung aus Steinarchitektur, ist sehr sehenswert. Vor Ihnen liegt eine der Weltsensationen der Antike, jedenfalls die interessanteste und faszinierendste historische Stätte Jordaniens, die mit Recht in die Liste des UNESCO-Welterbes und die der modernen Sieben Weltwunder aufgenommen wurde. Vor Ihnen liegt aber auch harte Besichtigungsarbeit, vor allem, weil Sie sich zu Fuß auf den Weg machen müssen. Wer Petra in Muße oder detailliert kennenlernen will, sollte einige Tage dafür einplanen. Es gäbe etwa 1000 Gräber bzw. historische Stätten oder insgesamt ca. 3000 in den Fels gehauene Räume zu sehen; allerdings vermittelt ein Bruchteil davon bereits einen guten Eindruck. Unterwegs sollte man sich immer mal wieder eine Ruhepause gönnen, auch um die Fantasie spielen und Bilder vom einstigen Leben und Treiben in Petra an sich vorbeiziehen zu lassen. Die **günstigsten Besuchszeiten** liegen von Mitte März bis Ende Mai und von Anfang Oktober bis Ende November. Dann herrscht allerdings auch Hochbetrieb. Während ab März die Tage länger werden, wird es im Oktober schon merklich früher dunkel. Im Winter ebben die Besucherströme deutlich ab, es kann häufiger regnen mit eventueller Siq-Sperre. Und es wird richtig kalt. Während der Sommermonate herrscht

*Unterwegs im Siq*

Hitze, die aber wegen der geringen Luftfeuchte relativ erträglich ist. Außerdem sollte man den frühen Morgen und/oder – z.B. nach einer ausgiebigen Essenspause – den späteren Nachmittag wählen, dann ist es aber deutlich wärmer, weil sich die Felsen aufgewärmt haben.

Petra kann bei plötzlichem Regen gefährlich werden, sogar lebensgefährlich, wenn Wassermassen den Siq auffüllen. Sobald die Behörden im Winter mit Wassergefahr rechnen, bleibt der Zugang aus Sicherheitsgründen geschlossen. Bei Regen empfiehlt es sich daher, im Visitor Center anzurufen und nach dem Stand der Dinge zu fragen.

### Vorbereitung

Zumindest für Wege außerhalb des touristisch stark frequentierten Bereichs (im Folgenden ab der Beschreibung unter B), s. S. 344) sollte man eventuell eine kleine **Wegzehrung** und **Mineralwasser** mitnehmen, denn es gibt nicht überall Getränke zu kaufen. Aber innerhalb des engeren Gebiets können Sie sich an Getränkeständen versorgen und in Restaurants stärken, die natürlich deutlich teurer sind als draußen. Denken Sie auch an bequeme **Schuhe mit rutschfesten Sohlen**, ein Muss nach Regen, aber auch wegen der häufig steilen Pfade und Treppen bei Normalwetter zu empfehlen. Und Sonnenschutz für Kopf und Haut ist wichtig.

Will man Zeit und Kräfte optimal nutzen, muss der Besuch gut **geplant und vorbereitet** sein. Wer Petra etwas gründlicher kennenlernen will und ausgiebigere Ausflüge im Sinn hat, sollte sich zuvor eine der größeren Karten kaufen, um die Geografie im Detail zu studieren und auch um Entfernungen besser abschätzen zu können.

**Behinderte** müssen mit erheblichen Schwierigkeiten in Petra rechnen. Zwar kommt man mit einer (ziemlich holprigen) Pferdekutsche durch den Siq und weiter bis zum Zentrum beim Qasr el Bint, ist dann aber auf Esel- oder Kameltransport für die Wege abseits der Route angewiesen. Wer diesem Transport nicht gewachsen ist, kann versuchen, eine Ausnahmegenehmigung für den Besuch per Auto zu bekommen. Entweder spricht man bereits mit dem Tourismusministerium in Amman oder mit den Beamten im Visitor Center.

**Toiletten** gibt es im Visitor Center, die nächsten links auf dem Vorplatz von Khazne Faraun, dann neben dem Schnellrestaurant gegenüber dem Römischen Theater, schließlich im Restaurant *Basin* im Zentrum gegenüber Qasr el Bint. Bei etlichen Teebuden sind mobile Toiletten aufgestellt. Die Toiletten innerhalb Petras werden pünktlich zu den Schließzeiten ebenfalls verschlossen.

### Verkehrsmittel

Für ein Stück des langen Siq-Weges können Sie die eigenen Füße schonen. Bis zur Khazne Faraun und wieder zurück kann man einen Kutschwagen engagieren, was JD 25 für maximal zwei Personen kostet, bis zu Qasr el Bint JD 50. Man mietet das Gefährt gleich nach der Ticketkontrolle und verabredet dann eine Zeit für die Rückfahrt. Das hat den Nachteil, dass man während der Besichtigung stets auf die Uhr schauen muss, um den Kutscher wiederzutreffen.

Wer Energie sparen will oder sich verausgabt hat, kann von Khazne Faraun bis Qasr el Bint bzw. zurück auf einem Kamel reiten, die Kosten pro Strecke sind verhandelbar, Mindestbetrag um JD 15. Bis hin zum Nymphaeum fällt der Weg ab, auf dem Rückweg geht es dann von dort aus stetig bergauf – was besonders viel Spaß macht, wenn man nach langer Besichtigung schon fast auf dem Zahnfleisch geht.

*Erst kurz vor dem Siq-Ausgang öffnet sich überraschend der erste Blick auf die Khazne Faraun (s. S. 336)*

Zu Fuß benötigen Sie vom Visitor Center aus etwa 40 Minuten bis zum Ende der Schlucht (Khazne Faraun), per Kutsche vielleicht nur 15 Minuten. Allerdings sitzt man in dieser Zeit – worauf Sie sich bei der Rückkehr freuen werden.

Innerhalb Petras warten viele Esel- oder Maultierführer auf Gäste, die Sie auf Felstreppen z.B. zum Hohen Opferplatz (etwa JD 10) oder Ed Deir (JD 12-15) oder anderen Zielen bringen wollen. Das sieht abenteuerlich aus, klappt aber bestens.

Im Visitor Center werden **geführte Touren** zu über 20 Zielen zu Preisen zwischen JD 35 bis JD 150 angeboten. Man ist zwischen 1,5 Stunden bis zu 8 Stunden unterwegs.

## A) Standardbesichtigung

Wir gliedern die Beschreibung Petras in "Module" – eine Standardbesichtigung und verschiedene Ergänzungen. Schon der Standardrundgang kann die Kräfte und auch die Zeit eines Tages kosten, obwohl einige Fremdenführer sehr viel schneller durch das Gelände hetzen. Unsere Zeitangaben sind eher großzügig kalkuliert. Wenn Sie schneller vorankommen, können Sie diese Relation auch auf die anderen „Module" übertragen und mehr oder weniger in einen Tag packen.

### ****Der Siq

Der Ausflug ins antike Petra beginnt hinter dem Visitor Center, am **Ba es Siq** *(Tor zum Siq)*. Folgen Sie nach der Ticketkontrolle am Eingangstor dem breiten Weg, der vom meist trockenen Bach Musa und einer "Pferderennbahn" begleitet wird. Dieser Parallelweg für Pferde und Kutschwagen wurde erst Ende der 1990er-Jahre angelegt und schützt die Fußgänger vor den Pferdetreibern, die früher ziemlich rücksichtslos und wie wild durch die Fußgängergruppen rasten.

Nach wenigen hundert Metern stehen rechts drei **Block- oder Turmgräber**, aus dem Fels gehauene Würfel, in deren Dach vermutlich Tote bestattet wurden. Die Einheimischen nennen sie *Djin Blocks*, weil sie den Erzählungen nach von (bösen) Geistern geschaffen wurden. Gegenüber, auf der linken Wegseite, sind unten das sog. **Barock-Triklinium** und darüber das **Obeliskengrab** in den Fels gehauen. Im Triklinium (ein Raum mit Steinbänken an drei Seiten) wurde das Totenmahl eingenommen (wenn Sie später zum Hohen Opferplatz gehen, schauen Sie das dortige, bessere Triklinium in der Farasa-Schlucht an). Im Obeliskengrab mit seinen 7 m hohen obeliskartigen Türmen fanden fünf Tote Platz. Vor dem Eingang zum Grab – zu dem seitlich links eine Felsentreppe hinaufführt – befinden sich zwei Wasserbecken mit den Konturen einer Kochstelle für das Totenmahl.

Etwa 100 m nach dem Obeliskengrab sieht man, links des Bachbettes, einen schmalen Weg abzweigen, der nach **Medras** führt, eine etwa 20 Kletterminuten entfernte Kultstätte mit Altar, Votivnischen, Wasserbecken und -leitungen auf einem Hochplateau. Die selten besuchte Stätte vermittelt umso mehr die Ruhe der Felslandschaft. Wenn Sie einen Guide anheuern, wird der Sie über Medras hinaus bis letztlich zu einem Felsvorsprung östlich gegenüber der *Khazne Faraun* führen, auf die man dort einen ungewöhnlich-unvergesslichen Blick von oben hat. Für gutes Fotolicht sollte man erst am späteren Vormittag dort ankommen. Wenn man nicht zurückgehen will, bringt einen der Führer sinnvollerweise zum *Großen Opferplatz*, s. S. 344.

Der Eingang zum Siq ist mit einem Damm gegen Überschwemmung gesichert, den bereits die Nabatäer als Schutz angelegt hatten. Er wurde 1964 erneuert, nachdem 23 Touristen im April 1963 nach einem Wolkenbruch im urplötzlich anschwellenden Bach Musa innerhalb des Siq mitgerissen wurden und ertranken. Weitere Schutzmaßnahmen wurden Ende der 1990er-Jahre gebaut. Der Bach wird hier nach Norden (rechts) in einen **Tunnel** geleitet, der bereits 50 nC von den Nabatäern angelegt worden war. Der Tunnel ist – außer bei bzw. nach Regenfällen – begehbar, es lohnt sich, einen Blick hineinzuwerfen. Man kann auch durch den Tunnel weitergehen und dann dem sogenannten *Kleinen Siq* oder *Wadi Muthim* bis zum *Wadi Metaha* folgen (niemals allein oder bei Regengefahr, dann lebensgefährlich!) und dort links zur Königswand gehen (genaue Beschreibung unter E), s. S. 349).

Eine Wanderung durch den (großen) **Siq** in aller Stille und ohne Mitmenschen gehört zu den beeindruckenden Erlebnissen Petras; als kleiner, unbedeutender Tourist spaziert man zwischen diesen uralten mächtigen Felswänden hindurch, die beidseitig fast senkrecht emporragen und sich manchmal gefährlich nahe kommen. Man genießt die naturgefärbten Felskulissen und bewundert historische Relikte. Ein solches Erlebnis dürfte in aller Regel nur dem Frühstaufsteher beschieden sein. Aber an Sommermittagen kann, mit etwas Glück, Ruhe einkehren, wenn die Gruppen am Mittagstisch sitzen und die Kutschenfahrer träge vor sich hindösen.

Auffallen wird Ihnen immer wieder der rote Fels in fast allen Rot-Schattierungen. Vielleicht stellen Sie sich hin und wieder vor, wie z.B. Khazne Faraun oder andere Bauten in Grauwacke (grauer Sandstein) aussehen würden – nicht auszudenken. Unterstrichen wird diese rote Felslandschaft durch feine Maserungen im Sandstein, die vor allem dort erhalten sind, wo sie von der Sonne nicht ausgebleicht werden; auch das ein Wunderwerk der Natur.

Die Felsen des Siq rücken nach dem Damm zu einer fast bedrohlich engen Schlucht zusammen, die nicht vom Wasser geschaffen wurde, sondern durch tektonische Verschiebungen entstand und später von gelegentlichen Hochwassern zusätzlich ausgewaschen wurde. Dies lässt sich auch vom Laien nachprüfen: Die Felsschichtungen der einen Seite setzen sich manchmal gegenüber fast deckungsgleich fort. Der 1216 m lange Siq ist an der engsten Stelle nur 2,19 m breit, an der weitesten 16 m, dabei haben teilweise die Nabatäer nachgeholfen. Seine Felswände ragen nahezu senkrecht bis zu 100 m gen Himmel. Den Eingang überspannte bis ins 19. Jh ein **Bogen**; einer der Ansätze am Fels sowie die beiden Seitennischen sind noch erkennbar.

Der Siq-Boden war ehedem gepflastert; diese Pflasterung ist stellenweise noch erhalten. Im Lauf der Jahrhunderte hatten Regenfälle Sand und Steine in die enge Schlucht gespült. Der Schutt wurde Ende der 1990er-Jahre bis auf den Originalboden entfernt. Gleichzeitig befreite man die Wände von alten, dicken Staubschichten. Außerdem stinkt der Siq nicht mehr, seit durchrasende Pferde vor dem Eingang gestoppt wurden; die Äpfel der Kutschwagenpferde jedoch sammelt ein fleißiger Mann ständig ein.

Auf der linken Felswand begleitet uns ein Wasserkanal, später ein zweiter auf der rechten Seite in stellenweise noch vorhandenen Tonröhren bzw. Rinnen. Den heute offenen Kanal hatten die Nabatäer abgedeckt, um die Wasserverdunstung zu verringern. Über 30 Votivnischen sind in die Wände des Siq eingehauen; an der linken Wand, in der letzten Biegung, wurde während der jüngsten Restaurierungsarbeiten ein Relief entdeckt, das vier Kamele und ihren Treiber zeigt.

Nach etwa 20 Minuten Fußweg durch die schattige Schlucht öffnet sich, von einer

Sekunde auf die andere, ein Felsspalt. Geblendet von der Lichtfülle und – nicht minder – von der Schönheit der gegenüberliegenden, beeindruckendsten Fassade Petras werden Sie einen Moment staunend innehalten.

Sie stehen vor der ****Khazne Faraun (auch Khazne *Firaun* oder ***Treasury***), dem sogenannten **Schatzhaus** des Pharao, das meisterhaft, sowohl von der handwerklichen Seite als auch von seinen Proportionen her, in den rosa-roten Fels gearbeitet wurde. Den Namen erhielt es von Beduinen, die an einen pharaonischen Schatz glaubten und vergeblich versuchten, ihn zu heben.

Ein ziemlich großer Platz vor den Felsen gibt genug Raum und, zwischen etwa 9 und 11 Uhr oder 17 und 18 Uhr, auch Sonnenlicht, um das 43 m hohe und 25 m breite Schatzhaus in seinen Dimensionen erfassen zu können. Vielleicht finden Sie ein Eckchen auf den Bänken neben dem Siq-Ausgang, um den Eindruck auf sich wirken zu lassen.

Die Khazne Faraun besteht aus zwei Stockwerken. Die Front des unteren wird von sechs Säulen mit blumenverzierten Kapitellen bestimmt, die ein ebenfalls verziertes Gesims mit einem niedrigen Giebel tragen. Die Front des oberen Stocks ist dreiteilig gegliedert. Der Blick wird – nicht zuletzt durch den geteilten Giebel – von dem weitgehend freigesetzten mittleren Rundbau (Tholos) angezogen. Auf seinem Pavillondach thront eine riesige, von Gewehrkugeln angeschossene Steinurne, in der die Beduinen den Schatz des Pharao vermuteten. Mit dem Trick des sogenannten *gesprengten Giebels* gewinnt die Urne ihre optische Dimension. Zwischen den Säulen des Tholos steht eine verwitterte Statue, in der man die Göttin Tyche oder – je nach Gesamtinterpretation des Bauwerks – Isis vermutet. Die ebenfalls sehr sorgfältig gearbeiteten Innenräume stehen leer.

### Götter und Idole

Gemäß ihrer arabischen Herkunft beteten die frühen Nabatäer Steine an, die einen Gott abbildeten oder sogar verkörperten. Das gilt auch für Dhushara, den Hauptgott. Dhushara heißt *Herr des Shara*, des Gebirgszuges zwischen Edom und dem Golf von Aqaba, an dem auch Petra liegt. Er wurde in Form eines schwarzen Steins verehrt, der auf einem goldenen Podest stand. Es gab weitere Götter oder Nebengötter, zu denen später auch hellenistische, römische und arabische Gottheiten hinzukamen.

Die einfachste Form eines Kultbildes war eine rechteckige Stele, die in einer Felsnische oder häufig nur einer Vertiefung stand. Sie wird *Betyl* genannt, ein Begriff, der sich aus dem aramäischen Beth-El, Haus Gottes, ableitet. Die Nischen, die manchmal wie ein verkleinertes Allerheiligstes (Adyton) gestaltet sind, können auch mehrere Betyle enthalten. Eines davon ist stets größer, vermutlich handelte es sich dabei um Dhushara oder einen anderen wichtigen Gott.

Später beließen es die Steinmetze nicht bei bloßen rechteckigen Stelen, sondern gaben ihnen Gesichter. Die von Griechen oder Ägyptern übernommenen Gottheiten, wie Dionysos oder Isis, behielten von Anfang an ihre ursprüngliche Gestalt.

Außer den Betylen finden Sie meist in der Nähe von Grabanlagen oder von stärker frequentierten Wegen Spitzpfeiler-Reliefs an den Felswänden Petras, *Nefesh* genannt. Vielfach sind sie auch nur als Umriss in den Stein geritzt. Es handelt sich um Erinnerungstafeln an Verstorbene.

Mit hoher Wahrscheinlichkeit entstand die Khazne um die Zeitenwende, nicht zu-

*Khazne Faraun – selten so wenige Besucher*

letzt, weil Stileinflüsse auf ägyptische und hellenistische Elemente weisen. Der gesprengte Giebel z.B. wie auch der Tholos sind durchaus typisch für die Architektur Alexandrias zu jener Zeit. Nachdem vor einigen Jahren Ausgrabungen jordanischer Archäologen vor dem Schatzhaus eine 13 m tiefe Treppe, Gräber und Opferplätze für Weihrauch freilegten, gehen jüngere Interpretationen davon aus, dass die Anlage wohl zunächst als Grab und später als Tempel benutzt wurde.

Wie fast alle Bauten Petras, beeindruckt die Khazne Faraun durch ihr Äußeres; geht man über die paar Stufen hinein – inzwischen nicht mehr gestattet –, fällt zunächst der Gegensatz zwischen dem Glanz der Fassade und dem schlichten Inneren auf. Im Vestibül ist rechts und links hinter schön verzierten Portalen je eine kahle Seitenkammer eingelassen. Die Haupthalle wird lediglich von zwei seitlichen und einer zentralen Nische aufgelockert. Hier könnten Sarkophage oder, falls es sich doch um einen Tempel handelte, Götterstatuen gestanden haben.

### Von Khazne Faraun bis Qasr el Bint

Bei der Khazne beginnt der ***Äußere Siq**, auch als Straße der Fassaden bekannt, mit Zinnen- und Treppenfassaden sowie Gräbern. Rechts sind bald die Reste einer tönernen nabatäischen Wasserleitung zu erkennen. Eines der **Zinnengräber** auf der linken Seite wurde in den 70er-Jahren geöffnet, zum Vorschein kamen sechs Bestattungen; ein Wasserkanal läuft quer durch seine Fassade. Nach etwa 300 m weitet sich die Schlucht zu einem breiten Tal, hier führen links Treppenstufen zum *Hohen Opferplatz* hinauf, einem sehr beliebten Ziel (siehe Abschnitt B, S. 344). Es folgt, weiterhin am Westhang des Äußeren Siq, die sogenannte **Theaternekropole** mit zahlreichen Grabbauten bis zum Felstheater. Sie sind in mehreren „Etagen" angeordnet und gelten als die ältesten Gräber Petras.

Wiederum Erstaunen erweckt das große, in den roten Fels gehauene ***Römische Theater** mit halbkreisförmiger Orchestra. Ursprünglich von Nabatäern erbaut, wurde es offenbar von den Römern umgestaltet, aber bereits 363 nC von einem Erdbeben ziemlich stark zerstört. Ihm mussten ältere Gräber weichen, wie man an Löchern im Fels, oberhalb der letzten Reihe sieht. Insgesamt fanden 7 000 bis 8 500 Zuschauer auf den Sitzreihen Platz.

Vom Theater aus gehen die meisten Gruppen zunächst zu den sogenannten Königsgräbern, die rechts unübersehbar in den Berg gemeißelt wurden. Doch wir wollen uns ein bisschen antizyklisch verhalten und weiterhin dem Wadi Musa folgen, um das eigentliche Stadtzentrum Petras zu besuchen. Es beginnt am Nymphaeum; der Weg dorthin zieht sich in die Länge.

Vom **Nymphaeum**, dem einstigen Prachtbrunnen der Stadt, sind heute nur noch klägliche Ruinen – Mauerreste, die den Grundriss abbilden – vorhanden, beschattet (und daran erkennbar) vom einzigen Baum am Straßenrand. Hier beginnt der **Cardo Maximus**, die ehedem als typisch römische Kolonnade ausgeführte Hauptstraße.

Der Weiterweg auf dem Cardo, dessen Pflaster zum Teil noch im Original erhalten ist, führt an Säulenresten und jeder Menge Bauschutt vorbei; kaum mehr als 1 Prozent von Petra wurde bisher archäologisch freigelegt. Der Cardo führt ins **Zentrum**, das in wesentlichen Teilen von den Römern, nach der Eingliederung Petras in die Provinz Arabia, gestaltet wurde. Neuere Theorien besagen, dass zumindest höher gelegene Abschnitte von den Nabatäern errichtet oder begonnen worden waren.

*Römisches Theater, im Hintergrund Grabhöhlen*

Nach einer Weile, nachdem Sie das nur für den Fachmann erkennbare Marktviertel links liegen ließen, sind rechts am Hang die Reste des **Löwen-Greifen-Tempels** noch einigermaßen erkennbar; er stürzte beim Erdbeben 365 nC ein. Amerikanische Archäologen befreiten die quadratische Cella und weitere Teile vom Erdbebenschutt. Sie fanden unter anderem Kapitelle mit Löwen-Greifen-Schmuck, die jetzt im Museumsgarten ausgestellt sind, daher erhielt der Komplex seinen Namen. Sehr wahrscheinlich handelte es sich um einen Tempel der nabatäischen Göttin Atargatis.

Auch das Ruinenfeld auf der linken Cardo-Seite birgt noch viele Geheimnisse, obwohl hier in den letzten Jahren viel gegraben und rekonstruiert wurde. Die amerikanische Brown University machte sich um den \*\*\***Großen Tempel** verdient, u.a. stellte sie erklärende Tafeln auf, sodass man ein besseres Verständnis für die wichtigen Bauteile findet. Es handelte sich um eines der ganz großen, dominanten Gebäude im Zentrum Petras, denn es erreichte eine Höhe von mindestens 18 m und nahm eine Fläche von etwa 7000 qm ein. Vom Stil her wird angenommen, dass der Tempel gegen Ende des 1. Jh vC von den Nabatäern nach römischem Vorbild gebaut wurde. Links führen ein paar Treppenstufen hinauf, die Reste des ehemaligen Propyläen-Aufgangs, die am großflächigen Unteren Temenos (heiliger Vorplatz) enden. Er war im Osten und Westen von Dreifachkolonnaden eingefasst, die jeweils in einer Exedra endeten. Zwei monumentale Treppen auf der Hangseite schaffen die Verbindung zum Oberen Temenos mit der Cella und dem Allerheiligsten. Während der römischen Zeit war ein Theater oder Odeon hier eingebaut worden, vielleicht auch eine Art „Ratshalle" mit entsprechenden Sitzgelegenheiten. Wie man überall erkennt, hatten die Nabatäer mit großer Sorgfalt und viel Kunstsinn gearbeitet, was z.B. an der Ausschmückung der Kapitelle und Friese zum Ausdruck kommt. Gehen Sie unbedingt hinauf, Sie werden auch ungewöhnliche Fotomotive wie eine umgestürzte Säule finden, deren Trommeln noch fein säuberlich aufgereiht liegen.

Wenn wir auf dem Cardo weitergehen, erreichen wir das noch relativ gut erhaltene **Temenos-Tor**, das am Eingang zum Tempelbezirk und dessen Temenos steht. Es wurde lange Zeit als **Trajan-Tor** nach einer Inschrift bezeichnet, aus der hervorgeht, dass es 114 nC zu Ehren des Kaisers errichtet wurde. Das dreiteilige Tor überspannte die gesamte Breite des Cardo Maximus, funktional trennte

*Großer Tempel: Trommeln einer vor rund 1700 Jahren beim Erdbeben umgestürzten Säule*

es den weltlichen von dem nun folgenden heiligen Bezirk ab. Auf der "weltlichen Seite" sind die Torrahmen dekoriert. Auf der anderen Seite des Temenos-Tors beginnt die Via Sacra, die den Cardo Maximus zwar verlängert, aber im geheiligten Terrain eine andere Bedeutung besaß. Auf ihrer Südseite standen einst Steinbänke, auf denen sich die Gläubigen bei den heiligen Handlungen niederlassen konnten.

Links am Ende der Via Sacra ragen die imposanten Ruinen des \*\*\***Qasr el Bint Faraun** (*Palast der Pharaonentochter*, Beduinenbezeichnung) auf, des Haupttempels von Petra, der im 1. Jh nC von Obodas III errichtet und dem Hauptgott Dhushara geweiht worden war. Er ist das besterhaltene, freistehende nabatäische Bauwerk, denn alle anderen wurden in den Fels oder aus ihm heraus gebaut. Qasr el Bint beeindruckt schon allein durch seine Höhe von 23 m, also etwa neun Stockwerken. Eine breite Freitreppe führte durch einen Vier-Säulen-Portikus zu einer großen Vorhalle, dahinter folgt die Cella. Man betritt sie durch ein riesiges Tor, dessen Bogen noch heute die Seitenmauern verbindet.

An die Cella schließt sich das dreiteilige Allerheiligste an. Im mittleren Schrein stand die Götterstatue, anfangs wahrscheinlich ein Stein, später ein Abbild. Von den beiden Seitenkammern, die marmorverkleidet waren, führten Treppen zum Dach hinauf. Bei Ausgrabungen wurde ein Zeus-Marmorkopf gefunden, der jetzt im Museum steht, in jüngerer Zeit eine Statue von Marcus Aurelius.

### Vom Museum zur Königswand

Wir haben jetzt eine Art Kreuzungspunkt erreicht, wo weitere Besichtigungsrouten beginnen.

Vielleicht sollten Sie zunächst im nahegelegenen Restaurant *Basin* (Mittagsbuffet ca. JD 19) oder, gegenüber, im *Nabatäischen Restaurant* im Beduinenzelt (ca. JD 10) eine Pause einlegen oder sich im alten **Museum** (im Restaurantgebäude, etwa 8.30-15.30) umsehen, von dem man allerdings nach Eröffnung des neuen Museums beim Visitor Center keine Sensationen erwarten darf.

Wir gehen dann wieder zurück Richtung Siq und überqueren, kurz hinter dem Nymphaeum, das Bett des Musa, um am Hang hinauf zu den Königsgräbern zu gelangen. Am Hang links fällt (eher unangenehm) eine moderne Metall-Zeltkonstruktion auf. Sie schützt die Grundmauern und die sehr sehens-

## Vom Museum zur Königswand

werten Bodenmosaike der ***Byzantinischen Kirche**. Die dreischiffige Basilika besaß drei Apsiden; auf zwei Reihen zu je acht Säulen ruhte das Dach. Sie wurde vermutlich Mitte des 5. Jh nC auf nabatäischen Fundamenten errichtet, Anfang des 6. Jh umgebaut und erweitert und wohl durch ein Feuer zerstört. Als die islamischen Bilderstürmer wüteten, waren die Mosaike bereits unter hohem Schutt geschützt. 1990 entdeckte sie Dr. Ken Russel, seine Ausgrabungen und Konservierungen dauerten bis 1998.

Die reichen und gut erhaltenen Mosaike bestechen im südlichen Seitenschiff unter anderem mit Allegorien der Weisheit, der Erde, des Meeres und der vier Jahreszeiten in Menschenform, flankiert von Tieren und Fischen; im nördlichen sind, ebenso ausdrucksstark, Menschen, Vögel, Pfauen, Pferde, Elefanten bzw. Medaillons zu sehen.

Vor dem Gebäude war eine große Zisterne angelegt worden, dahinter das Baptisterium.

1993 wurden in einem kleinen Nebenraum der Kirche 152 **Papyrusrollen** entdeckt, die das Feuer überstanden hatten. Sie waren zwar verkohlt, konnten aber im American Center of Oriental Research von einem internationalen Team aufgerollt und gelesen werden. Die bisher lesbaren Dokumente behandeln tägliche Angelegenheiten in den Jahren 528 bis 582, wie Landverkäufe, Erbschaftsverträge, Darlehen etc. Für die Forschung bedeuten sie einen ganz wichtigen Mosaikstein, stellen sie doch die ältesten und einzigen Dokumente dieser Art in Jordanien dar.

Oberhalb der Kirche wurde eine kleine, sehr qualitätvolle **Bischofskirche** mit zum Teil blauen ägyptischen Säulen (daher auch *Blaue Kirche* genannt) ausgegraben und teilrestauriert.

Ein Stück hinter der Kirche verliefen die **Stadtmauern** von Petra, denn die nördliche Flanke der Stadt lag offen und musste gesichert werden. Zunächst bau-

*Qasr el Bint: vom El Habis Hügel aus gesehen*

*Blick auf die Königswand (im Vordergrund stehen die Reste des Nymphaeums)*

ten die Nabatäer einen Schutzwall, der vom heutigen Restaurant aus ziemlich weit nach Norden bis zum sogenannten Conway-Turm verlief, dann fast im Zickzack nach Osten und zwischen Palastgrab und dem Grab des Sextius Florentinus auf die El Khubtha-Felswand traf. In byzantinischer Zeit war die Bevölkerung wohl so weit zurückgegangen, dass man die lange Mauer nur schwer verteidigen konnte. Daher schnitt man mit einem neuen Wall den nördlichen Zickzack einfach ab.

Von der Kirche aus können Sie zunächst zum nördlichen Ende der nicht weit entfernten Felswand des El Khubtha-Massivs gehen. Diese Wand wird \*\*\*\***Königswand** genannt, weil hier imposante Mausoleen von 13 nabatäischen Königen und das eines römischen Statthalters in den Fels gemeißelt wurden. Viele Grabgiebel weisen Stufenzinnen auf, die sehr wahrscheinlich auf assyrischen Einfluss in Petra zurückgehen. Wegen dieser Giebel werden die Felsgräber häufig auch *Zinnengräber* genannt.

Beginnen wir mit dem nördlichsten (von hier aus gesehen links), dem Mausoleum des **Sextius Florentinus**. Er verwaltete als Statthalter von Kaiser Hadrian die Provinz Arabia. Wie eine lateinische Inschrift unter dem Bogentympanon besagt, stiftete sein Sohn Lucius um 130 nC das Grab. Die schöne Felsmaserung leuchtet nur im Streiflicht gegen Abend auf.

Nach rechts, in südlicher Richtung, wird Ihnen als nächstes das **Palastgrab** auffallen, das einem römischen Palast ähnlich sieht und daher das letztgebaute Grab sein könnte. Seine eigentliche Bestimmung bleibt noch zu enträtseln. Einigermaßen komplex aufgebaut, bestand es ursprünglich wohl aus vier Stockwerken, von denen das oberste zerstört ist. Viele Details der Fassade lassen sich nur schwerlich mit einer Gesamtkonzeption oder wiederum mit anderen Teilen des Grabes in

Verbindung bringen. Am besten, man lässt sich einfach nur von den Dimensionen und der Fleißarbeit der Steinmetze beeindrucken, schließlich ist das Palastgrab der größte Felsbau Petras. Neben dem Palastgrab führen Treppen nach El Khubtha (s. S. 350).

Gleich nebenan wurde das zweistöckige **Korinthische Grab** in den Fels gehauen, dem Erdbeben und Erosion schon arg mitgespielt haben. Es erhielt seinen Namen von den angeblich korinthischen Säulenkapitellen, tatsächlich handelt es sich jedoch um nabatäische Hörnerkapitelle. Die Baumeister kopierten für das Untergeschoss das Triklinium unweit des Siq-Eingangs, während man eine auffällige Ähnlichkeit mit der Khazne Faraun im oberen Geschoss erkennt; denn auch hier steht zwischen einem gesprengten Giebel ein Mitteltholos.

Als nächstes folgt das bereits sehr stark verwitterte **Seiden-** oder **Bunte Grab**, das nach der bunten Felsmaserung der Halbsäulenfassade benannt wurde, die zum Teil fein wie Seide aussieht. Diese Maserung zeigt ganz besonders das Spektrum der Farben und schwingenden Linien im Fels von Petra. Zum Schluss betrachten wir das **Urnengrab**, das südlichste der Königswand. Treppen auf rekonstruierten mehrgeschossigen Substruktionen führen auf einen weiten Vorplatz mit seitlichen Säulengängen. Vielleicht wurde er früher als Triklinium genutzt. Die Fassadenkonstruktion mit Eckpfeilern und Viertelsäulen betont die schlanke Höhe des Grabes. Die drei fensterähnlichen Öffnungen im oberen Drittel, zwischen den Säulen, gehörten ursprünglich zu Gräbern, die mit Porträtbüsten verschlossen waren. Es wird sogar vermutet, dass im mittleren König Malichus II seine letzte Ruhe fand. Ein Bergsteiger, der die Nischen 1962 untersuchte, fand sie ausgeraubt vor. Ganz oben auf dem Giebel des Architravs ragt eine überdimensionale Urne empor.

Die Grabkammer weist mit ihrer Fläche von 17 x 18,5 m eine solch große

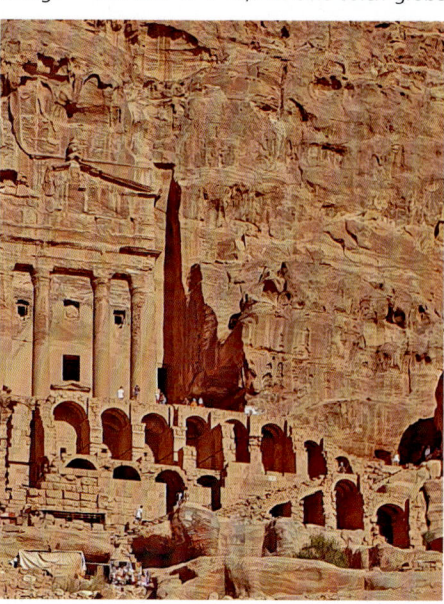

*Das Urnengrab – höchstes der Königswand*

Ausdehnung auf, dass sie von den byzantinischen Christen zur "Kathedrale" von Petra umfunktioniert wurde. Pragmatisch baute man Grabnischen in der Rückwand zu Apsiden aus. Eine griechische Inschrift besagt, dass die aus der Grabkammer hervorgegangene Kathedrale 446 von einem Bischof Jason geweiht wurde.

Damit hätten wir den Basisrundgang durch Petra geschafft; wenn Sie erschöpft sind und nichts mehr anschauen wollen, brauchen Sie nur zum Bach Musa hinunterzugehen, dort gibt es Cafeterias für eine Verschnaufpause, oder Sie fol-

*Gartentempel: in vergleichsweise grüner Umgebung*

gen dem Siq zurück zum Ausgang. Wenn Sie noch Lust auf weitere Aktivitäten verspüren, so gibt es noch allerhand zu sehen. Die folgenden Abschnitte können beliebig zusammengestellt oder aber teilweise in den Basisrundgang einbezogen werden.

### B) ***Großer Opferplatz und östliche Farasa-Schlucht

Die Nabatäer liebten es, sakrale Stätten möglichst auf hohen Gipfeln anzulegen. Der größte und bekannteste wird in deutscher Literatur meist als *Großer Opferplatz*, in englischer als *Hoher Opferplatz* bezeichnet. Beide Begriffe sind berechtigt, denn es geht um einen großen, 1035 m hoch liegenden Platz zum Opfern.

Der Auf- und Abstieg ist jeweils in etwa 40-45 Minuten zu bewältigen, hinzukommen Besichtigungszeiten.

Der übliche Weg führt, von der Khazne Faraun kommend, etwa nach 300 m links, direkt nach einem ziemlich großen Verkaufsstand, durch eine Schlucht über Felstreppen zum Gipfel des *Zibb Atuf* hinauf. Dieser Treppenweg erfordert wegen des stetig steilen Anstiegs mehr Kraft, belastet aber die Knie nicht so stark, als wenn man ihn hinuntergehen würde. Über lange Tageszeiten liegt er weitgehend im Schatten. Folgen Sie den blauen Wegmarkierungen. Hat man ein erstes Plateau erreicht, so sollte man keineswegs geradeaus gehen, sondern scharf rechts, denn dort geht es bald weiter bergauf.

Für den etwas beschwerlichen Weg hinauf kann man einen Esel mieten, von den Treibern als „Taxi mit Aircondition" angepriesen. Die Frage ist, wie sicher man sich bergan auf einem solchen Untersatz fühlt.

Schließlich erreicht man eine (ziemlich einfache) Cafeteria mit Sitzgelegenheit für eine Pause. Am frühen Vormittag geht man meist im Schatten hinauf, am

## Großer Opferplatz und östliche Farasa-Schlucht

späten Nachmittag leuchtet die tiefstehende Sonne die Königswand aus, was von oben besonders beeindruckend ist. Etwa gegenüber der Cafeteria ragen zwei 6 m hohe **Obelisken** auf, deren Spitzen das ursprüngliche Felsniveau anzeigen, denn der übrige Fels um sie herum wurde abgetragen. Die Bedeutung dieses Platzes blieb den Archäologen bisher verborgen. Es könnte sich um Symbole der nabatäischen Hauptgötter Dhushara und Al'Uzza handeln. In nördlicher Richtung weitergehend (rechts vom Treppenpfad aus) sieht man die letzten Treppenstufen, links stehen Mauerreste eines nabatäischen Bauwerks, das auch verschiedentlich als eine kleine Befestigung der Kreuzritter gedeutet wird. Es empfiehlt sich, nur ein Stück hinaufzugehen und dann rechts auf einem Zwischenplateau (viele Fußstapfen sind im Sand zu sehen) zunächst am Gipfelfelsen entlang, um ganz vorn erst einmal die fantastische Aussicht auf Petra zu genießen, die hier besser ist als von ganz oben.

Über eine hier deutlich sichtbare Treppe (von oben sieht man den Einstieg schlecht) geht es schließlich auf den **Großen Opferplatz**. Dass dieser so hoch gelegene Felsen hervorragende Aussicht vor allem auf die Umgebung Petras bietet, soll nur gesagt werden, um Ihnen einen zusätzlichen Anreiz für den Aufstieg zu geben.

Eine große Felsplatte des Gipfels enthält (von Süd nach Nord) eine rechteckige Zisterne mit Zuflussrinnen und einen tiefer liegenden Festplatz mit Kulttisch. Westlich davon liegt der eigentliche Opferbezirk mit Hochaltar für Schlachtopfer und einem kreisförmigen Altar für Trank- oder Blutopfer. Die in den Boden eingelassenen Rinnen könnten dem Abfluss von Blut gedient haben. Spekuliert wird, ob hier auch Menschenopfer gebracht oder nur Tiere den Hauptgöttern geop-

*Einsamer Schattenspender:
Amoud Farion Säule*

fert wurden. Es ist belegt, dass in der nabatäischen Religion (in seltenen Fällen) Menschen den Göttern dargebracht wurden; so lässt sich vorstellen, dass dies am größten Opferplatz der Hauptstadt ebenfalls geschah.

Für den Rückweg wählen wir den Abstieg durch die sehenswerte **östliche Farasa-Schlucht.** Vom Gipfelplateau geht man zunächst zurück und zwischen Cafeteria und Obelisken hindurch, um nach ca. 150 m rechts in die Schlucht abzubiegen. Der Weg hinunter ist wegen der nun vorhandenen Stufen nicht zu verfehlen. Das erste nabatäische Kunstwerk erblickt man nach etwa 10–15 Minuten Abstieg; zum Glück ausgeschildert, sonst würde man es, je nach Lichtverhältnissen, leicht übersehen: das Relief eines etwa 3 m hohen **Löwen** links an einer Felswand, direkt über dem Wegesrand, also nicht irgendwo hoch oben. Sein Schwanz ist in die Höhe geschwungen, sein Kopf leider von einem

### Neue Sicht

Am Rundweg um den El Habis Hügel lebt der alte Beduine Bedoul Mofleh allein in seiner Höhle. Er zählt ganz offenbar zu den genügsamen Menschen, die sich nicht hetzen und die Tage in eigener (philosophischer) Betrachtung an sich vorbeiziehen lassen. Gesellschaft sucht und findet er wohl auch häufiger bei Touristen, denen er sich als Guide anbietet. Natürlich kennt er in Petra jeden noch so kleinen Platz und von seinem Hügel jeden Stein.
Sein privilegierter Weg führt hinauf auf den El Habis, und zwar in der Direttissima. Dabei hilft er beim Klettern sowohl praktisch als auch durch Zureden. Oben angekommen, fällt beim „gigantischen Ausblick," wie eine Leserin schreibt, alle Erinnerung an die Mühe ab. Hier zählt nur noch das Erlebnis Petra, und das aus neuer Perspektive.

---

Wasserspeier zerstört, wie die nach oben führende Rinne nahelegt. Die rechts daneben verlaufenden Spuren von heutiger Entwässerung zeigen, dass es auch in Petra heftig regnen kann.
Hat man alle Treppenstufen hinter sich und den sandigen Fußweg erreicht, erblickt man den **Gartentempel** (oder -grab), ein vergleichsweise zierliches Bauwerk mit zwei freistehenden Säulen, rechts neben dem Tempel befinden sich Reste einer sehr großen Zisterne. Die folgende Felstreppe bringt uns zum **Statuen- oder Soldatengrab** (linke Wegseite) mit einer 14 m hohen Fassade und dem gegenüberliegenden *Bunten Saal* (auch Farasa-Triklinium genannt) auf der rechten Seite, ein Peristylhof verband beide Bauten. Das Statuengrab erhielt seinen Namen von den drei Statuen in Fassadennischen, von denen der (kopflose) mittlere wie ein Soldat aussieht (daher *Soldatengrab*). Den **Bunten Saal** dekorieren 16 Halbsäulen mit Sandsteinadern in Pastelltönen zwischen Rot und Weiß (bestes Licht am Nachmittag). Es ist das einzige innen dekorierte Triklinium in Petra, aber man weiß nicht, warum es ausgeschmückt wurde. Vermutlich fanden hier Kultmahlzeiten für die Toten des Statuengrabes statt.
Der Weiterweg bietet mit noch einigen Grabfassaden Abwechslung. Wenn Sie weiterhin dem Felsrand folgen, kommen Sie schließlich ein ganzes Stück westlich vom Theater wieder auf die Hauptstraße. Eine brauchbare Alternative besteht darin, auf der letzten Anhöhe einem Weg nach links, zum nächsten Hügel, zu folgen, diesen am rechten Rand halb zu umqueren und dann einen schmalen Fußpfad hinunter auf eine einsame Säule zuzuhalten. Diese ist mit **Amoud Farion** (auch *Pharao's Phallus* genannt) ausgeschildert. Häufig lagern hier Beduinen,

die sich als Guides z.B. zum Jebel Haroun anbieten.

Hier kann man nun rechts den Weg hinunter zum Qasr el Bint (s. S. 340) gehen oder den naheliegenden Hügel El Habis entweder umwandern (die leichteste Übung) oder ihn erklimmen, siehe nächstes Kapitel.

## C) *El Habis und Wadi Syagh

Westlich vom Qasr el Bint erhebt sich der Felshügel **El Habis**, auf dem die Kreuzritter eine kleine Festung errichtet hatten. Von der Südostseite führt ein Treppenweg hinauf (ca. 15 Minuten). Die völlig uninteressanten Reste der kleinen Kreuzritterburg liegen auf dem etwas höheren Südgipfel. Aber von oben bietet sich wiederum ein grandioser Ausblick aus anderer Perspektive als vom großen Opferplatz, vor allem auch auf das ehemalige Zentrum Petras.

Wenn Sie nicht hinaufsteigen wollen, so sollten Sie den Hügel in jedem Fall an der etwas erhöhten Basis umrunden, dabei kommen Sie auf der Ostseite am **Kolumbarium** vorbei, dessen Wände (hinterer Raum) mit vielen kleinen Nischen versehen sind, die vermutlich als Fels-Taubenschlag dienten. Unweit entfernt kann man am **Unvollendeten Grab** die Bautechnik der Nabatäer erkennen: Eine Felswand war im ersten Schritt geglättet worden, dann hatte man oben mit dem „Innenausbau" begonnen und sich nach unten gearbeitet. Kurz unterhalb der Säulenkapitelle wurden hier die Arbeiten eingestellt.

Am Ende des Rundgangs erreicht man das in einem Grabbau („Fenstergrab") untergebrachte alte **Archäologische Museum**. In dem kleinen Raum mit bunten Sandsteinwänden sind sehenswerte ältere Funde aus Petra und seiner unmittelbaren Umgebung ausgestellt, unter anderem ein Stück der originalen Siq-Wasserleitung aus Tonröhren.

Wenn Sie sich mehr der Schönheit der Natur widmen wollen, sollten Sie sich vom neuen Museum aus nach Nordwesten ins **Wadi Syagh** begeben. Dort gibt es zwar auch ein paar Ruinen, erholsamer könnte aber der von Oleanderbüschen gesäumte Spazierweg sein, besonders wenn im Frühjahr die Büsche mit Blüten übersät sind. Allerdings ist der Weg durch das Bachbett einigermaßen mühsam und die Quelle am Ende des Weges – inmitten von Oleander – häufig verschmutzt. Wer dennoch bis zur Quelle gehen will, muss mit etwa zwei Stunden für Hin- und Rückweg rechnen.

## D) ****Ed Deir

Der Aufstieg auf das Felsplateau Ed Deir dauert etwa 50 Minuten, der Abstieg kaum weniger. Dabei sind ca. 200 m Höhenunterschied über mehr als 800 Treppenstufen (nicht nachgezählt!) zu überwinden; das ist besonders für ältere Menschen anstrengend. Eine Leserin, Ärztin, meint, man solle auch bedenken, dass im Fall eines Falles auch Sanitäter 40-50 lange Minuten für den Weg nach oben und ähnlich lange wieder zurück benötigen...

Auch hier leuchtet die Nachmittagssonne die Felsen am besten aus, dafür liegt vormittags der Pfad weitgehend im kühlen Schatten. Die Mühe wird nicht nur mit dem der Khazne Faraun ähnlichen Bauwerk auf dem Gipfel sehr belohnt, sondern auch durch den Weg inmitten einer sehr bizarren, immer wieder die Formen ändernden Felslandschaft und durch die häufig sehr spektakuläre Aussicht. Oben gibt es übrigens eine Cafeteria mit Getränken und Sitzgelegenheiten zum Ausruhen.

Am Fuß der Treppe warten Eseltreiber auf Gäste (ca. JD 25), nachmittags fallen die Preise. Es scheint nicht allzu viele Besucher zu geben, die sich dem Tier auf dem steilen Aufweg anvertrauen; man sieht sicher mehr Fußgänger als Passagiere auf dem wackligen Eselsrücken, auf dem man zusätzlich mit Fliegenverscheuchen beschäftigt ist.

Nehmen Sie das Museum/Restaurant als Startpunkt und gehen Sie nach Norden. Ca. 100 m weiter stoßen Sie links auf die ersten Stufen, die ursprünglich für den ehemaligen Prozessionspfad ins Wadi geschlagen wurden. Bald sehen Sie, etwas abseits, links das **Löwentriklinium** mit einem durch Erosion entstandenen schlüssellochförmigen Portal. Rechts und links wird es von zwei verwitterten Löwen bewacht. Das Triklinium ist, wie üblich, im Inneren bis auf die Sitzbänke an drei Seiten leer. Die zugehörigen Gräber sind seitlich angeordnet. Weiter aufwärts führt der Weg über eine Brücke; im rechts abzweigenden Wadi können ganz Beflissene das Biklinium mit den drei Urnen besichtigen, wo es außer einer geringfügig verzierten Giebelfassade ein paar nabatäische Inschriften zu betrachten gibt.

Nicht allzu weit entfernt zweigt rechts ein nächstes Wadi ab, in das Treppen hineinführen. Der Abstecher zum **Tropfheiligtum** dauert etwa 10 Minuten (daher besser für den Rückweg aufheben, aber Abzweig gut merken). Er lohnt sich insofern, als am Ende der Schlucht Wasser aus Felsspalten tropft, das bereits von den Nabatäern in einem Bassin aufgefangen wurde. Aus den Spalten wachsen frischgrüne – welch ungewohnter Anblick! – Farne und Moos. Auch gibt es ein wenig spektakuläres Triklinium. Der Platz ist gut für eine erholsame Pause. Das Tropfwasser soll trinkbar sein, was bei dessen weitem Weg durch den Fels nachvollziehbar ist.

Sobald die Urne von Ed Deir zu sehen ist, könnte man links in die sogenannte Klausenschlucht abzweigen – aber wer will das schon, wenn das Ziel in greifbare Nähe gerückt ist. Vielleicht werfen Sie auf dem Rückweg einen Blick auf zwei Kultstätten, die offenbar später von christlichen Klausnern genutzt wurden, wie Kreuze an den Wänden vermuten lassen. Am Ende des Aufstiegs werden Sie mit dem Blick auf die Fassade des **Tempels von Ed Deir** überrascht (*Deir* bedeutet eigentlich *Kloster*, was hier auf eine spätere Nutzung von Einsiedlern deutet; daher auch *monastry* angepriesen). Lassen Sie sich in der Teebude gegenüber nieder und von dem gewaltigen Bauwerk in der Felswand beeindrucken. Man kann sich gar nicht vorstellen, wie viele Hammerschläge notwendig waren, um ein derart monumentales Bauwerk aus dem Fels herauszuschälen; vermutlich geschah dies um 40 vC bis 70 nC.

Von Ed Deir geht eine ähnliche Ausstrahlungskraft aus wie von der Khazne Faraun am Ausgang des Siq. Bis auf ein Fries vermisst man jedoch Dekorationen und Feinheiten im Detail, wie sie die vergleichsweise verspielte Architektur der Khazne zeigt. Anderseits stellt Ed Deir von den Dimensionen mit 48 m Höhe und 47 m Breite das Größte dar, was in Petra geschaffen wurde. Die Urne über dem Hörnerkapitell ist 9 m (drei Stockwerke!) hoch.

Die Nischen im Untergeschoss der Fassade enthielten früher wahrscheinlich Statuen. Der Innenraum ist leer, lediglich in die Rückwand wurde eine Bogennische mit einer Altarplattform und einer Treppe an jeder Ecke eingeschlagen. Ein abgebrochener Betyl bestärkt die These, dass es sich hier um einen Kultraum und kein Grab (wie lange Zeit angenommen) handelt. Noch konnte keine befriedigende Erklärung gefunden werden, welchem Gott der Tempel geweiht war; einige Theorien bringen König Obodas III mit Ed Deir in Verbindung, der nach seinem Tod hoch verehrt wurde.

Eine links neben der Fassade beginnende Treppe führt bis zum Dach hinauf. Seitdem ein Tourist von der Urne heruntergestürzte, ist die Treppe gesperrt. Unterwegs konnte man Einzelheiten der Steinmetzarbeiten studieren, oben bietet sich ein herrlicher Ausblick.

Ed Deir steht nicht allein hier oben. Schräg gegenüber der Monumentalfassade (hinter der Cafeteria, diese rechts umgehen) wurde ein **Peristylhof** mit einem Kultsaal geschaffen, dessen Giebelnische einen Blick wert ist. Ersteigt man hier einen der Felshügel, ergeben sich fantastische Ausblicke.

*Per „Ferrari" – so preisen die Beduinen u.a. ihre Tiere an – hinauf auf den Hohen Opferplatz oder nach Ed Deir*

Treten Sie auf keinen Fall sofort den Rückweg an. Einige weitere lohnenswerte Ziele liegen nicht weit entfernt. Etwa 100 m nördlich von Ed Deir beginnt die **Kamel-Schlucht**, in der nach ca. 50 m ein Kultraum in den Fels geschlagen wurde. Rechts neben der Tür sieht man ein Relief, auf dem zwei Männer mit Kamelen abgebildet sind; daher der Name.

Geht man bis zum nördlichen Ende des Plateaus, so stößt man unterwegs auf Gräber, Zisternen und ein Triklinium. Aber diese sind nicht unser eigentliches Ziel, sondern die Stille und die **unvergessliche Aussicht**, z.B. von dem kleinen Plateau, das die Beduinen mit „End of The World" ankündigen. Hier fällt eine Felswand fast senkrecht Hunderte von Metern ab, ganz unten stehen Spielzeugbäume und laufen winzige Menschen herum. Nach Westen reicht der Blick über das Wadi Araba hinaus nach Israel, östlich erkennt man mit bloßem Auge die Gipfelmoschee auf dem Berg Haroun.

Für den Rückweg müssen Sie wieder dieselbe Treppe nehmen.

**Noch eine Wanderung:** Wenn Sie nicht nach Ed Deir hinaufgehen, sondern im Wadi geradeaus weiter, einen Bergsattel überqueren und sich nordwärts an ein breites Wadi mit einem ebenfalls breiten Trockenflussbett halten, kommen Sie nach El Beidha (s. S. 353). Unterwegs werden Sie über lange Strecken niemandem begegnen, daher sollten Sie sich vorher genau informieren und zur Sicherheit einen Beduinen als Guide engagieren. Nehmen Sie genügend Trinkwasser, aber auch Essen mit. Es handelt sich schon eher um einen Tagesausflug.

## E) Durchs Wadi Muthim zur Königswand

Ein noch ungewöhnlicherer Weg ins Herz von Petra als durch den Siq zweigt direkt vor dem Sperrdamm ab: durch den Ableittunnel des Wadi Musa Baches, durch das Wadi Muthim im Bogen um den Khubtha Berg und weiter z.B. zur Königswand. Dieser Weg ist allerdings während der Monate Oktober bis Ende April nicht möglich, weil man jederzeit von einer Sturzflut erwischt werden kann, die von einem Unwetter in den Bergen zum Tunnel, nehmen. Das ist aber beschwerlicher und man kann sich leichter verirren.

Im Sommer bietet der Weg jedoch ein tolles Landschaftserlebnis und, wegen der Enge der Schlucht, viel Schatten. Allerdings ist er ein bisschen schwierig zu gehen, weil man ständig im Bachbett unterwegs ist. Halten Sie sich auf der gesamten Wanderung an Abzweigungen immer links. Nach etwa 25 Minuten Fußweg verengt sich die Schlucht auf Schulterbreite und es gilt, mehrfach etwa knie- bis hüfthohe Steilstellen zu überwinden. Das sollte auch für den Ungeübten kaum ein Problem sein: In den meisten Fällen setzt man sich am besten an den Rand der Steilstelle und sucht mit den Füßen weiter unten Halt oder lässt sich aus dieser Position sanft abgleiten. Man wird mit dem Anblick von tollen Auswaschungen im häufig sehr maserhaltigen Sandstein belohnt. Nach etwa 50 Minuten vom Sperrdamm aus öffnet sich die Schlucht, man wendet sich nach links und erreicht nach ca. 15 Minuten das Grab des Sextius Florentinus an der Königswand.

*Etwas Rutschen/Klettern/Springen im Wadi Muthim*

ausgelöst wurde, obwohl unten in Petra herrlicher Sonnenschein herrscht. Noch im Mai kann an einigen Stellen Wasser stehen, das man durchwaten muss, was nicht schlimm wäre, wenn nicht (angeblich) die Gefahr von Wasserschlangen bestehen würde.

Seit einiger Zeit darf man offiziell diese Wanderung nur noch mit Führer unternehmen, das ist bestimmt eine ernst zu nehmende Sicherheitsmaßnahme. Sollten Sie dennoch allein gehen, sagen Sie jemandem Bescheid, der Sie im Notfall suchen kann. Man kann auch den umgekehrten Weg, von der Königswand

### F) **El Khubtha

El Khubtha – das Massiv, an dessen Westwand sich die Königsgräber hinziehen – lässt sich über Treppen erklimmen. Der renovierte Weg ist links vom Palastgrab ausgeschildert. Man geht auf den vermutlich besten und breitesten Stufen Petras verhältnismäßig bequem, d.h. ohne Klettern, in etwa 35-45 Minuten den Berg hinauf. Auf der obersten Plattform angekommen, wird die Mühe mit fantastischer Aussicht auf das Römische Theater und bis zum Qasr el Bint belohnt.

In der Nähe steht eine Teebude, in der man verschnaufen kann. Direkt links davon führen ein paar Stufen auf einen Pfad, der durch ein Wadi bergab verläuft und schließlich an einer kleinen Aussichtsplattform, auf der ein Beduinenzelt steht, endet. Das kann man kaum verfehlen, weil der Pfad sehr ausgetreten ist. Man braucht etwa 10-15 Minuten. Hier öffnet sich ein **unglaublicher Blick auf die Khazne Faraun**. Ein Leser schreibt *„ein Platz zum Sterben so schön"* – was man hier leicht vollziehen könnte, denn die senkrechten Abgründe rundum sind ungesichert.

Wenn man genug gesehen und fotografiert hat, geht man auf demselben Weg zurück. Insgesamt sollte man mit gut zwei Stunden für den Ausflug rechnen.

## G) Entferntere Abstecher: Umm el Biyara, *Jebel Haroun

Mit 1260 m Höhe ist der **Umm el Biyara** dominierender Berg bei Petra. In die Ostseite sind Grabkammern eingelassen. Der Weg hinauf in die luftige Höhe ist anstrengend. Man geht durch das Wadi Tughra. Der eigentliche Aufstieg führt über gut gesicherte Treppen bis zum Gipfel. Oben angekommen, wird man mit einem atemberaubenden Ausblick belohnt, sowohl über Petra als auch ins Wadi Araba. Es gibt Reste einer edomitischen Siedlung, Opferplätze und Zisternen zu sehen.

Auf dem *Jebel Haroun, mit 1396 m höchster Berg der Petra-Region, soll Aron, der Bruder Moses, begraben sein. Heute steht auf dem Gipfel eine kleine Moschee, denn für die Beduinen ist dieser Platz bedeutsam, sie sehen dort nicht so gern Touristen. Schon deswegen sollten Sie einen Führer nehmen (z.B. den Beduinen Ahmed Bedout, Tel 0796 580 538, ca. JD 100); manchmal ist auch eine im Visitor Center erhältliche Genehmi-

*El Khubtha Treppe*

gung erforderlich (dort zuvor erkundigen). Es handelt sich um einen Tagesausflug, deshalb gehört ausreichend Trinkwasser und Verpflegung dazu. Wenn es nicht um ein echtes Pilgeranliegen geht, am Grab des Aron zu beten, oder um Rekordjagd auf den höchsten Gipfel, dann sollte man lieber näherliegende, zwar niedrigere, aber unkomplizierter zu erreichende Aussichtsplätze ansteuern.

Von Qasr el Bint geht man Richtung Amoud Farion, dort ist *Aron's Tomb* bzw. *Wadi Sabra* ausgeschildert, d.h. man wandert in der Verlängerung geradeaus weiter, etwas abwärts, und dann durch das *Wadi Thugra* (auch *Sughra*). Schließlich steigt der Weg, der sich schon zum Pfad verengte, ziemlich steil an; nach gut 40 Minuten seit Qasr el Bint sieht man das **Schlangen-Monument** links oben in den Felsen, das oberhalb eines kleinen Friedhofs aufragt und auf das ein Schild hinweist. Es handelt sich um einen massiven Felskubus, auf dem sich eine Schlange

*Khazne Faraun: vom El Khubtha Massiv fotografiert*

aufgerollt hat, die nach Südwesten schaut und vermutlich die Toten beschützen soll. Vom Schlangen-Monument kann man weiter zum Jebel Haroun gehen, aber, noch einmal, am besten in Begleitung eines möglicherweise in dieser Gegend angeheuerten Beduinen-Führers. Von der Wasserscheide des Wadi Thugra muss man versuchen, den Jebel Haroun zu Gesicht zu bekommen und dessen linke Hangseite anzusteuern. Dort windet sich der Weg in Serpentinen auf den Gipfel. Vom Schlangen-Monument aus sollte man gute zwei Stunden Fußmarsch kalkulieren.

Mit diesen Anregungen ist keineswegs die Fülle dessen, was man sich in Petra anschauen kann, erschöpft. Ein Petra-Fanatiker kann sicher noch viele Tage im Ruinenfeld zubringen und sich mit

Details beschäftigen; wir wollen zum Schluss noch einen lohnenden Abstecher machen.

Wenn man schließlich vom Petra-Eingang aus ins Wadi Musa Zentrum zurückwandern muss, kann man sich im Foyer Café des Mövenpick Hotels, direkt an der Straße kurz hinter dem Visitor Center, mit einigermaßen preiswertem Kuchen, Eis und Kaffee stärken.

### H) Außerhalb Petras: El Wueira, *El Barid und El Beidha

Auch wenn Sie inzwischen von nabatäischen Ruinen die Nase voll haben sollten, so empfehlen wir Ihnen sehr den folgenden Abstecher – zumindest wenn Sie über ein Fahrzeug verfügen. Denn bei der An- und Rückfahrt erleben Sie die Landschaft Petras von einer ihrer spektakulären Seiten: Die Straße zu unserem Ziel schlängelt sich zwischen den Felsgiganten hindurch und gibt viele einmalige Blicke frei, vor allem auch auf "Petra von der Rückseite".

*El Barid, der ehemalige "Vorort" von Petra, auch als **"Little-Petra"** bezeichnet, liegt für Fußgänger etwas weit nördlich; man kann zwei Stunden lang durch das Wadi el Meesara Wasta wandern oder mit Pferd und Führer hinkommen, aber einfacher geht's per Auto oder Taxi; es gibt keine Minibusse.

Vom Parkplatz des Visitor Centers aus fährt man bis zur ersten Linksabbiegemöglichkeit und folgt an der nächsten beschilderten Kreuzung dem Wegweiser Beda. Gut 1 km nach dem ersten Abzweig erkennt man links die Trümmer der **Kreuzfahrerburg El Wueira**, die 1116 auf einer Art Felseninsel mit steil abfallenden Flanken errichtet und etwa 1189 von Saladin eingenommen wurde. Allerdings ist außer ein paar Mauern und Wachturmresten nicht viel erhalten.

Auf dem Weiterweg durchquert man die neue Siedlung Bdoul, die für Beduinen erbaut wurde, die früher direkt in Petra lebten. Hier zweigt auch die – gesperrte – Straße zum Restaurant von Petra ab. Ca. 8 km nach der Abfahrt biegt man an der ausgeschilderten Gabelung links ab (Schild Baida, geradeaus erreicht man nach etwa 12 km die King's Road nördlich von Wadi Musa, mit Shaubak ausgeschildert) und fährt 1 km bis zum Ende der Straße auf den Parkplatz von *El Barid (Little Petra). Von hier führt der Weg direkt in eine enge Schlucht, einen kleinen **Siq**, aber nur für vielleicht hundert Meter, dann öffnet sich die Felsspalte und man erblickt links das schönste Monument von El Barid, eine noch hervorragend erhaltene Tempelfassade. Ein Stück weiter führt links eine Felsentreppe zu einem Saalbau empor (erkennbar an einer mit Beton geflickten Lücke), im Innern sind **Freskenfragmente** zwar nur schwer zu sehen, sie gehören aber zu den wenigen erhaltenen nabatäischen Malereien. Die Schlucht endet an einer hohen Treppe, die "ins Freie" führt. Da am Eingang zum Siq ein Tor (anhand von Einlassungen für die Balken) nachgewiesen werden kann, ist anzunehmen, dass die Schlucht als großes und geschütztes Warenlager von Petra diente.

Vom Parkplatz weist ein Schild nach **El Beidha**, das man per Piste (knapp 1 km) erreicht. Hier wurden Reste einer neolithischen Siedlung gefunden, die etwa von 7000-6650 vC bewohnt war und die, neben Jericho, mit zu den sehr alten im Nahen Osten gehört. Die ersten Häuser waren Rundbauten, entwicklungsgeschichtlich folgten quadratische Bauten, die jüngsten sind rechteckig (es handelte sich eigentlich um sechs, chronologisch aufeinander folgende Dörfer). Gab man sich zunächst mit einem Raum zufrieden, so weisen die späteren Häuser zum Teil mehrere Räume auf. Die Bewohner lebten von Feldanbau und hielten Haus-

*Elefantenfelsen links im Siq: erkennt man am besten auf dem Heimweg*

tiere; Mühlsteine zum Getreidemahlen sind noch zu sehen. Östlich dieser Wohnhäuser wurden gerundete Einfriedungen mit sorgfältig hergestellten Böden ausgegraben, die vermutlich religiösen Riten dienten. Der Ort wurde wahrscheinlich nach einem verheerenden Feuer um 6650 vC verlassen; Jahrtausende später nutzten die Nabatäer das fruchtbare Land, aber nicht die Siedlung.

### Was Petra noch bietet

**Türkische Bäder** zählen zu den Attraktionen von Wadi Musa, die gestresste Wandermuskeln wieder in geschmeidige Bewegung bringen. Das *Silk Road Hotel* offeriert diese Dienste – Dampfbad und Massage – seit Jahren, ähnlich wie *SALOME*, (15.30-24.00), Tel 07 7628 3835, im Zentrum, nahe dem *Alanbat II* Hotel (ausgeschildert) jeweils zu JD 20 für eine komplette Behandlung. Tücher und Handtücher werden gestellt. Andere Hotels zogen nach und bieten die Bäder für ihre Gäste sogar günstiger an, z.B. *Alanbat I*, *Amra Palace* oder *Sella*.

Die **Sonne** Petras kann sehr romantisch, schon fast postkartenkitschig mit ihrem Farbenspiel versinken. Viele Hoteliers machen auf ihr Sunset-Fenster oder gar einen ganzen Sunset-Room aufmerksam. Busse entladen häufig ihre Insassen direkt neben der Mosesquelle, dann müssen die Untergangshungrigen etwa 1 km auf einer schmalen, für Busse verbotenen Straße marschieren, um die typischen Fotos zu schießen.

Selbstfahrer können dieses Sträßlein (von Petra kommend links) jedoch bequem befahren und unterwegs noch viele schöne Blicke auf die bizarre Felslandschaft werfen und ebensolche Fotos mit nach Hause nehmen. Man sollte auch nicht gleich die erste mögliche Straße wieder den Berg hinunterfahren, sondern dem "Sunset-Sträßlein", das sich fast wie eine Höhenlinie an den Bergen entlangzieht, eine Weile folgen und schließlich ins Zentrum von Wadi Musa hinunter zurückkehren.

Eine weitere, nicht ganz billige Alternative für den Sonnenuntergang ist ein Ausflug zum rund 10 km entfernten **Taybet Zaman**, in dem der alte Ortskern in einen modernen Hotelkomplex mit alter Schale umgebaut wurde. Während der Fahrt öffnen sich immer wieder wirklich spektakuläre Ausblicke auf die Felslandschaft Petras. Außerdem liegen einige Fünfsterne-Hotels (s. S. 364) am Wegesrand, auf deren Terrassen man einen Sundowner nehmen und den Sonnenball in seinen letzten Minuten bewundern kann. Oder man hebt sich diesen Anblick für Taybet Zaman auf, wo es auch eine entsprechende Terrasse gibt, ein hervorragendes Dinner-Buffet, gute Souvenirshops und vor allem gute Atmosphäre.

## **Petra bei Nacht

Bei flackerndem Kerzenschein führt eine zweistündige **Tour nachts durch den Siq** bis zur Khazne Faraun, wo die Teilnehmer von beduinischen Musikern mit einfühlsamen Melodien empfangen werden. Als Wegweiser und Stimmungsmacher dienen am Boden stehende Tüten mit Windlichtern, 1500 an der Zahl. Es wird gewünscht, dass man unterwegs in einer Schlange und möglichst schweigend geht, um eine stilvolle Atmosphäre zu schaffen. Überhaupt ist viel von Atmosphäre die Rede. Und nur diese zu erleben, ist Sinn der Veranstaltung: Schwache Lichter werfen schwache Schimmer auf die Felswände des Siq. Wenn sich die Schlucht öffnet, versuchen Hunderte von am Boden stehenden Kerzen die Khazne zu einem schwachen Leuchten zu bewegen. Diese Stimmung teilt sich eigentlich erst wirklich mit, wenn die überwiegende Zahl der Besucher bereits wieder den Rückweg angetreten hat. Erst dann kehrt Ruhe ein; der Sternenhimmel scheint deutlicher zu leuchten, weil das Blitzlichtgewitter aufhört. Denn leider halten sich immer einige nicht an die Bitte, Fotoblitz und Taschenlampen nicht zu benutzen und Stillschweigen zu bewahren. Manchmal werden die Blitzer genutzt: Auf Kommando – eins, zwei, drei! – sollen alle gemeinsam blitzen, um die Khazne für einen Augenblick zu beleuchten.

Nach dem Ende der musikalischen Untermalung wird ein Plastikbecher Tee gereicht, und die Versammlung löst sich auf. Viele mussten das Erlebnis stehend oder auf ausgelegten Decken wahrnehmen, denn die wenigen Sitzgelegenheiten (Bänke an der Felswand) sind bald vergeben; also möglichst frühzeitig den Platz erreichen. Schließlich macht man sich auf den Rückweg durch den Siq, dessen nachtschwarze Wände einen schmalen Schlitz zum Sternenhimmel freigeben. Manche Kerzen am Wegesrand sind zwar schon ausgebrannt, aber der Weg lässt sich ja nicht verfehlen.

Ob sich Eintritt und Aufwand lohnen, um eine stille, im eigentlichen Sinn unspektakuläre Veranstaltung zu erleben,

*Khazne Faraun im Kerzenschimmer*

kann jeder Besucher erst hinterher beurteilen. Denn, nüchtern betrachtet, ist der Weg trotz Stimmung und Kerzenschein vor allem dann anstrengend, wenn man bereits den ganzen Tag in Petra herumlief und sich abends Menschenmassen durch den Siq drängen. Aber missen möchten wir das nächtliche Erlebnis bestimmt nicht.

- Die (trotzdem) empfehlenswerte Veranstaltung beginnt um 20.30 U (im Winter eventuell früher) am Visitor Center und endet etwa 2 Stunden später. Sie kostet JD 17 pP. Tickets erhalten Sie wie auch Informationen oder Reservierungen im Visitor Center oder u.a. bei *Petra Moon Tours*, dem angeblichen Erfinder der Veranstaltung. Sie findet **montags**, **mittwochs** und **donnerstags** statt; diese Tage können sich ändern, fragen Sie bitte nach.

## Praktische Informationen

### 🚌 Hinkommen

- Von Amman fährt täglich um 6.30 U (3,5 Std Fahrzeit) ein JETT-Bus (s. S. 169) direkt zum Visitor Center, zurück um 17 U. Die einfache Fahrt kostet JD 10. Von der Wahadat Station, (s. S. 169), fahren **Busse/Minibusse**, ins Zentrum von Wadi Musa zur Busstation nahe der Moschee mit der blau-weißen Kuppel. Von dort geht es auch zurück:
- **Amman** (Wahadat Station) ab 6-22 U, 6 Busse JD 6-8
- **Aqaba** 6-21 U, JD 6-8
- **Kerak** Sa 12, 18, So 5.30, 12, Mo-Mi 12, Do 9 U
- **Ma'an** 6, 7, 9, 11, 12 U, JD 2,50 (dort gibt es Anschluss nach Norden und Süden)
- **Wadi Rum** 6.30 U, JD 5

- JETT-Bus nach **Amman** 17 U, JD 10

Fragen Sie in jedem Fall Ihren Hotelrezeptionisten nach den aktuellen Zeiten; manche Minibusse holen auch Fahrgäste im Hotel ab.

- Eine Alternative für die Richtungen Amman oder Aqaba: einen der zwischen 7 und 18 U halbstündlich abfahrenden **Minibusse nach Ma'an** (40 Minuten) nehmen und von dort aus zwischen 6 und 21 U zum gewünschten Ziel weiterfahren. Abgesehen vom zusätzlichen Umsteigeaufwand ist dies die unabhängigste Bus-Lösung.
- Um auf diesem Weg nach **Kerak** zu kommen: Richtung Amman fahren und in Qatrana umsteigen.
- Nach **Amman** – nicht nach Aqaba! – fahren viele **Servies-Taxis**, Abfahrt am Visitor Center.
- Nach **Dana** kommt man entweder per Taxi (teuer) oder ziemlich umständlich per Bus: zunächst nach Ma'an, von dort Bus nach Tafila, aber in Kadasa aussteigen. Der Minibus ab hier nach Dana fährt nur sehr sporadisch, Privatautos nehmen gern mit. Wer um 8 U startet, kann mittags in Dana sein. Wenn mindestens 5 Personen im Dana Tower Hotel (Tel 03 227 0226, 079 568 8853) übernachten wollen, holt der Besitzer Nabil die Gruppe kostenlos in Wadi Musa ab, sonst zu günstigem Preis.
- **Ein Tipp**: Die preiswerteren Hotels organisieren Minibusse z.B. nach Aqaba, die Abfahrtszeit ist verhandelbar.
- **Innerhalb von Wadi Musa** verkehren sporadisch Minibusse/Servies-Taxis vom Petra-Eingang zur Mosesquelle; ein Taxi verlangt ca. JD 10, einerlei wie kurz die Strecke ist. Für den Abstecher nach El Beidha muss man mit JD 20, einschließlich Wartezeit, rechnen, nach Taybet Zaman mit JD 5-8 für die einfache Fahrt.

### Straße ins Wadi Araba

Vom Petra-Eingang führt eine Straße nach Klein-Petra (El Barid), siehe weiter oben. Hält man sich an der T-Kreuzung für El Barid rechts und nimmt den bald folgenden nächsten Abzweig links, fährt man durch ein wildromantisches Wadi hinunter ins Wadi Araba, um nach 35 km auf eine Kreuzung zu treffen, an der es rechts zu den Kupferminen und dem Hotel des Wadi Feynan (11 km, s. S. 316), links zum Wadi Araba (9 km) geht.

Die relativ schmale Straße ist eine gute Alternative, um von Petra direkt ins Wadi Araba zu kommen. Pkws schaffen sie in beiden Richtungen, größere Wohnmobile könnten auf den Steilstücken, den Berg hinauf, mit z.T. engen Kurven in Schwierigkeiten geraten.

### Nützliche Adressen

- **POLIZEI** (Visaverlängerung; es kann sein dass hier für die Verlängerung ein AIDS-Test verlangt wird, daher besser in Aqaba erledigen): vom Zentrum aus zum ersten Circle, rechts Richtung Aqaba, aber gleich erste Straße rechts abbiegen, Haus mit Fahne, an der rechten Straßenseite.
- **POST**, Wadi Musa, Zentrum, nahe dem Circle, auch im Visitor Center
- **HOUSING BANK**, Zentrum, nahe dem Circle, Geldwechsel (auch im Visitor Center), Geldautomat (ATM)
- **POLYCLINIC**, Nähe Forum Hotel, Tel 215 7161
- **HEALTH CENTER** (Krankenhaus), Wadi Musa, Tel 03215 6025
- **QUEEN RANIA HOSPITAL**, bestes Krankenhaus, außerhalb, am Weg nach Taybet
- **APOTHEKE** am Circle, im Zentrum

Leser, deren Tochter am Blinddarm operiert werden musste, machten sehr gute Erfahrungen mit den Ärzten Dr. Ashour und Dr. Horani, Petra Polyclinic, mobil 07 9561 6729. Grundsätzlich gilt: Nicht akute Krankheiten sollten Sie besser in Amman oder Aqaba behandeln lassen.

### Reiseagenturen

- **LA BEDUINA ECO TOURS**, Wadi Musa (Büro Nähe Petra-Eingang), Tel 03215 7099, Fax 215 6931, Amman Tel 06 554 1631/2, beduina1@go.com.jo, www.labeduinatours.com, ausgefeiltes Programm mit vielen Alternativen für Trips in ganz Jordanien, Kultur, Wellness, Eco und Abenteuer.
- **JORDAN INSPIRATION TOURS**, Tel 03215 7317, info@jitours.com, www.jitours.com, Besitzer Sami ist Beduine, ausgebildeter Reiseleiter und bietet mit seinem Reisebüro neben den üblichen Touren Trips zu Naturreservaten, Helikopterflüge oder Foto- und Maltrips sowie individuelle Angebote.
- **JORDAN DESERT HIKES,** Tel mobil 0777 560 186, wwww.jordandeserthikes.com, info@jordandeserthikes.com; von Lesern empfohlen, Ghassab Al Bedoul spricht gut Deutsch, vielfältiges Programm.
- **PETRA MOON TOURISM SERVICES**, Wadi Musa, Tel 03215 6665, info@petramoon.com, www.petramoon.com; differenziertes Programm mit vielen Alternativen und historischer, landschaftlicher oder Wüsten-Betonung. Es gibt spezielle Touren nur für Frauen, Reiten von Petra ins Wadi Rum, Radfahren oder ganz individuelle Trips, deutschsprechende Guides.
- **Jordan Beauty Tours,** Wadi Mousa Nähe Petra Eingang, Tel 03 2154 999 info@jordanbeauty.com,

www.jordanbeauty.com; ein weiteres, von Lesern empfohlenes Reisebüro, sehr gute Beratung und ebensolche Organisation der Trips. Ansprechpartner ist Ali Hasanat.

Nicht zu viel zahlen: In vielen **Supermärkten** wird – den Staat als leuchtendes Vorbild vor Augen – ein "Touristenzuschlag" wie selbstverständlich und möglichst immer aufgeschlagen. Wenn Sie die Preise kennen, verlangen Sie entweder den Normalpreis oder lassen Sie die Waren stehen und gehen zum nächsten Laden. Die preiswerteren Einkaufsmöglichkeiten liegen im Zentrum von Wadi Musa, auch für Souvenirs; je näher man dem Eingang Petras kommt, umso teurer wird nahezu alles.

- Im MADE IN JORDAN, Nähe Mövenpick Hotel, gibt es auf zwei Etagen sehr schönes, garantiert in Jordanien angefertigtes Kunsthandwerk aller Art (von Olivenöl und Seifen bis zu Teppichen), relativ hochpreisig.

## Essen & Trinken

Es lässt sich nicht leugnen, dass Petra auf Reisegruppen eingestellt ist, die normalerweise in ihren Hotels verköstigt werden. Die Küche der Hotel-Restaurants gehört von der Qualität her in der Regel zum Durchschnitt und darunter, vom Preis her umgekehrt. Natürlich findet man auch hier Gutes, z.B. offerieren die Hotels Musa Spring und Anbat I bei Travellern bekannte, preiswerte Dinner-Buffets.

- Vor allem im Zentrum von Wadi Musa bieten einige kleinere lokale Restaurants schmackhafte arabisch-europäische Küche vom Grill, aber auch Gekochtes, preiswertes Felafel, Shauwarma und Kebab. Hier kann man sich für JD 4-8 gut verköstigen.

## Einige empfehlenswerte Restaurants

- Am und Nähe Circle im Zentrum, gute lokale Küche wie z.B. das erwas bessere **AL WADI, CLEOPATRA** (gutes Buffet "all you can eat"), **PETRA PEARL;** häufig wechseln Besitzer und Namen in dieser Gegend.
- **al Arabi** (vom Circle weiter oben, linke Seite), beliebt bei Locals und Touristen, empfehlenswert vor allem Shauwarma und Grillteller; günstig und schmackhaft.
- Kurz vor dem Visitor Center fertigt ein **PIZZA HUT** schnell und halbwegs preiswert ab; in dessen direkter Umgebung findet man weitere, etwas teurere Restaurants.
- **PETRA ZAMAN**, ebenfalls in der Nähe des Mövenpick Hotels, bietet täglich wechselndes Buffet.
- **THE PETRA KITCHEN**, Nähe Mövenpick Hotel: In der großen offenen Küche des guten Restaurants kann man einen etwa zweistündigen Kochkurs belegen, bei dem jeden Tag ein anderes jordanisches Menü mit verschiedenen Vorspeisen und Hauptgerichten zubereitet wird. 30 JD/Pers. inklusive Zutaten und nichtalkoholische Getränke beim anschließenden gemeinsamen Verzehr, Voranmeldung notwendig. Abends sitzen Einheimische und Touristen auf der Terrasse und rauchen Wasserpfeife. Chef ist Eid Nawafleh, Tel 03 215 5700, kitchen@jordantours-travel.com.
- **Innerhalb der Nabatäerstadt** gibt es bei Qasr el Bint ein gutes **BEDUINEN-RESTAURANT**, ein besseres gegenüber auf der anderen Wadiseite und, verstreut im Gelände, ein paar Snackbars – aber keiner dieser Plätze ist billig.

## Übernachten

In Petra gibt es mehr als 40 Hotels aller Preisklassen, davon sind mindestens 7 mit fünf Sternen ausgezeichnet. Einige liegen bis zu 10 km außerhalb an der Straße nach Aqaba. Um bei der Auswahl Unterstützung zu bieten, haben wir die Unterkünfte geografisch geordnet. Wir beginnen mit Hotels in der Umgebung der Mosesquelle, die gern von Individualisten aufgesucht werden. Nachteil aller Hotels von hier aus hinunter zum ersten Kreisel ist der sehr laute Verkehr, besonders durch Lkws, die in kleinsten Gängen hinauf- und hinunterlärmen. Nach unserer Erfahrung lät der Lärm erst ab 22 Uhr nach.

In der folgenden Auflistung sind nicht alle Hotels erfasst, aber es ergibt sich eine gute Auswahl. AC ist nur in den heißen Sommermonaten von Vorteil, für den Winter ist Heizung wichtig.

**Gegend der Mosesquelle** (Plan siehe nächste Seite)
also am Ortseingang von Wadi Musa und am weitesten vom Petra-Eingang entfernt.
- **KING'S WAY INN**, [30] 4*, (Ex-*Golden Tulip*, vorläufig geschlossen)
- **MUSA SPRING**, [29] direkt neben Mosesbach-Quelle, Tel 03215 6310; mobil 0772104585, musaspring_hotel@yahoo.co.uk; kostenloser Taxitransfer zum Petra-Eingang, WiFi, einfach, kleine Zimmer, etwas abgewohnt, viele Traveller, gute Infos, organisiert Busse ins ganze Land, gutes Frühstück ( 3 JD), Lunchbox (4 JD), Abendbuffet ( 7 JD)
............ Schlafen auf dem Dach 4 pP, Studenten 6 pP, Dorm pP 6, E 12-15, D 18-25
- **AL ANBAT I** (Alanbat Midtown und Season Town im Zentrum sind Schwesterhotels), [28] 3*, Tel 03215 6265, Tel mobil 0777767931 info@alanbat.com, www.alanbat.com; (noch Anfang der 1980er Jahre war Al Anbat, neben dem heutigen Crowne Plaza Resthouse, die einzige Bleibe in Petra), sehr guter Blick auf Petraberge, gute Einrichtung, von Lesern häufig gelobtes Traveller Hotel, AC, WiFi, Kschr, Türkisches Bad (Gäste JD 15-20), Pool, viel Parkplatz, gepflegt, großes und gutes Restaurant, eigener Minibus zum Petra-Eingang, freundlicher und hilfsbereiter Besitzer Raja Nawafleh, empf, Lunchbox (3-4 JD) für Petra, mF ....................E 30, D 45, Camping pP 7-10

### Talwärts Richtung Petra
- **PETRA NIGHTS**, [27] 3*, Tel 03215 9100, mobil 0795510156, info@petranightshotel.net.jo; AC, WiFi, Kschr, Bar (lokales Bier alkoholfrei), sehr gepflegt, großes Fenster jeweils zwischen Bad und Bett, Türkisches Bad JD 15 pP, freier Transfer zum Petra-Eingang, mF................................................................................... E 22, D 30
- **PETRA BY NIGHT**, Hostel auf dem Dach von Petra Nights, Tel mobil 07 999 16010, Frühstück JD 6,.................................................................................................. E 12, D 20
- **ROCKY MOUNTAINS**, [26] Tel 03215 5100, rockymountainshotel@yahoo.com; relativ einfach, die meisten Zimmer klein mit kleinen Bädern, gute Dachterrasse, AC + 2 JD, WiFi, Transport zum Petra-Eingang, mF.........................................E 22, D 25-27
- **SELLA**, [25] 3*, Tel 03215 7170, info@sellahotel.com, www.sellahotel.com; gepflegt, gute Einrichtung, AC, WiFi, Türkisches Bad JD 30, guter Ausblick, mF ........................................................................................................E 50-70, D 70-120
- **ATA ALI**, [24] Tel 03215 5733, info@ataahotel.com, www.ataahotel.com; kürzlich komplett renoviert, AC, WiFi, Dachrestaurant, mF ................................E 30-90, D 35-100

## 8 – Die Nabatäerstadt Petra

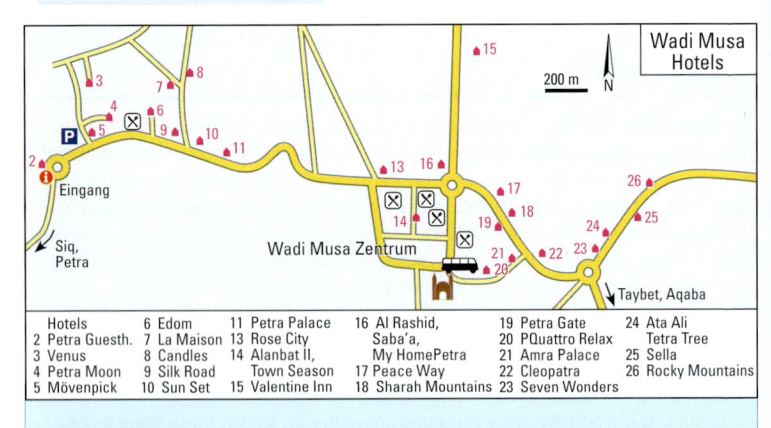

**Wadi Musa Hotels**

| Hotels | 6 Edom | 11 Petra Palace | 16 Al Rashid, | 19 Petra Gate | 24 Ata Ali |
| --- | --- | --- | --- | --- | --- |
| 2 Petra Guesth. | 7 La Maison | 13 Rose City | Saba'a, | 20 PQuattro Relax | Tetra Tree |
| 3 Venus | 8 Candles | 14 Alanbat II, | My HomePetra | 21 Amra Palace | 25 Sella |
| 4 Petra Moon | 9 Silk Road | Town Season | 17 Peace Way | 22 Cleopatra | 26 Rocky Mountains |
| 5 Mövenpick | 10 Sun Set | 15 Valentine Inn | 18 Sharah Mountains | 23 Seven Wonders | |

- **TETRA TREE**, [24] 4*, Tel 032155 550, mobil 0776655547, info@tetratreehotel.com, www.tetratreehotel.com; AC, WiFi (JD 3), Kschr, Pool, sehr gut eingerichtet, Dachterrasse (für Frühstück, Dinner), mF .................................................. E 40-100, D 50-130
- **SEVEN WONDERS**, [23] 3*, Tel 032155 156, mobil 079911193, mean@sevenwondershotel.com, www.sevenwondershotel.com; großzügige Räume, sehr gut möbliert, AC, WiFi, Pool, Türkisches Bad 30 JD, Sauna, mF ........................................E/D 45-130

### Hotels nach dem Abzweig Taybet, Aqaba
Von hier ist zumindest das Wadi Musa Zentrum leichter zu Fuß erreichbar.
- **CLEOPATRA**, [22] Tel 03215 7090, Tel mobil 0776582385, cleopatra_h@hotmail.com, www.cleopetrahotel.com; typisches Traveller-Hotel mit familiärem Touch und guter Atmosphäre, sehr freundliches, hilfsbereites Management, kleine Zimmer, kostenlose Küchenbenutzung, AC, WiFi, gutes Dinner (7 JD), Studentenermäßigung, freier Transport zu jeder Zeit nach Petra, organisiert Trips im Wadi Rum, günstige Taxis ohne Kommission in alle Richtungen, mF ........................................ E 20-25, D 30-35
- **AMRA PALACE**, [21] 3*, an Querstraße zur Hauptstraße, Tel 03215 7070, mobil 0795443307, info@amrapalace.com, www.amrapalace.com; Nichtraucherhotel, sehr gediegen, deutlich besser und großzügiger als übliche 3* eingerichtet, AC, WiFi, Kschr, Pool, Sauna, Türkisches Bad (Gäste JD 25), ruhig, kleiner gepflegter Vorgarten, sehr gutes und abwechslungsreiches Dinner (Hausgäste JD 15, Fremde JD 20), freier Transport zum Petra-Eingang, unterhält Luxus-Camp im Wadi Rum (s. S. 382) und ein weiteres in der Nähe von Petra/El Barid (s. S. 363), günstiges Preis/Leistungsverhältnis, sehr empf, mF ............................................................................................................ E 35-50, D 45-65
- **P QUATTRO RELAX**, [20] 3*, Nähe Busterminal, Tel 03215 6577, mobil 0776903172, reservation@p4hotel.com, www.p4hotel.com; AC, WiFi, Kschrk, freier Transport nach Petra, Dachterrasse mit Pool, Sauna, Fitnessraum, Salzraum, mF ...... E 40-60 , D 70-80
- **PETRA GATE**, [19] Tel/, mobil 0777776621, petragatehotel@hotmail.com; www.petrahotel.8m.com; einfach, ähnlich wie Cleopatra Hotel freundlich-lockere Atmosphäre, sehr hilfsbereit auch bei Busverbindungen, WiFi, , gutes Dachrestaurant, organisiert Trips, Dinnerbuffet 7 JD, mF Dorm 8 (Frühstück 3 JD, Lunchbox 3,5 JD), E 16-20, D 20-24

## Übernachten

**Hotels in der Gegend der Mosesquelle**

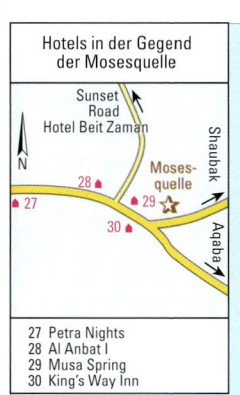

Sunset Road
Hotel Beit Zaman
Shaubak
Mosesquelle
Aqaba

27 Petra Nights
28 Al Anbat I
29 Musa Spring
30 King's Way Inn

- **SHARAH MOUNTAINS**, [18] 3*, Tel 032157294, Tel mobil 0779421440, info@sharahmountains.com, www.sharahmountains.com; gut ausgestattet, AC, WiFi, Kschr, Dachterrasse, freier Transport nach Petra, mF ............E/B 45-65
- **PEACE WAY**, [17] Tel mobil 0797792891, peaceway_petra@yahoo.com; relativ gut eingerichtet, Nichtraucherhotel, AC, WiFi, freier Transport nach Petra, mF E 27, D 32

### Zentrum Wadi Musa
- **AL RASHID**, [16] direkt am ehemaligen Zentrumskreisverkehr, Tel 03215 6800, info@alrashidhotel.com; www.alrashidhotel.com; große Räume, gut eingerichtet, freundlich und hilfsbereit, ein Manager spricht Deutsch, WiFi, AC, Gepäcklagerung und Wäscheservice, mF ..............................................................................E 25-38 D 35-50
- **SABA'A**, [16] rechts neben Rashid Hotel, Tel mobil 0779787899, hotelsabaa@gmail.com, www.sabaahotel.com; WiFi, gut gemanagt, Dachterrasse mit gutem Blick, einfach aber ansprechend, organisiert Trips, Dorm 6-9 pP, mF ...............E 13-20, D 17-32
- **MY HOMEPETRA**, [16] rechts neben Saba'a Hotel, myhomepetra@gmail.com; WiFi, AC tlws, 2013 renoviert, gute, preiswerte Zimmer, mF .......................................E 22, D 30
- **VALENTINE INN**, [15] nördlich vom Kreisel, Tel mobil 0797211110, info@valentine-inn.com, www.valentine-inn.com; guter Blick auf Petra, freie Abholung von der Busstation, tlws AC, Zentralheizung, WiFi, ruhig (da entfernt von Hauptstraße), Bar mit Alkohol, sehr freundlich, familiäre Atmosphäre, Trips in Jordanien, Lunchpakete (JD 3) für Petra, Dinnerbuffet (7 JD), Transport nach Petra, sehr empf, mF ...................... Schlafen auf Dach pP 3, Dorm pP 5, E -15-18, D 20-25
- **AL ANBAT II**, [14] 1*, Tel 03215 7200, im Zentrum des Zentrums, Schwesterhotel des Anbat I mit gleichem Service; gut eingerichtet, Dachrestaurant mit gutem Blick, AC, WiFi, kleine Zimmer, freundlich und hilfsbereit,mF .............................................. E 15, D 20
- **TOWN SEASON**, [14] 3*, Tel 03215 9600, info@townseasonhotel.com, www.townseasonhotel.com; günstige Lage im Zentrum, Dachterrassen-Restaurant mit guter Aussicht, großzügige Räume, sehr gut möbliert, AC, WiFi, Kschr, mF................................................................................................................E 50, D 80
- **ROSE CITY**, [13] 1* Beginn Elgee St, Tel mobil 0776122136, hashwah09@gmail.com, ziemlich einfach, AC, WiFi, ................................................................................ E 25, D 35

### In unmittelbarer Nähe des Petra-Eingangs
stehen auch preiswerte Hotels; ein Aufenthalt hier lohnt, wenn man Petra an mehreren Tagen besuchen will. Nachteil, ist z.B. die geringere Restaurantauswahl. Wir beginnen mit den Unterkünften an der Hauptstraße, etwa 300 m vom Visitor Center entfernt.

- **PETRA PALACE**, [11] 3*, Tel 03215 6723, Fax 215 6724, reservation@petrapalace.com, www.petrapalace.com; typisches Mittelklassehotel, 175 großzügig und gut eingerichtete Zimmer, tlws direkt an einem der beiden Pools, AC, WiFi, Kschr, sehr hilfsbereit und freundlich, Bierbar (viele Marken), Türkisches Bad, , mF ... E 41-48, D 45-56

- **SUN SET**[10] 1*, Tel 03215 6579, mobil 0776667808, info@petrasunset.com, www.petrasunset.com; mittelgroße bis große Zimmer, AC, WiFi , Kschr, gut eingerichtet, hilfsbereit und freundlich, mF ................................................................................ E 30, D 35
- **SILK ROAD**, [9] 3*, Tel 03215 7222, info@petrasilkroad.com, www.petrasilkroad.com; für Gruppen ausgelegtes Mittelklassehotel, Haupteingang im obersten Stock hinter dem Hotel, AC, Heizung, WiFi, Kschr, großzügig eingerichtet, hilfsbereit, Türkisches Bad JD 20, gutes Restaurant, mF ......................................................................... E 40, D50

**An der Straße,**

die hier hinaufführt, stehen die beiden folgenden Hotels, die vom Petra-Eingang am kürzesten über die Straße oberhalb des Mövenpick Hotels erreicht werden können:
- **CANDLES**, [8] 3*, Tel 03215 7311, candles@nets.com.jo; bis August 2020 wegen Umbau und Renovierung auf 4* geschlossen.
- **LA MAISON**, [7] 3*, Tel 03215 6401, info@lamaisonhotel.jo.com, www.lamaisonhotel.com.jo; solides, ruhiges Mittelklassehotel, relativ großzügige Räume, AC, WiFi, Kschr, mF .................................................................................................................. E/D 75-90

### Weiter auf der Hauptstraße
- **EDOM**, [6] 3*, Tel 03215 6995, , info@edomhotelpetra.com , www.edomhotelpetra.com; quasi hinter Mövenpick Richtung Stadt, etwas abseits der Hauptstraße, recht gut eingerichtete, mittelgroße Zimmer, Balkon (tlws), Türkisches Bad, AC, Zentralheizung, WiFi (JD 3), Kschr, Restaurant mit romantischer Höhle im Berg, freundlich, mF ................................................................................................... E 25-45, D 50-75
- **MÖVENPICK RESORT**, [5] 5*, Tel 03215 7111, resort.petra@moevenpick.com, www.moevenpick-hotelspetra.com; dieses Haus zählt zu den geschmackvollsten der Mövenpick-Kette in Jordanien, vor allem von der Innenarchitektur her. Man sollte die Lobby mit Mashrabeen, Holzkassettendecke und Lichtkuppel mit schwerem arabischen Leuchter einfach einmal anschauen und genießen
- **PETRA MOON**, [4] 4*, Tel 03215 6220,, info@petramoonhotel.com, www.petramoonhotel.com; oberhalb Mövenpick, AC, WiFi, Kschr, hervorragend eingerichtet (wie 5*), Nichtraucherhotel, Dachterrasse mit großem Pool und Grillplatz, sehr gepflegt, zwei Restaurants, Tours in Jordanien, empf, mF ................. ab E 77-85 D 90-140
- **VENUS**, [3] Nähe Petra Moon Hotel, wird komplett neu gebaut.
- **PETRA GUESTHOUSE** (Crowne Plaza Management), [2] 4*, direkt neben dem Visitor Center, Tel 03215 6266, Fax 215 6977; ammhc.reservations@ihg.com, www.guesthouse-petra.com; beste Lage zum Besuch Petras, renoviert und neu eingerichtet, AC, WiFi, Kschr, gepflegt, Zimmer 113 und 219 mit Balkon, z.T Chalets mit großen Räumen, mF ................................................................................... E 80-120, D 90-140

### Isolierter Luxus am nordwestlichen Ortsrand
- **BEIT ZAMAN**, 5*, Tel 035435380, www.beitzaman.com; ein kleines Dorf aus dem 19. Jh an der Peripherie von Wadi Musa wurde mit viel Kreativität in Chalets als Luxushotel umgebaut

*BubleLuxotel: Drei Bubles beinhalten jeweils eine Doppelbett-Schlafkugel mit freiem Blick nach oben für die „Tausend- Sterne"-Nacht, eine Badezimmer- und eine „Salon"- Kugel, diese mit durchsichtigem Plastik für den Fernblick*

**Superluxus in wüstenhafter Umgebung in der Little Petra Gegend**
- **PETRA BUBBLE LUXOTEL**, Tel 03 2156600, hello@petrabubble.com, www.petra-bubble.com, an der Straße von Little Petra nach Al Hisha den Berg hinauf; top Lage, top Preise, „splendid isolation" bei bester und weiter Aussicht, von weitem sind die weißen Kuppeln bereits sichtbar, großes, sehr gutes Restaurant und Bar, AC, WiFi, HP ................................................................................................................................. E/D 230-250

**Camping/Camps**
- **AL ANBAT I** Hotel bietet speziell ausgebaute Campingmöglichkeit hinter dem Hotel, im relativ ruhigen Tal, mit Stromanschluss und Sanitäreinrichtungen, ...... pP 5
- In **El Beidha** (10 km vom Petra-Eingang) betreiben die Ammarin-Beduinen etwas abseits in einem Seitenwadi das sehr ruhige, toll gelegene **AMMARIN BEDOUIN CAMP**, Tel mobil 0799755551, Ansprechpartner ist Moath Ammarin, info@bedouincamp.net, www.bedouincamp.net, Unterbringung in Beduzelten, Sanitäranlagen mit Warmwasser, gutes Dinner, kleines Bedu-Museum, Ausflüge, HP ............ 45, VP 80
- **PETRA BEDUIN CAMP** (Preise nicht aktualisiert), 7 km vom Petra-Eingang Richtung El Beidha, Tel 034631 435, kingaretascamp@gmail.com, www.kingaretascamp-jordan.com; 2-Personenzelte für bis zu 100 Personen in einer kleinen Schlucht, freier Transport nach Petra-Eingang oder Wadi Musa, Beduin Dinner 8 JD (zugehöriges Restaurant am Wadi Musa Circle), mF ................................................................................ pP 15
- **LITTLE PETRA BEDUIN CAMP**, Tel mobil 0795352540, 7 km vom Petraeingang, reservation@littlepetracamp.com; Transport zum Petraeingang JD 7 per Wagen, Shuttlebus nach telefonischer Anmeldung, Zelte mit 2 Betten, gemeinsame Sanitäranlage, nur Übernachtung
 ............................. E 30, D 50, HP +15 pP, VP +25 pP, Luxus mit priv. Sanitär, AC E 45, D 80
- **SEVEN WONDERS LUXURY BEDUIN CAMP,** Tel mobil 079795864, an der Straße nach El Beidha ausgeschildert, admin@sevenwondersluxurycamp.com, www.sevenwondersluxurycamp.com; gute abgeschiedene Lage, sehr ruhig, normales Zelt mf.... ..................... E 35 D 40, Luxury Dome mF E 135, D 150; HP E 162, D 180

## 8 – Die Nabatäerstadt Petra

> **Hotels an der Straße nach Taybet/Aqaba**
> liegen auf dem Weg nach Süden, hoch über Petra mit herrlichem Blick über die Gebirgswelt, aber weiten Wegen z.B. nach Wadi Musa. Sie kommen eigentlich nur für Motorisierte infrage und sind hier nur der Vollständigkeit halber aufgeführt:
> - **PETRA PANORAMA**, 4*, Tel 03215 7393, mobil 0798735935, reservation@petrapanorama.com, www.petrapanorama.com; ungewöhnliche Architektur: 14-stöckiges Gebäude am und im Hang, viele ostasiatische Reisegruppen,
>   mF ................................................................................................E-B 70-110, D 80-130
> - **MÖVENPICK NABATEEN CASTLE**, 5*, Tel 03215 7201, www.moevenpick.com
> - **GRAND VIEW**, 5*, Tel 03215 6871, info@grandview.com.jo, www.grandview.com.jo;
> - **MARRIOTT COURT**, 5*, Tel 03215 6407, petra@marriotthotels.com
> - **HAYAT ZAMAN HOTEL AND RESORT PETRA**, 5*, Tel 0 3 215 0111, www.HayatzamanHotelandResortPetra.com; ehemaliges Dorf im 10 km entfernten Nachbarort Tabet Zaman, sehr stimmungsvoll ausgebaut

### Wüstentrecking und verlorene Kamera

Leserin G.B. schrieb uns (tlw gekürzt):

..."*Die ersten 9 Tage haben wir Wüstentrecking mit Reitkamelen in Wadi Rum gemacht, und für mich persönlich war das ein sehr beeindruckender und auch emotional bewegender Aufenthalt – eine Reise in die innere Ruhe. Niemals hatte ich mit einer so atemberaubenden Landschaft gerechnet, die selbst auf den besten Fotos nicht rüberkommt!*

*...Wir sind täglich ca. 5 Stunden gewandert oder auf Kamelen geritten. Drei Beduinen haben uns versorgt, also unser Gepäck transportiert und uns dreimal täglich an ausgesuchten Plätzen mit köstlichen Mahlzeiten verpflegt. Außerdem gehörten ein wüstenkundiger Beduine, unser Guide, und zusätzlich noch drei Kamelführer zu unserer Begleitung. Neben der Landschaft haben mich diese Menschen mit Ihrer Gastfreundschaft und fürsorglichen Haltung gegenüber Tieren und Menschen sehr beeindruckt, selten habe ich mich so willkommen und gut aufgehoben gefühlt.*

*Am ersten Abend in Petra vermisste ich plötzlich meine Kamera! Ich bin dann zum Supermarkt gelaufen, in dem wir eingegkauft hatten – Fehlanzeige! Dann in den Souvenirshop an der Touristenstraße – ebenfalls Fehlanzeige! Mir fiel ein, dass wir Geld gewechselt hatten, aber die Wechselstube war bereits geschlossen. Dort telefonierten gerade zwei Jordanier wie wild mit Ihren Handys. Einer, der ein bisschen Englisch sprach, brachte mich schließlich zur Polizei. Auch hier wurde wieder viel telefoniert, bis sich herausstellte, dass tatsächlich eine Kamera abgegeben wurde. Die war nur inzwischen im „Hauptquartier" gelandet, etwa 10 km von Petra entfernt. Also erklärten sie mir, wie ich mit einem Taxi dorthin komme, und ich machte mich auf den Rückweg zum Hotel. Auf halber Strecke rief mich ein Polizist zurück in die Station und machte mir mit Händen und Füßen klar, dass jemand unterwegs sei mit meiner Kamera, ich solle hier warten.*

*Ich habe also mit Hilfe von mindestens drei mir fremden Jordaniern und drei Polizisten meine Kamera zurück bekommen. Die Polizisten hatten nach 12 Std. Dienst wegen meiner Nachlässigkeit noch gut 1,5 Stunden auf ihren Feierabend gewartet! Und niemand wollte meinen Dank akzeptieren – „You are our guest!".*

# 9

## er "tiefe Süden"

*Blick von Ras en Naqb nach Südosten – bereits typische Wadi Rum Landschaft*

### Petra – Wadi Rum

Vom Petra-Eingang aus sollte man nicht wieder den Berg ganz hinauf zum Ortsanfang von Wadi Musa fahren und dort der Ausschilderung nach Aqaba folgen, sondern am ersten (Ex-)Kreisel, ca. 2 km nach dem Zentrum, rechts abbiegen (s. S. 360, Hotelplan); das ist die kürzere Strecke, die auf die landschaftlich faszinierendste Route mit – vor allem im ersten Abschnitt – spektakulären Ausblicken führt. Nach gut 10 km fährt man durch Taybet, mit dem unterhalb der Straße gut erkennbaren Taybet Zaman Hotel aus alten Steinhäusern. Ziemlich am Ende des Ortes führt eine (Sack-)Straße links hoch den Berg hinauf, oben wird der Ausblick noch besser.

Am Abzweig kurz nach Taybet rechts halten, was auch für die Kreuzung nach etwa 23 km gilt. (Wer hier geradeaus fährt, kommt schließlich auf die im nächsten Absatz beschriebene Kreuzung nach Ras en Naqb; wir haben es aber

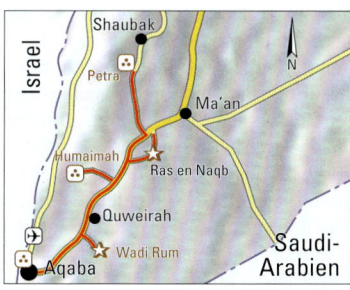

## 9 – Der "tiefe Süden"

> **Sehenswertes**
>
> \*\*\*\***Wadi Rum**, fantastische Wüstenlandschaft mit diversen kleineren und größeren Attraktivitäten, S. 370
> \*\*\*\***Aqaba**, Stadt am Roten Meer, interessante Korallenbänke, Taucherparadies, gute Badestrände, S. 382
> \*\***Ras en Naqb**, weiter Ausblick auf die Wüste bis hin zum Wadi Rum, S. 366
> \***Humaimah**, von den Nabatäern gegründeter Karawanenstützpunkt, von den Römern ausgebaute Stadt mit Fort, heute einsames Ruinenfeld, S. 366

noch nicht ausprobiert.) Nach 44 km ist der Desert Highway erreicht.

Sie können nun, auf dem schnellsten und kürzesten Weg, auf dem Highway Richtung Aqaba weiterfahren oder aber einen empfehlenswerten, nur kurzen Umweg über Ras en Naqb einlegen, um eine grandiose Aussicht auf die Landschaft, die Sie bald betreten werden, zu genießen. Das ist von der Autobahn aus nicht oder nur sehr abgeschwächt möglich. Dazu fahren Sie auf dem Highway **8 km** Richtung Norden (ca. 25 km südlich von Ma'an) bis zum ersten großen Abzweig (N30°5,11′ E35°31,04′, nicht ausgeschildert). Dort nach rechts abbiegen.

Die hier abzweigende, gut ausgebaute Straße führt nach 10 km in den Ort **Ras en Naqb**. An dessen Ortsende werden Sie den Atem anhalten. Plötzlich schweift der Blick über rotbraune Felsgiganten, die bis zum Horizont aus der vor Ihnen liegenden Talebene des Tulul Ras en Naqb herausragen, ein Wadi, das übrigens von Shaubak über Wadi Musa bis zur Grenze Saudi Arabiens verläuft. Bis weit über das Wadi Rum reicht die Aussicht bei einigermaßen ungetrübtem Wetter; am schönsten ist der Blick am späten Nachmittag oder frühen Morgen.

Von Ras en Naqb fährt man 7 km Landstraße den Berg hinunter, bis zum nächsten Dorf namens Gabet Hanout und dort wieder auf den Desert Highway. Wenn Sie von Süden kommen, biegen Sie in eben diesem Dorf – das letzte vor der Steilstrecke in die Wüstenhochfläche – am Ortsende rechts ab (N29°58,27′ E35°27,66′), dann an der nächsten Kreuzung links, Richtung Berge halten (man sieht vom Highway aus kurzzeitig die den Berg hinaufführende Straße).

Wer Ras en Naqb auslässt und stattdessen den Desert Highway hinunterfährt, begibt sich auf die einst gefährlichste Straßenstrecke Jordaniens, die von Lkw-Schrott gesäumt war. Inzwischen scheinen alle Beteiligten gelernt zu haben; die Lkws schleichen brav im 1. Gang hinunter, gefährliche Kurven wurden ausgebaut. Dennoch sollte man als Selbstfahrer erhöhte Aufmerksamkeit walten lassen. 6 km nach dem Dorf Gabet Hanout:

### New Humaimah

Hier (N29°54,98′ E35°25,16′) zweigt eine schmale Straße nach Westen ab, die nach 9 km auf die historische Siedlung \***Humaimah** trifft und am Grabungshaus endet.

*Hintergrund: Mitten in der Wüste gründete der nabatäische König Aretas III etwa 80 vC einen Karawanenstützpunkt namens* **Hawara,** *etwa auf halber Strecke zwischen Petra und Aqaba (Aila) gelegen. Durch geschickte Nutzung von (schwachen) Quellen, Tau und seltenen Regenfällen konnten hier Felder kultiviert werden und Menschen dauerhaft siedeln. Im 2. Jh nC bauten die Römer unter Trajan ein Fort in Hawara, um die Handelsroute auf der Via Nova Trajana, der heutigen King's Road, zu kontrollieren und zu schützen. Für die Wasserversorgung verlegten sie ein größtenteils auf Bodenniveau geführtes Aquädukt, um das kostbare Nass über 27 km, aus zwei Quellen in der Gegend* vom heutigen Ras en Naqb, herbeizuführen. In der byzantinischen Epoche, vom 4.-7. Jh, war der Ort dicht besiedelt, in dieser Zeit entstanden mindestens fünf Kirchen. Während der Omayadenzeit wurden eine neue Festung (Qasr) – die römische war seit dem 5. Jh verfallen – und eine Moschee gebaut. Als im 8. Jh die Abbasiden die Macht übernahmen, flohen viele Bewohner. Erst die Osmanen nutzten den Ort wieder intensiver, insbesondere renovierten sie das omayadische Fort.

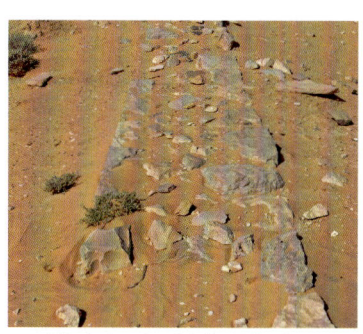

*Römisches Aquädukt: 27 km lang, 2000 Jahre alt*

**Kennenlernen:** Seit einigen Jahren finden Ausgrabungen statt, die einen erstaunlich großen Ort zu Tage förderten. Das kanadisch/jordanische Archäologenteam hinterließ Informationstafeln, die sehr guten Aufschluss über Hawara geben (leider inzwischen stark verwittert).

- Das recht gute Visitor Center wird von Beduinen betreut, die bei Ankunft eines Autos herbeieilen, um die Infos im Center zu zeigen. Einige sprechen Englisch, u.U. lernten sie es bei der Arbeit mit den Archäologen. Sie können daher auch die „Basics" bei einer Führung durch das weitläufige Gelände erklären und vielleicht auch das sehenswerte Visitor Center aufschließen.

Am Hang des im Süden liegenden Berges sieht man ein ovales ehemaliges Beduinencamp für Ziegen. Daneben wurde eine sehr große Zisterne in den Berg gehauen. Noch sichtbare Kanäle brachten das Wasser heran. Der Weg hierher lohnt nicht nur wegen der raffinierten Wasserführung, sondern auch der gute Überblick ist es wert, auf den Hügel zu steigen. Hier und in den Hügeln ringsum findet sich eine ganze Reihe von aufgelassenen Gräbern.

In der Nähe des Visitor Centers ist ein 30x20 m großes römisches Schwimmbad zu bewundern. Auch die Zisternen, die vom Aquädukt gespeist wurden, sind gut erhalten sowie die Grundmauern des römischen Forts, byzantinischer Kirchen und der muslimischen Bauten. Von dem ehemaligen Aquädukt ist sogar noch ein Stück zu sehen. Es liegt etwa 3 km entfernt, links an der Piste in der Verlängerung der Zugangsstraße.

**Zurück zur Hauptstraße**

17 km nach Humaimah:

## Quwayra

Der Ort liegt dem Wadi Rum am nächsten. Selbstversorger, die länger im Rum bleiben wollen, sollten hier einkaufen. Nach 11 km: (Rashidiya Kreuzung) **Abzweig** zum

## Wadi Rum

Eine Vorankündigung weist bereits auf die Straße ins Wadi Rum hin, der Abzweig selbst ist nicht zu übersehen. Wir wollen hier einen unbedingt zu empfehlenden Abstecher in die Wüstenlandschaft des bekannten Wadis einlegen.

Nach 16 km von der Hauptstraße: **Abzweig**, links zum **Beit Ali Camp**, s. S. 380.

1 km: **Abzweig**, links 10 km nach **Diseh** Die Eisenbahnschienen, auf denen das in dieser Gegend abgebaute Phosphat

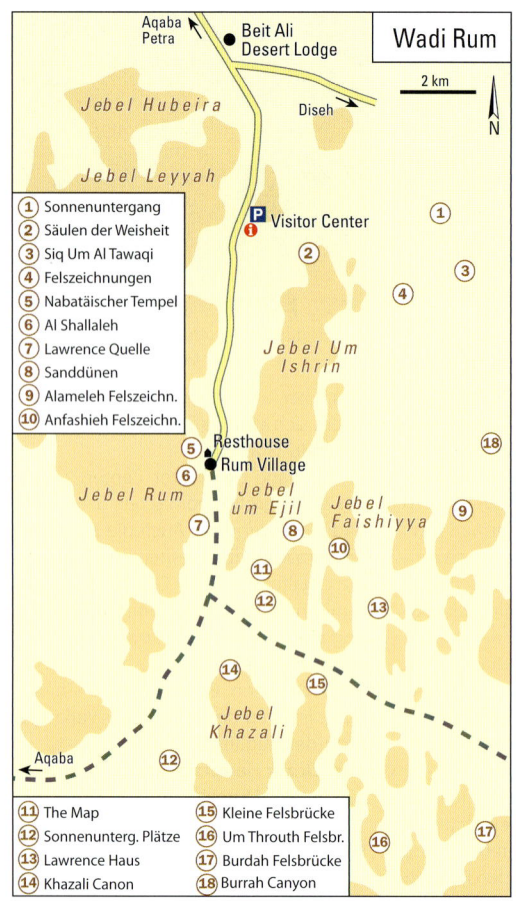

## Wadi Rum

**Karte:**
- Aqaba, Petra
- Beit Ali Desert Lodge
- Jebel Hubeira
- Diseh
- Jebel Leyyah
- Visitor Center (P)
- Jebel Um Ishrin
- Resthouse, Rum Village
- Jebel Rum
- Jebel um Ejil
- Jebel Faishiyya
- Jebel Khazali
- Aqaba

1. Sonnenuntergang
2. Säulen der Weisheit
3. Siq Um Al Tawaqi
4. Felszeichnungen
5. Nabatäischer Tempel
6. Al Shallaleh
7. Lawrence Quelle
8. Sanddünen
9. Alameleh Felszeichn.
10. Anfashieh Felszeichn.
11. The Map
12. Sonnenunterg. Plätze
13. Lawrence Haus
14. Khazali Canon
15. Kleine Felsbrücke
16. Um Throuth Felsbr.
17. Burdah Felsbrücke
18. Burrah Canyon

kunft bieten. Sie gruppieren sich um einen Felsenhügel, eins neben dem anderen, und bieten eine Übernachtungsalternative zum Resthouse in Rum. Geschickterweise wurde die Grenze des *Naturreservats Rum* so gezogen, dass die Camps gerade außerhalb liegen und den Restriktionen des Reservats entgehen. Jedes Camp bietet auch Ausflüge in die Wüste an, zum Teil ins Wadi Rum, aber auch in andere, nicht so überlaufene Gegenden. Unserer Meinung nach sollte man die Ausflüge ins Reservat besser dort bei einem der Beduinen-Camps buchen. Wer mit dem Auto kommt, kann für einen Abstecher nach Diseh zu fahren und Alternativen erkunden. (Details s. S. 380, *Übernachten*.)

Kurz hinter Diseh – noch vor dem Ortsende-Schild – zweigt rechts eine schmale Straße ab, die nach ca. 1 km nach links wiederum abzweigt und an einem halbrunden Felsberg vorbeiführt. Im Schatten der senkrechten Felswand sind dicht nebeneinander Camp um Camp errichtet. Alle sind ähnlich aufgebaut und organisiert, alle bieten auch Alkohol an. Die Abgeschiedenheit und vermutlich das Alkoholangebot lockt selbst aus Amman Busladungen von Besuchern, die – vor allem am jordanischen Wochenende – bei lauter Diskomusik Unterhaltung suchen; entsprechende Lautsprecheranlagen sind

nach Aqaba transportiert wird, wurden 1928 als Abzweig der Hejaz-Bahn nach Aqaba verlegt und 1975 mit einer Erweiterung zu den Phosphatminen bei El Hesa erneuert und ausgebaut.

### Diseh (auch *Deiseh* oder *Disi*)

Diseh hat in den letzten Jahren touristisch insofern an Bedeutung gewonnen, als Beduinen ganz in der Nähe Camps bauten, die zu unterschiedlichen Konditionen und Komfortansprüchen Unter-

## Diseh (auch Deiseh oder Disi)

| Nr. im Pan | Kosten der im Visitor Center angebotenen Trips (laut Aushang) ||||| 
|---|---|---|---|---|---|
| | **4WD-Trips** ||||| 
| | Nr. | Ziel | Entf. (km) | Zeit (Std) | Preis (JD) |
| 7 | 1 | **Lawrence Quelle** (Abu Ayeneh) via Nabat. Tempel, Rum Village | 14 | 1 | 25 |
| 14,15 | 2 | **Khazali Canyon** und **Kleine Felsbrücke** via Tour Nr. 1 + Lawrence Quelle, Khazali Sanddüne | 35 | 2 | 35 |
| 12 | 3 | **Sonnenuntergangsplatz** inklusive Tour Nr. 2 außer Düne, dafür Khazali Canyon | 35 | 2,5 | 44 |
| 8 | 4 | **Sanddünen** via Tour Nr. 3 | 40 | 3,5 | 51 |
| 13 | 5 | **Lawrence Haus** via Tour Nr 3 + Kleine Felsbrücke, Anfashieh Felszeichnungen, Sanddünen | 45 | 3,5 | 59 |
| 16 | 6 | **Um Throuth Felsbrücke**, wie Tour Nr. 5 + Lawrence Haus | 50 | 4 | 67 |
| 17 | 7 | **Burdah Felsbrücke** via Tour Nr. 6 + The Map, Sonnenuntergangsplätze | 60 | 5 | 75 |
| 18 | 8 | **Burrah Canyon** via Tour Nr. 7 + Um Throuth Felsbrücke, Burdah Felsbrücke | 65 | 8 | 80 |
| | Tagesmiete für beliebige 8 Std. Tour 80 JD, zusätzlicher Gepäcktransport 57 JD |||||
| | **Kameltrips I** ||||| 
| 5 | 1 | Kurztrip (Nabatäischer Tempel) | | 1/2 | 5 |
| 7 | 2 | Lawrence Quelle | | 2 | 10 |
| 14 | 3 | Khazali Canyon | | 4-5 | 20 |
| 8 | 4 | Sanddünen | | 5 | 20 |
| 1 | 5 | Sonnenuntergangsplätze | | 5 | 25 |
| 15 | 6 | Kleine Felsbrücke via Sanddünen | | 5 | 25 |
| 16 | 7 | Um Frouth Felsbrücke | | 3 | 20 |
| 17 | 8 | Burdah Felsbrücke (mit Tour Nr. 2 und Nr. 3), Übernachtung | | | 60 |
| | **Kameltrips II** ||||| 
| 5 | 1 | Kurztrip | | 1 | 10 |
| 9 | 2 | Alamaleh Felsinschriften, Lawrence Bild | | 2 | 15 |
| 3 | 3 | Siq Um Tawaqi via Alamaleh Felsinschriften, Lawrence Bild | | 3 | 20 |
| 1 | 4 | Sonnenuntergang via Tour 3 | | 4 | 25 |
| 17 | 5 | Burdah Felsbrücke via Tour Nr. 3 außer *Lawrence Bild;* unterwegs Übernachtung | | | 60 |

fast überall fest installiert. Leser wurden vom Nachbarcamp von italienischen Gästen mit deren heimatlicher Musik beschallt, auf der anderen Seite sangen holländische Sektierer fromme Lieder und hielten Ansprachen – von Beschaulichkeit kann nicht gerade die Rede sein. Wer diese sucht, sollte in eins der Beduinencamps im Wadi Rum Reservat gehen, siehe nächste Seiten.

### Zurück und weiter auf der Straße nach Wadi Rum

Nach 5 km

### Jordaniens Kamele sind Dromedare

Jeder spricht vom *Kamel* in Jordanien, meint aber immer die einhöckerige Variante dieser Tiergattung, das *Dromedar (Camelus dromedarius)*. Denn die gesamte Gattung heißt Kamel, das Tier mit den zwei Höckern Trampeltier *(Camelus bactrianus)*. Im Laufe der Evolution passten sich die Kamele optimal den Wüstenbedingungen an:

- Die sogenannten Schwielenfüße sind bestens für sandiges Gelände geeignet.
- Der sehr geringe Wasserbedarf der Tiere und ihre Wasserspeicherfähigkeit von ca. 150 Litern, die sie in speziellen Zellen bunkern und nicht im Höcker – er dient mit seinem Fett als Energiereserve für bis zu 30 Tage –, sichern die Überlebensfähigkeit bis etwa zwei Wochen ohne nachzutanken.
- Die Nasenschleimhäute entziehen der ausgeatmeten Atemluft die Feuchtigkeit und führen sie zurück.
- Die Nieren konzentrieren den Urin so stark, dass er möglichst wenig Wasser enthält.
- Der Kot wird weitestgehend trocken ausgeschieden.
- Während der Nacht sinkt die Körpertemperatur stark ab, sodass besonders der Fetthöcker als Kältespeicher dient, der den Körper noch lange in den Tag hinein abkühlt.
- Der hohe Hals überragt bei den meisten Sandstürmen die dichteren Schichten in Bodennähe.
- Die doppelten Wimpernreihen schützen die Augen vor Sand, die Nasenlöcher sind – ebenfalls als Sandschutz – verschließbar.

Für den Menschen bietet das Kamel einen Nutzungsgrad wie kaum ein anderes domestiziertes Tier. Neben den allseits bekannten Reit- und Trageigenschaften produziert es Milch, Wolle, Fleisch und Dung. Dieser eignet sich hervorragend als Brennmaterial, das schon so manchem Beduinen mitten in der baumlosen Wüste zu einem warmen Tee oder Mahl verholfen hat.

Zum Schluss: Das Schimpfwort „Dummes Kamel" kann nur von dummen Menschen kreiert worden sein, die niemals mit dem Tier zu tun hatten.

## Wadi Rum Visitor Center

Im **Visitor Center** (7-19 U) geht man nach dem Ticketkauf (JD 5 pP, JoPa, Kinder unter 12 frei, für eigenes Auto JD 10) zur Visitor Reception, meldet dort seine Wünsche an und wird dann über das Wadi Rum und die Möglichkeiten, es kennenzulernen, unterrichtet.

Außerdem kann man neben dem Restaurant ein kleines, aufschlussreiches Museum besuchen und auf Wunsch in dessen Filmsaal einen empfehlenswerten, etwa 10-minütigen Einführungsfilm ansehen. Im Shop können Sie schöne, von den Frauen der Umgebung hergestellte Handarbeiten kaufen.

Hier betreten Sie das 2004/05 eröffnete Naturreservat, die **Wadi Rum Protected Area**, die (mit Unterstützung der RSCN) von der Aqaba Special Economic Zone Authority, Aqaba, Tel 03 209 0600, info@wadirum.jo, gemanagt wird. Ursprünglich wurden ziemlich feste Re-

### Grundsätzliche Aussagen der offiziellen Regeln,

die vielleicht demnächst tatsächlich durchgesetzt werden könnten:

- Besucher dürfen nur in Begleitung von Guides per Allradfahrzeug, Kamel oder zu Fuß vom Visitor Center aus das Reservat erkunden.
- Eigene Fahrzeuge sollen auf dem Parkplatz vor dem Center abgestellt werden, benötigtes Gepäck ist umzuladen.
- Der Ranger teilt dem Besucher einen Fahrer oder Begleiter aus dem Pulk der am Gebäude wartenden Führer zu.
- Man darf sich nicht irgendwo in die Wüste zum Übernachten legen, sondern muss in einem der zugelassenen Camps oder an deren Rand eine Schlafstatt mieten.
- Wer mit einem ganz bestimmten Guide unterwegs sein will, muss diesen 48 Stunden zuvor schriftlich per Fax oder Email beauftragen; der Guide wiederum muss am Visitor Center die Buchung auch auf Papier vorweisen. Damit soll das gegenseitige Unterbieten und andererseits das Ausbeuten durch Wadi-Fremde verhindert werden, die früher (und heute wieder) die Leute gegeneinander ausspielten.

geln eingeführt und zunächst wohl auch eingehalten: Nur eine begrenzte Anzahl von Besuchern sollte jeweils die Wüste durchziehen oder die Berge erklettern dürfen, und das auf festen Routen für die Besichtigung und in Campingzonen für die Nacht. Anstelle der selbsternannten sollten ausgebildete Führer das Kommando übernehmen. Damit sollte die einmalige Landschaft mitsamt ihrer nicht endlos belastbaren Umwelt erhalten werden – wie fast

*„Die Sieben Säulen der Weisheit" des T. E. Lawrence*

## 9 – Der "tiefe Süden"

**Tipps für längere Kameltrips**

- Bei der Wahl des Kamelführers sollte man auf gute Kommunikation Wert legen, denn es gibt unterwegs eine Menge zu fragen und zu beantworten, vor allem was Flora und Fauna, aber auch Sitten und Bräuche betrifft. Daher ist ein kenntnisreicher, Englisch oder gar Deutsch sprechender Mann sehr wünschenswert. Wenn dieser Idealkandidat dann abends auch noch Beduinenmusik spielt, ist das Erlebnis vollkommen.
- Weil man auf dem Kamel einigermaßen unbequem und mit stark gespreizten Beinen sitzt, sollte man weite Hosen tragen. Ein Leser nahm eine Radlerhose als Unterhose mit und kam „unbeschädigt" am Ziel an.
- Gegen Wundscheuern helfen weiche Kissen und immer mal wieder längeres Führen des Kamels (daher auch gute Wander- oder Trekkingschuhe). Weiterhin sind Hut und lange Ärmel als Schutz gegen die unerbittlich brennende Sonne wichtig.
- Vor dem Aufladen Decken für die Nächte unter freiem Himmel inspizieren oder selbst warmen Schlafsack und Iso-Matte mitnehmen (unter gestellten Decken erzeugt ein einfacher, leicht zu transportierender Leinen-/Seidenschlafsack einen „hygienischen Abstand").
- Selbstverständlich sollte sein, dass entsprechende Mengen an einwandfreiem Trinkwasser mit auf die Reise gehen.
- Schützen Sie sich auch als Nicht-Reiter gegen die unerbittliche Sonne. Shorts oder anderweitige minimale Bekleidung wären schon daher unklug, abgesehen vom Affront gegen die Bevölkerung.

überall, eher zu spät als zu früh.

Doch viele der guten Vorsätze blieben offenbar auf der Strecke. Nach unseren Eindrücken und Erlebnissen ist der Schlagbaum am Visitor Center inzwischen hauptsächlich zum Abkassieren der Gebühren und Vermitteln von Touren in Betrieb, aber von strengen Auflagen, wie z.B. nur bestimmte Routen zu benutzen, kann wohl nicht mehr die Rede sein. 2004 mussten noch alle Privatfahrzeuge beim Visitor Center abgestellt werden. Heutzutage kann man nach dem Ticketkauf unbehelligt weiterfahren.

Entgegen den z.B. im Internet nachzulesenden „Rules and Regulations", nach denen man nur auf den vorgegebenen Pisten fahren darf, wird weiterhin lustig querfeldein kutschiert oder waghalsig überholt. Uns ist bisher keine einzige irgendwie gekennzeichnete Piste aufgefallen.

Wenn Sie mit eigenem oder einem geliehenen 4WD das Wadi Rum ohne Führer erkunden wollen, dann sollten Sie über Wüstenerfahrungen verfügen, vor allem, wenn Sie abseits der frequentierten Routen unterwegs sind. Wegen der zahllosen und ständig querenden Pisten ist die Orientierung schwierig, gute Karten und GPS-Navigation sind wichtig.

**Hintergrund:** *Das Wadi Rum (auch „Ram") gehört zu den großartigsten Wüstenlandschaften Jordaniens, ja des Nahen Ostens. T. E. Lawrence, zu dessen zweiter Heimat es wurde, beschreibt es als "eine Prozessionsstraße mit riesigen Felsbauwerken zu beiden Seiten". In der Realität handelt es sich um Verwerfungen von Sandsteinfelsen auf Granitsockeln, die bei der Bildung des Großen Afrikanischen Grabenbruchs (vor ca. 30 Mio Jahren) angehoben wurden. Zwischen ihnen verläuft das Wadi. Diese Granitberge machen die Faszination des Wadis aus.*

Die Erosion hatte viel Zeit, den Sandstein zu Sand zu erodieren und sich am harten Granit „die Zähne auszubeißen"; übrig blieben die bizarren Formen der Berge des Rum-Gebiets nahe der Grenze zu Saudi Arabien entdeckt, der mit 1854 m dem Jebel Rum die Spitze genommen hat.
Die Frischwasserquellen zogen schon

*Tief ausgefahrene Pisten im Wadi Rum*

und der Sand der Wüste. Die Einmaligkeit des Wadi Rum wird gerade durch die isoliert stehenden Felsmassive geprägt – der Blick von Ras en Naqb (s. S. 366) vermittelt dies nur zu deutlich.

Der Boden des Wadis liegt etwa 1000 m hoch. Westlich vom Ort Rum streckt sich der Jebel Rum mit 1754 m Höhe schnurgerade in den Himmel, quasi gegenüber, auf der anderen Seite des Wadis, der Um Ishrin mit 1753 m. Sie sind die mächtigen Pylone, die das Wadi an seiner engsten Stelle bewachen. Im Sand und porösen Sandstein sammelt sich Regenwasser, das langsam nach unten sickert, auf den Granitsockel trifft und in diversen Quellen zutage tritt.

Früher galt übrigens der Jebel Rum als der höchste Berg Jordaniens. Doch 1993 wurde der Jebel Um ad Dhami südöstlich lange Menschen an, wie eine Siedlung aus der Zeit um 4500 vC beweist. Ab dem 8. Jh vC häufen sich die Belege für menschliches Leben im Wadi. Die günstige geografische Lage ließ später eine Handelsstraße zur Arabischen Halbinsel entstehen, welche in die Handelsstraße zwischen Syrien und Palästina mündete. Für die Nabatäer war diese Karawanenroute eine ganz wichtige Verbindung, sie bauten u.a. einen Tempel, dessen Ruinen noch vorhanden sind. In früheren islamischen Zeiten zog sich die Hauptpilgerroute nach Mekka durchs Wadi Rum, die heute an Airlines abgetreten ist. Der Engländer Thomas E. Lawrence, der sich später einen Namen als Lawrence von Arabien machte, organisierte im Ersten Weltkrieg mit den Beduinentruppen des Urgroßvaters des heutigen jordanischen Königs Abdullah II den Aufstand gegen die osmanische Herrschaft. Seine Erlebnisse schilderte er in seinem Buch "Die Sieben Säulen der Weisheit".

Bewohnt wird das Gebiet von etwa 1500 (andere Quellen sprechen von 4000) Beduinen, die ihre Herkunft auf die Nabatäer zurückführen. Ihre sehr alte Kultur, ihre Erzählungen, Lieder und ihr ziemlich komplexes Rechtssystem blieben nur durch mündliche Überlieferung erhalten. 2005 erklärte die UNESCO diesen Kulturraum zum **Meisterwerk des mündlichen und immateriellen Erbes der Menschheit**.

Im Lauf der letzten Jahrzehnte gaben die meisten Familien das Nomadenleben weitgehend auf, um ihre Kinder in Rum und Diseh zur Schule schicken zu können. Rum ist das Gebiet der Zalabia-Beduinen, Diseh das der Zweidehs. Da Diseh über ein großes unterirdisches Wasserreservoir verfügt, wird dort auch Landwirtschaft betrieben, während die Zalabia-Beduinen inzwischen fast ausschließlich vom Tourismus leben. Sie alle sind freundlich und verstehen es, offen – nicht zu geschäftsmäßig – mit den Besuchern umzugehen. Die jüngeren Männer sprechen häufig gut bis sehr gut Englisch und machen die Besucher recht umfassend mit dem Land und ihren Traditionen vertraut.

Im Wadi Rum herrscht typisches Wüstenklima mit im Sommer heißen Tagen und kühlen Nächten, im Winter kann die Nachttemperatur unter den Gefrierpunkt fallen. Regen oder auf den Bergen Schnee sind dann nichts Ungewöhnliches. Die Flora und Fauna entsprechen der Wüste, allerdings leben hier dank der Quellen verschiedene Wildtiere, u.a. Ibexe und wilde Katzen. An Vögeln sind Adler und Bussarde zu entdecken.

> **Tourist Code**
>
> Tony Howard, langjähriger Experte des Wadi Rum, veröffentlicht Verhaltensregeln (aus dem Himalaja Tourist Code) für Besucher.
> Kernaussagen sind:
> - Machen Sie kein offenes Feuer und hindern Sie andere daran – das Brennmaterial wächst nicht schnell genug nach
> - Nehmen Sie Ihren Abfall mit zurück
> - Verbrennen Sie Toilettenpapier und vergraben Sie das verbrannte Papier zusammen mit den Fäkalien
> - Halten Sie Quellwasser sauber
> - Erhalten Sie das natürliche Umfeld der Pflanzen
> - Vermeiden Sie, die Tiere der Wüste zu stören
> - Hinterlassen Sie keine Graffiti
> - Denken Sie an die Privatsphäre beim Fotografieren, fragen Sie die betreffenden Personen um Erlaubnis
> - Geben Sie Kindern keine Geschenke, das fördert das Betteln, unterstützen Sie lieber ein lokales Projekt
> - Besucher, die lokale Bräuche respektieren und anerkennen, fördern den Stolz der Einwohner und helfen, die lokalen Traditionen zu erhalten
> - Sie sind Gast; seien Sie freundlich, sensibel und eher zurückhaltend
> - Beachten Sie das schon früher über Kleidung und Verhalten Gesagte (s. S. 34)

## Aktivitäten

Die Hauptbeschäftigung besteht aus **Trips in die Wüste**, sei es zu Fuß, per Kamel oder Auto (wenn, möglichst 4WD). **Bergsteigen** bzw. **Klettern** in den Schluchten des Wadis wurde durch den britischen Kletterer Tony Howard eingeführt und bekannt gemacht. Für schwierigere Partien sollte man einen Führer anheuern.

| Ein Leser schickte uns die folgenden **GPS-Koordinaten** für Selbstfahrer: | |
|---|---|
| Um Fruth Felsbrücke | N29° 28,12′ E35° 26,95′ |
| Burdah Felsbrücke | N 29° 28,38′ E35° 30,22′ |
| Sanddüne | N29° 33,21′ E35° 26,68′ |
| Felszeichnungen | N29° 33,35′ E35° 27,17′ |
| Siq | N29° 31,23′ E35° 25,41′ |
| Kleine Felsbrücke | N29° 31,22′ E35° 26,58′ |

Für viele Besucher, die noch nie in der **Wüste nächtigten**, kann es das größte Abenteuer sein, einfach einmal unter dem Sternenhimmel mit seinen Milliarden glimmenden Lichtern zu schlafen. Möglichkeiten dazu werden zahlreich angeboten – legen Sie Wert auf einen Platz weitab vom Dorf Rum mit seinem Streulicht und genug entfernt von lauten Camps, um die Lautlosigkeit der Wüste „hören" zu können. Mindestens sollte man das relativ komfortable Angebot nutzen, in einem Bedu-Camp zu übernachten, siehe S. 380. Die vielen kleinen und großen Schönheiten der Wüste erlebt man am besten vom Kamelrücken aus; im wiegenden Schritttempo findet man genug Muße, auch die Details am Wegesrand zu entdecken. Wenn Sie etwas Zeit mitbringen, ziehen Sie einen Kameltrip dem Jeepausflug vor.

Die Beduinen stellen in der Regel nur die Kamele, Verpflegung muss man selbst mitbringen bzw. in Rum kaufen.

Neben den üblichen Kameltrips werden auch Pferderitte angeboten, siehe weiter unten. Auch **Drachen- bzw Gleitschirmfliegen** ist vom Jebel Rum oder anderen Hängen möglich.

### Interessantes im Wadi Rum

Das Wadi Rum überrascht den Besucher mit einer ganzen Reihe von Sehenswürdigkeiten. Die bekanntesten sind im Folgenden kurz skizziert.

■ **Graffiti** (Felszeichnungen, -inschriften)
Die Felsen des Wadi Rum dienten vielen Durchreisenden als "Schwarze Bretter", an denen sie Mitteilungen hinterließen oder Bilder ihrer Tiere. Besonders fleißig waren thamudische Beduinen,

*Felszeichnungen am Jebel Faishiyya*

die, erstmals im 8. Jh vC in der Gegend von Mekka erwähnt, in der Nabatäerzeit auch im Wadi Rum lebten und offenbar in guter Nachbarschaft mit den inzwischen sesshaften Nabatäern. Viele Graffiti geben den Historikern Hinweise auf Lebensweise und Religion der Urheber. Manche hinterlassen schlicht den Namen des Schreibers auf dem Fels, andere sind nach unserem heutigen Empfinden einfach grafisch schön. Neben thamudischen Felszeichnungen (eigentlich *Felsritzungen)* findet man auch nabatäische und (selten) mäinaische aus der früharabischen Zeit.

### ■ Die Säulen der Weisheit

T.E. Lawrence taufte die Bergformation am Eingang des Wadis "The seven pillars of wisdom". Sie liegen "gleich um die Ecke" des Visitor Centers, d.h. südöstlich am ersten Bergmassiv. Mit einem brauchbaren Teleobjektiv sind sie bereits von hier gut zu fotografieren.

### ■ Nabatäer Tempel

Am Fuß des Jebel Rum (ein paar hundert Meter hinter dem Resthouse) bauten einst die Nabatäer einen Tempel, dessen Relikte noch zu sehen sind. Er entstand im 1. Jh nC und wurde im Laufe der Zeit in drei Bauabschnitten umgebaut und erweitert, im letzten mit einer Umfassungsmauer versehen. Das vermutlich der Göttin Allat geweihte Bauwerk wurde später noch von den Römern genutzt. Nordöstlich vor dem Tempel konnte ein vornehmes nabatäisches Wohnhaus ausgegraben werden, das sogar ein Bad enthielt. Dieses ist mit prinzipiellen Einrichtungen ausgestattet, wie man sie später bei den Römern bzw. in Wüstenschlössern findet, es ist jedoch die älteste in Jordanien bekannte Badeanlage.

### ■ Ain Shelaleh (auch *Lawrence Spring)*

Die ergiebigste Quelle des Wadis entspringt am Jebel Rum, ca. 1 km bergauf; ein paar Bäume lassen den Platz vom Resthouse aus erkennen. Die Quelle ist heute so ummauert, dass man nicht mehr, wie Lawrence, dort schwimmen kann. In der

*Aufwachen neben dem Beduinencamp*

Umgebung sind viele Felszeichnungen und Inschriften zu sehen, auch Reste einer nabatäischen Wasserleitung, die einst zum Tempel hinunterführte. Jetzt verläuft eine Rohrleitung zu einem Tank am Fuß des Jebel; dort versorgen die Beduinen sich selbst und ihr Vieh mit dem wertvollen Nass.

Tempel und Quelle lassen sich bei einem etwa anderthalbstündigen Spaziergang erschließen (falls noch erlaubt): vom Resthouse direkt Richtung Jebel Rum zum Nabatäertempel gehen, dann in südlicher Richtung zum weißen Wassertank; von dem aus windet sich ein Pfad den Berg hinauf zur Quelle.

*Burdah Felsbrücke in der Ferne*

### ■ Siq Khazali (auch Canyon)
Durch einen mannsbreiten, sehr hohen Felsspalt des Jebel Khazali zieht ein steter, angenehm kühlender Luftzug. Im Inneren des Canyon sind diverse nabatäische Zeichnungen, u.a. von einer gebärenden Frau, und eine Kufi-Inschrift zu sehen. Kletterer mit entsprechender Ausrüstung können im Siq bis auf die Spitze des Jebel hinaufklettern. Vor dem Siq sammelt sich genug unterirdische Feuchtigkeit, um ein paar Bäume am Leben zu erhalten.

### ■ Kleine Felsbrücke Rakehbt al Wadak
Am nördlichen Fuß des Jebel Qaber Amra schuf die Erosion ein größeres Loch in einer Felswand, von einer Brücke kann jedoch nur mit viel gutem Willen die Rede sein.

### ■ Felsbrücke Um Throuth
Ein etwas entfernterer kleiner Jebel, der aber auf guter Piste zu erreichen ist. Die einigermaßen eindrucksvolle Brücke verdient ihren Namen tatsächlich.

### Felsbrücke Burdah
Die viel höhere und noch größere, häufig abgelichtete Felsbrücke liegt am gleichnamigen Jebel. Sie überspannt ein Wadi in 35 m Höhe und ist schon von weitem zu sehen. Sie zählt zu den höchsten Felsbrücken der Welt, wie auch zu den Highlights Jordaniens. Der Jebel Burdah liegt etwa 20 km vom Ort Wadi Rum entfernt. Am Fuß des Berges endet die Anfahrt. Dann beginnt der schweißtreibende Aufstieg von 1-2 Stunden ziemlich steil bergauf. Man geht oder – je nach Vermögen – krabbelt stückweise über blanken Fels, schlägt sich durch Geröll und muss ziemlich zum Schluss ein Steilstück durch Klettern überwinden. Man kann den Treck nur mit einem erfahrenen Beduinenführer angehen, denn es gibt keine Markierungen oder ausgetretene Pfade oder Sicherungen beim Klettern. Aber alle Mühe wird vom unvergleichlichen Ausblick weit ins Wadi Rum von der Brücke, noch besser vom Gipfel des Jebel Burdah aus, belohnt.

### ■ Al Ksair (auch Lawrence House)
Das Dach des kleinen nabatäischen Tempels stürzte erst vor wenigen Jahren ein, darum von daher ist heute nichts Besonderes mehr zu erkennen oder zu sehen. Es ist nicht sicher, ob Lawrence jemals hier wohnte. Wahrscheinlicher ist schon, dass er hier ein Waffenlager angelegt hatte.

### ■ Nabatäische Felszeichnungen Alameleh und Jebel Faishiyya
Nabatäer und Thamuden hinterließen Felszeichnungen und -ritzungen, die Kamele und andere Tiere oder Krieger darstellen. Die Faishiyya-Bilder bedecken

eine steile Felswand.

■ **Sanddüne**
Ganz in der Nähe der Felszeichnungen lehnt sich eine ziemlich hohe Düne an eine Felswand. Sie ist aber meistens von Fußspuren total zertrampelt – wer ihre natürliche Schönheit erleben will, muss ganz eilig nach einem Sandsturm herkommen, bevor die nächste Touristenladung auf sie losgelassen wird.

■ **Sonnenuntergangsplätze**
Je nach Jahreszeit empfehlen sich bestimmte Plätze für den Sonnenuntergang. Der Sommerplatz liegt ein ganzes Stück südlich im Wadi. Am Winterplatz fanden wir das Schauspiel nicht allzu dramatisch (Petra ist zumindest zu dieser Zeit deutlich schöner).

■ **Jebel Hash und Jebel Umm ad Dami**
Ein Tagesauflug zum Jebel Hash erschließt das Wadi Rum und seine Umgebung schon bei der Anfahrt. Der 1700 m hohe Berg liegt im Süden nahe der Saudi-Grenze und nicht weit entfernt vom Jebel Ad Dhami, der mit 1854 m höchsten Erhebung des Landes. Der Weg zum Gipfel gleicht wegen des sanften Anstiegs mehr einer Wanderung. Von oben bietet sich ein unvergesslicher Ausblick auf Wüste und Berge in ihren vielfältigen Farben. Für Auf- und Abstieg muss man mit etwa 2-3 Std für Auf- und Abstieg rechnen. Ähnliches gilt für den Jebel Al Hash, der allerdings schwieriger zu besteigen ist (4 Stunden).

■ **Noch mehr**
Wenn Ihnen das alles nicht genug Auslauf ist, können Sie über
■ BAIT ALI DESERT LODGE, 1 km vor Abzweig nach Diseh, Tel mobil 0799257222, info@baitali.com, www.baitali.com s. S. 380 oder bei TERHAAL TRAVEL (S. 175) oder LA BEDUINA ECO TOURS, Wadi Musa (S. 357)
unvergessliche Fahrten im **Heißluftballon** unternehmen oder **Fallschirmsprünge**, **Microlighting**, **Paragliding** über der Wüste buchen.

**Weiter ins Wadi Rum**
Die Straße vom Visitor Center zum Ort Rum folgt der "**Prozessionsstraße**" des T. E. Lawrence, beginnend mit den "Sieben Säulen der Weisheit" (nördliche Seite), die er voller Begeisterung mit dem recht treffenden Namen taufte. Man kommt sich als kleiner Mensch hier unten noch kleiner vor. Aber nicht verängstigt und bedrückt, sondern frei und begeistert, weil die Berge weit und offen sind, weil sie nicht grau und stumpf drohen, sondern mit ihren rötlichen Pastelltönen freundlich wirken – den Besucher willkommen heißen.
Richtung Rum Village folgt der *Jebel Umm Ishrin*, eine gewaltige Felsmasse auf der Ostseite der Straße, die beim Ort Rum in den Jebel Umm Ejil übergeht. Schräg gegenüber ragt auf der Westseite der *Jebel Rum* auf.
6 km bis

## Rum (Ram) Village

Nach Passieren des Resthouse, kurz vor dem Ort rechts, endet die Asphaltstraße sozusagen am Fort der Wüstenpolizei, des **Desert Camel Corps** (tatsächlich ein paar hundert Meter weiter). Das Fort stammt aus den 1930er-Jahren. Die Kamelreiter in ihren immer noch etwas malerischen Uniformen, die nicht zuletzt durch T. E. Lawrence und den Film über ihn bekannt wurden, nehmen heute eher Verwaltungsaufgaben wahr, als heroisch gegen Eindringlinge aus dem Osten kämpfen zu müssen. Ein Besuch in der Polizeistation, der früher sozusagen der Antrittsbesuch im Wadi Rum war, stößt heute bei den Exgastgebern auf wenig Interesse. Selbst die Reitkamele der Polizei sind weitgehend schnellen, speziell für diesen Dienst ausgerüsteten

4WDs gewichen, und der Willkommens-Kaffeetrunk wird nur noch offiziellen Gästen der Station serviert.

In dem kleinen Shop neben dem Resthouse am Ortseingang wird eine Karte namens WADI RUM TOURIST PLAN verkauft, die für einen Überblick von Vorteil ist. Empfehlenswert ist auch das Büchlein *Walks And Scrambles In Wadi Rum* von Tony Howard und Diana Taylor, das detailliert kleinere Klettertouren und Wanderungen beschreibt. Das ausführlichere Buch *Trecks and Climbs in Wadi Rum* von Tony Howard wendet sich mehr an „Profi"-Kletterer.

Von der Ostseite des Village führen viele Spuren in die Wüste, dort herrscht lebhafter Verkehr. Die Zahl der ursprünglich lizenzierten Camps der Beduinen im Reservat ist wundersam gewachsen. Die Lizenz-Zertifikate werden gehandelt oder es wird ohne Lizenz einfach gebaut. Fragen Sie beim Buchen eines Camps nach der Lizenz. Es gibt diverse neue Unterkünfte, eins der ungewöhnlichsten ist das LuxuryCamp (s. S. 382), das für zahlungskräftige Gäste entwickelt wurde. Da kann man streiten, ob diese Version dem Wadi hilfreich ist oder wie weit sie die ursprüngliche Idee, den damaligen Zustand quasi zu konservieren, verwässert. Man kann nur hoffen, dass auch die lokalen Beduinen von dem Projekt profitieren.

### ➡ Praktische Informationen

Telefonvorwahl 03
www.wadirum.jo

#### 🚌 Hinkommen

- Es gibt einen Minibus nach Aqaba rund um 7 U (JD 3), manchmal ein weiterer gegen 8.30. Zur ähnlichen Zeit startet auch ein Bus nach Wadi Musa/Petra (JD 7). Am frühen Nachmittag fährt (nicht immer) der sog. Lehrerbus nach Aqaba und kann zusätzlich Fahrgäste zu JD 3 aufnehmen. Erkundigen Sie sich rechtzeitig nach den aktuellen Abfahrtszeiten und seien Sie vorsichtshalber deutlich früher als angegeben am Bus.

Endhaltestelle ist das Resthouse. Ankommende Besucher müssen aber am Visitor Center Eintrittstickets kaufen, doch der Bus wartet manchmal nicht. Das ist nur dann nicht ärgerlich, wenn man ohnehin einen offiziellen Trip plant, der hier beginnt.

- Als Alternative kann man von oder zur **Rashidiya Kreuzung** am **Desert Highway** trampen oder sich vom Visitor Center aus oder dem Rum Village von einem Beduinen zur Kreuzung zu etwa JD 10 bringen lassen. An der Kreuzung fahren häufig Busse/Minibusse Richtung Amman oder Aqaba vorbei; allerdings können sie so voll sein, dass sie nicht halten. Zu berücksichtigen ist auch, dass Autofahrer direkt an der Kreuzung bzw. der Autobahn niemanden mitnehmen dürfen, sondern erst einige Meter entfernt, was eigentlich keinen Sinn macht.

- Man bucht besser eine **komplette Tour** von Aqaba aus, bei der das typische Programm geboten wird. Diese Überlegung, ob man all die Umstände mit Hin-, Herum- und Weiterkommen auf sich nehmen oder am Ende mit einer entsprechenden Tour problemloser und nicht allzu viel teurer davonkommen will, sollte man anstellen.

- Zu den **Camps bei Diseh** gibt es keine Busverbindung. Manchmal fährt ein Minibus von der Rashidiya Kreuzung zum Ort Diseh; von dort steht ein erklecklicher Fußmarsch bevor. Findet man nur

> **Schreiben Sie uns bitte,**
> wenn Sie Unstimmigkeiten, Neues oder Änderungen entdecken.

einen Bus nach Rum, steigt man zuvor an dem Diseh-Abzweig aus und versucht zu trampen. Taxis sind sehr selten.
- Atallah Swilhen bietet mit seiner Firma **Wadi Rum Horses**, Tel mobil 0795 802108, 032035508, rumhorses@yahoo.co.uk kurze Ausritte bis zu tagelangen Touren

**Wüstenwandern**: Eine Leserin schreibt begeistert über einen Tripp in der Wadi Rum Wüste mit Nyazitours, www.nyazitours.com. Hier ein Auszug: „...kann ich unbedingt empfehlen für Wüstenwanderungen, ganz besonders für Leute, die nicht in einem Camp, sondern unter freiem Himmel übernachten und auf den gewohnten Komfort verzichten wollen..."

## Essen & Trinken

- Das **RESTHOUSE** Restaurant offeriert gute arabische Küche und Frühstück, relativ teuer; ferner gibt es (meistens) saubere Toiletten und Duschen, Gepäckaufbewahrung ist möglich
- **ALI'S PLACE**, ist gut und günstig, auch Frühstück zu JD 2 (besser als im Resthouse).
- **RUM GATE RESTAURANT**, Visitor Center, gutes Mittagsbuffet JD 10.

## Übernachten

Mit Eröffnung des Reservats konnten die Beduinen für bestehende Camps eine Dauer-„Betriebserlaubnis" erwerben. Diese offiziellen 37 Camps sind sozusagen in bester Lage verstreut im Wadi Rum Naturschutzgebiet. Die Bedus bieten Übernachtungsmöglichkeiten auf einfachen Betten, Abendessen und Frühstück, es gibt einfache Toiletten und Duschen. Der Gast kann sowohl im Camp als auch daneben unter dem sternenübersäten Himmel übernachten. Das beduinisch zubereitete Essen trägt, wie auch die musikalische Untermalung, ebenfalls zum ungewöhnlichen Erlebnis bei. Im Visitor Center erhalten Sie ausführliche Informationen.

**Wadi Rum Village**

- **RESTHOUSE**, Ortseingang Wadi Rum Village, Tel mobil 07 9675 5600; z.Zt. unserer Recherche geschlossen (eventuell nur vorübergehend)

**Camps außerhalb des Reservats**

- **BAIT ALI DESERT LODGE**, 1 km vor Abzweig nach Diseh links, ausgeschildert, etwa 400 m von der Asphaltstraße hinter einem Hügel, Tel mobil 0799577222, 032022 629, info@baitali.com, www.baitalicamp.com; große Anlage mit großem Pool, Zwei- bis Dreipersonenzelte, außerdem Steinchalets mit Dusche und WC, 2 VIP-Chalets. Sehr saubere Sanitäranlagen; Wasserversorgung aus eigenem Brunnen, Eier von eigenen Hühnern, Gemüse z.T. aus eigenem Garten; Amphitheater, Ballonfahren, Pferd- und Kamelreiten, Sandsegeln, Wandern, freitags kommen viele Busse (die meisten aus Amman), ein DJ legt auf, ab 19 U ist es laut, aber ab 22-23 U kehrt Ruhe ein HP (einschl. 5% Tipps+5% Tax) ........................ Zelt pP 40; Chalet mit Ventilator und Bad E 55, D 75; Deluxe mit AC, Bad, WiFi, SatTV, Kschr, Terrasse, Feuerplatz ......E 90, D 110

**Diseh Camps** (in der Reihenfolge der Runde um den Berg)

- **CARAVANS CAMP**, 2-3-Personen-Zelte, 60 Betten insgesamt, Tel mobil 0795393559, caravanscamp@hotmail.com, www.caravans-camp.com; Solar-Elektr. 3 Toiletten für Frauen, 2 für Männer; 2 Duschen für Frauen, 3 für Männer, HP ....25 pP

- **ZAWAIDEH DESERT CAMP**, Tel mobil 079584 0664, 079666 7605, zawaideh_camp@yahoo.com, saubere Anlage einschließlich Sanitär, wirkt „gemütlich", gefliese Wege, etwa 100 Betten, 9 Toiletten 2 Duschen, HP ............................. pP 22, Räume mit Bad 60, Zaweideh betreibt auch ein Camp im Reservat mit 60 Betten
- **CAPTAIN'S CAMP**, Tel mobil 079 5538386 osama@captain.jo, www.captain.jo; gehört zu Captain's Restaurant und Hotel in Aqaba, zählt zu den besten Camps im Diseh-Bereich, Palmen, gepflegt, großflächig, gut eingerichtet für ein Camp, 160 Betten, Übernachten im Zweier-Moskitonetz-Zelt, HP ab pP 35, Dlux mit Bad 45pP, „Suite" mit eigenem Bad und AC 60 pP
- **RUM OASIS CAMP**, Tel mobil 0777 309388, info@rumoasis.com, www.rumoasis.com; Camp ohne Grün, Bar, Alkoholausschank, Sanitäranlagen hinter einem Hügel, 140 Betten, HP ................................................................................................................pP 20-25
- **OASIS DESERT CAMP**, Tel mobil 077 746 1519, info@oasisdesertcamp.com, www.oasisdesertcamp.com; eher ungemütlich, lieblos, große Sandflächen, 180 Betten, 42 Duschen und 30 WC, 20 Räume mit Dusche + WC , HP .................................................pP 25
- **MOON VALLEY CAMP**, Tel mobil 077734 1000, mhasanat18@hotmail.com; einfach, man schläft in Hütten, „Chalets" oder Zelten, HP ...................................................... pP 18
- **SAND ROSE HILLAWI CAMP,** Tel mobil 07795904441, info@hillawi.com, www.sandrosecamp.com; 150 Betten, 75 Zimmer mit AC +WC,
HP ...................................................................................Zelt pP 25, VP Zelt pP 45, Deluxe Zimmer pP 56

## Camps innerhalb des Reservats

Alle im Folgenden aufgelisteten Camps bieten im Grunde sehr ähnliche Leistungen zu ähnlichen Preisen. Dazu gehören die Unterbringung in (Ziegenhaar) Zelten mit Frühstück und Dinner, Schlafen entweder im Zelt, festen Kabinen oder im Freien. Auch bieten alle Wüstentrips zu den vorgenannten Zielen. Diese kann man entweder per 4WD erreichen oder teils auch per Kamel oder, auf die nähere Umgebung beschränkt, wüstenwandernd. Die Camps innerhalb des Reservats würden wir den der häufig lauten, relativ dicht an dicht (nicht bei allen) aufgebauten Lagern bei Diseh allemal vorziehen. Denn hier werden Sie in der Wüsteneinsamkeit sehr ruhige, d.h. leise Nächte ungestört durch Lärm und Licht aus der Nachbarschaft erleben können.

Derzeit soll es ca. 100 Camps im Reservat geben. Es wäre eine viele Tage lange Beschäftigung, alle aufzusuchen und zu beschreiben. Daher hier nur eine eher beliebige Auswahl:

- **KHALED'S CAMP,** Khaled Sabbah Atieg, Tel mobil 0795 60 9691, atieg77@yahoo.com, www.wadi-rum.com
- **BEDOUIN ROADS CAMP**, Attayak Ali Zalabe, Tel mobil 07958 99723, www.bedouinroads.com
- **WADI RUM NOMADS**, Fawaz Mohammed Al Zalabieh, Tel mobil 09754 67190, mobil 0795467190, www.wadirumnomads.com
- **WADI RUM QUIET VILLAGE CAMP**, Salem Mitlaq Alzalabieh, Tel mobil 07764 09977, Meditation Trips, www.wadirumquietvillage.com, saleem.wadirum@gmail.com
- **BEYOND WADI RUM TOURS**, Salman Mteer Zalabiah, Tel mobil 07764 78589, www.beyondwadirum.com
- **SHABAB SAHRA,** Tel mobil 07769 76356, Abdullah Azallabeh, www.shababsahra.com, hat sich hauptsächlich auf Klettern spezialisiert.

Ein Hotelier in Petra erkannte eine Marktnische für besondere, hochpreisige Unterkunft im Wadi Rum und baute im Reservat ein Luxus-Camp mit entsprechenden Zelten und hervorragendem Restaurant. Der Clou sind Zweibett-Unterkünfte mit durchsichtiger Plastikkuppel, in denen die Gäste – geschützt vor Sandstürmen und sonstigen Unbilden – die Nacht unterm Sternenhimmel verbringen können, natürlich mit AC und eigenem Bad. Ein ähliches, noch luxuriöseres Camp eröffnete er bei Little Petra, s. S. 363.

- **WADI RUM BUBBLE LUXOTEL**, Tel 032157070, info@wadirumnight.com, www.wadirumnight.com; großzügige Zelte mit festen Betten, Sofa und Bad, gut ausgestattete Lobby, Restaurant; HP. Die Preise liegen je nach Saison und Belegung (Tagespreise) ab ca. JD 120 steil aufwärts.
- Einen „Ableger" erkennt man bereits von weitem vor Diseh an den weißen Kuppeln, rechts kurz bevor man über den Bahnübergang fährt.
- Eine ähnliche Klientel spricht **RAHAYEB DESERT CAMP** in der Nähe von Diseh an, Tel 032058557, info@rahayebdc.com, www.rahayebdc.com

Nun geht es auf der Asphaltstraße **zurück zum Desert Highway**. An der Kreuzung biegt man links ab und fährt dann, einem Wadi folgend, kontinuierlich bergab.
19 km bis **Aqaba Zollstation**

4 km: **Abzweig**
Links zum südlichen Hafengebiet, 31 km bis Saudi-Arabien Grenze
14 km: **Abzweig**
Links „Aqaba Ports"
2,5 km: Aqaba ist erreicht

## Aqaba

Mit Aqaba (www.aqaba.jo) ist das Rote Meer, genauer der Golf von Aqaba, und aus unserer Sicht die sauberste Stadt Jordaniens erreicht. Die einzige Hafenstadt Jordaniens (etwa 65 000 Einwohner) verdient ihr Geld sowohl mit Transitgüterverkehr in den Irak als auch mit Phosphatausfuhr, dem Haupt-Exportprodukt Jordaniens.

Aqaba liegt insofern sehr günstig, als es praktisch auf Süßwasser gebaut ist: Sickerwasser von weit her wird über eine wasserdichte Gesteinsschicht und auf einer schiefen Ebene in den Golf geleitet. Schon ein 1 m tiefer Brunnen kann Süßwasser liefern.

Ab 2001 verwandelte sich Aqaba zur Freihandelszone *Aqaba Special Economic Zone (ASEZ)*. Reisende von außerhalb stellen dies kurz vor der Stadt an den Zollstationen fest, die aber Touristen meist mit freundlichem Gruß durchwinken. Im Prinzip müssten daher alle Waren, auch Souvenirs, in Aqaba billiger zu erstehen sein, da der Steuersatz innerhalb der Zone nur 7 Prozent beträgt. Tatsächlich ist davon nicht viel zu spüren. Erwarten Sie andererseits nicht zu viel von Aqaba als Badeort.

### Sehenswertes in Aqaba
- \*\*\*\***Baden**, Schnorcheln, Tauchen, Relaxen, S. 391
- \*\*\***Ausflüge** in die Umgebung, S. 395
  - \***Festung** und **Ailah-Ruinen**, spärliche Reste der langen Vergangenheit, S. 389
  - \*Zwei kleine **Museen**, einigermaßen interessant, S. 389
  - \***Marine Science Station (Aquarium)**, Unterwasserblick im Trockenen, lohnt sich, S. 390

# Aqaba

## Kurzinhalt des Aqaba-Abschnitts

| | |
|---|---|
| Aqaba kennenlernen | 384 |
| Stadtplan | 385 |
| Festung | 389 |
| Baden, Schnorcheln, Tauchen | 391 |
| Praktische Informationen | 396 |
| Shopping | 395 |
| Grenzübergänge | 398 |
| Essen & Trinken | 400 |
| Übernachten | 401 |

Die Situation hier ist nicht mit dem israelischen Elat oder den ägyptischen Badeplätzen an der Sinai-Küste vergleichbar. Dafür geht es hier weniger stressig zu.

Per Bus landen Sie in der Regel im Zentrum, alle öffentlichen Bus- und Minibuslinien enden direkt oberhalb des Souk. Auch von der JETT-Busstation, die hinter dem Mövenpick Hotel liegt, ist es nicht weit ins Zentrum; wobei ankommende Busse meist an der Ecke An Nahda/Sa'ada St halten.

Als Autofahrer halten Sie sich, aus dem Norden kommend, immer geradeaus, über den ersten und zweiten Kreisel hinweg. Sie landen im Souk, in der Altstadt, und wenn Sie dort Ihre Richtung in etwa beibehalten, stoßen Sie unweigerlich auf die Corniche (offiziell: Al Malik al Hussein St), die zum Strand parallel verlaufende Promenade.

Sollten Sie – bei der Einfahrt in die Stadt – zuerst an den südlichen Strandgebieten baden wollen, dann halten Sie sich gleich am Stadteingang links, dem Schild „Saudi-Arabia, Ports" folgend. Die Umgehungsstraße führt zum Hafen, dort biegt man links ab. Die am Strand verlaufende Straße verbindet alle Strände mit der Stadt, deren bedeutendster der Aqaba Marine Park ist.

**Hintergrund:** *Aqaba, dessen Name sich historisch mehrfach von Ailah, über Elat, Elot etc. änderte, war zwar schon in biblischen Zeiten bekannt, Ausgrabungen beweisen jedoch, dass die Gegend bereits im 4. Jahrtausend vC besiedelt war. Spä-*

*Aqabas Flaggenmast: respektable Höhe*

ter diente es den Ptolemäern, dann den Römern und Nabatäern als Hafen und Stützpunkt. In byzantinischer Zeit war es Bischofssitz. 631 nC wurde die Stadt als erste in Jordanien von muslimischen Truppen erobert. 1116 stießen die Kreuzritter nach Aqaba vor und bauten auf dem heute ägyptischen Jezirat Farun (Pharoon's Island) in der Nähe von Tabah eine Festung und eine weitere in Aqaba selbst. Doch 1170 nahmen die Muslime die Gegend wieder ein. 1517 kam Aqaba in den Besitz der Osmanen, die sich bis 1917 hielten. T. E. Lawrence (von Arabien) half den Arabern bei der Eroberungsschlacht; allerdings erschoss er vor lauter Aufregung sein eigenes Kamel, wurde zu Boden geschleudert und überlebte die Schlacht als Bewusstloser.

1925 legte England einseitig die Grenzen Transjordaniens fest, Aqaba kam zum heutigen Jordanien. Mit der Gründung Israels, 1948, musste Aqaba die Hafenrolle übernehmen, die zuvor Haifa oblag; dies löste einen wirtschaftlichen Schub für die Stadt aus. 1954 wurde der Hafen so ausgebaut, dass auch größere Schiffe anlegen können. Waren es einst nur wenige Frachter pro Jahr, die das Fischerdorf mit 3 000 Einwohnern anliefen, so sind es heute mehr als 3 000 Schiffe jährlich. Heute gibt es eigentlich drei Häfen; nach dem Haupthafen folgen in südöstlicher Richtung der Container- und dann der Phosphathafen.

Problematisch ist eine solche Konzentration von Stadt, Industrie und Hafen (auf beiden Seiten der Aqaba-Bucht, nämlich ebenso in Elat) für das empfindliche Ökosystem der Korallen. Seit Mitte der 80er-Jahre wird mehr und mehr Augenmerk auf diese Situation gelegt, und – glaubt man den Worten der Diving Experten – sogar mit Erfolg: Die Korallen auf dieser Seite der Bucht seien weniger beschädigt als die von Elat, nicht zuletzt wegen der geringeren Taucherzahlen. Laut RSCN leben über 1000 Fischarten und mehr als 200 Korallenarten in den Riffen der Aqaba-Bucht.

Aus der langen Historie ist fast nichts außer den eher bescheidenen Resten der Festung geblieben. Ein paar Grundmauern auf dem Grabungsgelände Ailah und ein weiterer Grabungsplatz etwa 500 m nördlich der Küste nahe der israelischen Grenze, Tell Kheleifeh, konnten freigelegt werden. Der Tell galt lange Zeit als das biblische Ezion-Geber, aber nach neueren Erkenntnissen besteht er aus einer Folge von Siedlungen aus dem 8.-4. Jh vC, die von bis zu 4 m dicken Stadtmauern beschützt wurden. Immerhin kann Aqaba auf die älteste bisher bekannte Kirche stolz sein, deren Grundmauern in der Nähe des Mövenpick Hotels entdeckt wurden.

Von der Antike in die Gegenwart: Aqaba soll in den nächsten Jahren massiv auch touristisch entwickelt werden. Das Saraya-Projekt (am Ende der Al Malik Al Hussein St) wäre bezugsfertig, wenn nicht die wirtschaftliche Situation zu einer Baupause gezwungen hätte. Dessen ungeachtet wurden zwei weitere Mega-Hotelresort Projekte begonnen...

## Aqaba kennenlernen

### Zentraler Bereich

Im **Souk** – der keineswegs eng und verwinkelt ist wie eine typische arabische Medina – kann man von Souvenirs bis zu alltäglichen Lebensmitteln einkaufen. Das relativ kleine Gebiet wird oberhalb, östlich, von der Zahran St und unterhalb von der Raghadan St begrenzt. Nördlich ist es die Yarmuk St und südlich die Al Razi St. In diesem relativ kleinen Gebiet pocht das Herz der Altstadt, sofern man den Begriff in der jungen Stadt überhaupt gebrauchen will. Hier finden Sie fast alles für das tägliche Leben und das meiste für das Gepäck in die Heimat. Am besten be-

**Aqaba kennenlernen** **385**

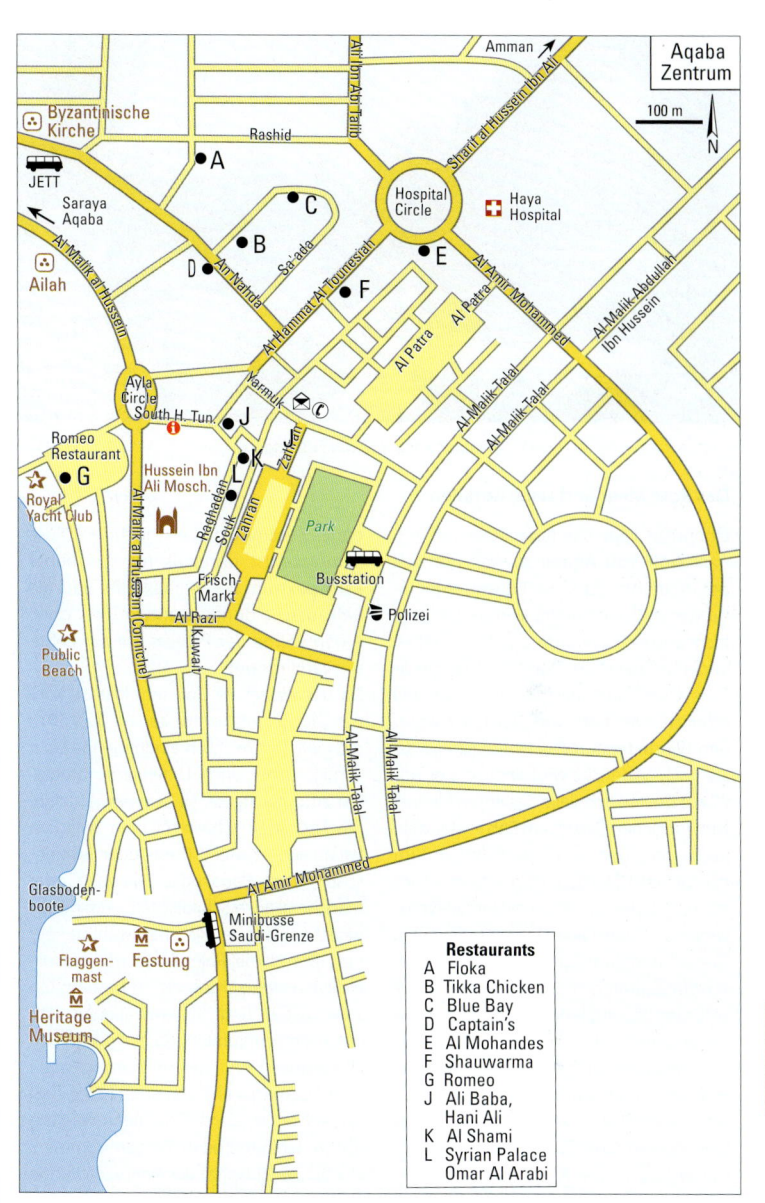

**Aqaba Zentrum**

100 m

**Restaurants**
- A Floka
- B Tikka Chicken
- C Blue Bay
- D Captain's
- E Al Mohandes
- F Shauwarma
- G Romeo
- J Ali Baba, Hani Ali
- K Al Shami
- L Syrian Palace Omar Al Arabi

ginnen Sie mit einem Bummel entlang der Zahran St mit ihren vielen Shops. Immer wieder führen enge Gassen zur Raghadan St hinunter. Besondere Höhepunkte konnten wir nicht registrieren, lassen Sie sich einfach treiben. Für

*Restliche Mauern der Festung*

### Das Rote Meer und seine Korallen

Eigentlich liegt das Rote Meer mit seinem **Golf von Aqaba** so weit nördlich des Äquators, dass die Wassertemperatur wesentlich niedriger sein müsste und nicht ausreichen würde, um dort Korallen gedeihen zu lassen. Doch ein paar glückliche Umstände machen das Gegenteil möglich: Die stets von Norden blasenden Winde treiben das Oberflächenwasser nach Süden, es wird aber an der nur 27 km breiten Schwelle des Roten Meeres zum Indischen Ozean, am Bab el Mandeb, nach unten gedrückt und fließt langsam zurück nach Norden. Dort taucht es im Winter wieder auf, wenn die kalten Nordwinde das Oberflächenwasser abkühlen. Dieser Kreislauf sorgt dafür, dass die Wassertemperaturen nie unter 20 Grad sinken, eine absolut lebenswichtige Voraussetzung für Korallen. Weiterhin besitzt das Rote Meer ein felsiges Ufer mit nur ganz wenigen Zuflüssen, d.h. nährstoffarmes, sehr klares Wasser; wiederum eine Überlebensbedingung für Korallen.

Die winzig kleine **Koralle** ernährt sich mittels Fangarmen von nachts vorbeiziehendem Plankton. Die Nährstoffarmut des Wassers kompensiert sie durch ein enges Zusammenleben mit Algen. Diese Symbiose ist übrigens für das bunte Farbspektrum des Korallenriffs und die Kalkausscheidung verantwortlich; ohne Algen würde der Prozess auf ein Zehntel verlangsamt.

Da das Wasser im Golf sehr klar ist, können Taucher mit Sichtweiten bis über 50 m rechnen. Das reichlich eindringende Licht verhilft daher auch Unterwasserfotografen zu guter Beute. Neben vielen kleineren Fischarten schwimmt man zwischen Papageien-, Kaiser-, Thun- oder Mondfischen, sieht Barrakudas, Muränen oder manchmal auch Schildkröten – um nur einige Arten aus der Riesenauswahl zu nennen. Der Name *Rotes Meer* geht auf die rötliche Farbe zurück, die zu bestimmten Jahreszeiten und Klimasituationen von massiven Ansammlungen einer Alge (Trichodesmium erythraeum) hervorgerufen wird. Nach einer eher romantischeren Theorie soll er von den bei Sonnenuntergang rötlich schimmernden Bergen kommen. Der bis zur Südspitze des Sinai verlaufende Golf von Aqaba hat eine Höchstbreite beim ägyptischen Dahab von 28 km, bei Aqaba ist er auf 5 km geschrumpft.

eine Pause bieten sich jede Menge Restaurants an.

## Historisches Aqaba

Die reale Geschichte Aqabas finden Sie z.B. nur ein paar Schritte südöstlich vom Mövenpick Hotel entfernt gegenüber dem Hotel Aqaba Gulf mit den Grundmauern von *Ailah. Hier wurden 1987 Teile der antiken Stadt gefunden und seither ausgegraben, vor allem Stadtmauerreste, Fundamente von Häusern und einer Moschee. Eine Inschrift besagt, dass Ailah unter dem ägyptischen Sultan El Guri im 16. Jh erbaut wurde.

Dem Besucher sagt all das nicht sehr viel. Den besten Eindruck gewinnen die Gäste mit Straßenseiten-Zimmern des Aqaba Gulf Hotels, die von ihrem Fenster von oben auf einen Teil der Grundmauern sehen können.

Ailah war einst von einer 2,5 m dicken Stadtmauer mit vier Ecktürmen und zusätzlichen Zwischentürmen umgeben. An der heutigen Corniche lagen das Syrische Tor und dahinter die Moschee der Stadt. Das Ägyptische Tor – gegenüber dem Mövenpick-Hotel – hat im Lauf der Jahrhunderte verschiedene Veränderungen durchlaufen, dabei wurde es immer schmaler. In der letzten Phase hat man es ganz geschlossen, nur eine Abwasserleitung führte noch hinaus. Das Hijaz-Tor liegt im heutigen Royal Yacht Club, ein See-Tor führte zum Strand. Im Zentrum der alten Stadt, dort, wo sich die vier von den Toren kommenden Straßen kreuzten, stand ein sogenanntes Pavillon-Gebäude, das sehr großzügig ausgestattet war, ein Bad enthielt und daher wohl öffentliche Funktionen wahrnahm. Eine Besichtigung von Ailah ist durchaus lohnenswert, zumal alle wichtigen Plätze mit (noch gut lesbaren) Tafeln erklärt sind.

Will man auf der Zeitreise noch weiter in die Vergangenheit tauchen, so sollte man unter der Mövenpick-Brücke hindurch und nach dem Jett-Terminal

*Public Beach am Rand des Stadtzentrums*

## Gefahren im Riff vermeiden

Die Schönheit des Korallenriffs ist leider mit ein paar Gefahren verbunden, die von einigen dort lebenden Tieren ausgehen. Allerdings verhalten sich grundsätzlich fast alle diese Tiere defensiv und greifen (bis auf Haie) nur an, wenn sie sich bedroht fühlen. Die einfachste Regel: nichts im oder unter Wasser anfassen; im Wasser, vor allem an seichten Stellen, möglichst stets auf Sand gehen; nicht auf Drückerfische zuschwimmen – dann ist das Rote Meer ungefährlich.
Zu den **gefährlichen Giftfischen** zählen:
der **Steinfisch**, der aussieht wie ein veralgter Stein und mit Giftstrahlern an der Rückenflosse und im Analbereich ausgerüstet ist;
der farbenprächtige **Feuerfisch** (Rotfeuerfisch) mit einem quergestreiften, rotbraunen und weißen Muster mit weit ausladenden Brust- und Rückenflossenstrahlen und sehr wirksamem Gift;
**Stachelrochen** mit grauer bis olivgrüner Haut, Rücken und Bauchseite sind abgeplattet, der Schwanz ist peitschenartig in die Länge gezogen, die Schwanzflosse enthält zwei Giftdrüsen;
auch **Seeigel** mit giftigen Stacheln gehören in diese Kategorie.
ERSTE HILFE bei Vergiftungen: Das aus Proteinen aufgebaute Gift lässt sich mit heißem Wasser denaturieren, d.h. die toxischen Eiweißmoleküle werden durch die Hitze zerstört. Daher die Wunde so schnell wie möglich mit 50-60° heißem Wasser übergießen, besser den betroffenen Körperteil ca. 1 Stunde im heißen Wasser belassen oder heiße Trockenkompressen (besser verträglich) auflegen, so heiß, wie man es aushält. So schnell wie möglich zum Arzt. Als Notmittel: Schnaps zur Kreislaufstärkung, Aspirin zur "Blutverflüssigung".

rechts gehen. Dort, wo diese Straße auf die nächste Querstraße trifft (Al Rashid/Al Ghazali St), wurde eine frühe **römische und byzantinische Siedlung** entdeckt und teilweise ausgegraben. Zum Erstaunen der Archäologen kamen Ruinen einer Kirche zum Vorschein, die als der bisher **erste christliche Kirchenbau** identifiziert wurde. Er stammt aus der Zeit um 290 nC, wurde nur kurze Zeit genutzt und durch ein Erdbeben zerstört. Zwar sind früher datierbare Kirchen im Nahen Osten bekannt, dabei handelt es sich aber um ältere Gebäude, die in Kirchen umgewandelt wurden. Erstaunlich ist auch, dass hier großenteils Lehmziegel verbaut wurden, die über fast zwei Jahrtausende gut konserviert gewesen sein müssen. Man kann das Gelände nur von der Straße aus durch einen Zaun betrachten und ein bisschen rätseln, welcher Mauerrest zu welchem Gebäude gehört haben könnte.

## Am Strand entlang

Von ganz alten zu ganz modernen Bauten: Folgt man der Al Malik Al Hussein St an der Hotelfront nach Westen, also Richtung Israel, dann kommt man am derzeitigen Ende der Straße zu einem großen Neubaugebiet. In jüngster Vergangenheit entstand dort das Projekt **Saraya Aqaba** (www.sarayaaqaba.com), ein exklusives Wohn-, Hotel-, Shopping- und Badegebiet mit einer künstlichen Lagune, die Aqabas Strand um zusätzliche 1,5 km verlängert. Um diese sollen sich fünf Luxushotels, Restaurants, Bars und Nachtclubs gruppieren. Allerdings bremsten die außenpolitischen Ereignisse, nicht zuletzt der Irakkrieg, der Arabische Frühling und das Syriendrama die Entwicklung. Viele Wohnungen und kommerzielle Flächen stehen noch leer.
Nun wollen wir uns parallel zum Strand, auf der Al Malik al Hussein St, der Corniche, unter der Mövenpick-Brücke hin-

durch nach Süden begeben. Bald kommt man, nach dem Ayla Circle am **Public Beach** *(Al Hafayer)* vorbei. Er ist der Treffpunkt der Aqabaner, die sich besonders an Feiertagen ein Stelldichein geben. Zwischen Strand und Corniche gibt es sogar noch ein paar (Gemüse)Gärten. Schlendern Sie ohne Hemmungen am Strand entlang, bis es nicht mehr geht oder Sie am unübersehbaren, 2004 errichteten **Flaggenmast** ankommen. Bis 2008 hielt er als ungestützter Mast mit 137 m Höhe den Weltrekord, der ihm dann von einem noch höheren in Turkmenistan genommen wurde. Die Fahne selbst flattert als 20 x 40 m (!) großes Tuch im Wind; sie stellt nicht die jordanische Flagge, sondern die der arabischen Revolution von 1916 dar. Denn an diesem Platz fand 1916 der arabische Aufstand unter Sherif Hussein Bin Ali (Ururgroßvater des heutigen Königs) statt, der schließlich zur Unabhängigkeit vom osmanischen Reich führte.

Landeinwärts vom Flaggenmast sieht man auf das ehemalige Haus des Sherif Hussein Bin Ali, der kurze Zeit nach dem Ersten Weltkrieg in diesem Komplex lebte. Hier ist das kleine, aber durchaus feine *Museum of Aqaba Antiquities* (Sa-Do 8-16, Fr 10-16; JD 1, JoPa) untergebracht (z. Zt. unserer Recherche im Umbau, wir lassen die alte Beschreibung in dieser Auflage noch stehen). Im ersten Raum sind Lampen und Töpferwaren ausgestellt, die in Ailah gefunden wurden, aber aus China stammen, ein Zeichen für die weiten Handelsbeziehungen. Im zweiten Raum zieht der erste Meilenstein der römischen Via Nova mit originaler und noch lesbarer Inschrift die Aufmerksamkeit auf sich. Raum 3 und 4 zeigen byzantinische und koptische Relikte, Münzen aus der Umgebung und islamische Stücke. In einigen Vitrinen sind frühzeitliche Funde zu sehen.

Dem Museum gegenüber hängt ein Schild „Noor Al Hussein Foundation", hinter dessen Tür interessante kunsthandwerkliche Produkte angeboten werden, die im Rahmen der dörflichen Entwicklungsarbeit geschaffen wurden – ein guter Platz für etwas ausgefallenere Souvenirs.

Zur Straßenseite hin folgen die Ruinen der mittelalterlichen **Festung** (Eintrittskarte des Museums gilt auch hier; 8-17, Winter 8-14), deren Ursprünge nicht geklärt sind; entweder gehen sie auf die Kreuzritterburg oder eine Karawanserei zurück. In ihrer heutigen Form soll die Festung vom Mamluken-Sultan Qansu al-Ghawr (1501-1516) errichtet worden sein. Während der osmanischen Herrschaft war sie 1587 und 1628 weiter ausgebaut worden. Unmittelbar nach dem Rückzug der Osmanen wurde das Wappen über dem Eingang durch die gekreuzten Schwerter der Hashemiten ersetzt, dem heutigen jordanischen Königshaus.

Die dicken Mauern und der Innenhof sind gut restauriert und einen Blick wert. Unter einem großen Baum im Hof sind Bänke aufgestellt, die zur Ruhepause in historischer Umgebung einladen.

Das relativ neue **Aqaba Heritage Museum** (8-16, kein Eintritt) liegt nur wenige Schritte entfernt von der Festung: am Flaggenmast vorbei Richtung Südstrand direkt am Fischereihafen. Es soll demnächst in einen Neubau umziehen.

## Von der Festung bis zur Saudi-Grenze auf der South Costal Road

Die folgenden km-Angaben sind GPS basiert, sie decken sich nicht mit Angaben auf Prospekten etc., die sich vielleicht auf den alten, kürzeren Straßenverlauf beziehen.

Folgt man der Corniche vom Abzweig zum Museum (hier starten auch die Minibusse Richtung Saudi-Grenze und zum Passenger-Terminal im Hafen) nach Sü-

## Aqaba Süd

**Hotels**
1. Larian Plaza Suites
2. Darna
3. Al Marsa
4. Bedouin Garden
5. Beduoin Moon
6. Arab Divers
   Aqaba Adv. Divers
   Red Sea Dive Cent.
7. Marina Plaza
8. Mövenpick Resort
9. Sinai Divers

Map labels: Hafen (Schiffe nach Nuveiba), Marine Science St., First Bay, Berenice Beach Club, King Abdullah Reef, Black Rock, Cedar Pride, Japanese Garden, Gorgonia I, Gorgonia II, Aqaba Marine Park, Tauchplätze, New Canyon, Blue Coral, Moon Valley, Aquarium, Coral Garden, Saudi-Arabien, Stadtzentrum, Visitor Center, Tala Bay, 500 m, N

---

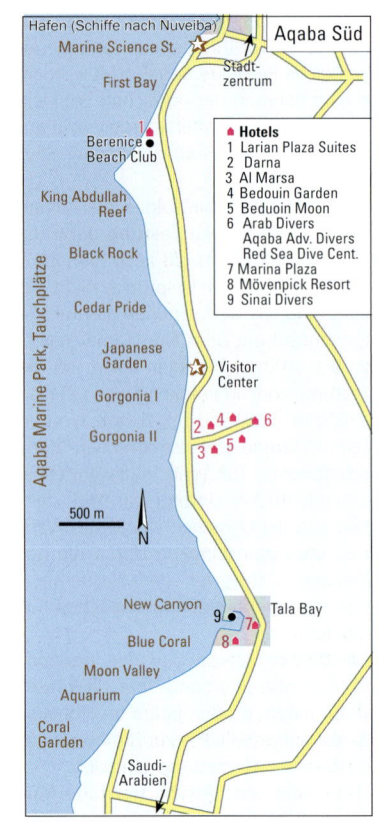

den, erreicht man bei km 1 den (ersten ausgeschilderten) Passenger-Terminal des Hafens, der allerdings nur einen Duty Free Shop zum Einkauf bietet. Weiter nach Süden folgen diverse Hafenanlagen, bei km 9 trifft die Straße – die dem Hafengebiet ausweicht – wieder auf die Küste. Am Abzweig weist ein Schild nach rechts zum *Container Port, Ferry Station und Royal Scientific Station*. Hier starten die Fährschiffe nach Nuveiba/Ägypten (s. S. 398).

**\*Marine Science Station,** Öffnung 8-18, Fr, Sa 8-17, sehenswertes Aquarium, in dem man einen guten Überblick über die Vielfalt des Unterwasserlebens im Roten Meer gewinnen kann.

Bei **km 10,5** rechts liegt die „Badelandschaft" **Berenice Beach Club**, die sich über (angeblich) 500 m Strand mit schattigen Liegeflächen, Einstieg für Schnorchler und Taucher, zwei Pools und allen Annehmlichkeiten erstreckt. Hier kann man sich eine Tauchausrüstung oder auch Schnorchel und Zubehör ausleihen und direkt ins Wasser springen. Der Club ist von 9 U bis Sonnenuntergang geöffnet, Eintritt JD 10 einschließlich Baden und Schnorcheln, Tauchen mit Lizenz JD 35, ohne JD 50 jeweils für die erste Stunde, kostenloser Transport von den Hotels in der Stadt. Angeschlossen ist das Sindbad Diving Center. Hier beginnt der sogenannte *South Beach* (die folgenden km-Angaben stimmen wegen Straßenverlegung nicht mehr genau).

Hier beginnt auch ein Badestrand, der offiziell als Familienstrand ausgewiesen wird.

Bei **km 12** liegt rechts der Eingang zum **Aqaba Marine Park** und dem **Visitor Center** mit Toiletten, Duschen, Kinderspielplatz, einem Restaurant in einem auf dem Strand stehenden Schiff. Der sich 7 km an der Küste nach Süden ziehende Aqaba Marine Park ist ein in vier Abschnitte eingeteilter öffentlicher Badestrand mit gepflegten Stroh-Sonnendächern und der Landschaft angepassten Steinhäusern.

Das Unterwassergebiet ist von hier aus bis fast zur saudi-arabischen Grenze als **Marine Peace Park** unter Naturschutz gestellt. Es ist gleichzeitig das (kleine) Tauchparadies Aqabas bzw. Jordaniens, das ebenfalls in einzelne Bezirke unterteilt ist, die von Rangern überwacht werden und zur Erholung der Unterwasserwelt auch gesperrt werden können. Auf dem Plan *Aqaba Süd* sind die wichtigsten Tauchplätze benannt.

Am Abzweig bei **km 14** (Schild BEDOUIN GARDEN VILLAGE) geht es links zu den

*Aqaba Marine Park*

„Villages" und einigen Tauchzentren. Auf der rechten Straßenseite kommt man bald an Eingängen zu weiteren Abschnitten des Aqaba Marine Parks vorbei. Ab **km 16** folgt der Hotel- und Resortkomplex **Tala Bay** (www.talabay.com.jo), eine in sich geschlossene touristische Anlage mit Apartments, Hotels sowie Restaurants und einer Marina. Der **Tala Bay Beach Club** bietet für JD 20 Eintritt zusätzliche Exklusivität: zwei große Pools (einer im Winter geheizt), Kinder-Pool, Strandzugang, Restaurant, Duschen, Schattendächer etc. Auch spielt die Bikini-Frage keine Rolle. Ein Taxi aus der Stadt kostet etwa JD 10-12, ein Shuttlebus fährt gegenüber dem Dweik 2 Hotel unregelmäßig ab.

Bei **km 18** stößt man auf einen Kreisel. Geradeaus geht es nach Saudi-Arabien. Vor der Grenzstation liegt noch ein großes Industriegelände mit u.a. dem Pottasche-Hafen. Die Straße links am Kreisel führt zum Desert Highway nach Amman. Nach ca. 200 m ging es zum ehemals gepflegten Royal Diving Center, das leider geschlossen und in eine neue Hotelanlage für Staatsangestellte integriert wurde.

Wie sich an den verhältnismäßig wenigen Besichtigungsobjekten zeigt, gehört das recht junge Aqaba nicht zu den Plätzen Jordaniens, an denen man seinen Wissensdurst nach Geschichte besonders ertragreich stillen könnte. Genießen Sie dennoch den freundlichen, eher gemütlichen Badeplatz, der nicht wie das Pendant Elat von dröhnender Musik und dem Stress, ständig etwas unternehmen zu müssen und nichts verpassen zu dürfen, angefüllt ist.

## Baden, Schnorcheln, Tauchen und andere Aktivitäten

### Baden und Schnorcheln

Der **Strand** im direkten Stadtbereich von Aqaba ist entweder in staatlichen oder Hotel-Händen. Nur der Strandabschnitt zwischen dem Royal Yacht Club und dem Flaggenmast – *El Hafayer Beach* – ist öffentlich zugänglich. Freitags trifft sich halb Amman und halb Aqaba dort, das Baden macht dann noch weniger Spaß als an anderen Tagen. Westliche Frauen sollten an diesem Strand – wenn überhaupt – auf keinen Fall im Bikini auftauchen, schon im Badeanzug fallen sie exotisch genug auf gegenüber den in allen Kleidern badenden Jordanierinnen. Hinzu kommt, dass erst südlich des Hafens Korallenstrände beginnen, im Stadtbereich hat man es stets mit relativ flach abfallendem Sandstrand zu tun, der noch dazu ziemlich verschmutzt ist. *„Tolles Erlebnis am Public Strand. Wirklich nicht zum Baden für Touris geeignet, aber interessant zu beobachten, wie die Einheimischen in Kleidung ins Wasser gehen"*, schreibt ein Leser.

Die (wenigen) Hotelstrände werden gepflegt und sind meist nur den Hausgästen zugänglich. Allerdings bietet derzeit das Intercontinental Hotel Nichtgästen Zugang zu seinem gepflegten Strand für JD 50 Tagesgebühr, wobei JD 25 mit Essen oder an der Bar verprasst werden können. Der Mövenpick-Strand kostet JD 40 Gebühr (10 JD Voucher für Getränke), man hat zusätzlich zum Sandstrand die Wahl unter vier Pools.

Die weitaus bessere Alternative liegt leider ein ganzes Stück außerhalb, südlich der Hafenanlagen, an der Straße nach Saudi-Arabien. Der **Aqaba Marine Park** wurde vorbildlich mit Toiletten, Duschen und Sonnenschutz ausgebaut. Dort findet man an diversen Stellen Holzstege, um das Begehen des Riffs zu vermeiden und es dadurch zu schonen. Auch hier scheinen Frauen im Bikini immer noch als Sensation zu gelten, die *Mann* anstarren muss. Auch Männer in knappen Badeshorts bleiben nicht unbeobachtet. Nehmen Sie unbedingt **Badeschuhe** mit, um sich wenigstens etwas gegen Seeigel zu schützen. Wer keinen Schnorchel mitgebracht hat, kann ihn z.B. in einem der Beduin Villages (s. S. 405) ausleihen.

Eine – und nicht nur eine – Leserin beschwert sich über den Aqaba Marine Park: *„Was sehr stört, sind die vielen jungen Männer, die dort rumlungern, vorgeben zu telefonieren, dabei nur eins als Ziel haben, nämlich Frauen im Badeanzug anzuglotzen."* Das findet weniger oder nicht beim **Berenice Beach Club** (s. S. 390) statt, da dessen Strand eher abgeschottet ist.

An allen diesen Strandabschnitten lohnt sich das Schnorcheln, denn hier kann man sehr schöne Korallen und viele exotische Fischarten bewundern, die häufig zum Greifen nah sind. Wer hier schnorchelt, hat mehr vom Baden, weil er in dem klaren Wasser weit hinuntersieht. Die Tauchzentren verleihen die nötige Ausrüstung zu JD 3-5 und mehr.

Während der Woche findet man überall ein ruhiges Plätzchen, an den Wochenenden – Donnerstagnachmittag bis Samstagnacht – sollte man sich lieber mit anderen Dingen beschäftigen, weil dann Badegäste mit Kind und Kegel von weit und breit einfallen.

Ein etwas anderes Badegefühl erlebt man im **Türkischen Bad**, Al Malik al Hussein St, Nähe Nairoukh 2 Hotel, in dem man dampfbaden und sich massieren lassen kann. Frauen müssen sich zuvor anmelden, damit sie von Masseurinnen bedient werden können.

### Tauchen

Es gibt 1 200 Arten von Korallen und 900 Fischarten im Roten Meer und viele davon natürlich auch im Golf von Aqaba. Einen großen Teil davon können Sie besichtigen, per Schnorchel oder Glasbodenboot, besser aber als Taucher.

Da der Strand von Aqaba bisher nicht überlaufen war, sind die Korallen im Gegensatz zu denen vom gegenüberliegenden Elat gesund und in gutem Zustand, soweit sie nicht unter dem Hafenbetrieb und leider immer mehr unter Abwässern leiden. Ranger kümmern sich um den Erhalt der Unterwasserwelt, außerdem sind die Tauchlehrer entsprechend ausgebildet und angewiesen, das an der Küste gelegene Naturschutzgebiet zu schützen.

2004 wurde das Wrack der *Taiyong* in 35 m Tiefe entdeckt, das stark mit Korallen bewachsen ist. Man nimmt an, dass es schon 20–30 Jahre dort liegt. Bisher war *Cedar Pride* die Hauptattraktion, die auf Betreiben von König Hussein 1986 versenkt worden war. Tauchgänge dorthin kosten um JD 40, von denen Taucher begeistert und der Meinung sind, dass sich der Preis lohne. 1999 wurde auf Betreiben König Abdullahs ein Panzer – *The Tank* – in nur 6 m Tiefe versenkt, der auch gut beim Schnorcheln zu sehen ist.

Beliebte Schiffs- und/oder Tauchausflüge werden zum **Coral Island** (auch Pharao's Island) an der ägyptischen Sinai-Küste, etwa 8 km südlich von Tabah, unternommen (soweit das derzeit politisch möglich ist). Ein Tagestrip von etwa 10–16 Uhr kostet einschließlich Lunch – aber ausschließlich der Tauchgänge – ab JD 50 (muss zwei Tage zuvor wegen der Formalitäten gebucht werden). In allen Tauchclubs können Tauchkurse absolviert werden, die häufig von Europäern abgehalten werden.

Die meisten Tauchanbieter siedelten sich in letzter Zeit an der bei km 14 abzweigenden Straße der South Costal Road an (s. S. 390). Da sie jeweils mit guten Unterkünften verbunden sind, haben wir sie unter *Übernachten* ab S. 405 aufgelistet. Andere Anbieter sind:

- **JORDAN FROGMAN**, Tel 03201 9083, 0795 530 916, mansour@jordanfrogman.com, www.jordanfrogman.com; IMAN Bldg, schräg gegenüber McDonald's Restaurant;

*Erste Tauchschritte im Swimmingpool*

hauptsächlich in Unterwasseraktivitäten wie Schiffsreparatur etc unterwegs, aber auch Trips zum Schnorcheln, Tauchen, Yachten, Glasbodenboot-Trips oder Tauchausflügen.

**Glasbodenboote und Yachten**

- Glasboden-Boottrips werden am Platz der Arabischen Revolution (dort steht der Flaggenmast) angeboten. Mindestdauer 1 Stunde und 6-12 Personen pro Boot zu JD 5-8 pP oder JD 40-60 pro Boot, man kann neben dem Boot schnorcheln; es sind auch längere Trips möglich, z.B. ein voller Tag mit Lunch am Strand. Allerdings ist in Stadtnähe nicht allzu viel zu sehen, weil Abwässer den Korallen arg zugesetzt haben.
- Sollte das Boot *Semi-Submarine* noch in Betrieb sein, so wäre es den üblichen Glasbodenbooten vorzuziehen, weil man deutlich mehr sieht.
- Der aufgeweckte, gut Englisch sprechende Kapitän Khaled Durzi, Tel mobil 079 501 449, schippert – wie viele andere – zu einem der Korallenriffe zum Schnorcheln und Fischgrillen.
- SINDBAD, Tel 03205 50077, aqaba@sindbadjo.com, www.sindbad.jo.com, bietet ein breites Spektrum an Booten, von

*Beim Hissen der Flagge zeigt sich ihre wahre Dimension*

Glasboden-Booten bis zu Yachten. Leserkommentar: „Wir waren 4 Stunden auf einer Yacht von Sindbad unterwegs, hatten 2 Schnorchelstopps sowie Mittagessen. Preis pP € 35,- (Verhandlungssache). Es war sehr sehr lohnend, wunderschön und unvergesslich!"

## Was man sonst noch unternehmen kann

### Shopping

Aqaba ist durchaus ein Eldorado für Shopper. In der Freihandelszone Aqaba können Verbrauchsgüter günstig, das heißt zollfrei gekauft werden. So findet man z.B. in der **CITY CENTER MALL**, Al Razi St, alles, was das Herz begehrt: Parfüms, Alkohol, Zigaretten, Elektrowaren, Gold, Silber, Souvenirs, Schuhe und vieles mehr. Außer der zentral gelegenen City Center Mall gibt es ähnliche Institutionen, z.B. **DREAM MALL** am Hospital-Circle, **SAFEWAY** oder **HWEIKH MALL**.

Im Zentrum von Aqaba reihen sich die Shops aneinander, in denen man sowohl Allerweltskram als auch etwas anspruchsvollere Souvenirs kaufen kann; die qualitativ bessere Auswahl bietet allerdings Amman. Kurz vor dem Aqaba Gulf Hotel liegt rechts ein "Souvenir Center" mit diversen einschlägigen Shops. Im zentralen Bereich der Stadt stolpert man über viele derartige Geschäfte. Sam' Jewellers, King Hussein St, hat sich z.B. auf besseren Schmuck mit traditioneller Grundlage spezialisiert.

Für Bücher und Karten sind **YAMANI** und der besser sortierte **REDWAN BOOKSHOP** zu empfehlen, beide etwa gegenüber der Post in der Soukstraße.

Der Humam Supermarkt im Souk (christliche Besitzer) verkauft auch während des Ramadan Wein. Ein weiterer Alkohol-Laden ist in der Nähe des Alcazar Hotels zu finden.

Eine große Gewürzauswahl führt DEVID AMIN, im Vegetable & Meatmarket.
Antiquitäten, Trödel bei HAROUN KHATEB, Razi St., der Laden ist auch mit „Museum" ausgeschildert.

### Nightlife

Vielleicht wäre die spontane Antwort: Es findet nicht statt, was aber auch nicht stimmt. Zumindest bieten die großen Hotels Bars und/oder Discos, z.B. im Crystal Hotel oder im Silk Road Restaurant. Ein Bummel durchs Stadtzentrum, d.h. die Souk-Gegend, kann interessante Einblicke in das Nachtleben der lokalen Bevölkerung vermitteln.

Es muss aber unumwunden gesagt werden, dass das wirkliche Zentrum der Nacht westlich von Aqaba, in Elat auf der israelischen Seite des Golfs liegt.

### ***Ausflüge

In Aqaba werden diverse Ausflüge angeboten. Eine Allradtour von etwa 8 Stunden ins **Wadi Rum** kostet z.B. ab JD 40 pP für maximal 6 Personen (für 2 Personen JD 60), zwei Tage einschließlich Übernachtung im Beduinenzelt und Verpflegung ab JD 35 pP, ein Tagestrip nach **Petra** einschließlich Eintritt und Führer etwa JD 70 pP.

Ein **Taxi zum Wadi Rum** und zurück kostet inklusive Wartezeit etwa JD 50-70.
Verschiedene Veranstalter, bieten Standard- und Individualprogramme, z.B.:

- **WADI RUM DESERT SERVICE**, Tel 032035360, info@wadirumsafari.com, www.wadirumsafari.com; verschiedene Angebote ins Wadi Rum und darüber hinaus, z.B. Petra. Unbedingt Angebote vergleichen und auf Englisch sprechendem Führer/Fahrer bestehen!

Man kann – soweit das derzeit politisch möglich ist – von Aqaba aus per Schiff (s. S. 398) nach Nuveiba auf den **Ostsinai** und von dort weiter zum **Katharinenkloster** fahren, die Nacht auf dem Mosesberg verbringen, den berühmten Sonnenaufgang erleben, dann das Kloster besichtigen, nötigenfalls in Nuveiba übernachten und danach nach Aqaba zurückkehren. Das können Sie selbst organisieren oder bei Travel Agents kaufen.

### ➡ Praktische Informationen

Telefonvorwahl 03

#### Wichtige Adressen von A bis Z

#### Allgemein
- **TOURIST INFORMATION OFFICE**, Al Hammatmat al Tunisya/Al Malek Talal St, Tel 03203 5360, infoaqaba@aseza.jo, www.aqaba.jo, tgl 8-18 U; ehemals professioneller Service. Nach massiver Verkleinerung und Umzug in eine Art Baracke auf dem großen Parkplatz stadteinwärts vom Aila Circle vergibt eine etwas einsame Dame einen guten Stadtplan und ein paar Prospekte. Auskünfte erteilt sie so gut es geht. Schade drum.
- **AQABA IM INTERNET**: www.your-guide-to-aqaba-jordan.com
- **ÄGYPTISCHES KONSULAT**, Othman Ben Affan St, hinter dem *Islamic Hospital*
- **HAUPTPOST** (7.30-19, Fr 7.30-13), Yarmuk St, Tel 03201 3939
- **POLIZEI**, gegenüber dem Busbahnhof; hier bekommt man die Aufenthaltsverlängerung (Sa-Do 8-13, 17-19) innerhalb einer Stunde
- **GELDWECHSEL**: Im Zentrum gibt es einige private Wechsler, z.B. in der Gegend Ar Razi/Zahran St. In der Al Hammat Al Tounesiah St sind wichtige Banken des Landes vertreten; die Jordan National Bank (gegenüber dem Mina Hotel) gehört zu den günstigeren Wechslern. Wer feiertags Geld braucht, hat bei der jeden Tag geöffneten Cairo-Amman Bank eine Chance. Die meisten dieser Banken bieten auch Geldautomaten (ATM) an, einige auch für EC-Karten. Mehrere ATMs findet man in der Al Hammat Al Tounesiah St.

Tip: Versuchen Sie eine ATM in oder an einem Bankgebäude zu finden. Wenn der Automat die Kreditkarte verschluckt (was offenbar häufiger passiert), können Sie leichter Hilfe bekommen.

#### Baden
- **BERENICE BEACH CLUB**, bei km 10, Tageskarte 15 JD, 3 Süßwasserbecken, Steg zum Strand. Oder AQABA MARINE PARK, oder mit Tageskarte in den Hotels INTERCONTI, KEMPINSKI. MÖVENPICK (s. S. 390).

#### Krankenhäuser
- **AQABA MODERN HOSPITAL**, Tel 03291 6677
- **Princess HAYA HOSPITAL**, nördlich des Stadtzentrums, Tel 03201 4111
- **ISLAMIC HOSPITAL**, Tel 03201 8444

#### Mietwagen (Auswahl)
Die Mietpreise liegen ab etwa JD 40/Tag für Kleinwagen mit AC, 4WD ab JD 130/Tag.
- **AVIS**, Hilton Double Tree Hotel, Tel 03209 3209, aqaba@avis.com.jo, www.avis.com.jo; Aqaba Airport, Tel 03202 2883
- **HERTZ**, An Nahda St, Tel 03201 6206, 0795 649 819
- **EUROPCAR**, An Nahda St, Tel 03201 9988
- **SOUTH RENT A CAR**, Tel 215 6954, unterschiedliche Wagentypen für ganz Jordanien
- **THRIFTY CAR RENTAL**, An Nahda St, Mina Hotel; Tel 032030313; www.thrifty.com.jo

### 🚍 Lokale Verkehrsverbindungen

Innerhalb der Stadt gibt es diverse Bus-

und Minibuslinien, die allerdings nur arabisch beschriftet sind. Für Touristen bieten sie wenig Nutzen, da sie hauptsächlich zwischen den Wohngebieten im Norden und dem Zentrum von der zentralen Busstation in der King Tala St, schräg gegenüber der Polizeistation, pendeln. Auch auf der Al Malik Al Hussein Ibn Talal St (Corniche) pendeln Busse und Minibusse, aber sehr unregelmäßig. Sollten Sie versehentlich in eine falsche Linie eingestiegen sein, so genießen Sie eine Art Stadtrundfahrt, die irgendwann am Zentralterminal enden wird.

*Als Kunde fragt man sich, wie der Besitzer des „Oriental Souvenirs" Shop (Ar Razi St, Nähe Crystal Hotel) den Überblick behält...*

- Die fast einzige touristisch interessante **Minibuslinie** startet an der Festung und fährt an der südlichen Küste entlang, manchmal auch bis zur saudischen Grenze, allerdings ohne Fahrplan und – wie üblich – nur, wenn alle Sitzplätze belegt sind (JD 2).
- Es gibt **Minibusse**, die vom Busbahnhof aus starten. Sie kosten 250 Fils und fahren bestimmte Routen ab. Städtische Busse zeigen Liniennummern.
- Zum **Flughafen** fährt Servies Taxi 8 von der zentralen Busstation aus (JD 3).
- **Taxis** fahren erst gar nicht so etwas Unnützes wie einen Taxameter spazieren. Man muss als Tourist hart verhandeln. Innerstädtisch liegt der Preis bei JD 1-2.

### 🚌 Auswärtige Verkehrsverbindungen

- Die Station für normale Busse und Minibusse (Public Busses) liegt auch an der Al Malek Talal St oberhalb des Souk (siehe Plan S. 385); von dort fahren von 7-20 U Busse und Minibusse ab nach:
- **Wadi Rum** 8, 13 U, JD 3-5
- **Ma'an**, häufig, JD 3
- **Petra** 7-15 U, etwa jede Std, ca. JD 7
- **Taxila** JD 5
- **Amman** 8-23 U, ca. JD 7, Servies 10

**Regelmäßige Abfahrten** finden bei JETT statt. Die **JETT-Busstation** liegt westlich neben dem Mövenpick Hotel; zusteigen auch gegenüber Captains Hotel möglich. Fahrplan und Preise: https://

www.jett.com.jo/en/schedule.
- **Amman-Abdali**: 1, 7, 9, 11, 14, 18 U, JD 8,60
- **Amman-Tabarbor**: 8, 10, 12, 14.30, 17, 18.30 U, JD 8,60
- **Amman-7. Circle**: wie Tababor
- **Amman-Wahadat**: 7.45, 9:30, 11.15, 15, 17.15, 19 U, JD 8,60
- **Irbid**: 8.15, 12.30, 15.15, JD 11

**Achtung**: Abfahrtszeiten können sich aus beliebigen Gründen verschieben, erkundigen Sie sich rechtzeitig über die aktuellen Zeiten! Vorausbuchung von 1 Tag ist empfehlenswert.

- Für den Trip nach **Dana** empfiehlt ein Leser den Bus Richtung Tafila gegen 8 U, JD 6, aber beim Fahrer vergewissern, dass er über den Qadisya/Dana Abzweig fährt. Dort z.B. Tower Hotel um Abholung bitten (s. S. 290)
- Servies-Taxis nach **Amman Wahadat** Busstation kosten JD 10-12 pP
- Taxi nach **Petra** kostet ca. JD 30 (für das Auto, nicht pP)

## Flugverbindungen

Aqaba besitzt mit dem *King Hussein Airport* einen internationalen Flughafen, der von einigen Flug- und vor allem Chartergesellschaften angeflogen wird. Dazu gehören einige Billigfluglinien wie Ryan Air etc. Im nationalen Verkehr bedient Royal Jordanian Airlines 1-2 mal täglich den Airport von Amman aus. Einige Flüge starten oder landen dort auf dem innerstädtischen Flughafen Marka – beim Buchen nach dem Platz erkundigen!

## Jordanisch-israelischer Grenzübergang

**Araba Crossing** liegt nordwestlich des Stadtzentrums; man fährt zunächst Richtung Norden (Amman) bis fast zur Stadtgrenze und biegt (ab letztem Circle am Hospital gerechnet) nach 2,8 km links an vorletzter Kreuzung nach Nordwesten ab, nach gut 1 km halblinks halten auf die alte Flughafenzufahrt, dort nach 3 km Abzweig links zur knapp 2 km entfernten Grenze. Es gibt keine Busse als regelmäßigen Service, manchmal fahren Servies-Taxis der Linie 8, ein normales Taxi zur Grenze sollte um JD 10 kosten. Weitere Einzelheiten zum Grenzübertritt s. S. 44.

### Von Jordanien nach Ägypten

**Bitte beachten Sie**: Viele der folgenden Angaben stammen aus der Zeit vor den Unruhen in Ägypten. Die Preise und Abfahrtzeit sind jedoch Stand Ende 2019. Wer sein Auto nach Nuveiba verschiffen oder ohne eigenes Auto nicht über Elat/Israel nach Ägypten reisen will, hält sich am besten an

- **AB MARITIME** Co. Tel 03209 2000, mobil 0795 6037 093, info@abmaritime.com.jo, www.abmaritime.com.jo; das Ticketoffice ist täglich geöffnet (8-14.30, 17.30-19.30, Fr 8-14.30). Tickets können auch direkt im Hafengebäude gekauft werden; ein Leser empfiehlt, zunächst die Ausreisegebühr zu bezahlen, sonst müsse man mit dem Gepäck zweimal die Treppen hoch.

Zum Verschiffen sollte man etwa 2 Stunden vor Auslaufen im Passenger-Terminal ankommen (Richtung Saudi-Arabien, 9 km nach der Festung rechts ab). Dort muss man zunächst die Ausreisesteuer (wegen Freihandelszone nur) von JD 10 zahlen, dann die Pässe abstempeln lassen. Ein möglicherweise benutztes Carnet stempelt der Zoll im Erdgeschoss ab. Weitere Informationen zum Grenzübertritt nach Ägypten, s. S. 25. Z.Zt unserer Recherche wurde nur eine tägliche Verbindung mit dem Fährschiff (auch Autotransport) angeboten, früher waren es zwei.

*Blick auf Aqabas Corniche (Al Malik Al Hussein St)*

## 9 – Der "tiefe Süden"

- Abfahrt in Aqaba um 23.00 U, Ankunft in Nuweiba etwa 3 Stunden später, Fahrpreis einfach USD 76 pP, einschließlich Rückfahrt USD 100, ein Wohnmobil kostet etwa ab USD 250. Man sollte mindestens 2 Std vor Abfahrt im Passenger-Terminal sein.
- Individualreisende zahlen JD 5 Exit Tax. Achtung, nicht auf dem Schiff tauschen, der Kurs ist 30% schlechter als an Land. Normale Ägypten-Visa oder kostenlose Sinai-Visa erhält man problemlos und gut organisiert an Bord (man gibt die Pässe beim Einsteigen ab und holt sie sich nach 1-2 Stunden wieder zurück).
- Der Passenger-Terminal ist etwas schwierig zu erreichen, weil man zunächst im Bogen um den gesamten Containerhafen herumfahren und an dessen Ende rechts auf die alte Straße abbiegen und ein Stück zurück muss. Von der Kreuzung an der Festung aus ist man etwa 9 km unterwegs. Von dort fahren Minibusse zum Terminal. Ein Taxi aus der Stadt kostet etwa 5 JD.
- Von **Tala Bay** verkehrt ein Speedboat nach **Tabah Hights** auf dem Sinai (USD 90). Abfahrt Di, Do, Fr 10.00 U, Rückkehr So, Di, Do, Fr, Sa. Ägypten-Interessierte können bis zu 6 Tage ohne weitere Formalitäten den Sinai besuchen. Auskunft: Tel 03 201 13237, www.abmaritime.com.jo.

### 🍴 Essen & Trinken (siehe Plan S. 385)

Im Stadtzentrum gibt es eine ganze Reihe kleiner Restaurants, die nicht zu übersehen und in der Regel recht gut sind; einige siedelten sich in der Raghadan St an, so dass man leicht vergleichen und auswählen kann.

- **ALI BABA,** [J] Raghadan St, nordöstlich der Hussein Ibn Ali Moschee im Zentrum; bekannt seit Jahren als Treffpunkt und für mittelgutes nicht zu teures Essen, z.B. frischer Fisch und traditionelle Gerichte (auch indisch, chinesisch), gute arabische Vorspeisen, viele Touristen auch als Gruppen
- **AL MOHANDES**, [E] Al Hammamat Al Tunesiah St (am Hospital-Circle); sehr gutes lokales Restaurant, große Portionen, preiswert
- **AL QAMAR AL ARABI**, [L] Raghadan St, sehr gute lokale Küche, preiswert
- **AL SHAMI**, [K] Raghadan St, in der Nähe vom Syrian Palace Restaurant, sehr gutes Essen, auch vegetarisch, preiswert, empf
- **BLUE BAY**, [C] As Sa'ada St. (etwa Mitte), gutes Fischrestaurant, preiswert
- **CAPTAIN'S**, [D] An Nahda St, bekannt für gute Fischgerichte, auch internationale Küche, von der Restaurant-Terrasse guter Blick auf das Treiben ringsum, mittlere Preise
- **SEAFOOD**, [A] Al-Sa'ada St (Al Marsa Hotel Building), leckere Fischgerichte, freundliche Bedienung, gutes Preis-Leistungs-Verhältnis
- **FORMOSA**, im Gateway Center an der Marina, guter Chinese, angemessene Preise
- **HANI ALI**, [J] gleich neben Ali Baba; in Süßigkeiten schwelgende Konditorei, auch Frühstück, preiswert
- **ROMEO,** [H] (auch ROYAL YACHT CLUB RESTAURANT), [H] Al Malik al Hussein Ibn Talal St., im Komplex des Royal Yacht Clubs direkt an der Marina, sehr stilvoll, sehr gute italienische Küche, einer der teureren Essplätze in Aqaba
- **SYRIAN PALACE,** [L] Raghadan St; sauber, sehr gutes, angeblich bestes Essen in Aqaba, auch frischer Fisch, mittlere Preislage, von Fensterplätzen brauchbarer Blick, im Winter wird auch draußen links neben dem Restaurant serviert
- **TIKKA CHICKEN**, [B] As Sa'ada St., Spezialität sind scharfe Tikka-Hühnchen

## Übernachten (Plan s. S. 387)

Die besseren Hotels von Aqaba liegen im Nordwesten der Malek al Hussein St (Corniche), einige wenige am Strand, die meisten jedoch ohne direkten Strandzugang. Eine weitere Konzentration der 2* oder 3* Hotels hat sich an der Straße gebildet, die vom zweiten Kreisel (von Westen gesehen) zum Stadtzentrum führt. Die allermeisten Billighotels findet man direkt im zentralen Marktbereich, einige wenige liegen außerhalb. Hochsaison in Aqaba ist von März bis Mai, von September bis November und um die Weihnachts/Neujahrszeit.

Während islamischer Feiertage – besonders am Ramadan-Ende – überfluten viele Jordanier Aqaba, die Hotels erhöhen die Preise um mehr als das Doppelte, trotzdem sind Zimmer rar.

### Zentraler Bereich

- **As SHULA**, [17] 2* Raghadan St, Tel 03201 5153, Tel mobil 075659193, Fax 201 5160, alshulahotel@yahoo.jo; ansprechend eingerichtet, Lift, AC, Kschr, WiFi (Lobby), mF ............................................................................................................................. E 25-28, D 30-35
- **AMER 1**, [17] Raghadan St, Nähe Al Shula Hotel, Tel 03201 4821, AC, WiFi Kschr, Balkon zur Seeseite, empf wegen gutem Preis/Leistungsverhältnis, ................... E 20, D 25

Die nächsten preiswerten Hotels liegen dicht nebeneinander mitten im Souk-Viertel, quasi hinter der Hauptsoukstraße.

- **RED SEA** [15], zwischen den Hintereingängen der Shops,Tel mobil 0788413113; sehr einfach, Rezeption schmuddelig, AC, WiFi, mF ....................................................... E 25 D 30
- **AMIRA**, [15] zwischen den Hintereingängen der Shops, Tel 03201 8840, z.Zt. unserer Recherche geschlossen, soll aber 2020 wieder geöffnet werden
- **AMER 2**, [15] zwischen den Hintereingängen der Shops, Tel 03201 9284; AC, WiFi, Kschr, einfach, mF .......................................................................................................... E 20, D 25
- **DWEIK 1**, [15] zwischen den Hintereingängen der Shops, Tel mobil 0795790432 , atalla_dweik@yahoo,com ; WiFi, AC, Kschr ................................................. E 20-22, D 25-30

Drei aneinander grenzende Billigsthotels im Zentrum

- **JORDAN FLOWER**, [23] Tel mobil 0795442990, tlws. Balkon, AC, Kschr, sehr einfach, einige Zimmer besser eingerichtet, relativ sauber, (meist arabisches Klo), warmes Wasser, AC + 3 JD, ................................................................................................................. E 12, D 18
- **AL RESHQ** (früher PETRA), [24] Tel mobil 0777418775, Lift, relativ große Räume, tlws. Balkon, vom Dach tolle Aussicht, mäßig sauber, Kschr, AC, demnächst WiFi, arrangiert auch Trips, Leser beschweren sich über unsaubere Bettwäsche, nur Kaltwasser in Gemeinschaftsduschen, WiFi derzeit ein Problem ................................................................................................. EkB 10, E + AC 15-20, D 20-25, D+AC 30
- **JERUSALEM**, [24]] Tel mobil 07 95222487; einfach, nicht sehr sauber, tlws AC, WiFi in der „Lobby" (Treppe) ................................................................................................... E 15, D 20

### Neue „Vorstädte" im Westen

Nur einen Katzensprung von der israelischen Grenze entfernt sieht die Lagunenvorstadt **Ayla Aqaba** mit Golfplatz und zwei Luxushotels ihrer Vollendung entgegen, eins davon, **HYATT REGENCY AQABA AYLA RESORT,** ist eröffnet und nimmt Gäste ab Zimmerpreisen um/über JD 200 auf. Etwas weiter gediehen ist Saraya Aqaba, das quasi an das nördliche Ende der Corniche anschließt. Auch hier bietet das Luxushotel **AL MANARA, A LUXURY COLLECTION**, etwa 10 JD billigere Zimmer als die der unmittelbaren Nachbarn an.

### Al Malik Al Hussein St (Corniche)

Diese Straße beginnt quasi am Komplex von Saraya Aqaba. Gleich das erste Hotel daneben ist das **INTERCONTINENTAL** (es liegt außerhalb der Karte, oben links), zu dem wir, wie bei allen Luxushotels, keine Preise angeben, da sich diese als Tagespreise ständig ändern. Von hier aus Richtung Zentrum folgen die Hotels:

- **INTERCONTINENTAL AQABA**, 5*, Al Malik Al Hussein St, Tel 03209 2222, aqiha@ica-qaba.com, www.intercontinental.com; großer Pool, längster privater Strandabschnitt Jordaniens (300 m), mehrere Restaurants und Bars
- **KEMPINSKI**, 5*, Al Malik Al Hussein St, Tel 03209 0888, sales.aqaba@kempinski.com, www.kempinski-aqaba.com; das derzeit luxuriöseste Luxushotel der Stadt, sehr modern und sehr geschmackvoll eingerichtet, großer Pool
- **MÖVENPICK**, [1] 5*, Tel 03203 4020, resort.aqaba@moevenpick.com, www.moevenpick-aqaba.com; ungewöhnlich ist eine Brücke über die Al Malik Al Hussein St, die auch als Schwimmbad dient, drei weitere Pools sind auf der Seeseite der Straße
- **AQABA GULF**, [3] 4*, Al Malik Al Hussein St, Tel 03201 6636, info@aqabagulf.com, www.aqabagulf.com; eher 3*+, renoviert, gepflegt, AC, WiFi, Kschr, für 4* relativ kleine Räume und Bäder, schöner Pool, Tennisplatz, zwei Restaurants, Snack- (am Pool) und Rumbar, Parkplatz, mF .................................................................. E 50-60 D 65-75
- **ALEMAN**, Corniche, Nahe McDonalds, mob 0791011654, ziemlich einfach, AC, WiFi, Kschr, kein F, ............................................................................................... E 20, D 30
- **CRYSTAL**, [19] 3*, Al Razi St, um ein Haus von der Al Malik Al Hussein St stadteinwärts versetzt, Tel 03202 20021, crystalhotelaqaba@yahoo.com, www.crystal-international.com; jordanisch-deutsches Besitzerpaar, sehr gepflegt, großzügige Zimmer, holzbetonte Einrichtung, AC, WiFi, Kschr, Zimmer zur Straße laut, mF .................................................................................................... E 35-40, D 55
- **NAIROUKH**, [20] 3*, Al Malik Al Hussein St, Nähe Housing Bank, Tel 03 201 2980, mobil 0797 306033, nairoukh_hotel@hotmail.com; Neubau 2019 eröffnet, großzügige Zimmer, AC, WiFi, Kschr, gut eingerichtet, Straßenseite sehr laut, mF ............................................. E 20-25, D 25-35 (Zimmer nach hinten E/D 30)
- **MOON BEACH**, [23] Al Malik Al Hussein St (Corniche), Seeseite kurz vor Festung/Museum, Tel 03201 3316, mobil 0795556740 ashrafsaad77@yahoo.com; viele Räume Seeblick, AC, WiFi (Lobby), Kschr, gut eingerichtet, relativ kleine Zimmer, tlws. Balkon, (Apartment mit Dinette überraschend preiswert: 2 Pers. 30, 3 Pers. 35, 5 Pers. 50) .............................................................................................................. E 15-25, D 30
- **YAFKO**, 3*, Ecke Prinz Mohammed St/King Hussein Bin Tala St, Tel 03320 42222, info@yafko.com, www.yafko.com, AC, WiFi, Kschr, relativ großzügige Räume teils zu Lasten des Bades, mF .................................................................................. E 27-32, D 37-48
- **SEVENDAYS**, [24] 3*, Bagdad St, Tel 03203 3800, mobil 0797511140, sevendays.hotel@yahoo.com, AC, WiFi, Kschr, mF ................................................... E/D 30-40

## Übernachten 403

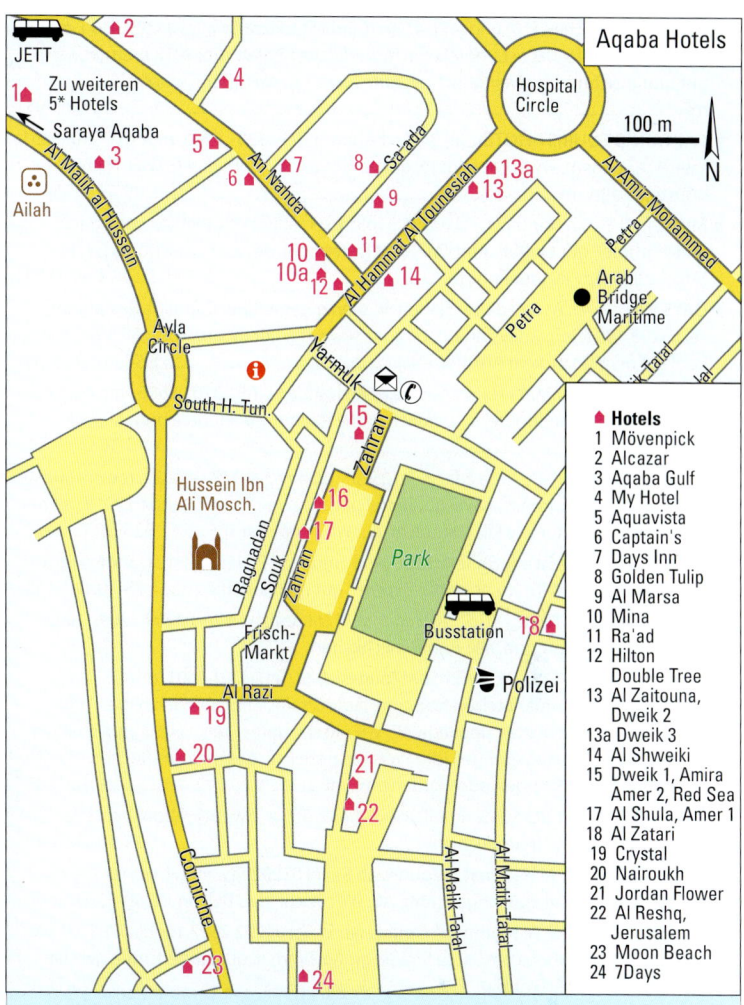

### Aqaba Hotels

**Hotels**
1. Mövenpick
2. Alcazar
3. Aqaba Gulf
4. My Hotel
5. Aquavista
6. Captain's
7. Days Inn
8. Golden Tulip
9. Al Marsa
10. Mina
11. Ra'ad
12. Hilton Double Tree
13. Al Zaitouna, Dweik 2
13a. Dweik 3
14. Al Shweiki
15. Dweik 1, Amira
16. Amer 2, Red Sea
17. Al Shula, Amer 1
18. Al Zatari
19. Crystal
20. Nairoukh
21. Jordan Flower
22. Al Reshq, Jerusalem
23. Moon Beach
24. 7Days

### Nordwestlich des Souk (Nähe Zentrum)

- **ALCAZAR**, [2] 3*, An Nahda St, Tel mobil 079738770 Hotel war längere Zeit geschlossen, von neuem Besitzer ohne Änderungen wiedereröffnet, ungepflegt, abgewohnt; AC, WiFi, Kschr, großer Innenhof, großer Pool (3 JD), kein F .................................. E 5, D 20

- **MY HOTEL**, [4] 3*, Nähe An Nahda St, Tel 03203 0890, reservation@myhotel-jordan.com, www.myhotel-jordan.com; z.Zt. unserer Recherche unter Renovierung

- **AQUAVISTA**, [5] 2*, eher 3*, An Nahda St, Tel 03205 1620, mobil 079 8201202, info@aquavistaaqaba.com, www.aquavistaaqaba.com; gut eingerichtet, empf, AC, WiFi, Kschr, mF .................................................................. E 35, D 45

- **LACOSTA**, zwischen [10] und [12], 4* An Nahda St („Pizza St"), Tel 03209 0400, mobil 0770400876, info@lacosta-hotel.com, www.lacosta-hotel.com, 2018 eröffnet, sehr gut und geschmackvoll eingerichtet, gute Lage, AC, WiFi, Kschr, empf, mF ................................................................................................................. E 55-80, D 65-95
- **CAPTAIN`S TOURIST HOTEL**, [6] 3*, An Nahda St, Tel 03201 6905, mobil 0799000951 sales@captains.jo, www.captains.jo; gut eingerichtet, gepflegt, AC, WiFi, Kschr, Pool, , günstige Lage, mF............................................................................................... E 45-55, D 55-85
- **MINA**, [10] 3*, An Nahda St, Tel 03201 5165, reservations@hotelmina.com; geräumige Zimmer, gut eingerichtet, WiFi (nur Reception), AC, Kschr, Dachterrasse, Bars (Alkohol), relativ kleiner Pool, mF.................................................................................. E 40, D 50
- **DAYS INN**, [7] 4*, As Sa'ada/An Nahda St, schräg gegenüber Captain's Restaurant, Tel 03203 1901, info@daysinn-aqaba.com, www.daysinn-aqaba.com; AC, WiFi, Pool auf dem Dach, kein Alkohol, mF.................................................................... E 50-60, D 55-65
- **RA'AD**, [11 ggüber Mina H.] 3*, As Sa'ada/An Nahda St, Tel 03201 8686, info@alraad-hotel.jo; www.alraadhootel.jo, ziemlich große Räume, gut eingerichtet, AC, WiFi, Kschr, mF ...................................................................................................................E 45-50 D 55--65
- **GOLDEN TULIP**, [8] 4*, As Sa'ada St, Tel 03205 1234 mobil 0798300397, reservations@goldentulipaqaba.com.jo, www.goldentulipaqaba.com, Räume wurden 2018 gut renoviert, Infrastruktur wie Lift aber nicht; AC, WiFi, Pool, Bar, mF ............ E 35-50, D 45-70
- **AL MARSA**, [9], As Sa'ada St, Tel 03201 3414 ; mobil 0795945459, marsahotel@gmail.com; einfach, AC, WiFi, Kschr, große Zimmer, gut möbliert, mF........... E 25-30, D 35-45
- **HILTON DOUBLE TREE**, [12] 5*, Al Hammat Al Tounesiah St, Tel 03209 3209, Luxushotel mitten im Zentrum, alle Annehmlichkeiten
- **AL ZAITOUNA**, 3* [13], Al Hammat Al Tounesiah St, Tel 03201 9601, mobil 0798203311, zaitounahotel@yahoo.com; laute Straße, Zimmer nach hinten ruhiger, sehr gut eingerichtet, gepflegt, AC, WiFi, Kschr, gutes Preis/Leistungsverhältnis besonders für den neueren Teil (der Preis ist speziell für Leser dieses Buches, er entspricht dem von Gruppen oder Jordaniern), mF....................................................... E 36, D 45
- **DWEIK 2**, 2* Tel 03203 5919, mobil 0795790432, atalla_dweik@yahoo.com; tlws. Balkon, AC, WiFi, Kschr, freundlich, mF................................................................ E 25-30, D 35-40
- **DWEIK 3**, 4*[13a], Al Hammat Al Tounesiah St, Tel 03202985, mobil +email wie dw 2, Balkon, laute Straße, gut eingerichtet, AC, WiFi, Kschr, tlws Balkon.... E 40-55, D 50-60
- **AL SHWEIKI**, 2*[14], Al Hammat Al Tounesiah St, Tel 03202 2657, mobil 0795201396, shweiki_hotel@yahoo.com; laute Straße, große Zimmer, gut eingerichtet, tlws Balkon, AC, Kschr, WiFi (Lobby)................................................................................. E 25, D 30
- **MASWADA PLAZA**, 3*, Prince Haya Circle (am Ende der Al Hammat Al Tounesiah St), Tel 03203 9600, Tel mobil 079986684,1 yahya.maswada@yahoo.com; viele lokale Gäste, mittelgut eingerichtet, AC, WiFi, Kschr, mF........................................ E 30-45, D 40-60

### Östlich des Souk

- **AL ZATARI**, 3* [18], Al Malek Talal St (direkt östlich der Busstation, gehört zum Al Shula Hotel), Tel 03202 2970, derzeit fest vermietet

### An der Küstenstraße Richtung Saudi-Grenze (Plan Aqaba Süd s. S. 385)

- **AL AMER,** „The Middle Aqaba Tourism Beach" kurz vor Hafenanlagen am Strand nahe Public Beach, Tel mobil 0799997753, AC, WiFi, Kschr, gutes Restaurant mit Livemusic nachts, mF .................................................................................................................. E 25-40, D 35-50
- **THE VIEW HOTEL & CAFÉ,** Saria St, Nähe Al Amer Hotel, fast unmittelbar am südlichen Ende des „Middle Beach", Tel mobil 0788732733; AC, WiFi, Kschr, ....... E 25, D 40

### Südlich der Hafenanlagen (s. S. 390)
- **LARAIN PLAZA SUITES,** 3*, [1] *)ca. 9 km von der Festung aus, Tel mobil 0770406400, Larain.plaza.hotel@gmail.com, großer Pool, Zugang zum Strand frei, AC, WiFi, Kschr, mF ........................................................................................................................ Zimmer 35-70

### Km 14, links zu den Tauchzentren
Tauchen kostet hier für Anfänger für den ersten Tauchgang 25-40 JD, danach ab 30 JD pro Tauchgang
- **DARNA DIVERS VILLAGE,** [2] *), Tel mobil 0795 035696, 0796712831 darnavillage@gmail.com, www.darnavillage.com; AC, WiFi, Kschr, Dachterrasse, großer Pool, Restaurant, Platz für Zelte und WoMo 10 JD, mF ............................... Dorm pP 18, E 30 , D 40
- **AL MARSA,** [3] gegenüber Darna, Tel 03 203 2288, info@almarsa-aquaba.com, www.almarsa-aqaba.com; AC, WiFi, Pool, gepflegt, mF ..........................E 35, D 45 HP E 35, 45
- **BEDOUIN GARDEN VILLAGE,** [4] Tel mobil 0795 602 521, bedwinjamal@yahoo.com, www.aqaba-hotels.com; gute Atmosphäre, Pool, freundlich und hilfsbereit, Bungalows, AC, WiFi (Lobby), Gartenrestaurant,
  mF ....................... Zelten pP 6, Schlafen auf dem Dach 8, WoMo 10 pP, E 20-30, D 25-35

*Kurz vor der saudi-arabischen Grenze liegt das **Aqaba Tala Bay Resort**, eine vor einigen Jahren neu ausgebaute Bucht mit Hotels, Privatwohnungen, Marina und direkter Fährverbindung nach Taba Hights auf den Sinai.*

- **BEDOUIN MOON VILLAGE**, [5] Tel mobil 078857117 mohamedsea@lycos.com, bigmick1954@outlook.com; AC, WiFi, Pool, mF.......................... WoMo pP 10, E 30-40, D 40

### Weiter den Berg hinauf, etwa 2 km vom Strand entfernt

- **ARAB DIVERS**, [6] Tel 032031808, mobil 07 95078565, go@ arabdivers.coj, www.arabdivers.jo; AC, Kschr, WiFi, 2 Pools, mF.................................................. E 40, D 50
- **AQABA ADVENTURE DIVERS** Village, [5] mobil 0799078450, info@aqaba-diving.com, www.aqaba-diving.com; AC, WiFi, Kschr, gepflegte Räume, Pool, Restaurant, mF ................................................................................................................................... D 36
- **RED SEA DIVE CENTRE**, [5] Tel 032018969, mobil 0797422331, info@aqabascubadiving.com, www.aqabascubadiving.com; AC, Kschr, WiFi, Pool, mF..... E 35-45, D 45-55

### Tala Bay Resort

- **MARINA PLAZA,** [6] einziges 4* Hotel 4*,Hotel in feudaler Umgebung, Tel 03209 2900, reservations.marina@marinaplaza.org, www.marinaplaza.org; um einen zentralen Pool gebaute Anlage, relativ kleine Zimmer, Spa, Sauna, geheizte Pools, keine Strandlage, etwa 5 Min zum öffentlichen Strand, preiswertes Hotel in Tala Bay, mF ... E/D 110-135

- **MÖVENPICK RESORT**, [8] 5*, Tala Bay, Tel 03209 0300, moevenpick-aqaba.com; resort.talabay.reservation@moevenpick.com, großzügige Anlage mit mehreren Pools und eigenem Strand, luxuriös
- **SINAI DIVERS**, Tala Bay, Sinaidivers.com; Tel 03 2050030, mobil 078 664 0109; sdaqaba@sinaidivers.com; die in Ägypten weit bekannte (deutsche) Tauchschule unterhält hier eine Niederlassung.

- In **Tala Bay** gibt es einige gute und im Vergleich zur direkten Resort-Umgebung **preiswerte Lokale**; stimmungsvoll direkt am Strand und bei der Marina gelegen.

# Anhang 10

## Glossar

**Agora** – Markt- und Versammlungsplatz griechischer Städte
**Apsis** – halbrunde, östliche Altarnische einer Kirche
**Architrav** – Säulen verbindender Querbalken
**Attika** – Skulpturen tragender Aufsatz über dem Hauptgesims eines Gebäudes
**Basrelief** – leicht erhabenes Relief
**Betyl** – Stele (in Felsnische) als Abbild eines Gottes
**Cardo Maximus** – meist von Nord nach Süd verlaufende römische Hauptstraße
**Cella** – fensterloser Hauptraum eines Tempels für Sakralkult
**Decumanus** – meist von Ost nach West verlaufende römische Hauptstraße
**Dekapolis** – "Zehnstädtebund" mit weitgehender Selbstverwaltung
**Exedra** – halbkreisförmige Erweiterung an Kolonnaden öffentlicher Plätze
**Forum** – Markt- und Versammlungsplatz römischer Städte
**Hippodrom** – Pferderennbahn
**Hypogäum** – römisches Mausoleum
**Kastell** – römisches Fort, vor allem am Limes
**Kenotaph** – Scheingrab (Gedenkstätte)
**Kolonnade** – Säulengang
**Limes** – römische Grenzlinie mit Befestigungsanlagen
**Mausoleum** – Grabbau
**Naos** – Raum für Götterbild in griechischem Tempel
**Narthex** – nach Westen gerichtete Vorhalle einer Basilika
**Nekropole** – antiker Friedhof
**Nymphaeum** – römische repräsentative Brunnenanlage
**Peristyl** – Säulenhof eines Hauses oder einer Kirche
**Portikus** – meist giebelgekrönter, auf Säulen ruhender Vorbau eines Gebäudes
**Prätorium** – Sitz des Befehlshabers, Statthalters
**Sanktuarium** – Raum des Allerheiligsten
**Substruktion** – Gewölbe-Unterbau eines Gebäudes zum Ausgleich von Gelände-Unebenheiten bzw. an Hängen
**Tell** – Hügel, der durch aufeinanderfolgende Besiedlung entstand
**Temenos** – geschützter heiliger Bezirk vor oder in einem Tempel
**Tetrapylon** – vierseitiger, hoher Torbau, meist an wichtigen Straßenkreuzungen
**Tholos** – Rundtempel, auch runder Fassadenteil in Form eines Pavillons
**Triklinium** – nabatäische Opfer- oder Totenmahl-Stätte

## Islamische und arabische Begriffe

**Beit** – geschlossene Wohneinheit eines islamischen Hauses
**Imam** – Vorbeter, religiöses Oberhaupt
**Liwan** – Halle, nach drei Seiten geschlossen, vierte Seite zum Innenhof hin geöffnet
**Madrasa** – Hochschule für religiöses Recht
**Mihrab** – Gebetsnische
**Minarett** – Turm des Gebetsrufers
**Muezzin** – Gebetsrufer
**Qibla** – Gebetsrichtung (Richtung Mekka)
**Shisha** – Wasserpfeife
**Souk** – Markt, Bazar
**Wadi** – Trockenflussbett in der Wüste, das nur nach Regen kurzzeitig Wasser führt

## Mini-Sprachführer

Der folgende Mini-Sprachführer soll nur die notwendigste Hilfe zur Verständigung bieten, er kann kein Lexikon oder eine wirkliche Sprachhilfe wie z.B. die Reise Know-How Kauderwelsch Sprechführer ersetzen. Der Einfachheit halber verwenden wir nicht die Standardlautzeichen, sondern einfachere Buchstabenkombinationen und lassen grammatikalische Regeln „außen vor".

### Ein paar Hinweise zur Betonung
(**"**): Explosionslaut vor a, i oder u, wie der Stimmabsatz vor den Wörtern 'es, 'ist, oder im Wort Post"amt
(**°**): vor bzw. nach einem Buchstaben entspricht einem kehligen Reibelaut und bedarf viel Übung!!
(**gh**): ein nicht rollendes Gaumen-r
(**'h**): ein scharfes, ganz hinten in der Kehle gesprochenes und fast heiser klingendes h
(**w**): ein w, wie in dem englischen Wort wine
(**z**): wie stimmhaftes deutsches s in Rose
(**:**): Vokal mit Doppelpunkt wird langgezogen gesprochen.

### Wichtige allgemeine Ausdrücke
ja/nein .................... ajwa/la
bitte ........................ min fadlak (mask)
(als Äußerung eines Wunsches)
bitte ........................ min fadlik (fem)
danke ...................... schukran
bitte (als Antwort
auf einen Dank) ... °afwan
ich möchte ............ ana °a:wiz
gibt es ..................... fi:
nein, gibts nicht ... la, mafi:sch
jetzt ......................... al a:n
gut ........................... kuwajjis
nicht gut ................. musch kuwajjis
schlecht .................. sahei
genug, stop ............ bass, kifa:ja
o.k............................. tama:m

### Wichtige allgemeine Wörter
Apotheke ............... agzacha:na
Arzt ......................... dokto:r
Bank......................... bank
Brief ........................ resala
Briefmarke ............. ta:be°
Bruder...................... ach
Frau ......................... mada:m
Geld ........................ fulu:s
gestern ................... imba:ri'h
groß ........................ kibi:r
heute ...................... al yom
kalt .......................... ba:rid
klein ........................ saghir
Krankenhaus ......... mustaschfa:
Mann ....................... ra:jul
morgen ................... bukra
Moschee ................. masjid, ja:me°
Museum .................. mat'haf
Mutter...................... umm
Polizei ..................... buli:s
Post ......................... baried
Quittung................. faturah
Reisescheck ........... shayk siahi,
Sache ...................... aschia:, ha:schad
schlecht .................. saeia, musch kuwajjis
Schmerzen ............. alam, waga°
Schwester............... ucht
Sohn......................... ibn
Telefon .................... telefo:n
Tochter ................... bint
Unfall ...................... 'ha:dis
Vater........................ ab
viel .......................... kiti:r
warm ....................... suchn
wechseln (ich) ...... ana °a:wiz
wenig ..................... schuwajja
Zoll .......................... gumruk

### Fragen
wer? ........................ mi:n?
wo? .......................... we:n?
wohin? ................... we:n raje'h

| | |
|---|---|
| was? | schuh, ma? |
| warum? | le:sch, le:mada? |
| wann? | imta? |
| wie? | kayf? |
| wie teuer? | bi ka:m? |
| wieviel? | ka:m? |
| wie bitte? | bit'u:l e:h? |
| was möchtest Du? | madha tughid? |
| ist es möglich ...? | .. mumkin ...? |
| nicht möglich | musch mumkin |

## Persönliches

| | |
|---|---|
| ich | ana |
| du (mask.) | inta |
| du (fem.) | inti |
| er | huwwa |
| sie | hijja |
| wir | e'hna |
| ihr | intu |
| sie | humma |

## Reisen

| | |
|---|---|
| Ägypten | masr |
| Auto | sayara |
| Bahnhof | ma'hatta |
| Brücke | jisr |
| Bus | ba:s |
| Deutsche | alma:nijja |
| Deutscher | alma:ni |
| Deutschland | alma:nijja |
| direkt | °ala tu:l, dughri: |
| Droschke | arbeya "hantur |
| Ermäßigung | tachfi:d |
| Fahrkarte einf. | tazkara ra:ji'h |
| Fahrpreis | ugra |
| Fahrrad | biskilitta |
| Flughafen | mata:r |
| Flugzeug | tajja:ra |
| hin und zurück | dhahab wa'iiab |
| Hafen | mi:na |
| Kairo | alqahi:ra |
| Kreuzung | mafraq |
| Minute | daqi:qa |
| Österreich | innimsa |
| Österreicher | nimsa:wi |
| Reisepass | basbo:r |
| Schiff | safina |
| Schweiz | siwisra |
| Schweizer | siwisri: |
| Segelboot | markb shiraei |
| Stadt | madi:na |
| Straße | scha:ri° |
| Stunde | sa:°a |
| Tourist | sa:ji'h |
| Weg nach ... | tari:" ila: |
| Zug | atr |

## Ortsbestimmung

| | |
|---|---|
| geradeaus | °ala tu:l, dughri: |
| links | schima:l |
| rechts | jimi:n |
| nach | ila: |
| hier/dort | hina/hina:k |
| zurück | ra:gi° |
| Norden | schama:l |
| Süden | janub |
| Westen | gharb |
| Osten | scharq |

## Landschaft

| | |
|---|---|
| Berg | jabal |
| Hügel | tall |
| Brunnen | bi:r |
| Quelle | °ein |
| Wüste | sa'hara |
| Oase | wa:'ha |
| Haus | be:t |

### Restaurant/Hotel

| | |
|---|---|
| bezahlen | adfaº |
| Doppelzimmer | ghurfat muzdawaja |
| Einzelzimmer | ghurfat munfarida |
| essen (ich) | a:kul |
| Fleisch | la'hm |
| Fisch | samak |
| frei (Zimmer) | fa:di: |
| Gemüse | chuda:r |
| Hotel | funduq, ote:l |
| Huhn | dajaj |
| Kaffee | ahwa |
| mit Frühstück | bil fita:r |
| Obst | fakha |
| Salz | mal'h |
| Tee | scha:j |
| Toilette | dorit majja, tuwalitt |
| trinken (ich) | aschrab |
| Wasser | majja |
| Zucker | sukkar |

### Markt/Einkaufen

| | |
|---|---|
| Banane | mo:z |
| billig | richi:s |
| Brot | chubz |
| Datteln | bala'h |
| Eier | be:d |
| Feigen | ti:n |
| Fruchtsaft | ºasi:r |
| Granatapfel | rumma:n |
| Guaven | gawa:fa |
| Kartoffeln | batata |
| kaufen | aschtiri: |
| Kilo | ki:lo |
| 1/2 Kilo | nuss ki:lo |
| Mango | manga |
| Markt | su:q |
| Melone | batti:ch |
| Milch | halib |
| Orange | burtuqal |
| teuer | gha:li: |
| Tomaten | bandora, tamatim |
| Zitrone | lamu:n |
| Zwiebeln | basal |

### Zahlen

| | | |
|---|---|---|
| 0 | ٠ | sifr |
| 1 | ١ | wa:'hid |
| 2 | ٢ | itne:n |
| 3 | ٣ | tala:ta |
| 4 | ٤ | arbaºa |
| 5 | ٥ | chamsa |
| 6 | ٦ | sitta |
| 7 | ٧ | sabaºa |
| 8 | ٨ | tama:nja |
| 9 | ٩ | tisºa |
| 10 | ١٠ | ºaschara |
| 11 | ١١ | hida:schar |
| 12 | ١٢ | itna:schar |
| 13 | ١٣ | talata:schar |
| 14 | ١٤ | arbaºta:schar |
| 15 | ١٥ | chamasta:schar |
| 16 | ١٦ | sitta:schar |
| 17 | ١٧ | sabaºta:schar |
| 18 | ١٨ | tamanta:schar |
| 19 | ١٩ | tisaºta:schar |
| 20 | ٢٠ | ºischri:n |
| 21 | ٢١ | wa:'hid wa ºischri:n |
| 30 | ٣٠ | talati:n |
| 40 | ٤٠ | arbaºi:n |
| 50 | ٥٠ | chamsi:n |
| 60 | ٦٠ | sitti:n |
| 70 | ٧٠ | sabaºi:n |
| 80 | ٨٠ | tamani:n |
| 90 | ٩٠ | tisºi:n |
| 100 | ١٠٠ | mijja |
| 200 | ٢٠٠ | mite:n |
| 300 | ٣٠٠ | thalauthmijja |
| 400 | ٤٠٠ | arbaºmijja |
| 500 | ٥٠٠ | chumsumijja |
| 600 | ٦٠٠ | suttumijja |
| 700 | ٧٠٠ | subºumijja |
| 800 | ٨٠٠ | thamanmijja |
| 900 | ٩٠٠ | tusºumijja |
| 1000 | ١٠٠٠ | alf |

## Redewendungen

| | |
|---|---|
| Ich spreche nicht arabisch | ana mat kal limsch arabi |
| Sprich langsam, bitte (mask.) | mumkin tit ka lim bischwi:sch |
| Sprich langsam, bitte (fem.) | itkallimi: bi schwi:sch |
| Ich verstehe Sie nicht (mask.) | ana misch fahmak |
| Ich verstehe Sie nicht (fem.) | ana misch fah mik |
| Darf ich fotografieren? | mumkin asawwar? |
| Ich weiß nicht | ma°rafsch |
| Ist das gut? | hada kuwajjis? |
| Wie weit ist es bis ...? | kam al bu°d iilaa hunak...? |
| Wo ist der Bahnhof? | wen al ma:hatta al kitar? |
| Was kostet das? | kam yukallif? |
| Ich bin krank | ana marid |
| Wo ist der nächste Arzt? | wen aqrab dokto:r? |
| Verschwinde! | imshi: ! |

## Begrüßung

| | | | |
|---|---|---|---|
| Herzlich willkommen | ahlan wa sahlan | Antwort: | ahlan bi:k |
| Friede sei mit Dir ! | as sala:mu °alaikum | Antwort: | °alaikum as sal:am |
| Guten Morgen | saba:'hil che:r | Antwort: | saba'hin nu:r |
| Guten Tag/Abend | masa:'il che:r | Antwort: | masaba'in nu:r |
| Wie geht's dir (mask.)? | kif halak? | Antwort: | kuwajjis |
| Wie geht's dir (fem.)? | kif haliki? | Antwort: | kuwajjisa |
| Auf Wiedersehen | ila: li qa:' | | |
| Entschuldigung | a:sif | Antwort: | ma°alisch |
| Wie heißt du? (mask.) | ismak schu e:h? | Antwort: | Ich heiße ...ismi: .. |
| Wie heißt du? (fem.) | iismik schu e:h? | Antwort: | Ich heiße ...ismi: .. |

# Index

## A

Abbasiden 116
Abdullah II 96
Abila 235
Adressangaben 6
Adressen 21
Ägyptische Botschaft 171
Ain Abata 31
Ain Beidha 288
Ain Ghazal 83
Ain Musa, Nähe Mount Nebo 269
Ain Zarqa 307
Airconditioner 63
Ajlun 206
Ajlun Forest Reserve 209
Alkohol 49
Alkohol am Steuer 59
Allah 118
Alleinreisende Frauen 37
Almosenpflicht 118
älteste (eine der) Siedlungen der Welt 83
Amman 29, 125
Amman, Abu-Darwish-Moschee 141
Amman, Adressenangaben 170
Amman, Ain Ghazal 136
Amman, Al Kahf 154
Amman, Alkohol 179
Amman, Al Mahatta Busstation 168
Amman, Apotheken 174
Amman, Archäologisches Museum 147
Amman, Arzt 173
Amman, Bus-Bahnhöfe 168
Amman, Busverbindungen, außerstädtisch 168
Amman, Busverbindungen innerstädtisch 166
Amman, Byzantinische Kirche Sweifiyyeh 147
Amman, Childrens Heritage and Science Museum 180
Amman, Circles 132
Amman, Darat Al Funun 145
Amman, Dead Sea Scrolls 139
Amman, Deutsches Evangelisches Institut 147
Amman, Duty Free Shop 144
Amman, Einwohner 129
Amman, Feuerwehr 170
Amman, Geldwechsel 171
Amman, Geology Museum 148
Amman, Geschichte 127
Amman, Gold-Souk 139
Amman, Haya Cultural Centre 145
Amman, Heritage Museum 147
Amman, Herkules-Tempel 132
Amman, Hussein-Moschee 139
Amman, Jebel Amman 141
Amman, Jebel Qala 130
Amman, Jordan Museum 138
Amman, Jordan Museum of Popular Tradition 136
Amman, Kan Zaman Village 152
Amman, King Abdullah Moschee 143
Amman, Komfort-Busverbindungen 169
Amman, Kulturpark 137
Amman, Kunstgalerien 179
Amman, Lebensmittel (westl.) 179
Amman, Luna Park 145
Amman, Medizinische Hilfe 173
Amman, Mietwagen 174
Amman, Militärmuseum 146
Amman, Muhajereen Busstation 168
Amman, National Childrens Museum 149
Amman, Nationalflagge 129
Amman, New Abdali 144
Amman, Notfall 170
Amman, Nymphaeum 136
Amman, Odeon 136
Amman, Omayadenpalast 134
Amman, Palästinenser Camp Wihdat 150
Amman, Panzermuseum 146
Amman, Philadelphia 135
Amman, Polizei 170
Amman, Post 170
Amman, Postmuseum 148
Amman, Qasr el Abd 155
Amman, Qasr Nuweijis 146
Amman, Rainbow St 141
Amman, Reisebüros 175
Amman, Restaurants 182
Amman, Römisches Forum 135
Amman, Römisches Theater 135
Amman, Rujm el Malfouf 142
Amman, Safeways 179
Amman, Schiffsverbindungen 170
Amman, Service-Taxi 166
Amman, Shopping 176
Amman, Siebenschläfer 154
Amman, Souvenirs 176
Amman, Sport City 145
Amman, Straßennamen 170
Amman, Straßennetz 166, 170
Amman, Sweifiyyeh 147
Amman, Tabarbor Busstation 168
Amman, Topografie 129
Amman, Übernachten 185
Amman, Verkehrsunfall 170
Amman, Wadi es Sir 155

Amman, Wahadat Busstation 169
Amman, Wihdat Camp 150
Amman, Zitadelle 130
Analphabeten 101
Anjara 29, 205
Ankunft 41
Anreise 24
Aqaba 27, 382
Aqaba, Ailah 387
Aqaba, Festung 389
Aqaba, Heritage Museum 389
Araba, Grenzübergang 45
Araber 100
Arabeske 119
Arak 67
Arroganz 48
Asi Cave 153
As Shouna North 228
As Shouna South 221
Aufenthaltsgenehmigung 42, 172
Ausreise 43
Autofahren 54
Autopapiere 24
Auto-Ralley 70
Azraq 243
Azraq Wetland Reserve 244

## B

Bab el Dhra'a 284, 313
Bakschisch 16, 76
Bakterien 68
Baptism Site Bethania 299
Beduinen 103
Begrüßungsformeln 47
Behinderte 39, 332
Bergsteigen 70
Beschneidung 118
Bethania 30, 299
Bevölkerungszuwachs 100
Bewohner, Anzahl 98
Biblische Orte 28
Birdwatching 70
Birketein 203
Bodenschätze 108
Botschaft, Ägyptische 171
Botschaft Deutschland 171
Botschaft Österreich 171

Botschaften 171
Botschaft, Jordanien 22
Botschaft, Schweizer 171
Brillenträger 36
Bundeswehr 244
Burqu 254
Buseira 288

## C

Camping 36, 64
Canyoning 73
Canyoningführer 19
Carnet de Passages 24
Chauffeur, unterwegs mit 53
Christen 80
Christen in Jordanien 120
Christentum 28
Christliche Orte 28
Circle 126
Coral Island 393

## D

Dana 290
Dana Biosphere Reserve 291
Dana Nature Reservat 291
Dana, Trecking 292
Dead Sea Ultra Marathon 307
Deir Ain Abata 314
Deir Allah 223
Dekapolis 194
Desert Highway 318
Dhat Rass 285
Dhiban 273
Dhibbin Forest Reserve 205
Diseh 368
Drogen 49
Dromedar 370
Durchfall 68
Duty Free Shop 179

## E

EC-Karte 75
Ehe 104
Eilgang durch die Geschichte 79
Einladungen 48
El Beidha 84
Elektrizität 74

El Habis 237
Elias 208
El Mazar 285
El Mazraa 313
Emailbox 60
Emailsicherheit 60
Erholungsmöglichkeiten 17
Es Sela 288
Essen & Trinken 64

## F

Fahrrad 36, 56, 72
Fallschirmspringen 70
Feiertage 78
Felsbrücke Burdah, Wadi Rum 377
Felsbrücke Um Throuth, Wadi Rum 377
Fernsehen 78
Feynan, Wadi 316
Fieber 68
Filmen 49
Fitar (Fastenbrechen) 48
Flora und Fauna 113
Flüchtlinge 101
Fotografieren 37, 49
Fotografieren von militärischen Installationen 59
Frau 104
Friends of the Earth 222
Fuheis 158

## G

Gadara 229
Gastgeber 48
Geld 74
Geldwechsel 74
Gemeinschaftstaxi 52
Gerasa 194
Gesundheit 68
Gesund werden 32
Ghor 111, 222
Gold-Souk 177
Golf von Aqaba 386
Grabenbruch 313
Grand Canyon 277
Griechen 86
Großer Afrikanischer Grabenbruch 285

## H

Haftpflichtversicherung 24
Haj 118
Hammamat Borbatah 286
Hammamat Ma'in 17, 270
Hammam es Sarah 241
Handy 73
Hashemiten 92
Hauran 216
Hebron-Gläser 123
Hebron Glass 77
Hejaz-Bahn 50
Herausforderungen 73
Herodes der Große 272
Himmeh 229
Hirbet es Zeraqon 212
Hisban 255
Hitchhiking 53
Homosexuelle 49
Humaimah 366
Humus 65

## I

Impfungen 23
Internationaler Führerschein 24
Internationale Zulassung 24
Internet 20
Internetlinks 20
Internetsicherheit 60
Iraq el Amir 157
Iraq el Amir, Handicraft-Zentrum für Frauen 157
Irbid 211
Irbid, As Saraya Museum 212
Irbid, Museum of Jordanian Heritage 213
Irbid, Yarmuk Universität 212
Islam 116

## J

Jawa 253
Jebel 126
Jebel Atata 289
Jebel Hash, Wadi Rum 378
Jebel Umm ad Dami, Wadi Rum 378

Jerash 16, 194
Jerash Festival 202
Jerusalem, Abstecher nach 29
Jordan 222
Jordan Bike Trail (Fahrrad) 72
Jordan EcoPark 227
Jordan Festival 202
Jordan-Fluss 106
Jordan Gate Towers 144
Jordanien heute 97
Jordan National Gallery of Fine Arts 144
JORDANPASS 23
Jordan River Crossing 45
Jordan Tourism Board 165
Jordan Trail (Wanderweg) 72

## K

Kaaba 116
Kalif 116
Kalligraphie 119
Kamel 370
Khirbet al Wahadna 29
Khirbet Arair 274
Khirbet el Mekhayat 267
Khirbet et Tanur 286
Kinder, Reisen mit 38
King Hussein Bridge 221
Kirbet Feynan 317
Kleidung 34, 47
Klima 32
Klima übers Jahr 32
König Abdullah II. 95
Koralle 386
Koran 116
Krankenhaus, Vorschuss 61
Kreditkarten 75
Kreuzfahrer 89
Kreuzzüge 90
Kultur 121
Kunst 121
Kunsthandwerk 121
Kupferminen 317
Kurzfassung Geschichte 79

## L

Lahun 274
Landschaft Jordaniens 109

Landschaftszonen 110
Landwirtschaft 109
Langfassung, Geschichte 82
Lebenserwartung 100
Lejjun 320
Libb 271
Lisan 313
Literatur 18, 121
Little-Petra 353
Lots Höhle 31, 314

## M

Ma'an 321
Machärus 30
Madaba 28, 30, 256
Mafraq 215
Ma'in 271
Majestätsbeleidigung 59
Mansaf 66
Mar Elias 208
Medikamente 69
Medina 116
Medizinische Hilfe 60
Mekka 115
Mescha- oder Moab-Stele 274
Mezzeh 65
Mietwagen 54
Mindestlohn 75
Minibusse 51
Mit Kindern unterwegs 38
Mohammed 115
Motorradfahrer 24
Mount Nebo 30, 267
Muezzin 120
Mujib Bio Reserve 28
Mujib-Brücke 309
Mujib Reserve 309
Mukawir 271
Mushatta, Wüstenschloss 250
Muslime 89
Mutah 285
Muwaqqa 250

## N

Nabatäer 86
Nachrichten 78
Natur 109
Nature Reserves 110

Na'ur 299
Navi 54
Nomaden 103
Notebook 60
Notfall 75

## O

OBeach 307
Odruh 320
Öffentliche Verkehrsmittel 50, 166
Omayaden 116
Ostafrikanischer Grabenbruch 301

## P

Palästina-Landkarte 259
Palästinenser 101
Palestine Liberation Organisation 82
Pella 224
Perser 86
Petra 16, 323
Petra, Amphitheater 338
Petra, Anfahrt vom Wadi Arada 316
Petra, Äußerer Siq 338
Petra bei Nacht 355
Petra, Bischofskirche 341
Petra, Byzantinische Kirche 341
Petra, Cardo Maximus 338
Petra, Ed Deir 347
Petra, El Barid 353
Petra, El Beidha 353
Petra, El Habis 347
Petra, El Hupta 351
Petra, El Wueira 353
Petra, Farasa-Schlucht 345
Petra, Großer Opferplatz 345
Petra, Großer Tempel 339
Petra, Khazne Faraun 336
Petra, Königswand 342
Petra, Löwen Greifen-Tempel 339
Petra, Museum 340
Petra, Obeliskengrab 334
Petra, Papyrusrollen 341
Petra, Plan 330
Petra, Qasr el Bint Faraun 340
Petra, Siq 334
Petra, Temenos-Tor 340
Petra, Toiletten 332
Petra, Türkische Bäder 354
Petra, Umm el Biyara 351
Petra, Wadi Syagh 347
Phosphat 108
Pilgerfahrt 118
Pilgerziele 31
Post 73
Potash City 313
Pottasche 108, 313
Preise 75
Prozessionsstraße, Wadi Rum 378

## Q

Qalaat ar Rabad 206
Qalaat el Mishnaqa 272, 273
Qasr 278
Qasr Aseikim 253
Qasr Bushir 319
Qasr el Abd 155
Qasr el Hallabat 241
Qasr el Kharanah 249
Qasr el Mushatta, Wüstenschloss 250
Qasr el Tuba 252
Qastal 251
Qatrana 319
Quweira 367

## R

Rabba 279
Radfahren 73
Ramadan 48, 117
Ramtha 29
Rania al Yassim, Königin 96
Ras en Naqb 366
Reiseapotheke 69
Reisen mit Kindern 38
Reisevorbereitung 18
Reisevorschläge 31
Reisezeit 32
Religionsfreiheit 115
Rollstuhlfahrer 40
Royal Jordanian 50
Royal Society for the Conservation of Nature 110

RSCN 110, 114

## S

Safi 315
Saidiyeh 223
Salt 160
Salt Archaeological Museum 162
Sand Bottle 77, 123
Sauberkeit, Hotelzimmer 62
Säulen der Weisheit, Wadi Rum 376
Schiiten 116
Schlangen 114
Schnorchelausrüstung 36
Schulpflicht 101
Sehenswertes, Amman - Totes Meer - Aqaba 298
Sehenswertes, Amman und Umgebung 127
Sehenswertes, Aqaba 382
Sehenswertes, Desert Highway 318
Sehenswertes, Jerash - Umm el Jimal 193
Sehenswertes, Kings Road 257
Sehenswertes, Petra 325
Sehenswertes, Wüstenschlösser 239
Servies 166
Servies-Taxis 166
Shaubak 294
Shaumari Nature Reserve 245
Sheikh Hussein Bridge 215
Shoaibs Tomb 164
Shobeq 294
Shorts 48
Sieben Säulen der Weisheit, Wadi Rum 378
Silberschmuck 77
SIM-Karte 74
Sinai 396
Siq Khazali, Wadi Rum 377
Siyagha 267
Sodom und Gomorrha 284
Sonnenstich 69
Souvenirs 77
Spirituosen 67

Sport 70
Sprachführer 408
Staat 97
Stadtpläne 19
Straßenkontrollposten 56
Studenten 23
Studentenermäßigung 23
Sunna 117
Sunniten 116
Süßigkeiten 68
Suweima 84

## T

Tabaqat Fahl 224
Tafila 287
Tahina 65
Tall Zira'a 139
Taucherausrüstung 36
Taucherbrillen 36
Taxi 52
Tell el Ammta 223
Tell Hisban 255
Theater 121
Tiere 40
Top-Ten-Ziele 26
Top-Ten-Ziele, Ajlun, Pella, Umm Qays 27
Top-Ten-Ziele, Amman 26
Top-Ten-Ziele, Aqaba 27
Top-Ten-Ziele, Jerash 26
Top-Ten-Ziele, Madaba, Mount Nebo 28
Top-Ten-Ziele, Petra 26
Top-Ten-Ziele, Totes Meer, Festung Kerak 26
Top-Ten-Ziele, Umm er Rasas 28
Top-Ten-Ziele, Wadi Mujib, Wadi Hasa 28
Top-Ten-Ziele, Wadi Rum 27
Top-Ten-Ziele, Wüstenschlösser 27
Totes Meer 301
Travellerchecks 74
Trekking 71
Trinkgeld 76
Tscherkessen 97, 99

## U

Übernachten, Ajlun 207
Übernachten, Ajlun Forest Reserve 211
Übernachten, Amman 185
Übernachten, Aqaba 401
Übernachten, Borbatah 286
Übernachten, Dana 293
Übernachten, El Hamma 229
Übernachten, Irbid 214
Übernachten, Jerash 205
Übernachten, Ma'an 321
Übernachten, Ma'in 280
Übernachten, Petra 359
Übernachten, Shaubak 296
Übernachten, Totes Meer 306
Übernachten, Umm Qays 235
Übernachten, Wadi Feynan 317
Übernachten, Wadi Mujib 310
Übernachten, Wadi Rum 380
Umayaden 89
Umma 116
Umm el Jimal 216
Umm er Rasas 274, 276
Umm es Surab 220
Umm Qays 29, 229
Umwelt 114
Unabhängiges Königreich 93
Unfall 56
UNRWA 103

## V

Verständigung 19

Visa (Kreditkarte) 75
Visum 22, 172
Vogelbeobachtung 70, 110
Völkerrecht 102

## W

Wadi es Sir 155
Wadi Feynan 316
Wadi Ghuwayr 317
Wadi Hasa 285
Wadi Ibn Hammad 280
Wadi Mujib 277, 309
Wadi Musa 297, 323
Wadi Nimrim 313
Wadi Rum 367
Wadi Wala 273
Wandern 71
Wander- und Trekkingmöglichkeiten 71
Wasserhaushalt 111
Wasserkanal vom Roten zum Toten Meer 112
Wasserpfeife 67
Weihrauch 85
Weiterreise, Ägypten 25
Weiterreise, Syrien 25
Wichtige Dokumente 23
WiFi Hotspots 173
Wihdat Palästinenser Camp 150
Wirtschaft 107
Wohnmobil 36
Wüstenschlösser 239

## Y

Yarmuk, Schlacht am 229
Yarmuk Schlachtfeld 238
Yellow Cabs 52

## Z

Zai Nationalpark 164
Zeitungen 78
Zugvögel 114

**Platz für Notizen**

# Das komplette Programm zum Reisen und Entdecken
# Reise Know-How Verlag

- **Reiseführer** – praktische Reisetipps von kompetenten Landeskennern
- **CityTrip** – kompakte Informationen für Städtekurztrips
- **CityTrip**PLUS – umfangreiche Informationen für ausgedehnte Städtetouren
- **InselTrip** – kompakte Informationen für den Kurztrip auf beliebte Urlaubsinseln
- **Wohnmobil-Tourguides** – praktische Reisetipps für Wohnmobil-Reisende
- **Wohnmobil-Tourguide Logbuch** – ein Buch für alles, was auf Fahrten wichtig ist
- **Wanderführer** – exakte Tourenbeschreibungen mit Karten und Anforderungsprofilen
- **KulturSchock** – Orientierungshilfe im Reisealltag
- **Die Fremdenversteher** – kulturelle Unterschiede humorvoll auf den Punkt gebracht
- **Kauderwelsch-Sprachführer** – schnell und einfach die Landessprache lernen
- **Kauderwelsch plus** – Sprachführer mit umfangreichem Wörterbuch
- **world mapping project**™ – aktuelle Landkarten, wasserfest und unzerreißbar
- **Reisetagebuch** – das Journal für Fernweh und Reiselust
- **Edition Reise Know-How** – Geschichten, Reportagen und Abenteuerberichte

## Reisen? We know how!

Zu Hause und unterwegs – intuitiv und informativ
▶ **www.reise-know-how.de**

- **Immer und überall** bequem in unserem Shop einkaufen
- Mit **Smartphone, Tablet** und **Computer** die passenden Reisebücher und Landkarten finden
- **Downloads** von Büchern, Landkarten und Audioprodukten
- Alle **Verlagsprodukte** und **Erscheinungstermine** auf einen Klick
- **Online** vorab in den Büchern **blättern**
- Kostenlos **Informationen, Updates** und **Downloads** zu weltweiten Reisezielen abrufen
- **Newsletter** anschauen und abonnieren
- Ausführliche **Länderinformationen** zu fast allen Reisezielen

**www.reise-know-how.de**

## Reise Know-How Verlag Tondok

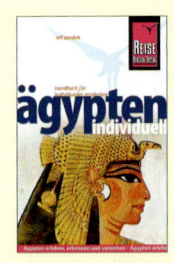

### Nachwort

Aus Altersgründen habe ich von den fünf Büchern, die bisher in meinem kleinen Reise Know-How Verlag erschienen sind, vier an den gut befreundeten Reise Know-How Verlag Helmut Hermann übergeben. Es ist mir ein bisschen zu viel geworden, zu recherchieren, zu schreiben und die Bücher zu produzieren – obwohl es mir Freude bereitet hat.

Daher trenne ich mich noch nicht ganz von dieser Beschäftigung und werde über Jordanien – so lange es geht -, schreiben und Sie, liebe Leserinnen und Leser, weiterhin zu begeistern versuchen, die Faszination dieses Landes vor Ort selbst zu entdecken und zu erleben.

Hier links sehen Sie, sozusagen zum Abschied, außer Jordanien die Titel, die ich bisher produzierte – in den ersten 15 Jahren nebenberuflich, im zweiten ähnlichen Zeitraum mehr oder weniger hauptberuflich.

Die Bücher habe ich in gute und zuverlässige Hände gegeben, von denen ich weiß, dass sie mit derselben Sorgfalt weitergeführt werden, wie die eigenen Titel. Auch die Koautorin und die Koautoren, mit denen ich in den letzten Jahren zusammenarbeitete, sind bestens eingearbeitet und werden ebenfalls für eine kontinuierliche Weiterentwicklung Sorge tragen.

Wenn Sie eins dieser Länder besuchen: Die nebenstehenden Bücher sind zuverlässige und aufschlussreiche Begleiter.

Wil Tondok

## Lesen lassen

Häufig gerät man in Verständigungsschwierigkeiten, die sich durch arabisch geschriebene Worte u.U. lösen lassen. Wir haben hier einige Begriffe und Ortsnamen in der Reihenfolge der Routen dieses Buches zusammengestellt, die Ihnen im einen oder anderen Fall vielleicht weiterhelfen können: Zeigen Sie dem Geschrächspartner das betreffende arabische Wort – er wird sich freuen.

| Allgemein ||
|---|---|
| Abflug | إقلاع، مغادرة |
| Aircondition | المكيف |
| Apotheke | صيدلية |
| Arzt | دكتور |
| Bus Nr. | رقم الباص |
| Doppelzimmer | غرفة مزدوجة |
| Einzelzimmer | غرفة فردية |
| Flughafen | المطار |
| Hotel | فندق |
| Krankenhaus | مستشفى |
| Minibus | باص صغير |
| Polizei | الشرطة |
| Post | البريد |
| Restaurant | مطعم |
| Sammeltaxi | سيارة أجرة (سرفيس) |
| Telefon | تليفون |
| Terminal 1 | مبنى/محطة رقم ١ |
| Terminal 2 | مبنى/محطة رقم ٢ |
| Toilette | تواليت |
| Amman ||
| 1.Circle | الدوار الأول |
| 2.Circle | الدوار الثاني |
| 3.Circle | الدوار الثالث |
| 4.Circle | الدوار الرابع |
| 5.Circle | الدوار الخامس |
| 6.Circle | الدوار السادس |
| 7.Circle | الدوار السابع |
| 8.Circle | الدوار الثامن |
| Abdali | العبدلي |
| Abdoun | عبدون |
| Al Kahf | أهل الكهف |
| Downtown | وسط البلد |
| Fuheis | الفحيص |
| Iraq el Amir | عراق الأمير |
| Jebel Amman | جبل عمان |
| Jebel Hussein | جبل الحسين |
| Jebel Qala | جبل القلعة |
| Jebel Weibdeh | جبل اللويبدة |
| Jett Terminal | مجمع باصات جيت |
| Jordan University | الجامعة الأردنية |
| Kan Zaman | كان زمان |
| King Hussein Bridge | جسر الملك حسين |
| Marka | ماركا |
| Middle East Circle | دوار الشرق الأوسط |
| Muhajireen Station | مجمع المهاجرين |
| Qasr el Abd | قصر العبد |
| Queen Alia Airport | مطار الملكة علياء |
| Raghadan Stationl | مجمع رغدان |
| Ras el Ain | راس العين |
| Salt | السلط |
| Shmeisani | الشميساني |

| | |
|---|---|
| Shmeisani | الشميساني |
| Sport City | المدينة الرياضية |
| Sweifiyyeh | الصويفية |
| Sweileh | صويلح |

| | |
|---|---|
| Wadi es Sir | وادي السير |
| Wahadat Station | مجمع الجنوب/ الوحدات |
| Zarqa | الزرقاء |
| **Nordwesten** | |
| Ajlun | عجلون |
| As Shouna (North) | الشونة الشمالية |
| As Shouna (South) | الشونة الجنوبية |
| Deir Alla | دير علا |
| Dhibbin | دبين |
| El Hamma (Himeh) | الحمة |
| Hartha | حرثا |
| Irbid | اربد |
| Amman Station | مجمع عمان |
| North Station | مجمع الشمال |
| Yarmuk University | جامعة اليرموك |
| Jerash | جرش |
| Mar Elias | تل مار الياس (خربة الوهادنة) |
| Pella | طبقة فحل |
| Qal'at ar Rabadh | قلعة الربض/ عجلون |
| Ramtha | الرمثا |
| Sweileh | صويلح |
| Tabaqat Fahl | طبقة فحل |
| Umm Qays | ام قيس |

| | |
|---|---|
| **Nordosten** | |
| Amra, Qasr | قصر عمرة |
| Azraq Wetland Reserve. | محمية الأزرق المائية |
| Azraq, Qasr | قصر الازرق |
| Badia | البادية |
| Burqu | برقع |
| Hallabat, Qasr | قصر الحلابات |
| Hammam es Sarah | حمام السرح |
| Jawa | جاوا |
| Kharanah, Qasr | قصر الخرانة |
| Mafraq | المفرق |
| Mushatta, Qasr | قصر المشتى |
| Muwaqqar | الموقر |
| Safawi | الصفاوي |
| Shaumari Reserve | محمية الشومري |
| Tuba, Qasr | قصر الطوبة |
| Umm el Jimal | ام الجمال |
| Zarqa | الزرقاء |
| **King's Road** | |
| Ain Beidah | العين البيضاء |
| Bab el Dhra'a | باب الذراع |
| Dana | ضانا |
| Dhiban | ذيبان |
| Es Sela | السلع |
| Hammamat Afra | حمامات عفرا |
| Hammamat Ma'in | حمامات ماعين |
| Hisban | حسبان |
| Kerak | الكرك |
| Madaba | مادبا |

| | |
|---|---|
| Madaba | مادبا |
| Ma'in | ماعين |
| Mazar | المزار |
| Mount Nebo | جبل نيبو |
| Mukawir | مكاور |
| Qasr | القصر |
| Rabba | الربة |
| Shaubak | الشوبك |
| Umm er Rasas | أم الرصاص |
| Wadi Hasa | وادي الحسا |
| Wadi Mujib | وادي الموجب |
| **Totes Meer, Wadi Araba** | |
| Bethania | المغطس |
| Feynan | فينان |
| Lot's Höhle | كهف النبي لوط |
| Safi | الصافي |

| | |
|---|---|
| Suweimah | سويمة |
| Totes Meer | البحر الميت |
| Wadi Araba | وادي عربة |
| **Petra** | |
| Ain Musa | عين موسى |
| Petra | البتراء |
| Taybet Zaman | طيبة زمان |
| Wadi Musa | وادي موسى |
| **Tiefer Süden** | |
| Aqaba | العقبة |
| Diseh | الديسي |
| Ma'an | معان |
| Quweira | القويرة |
| Ras en Naqb | راس النقب |
| Rum | رم |
| Wadi Rum | وادي رم |

## Schreiben Sie uns bitte,

wenn Sie neue und/oder bessere Informationen haben und solange diese Infos noch aktuell sind (also möglichst bald nach der Rückkehr schreiben).

Wenn wir Ihre Zuschrift verwerten können, schicken wir Ihnen gern ein Freiexemplar der nächsten Auflage dieses Führers.

Wir freuen uns, wenn Sie Ihre Infos als Email oder Email-Anhang schicken. Wenn Sie ein Buch wünschen, vermerken Sie es. Vergessen Sie bitte nicht, auch Ihre Postanschrift anzugeben.

Es ist für uns nicht unwichtig, wenn Sie uns Ihre Besuchszeit und die besuchte Gegend mitteilen.

Herzlichen Dank für Ihre Bemühungen.

Reise Know-How Verlag Tondok
Nadistr. 18
D-80809 München

jord@tondok-verlag.de
www. tondok-verlag.de

424  10 – Anhang

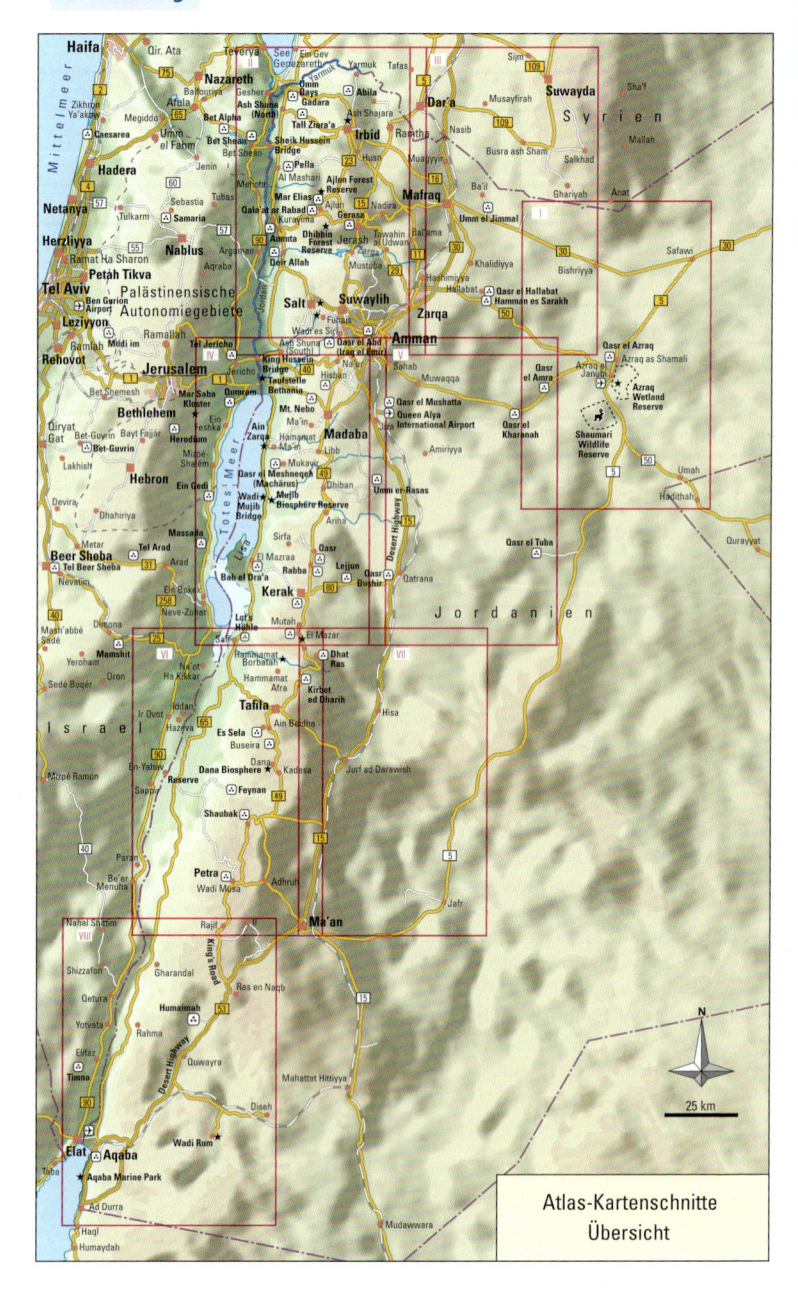

Atlas-Kartenschnitte Übersicht

## Atlas 425

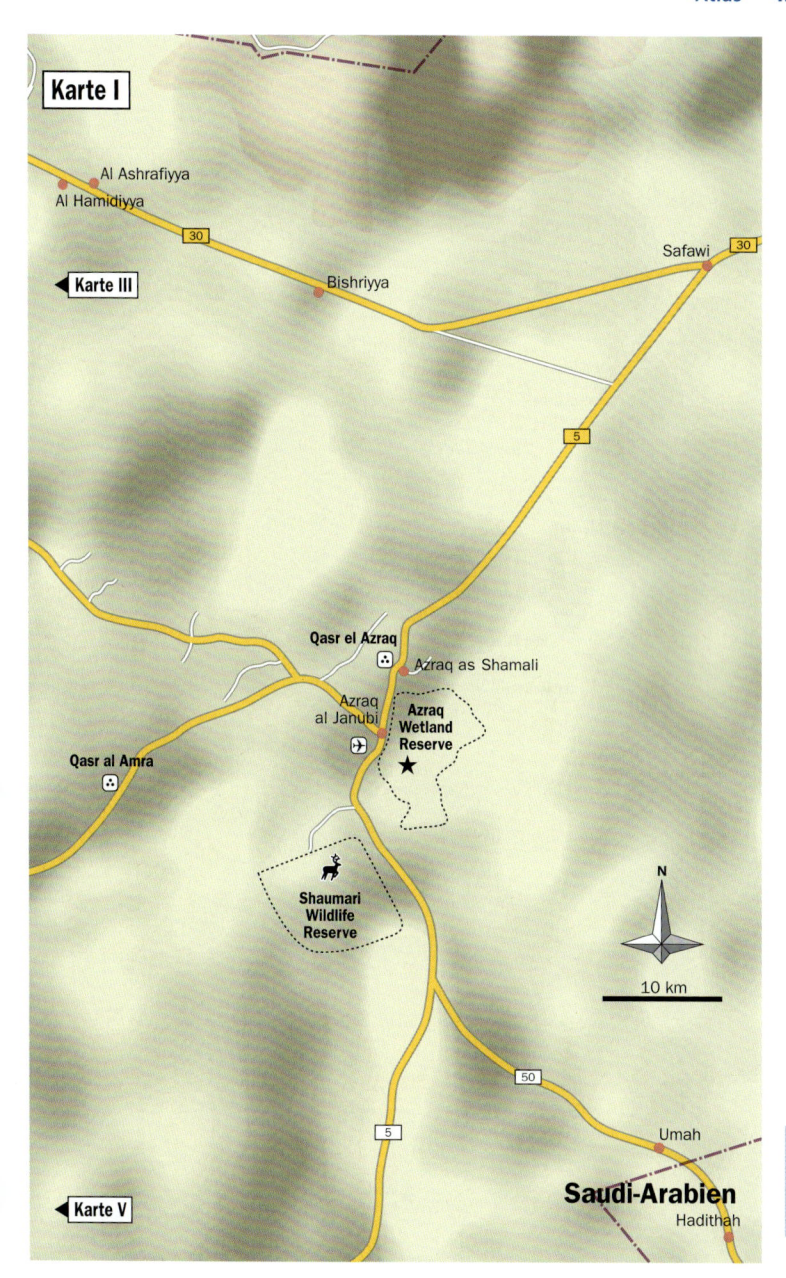

**Karte I**

Al Ashrafiyya
Al Hamidiyya
◀ Karte III
30
Bishriyya
Safawi
30
5

Qasr el Azraq
Azraq as Shamali
Azraq al Janubi
Azraq Wetland Reserve
★

Qasr al Amra

Shaumari Wildlife Reserve

N

10 km

50
5
Umah

◀ Karte V

**Saudi-Arabien**
Hadithah

# Karte II

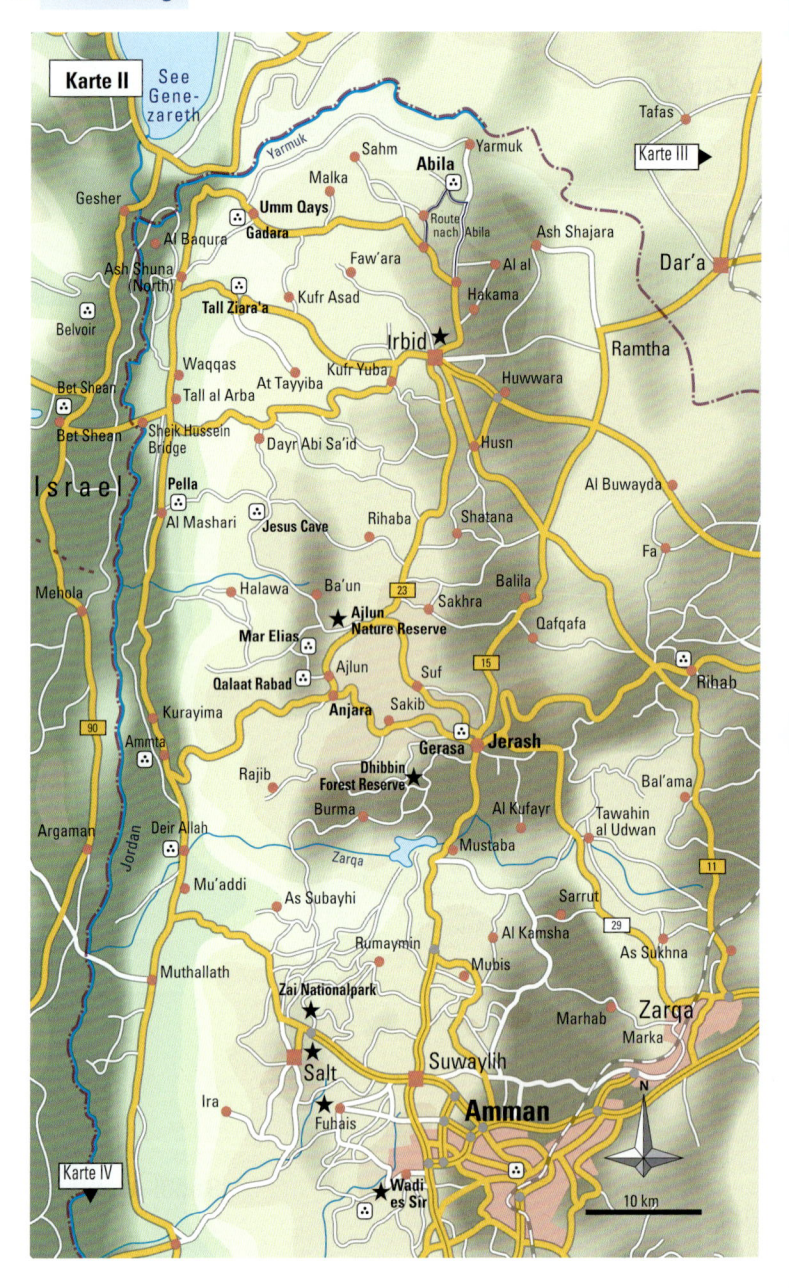

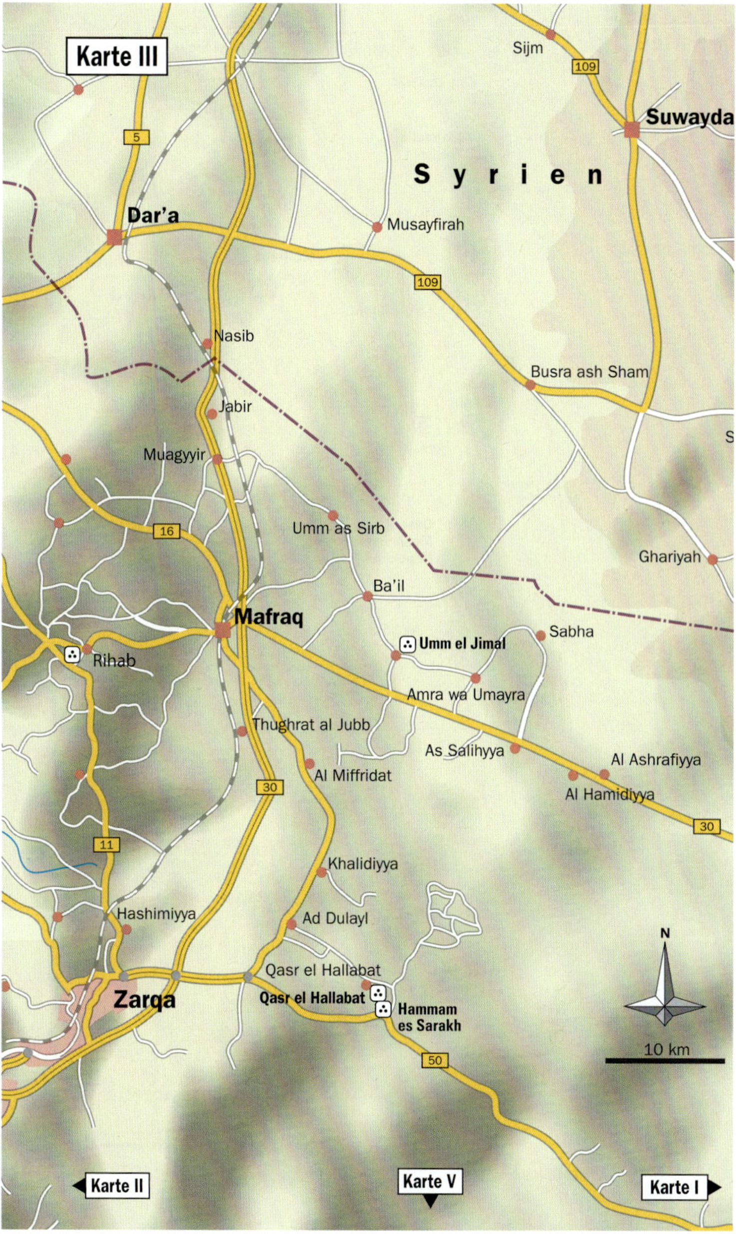

Atlas 427

Karte III

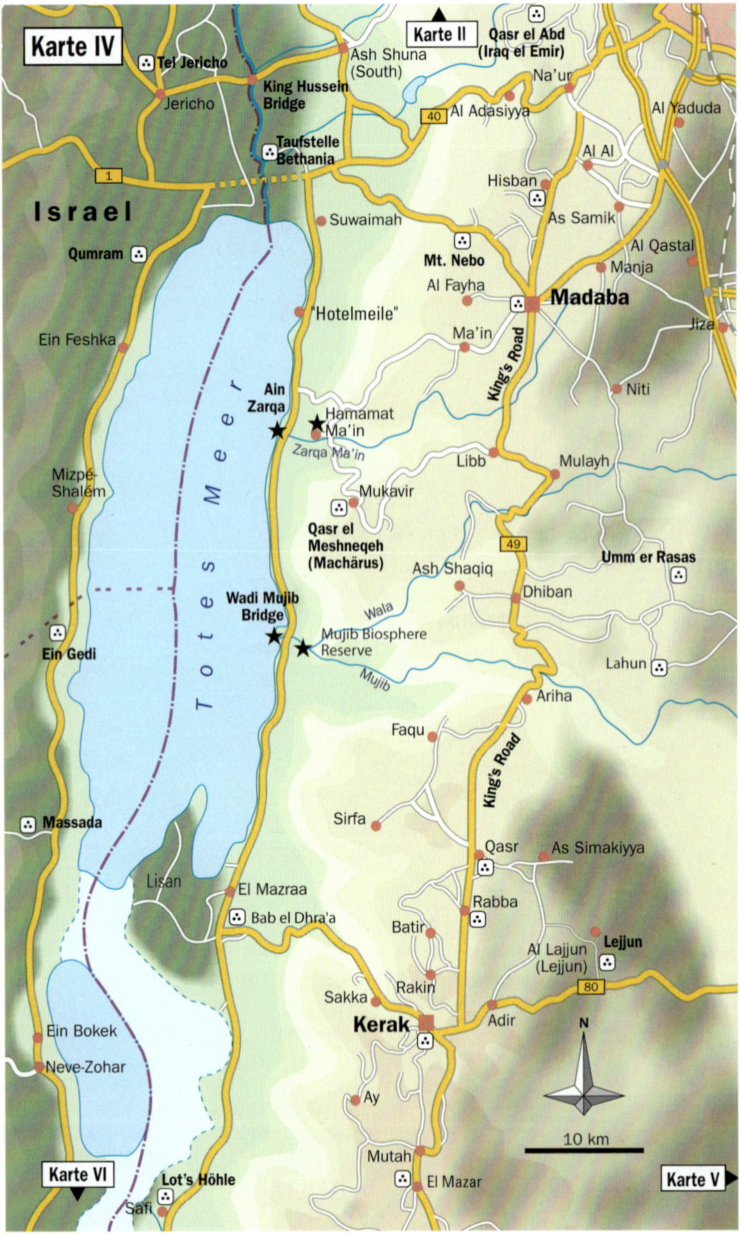

Karte IV
Tel Jericho
Jericho
King Hussein Bridge
Ash Shuna (South)
Karte II
Qasr el Abd (Iraq el Emir)
Na'ur
40
Al Adasiyya
Al Yaduda
Taufstelle Bethania
1
Al Al
Hisban
Israel
As Samik
Suwaimah
Al Qastal
Qumram
Mt. Nebo
Manja
Al Fayha
Madaba
"Hotelmeile"
Jiza
Ein Feshka
Ma'in
King's Road
Niti
Ain Zarqa
Hamamat Ma'in
Zarqa Ma'in
Libb
Mulayh
Mizpé-Shalém
Mukavir
Qasr el Meshneqeh (Machärus)
49
Tote Meer
Umm er Rasas
Ash Shaqiq
Dhiban
Wadi Mujib Bridge
Wala
Mujib Biosphere Reserve
Ein Gedi
Lahun
Mujib
Ariha
Faqu
King's Road
Sirfa
Massada
Qasr
As Simakiyya
Lisan
El Mazraa
Rabba
Bab el Dhra'a
Batir
Lejjun
Al Lajjun (Lejjun)
Rakin
80
Sakka
Kerak
Adir
N
Ein Bokek
Neve-Zohar
Ay
10 km
Mutah
Karte VI
Lot's Höhle
El Mazar
Karte V
Safi

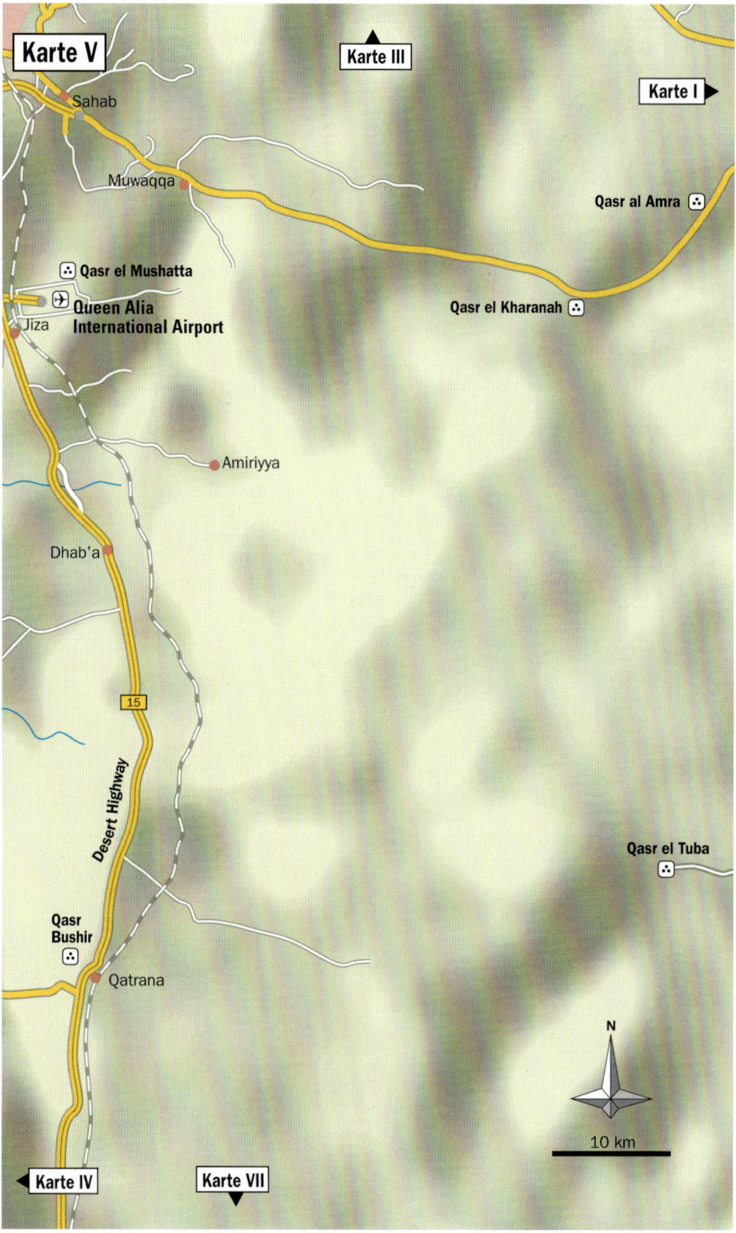

# Atlas 429

Karte V
Sahab
Muwaqqa
Qasr al Amra
Qasr el Mushatta
Queen Alia International Airport
Jiza
Qasr el Kharanah
Karte III
Karte I
Amiriyya
Dhab'a
15
Desert Highway
Qasr el Tuba
Qasr Bushir
Qatrana
N
10 km
Karte IV
Karte VII

# 430 10 – Anhang

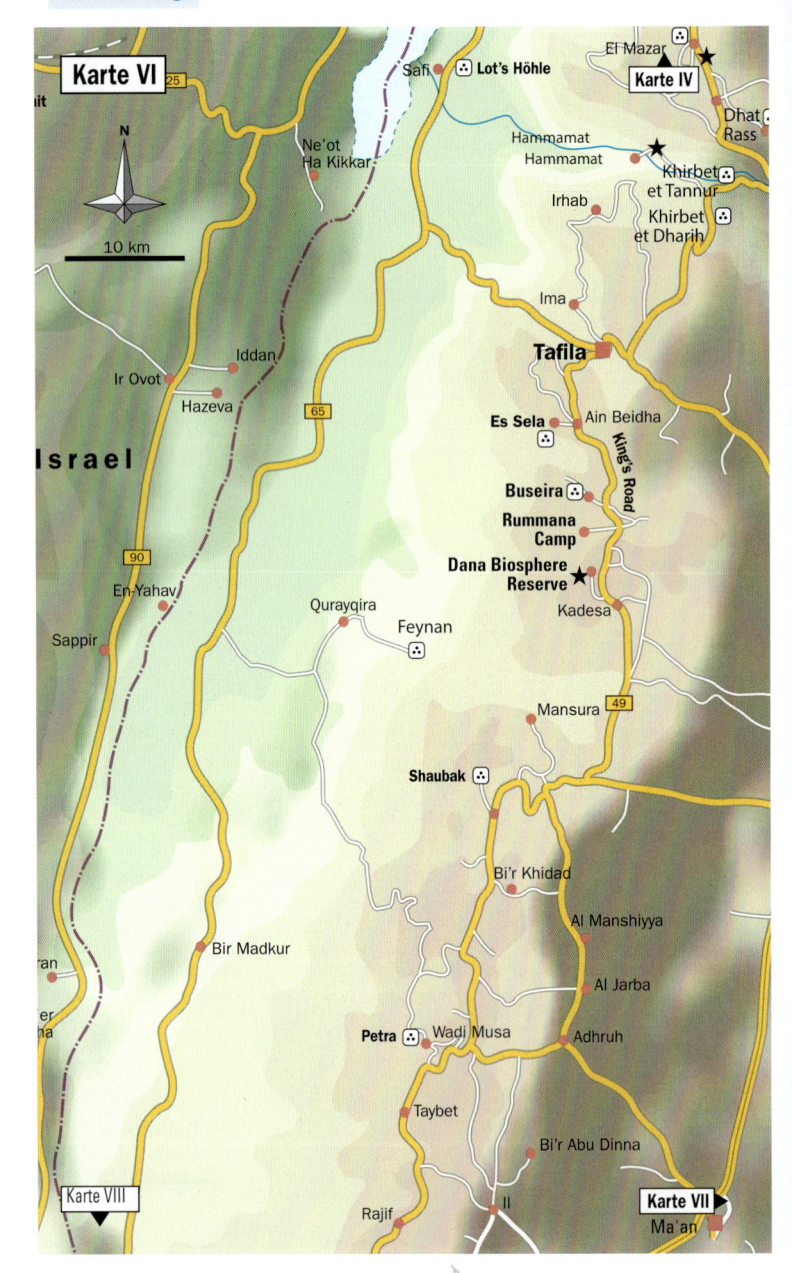

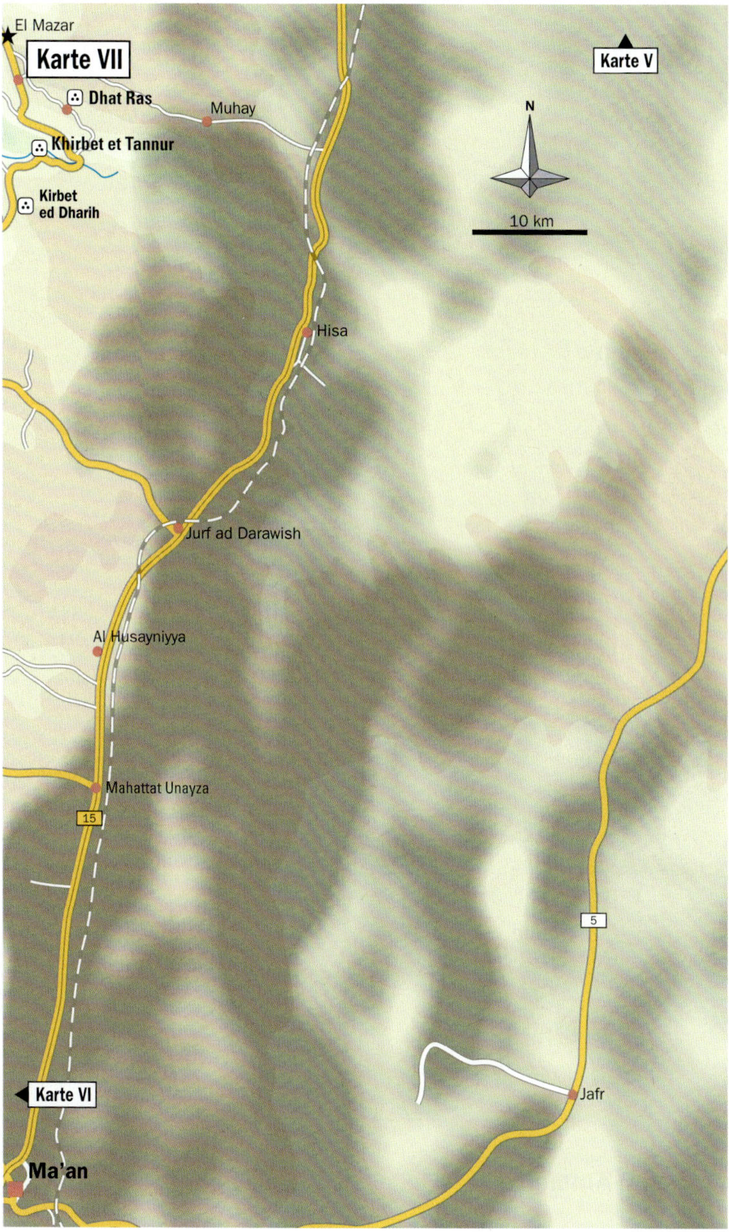

Atlas 431

Karte VII

El Mazar
Dhat Ras
Muhay
Khirbet et Tannur
Kirbet ed Dharih

Karte V

10 km

Hisa

Jurf ad Darawish

Al Husayniyya

Mahattat Unayza
15

5

Karte VI

Jafr

Ma'an

Karte VIII
Karte VI
Nahal Shittim
Shizzafon
Gharandal
Rajif
As Sadaqa
King's Road
Qetura
Ras en Naqb
Israel
Humaimah
Yotvata
Rahma
Al Humaimah
al Jadida
53
Elifaz
Timna
Quwayra
Desert Highway
90
Diseh
Elot
Elat
Wadi Rum
Aqaba
Aqaba Marine Park
N
Tala Bay
Beach Resort
10 km
Ad Durra
Saudi-Arabien

# Anlage mit aktuellen Informationen

Das Ihnen vorliegende Buch ist in seiner Art nicht gerade üblich im Reiseführer-Gewerbe. Normalerweise würde man entweder die vorhandene Auflage komplett recherchiert und aktualisiert als Neuauflage herausbringen oder aber kommentarlos nachdrucken. Doch Corona greift auch hier ein.

Im Spätsommer 2021 stieg unerwartet der Verkauf dieses Reiseführers sprunghaft an. In der Hoffnung auf Beruhigung der Corona-Lage hatte Jordanien die Grenzen so weit geöffnet, dass sie - mit ziemlich viel Bürokratie - durchgängig geworden waren. Touristen strömten ins Land und ließen die Erwartungen der Tourismusindustrie kräftig steigen. Aber gegen Ende 2021 litt auch Jordanien unter den Folgen der Omicron-Welle, so dass die Buchungszahlen nicht nur saisonbedingt, sondern auch coronabedingt wieder sanken.

Im November 2021 hatte ich Jordanien besucht, um die aktuelle Lage zu recherchieren. Es wurde mir bald klar, dass ich nur eine Momentaufnahme mitnehmen konnte, da die Übernachtungspreise zum größten Teil stark reduziert worden waren, manchmal bis auf 25%. Wenn sich die Gesundheitslage insgesamt wieder stabilisiert haben wird, dürften die Übernachtungspreise deutlich ansteigen und derzeit geschlossene Herbergen wahrscheinlich wieder öffnen. In Einzelfällen wird sicher auch ein Besitzerwechsel stattgefunden haben, weil die ursprünglichen Eigentümer die Unterhaltskosten ohne Einnahmen bei einer dünnen Kapitaldecke nicht finanzieren konnten. Staatliche Hilfen - wie bei uns - gab es zwar, aber in sehr geringem Umfang.

Ein ähnliches Bild zeigt sich auch auf der Restaurant-Seite, aber nach meinem subjektiven Eindruck nicht ganz so krass wie im Übernachtungs-Gewerbe. Auch im Verkehrssektor werden sich Preise ändern, meistens nach oben.

Aus all diesen Beobachtungen und letztlich Überlegungen verlegerischer Art fiel die Entscheidung, vorläufig keine Neuauflage herauszubringen. Denn inhaltlich, d. h. bei zum Beispiel den Beschreibungen der Sehenswürdigkeiten, hat sich seit Erscheinen der vorhandenen Neuauflage in den zwei Jahren seit April 2020 wenig geändert. Es ist daher zu verantworten, den Inhalt der 9. Auflage im jetzigen Stand zu belassen und erst dann eine Neuauflage herauszugeben, wenn sich die Reisesituation einigermaßen stabilisiert haben wird.

Auf den folgenden Seiten sind fast alle Hotels und auch einige Verkehrsverbindungen aufgelistet, die auch schon in der vorhandenen Auflage genannt wurden. Diejenigen, die ihre Preise oder auch sonstige Angaben änderten, sind im Namen kursiv gedruckt.

Wil Tondok

## Verkehrsverbindungen in Amman (Kapitel 5)

### Bus-Stationen für außerstädtische Ziele

#### 🚌 Al Mahatta Busstation

- **Madaba**, 25 Busse, JD 0,95
- **Mafraq**, 30 Busse, JD 1
- **Salt**, 55 Busse, JD 1
- **Zarqa**, 10 Busse, JD 0,60
- Laufend **Servies nach Wahadat** bzw. **Tabarbor Busstation**, JD 0,60

#### 🚌 Tabarbor Busstation (auch Mushuma al Jamal oder North Station)

- **Airport** (Sariyah Bus Co, Abfahrt neben Hijazi-Office) ab 7-23 U alle halbe Std, JD 3,50
- **Wahadat** JD 0,60
- **Ajlun** (1,5 Std), 5 Busse, JD 1,10
- **Deir Allah** (1 Std; Jordantal, 1 Std, auch weiter nach Pella), 6 Busse, JD 0,85
- **Irbid** (2 Std), 50 Busse bis 19 U, JD 1,40, Servies JD 2,90, JETT s. nächste Seite
- **Jerash** (1,25 Std), 12 Busse, JD 0,90
- **King Hussein Bridge** 5 Busse, JD 4, Gepäck jeweils JD 0,5, Servies JD 7
- **Madaba**, laufend, JD 1,10
- **South Shouna**, **Deir Allah**, JD 0,85
- **Wahadat Busstation** laufend, JD 0,60, Servies 0,80
- **Ramtha** (syr. Grenze), JD 3

#### 🚌 Wahadat Busstation (auch *South Station* genannt)

- **Aqaba** stündlich über 24 Std JD 7, Servies JD 10
- **Kerak** (möglichst Bus zum Kerak Castle nehmen), stündlich JD 1,80, Servies JD 4
- **Ma'an** 6 Busse, JD 3; Servies JD 6
- **Petra** (Wadi Musa), 3 Busse, JD 5
- **Dana** (Qadsiya) ab 8 U 2 Busse, nachmittags 2 Busse, JD 3,50, Servies JD 3
- **Feynan**, 1 Bus 13 U, JD 3
- **Safi**, 7 Busse, JD 1,70

Hier starten zwischen 7-18 U auch private Busse, die preiswerter sind und abfahren, sobald sie voll besetzt sind.

### Außerstädtische Komfort-Busverbindungen

Abfahrtszeiten der alteingesessenen Busgesellschaft **JETT**, Al Malek al Hussein St, Tel 5664146, finden Sie unter http://jett.com.jo/schedule. Buchung: http://jett.com.jo („EN" anklicken für englische Version) Abfahrtszeiten variieren, daher nachprüfen. Tickets 1-2 Tage im Voraus buchen, 30 Minuten vor Abfahrt einchecken!

#### 🚌 Fahrplan

**Aqaba** (alle JD 10,00):
- Abfahrten von hier (JETT-Terminal Abb dali) um 00, 7, 9, 11, 14, 16, 18 U
- von **Tabarbor** 7.30, 10, 12, 14.30, 17, 18.30 U
- von **7. Circle** 8.00, 10.30, 12.30, 15.00, 17.30, 19 U, VIP-Bus 8.30, JD 20
- von **Wahadat** (Wehdat) 8.30, 10, 12, 15.30, 19 U
- **Tabarbor-Irbid**: (alle JD 2,20) So-Do 8.30, 10.30, 12, 13, 14, 15, 15.30, 16.30, 17
- Fr 8.30, 10.30, 12.30, 14.30, 15, 17, 18.30
- Sa 8.30, 10.30, 12.30, 14.30, 15.30, 17.00, 18.30
- **Von 7. Circle-Irbid:** Sa-Do 6.30, 8.15 14.45, 16.30, 17, 17.30, 18, 18.30
- Sa 14.45, 16.30, 17.30, 18.30
- **Abdali-Petra**, 6.30 U, JD 10 (3,5 Std),
- **Von 7. Circle-Petra**, 7.00

# Übernachten in Amman (Kapitel 5)

Auch wenn Sie es schon gelesen haben: Namen aktualisierter Hotels sind *kursiv gesetzt*

## 🛏 Downtown (siehe Plan S. 187)

- Hotels Torwadah und Nasser z.Zt. der Recherche geschlossen
- **YARMUK**, [12] Al Malek al Feisal St, Tel 06462 4241, Mob 074893873; 3. Stock, sehr einfach, freundlich, relativ sauber und ruhig, nur Mehrbettzimmer, nur 2 Toiletten für 20 Betten, ................................................................................................ Dorm, 5 pP DkB 12
- **HAWA AMMAN**, [10] Tel 064616220; amman.hawa@yahoo.com; französisch- und englischsprachig, AC, WiFi, Kschr, Räume relativ großzügig, gut eingerichtet, Dachterrasse, hilfsbereit, mF ........................................................................................................................ E/D 20
- **BAGDAD GRAND,** [9] Al Malek al Feisal St, 3. Stock, Tel 0795443952, von "Grand" keine Spur, viele Backpacker, sehr einfach, mäßig sauber (unsaubere Toiletten, häufig keine frische Bettwäsche), abgewohnt, Küchenbenutzung,...................... E 8-10, D 10-12, AC + 6
- **CLIFF**, [8] 3, Prince Mohamed St, Tel 06462 4273, 0746242773, cliffhotel@ yahoo.com; einfach, eins der bekanntesten Traveller-Hotels, häufig voll belegt, gute Infos (kann auch als telef. Helpline genutzt werden), gute Atmosphäre, WiFi, Gepäckaufbewahrung, alle Räume mit Waschbecken, 3 Toiletten, Gemeinschaftsküche, Frühstück JD 2, empf ............................................ Schlafen auf dem Dach 3 pP, Dorm ab 7 pP, EkB 12 + AC+ 6
- **MAMAYA**, [7] Al Malek al Feisal St neben Arab Bank, Tel 0789893131, mamaya@yahoo.com; AC, Vent, WiFi, Kschr ........................................................................... E/DkB 15, E/D 22
- **MANSOUR**, [6] Al Malek al Feisal St, Tel0799849159, mansourhotel@ hotmail.com; freundlich, einfach, aber sauber, Fliesenboden, viele Traveller, WiFi in 5 Räumen, 1x AC, mF ............................................................................... Dorm 5 pP, EkB 10, E 12, DkB 12, D 15
- **THE CABIN HOSTEL,** Cinema Hussein St, 0795379809, nasser.sad@gmail.com; originelle Einrichtung aus Kistenholz selbst gezimmert, gute Atmosphäre, AC, WiFi, empf ............................................................................................................................ pP 10, DkB 25
- **ART** Hotel, [5] 32 Al Malek al Feisal St, Tel 06463 8906/76, reservation@arthoteljordan.com; www.arthoteljordan.com; geschmackvoll eingerichtet, gute Atmosphäre, Frühstücksrestaurant im 4. Stock mit offener Dachterrasse, AC, WiFi, Kschr, derzeit beste Unterkunft in Downtown, empf, mF ............................................................................. E 45, D 50
- **DOWNTOWN**, [5] Al Malek al Feisal St, Tel 06462 0905, 0788438937, yahala-suites@hotmail.com; tlws AC, WiFi, ruhig, Kschr, mF ............................................................. E 15, D 20
- **BOUTIQUE HOTEL** (Zaman Ya Zaman), [3] 32 Prince Mohammed St, Tel 064620627, zamanyazamanhotel@yahoo.com; www.the-boutique-hotel-amman.com; AC, WiFi, mF .............................................................................................................. E 20-25, D 25-30

## 🛏 Downtown, südwestlich der King Husseiny Moschee

- **THE SYDNEY HOTEL**, [2] 9 Shaaban St, BLD 27, Tel 06464 1122, 0778234715, www.sydneyhotelamman.com; 962sydneyhotel@gmail.com; AC, WiFi, Kschr, Waschmaschine, schöne Räume, gut möbliert, mF, (Dorm 8-9 pP ohne F), ........................... E 22-28, D 34-36
- **NEW PARK,** [1] 2*, 49 Al Malek al Hussein St, von Downtown ein Stück bergauf (ca. 600 m) Richtung Abdali, Tel 064618145, newparkhotel@hotmail.com; WiFi (Lobby), Straßenseite sehr laut, sympathische Holzmöbel, preiswert für das Gebotene, WiFi, AC, empf, mF ............................................................................................................................... E23, D30

## 🛏 Downtown, Gegend Römisches Theater

- **AL MEDAN,** [19] Algeria St., Tel 0788795875, 0796664834, almedan.hotel@gmail.com; sehr günstig gegenüber oberem Ostseiten-Ein/Ausgang des Römischen Theaters gelegen, geschmackvoll und solide eingerichtet, freundliches und hilfsbereites Personal, Küchenbenutzung frei, Stadtrundfahrten, Touren über Land, AC, WiFi, mF ..... E 15, D 25
- **AMAN YA ZAMAN,** [17] Al Hashemi St, www.zamanyazamanhotel.com, zamanyazaman-hotel@yahoo.com; Tel 064613140, (Schwester des Jordan Tower Hotel); gute Atmosphäre, toller Blick vom Dach u.a. auf das Römische Theater, zwei Zimmer auf dem Dach, AC, WiFi, empf, mF ..................Dorm 11pP, EkB 25, E 30-32, DkB 30, D 40-45
- **BOUTIQUE HOTEL (Zaman Ya Zaman),** [3] 32 Prince Mohammed St, Tel 064620627, zamanyazamanhotel@yahoo.com; www.the-boutique-hotel-amman.com, AC, WiFi, mF ............................................................................................................ E 20-25, D 25-30
- **ROMAN AMPHITHEATRE HOTEL,** [17] Al Hashemi St, direkt gegenüber dem Theater, Tel 06464 4750, romantheater1990@gmail.com; romantheaterhotel.com; typisches Backpacker Hotel, WiFi (Lobby), freundlich-hell eingerichtet, mF .................................. E 10, D 15
- **CONCORD,** [16] 2*, Al Hashemi St, Tel 06461 3910; info@concord-hotel.jo.com; AC, Kschr, guter Blick vom Dach, Zimmer zur Straße mit Balkon, aber laut, empf mF .................................................................................................................................. E 20, D 30
- **JORDAN TOWER,** [18] 48, Al Hashemi St, Tel 06461 4161, jordantowerhotel@yahoo.com; bekanntes Traveller Hotel, gut eingerichtet und gepflegt, Dachterrasse mit tollem Blick, tlws Balkon, WiFi, AC, gutes Frühstück, kleines Straßencafe, empf, mF ............................................................. Dorm pP 10, EkB 20, E 25, DkB 24, D 35
- **AMMAN PASHA,** 2*+, [15] 4 Al Shabsog St, Tel 06461 8262, booking@ammanpasha-hotel.com; www.ammanpashahotel.com; viele Traveller, AC, WiFi, Kschr, beliebte Bar mit Alkohol, Türkisches Bad (20 JD), Sauna, Dachterrasse mit toller Aussicht, DinnerBuffet, Kochkurse im Restaurant (JD 15), empf............................................................ E 17-27, D 25-35
- **BURJ AL-ARAB** (ARAB TOWER), [14] Al Hashemi St, Tel 06464 2260, burj_al.arabhotel@hotmail.com; www.arabtowerhotel.com; mehrere Stockwerke mit Lift, von oben guter Blick, gut ausgestattete Zimmer, AC, WiFi, mF ................................. Dorm 11, E/D 29

## 🛏 Marka (10 km nordöstlich vom Römischen Theater)

- **THEODOR-SCHNELLER-SCHULE,** Gästehaus, Tel, 079667 8215, victorkidess@yahoo.com; deutsch geprägte Schule und „Berufsschule", s. S. 172, etwa 20-30 Autominuten vom Zentrum, ruhig, sehr hilfsbereit, AC, Pool, WiFi (Lobby), Heizung, mF ............................................. E 25, D 50; Camping Zelt, WoMo JD 12

## 🛏 Jebel Amman (siehe Plan S. 189)

- **AMMAN WEST,** 4*, Mahmoud al Abdi St, z.Zt. der Recherche geschlossen
- **BELLE VUE,** [4] 4*, 41 Islamic College St,z.Zt. der Recherche geschlossen
- **ANTIKA,** [6] First Circle, Tel 06461 6424, info@antika-hotel.com; www.antika-hotel.com; sehr laut durch 1. Circle-Verkehr, altes Wohnhaus mit großen Zimmern stimmungsvoll eingerichtet, AC, WiFi, empf, mF........................................................................... E 25, D 30
- **GRAND HYATT,** [2] 5*, 3. Circle, Tel 06465 1234, info@ammgh.com.jo; tolle Lage mit Blick über die Stadt, sehr gutes Luxushotel; teures, sehr gutes Restaurant Indochine
- **LE ROYAL,** [1] 5*, 3. Circle, Zahran St, Tel 06460 3000, info@leroyalhotel-amman.com; www.leroyalhotel-amman.com; alle anderen Bauten der näheren Umgebung überragend und daher beste Lage mit Blick weit über die Stadt, komfortables Luxushotel

## Übernachten in Amman

- **JORDAN INTERCONTINENTAL**, [3] 5*, Al Kuliya St, Tel 06464 1361, amman@inter-conti.com; ältestes Luxushotel in Amman, (ehemaliger) Treffpunkt von Ausländern, gute Shops (u.a. Bücher), sehr gutes Restaurant
- **LANDMARK,** 5*, Al Hussein Bin Ali St, Tel 06560 7100, info@landmarkamman.com; www.landmarkamman.com; gepflegtes, günstig gelegenes Luxushotel
- **CENTURY PARK,** 4*, Tel 06568 0090, 8. Straße vom 4. Circle, kurz vor 5. Circle rechts, (im Nebengebäude Jordan Tourism Board), century@jhtec.edu.jo, www.century-park-hotel.com; AC, WiFi, Kschr, mittelgroßer Pool, gut eingerichtet, sehr gepflegt, freundlich, mF .................................................................................................................. E 50, D 60
- **OLA PALACE,** 3*, Tel 06 5208 8886, z.Zt. der Recherche geschlossen
- **SHEPHERD,** [5] 3*, Zaid Bin al Haret St, Tel 06463 997, info@shepherd-hotel.com; relativ nah zum 2. Circle, etwas abgewohnt, freundlich, AC, WiFi, Kschr, mF ............... E 30, D 40
- **THE DOVE**, 2*, Riyad Al Mefleh St, Tel 06569 7601, dove@go.com.jo; im Stil der 60er-Jahre eingerichtet wie auch die stimmungsvolle, originelle Bar Irish Pub, AC, Zentralheizung, WiFi, Leser dieses Buches erhalten 10% Rabatt, mF ...................................... E 30, D 35
- **ZAIN PLAZA,** 61 Al Bohtory St (nahe 2. Circle im geschäftigen Shoppingviertel), Tel 06461 9963, 077 7573 413, zainplazahotel@gmail.com; großzügig gestaltete Räume jeweils mit Kochnische, AC, WiFi, Kschr, Straßenzimmer laut, andere Seite toller Stadtblick, empf ...................................................................... E 17, D (je nach Lage im Gebäude) 20-35

### Abdali und Jebel Weibdeh (siehe Plan S. 143)

- **CARAVAN**, [1] 2*, Al Ma'moon St, gegenüber King Abdullah Moschee in abzweigender Seitenstraße, Tel 06566 1195, caravanh@go.com.jo; Garten, Alkoholausschank, sehr freundlich, AC, WiFi, Straßenseite laut, Trip Adviser Award 2016 für Sauberkeit & Freundlichkeit, Airport Pickup 25 JD/Auto, bei Vorlage dieses Buches vor dem Einchecken 10% Discount, mF ....................................................................................... E 28, D 32
- **NEW MERRYLAND**, [3] 2*, unteres Ende des Abdali Square, Tel 064630 0217, ahmadkhatatbeh@hotmail.com; www.newmerryland.com;
- **LA LOCANDA BOUTIQUE**, [5] 3*, 52 Ba'oniya St, Jebel Weibdeh, Tel 06460 2020, info@locandaboutique.com; www.locandahotel.com; komplett renoviert und tlws umgebaut, jedes Zimmer sehr geschmackvoll jeweils anders eingerichtet und nach bekannten Sängern und Sängerinnen benannt (z.B. deuten aufgemalte Gitterstäbe im Zimmer des blinden Sängers Al Sheikh Imam dessen mehrfache Verhaftungen an), Zentralheizung, AC, WiFi, Bar, gutes Restaurant im Hof, empf, mF ......................................................... E 65, D 75
- **TOLEDO**, [2] 4*, Ummaya St, direkt am Abdali Sq, Tel 06465 7777, isalam@tole-dohotel.jo, frontdesk@toledohotel.jo, www.toledohotel.jo; das in sehr dekorativem islamischen Stil mit z.T. gekachelten Wänden gehaltene Hotel besitzt zwei Eingänge: Vom Abdali Sq fährt man zur Rezeption im 7. Stock hinauf, dort geht es aber auch direkt auf die Razi St am Jebel Hussein, denn das Gebäude steht am steilen Hang, AC, WiFi, Kschr, "Honeymoon Zimmer" zu JD 120, Pool, tlws rel. große, gut eingerichtete Zimmer, empf, mF .................................................................................................... E 70-75, D 80-85
- **CANARY (Boutique Hotel),** [4] 3*, Jebel Weibdeh, Tel 06463 8353, canary_h@hotmail.com; hinter Terra Santa College gelegen, ruhig, angenehm, gut eingerichtet, Alkoholausschank, günstig nach Downtown, da Serviestaxis quasi vorbeifahren, AC, zwei Restaurants, freundlich, bei Vorlage dieses Buches vor dem Einchecken 10% Discount, mF .................................................................................................................. E 24, D 32

## 11 - Aktualisierter Anhang

### 🛏 Geschäftsviertel Shmeisani

- **AMMAN MARRIOTT,** [6] 5*, Isam Ajluni St, Tel 06560 7607
- **REGENCY PALACE,** [5] 5*, Queen Alya St, Sport City St, Tel 06560 7000, regency@ nets.com.jo; komfortables Luxushotel
- **JERUSALEM (auch AL CUDS) INTERNATIONAL,** [1] 4*, an Ausfallstraße nach Jerash, Tel 06515 1121, alcuds@jerusalem.com.jo, www.jerusalem.com.jo; altbekannt, etwas altmodisch, aber gut eingerichtet, hauptsächlich Geschäftsleute und Diplomaten, AC, WiFi, Kschr, mF............................................................................................................E 55-80, D 65-100
- **AL QASR Metropole,** [4] 4*, Al Aroup St, Shmeisani, Tel 06566 6140, reservation@ alqasrmetropole.com; www.alqasrmetropole.com; relativ ruhig gelegen, gepflegt, gut eingerichtet, Pub, AC, WiFi, Kschr, mF ......................................................... E 90-140, D 102-153
- ***GARDENIA***, 3* [2] 122 Abduhameed Sharaf St, Tel 06566 7790, info@gardenia.com.jo, www.gardenia.com.jo; relativ neu, gut eingerichtet, AC, WiFi, Kschr, mF ..........E 35, D 45
- ***MISK,*** [2] 3*, 118 Abduhameed Sharaf St, 118, Tel 565 7744, info@miskhotel.com; www.miskhotel.com; ebenfalls gut eingerichtet, Schwesterhotel des GARDENIA, AC, WiFi, Kschr, mF ................................................................................................................. E 25, D 30-35

### 🛏 Sweifiyeh Umgebung (siehe Plan S. 147)

- **CROWNE PLAZA,** [1] 5*, 6. Circle, Tel 06551 0001, info@ichotelsgroup.com; www.amman.crowneplaza.com; sehr frequentiertes Hotel, bei Geschäftsleuten beliebt, internationales Flair, viele Shops im Haus, gutes Café
- ***LIWAN,*** [3] 3*, Al Amerah Tagreed Mohammad St, Tel 06585 8125, liwan@theliwan.com; am 6. Circle links, 1. St rechts, 2. links, 4. rechts, fast am Ende, gegenüber Byzantinischer Kirchenruine, AC, WiFi, Kschr, gut eingerichtet, mF ..........................................E 35-45, D 40-50

### 🛏 Umgebung von Amman

- **AMMAN AIRPORT HOTEL,** 4*, Tel 06445 1000, Flughafentransfer, Pool, Zimmer für Rollstuhlfahrer, AC, WiFi, Kschr, mF .....................................................................................E/D 135-159

### 🛏 Salt

- **BAIT AZIZ,** Prinz Hassan Ben Talal Str, (in Luftlinie etwa direkt über Tourist Departement und Museum, ca. 10 Minuten Treppensteigen, aber auch Autozugang), Tel 0605 355 9999, 07 995 3900, info@beitaziz.com; sehr stimmungsvolles altes Doppelhaus, geschickt und geschmackvoll eingerichtete Zimmer, ähnlich das Restaurant und der Souvenirshop, WiFi, empf..........................................................................................E 35, D 50
- **SALTUS,** am östlichen Stadtrand gelegen, schlechte Verkehrsverbindungen, Tel 079 5421 790, saltushotel@zara.com.jo, gut eingerichtet, scheint eher von Regierungsan– gestellten zu leben, F 4 pP ....................................................................................................... E/D 35

## Übernachten im Norden (Kapitel 6)

Der Norden Jordaniens leidet offensichtlich besonders unter der Tourismuskrise. Die Übernachtungspreise sind dramatisch abgestürzt, z.T. weit unter 50%.

### 🛏 Jerash (Gerasa)

- ***HADRIAN GATE***, Tel 07777 93907, hadriangatehotel.j@gmail.com, www.hadriangate-hoteljerash.com; genau gegenüber dem Hadrianstor an der Hauptstraße, kleines Hotel

## Übernachten im Norden

mit z.Zt. 12 Betten, sehr freundlich und hilfsbereit, Parkgarage für Motor- und Fahrräder, toller Blick, AC, Heizung, WiFi, Waschmaschine, mF ......E 20, D 30
- **OLIVE BRANCH RESORT,** 3*, Tel 02634 0555, info@olivebranch.com.jo, www.olive-branch.com.jo; 900 m hoch, einsam, westlich von Jerash gelegenes Hotel, herrlicher Blick fast bis Amman, kein Lärm, klare Luft, sehr freundliche Besitzer (Jordanien- Amerikaner), AC tlw, WiFi, Pool, gut zum Relaxen, gutes Restaurant, auch mit lokaler Küche, empf, mF ......E 25, D 40

### Ajlun
- **AL JABAL CASTLE,** z.Zt. der Recherche geschlossen
- **AJLUN,** z.Zt. der Recherche geschlossen

### Ajlun Forest Reserve
- **AJLUN FOREST LODGES,** Tel 0799 062 210, ajlounreservation@rscn.org.jo, www.rscn.org.jo; rustikal, gemütlich, mF ......Economy Cabin E 45, D 60

### Irbid (siehe Pläne S. 210)
- **7DAYS,** 3*, [3] University St (gegenüber westl. Uni-Eingang), Tel 02 725 5021, sevendays_ hotel@hotmail.com; AC, WiFi, Kschr, große Doppelzimmer, gut eingerichtet, Restaurant in oberer Etage mit gutem Blick, mF...... E 20, D 35
- **AL JOUDE,** [2] 3*, Querstraße der University St, Tel 02 727 5515, joude@go.com.jo, waelj67@hotmail.com; in relativ ruhiger Lage, brauchbar eingerichtet, Service eher schlecht, AC, WiFi, Kschr, gutes Restaurant, mF ......E 25, D 35
- **AJNADEN** 2+*, [7] Al Amir Hassan St (südl. des Unigeländes, nahe Yassem Circle), Tel 02 710 1450, ajnadeenhotel@yahoo.com; Doppelzimmer sind eigentlich Suiten, AC/ Heizung, WiFi, Kschr, (ältere Räume billiger), mF ...... E 20, D 30
- **IRBID PLAZA,** 3*, [5] University St (am südl. Ende), Tel 02 724 7043, info@irbidplaza.com, www.irbidplaza.com; sehr gut geführtes Hotel, relativ ruhig, da in zweiter Reihe, AC/Heizung, WiFi, Kschr, kleine Kochgelegenheit, empf, mF ......E 15, D 25
- **NAHAS PLAZA,** [1] 2* (deutlich besser), Adbel Qadir al Tall St gleich am nordwestl. University St Circle, Tel 02 726 9007, info@nphotelssuites.com, www.nphotelssuites. com, gepflegt, großzügig im Apartment-Stil mit Kochnische und Mikrowelle eingerichtet, AC, WiFi, sehr gutes Preis/Leistungsverhältnis, mF ...... E 15, D 35
- **SARA CROWN,** [6] Al Nassim Traffic Light, Tel 02 726 1800, saracrownhotel@hotmail.com; AC/Heizung, WiFi, sehr große Räume und Bäder, gutes Preis/Leistungsverhältnis, mF...... E 15, D 25
- **SEDRAH,** 4* (angebl.), [4] Querstraße der University St, neben Social Security Corp., Tel 02 724 8888, sedrahotel@hotmail.com, www.sedrhhotel.com; mit 90 Zimmern größtes Hotel, Zimmer z.T. ungünstig geplant, AC, WiFi, Kschr, mF...... E 25, D 35
- **OMAYAH,** Baghdad St, Tel 02 724 5955, omayahhotel@yahoo.com; einziges Hotel im Stadtzentrum, brauchbar eingerichtet, sehr freundlich und hilfsbereit, tagsüber sehr laut, AC, WiFi, mF...... E 8, D 12

### Jordan EcoPark
- Standard Cabin 1 Bett oder 2 Betten, ...... mF 30
- Standard Cabin 3 Betten, ...... mF 33
Deluxe Cabins sind jeweils JD 10 teurer. Zeltplatz für Backpackers.

## 11 - Aktualisierter Anhang

### El Hamma

- **SACH AL NOUN,** Tel 0795656233, gransamarahotel@yahoo.com, Neubau, macht fast einen mondänen Eindruck mit seinem großen Pool im großen Garten, gut eingerichtet, teilweise Balkon, AC, WiFi, mF........ E 20, D 35
- **ABOU HARB**, liegt direkt über dem Yarmuk-Steilufer, Tel 079 7216 650, zwei Mineralwasserpools, AC, WiFi, große Räume, mF ........ E 25, D 40

### Neuere Entdeckungen und Grabungen im Norden Jordaniens

Der Darmstädter Professor Mathias Döring entdeckte 2004 in der Gegend von Umm Qays/Gadara ein tief im Berg geführtes römisches Wasserleitungssystem, heute als Gadara-Tunnel bekannt (s. S. 232). Es gibt jetzt die Möglichkeit, ein Teilstück des Tunnel zu besichtigen (das war leider während unserer letzten Recherche vorübergehend gesperrt, Auskunft im Museum oder im Restaurant).

### Azraq

- **AL ZOUBI**, Tel 079 7023049; Ventilator, nicht für alleinreisende Frauen, ........ 4-Bettzimmer 15 pP, D 25
- **AZRAQ LODGE,** Tel 05383 5017, geführte Wander-, Fahrrad- oder Bustouren in die Umgebung, auch Fahrradverleih, AC, Dinner JD 14, mF ........ E 35, D 45

## Übernachten im Süden (Kapitel 7)

### 7.1 Auf der King's Road von Amman nach Petra

### Madaba (Stadtplan s. S. 258)

- **BLACK IRIS**, [6] Nähe Al Mouhafada 1. Circle, Tel 07792 97035, blackirishotel.madaba@gmail.com; Familienhotel, sehr hilfsbereit und freundlich, AC, Zentralheizung, WiFi, Nichtraucher-Hotel, organisiert zuverlässige Trips, erweitert um 24 moderne Zimmer mit besserem Standard (Preise noch unbekannt), sehr empf, mF ........ E 22-25, D 30-35(Altbau)
- **DELILAH**, [5] 3*, z.Zt. unseres Besuchs wegen Renovierung geschlossen, Aisha Um Al Mumeneen St, Tel 05 324 0060/61, 0772160219, info@delilah-hotel.com; AC, WiFi, Kschr, Terrasse mit Beduinenzelt, Leser dieses Buches erhalten 10% Discount, wenn sie das Buch beim Einchecken vorweisen, mF ........ E 40, D 50
- **GRAND**, [2] 4*, Aisha Um Al Mumeneen St, Tel 05 324 0403, info@grandhotelmadaba.com, www.grandhotelmadaba.com; Pool, tlws Balkon, Behindertenzimmer und -facilities, schöner Barraum, kleine Bibliothek, AC, WiFi, Kschr, Touren in Jordanien, Abholen am Airport JD 20, mF ........ E 45, D 55
- **TELL MADABA HOTEL**, 2+*, Abul Qader Husseini St, Tel 0798747316, yousef-qassar@yahoo.com; sehr sauber und gepflegt, nette Besitzerin, eine Art Beduinenzelt um das Haus herum bietet Sitz- und Relaxgelegenheit, mF........ E 22, D 32
- **MADABA,** [11] (auch Madaba Tourism), Tel 053240643, z.Zt. der Recherche geschlossen
- **MADABA HOTEL 1880** [8], vermutlich endgültig geschlossen
- **MARIAM**, [3] Aisha Um Al Mumeneen St, Tel 05325 1529, mh@go.com.jo, www. mari-

amhotel.com; 10 Minuten vom Stadtzentrum, Zentralheizung, AC, WiFi, tlws Balkon, Pool, gutes Restaurant, Dachrestaurant mit weiter Aussicht, jeweils abends Grillen, Bar mit Alkohol, Meeting-Raum für 55 Personen, sehr hilfsbereit, sehr empf, Vermittlung von Trips in ganz Jordanien (nur für Hausgäste), Abholung am Airport inzwischen verboten, stattdessen Taxi, mF ............................................................................................ E 32, D 40

- *MOAB LAND,* [9] direkt gegenüber St. Georgskirche, Tel 05325 1318, 079041 4049, moabhotel@gmail.com; guter Blick auf St. Georgskirche, große Zimmer, Balkon, freundlich, AC, mF .................................................................. Dorm 6 (11 mF), pP E 22, D 28
- **MOSAIC CITY,** [7] Yarmuk St. (nach 1. Circle der Yarmuk St), Tel 05325 1313, custo- merservice@mosaiccityhotel.com, www.mosaiccityhotel.com; AC, WiFi, Kschr, großzügig eingerichtet, relativ große Räume, (4 Betten, Familienzimmer (87 JD) , freies Parken, sehr freundlich und hilfsbereit, empf, mF ............................................................................. E, 44, D 52
- **MOUNT NEBO,** 2\*, Nähe Circle oft the Municipality & Verkehrsampel von Madaba, Tel 0772279536, mountnebo.k@hotmail.com; etwas ungewöhnliche Inneneinrichtung mit kalkweißen Wänden aus Deko-Natursteinen, viele kunsthandwerkliche Dekorationen, AC, WiFi, Restaurant mit Bar, Frühstück jordanisch, im Zimmer Trinkwasser, Coca etc. frei, empf, mF ..................................................................................... E 38, DE 48
- **PILGRIM'S HOUSE** of the Greek Orthodox Church, [10] direkt neben der St. Georgskirche, Tel 05325 3701, pilgrimhousemadaba@gmail.com; viele Pilger, freundlich, Heizung, AC, WiFi (Lobby), gutes Frühstück, mF ............................................................. E25, D 35
- **QUEEN AYOLA**, [12] King Talal St, mitten in der Stadt schräg gegenüber HARET JDOUDNA Restaurant, Nähe St. Georgskirche, 0777354277, info@queenayola- hotel.com, www.queenayolahotel.com; relativ kleine Zimmer, AC/Heizung, WiFi, hilfsbereit, Touren, gutes Restaurant,
mF ................ Dorm 8 pP, EkB 13, DkB 16, E+AC+ Balkon 20, D+AC 25, D+AC+ Balkon 30
- *SAINT JOHN*, 3\* [13] (RABWAT MADABA), King Talal St Nähe St. John Kirche, Tel 05 324 6060, info@saintjohnmadaba.com, www.saintjohnmadaba.com; AC, WiFi, Kschr, tlws. Balkon, gute Lage mit Blick über Madaba, , gut eingerichtet, Restaurant im obersten Stock, dort bester Blick auf die Stadt, der nur noch vom Turm der St. John Kirche übertroffen wird, mF ............................................................................................... E 27-32, D 35-42
- **RUMMAN**, [1] Aisha Um Al Mumeneen St,Tel 05325 2555,, info@ rummanhotel.com, www.rummanhotel.com; WiFi, AC/ neue, bessere Räume im 3. Stock, praktisch: Liquer Shop im Nachbargebäude, Touren etc, kostenlose Softdrinks in der Lobby,
mF ...................................................................................................................... E 25-30, D 30-35
- **SALOME,** [4] Aisha Um Al Mumeneen St, Tel 05324 8606, , salomeh@orange.com, www.salomehotel.com; Besitzer ist ein Verwandter des Mariam-Besitzers, sehr freundlich, sehr hilfsbereit, AC, WiFi, Kellerbar (Alkohol), (wer dieses Buch vorzeigt, zahlt für D nur 30), mF ............................................................................................................................. E 26, D 35
- **TOWN OF MOUNT NEBO,** Seitenstr. der Al-Quds St , Tel 05324 4291, schöne und ruhige Lage am Mount Nebo, „splendid isolation", ausgezeichnetes (home made) Frühstück und Abendessen im familiären Kreis, sehr bemühte Eigentümerfamilie, HP ....... D ca. 90

## Kerak

- *AL MUJEB*, 2\*, 5 km außerhalb Keraks, am Abzweig der King's Road nach Madaba, Tel 03238 6090, almujeb_hotel@yaahoo.com; gut ausgestattet, tlws relativ große Zimmer, Parkettboden, AC, WiFi, Kschr, Preise verhandelbar, mF ............................................ E 33, D 45
- **CAIRWAN,** außerhalb der Altstadt, links an der ersten Steigung Richtung Amman,

Tel 03239 6122, 0795250216, moaweyahf@gmail.com; ehemals besseres Wohnhaus, originelle Möbel-/ Farbkombination in unterschiedlich geschnittenen Zimmern, laut wegen steiler Straße, AC, WiFi, Kschr, sehr freundlich, familiäres Dinner möglich (7 JD) F 4 JD, ..............................................................Budgetroom E 15, D 20, Standard (AC) E 20, D 30
- **FALCON ROCK,** 4*, Tel 0797644470, z.Zt. der Recherche geschlossen
- **KARAK RESTHOUSE,** schon länger geschlossen

## 🚌 Busverbindungen

**Unten im Tal,** an der weiterführenden King's Road, warten auf einem Platz (ca. 200 m stadtauswärts) neben der Straße Fern- und Minibusse auf Fahrgäste nach
- **Amman** 28 Busse tgl Wahadat Station (JD 2,30)
- **Zarqa** 10 Busse tgl (JD 3)
- **Aqaba** 4 Busse tgl ab 6 U (JD 3, ) (Desert Hgw)
- **Ma'an** 12 Busse tgl ab 6.30 U (JD 2,50)
- **Tafila** 15 Busse tgl ab 7 U (JD 1,50)

## 🛏 Tafila

- **FARES AL AOURAN**, 3*, Amman - Tafila Road, 0796013000, tafela.hotel@gmail.com; Hochzeitshotel" mit speziellem Saal, in den die Hochzeiter getrennt hineingehen, um sich dann auf einer Art Thron vereint niederzulassen, AC, Kschr, WiFi, mF ......... E25, D35

## 🛏 Dana

Am Kings Highway wird am höchsten Straßenabschnitt (1570 m) genau oberhalb von Dana ein neues Hotel mit fantastischem Auslick bis zum Wadi Araba und darüber hinaus gebaut! Ein Stopp lohnt sich.
- **DANA PANORAMA,** 3*, Tel 077633 2770, z.Zt. der Recherche geschlossen
- **DANA CASTLE,** direkt am Ortseingang, z.Zt. der Recherche geschlossen
- ***DANA GUEST HOUSE*** der RSCN, Tel 03 227 0497, dhana@rscn.org jo, häufig ausgebucht, traumhafter Ausblick, WiFi, freundlich und naturnah eingerichtet, im Altbau bis auf ein Zimmer kein eigenes Bad, sondern mit Nachbarzimmern gemeinsam, leider sehr hellhörig, Dinner JD 14, mF ................................................................ E 60, DkB 90 im neuen Teil alle Zimmer mit Balkon, Zentralheizung, mF ................................ E 90, D 100
- **DANA HOTEL,** Tel 079 5597 307, dana.Hotel@yahoo.com; im Ort gegenüber der Moschee, relativ einfaches Hotel in einem typischen Haus (gehört einer Kooperative von Ortsbewohnern), gute Atmosphäre, WiFi, Touren, Lunchbox JD 5, Dinner Buffet JD 7 pP, Schlafen auf dem Dach JD 5 pP, mF ................................................... E 20, D 25 Neubauten auf anderer Straßenseite mit u.a. „Skylight Rooms" (mit einer Art Lichtschacht in einer Seitenwand) AC, WiFi, mF ................................................ E 30, D 35
- ***DANA ECOCAMP*** (gehört zu Dana Hotel), außerhalb des Dorfes, beste Lage in Dana, fantastischer Blick ins Wadi Dana, z.Zt. der Recherche geschlossen
- ***DANA MOON,*** am Weg zum Guest House,0797533581, dana.moonhotel@hotmail.com; sehr einfach, Gasheizer, Ventilator, Schlafen auf Dach 4 pP, Zelt 5 pP, mF......EkB14, D 20
- ***DANA TOWER HOTEL,*** am Ende der Hauptstraße, Tel 079 568 8853, info@dana-tower-hotel.com, www.danatowerhotel.info, schöne Aussicht, Eigentümer Nabil weiß alles über Dana, Manager und Seele des Hotels ist Hamzi Nawafleh; familiäre Atmosphäre, einfach, sehr hilfsbereit, freie Waschmaschine, WiFi, Dinner (offenes Buffet, 25 Einzelgerichte hausgefertigt) JD 6, Nachtspaziergang mit Dinner in der Natur bei unter 4 Teilnehmern JD 12 pP, darüber JD 8 pP, Schlafen auf dem Dach 3 pP (inkl. Matratze,

Bettzeug, Shower), Dorm 4 (mit F 7) pP, Zimmer mit Bad ohne HP 5 pP, HP ....E 25, D 30
- **Camping im RUMMANA CAMP** (vom 1.3. bis 31.10 geöffnet; 20 Zelte mit insgesamt 60 Betten) in einsamer Natur in zur Verfügung gestellten Zelten, Kerosinlampen, gemeinsame Sanitäranlage, Trinkwasser kostenlos, Eintritt ins Reservat ist im Übernachtungspreis inbegriffen, mF..................................................................................................E 44, D 54
- *AL-NAWATEF CAMP,* etwa 1 km südlich von Qadsiya rechts ab vom King's Highway, dann 2 km zum Camp, Tel 0777240378, nawatefcamp@hotmail.com; gehört Nawatef, einem ökologisch sehr engagierten Verwandten des Tower Hotel Besitzers, 2-Personen-Zelte, Einsamkeit mit absoluter Ruhe, Trips z.B. nach Petra, sehr guter Ausgangspunkt für Trekking, empf, VP möglich, HP ..................................................................EkB15, DkB 25

## Shaubak

- **MONTREAL**, 3\*, Tel 032165440, info@montrealhotel.jo, einziges Hotel in Burgnähe, gut ausgebaute Zimmer, vom Balkon toller Burgblick, AC, WiFi, Kschr, mF . E 40, D 50
- Recht originell ist das **YAYA CAVE HOTEL** von Abu Ali, links am Dorfstraßenrand ca. 1 km vor dem Burgeingang entfernt. Abu Ali lebt größtenteils in der Höhle, in der er auch Souvenirs verkauft. Unter einem überhängenden Felsen betreibt er ein Minicafe - ein netter Rastplatz von dem Aufstieg. Wer will, kann auch in einen alten VW- Käfer einziehen, den Ali als Schlafplatz eingerichtet hat.
- **CAVE ZAM,** Tel 0777853617; von Abu Ali eingerichtet: ein paar Zimmer in einer der hier typischen Höhlen, HP .................................................................................................. E 25, D 40

## 7.2 Amman – Totes Meer – Aqaba

### Hotels am Toten Meer, von Nord nach Süd

- **HOLIDAY INN RESORT**, 4\*, gegenüber Polizeistation bzw. Abzweig Madaba, Tel 05 349 5555, www.holidayinn.com; nördlichstes Resort, gute Anlage mit mehreren Pools
- **GRAND EAST**, 5\*, innen wie außen großzügig angelegt, vier Restaurants, sechs Pools, High Speed WiFi, AC, Spa, Clinic
- **SAMARAH DEAD SEA RESORT**, 3\*, Apartment Hotel mit großen Apartments, guter Sicht aufs Tote Meer
- **JORDAN VALLEY MARRIOTT,** 5\*, Tel 05 3560 400, jordanvalley@marriotthotels.com, www.marriotthotels.com/QMDJV; bietet allen Luxus und eine große Badeabteilung (Spa), Nutzung von Strand und Pool-Landschaft für Nichtgäste JD 25 pP/Tag, für JD 75 kann man ein Tageszimmer mieten, dann freier Eintritt für 3 Personen
- **MÖVENPICK RESORT & SPA**,5\*, Tel 05 356 1111, resort.deadsea@moevenpick.com, www.moevenpick-deadsea.com; architektonisch sehr stilvoll als Bungalow-Dorf konzipiert, Gesundheitszentrum (Spa), Tagesaufenthalt kostet JD 30 (davon JD 10 für Getränke)
- **KEMPINSKI HOTEL ISHTAR**, 5\*, Tel 05 356 8888, sales.ishtar@kempinski.com, www.kempinski-deadsea.com; übertrifft die Nachbarn (auch im Preis)
- *DEAD SEA SPA*, 4\*, Tel 05 356 1002, dssh@nets.com.jo, wwwjordandeadsea.com; eigener Strand, vielfältige Kuranwendungen, Süßwasserpool, wegen vieler deutscher Patienten sprechen Rezeptionist und Personal z.T. Deutsch, mF ...................................E 59, D 69
- **CROWNE PLAZA**, derzeit letztes Hotel am Toten Meer auf dem Weg nach Süden
- **AMMAN TOURISM BEACH RESORT** Renovierung, voraussichtlich 2022 geschlossen

- **OBeach**, feudales Tagesresort mit 5 Pools, Zelt-Schattendächern, 8 Bars und einem Restaurant, Hotel mit 48 Zimmern, HP JD 30+, mF .................................................. E 40, D 50
- **DEAD SEA HILLS RESORT**, Tel 07961677, info@sehattyresort.com, www.sehatty-resort.com, oder „Health Resort" mit natürlicher warmer Quelle ohne alle Chemikalien für ungewöhnlich großen Pool, einsame Lage ziemlich hoch über dem Toten Meer mit tollem Blick, 6 D Hotelzimmer, 4 Villas (Chalets) mit eigner Küche, 2 Schlafzimmern und Bädern, alles sehr geschmackvoll eingerichtet, AC, WiFi, Kschr, Restaurant, mF .................................................................................................................................E 40, D 50

### 🛏 Mujib Biosphere Reserve
- Rechts der Mujib-Brücke wurden 15 Chalets mit Bad und AC errichtet; z.Zt. der Recherche geschlossen

## Übernachten in PETRA (Kapitel 8)

In Petra gab es - laut einem Hotelier, der es wissen müsste - Ende 2021 etwa 1000 Hotelbetten aller Preisklassen. Weitere Herbergen mit insgesamt 1000 Betten seien im Bau und noch einmal 1000 in der Planung...

### 🛏 Gegend der Mosesquelle
also Ortseingang Wadi Musa und am weitesten entfernt vom Petra-Eingang
- **KING'S WAY INN**, [30] 4*, geschlossen
- **MUSA SPRING**, [29] direkt neben Mosesbach-Quelle, Tel 03215 6310; 0772104585, musaspring_hotel@yahoo.co.uk; kostenloser Taxitransfer zum Petra-Eingang, WiFi, einfach, kleine Zimmer, etwas abgewohnt, viele Traveller, gute Infos, organisiert Busse ins ganze Land, gutes Frühstück ( 3 JD), Lunchbox (4 JD), Abendbuffet ( 7 JD),
...........................Schlafen auf dem Dach 4 pP, Studenten 6 pP, Dorm pP 6, E 12-15, D 18-25
- **AL ANBAT I**, [28] 3*, Tel 03215 6265, wegen Erbstreit nach dem Tod des Besitzers geschlossen

### 🛏 Talwärts Richtung Petra
- **PETRA NIGHTS**, [27] 3*, Tel 0795510156, info@petranightshotel.net.jo; AC, WiFi, Kschr, Bar (lokales Bier alkoholfrei), sehr gepflegt, großes Fenster jeweils zwischen Bad und Bett, Türkisches Bad JD 10 pP, freier Transfer zum Petra-Eingang, künftig FAMILY KITCHEN für jordanische Gerichte, 15 JD, mF ................................................ E 22, D 30
- **PETRA BY NIGHT** (auch *ABRAHAM*), Hostel auf dem Dach von Petra Nights, Tel 07999 16010, Frühstück JD 6, ............................................................................ E 12, D 20
- **ROCKY MOUNTAINS**, [26] Tel 07781732255, rockymountainhotel@yahoo.com; relativ einfach, die meisten Zimmer klein mit kleinen Bädern, gute Dachterrasse, WiFi, Transport zum Petra-Eingang, mF ........................................................................ E 20-25, D 27-35
- **SELLA**, [25] 4*, Tel 03215 7170, info@sellahotel.com, www.sellahotel.com; gepflegt, gute Einrichtung, AC, WiFi, Türkisches Bad (JD 35), guter Ausblick, mF ............. E 40, D 60
- **TETRA TREE**, [24] 4*, Tel 0796590824, info@tetratreehotel.com, www. tetratreehotel.com; angeblich größte Zimmer in Jordanien, AC, WiFi, Kschr, Pool, sehr gut eingerichtet, Dachterrasse (für Frühstück, Dinner), mF ........................................ E 35-45, D 45-65
- **PETRA ELITE** (4*+), Nähe Seven Wonders Hotel, Tel 778438346, reservations@petraelitehotel.com, www.petraelitehotel.com; Ende 2021 eröffnet, sehr komfortabel, sehr gepflegt, großzügige Räume, guter Service, AC, WiFi, mF ........................ E 60 -105, D 75-140

## Übernachten in Petra

- **SEVEN WONDERS**, [23] 3*, Tel 032155 156, 079911193, mean@sevenwondershotel.com, www.sevenwondershotel.com ; großzügige Räume, sehr gut möbliert, AC, WiFi, Pool, Türkisches Bad 30 JD, Sauna, mF .................................................. E/D 45-130

### 🛏 nach dem Abzweig Taybet, Aqaba

Von hier aus ist zumindest das Wadi Musa Zentrum leichter zu Fuß erreichbar.

- **CLEOPATRA**, [22] Tel 032157378 cleopetra_h@hotmail.com, www.cleopetrahotel.com; typisches Traveller-Hotel mit familiärem Touch und guter Atmosphäre, sehr freundliches, hilfsbereites Management, kleine Zimmer, kostenlose Küchenbenutzung, AC, WiFi, gutes Dinner (7 JD), Studentenermäßigung, freier Transport zu jeder Zeit nach Petra, organisiert Trips im Wadi Rum, günstige Taxis ohne Kommission in alle Richtungen, mF ............................................................... E 20-25, D 30-35
- **AMRA PALACE**, [21] 3*, an Querstraße zur Hauptstraße, Tel 03215 7070, , info@amra-palacepetra.com, www.amrapalacepetra.com; Nichtraucherhotel, sehr gediegen, deutlich besser und großzügiger als übliche 3* eingerichtet, AC, WiFi, Kschr, Pool, Sauna, Türkisches Bad (Gäste JD 25), ruhig, kleiner gepflegter Vorgarten, sehr gutes und abwechslungsreiches Dinner (Hausgäste JD 10, Fremde JD 15), freier Transport zum Petra-Eingang, unterhält Luxus-Camp im Wadi Rum (s. S. 382) und ein weiteres in der Nähe von Petra/El Barid (s. S. 363), günstiges Preis/Leistungsverhältnis, sehr empf, mF ................................................................................. E 35-50, D 45-65
- **P QUATTRO RELAX**, [20] 4*, Nähe Busterminal, Tel 03215 9888, 0776903172, reservation@p4hotel.com, www.p4hotel.com; AC, WiFi, Kschr, freier Transport nach Petra, Dachterrasse mit Pool, Sauna, Fitnessraum, Salzraum, Erweiterungsbau soll März 22 fertig sein, mF ................................................................. E 40-60, D 70-80
- **PETRA GATE**, [19] Tel A0777776621, petragatehotel@hotmail.com; www.petrahotel.8m.com; einfach, ähnlich wie Cleopatra Hotel freundlich-lockere Atmosphäre, sehr hilfsbereit auch bei Busverbindungen, WiFi, gutes Dachrestaurant, organisiert Trips, Dinnerbuffet 7 JD, mF ................. Dorm 8 (Frühstück 3,5 JD, Lunchbox 3,5 JD), E 20, D 26
- **SHARAH MOUNTAINS**, [18] 3*, Tel 0779421440, info@sharahmountains.com, www.sharah-mountains.com; gut ausgestattet, AC, WiFi, Kschr, Dachterrasse , freier Transport nach Petra, mF........................................................................... E/D 35-70
- **PEACE WAY**, [17] Tel 0797792891, peaceway _ petra@yahoo.com; relativ gut eingerichtet, Nichtraucherhotel, AC, WiFi, freier Transport nach Petra, mF ............. E 27, D 32

### 🛏 Zentrum Wadi Musa

- **AL RASHID**, [16] direkt am Zentrumskreisverkehr, Tel 03215 6800, info@alrashidhotel.com; www.al-rashidhotel.com; große Räume, gut eingerichtet, freundlich und hilfsbereit, Besitzer spricht Deutsch, WiFi, AC, Gepäcklagerung und Wäscheservice, Shuttle Petraeingang, Autovermietung, kleines Reisebüro (JORDAN SPIRIT waill@jordanspirittours.com www.jst.jo) mF ............................................................... E 25-38 D 35-50
- **SABA'A**, [16] rechts neben Rashid Hotel, Tel 0779787899 , hotelsabaa@gmail.com, www.sabahotel.com, WiFi, gut gemanagt, Dachterrasse mit gutem Blick, einfach aber ansprechend, organisiert Trips, Dorm 6-9 pP, mF ............................. E 13-20, D 17-32
- **MY HOMEPETRA**, [16] rechts neben Saba'a Hotel, myhomepetra@gmail.com; WiFi, AC tlws, gute, preiswerte Zimmer, mF ............................................................. E 22, D 30
- **VALENTINE INN**, [15] nördlich vom Kreisel, Tel 0797211110, info@valentine-inn.com, www.valentine-inn.com, guter Blick auf Petra, freie Abholung von der Busstation, tlws

AC, Zentralheizung, WiFi, ruhig (da entfernt von Hauptstraße), Bar mit Alkohol, sehr freundlich, familiäre Atmosphäre, Trips in Jordanien, Lunchpakete für Petra, Dinnerbuffet, Transport nach Petra, sehr empf,
mF ........... Schlafen auf Dach pP 3, Dorm pP 5, E 15-18, D 20-25, luxury E 15-23, D 20-30

- **ANBAT Midtown**, [14] 2*, Tel 03215 7200, alanbatmidtown@gmail.com, im Zentrum des Zentrums, Town Season Schwesterhotel, gut eingerichtet, Dachrestaurant mit gutem Blick, AC, WiFi, kleine Zimmer, freundlich und hilfsbereit, mF...................................... E/D 35
- **TOWN SEASON**, [14] 3*, Tel 03215 9600, www. townseasonhotel.com; günstige Lage im Zentrum, Dachterrassen-Restaurant mit guter Aussicht, großzügige Räume, sehr gut möbliert, AC, WiFi, Kschr, mF ....................................................................E30-50, D45-75
- **PETRA PLAZA HOTEL**, Tel 777 430943, info@psetraplaza.com, AC, WiFi, eigener Parkplatz, mF .................................................................................................. E 35-40, D 40-45
- **SOFSAF HOTEL,** 2* Tel 0795393559, petrasofsaf@yahoo.com; AC, WiFi, freier Parkplatz, Restaurant, Taxi Petra 1 JD, ................................................................E 20-30, D 35-55
- **PETRA HEART HOTEL**, 3*, Tel 32150215, sales@petrahearthotel.com, www.petra-hearthotel.com; AC, WiFi, freies Parken, mF......................................................E 45, D 55
- **PETRA CORNER HOTEL**, 3*, Tel 32153215, reservatnios@petracorner.com, AC, WiFi, Restaurant, Nichtraucher, frei Parken, ca. 500 m zum Petra-Eingang (in bekannter Kurve) mF ................................................................................................E 30-50, D 40-70

### 🛏 Unmittelbare Nähe des Petra-Eingangs

- **PETRA BOUTIQUE HOTEL** , 4*, Tel 032154444, info@petraboutiquehotel.com; AC, WiFi, Zimmer mit Balkon, Parkplatz, ........................................................E 77-120, D 95-145
- **PETRA PALACE**, [11] 3*, Tel 03215 6723, Fax 215 6724, reservation@petrapalace.com, info@petraboutiquehotel.com; typisches Mittelklassehotel, 175 großzügig und gut eingerichtete Zimmer, tlws direkt an einem der beiden Pools, AC, WiFi, Kschr, sehr hilfsbereit und freundlich, Bierbar, Türkisches Bad, mF ..........................E 45-48, D 48-56
- **SUN SET**, [10] 1*, Tel 07766678088, info@petrasunset.com, www. petrasunset.com; mittelgroße bis große Zimmer, AC, WiFi , Kschr, gut eingerichtet, hilfsbereit und freundlich, mF ..............................................................E 25-30, D 35-40, Familienzimmer 55-60
- **SILK ROAD,** [9] 3*, Tel 03215 7222 , info@petrasilkroad.com, www.petrasilkroad.com; für Gruppen ausgelegtes Mittelklassehotel, Haupteingang im obersten Stock hinter dem Hotel, AC, Heizung, WiFi, Kschr, großzügig eingerichtet, hilfsbereit, Türkisches Bad (JD 32), gutes Restaurant, mF .................................................................E 35-40, D 45-50

### 🛏 An der Straße, die hier hinaufführt

- **CANDLES**, [8] 3*, Tel 03215 7311, z. Zt. unserer Recherche geschlossen
- **LA MAISON**, [7] 3*, Tel 03215 6401, reservationinfo@lamaisonhotel.com.jo, www.lamaisonhotel.com.jo; solides, ruhiges Mittelklassehotel, relativ großzügige Räume, AC, WiFi, Kschr, mF ................................................................................. E 30-40, D 40-50

### 🛏 Weiter auf der Hauptstraße

- **EDOM**, [6] 3*, Tel 03215 6995, info@edomhotelpetra.com , www.edomhotelpetra.com; quasi hinter Mövenpick Richtung Stadt, etwas abseits der Hauptstraße, recht gut eingerichtete, mittelgroße Zimmer, Balkon (tlws), Türkisches Bad, AC, Zentralheizung, WiFi, Kschr, Restaurant mit romantischer Höhle im Berg, freundlich, mF .....E 25-45, D 45-50
- **MÖVENPICK RESORT**, [5] 5*, Tel 03215 711, resort.petra@moevenpick.com, www. moe-

## Ein zusätzlicher Weg nach Ed Deir

Leider wurde uns erst kürzlich bekannt, dass ein alter Weg der Nabatäer zum Ed Deir (Kloster) instand gesetzt und freigegeben wurde. Die Möglichkeit, von der anderen Seite des Gebirges zum Kloster aufzusteigen und dann den üblichen Treppenpfad zum Restaurant bzw. Qasr el Bint wieder hinunter zu gehen, macht den Besuch von Ed Deir noch interessanter. Man steigt durch eine mindestens so abwechslungsreiche und faszinierende Felslandschaft nach oben, wie sie sich auch auf dem Weg zurück ausbreitet. Natürlich kann man die Strecke auch auf der üblichen Route hinauf und dann

Foto: Wil Tondok

oben weitergehen und wieder hinunter. Aber das hat einen entscheidenden Nachteil. Der Aufstieg auf der Rückseite beginnt in der Nähe von Little Petra; nicht direkt in der Siedlung, sondern abseits davon. Dort steht ein Häuschen, in dem man das Eintrittsticket für Petra vorweisen muss. Zu diesem Eingang muss man sich entweder bringen lassen oder ein Taxi nehmen. Wer keine Irrwege riskieren will, bucht z.B. im Visitorcenter einen Guide mit Fahrzeug. Der lässt den Wagen beim Tickethäuschen stehen, begleitet den Besucher den Berg hinauf und geht dann wieder hinunter.

Ursprünglich stand das Tickethäuschen ganz in der Nähe des beginnenden Aufstiegs. Dann wurde es aber an die heutige Stelle versetzt. Zu dem ursprünglichen Platz, an dem man auch das Auto stehen lassen konnte, muss man jetzt durch flache Wüste gehen. In dieser Gegend könnte man sich verlaufen, da der Wind die Spuren der Vorgänger verweht haben könnte.

Der Pfad nach oben wurde instand gesetzt und auch befestigt. Dennoch gibt es ein paar recht schmale Stellen, an denen eine hilfreiche Hand mehr Sicherheit bietet. Unterwegs hat sich ein kleines Café etabliert, in dem man sich erholen kann. Insgesamt ist die Strecke nicht herausfordernder da als der traditionelle Aufstieg auf der anderen Seite des Gebirges. Hier überraschen manchmal Ausblicke bis ins Wadi Araba oder auf die israelische Seite. Aber auch die naheliegende Landschaft mit ihren steilen Felshängen ist immer wieder faszinierend. Die Piste hier hinauf ist noch nicht so überlaufen wie die auf der anderen Seite. Man kann also meistens die majestätische Felslandschaft und die weiten Ausblicke in Ruhe genießen.

Der Aufwand und auch durchaus die Mühe für den Aufstieg lohnen sich alle Male. Für einen Guide muss man inklusive Fahrzeug mit etwa 110 JD rechnen.

venpick-hotelspetra.com; dieses Haus zählt zu den geschmackvollsten der Mövenpick-Kette in Jordanien, vor allem die Innenarchitektur. Schauen Sie einmal in die Lobby mit Mashrabeen, Holzkassettendecke und Lichtkuppel mit schwerem arabischen Leuchter
- **PETRA MOON**, [4] 4*, Tel 03215 6220, info@petramoonhotel.com, www.petra-moonhotel.com; oberhalb Mövenpick, AC, WiFi, Kschr, sehr gut eingerichtet, Nichtraucherhotel, Dachterrasse mit großem Pool und Grillplatz, sehr gepflegt, zwei Restaurants, Tours in Jordanien, empf, mF ............................................................................................ E 77-85 D 90-140
- **VENUS**, [3] 3*, Tel 0777426456, venuspetra@gmail.com; oberhalb Petra Moon Hotel, relativ kleines Gebäude, AC, WiFi, recht gut eingerichtet, AC, WiFi, Kschr, mF ..............................................................................................................................E 30-35, D 35-45
- **PETRA GUESTHOUSE** (Crowne Plaza Management), [2] 4*, direkt neben dem Visitor Center, Tel 03215 6266, ammhc.reservations@ihg.com, www.guesthouse-petra.com; beste Lage zum Besuch Petras,, AC, WiFi, Kschr, gepflegt, z.T Chalets mit großen Räumen, Restaurant verbunden mit einer Höhle, mF .................................E 80-75-90, D 85-110

Isolierter Luxus am nordwestlichen Ortsrand
- **BEIT ZAMAN**, 5*, Tel 035435380, www.beitzaman.com; ein kleines Dorf aus dem 19. Jh an der Peripherie von Wadi Musa, das mit viel Kreativität in Chalets als Luxushotel umgebaut wurde

Superluxus in wüstenhafter Umgebung in der Little Petra Gegend
- **PETRA BUBBLE LUXOTEL**, Tel 03 2156600an der Straße von Little Petra nach Al Hisha den Berg hinauf; top Lage, top Preise, hello@petrabubble.com, www.petra-bubble.com, „splendid isolation" bei bester und weiter Aussicht, von weitem sind die weißen Kuppeln bereits sichtbar, großes, sehr gutes Restaurant und Bar, AC, WiFi, HP .............. E/D 230-250

## Camping/Camps
- In **El Beidha** (10 km vom Petra-Eingang) betreiben die Ammarin-Beduinen etwas abseits in einem Seitenwadi das sehr ruhige, toll gelegene AMMARIN BEDOUIN CAMP, Tel 0799755551, info@bedouincamp.net, www.bedouincamp.net, Ansprechpartner ist Moath Ammarin,  Unterbringung in Beduzelten, Sanitäranlagen mit Warmwasser, gutes Dinner, kleines Bedu-Museum, Ausflüge, HP ................................................................45, VP 80
- **PETRA BEDUIN CAMP**, 7 km vom Petra-Eingang Richtung El Beidha, Tel 034631 435, kingaretascamp@gmail.com, www.kingaretascamp- jordan.com; 2-Personenzelte für bis zu 100 Personen in einer kleinen Schlucht, freier Transport nach Petra-Eingang oder Wadi Musa, Beduin Dinner, mF ................................................................................... pP 15
- **LITTLE PETRA BEDUIN CAMP**, Tel 0795352540, reservation@littlepetracamp.com; 7 km vom Petra-Eingang,  Transport zum Petra-Eingang JD 7 per Wagen, Shuttlebus nach telefonischer Anmeldung, Zelte mit 2 Betten, gemeinsame Sanitäranlage, nur Übernachtung
- **SEVEN WONDERS LUXURY BEDUIN CAMP**, Tel 079795864, an der Straße nach El Beidha ausgeschildert, admin@sevenwondersluxurycamp.com, www.sevenwondersluxurycamp.com; gute abgeschiedene Lage, sehr ruhig, normales Zelt mF ................................. E 35 D 40, Luxury Dome mF E 135, D 150; HP E 162, D 180

## Übernachten in „Tiefer Süden" (Kapitel 9)

### Übernachten im Wadi Rum

Mit Eröffnung des geschützten Reservats im Wadi Rum konnten die Beduinen für bestehende Camps eine Dauer-„Betriebserlaubnis" erwerben. Diese offiziellen 37 Camps sind sozusagen in bester Lage verstreut im Wadi Rum Naturschutzgebiet. Die Bedus bieten Übernachtungsmöglichkeiten auf einfachen Betten, Abendessen und Frühstück, es gibt einfache Toiletten und Duschen. Der Gast kann sowohl im Camp als auch daneben unter dem sternenübersäten Himmel übernachten. Das beduinisch zubereitete Essen trägt, wie auch die musikalische Untermalung, zum ungewöhnlichen Erlebnis bei. Im Visitor Center erhalten Sie ausführliche Informationen.

Anders speziell in den Camps bei Diseh. Man schläft hier in konventionellen Zelten, die dicht bei dicht nebeneinander stehen. Es gibt in der Regel einen großen „Tingplatz" mit Lagerfeuer und meist Musik aus LAUTsprechern, die häufig auch das Nachbarcamp mitbeschallen. Die Sanitäranlagen entsprechen manchmal nicht der Anzahl der Gäste, Wartezeiten sind vorprogrammiert. Das Ganze entspricht nur bedingt der Bedu-Tradition.

### Wadi Rum Village

- **RESTHOUSE**, Ortseingang Wadi Rum Village; z. Zt. unserer Recherche geschlossen.

### Camps bei Diseh und Umgebung (außerhalb des Reservats)

- **BAIT ALI DESERT LODGE**, 1 km vor Abzweig nach Diseh links, ausgeschildert, etwa 400 m von der Asphaltstraße, hinter einem Hügel, Tel 0799257222, 0732022629, info@baitali.com, www.baitali.com; große Anlage mit großem Pool, Zwei- bis Dreipersonenzelte werden Zug um Zug durch Steinbauten mit Zeltdach ersetzt, außerdem Steinchalets mit Dusche und WC, 2 VIP-Chalets. Sehr saubere Sanitäranlagen; Wasserversorgung aus eigenem Brunnen, Eier von eigenen Hühnern, Gemüse z.T. aus eigenem Garten; Amphitheater, Ballonfahren, Pferd- und Kamelreiten, Sandsegeln, Wandern, freitags kamen/kommen viele Busse (die meisten aus Amman), ein DJ legt auf, es ist laut, aber ab 22-23 U kehrt Ruhe ein. HP (einschl. 5% Tipps)... Zelt pP 17, Chalet 25-45, Deluxe 55
- **CARAVANS CAMP,** 2-3-Personen-Zelte, 60 Betten insgesamt, Tel 0795393559, Fax 06 5657365, caravanscamp@hotmail.com, www.caravans-camp.com; Solar-Elektr. 3 Toiletten für Frauen, 2 für Männer; 2 Duschen für Frauen, 3 für Männer, HP ..25-40 pP
- **ZAWAIDEH DESERT CAMP**, Tel 079 666 7605, zawaideh_camp@yahoo.com, saubere Anlage einschließlich Sanitär, wirkt „gemütlich", gefliese Wege, 150 Betten, 9 Toiletten 2 Duschen, HP .................................................................................................................pP 30-60
- **CAPTAIN'S CAMP**, Tel 0795538386 osama@captain.co, gehört zu Captain's Restaurant und Hotel in Aqaba, zählt zu den besten Camps im Diseh-Bereich, groß, Palmen, gepflegt, großflächig, gut eingerichtet für ein Camp, 160 Betten, Übernachten im Zweier-Moskitonetz-Zelt, HP ................................................................................ab pP 35-70 pP
- **RUM OASIS CAMP**, Tel 0777 309388, info@rumoasis.com, www.rumoasis.com; Camp ohne Grün, Bar, Alkoholausschank, Sanitäranlagen hinter einem Hügel, 140 Betten, saubere Sanitäranlagen, HP ..................................................................................pP 35-60
- **OASIS DESERT CAMP**, Tel 077 746 1519, info@oasisdesertcamp.com, www.oasisdesert-camp.com; eher ungemütlich lieblos, große Sandflächen, 180 Betten, 42 Duschen und

30 WC, 20 Räume mit Shower + WC ,187 Betten, HP .................................................pP 20-40
- **MOON VALLEY CAMP**, Tel 077734 1000, mhasanat18@hotmail.com; einfach, man schläft in Hütten, „Chalets" oder Zelten, HP .........................................................pP 20-45
- **SAND ROSE HILLAWI CAMP** Tel 07795904441 , info@hillawi.com, www.sandrosecamp.com; 150 Betten, 20 Zimmer mit AC +WC, 10 Toiletten, 6 Duschen .......................HP 15-30

## Camps innerhalb des Reservats

Alle im Folgenden aufgelisteten Camps bieten im Grunde sehr ähnliche Leistungen zu ähnlichen Preisen. Dazu gehören die Unterbringung in (Ziegenhaar) Zelten mit Frühstück und Dinner, Schlafen entweder im Zelt oder im Freien. Auch bieten alle Wüstentrips zu den vorgenannten Zielen. Diese kann man entweder per 4WD erreichen oder teils auch per Kamel oder, auf die nähere Umgebung beschränkt, wüstenwandernd. Die Camps innerhalb des Reservats würden wir den der häufig lauten, relativ dicht an dicht (nicht bei allen) aufgebauten Lagern bei Diseh vorziehen. Denn hier werden Sie sehr ruhige, d.h. leise Nächte, ungestört durch Lärm und Licht aus der Nachbarschaft, erleben können. Aus der Vielzahl der Camps und Veranstalter hier eine Auswahl:

- **KHALED'S CAMP,** Khaled Sabbah Atieg, Tel 0795 60 9691, atieg77@yahoo.com, www.wadi-rum.com; den Bruder von Khaled lernten wir vor Jahren als behutsamen und umsichtigen Fahrer kennen, der nicht durch die Wüste donnert, sich bestens auskennt und gut Englisch spricht . Er verstarb leider in jungen Jahren. Khaled hat Camp und Fahrzeuge übernommen, und er verhält sich ähnlich einfühlsam und ist zuverlässig.
- **BEDOUIN ROADS** Camp, Attayak Ali Zalabe, Tel 07958 99723, www.bedouinroads.com, 13 km entfernt von Rum Village, die Hauptpiste führt, geschützt durch eine Düne, in der Nähe vorbei, das Camp ist also leicht erreichbar
- **WADI RUM NOMADS**, Fawaz Mohemmeed AlZalabieh, Tel 09754 67190, 0795467190, www.wadirumnomads.com; die Nomads mit ihrem sogenannten Base Camp und ihrem Tourenangebot sind zwar relativ jung im Geschäft, aber ehrgeizig genug, es weiter zu entwickeln
- **WADI RUM QUIET VILLAGE** Camp, der umsichtige und freundliche Salem Mitlaq Alzalabieh, Tel 07764 09977, Meditation Trips , www.wadirumquietvillage.com, saleem.wadirum@gmail.com, bietet in seinem etwas abseits gelegenen, solide eingerichteten Camp Ruhe bis hin zur Meditation, empf
- **BEYOND WADI RUM TOURS**, Salman Mteer Zalabiah, Tel 07764 78589, www.beyondwadirum.com, die Lage des Camps in der Nähe der Kleinen Felsbrücke ist günstig für z.B. Kamel-Trips in die nähere Umgebung mit ihren Sehenswürdigkeiten
- **SHABAB SAHRA** Tel +9627769 76356, Abdullah Azallabeh, www.shababsahra.com, hat sich hauptsächlich auf Klettern spezialisiert – es gibt genug Gelegenheit rundum in Wadi Rum

Ein Hotelier in Petra erkannte eine Marktnische für besondere, hochpreisige Unterkunft im Wadi Rum und baute im Reservat ein Luxus-Camp mit entsprechenden Zelten und hervorragendem Restaurant. Aber der Clou sind Zweibett-Unterkünfte mit durchsichtiger Plastikkuppel, in denen die Gäste - geschützt vor Sandstürmen und sonstigen Unbilden - die Nacht unterm Sternenhimmel verbringen können, natürlich mit AC und eigenem Bad:

- **WADI RUM NIGHT LUXURY CAMP**, Tel 032157070, info@wadirumnight.com, www.wadirumnight.com; großzügige Zelte mit festen Betten, Sofa und Bad, gut ausgestattete Lobby, Restaurant; Luxus Einzel/Doppelzelt, HP ................................................................75-100

durchsichtiges „Full of stars tent" mit Bad und Himmel-Blick, HP ................100-150/Zelt
- Eine ähnliche Klientel spricht **RAHAYEB DESERT CAMP** an in der Nähe von Diseh, Tel 032058557, info@rahaybdc.com, www.rahaybdc.com

## Übernachten in Aqaba (siehe Plan S. 403)

- **Das Fährschiff nach Nuveiba/Sinai** startet täglich zwischen 9 und 11 Uhr - abhängig von der Ankunftszeit aus Nuveiba - und kostet 69 JD pP.

Die besseren Hotels von Aqaba liegen im Nordwesten der Malek al Hussein St (Corniche), einige wenige am Strand, die meisten aber ohne direkten Strandzugang. Eine weitere Konzentration der 2* oder 3* Hotels hat sich an der Straße gebildet, die vom zweiten Kreisel (von Westen gesehen) zum Stadtzentrum führt. Die allermeisten Billighotels findet man direkt im zentralen Marktbereich, einige wenige liegen außerhalb. Hochsaison in Aqaba ist von März bis Mai, von September bis November und um die Weihnachts-/Neujahrszeit.

**Während islamischer Feiertage** – besonders am Ramadan-Ende – überfluten viele Jordanier Aqaba, die Hotels erhöhen die Preise um mehr als das Doppelte, trotzdem sind Zimmer rar.

### Zentraler Bereich

- **AS SHULA,** [17] 2* Raghadan St, Tel 201 5153, Fax 201 5160, alshulahotel@yahoo.jo; ansprechend eingerichtet, Lift, AC, Kschr, WiFi, mF ......................................................E 35, D 35
- **AMER 1**, [17] Raghadan St, Nähe Al Shula Hotel, Tel 201 4821, AC, WiFi (Lobby), Kschr, Balkon zur Seeseite, empf wegen gutem Preis-Leistungsverhältnis, .................E 20, D 25

Die nächsten vier preiswerten Hotels liegen dicht nebeneinander mitten im Souk-Viertel, quasi hinter der Hauptsoukstraße

- **RED SEA** [15], zwischen den Hintereingängen der Shops,Tel 079701 2020
- **AMIRA**, [15] zwischen den Hintereingängen der Shops, Tel 201 8840, einfach, kürzlich renoviert, AC, WiFi, ........................................................................................................E 18, D 25
- **AMER 2**, [15] zwischen den Hintereingängen der Shops, Tel 201 9284, Fax 201 9285; AC, WiFi (Lobby), Kschr, einfach, mF ....................................................................................E 15, D 20
- **DWEIK 1**, [15] zwischen den Hintereingängen der Shops, Tel/Fax 0798787898; dweikhotel@firstnet.com.jo, WiFi, AC, Kschr. ...............................................................E 20-22, D 25-30

Drei aneinander grenzende Billigsthotels im Zentrum

- **JORDAN FLOWER,** [23] Tel 0799509638, tlws Balkon, tlws AC, tlws Kschr, sehr einfach, einige Zimmer besser eingerichtet, relativ sauber, von 30 Räumen 22 mit Bad (meist arabisches Klo), warmes Wasser, AC + 3 JD, Balkonzimmer + 3 JD .EkB 10, E 12, D 12-15
- **AL RESHQ** (früher PETRA), [24] Tel 0777418775, Lift, relativ große Räume, tlws Balkon, vom Dach tolle Aussicht, mäßig sauber, Kschr, AC, demnächst WiFi, arrangiert auch Trips, Leser beschweren sich über unsaubere Bettwäsche, nur Kaltwasser in Gemeinschaftsduschen, WiFi derzeit ein Problem .................................................................................EkB 10, E + AC 15-20, D 20-25, D+AC 30
- **JERUSALEM**, [24] Tel 07 95222487; einfach, nur mit Etagenbad, tlws AC, EkB 12, DkB 15
- **BEACH**, [20] in kleiner Seitenstraße, die gegenüber Crystal Hotel beginnt, Tel 0798847870; AC, sehr einfach, freundlich, relativ ruhig, kaum englischsprechend .......................................................................................................................................E 15, D 20

## 🛏 Al Malik Al Hussein St (Corniche)

Diese Straße beginnt quasi am Komplex von Saraya Aqaba. Gleich das erste Hotel daneben ist das **INTERCONTINENTAL (es liegt außerhalb der Karte, oben links)**, zu dem wir, wie bei allen Luxushotels, keine Preise angeben, da sich diese als Tagespreise ständig ändern. Von hier aus Richtung Zentrum liegen folgende Hotels:

- **INTERCONTINENTAL AQABA**, 5*, Al Malik Al Hussein St, Tel 209 2222, Fax 209 2223, aqha@icaqaba.com, www.intercontinental.com; großer Pool, längster privater Strandabschnitt Jordaniens (300 m), mehrere Restaurants und Bars
- **KEMPINSKI**, 5*, Al Malik Al Hussein St, Tel 209 0888, Fax 209 0880, sales.aqaba@kempinski.com, www.kempinski-aqaba.com; das derzeit luxuriöseste Luxushotel der Stadt, sehr modern und sehr geschmackvoll eingerichtet, großer Pool
- **MÖVENPICK**, [1] 5*, Tel 203 4020, Fax 203 4040, resort.aqaba@moevenpick.com, www.moevenpick-aqaba.com; ungewöhnlich ist eine Brücke über die Al Malik Al Hussein St, die auch als Schwimmbad dient, drei weitere Pools sind auf der Seeseite der Straße
- **AQABA GULF**, [3] 4*, Al Malik Al Hussein St, Tel 201 6636, Fax 201 8246, info@aqabagulf.com, www.aqabagulf.com; 2012 renoviert, gepflegt, AC, WiFi (1 Std JD 1, 1 Tag JD 10), Kschr, für 4* relativ kleine Räume und Bäder, schöner Pool, Tennisplatz, zwei Restaurants, Snackbar, mF ................................................................................... E 60 D 75
- **CRYSTAL**, [21] 3*, Al Razi St, um ein Haus von der Al Malik Al Hussein St stadteinwärts versetzt, Tel 202 20021, Fax 202 2006; crystalhotelaqaba@yahoo.com, www.crystal-international.com; jordanisch-deutsches Besitzerpaar, sehr gepflegt, großzügige Zimmer, holzbetonte Einrichtung, AC, WiFi, Kschr, Zimmer zur Straße laut, mF ................................................................................... E 35-40, D 55
- **NAIROUKH 2**, [22] 2*, Al Malik Al Hussein St, Nähe Housing Bank, Tel 201 2980, Fax 201 2981, nairoukh2-hot@hotmail.com; großzügige Zimmer, AC, WiFi, Kschr, besser eingerichtet als übliche 2*-Hotels, Seeblick, Straßenseite sehr laut, ...... E 20-25, D 25-35
- **MOON BEACH**, [25] Al Malik Al Hussein St (Corniche), Seeseite kurz vor Festung/Museum, Tel/Fax 201 3316, ashrafsaad77@yahoo.com; viele Räume Seeblick, AC, WiFi (Lobby), Kschr, gut eingerichtet, relativ kleine Zimmer, tlws. Balkon, (Apartment mit Dinette überraschend preiswert: 2 Pers. 30, 3 Pers. 35, 5 Pers. 50) ................ E 15-25, D 30
- **YAFKO**, 3*, Ecke Prinz Mohammed St/King Hussein Bin Tala St, Tel 320 42222, info@yafko.com, www.yafko.com, AC, WiFi, Kschr, relativ großzügige Räume, teils zu Lasten des Bades ................................................................................... E 27-32, D 37-48
- **7DAYS**, [26] 3* Bagdad St, Tel 203 3800, sevendays.hotel@yahoo.com, AC, WiFi, Kschr ................................................................................... E/D 35-50

## 🛏 Nordwestlich des Souk (Nähe Zentrum)

- **ALCAZAR**, [2] 3*, An Nahda St, Tel 0797325888 ajaser_acc@yahoo.com, Hotel war längere Zeit geschlossen, 2016 von neuem Besitzer ohne Änderungen wiedereröffnet, Preise deutlich erhöht; AC, WiFi, Kschr, großer Innenhof, großer Pool, abgewohnt, mF ................................................................................... E 35, D 45
- **MY HOTEL**, [4] 3*, Nähe An Nahda St, Tel 203 0890, Fax 203 0893, reservation@myhotel-jordan.com, www.myhotel-jordan.com; gepflegtes Hotel, gut möbliert, AC, WiFi, Kschr, Pool auf dem Dach, mF ................................................................................... E 45-50, D 55-60
- **AQUAVISTA**, [5] 3*, An Nahda St, Tel 205 1620, Fax 205 1625, info@aquavistaaqaba.com, www.aquavistaaqaba.com; AC, WiFi, Kschr, mF ................................................. E 30, D 45

## Übernachten im Tiefen Süden, Aqaba

- **CAPTAIN`S TOURIST HOTEL,** [6] 3*, An Nahda St, Tel 201 6905, Fax 201 6904, sales@captains.jo, www.captains.jo; gut eingerichtet, gepflegt, AC, WiFi, Kschr, Pool, Sauna, günstige Lage, mF .................................................................................................................... E 75, D 85
- **MINA,** [10] 3*, An Nahda St, Tel 201 5161, Fax 206 0477, reservations@hotelsmina.com; geräumige Zimmer, gut eingerichtet, WiFi, AC, Kschr, Dachterrasse, zwei Bars (Alkohol), relativ kleiner Pool, mF ................................................................................................. E 40-50, D 70
- **DAYS INN,** [7] 4*, As Sa'ada/An Nahda St, schräg gegenüber Captain's Restaurant, Tel 203 1901, Fax 203 2845, info@daysinn-aqaba.com, www.daysinn-aqaba.com; AC, WiFi, Kschr, Pool auf dem Dach, kein Alkohol, mF..................................................................... E 60, D 75
- **RA'AD,** [11] 3*, As Sa'ada/An Nahda St, Tel 201 8686, Fax 201 8687, info@raadhotel.com; ziemlich große Räume, gut eingerichtet, AC, WiFi (Lobby), Kschr, mF.................... E 45 D 60
- **GOLDEN TULIP,** [8] 4*, As Sa'ada St, Tel 205 1234, Fax 205 12237, reservations@goldentulipaqaba.com.jo, www.goldentulipaqaba.com; soll nach Ramadan 2016 total renoviert werden, AC, WiFi, Kschr, Pool, Bar, mF............................................................................ E 35-40, D 45-50
- **AL MARSA,** [9], As Sa'ada St, Tel 201 3414, Fax 201 5616; marsahotel@gmail.com; AC, WiFi, Kschr, große Zimmer, gut möbliert, mF ........................................................... E 20-25, D 30-35
- **HILTON DOUBLE TREE,** [12] 5*, Al Hammat Al Tounesiah St, Tel 209 3209, Fax 209 3210, Luxushotel mitten im Zentrum, alle Annehmlichkeiten
- **AL ZAITOUNA,** 3* [13], Al Hammat Al Tounesiah St, Tel 201 9601, Fax 201 9605, zaitounahotel@yahoo.com; laute Straße, Zimmer nach hinten ruhiger, sehr gut eingerichtet, gepflegt, AC, WiFi, Kschr, gutes Preis/Leistungsverhältnis besonders für den neueren Teil (der Preis ist speziell für Leser dieses Buches, er entspricht dem von Gruppen oder Jordaniern), mF ........................................................................................................................... E 28, D 36
- **DWEIK 2,** 2* Tel 203 5919, Fax 203 9519, atalla_dweik@yahoo.com; tlws Balkon, AC, WiFi, Kschr, freundlich, mF ................................................................................................ E 25-30, D 35-40
- **DWEIK 3,** 4*[13a], Al Hammat Al Tounesiah St, Tel 2019585, Fax, 01/2017 eröffnet, AC, WiFi, Kschr, tlws Balkon................................................................................................. E 35-40, D 50-60
- **AL SHWEIKI,** 2*[14], Al Hammat Al Tounesiah St, Tel 202 2657, Fax 202 2659, shweik_hoteli@yahoo.com; laute Straße, große Zimmer, gut eingerichtet, tlws Balkon, AC, Kschr, WiFi (Lobby) ................................................................................................................ E 20, D 24-30
- **MASWADA PLAZA,** 3*, Prince Haya Circle (am Ende der Al Hammat Al Tounesiah St), Tel 203 9600, Fax 203 9601, yahya.maswada@yahoo.com; viele lokale Gäste, mittelgut eingerichtet, AC, WiFi, Kschr, mF .................................................................................... E 30, D 35-40

### An der Küstenstraße Richtung Saudi-Grenze (siehe Plan S. 373)

- **AL AMER,** „The Middle Aqaba Tourism Beach" kurz vor Hafenanlagen am Strand nahe Public Beach, Tel 0799997753, AC, WiFi, Kschr, eigner Gemüsegarten, gutes Restaurant mit Livemusic nachts, mF ....................................................................................... E 25-40, D 35-50

Grundsätzlicher Nachteil aller Übernachtungsplätze am folgenden Küstenabschnitt ist die weite Entfernung zum Stadtzentrum, die abends oder nachts wegen Taxi teuer werden kann.

**Bei km 12** zweigt nach links eine Straße den Berg hinauf ab (u.a. Schild BEDOUIN GARDEN VILLAGE), an der im unteren Bereich einige „Villages" stehen, weiter oben ließen sich Tauchzentren nieder. Letztere offerieren hauptsächlich ihren Tauchgästen Unterkunft und sind etwas besser ausgestattet. Die Villages bieten gute Restaurants sowie Camping für Zeltler. Stören kann der Verkehrslärm der Küstenstraße. Allen Unterkünften sind jeweils Tauchzentren angeschlossen, Einzelheiten siehe Websites.

- **DARNA DIVERS VILLAGE**, [1] Tel 0795 035696, 0796712831 Fax 03 2062118. 434, darna-darnavillage@gmail.com, www.darnavillage.com; AC, WiFi, Kschr,Dachterrasse, großer Pool, Restaurant, HP ...................... Schlafen auf dem Dach pP 10, Dorm pP 15, E 25, D 35
- **AL MARSA**, [2] gegenüber Darna, Tel 03 203 2288, info@almarsa-aquaba.com, www.al-marsa-aqaba.com; wwwAC, WiFi, Pool, gepflegt, mF ................................................E 35, D 45
- **BEDOUIN GARDEN VILLAGE**, [3] Tel 0795 602 521, bedwinjamal@yahoo.com, www.aqaba-hotels.com; gute Atmosphäre, Pool, freundlich und hilfsbereit, Bungalows, AC, WiFi (Lobby), Gartenrestaurant, mF .....Zelten pP 6, Schlafen auf dem Dach 8, E 20, D 35
- **BEDOUIN MOON VILLAGE**, [4] Tel 0788571177 mohamedsea@lycos.com, bigmick1954@outlook.com; AC, WiFi, Pool, mF.............................. WoMo pP 10, E 30-40, D 40

Weiter den Berg hinauf, etwa 2 km vom Strand entfernt:
- **ARAB DIVERS**, [5] Tel 032031808, 07 95078565, go@ arabdivers.com, www. arabdivers.com; AC, Kschr, WiFi, 2 Pools, mF .............................................................................. pP 10, E 35, D 45
- **AQABA ADVENTURE DIVERS** Village, [5] Tel 07 95 843724, 00962 799078450, info@aqaba-diving.com, www.aqaba-diving.com; AC, Kschr, WiFi, Pool, Restaurant, mF  D 30
- **RED SEA DIVE CENTRE**, [5] Tel 07962944557, iinfo@aqabascubadiving.com, www.aqabascubadiving.com; AC, Kschr, WiFi, Pool, mF ............................................................E 40, D 50

## 🛏 Tala Bay Resort

Bei km 16 der Küstenstraße beginnt das Tala Bay Resort, eine vor einigen Jahren neu ausgebaute Bucht mit Hotels, Privatwohnungen, Marina und direkter Fährverbindung nach Taba Hights auf dem Sinai.
- **MARINA PLAZA**, [6] 4*, Tel 209 2900, Fax 206 2905, reservations.marina@marinaplaza.org, www.marinaplaza.org; um einen zentralen Pool gebaute Anlage, relativ kleine Zimmer, Spa, Sauna, geheizte Pools, keine Strandlage, etwa 5 Min zum öffentlichen Strand, preiswertes Hotel in Tala Bay, mF ...............................................................................E/D 110-135
- **RADISSON BLU**, [7] 5*, Tel 209 0777, Fax 209 0799, info.talabay.aqaba@radissonsas.com, www.aqaba.radissonsas.com, gepflegtes Luxushotel mit allem Komfort
- **MÖVENPICK RESORT**, [8] 5*, Tala Bay, Tel 209 0300, Fax 209 0301, moevenpick-aqaba.com; resort.talabay.reservation@moevenpick.com, großzügige Anlage mit mehreren Pools und eigenem Strand

**Mohammad al-Khatib**, Tel +9627 99139197, der mich bei der Recherche in Aqaba unterstützte, spricht Deutsch und bietet Hilfe für deutschsprachige Besucher in Aqaba an.

# Das ist noch nicht alles!

**Mehr Reise Know-How gibt es hier:**

》 www.reise-know-how.de 《

Ab der nächsten Auflage erscheint der Reiseführer Jordanien im Reise Know-How Verlag Peter Rump

- @ReiseKnowHow
- @reiseknowhowverlag
- @Reise_KnowHow
- auf www.reise-know-how.de für den Newsletter anmelden

Zugspitze, Foto: Aneta Niemitz

## Unterwegs sein

Als Schüler radelte ich in Deutschland, als Student erkundete ich Europa per Autostop. Nach dem Studium verschlug es mich nach München. Hier lernte ich bald Sigrid kennen, Fotografin, meine spätere Frau, Reise- und Lebensgefährtin (die leider viel zu früh verstarb).

Unsere erste weite Reise führte uns nach Teheran. Dort lebte ein Studienfreund, den seine Firma für ein Projekt nach Persien versetzt hatte. Er lud uns ein, ihn mit einem weißen Mercedes mit roten Polstern zu besuchen. Man könne vom Verkaufserlös in Teheran nach Hause fliegen. Das funktionierte auch.

Diese Reise war ein Schlüsselerlebnis. Die Steppe in Anatolien, die Wüste in Persien und die eindrucksvolle islamische Architektur z.B. in Isfahan faszinierten uns und verlangten unbedingt nach Mehr.

Wir kauften einen normalen VW-Bus und fuhren nach Portugal und Marokko. Diese Reise stärkte unsere Sehnsucht nach Ferne und zeigte uns, dass ein Wohnmobil das optimale Fortbewegungsmittel dafür wäre. Wir beschlossen, eisern zu sparen, um uns für eine lange Reise unabhängig zu machen. Bald kauften wir einen Hochraum-VW-Bus, weil man darin aufrecht stehen kann. Wir bauten ihn selbst zu einem bewohnbaren Zuhause aus

Im Herbst 1971 lösten wir unsere Wohnung auf, verkauften die komplette Einrichtung und brachen in die schönste und spannendste Zeit unseres Lebens auf. Die Reiseroute führte immer nach Osten um die Erde herum. Als wir im November 1974 im Nieselregen nach München zurückkehrten, wären wir am liebsten gleich wieder fortgefahren. Aber die Reisekasse war total leer. Ich suchte mir einen Job bei einem Münchner Elektronikkonzern. Daneben publizierten wir im Selbstverlag unser erstes, recht erfolgreiches Buch „Im VW-Bus um die Erde". Drei Monate später bot mir die UNO an, in Pakistan an einem technischen College für eineinhalb Jahre zu unterrichten. Wir sagten sofort zu, packten unseren VW-Bus und fuhren nach Pakistan.

Gegen Ende meines Vertrags bot mir mein ehemaliger Chef aus München an, wieder bei ihm zu arbeiten. Das nahm ich gern an. Zum Jahreswechsel 1979 konnte ich zwei Jahresurlaube zusammenlegen, um durch die Sahara nach Westafrika und wieder zurück zu fahren. Das Innersten der Sahara ganz allein zu erleben, war ein fast berauschendes Erlebnis, das wir gern länger ausgekostet hätten, aber unsere Wasservorräte reichten nicht

**Mit allen Sinnen**

Nach der Rückkehr begann für mich eine neue Herausforderung Meine Firma hatte mich beauftragt, ein Startup für einen speziellen Elektronik-Service aufzubauen. Dieser Job fesselte mich, bis ich 1996 mit 58 Jahren meinen Vertrag auflösen konnte.

Nach einem Ägypten-Urlaub hatten wir 1983 einen Führer „Ägypten individuell" für Selbstreisende herausgebracht. Im Lauf der Jahre kamen noch Führer für Israel, Palästina und Jordanien hinzu. 1985 trafen wir uns mit anderen Individual-Reisenden und gründeten die erfolgreiche Reiseführerreihe „Reise Know-how".

**UNTERWEGS SEIN**
Wil Tondok

Mit Beginn des Ruhestandes konnte ich mich ganz dem Reisen und dem Büchermachen widmen. Jetzt, mit 84 Jahren, muss ich aus gesundheitlichen Gründen kürzer treten. Ich habe daher der Jordanienführer dem Reise Know-How Verlag Peter Rump anvertraut. Nun will ich - ohne Stress - über die hier nur angerissenen Themen in einer Autobiografie unter dem Arbeitstitel „Mit allen Sinnen unterwegs sein" berichten. Links sehen Sie einen möglichen Umschlagsentwurf (Foto Sigrid Tondok, Goa 1972).

Wil Tondok